为了人与书的相遇

J.F.C. Fuller

西方世界军事史

I

从远古时代到勒班陀会战

I

[英] J. F. C. 富勒 著 钮先钟 译

VOL I:

From the Earliest Times to the Battle of Lepanto

广西师范大学出版社

· 桂林 ·

图书在版编目(CIP)数据

西方世界军事史：三卷 / (英) J. F. C. 富勒著；钮先钟译. -- 2版. -- 桂林：广西师范大学出版社, 2021.11

ISBN 978-7-5598-4329-6

Ⅰ.①西… Ⅱ.①J… ②钮… Ⅲ.①军事史－西方国家 Ⅳ.①E509

中国版本图书馆CIP数据核字(2021)第202397号

地图审图号：GS(2021)5325号

广西师范大学出版社出版发行

广西桂林市五里店路 9 号　邮政编码：541004

网址：www.bbtpress.com

出 版 人：黄轩庄

责任编辑：揭志勇

特约编辑：毤　峿

装帧设计：董茹嘉

内文制作：陈基胜

全国新华书店经销

发行热线：010-64284815

山东临沂新华印刷物流集团有限责任公司

开本：965mm × 635mm　1/16

印张：116.5　　字数：1462千字

2021年11月第2版　2021年11月第1次印刷

定价：268.00元（全三卷）

译序

从古代到近代，西方军事思想的发展都是以欧陆为中心，而英国只是一个边缘地区。19 世纪，约米尼和克劳塞维茨分别在法德两国各领风骚，英国人似乎仅有执弟子礼的资格。此种趋势一直都无改变，直到第一次世界大战结束之后，英国始出了两位大师，富勒和李德哈特，他们不仅在战略思想领域大放异彩，而且为战争研究开辟了新境界。

富勒（John Frederick Charles Fuller）在两人中不仅年长，而且资深，就思想发展而言，实居于领先地位。严格说来，李德哈特之所以能成为一代大师，实应归功于富勒的提携指导。他们的关系是在师友之间。有人认为富勒的最大成功即收了李德哈特这样一位信徒，而李德哈特对富勒也推崇备至。两人合作达 40 年之久，诚可谓学术史上的佳话。

富勒才气纵横，笔扫千军。其一生著作有专著 45 种，至于论文讲稿更多得不可胜数。但真正具有不朽价值的传世巨著还是首推《西方世界军事史》。他前后一共花了 30 多年的时间，始完成此一巨著，其构思之苦，用力之勤，可以想见。本书所论述始自古希腊罗马，终至第二次世界大战结束，贯穿长达 3500 年的西方历史，真乃洋洋大观。据权威评论家的共同意见，在战争通史著作中实无出其右者。

几乎所有的战略思想家和名将无一不重视历史的研究，也无一不认为历史实为研究战争的基础。甚至还有人说，不研究历史即不可能了解战争。我个人似乎是很荣幸，因为富勒和李德哈特的思想都是由我引进汉语世界，其主要著作也都是由我译成中文。现在这部军事史巨著能重印出版，更令我感到非常喜悦，所以愿意作一简短序言，以来说明此书之价值，并告诉有志研究战争和战略的年轻一代，让他们认清这是一部足以奠定治学基础的必读书。

钮先钟

1995 年 9 月 9 日写于台北

原序

战争是否为人类进化所必需的因素，固然还是有辩论之余地，但是下述的事实却是毫无疑问的：从人类的最早记录起，到现在的时代为止，战争一直是他们生活中居于支配地位的因素。在人类历史上，没有一个时代是完全没有战争的，也很少有一代以上的人是不经过大型战乱的。大战几乎和潮汐一样，具有规则的起落。

当一个文明开始变换的时候，这种情形就更为显著，而我们现有的世界性工业文明似乎就正是如此。在一两代之前，战争还被人认为是政策的工具，现在已经变成了政策本身。今天我们生活在一个战国（wardom）的状态中——在这种条件之下，战争支配了所有其他的人类活动。这种紧张状态到底会延续多久，到底它是否有一个明确肯定的答案，是否命中注定将盲目地走到它的尽头为止，固然是无人能说；但却有一件事是可以确定的，那就是我们愈研究战争的历史，则我们对于战争本身，也就愈能有所了解。因为它现在已经是一个支配性因素，除非我们能够了解它，否则我们怎能希望调解人类的事务呢？

第一次世界大战结束不久，我就开始考虑这个问题。到了1923

年，我在康贝里参谋学院（Camberley Staff College）任教官，才发现除了一两次战役，战史的研究可以说是非常贫乏。这些学员对于战史的研究，本应具有极大的兴趣，可是不幸得很，却都不足以语此。造成这种现象的原因之一，是用英文出版的书籍当中，还没有一本是能够把全部问题包罗殆尽的。所以我决定来填补这个空缺。为了把这样一个巨大的任务紧缩起来，我采取的方法是：集中精力于我所认为的决定性会战（西方民族所打的）；再把其他的战争和战役，以它们为核心编织在周围；最后从此演绎出战争对于历史的影响。此外，为了使战争的故事能够尽量连续不断，我又决定在每一章之外，加上一个“大事记”，在这里叙述战争、战役和会战是怎样发生的，以及它们怎样受到政治因素的影响。就其全体来说，我心目中所设想的这一本书，可以用一个风波动摇的海面来作比。叙述会战的各章就好像是波浪的高峰，而大事记则好像其间所夹着的低谷，一高一低彼此相接，这就是 3500 年来的战争史。

从 1923 年起，我开始搜集资料，1939 年至 1940 年，就出版了两卷《决定性会战史》。但是我对于该书并不感到满意。第二卷出版不久，全部的存书即在第二次世界大战中被毁。我对于这种损失并不感到遗憾，因为这使我有机会可以将全书重写过。自此之后，我又花了 10 年的光阴去进行这个工作，把原书的两卷扩大成为三卷，把原有的 29 章，改写了 28 章，删去了 1 章，另增加了 23 章新材料。此外，所有的“大事记”都是新写的，“导言”也是一样。所以这本书不是一个增订版，而是一本新著。

对于会战的选择，完全以我个人的判断为根据。我当然知道还可以增加其他的会战，不过有些会战的记录太不完全，无法做深入的研究；另外有一部分，仅仅是因为语文上的困难，是不得不从略的。

资料来源的选择是一个比较复杂的问题。只要有可能，我尽量采用当时参与者、目击者和同时代战史学家的记载，再用公认的近代权威著作来核对。但是我却累次发现，对于约米尼所谓的“激烈戏剧”的战争，古代史学家的了解和记载，似乎都比近代史学家更为完全。我想原因在于，过去史学家把战争当作一种自然程序，而今天的史学家则多认为它是一种残酷的祸害，所以对它并不太感兴趣。但是，我最大的困难却是对于最近的战争——第二次世界大战——极难找到可靠的资料来源。大战结束以来，未经整理过的史料虽是大批地出笼，其中却有许多充满了宣传气味，尤其是俄国人的资料。因为可靠资料的缺乏，所以对于某几个主要会战，还是一直无法获得清楚的概念。

还有两件小事也值得一提。第一点是战斗兵力和损失的数字。这种数字通常都是不可靠的，而且为了宣传的目的，更常常受到故意的歪曲。今天如此，3000 年前也是如此。所以对于本书中的数字，有许多都是我不敢断言其为正确的。另外一点是，所有的外国和古代的货币，其价值都是换算成为英镑，并以 1913 年的价值为准。[1]

最后，我应该感谢那些给予我帮助、忠告和批评的人。他们的贡献，其价值之大简直无法形容。不过对于本书的内容和一切错误，均应由我个人单独负责。

[1] 在 1913 年，1 英镑的价值相当于 4.86 美元。

目 录

导言

帝国主义的兴起

本书所讨论的战争可以根据其地域特征分为三个类别：(1)那些从远古时代一直到勒班陀（Lepanto）会战（1571）为止的战争，多数都是在地中海地区和西南亚打的；(2)从此以后到滑铁卢之战为止的战争，大部分都发生于大西洋边缘，或是在与它有关系的地区中；(3)1815年以后，因为工业、科学和运输的进步，战争才开始以整个世界为其舞台。

在第一类中，最主要的政治性大事为罗马帝国的产生；在第二类中，则为不列颠帝国的产生；而在第三类中，结果如何尚难逆料。当然也很可能，它仍旧依照过去的前例演变，而发展成为另一种帝国主义的形式。因为今天在世界上只剩下了两大强国，美国和俄国，假使明天发生了冲突，而其中有一方获得了优势，那么接下来那一个帝国就很可能是全球性的了。康德在他的《永久和平》（*Zum Ewigen Frieden*）一书中，曾经发表他的意见：战争从长期的视角上来看，是有统一人类的趋势，因为合群，所以战争发生的机会就会减少。似乎自然的目标固然是求一致的，而它的推动力却不一致。所以，尽管部落都希望能保留其独立地位，可是部落间的战争却使它们变成了一个多部落的社会,这就是民族。同样,一个民族也希望能维持其独立地位，可是民族间的战争却又使它们变成了一个国家。进一步说，国家也都希望能维持其地位，可是国际性的战争又使它们长成了一个帝国。所以我们可以得到一个结论：一个单位尽管是在努力以求保持其独立，但在某一特殊时期，是难免不因被吸收而分裂，最后一直达到地球上的生物和经济的极限为止。

虽然原始时代也有战争，好比奥瑞纳人（Aurignacian）出现，莫斯特人（Mousterian）就失踪了，不过在文明尚未兴起之前，有组织的战争似乎是还没有的。文明的兴起有两个根源：发现了某种草的种子可以种植，以及某种吃草的兽类可以饲养。从这两个根源产生了两种完全不同组织的人类社会，农业的和畜牧的。前者首先发源于尼罗河流域,以及连接巴勒斯坦到幼发拉底河上游之间的“肥沃新月”地区,然后再沿着那条河直到波斯湾;后者据某些人的推测,其主要的发源地应为里海地区的欧亚草原地带。

在前者的情形中，走向文明的第一个步骤是村落的出现，一个有藩篱的地区保护着土地的耕种者和他们所储存的粮食。在后者的情形中，则为马的饲养和车轮的发明。于是就产生了两种不同的生活方式：一种是定居的，一种是游荡的。在全部的历史中，它们都是对立的。

为了免受游牧民族的攻击，村落又逐渐发展成为有城墙的城市，每一个都变成了独立的小世界。城墙挡住了车骑，于是防御变成了较强的战争形式，城里人的文明不久即胜过了游牧民族。城墙不仅保护了文明的生长，而且强迫战争的兵器和狩猎耕种的工具不能不分离。于是进一步，兵器又决定了所应该采取的军事组织形式，最原始的即城市公民所用的“方阵”（Phalanx）。在公元前 2900 年的一块苏美尔人（Sumerian）纪念碑碎片上面，还可以看到对这种方阵的描绘。一排排的人，纵深为 6 个人。每一个士兵都有弓和矛的武装，戴着一个皮盔，携带着一块正方形的防盾，可以遮盖全身。

在两种文明之中，战争的基本原因都是生物性的和经济性的。牲畜的繁殖愈盛，则寻找新草地的要求愈频繁，任何时候只要有一次旱灾，即可以成为一次侵入的预兆。同样，城市人口愈繁殖，则所需要的粮食愈多，于是必须用来耕种的土地也愈多。所以在两种文明之中，战争都经常是为了肚皮打的，不管是人的还是兽的肚皮。有史以来，在生存的斗争中，“生存空间”（Leben Sraum）始终是一个大问题。[1]

柏拉图在他的《共和国》（*Republic*）一书中，也曾讨论过城市问题。在苏格拉底与格劳孔（Glaucon）的谈话中，他指出，战争是文明的风土病。从一个最简单形式的城市为起点，他指出，当文明进步之后，人类的要求也随之而增加，那个足以支持一个原始文明的土地，遂不足以支持一个高级的文明。下面所引述的一段即可以展示其辩论的精华：

> 苏：于是我们必须扩大我们的国界，因为原有的健康的国家已经不够大……并且要有许多不同种类的兽类，以供人民食用。
>
> 格：一点都不错。
>
> 苏：所以过去足够支持其原有居民的国家现在会是太小了，或者说不够大了。
>
> 格：一点都不错。
>
> 苏：于是我们想要获得我们邻国的一片土地，以供畜牧和耕种之用。而假使邻国也和我们一样，超过了其需要的限度，并企图对于财富做无限制的累积，那么他们也就会同样地想要

[1] 霍布斯（Hobbes）在《利维坦》（*Leviatham*）一书中曾经说过：当全世界为居民所挤满时，最后的补救方法即为战争；它使每个人或者获得胜利，或者是死亡。

我们的土地吗？

格：苏格拉底，那是无可避免的。

苏：那么我们就要发生战争了，格劳孔，是不是？

格：绝对如此……

苏：所以姑且不论战争的利害如何，我们现在即可以断言已经发现了战争的原因，而这个原因也就是国家中一切罪恶的根源，无论公私都是一样的。

格：这是毫无疑问的。

畜牧文明与农业文明之间的第一次大冲突，发生在公元前 3000 年的时代中。从里海地区的北面草原中，涌出了大量的好战民族，即所谓的印欧民族（Indo-Europeans），这一情形延续了几个世纪之久。他们成群结队地向东、向东南、向西和向南移动。这种移殖运动的动机是什么，还不曾有确切的考据。也许是因为气候的变化，造成连续的干旱期；或者是如某些史学家所暗示的，优秀马种的选牧和刀剑的发明，驱使着他们向外发展。

在西面，许多游牧部落在公元前 2000 年之前即已渡过了多瑙河，变成了希腊、罗马和其他欧洲民族的祖先。其他的一部分，号称雅利安人（Aryans），大约在公元前 1800 年又分裂为两个集团：一支向东南进入印度，另一支向西南进入“肥沃新月”地区的北面山地中。这后面的一个集团就号称为伊朗人（Iranian），其中有两个最强大的种族，为米底人（Medes）和波斯人（Persians）。

差不多在这些侵入行动的同时，另外有一个民族，其祖先可能是闪米特人（Semites），号称为喜克索人（Hyksos，意为沙漠的王子），又在西亚出现，并蹂躏上埃及（Upper Egypt）地区。他们带着马一同走，在此以前埃及人是不知道有马的。喜克索人成功的主因似乎是他们有了马拖的战车（Chariots）和优秀的兵器。战车可能是从巴比伦人（Babylonians）那里学来的，大约在公元前 2100 年，

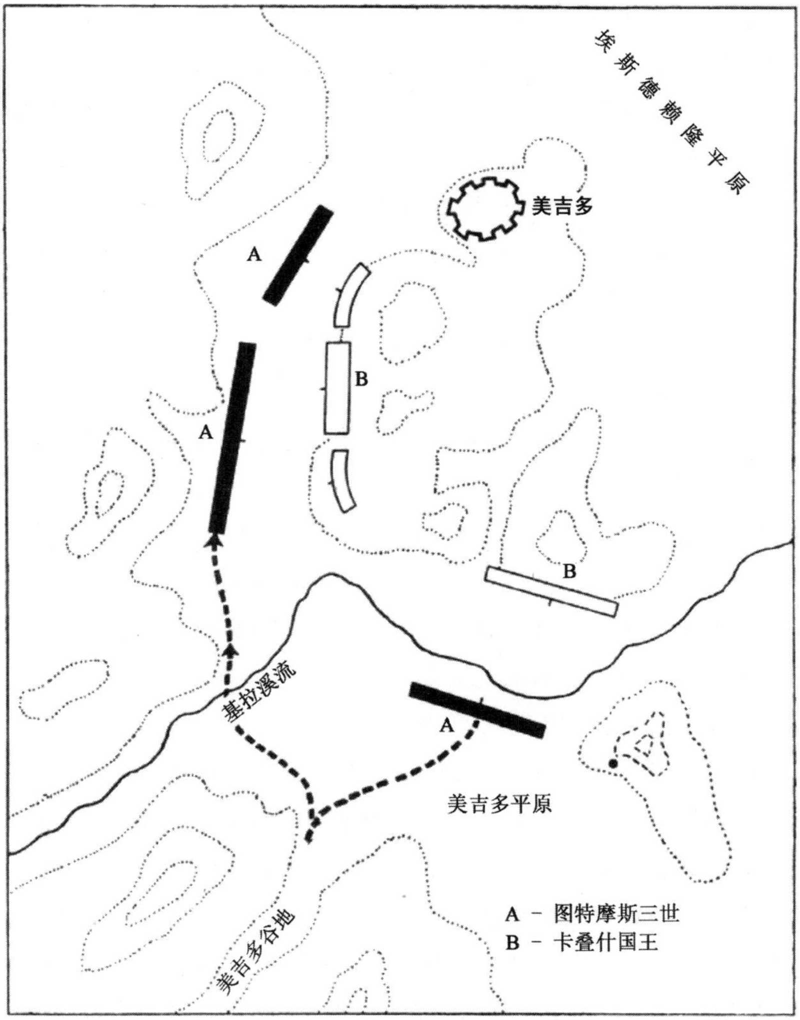

图一　美吉多战役，公元前 1479 年

马即已从北面输入这些地区。

虽然上埃及地区对于喜克索人也曾做激烈的抵抗，不过一直等到下埃及（Lower Egypt）的底比斯（Thebes）发动了一个全国性的革命，才把他们最终赶走（底比斯又分为凯尔奈克［Karnak］和卢克索［Luxor］)。于是雅赫摩斯一世（Ahmose Ⅰ，前1539—前1514年在位）开始建立第十八代的埃及王朝。在这些战争之中，古老的埃及民兵逐渐变成了一支组织良好的陆军，共分为两个“大师”（grand division）：一个驻防在三角洲上，一个则在上埃及地区中。士兵有弓和矛作武装，也携带防盾，但却没有甲胄。“箭筒”（quiver）已经由亚洲输入，而“火力”也都已经是“成排”（volleys）地发射。虽然尚未使用骑兵，但却已经采用了战车。在“法老”（Pharaoh，埃及王的尊称）的国家牧场中饲畜着数以千计的马匹，而战车制造也变成了一种艺术。

雅赫摩斯在公元前1514年逝世，继承他的人为阿孟贺特普一世（Amenhotep Ⅰ），接着下一代即为图特摩斯一世（Thutmose Ⅰ）。这两位好战的国王都曾经入侵叙利亚，北面远到幼发拉底河为止，但是都不曾企图组织其所征服的地区。图特摩斯一世死后，其长子嗣位，也叫作图特摩斯，只统治了几年，即为其异母妹哈特谢普苏特（Hatshepsut）所继承。她可以算是历史上第一位伟大的妇女，在公元前1501年，她又与其幼弟结婚，又是另外一位图特摩斯。哈特谢普苏特大约死于公元前1481年，在她未死之前，她的丈夫毫无实权，不问国事。她的统治以和平和非军事性而著称，所以等到她的丈夫图特摩斯三世继承她的时候，由卡叠什（Kadesh）国王首先发难，所有叙利亚和巴勒斯坦地区的城市国王，都一致叛变了。（图特摩斯三世王朝的起点不是从他的妻子死日算起，而是从他结婚之日算起。）[1] 为了镇压这场叛乱，图特摩斯在沙鲁（Tharu，即

[1] 以上所述哈特谢普苏特及其与图特摩斯二世、图特摩斯三世的关系似有误。根据《大不列颠百科全书》，哈特谢普苏特为图特摩斯一世和王后雅赫摩斯之女，与异母兄弟图特摩斯二世结婚。她的两个哥哥本应继承王位，但均已夭折。所以当图特摩斯一世逝世后，她和图特摩斯二世即荣登大宝。图特摩斯二世在位时间很短，他与一后宫嫔妃伊希斯所生之子图特摩斯三世登基后，哈特谢普苏特遂开始摄政，并将自己的女儿奈费鲁尔嫁与图特摩斯三世。——编者注

坎塔拉［Kantraa］）把兵力集中了之后，就在公元前1479年4月19日，取道加萨（Gaza）向叶亨（Yehem，即今叶玛［Yemma］）进发。这是在卡美尔（Carmel）山脉南坡上的一个城镇，他在5月10日到达了该地。

当此之时，这些城市国王的军队，在卡叠什国王的指挥之下，已经占领了美吉多（Megiddo）要塞，即阿玛格登（Armageddon），它位于卡美尔山脉的北坡，足以封锁从埃及通往幼发拉底河流域的大路。沿着这条道路向美吉多进攻，图特摩斯于5月14日率领着他的车队通过那个艾伦比勋爵（Lord Allenby）在3397年后，所通过的同一隘路，进入了要塞南面的美吉多平原。第二天，他的军队即开始以战斗序列向前进攻。此时，卡叠什国王的联军正在美吉多的城外宿营。图特摩斯把他部队的南角靠在基拉（Kina）溪流南面的一个小山上面，而其北端则直指美吉多。于是他好像是张牙舞爪的“鹰神”（Horus）一样，乘在闪亮的战车上，领导着进攻。一个冲锋之下，敌军即已被击溃，他们好像在精神上已经恐怖不堪，纷纷向美吉多逃走。当卡叠什人发现城门已经关上了的时候，就让老百姓把他们吊上城墙去，丢下了他们的战车。[1]

当时城内的情况已经紊乱到了极点，可是图特摩斯并未立即攻城，他的部队正在忙于搜劫敌人的营地，对于美吉多只是加以围困而已。围城的时间很短，等到该城投降时，才发现卡叠什国王已经逃走。所获得的战利品非常多，包括924辆战车，2238匹马，200副盔甲，国王的御用家具和大量金银。

在胜利之后，图特摩斯和他的前代君王不同，立即开始重组其再度征服的领土。首先，他废除了那些城市国王，用一些似乎会对他效忠的贵族领袖来代替他们。只要这些人能够准时向他纳贡，他也就让他们有统治这些城市的自主权。其次，他把这些新统治者的

---

[1] 此外也还留下了一些黄铜的盔甲，不久埃及国王和贵族也就开始采用这种盔甲了。

长子都送到埃及去受教育，于是等到他们继承父位的时候，就会更加效忠可靠了。等到这些工作完毕之后，他才在 10 月返回底比斯。

两年之后，图特摩斯又发动了第 2 次战役。他一共发动了 15 次战役。在第 5 次战役中，为了在叙利亚海岸上登陆，并建立一个作战基地，以求对付卡叠什和它的内地，他又建造了一支舰队。在第 6 次战役中，他的部队在西米拉（Simyra）登陆，该地的位置是在叙利亚海岸上的的黎波里（Tripoli）北面。接着他向卡叠什城进攻，这是一个强力的要塞，位置在奥龙特斯河（Orontes）的左岸，距离霍姆斯（Homs）不远。经过了长时间的围攻，才算是攻陷了。在第 7 次战役中，他在他的后方平定了一连串的叛乱。在第 8 次战役中，他侵入了米坦尼国（Mitanni），这也是一个雅利安人建立的国家，所占领的地区在幼发拉底河的大河湾之内。此外他也攻下了阿勒颇（Aleppo）。

图特摩斯的威名如此远播，许多地方的君王都纷纷向他进贡，甚至遥远的巴比伦和庞大的赫梯（Hittite）帝国也都送礼物给他。后者是在历史上首次被人提及的。更值得注意的是他的舰队也威震四方，使他在东地中海内建立了制海权，远达爱琴海诸岛屿，克里特岛和塞浦路斯岛都完全在他的控制之中。

在图特摩斯的最后一次战役中，他毁灭了卡叠什城，这一次又是卡叠什联合诸国叛变，在这一战之后，喜克索人的权力遗迹也从此消失了。16 年之后，在公元前 1477 年的春天，图特摩斯逝世，一共在位 54 年。他葬在"王陵谷"（The Valley of the Kings）中，遗体现在还保存在开罗的博物馆。

布里斯特德（Breasted）在他的《剑桥古代史》（*The Cambridge Ancient History*）一书中，对于图特摩斯三世曾有下述的评论：

> 他是第一个曾经建立了一个具有任何真正意义的帝国的人，他也是第一位世界英雄。他不仅使人对于他的时代产生了一个

> 世界广泛性的印象，而且更产生了一个新秩序的印象。他的伟大影子，使那些可怜的叙利亚君主们的诡计阴谋都为之黯然失色，像强风扫雾一样，使东方政治的空气为之澄清。他的铁腕使米坦尼人保持着恐怖的记忆，达三代之久。直到他的帝国瓦解后的几个世纪中，都还有人追忆他的英名，把它写在护身符上，当作权力的象征。一直到如今，这位国王的两个最伟大的纪功碑，他的希里波里坦方尖塔（Hiliopolitan Obelisks），也还竖立在大西洋两岸[1]，纪念着这位世界上第一个帝国的缔造者。

到了公元前 1400 年，在阿孟贺特普三世治下，埃及达到了其帝国权力的最高峰，于是“法老”逐渐变成了一个国际性的统治者，这也是有史以来第一次，一个世界统一性的上帝观念也随之而产生了。他的名字叫作“阿吞”（Aton），对这个神的祭祀是由阿孟贺特普四世开始的，他在公元前 1375 年继承了阿孟贺特普三世的帝位。

阿孟贺特普四世痛恨“阿蒙”（Amon）——那是底比斯的神——以及其他一切的旧神。他自己改名为“阿肯那顿”（Ikhnaton，意即“阿吞所满意的人”），封闭了一切的旧庙，驱逐它们的僧侣。

这一次的宗教革命动摇了这个帝国的基础，在混乱之中，埃及对于亚洲领土的控制权，开始变得有名无实。

阿肯那顿大约在公元前 1360 年逝世，继承他的人是他的女婿。他即位之后，就上尊号为“图特安哈顿”（Tutankhaton，即“阿吞的活影子”）。可是不久旧僧侣又得势了，强迫他放弃对于阿吞神的崇拜，并改尊号为“图特安哈门”（Tutankhamen）。他可能死于公元前 1354 年，接着埃及就进入了无政府状态，差不多等到了公元前 1350 年，才有一位名叫霍伦希布（Horemheb）的埃及人，自立为法老，于是一切的旧秩序又完全恢复。在这些纷乱之中，

[1] 一在伦敦，一在纽约。

巴勒斯坦已为东沙漠的游牧民族所占领，其中有所谓的希伯来人（Hebrews）；而叙利亚也已经为赫梯人所占领。

公元前 1315 年，霍伦希布之位由拉美西斯一世（Ramses Ⅰ）所继承，而其子塞提一世（Seti Ⅰ）也共同执政。拉美西斯一世就是埃及的第十九个王朝的建立者。

塞提改组了陆军之后，就开始再度征服巴勒斯坦，但是对于叙利亚的赫梯人在奥龙特斯河上所占有的卡叠什城，以及在巴勒斯坦以北，所有控制在赫梯人手中的叙利亚地区，却感到无法动摇他们的权力。他的儿子拉美西斯二世，于公元前 1292 年继承了王位，再度发动企图收复卡叠什的战役。假使不是有两件事情与他为难，那么也许他的武功是可以与图特摩斯三世媲美的。（1）埃及的民族性军队已经不存在了，取而代之的是佣兵制的部队，其中大部分为努比亚人（Nubians）和从北地中海地区所抽来的人员。（2）赫梯人至少有一部分已经有了铁制的兵器，而埃及士兵所用的还是青铜兵器。

公元前 1288 年的春天，拉美西斯正在向卡叠什前进时，陷入了一个陷阱，被敌人包围住了。可是当赫梯人正在搜劫他的营地时，他却乘机突围而出，反败为胜。但是这一个胜利却并不完全，因为卡叠什仍然保留在赫梯人的手里。这是埃及帝国的最后一次胜利。

拉美西斯活到了 90 岁以上，一共统治了 67 年。当他到了老年的时候，已经变得衰朽无能，在他于公元前 1225 年逝世之前，利比亚人（Libyans）和他们的同盟国，侵入了西埃及沙漠，把他们的领土扩展到孟斐斯（Memphis，在开罗以南 12 英里）的城墙外。埃及帝国就随着他的死去而结束。一直到三个世纪之后，才再有亚述（Assyria）帝国的兴起，在此期间，埃及对于它的北疆、南疆和西疆，都是岌岌乎难以自保。

亚述人的第一次出现是在公元前 3000 年，当时他们还是游荡的闪米特人，开始移殖到底格里斯河上游的亚述城（Assur），就在那里建立一个小型城市王国，以后一直等到公元前 10 世纪，他们才在西亚的沃土上强大了起来。一个世纪之后，在亚述纳西拔二世（AshurNasirpal Ⅱ，前 884—前 859 年在位）统治之下，他们开始踏上帝国主义的道路，着手建立一个巨大的帝国。到了撒缦以色五世（Shalmaneser Ⅴ，前 727—前 722 年在位）和萨尔贡二世（Sargon Ⅱ，前 722—前 705 年在位）的时代，帝国的疆域就扩张到了埃及的边界。

亚述人在本质上即一个好战的民族，因为他们的军队也就是他们的国家。它是一支具有高度纪律和组织的军队，而就那个时代而言，也拥有最优秀的兵器。据说早在公元前 10 世纪，他们即已知道使用攻城槌（battering ram），这是城市战争中的必需工具。这种工具装在木塔的里面，顶盖和前面都是用金属板来当作防盾，下面装着 6 个轮子。在顶盖之下有一个平台，以供弓弩手射杀城墙上防御者之用。由于与赫梯人有了接触，他们也学会了用铁制的兵器。[1]

亚述陆军中的组织分为弓弩手，以及支援他们的长矛兵和防盾兵，其机动化兵种则为战车。但是其主要兵器还是“恐怖”。他们有计划地将城市夷为废墟，把俘虏活活地钉死或是剥皮。

在辛那赫里布（Sennacherib，前 705—前 681 年在位）统治之下，塔尔苏斯（Tarsus）被洗劫，巴比伦被毁灭。他的继承人，以撒哈顿（Esarhaddon，前 681—前 669 年在位），又把从三角洲到底比斯之间的埃及部分征服了，底比斯城也在公元前 671 年被焚毁。这一次的征服，加上以前所赢得的土地，使亚述帝国在当时的世界上，达到了一时无二的规模。但是在它建立大一统统治的努力中，亚述帝国却已经膨胀过度。它那种毁灭性战争的方式，销毁了所征服地

---

[1] 布里斯特德在其《文明的征服》（*The Conquest of Civilization*）一书中曾经说过：亚述人的军队是有史以来使用铁制兵器的第一支大军。萨尔贡皇宫中某一个单独的武器库，即曾装有 200 吨的铁器。从某种意义上来说，亚述帝国的强盛要算是铁器时代的结果之一。

区的财富，而使它们经常地叛变，以致帝国必须保留一个巨大的驻防网。最后，它的帝国负担超过了其力量所能支持的限度。

当此之际，游牧民族又在移动之中。阿拉米人（Aramaeans）从沙漠中向内移动；从波斯湾的头部又来了卡尔都人（Kaldu），亦称迦勒底人（Chaldeans）；而从北面山地中也来了游牧的印欧民族，由米底人和波斯人领导着，向下侵入了亚述人的故土。

于是亚述人放弃了埃及，但埃及法老萨姆提克一世（Psamatik Ⅰ）因为害怕受到北方野蛮人的侵入，遂与亚述人订定条约，并派一支军队去支援这个动摇中的大帝国。可是它的崩溃却已经迫在眉睫。公元前 614 年，在基亚克萨里斯（Cyaxares）统治之下，米底人攻占了亚述城；而迦勒底人，在拿波纳萨尔（Nabopolasser，前 625—前 604 年在位）统治之下，也早已征服了巴比伦人，于是在公元前 612 年，两支军队结合在一起，冲入了亚述首都尼尼微（Nineveh），最后把这个城夷为废墟。

7 年之后，迦勒底人在拿波纳萨尔的儿子尼布甲尼撒二世（Nebuchadnezzar Ⅱ，前 604—前 562 年在位，他曾经重建巴比伦城）统治之下，又在幼发拉底河上的卡尔基米什（Carchemish）与埃及国王尼科（Necho）的军队相遇，并把尼科击败。

之后，尼布甲尼撒二世又征服了犹太（Judea），他在迦勒底人的诸王中要算是最伟大的一个。公元前 586 年，他冲入了耶路撒冷（Jerusulem），把犹太人当作俘虏带走，于是又进到了埃及的门庭之中。

虽然亚述人的衰亡是迅速而富有戏剧性的，可是许多的民族此后又一再被强迫受到一个单独主权的统治。尽管亚述帝国是毁灭了，可是统一王朝的思想却反而更形增强，所以亚述帝国覆灭了之后，马上就有另一个民族准备起来接替它的任务：这一次不是非洲人，也不是闪米特人，而是印欧民族的波斯人。

现在必须暂时按下亚洲方面的事情，先说到欧洲方面。首先叙述自从印欧民族来到之后，在那些世纪中在欧洲大陆东南角上所发生的一些事情。因为注定了应该由他们的子孙，来阻止和击毁第三次创立统一帝国的企图。

希腊人（Greek）到底是什么时候才渗入希腊，这已经不可考。在麦吉士（Russell Meiggs）所修订的1951年版《希腊史》一书中，他认为这大概发生在公元前2000年："大约在公元前2000年的时候，有了一个新民族进入希腊的迹象。"他们的先锋，向南移入了伯罗奔尼撒（Peloponnesus）半岛，征服了高度文明的爱琴人（Aegean），并与他们混血。这些民族通常被称为亚该亚人（Achaeans）[1]。之后又来了第二波的民族，叫作多里安人（Dorians），他们在公元前1500年也到达了伯罗奔尼撒，并征服了亚该亚人。之后，多里安人就开始向海上发展，征服了克里特岛和爱琴海中的诸岛。到了公元前1325年，自称伊奥尼亚人（Aeolians）的艾托克里斯（Eteokles），已经在小亚细亚的西岸，建立了坚强的国家。他与赫梯人的皇帝建立了友好的关系。赫梯人的首都为哈梯（Hatti），在哈亚斯河（Halys）的东面。两代人之后，这个友好关系又为另一批印欧民族的移动所破坏：弗里吉亚人（Phrygians）从色萨利（Thessaly）移来，亚美尼亚人（Armenians）从凡湖（Lake van）地区移来，他们征服了赫梯帝国。到了公元前1200年，赫梯帝国就完全失踪了。另外有一批弗里吉亚人，也在达达尼尔的东边，占据了希沙利克（Hissarlik）故土，并在那里建立了特洛伊（Troy）城。它在公元前1184年，经过了9年的围攻，才被阿尔戈斯（Argos）国王阿伽门农（Agamemnon）率领的亚该亚人所克服。到了公元前1000年，希腊人占领了整个希腊半岛和小亚细亚的爱琴海部分。多里安人在南部，爱奥尼亚人（Ionians）在中部，伊奥尼亚人在北部。

公元前1200年到公元前1000年，全部西方世界都处在混乱之

[1] 埃及人和赫梯人甚至《荷马史诗》都称希腊人为亚该亚人。

中。各个种族和民族都纷纷向各方向移动，以征服和逃避征服。大批的爱琴人冲入了叙利亚海岸和埃及三角洲。其中有一部分叫作非利士人（Philistines），曾在巴勒斯坦建国。这个混乱的时代与铁制兵器的出现，具有密切的关系，此外也可能与发明了用马来当冲锋的工具，而不仅是当作挽兽看待的事实有关。

那些移居在被征服的土地中的人民，都是聚族而居，由家庭而村落，由村落而城市。希腊的特殊地形——诸多小国为许多山脉所分隔着，中间只有极少量的陆上交通——更造成这种城市国家分立的局势，每一个国家都以“天下”自居。每个国家都具有自己的主权，有它自己的国王，自己的法律，天神和土地。在城墙之内，是以和平相处为原则，而在城墙之外，就到处都是敌人。于是在希腊本部，沿着爱琴海的海岸上和各岛屿上，一共兴起了好几百个城市国家，都是自私自利的集团，彼此互相猜忌，经常都在战争之中。当人口增加得太多，城市容纳不下去的时候，他们就会去寻找殖民地。在历史上，希腊人也是最伟大的殖民民族之一，其主要的动机并非为了征服和掠夺，而是因为缺少可以耕种的良好土地。

公元前750年，第一个希腊殖民地开始在中部地中海地区出现，腓尼基人（Phoenicians）本早已在那里建国。这些殖民地可以分为三大类：欧波亚人（Euboeans）在西西里岛和意大利的殖民地；亚该亚人在意大利南部的殖民地，那里被称为“大希腊”（Great Greece）；以及多里安人在西西里岛上的殖民地，其中最重要的为叙拉古（Syracuse）。此外，他们在塞浦路斯、吕底亚（Lydia）、南高卢（Gaul）、西班牙东部也都建立了殖民地，而不久在黑海海岸上也都布满了他们的足迹。这种特殊的扩张，直到公元前6世纪中叶才终止。假使希腊是一个统一的国家，共同拥戴着一个君主，那么这就可以使它变成世界上第一个最伟大的海洋帝国了。希腊人的殖民地，虽然总数在100个以上，可是在形式上却都只是他们城市国家的副本，其存亡之所系就靠着他们的军事力量。

在这些城市国家的初期时代中，诚如荷马（Homer）所歌颂的，战斗几乎都是由挑选出来的英雄做个人性的决斗。在这种战斗中，英勇为最好的美德，实际上，英勇和美德就是用同一个字来表示的。欧洲历史就是从这种英雄气概中产生出来的，它的象征是矛和剑，而不像在亚洲，是弓和矢。人群的领袖是最勇敢的人，而不是最聪明的人；足以支配战斗的不是他们的技巧，而是他们以身作则的勇气。战斗是以人与人之间的决斗为主，而不是头脑与头脑之间的决斗。希腊的标准英雄是善使长矛的阿喀琉斯（Achilles），而不是善射的帕里斯（Paris）。在心理方面，是白刃支配了矢石。

后来，也和在埃及与亚洲的情形一样，方阵开始出现了，斯巴达人（Sparta）是第一个充分发展它的民族。方阵出现之后，又由于冶金术的进步，甲胄的成本逐渐减低。本来城市的战士都是由贵族充当的，现在逐渐为平民取而代之了。甲胄的价格已经相当低廉，每一个小康的公民都有能力购置一套全身的甲胄，其中包括金属的头盔、胸甲、胫甲和股甲、圆形的防盾、长矛和重型的双锋剑——但通常很少携带弓矢。这样一个转变是合乎平等民主原则的，因为它使平民和贵族在战场上立于平等的地位。伯里（Bury）在他的《希腊史》上曾经说过："这是非常有意义的，当民兵制度尚未推行之前，骑兵通常为陆军的核心，民主观念永远不会出现……"不管他们是从哪里开始的，其结果终于成为历史上的一个正常发展。

人民自己既然不能自治，就很容易受到具有领导才能的人的支配。这种人通常都是贵族社会中某一党派的领袖，当他获得了不满意现状的公民的拥护之后，就常能放逐其政敌，而使他自己变成了城市中的唯一统治者。这种统治者通常被称为"暴君"（Tyrants，又译作"僭主"），实际上这种所谓"暴政"（Tyrancy）是一种制度，而并非一个带有侮辱性的名词。

到了公元前650年，"暴君"开始在希腊出现了，不久变成了一种常规，此后的150年遂被人称为"暴君的时代"（Age of the

Tyrants）。他们繁荣滋长的地区有爱奥尼亚的城市和岛屿、科林斯（Corinth）、西西里、欧波亚和雅典（Athens）等地，只有斯巴达例外。斯巴达人早已把暴君制改革掉了，建立了一种二元的王国，两个国王彼此可以制衡。斯巴达人害怕暴君制的滋长，所以在公元前 6 世纪的下半期中，他们建立了伯罗奔尼撒同盟（Peloponnesian League）。在斯巴达领导之下，许多伯罗奔尼撒国家缔结了一种松散的同盟，加盟各国仍保持其自主权和领土的完整，颇似美国的门罗主义。虽然各国之间仍然有互相交战的自由，但若有一国受到非同盟国的攻击，则全体同盟国必须联合一致来对付它。到了公元前 6 世纪的末叶，这个同盟已经把全部伯罗奔尼撒半岛都包括在内，只有阿尔戈斯和亚该亚例外。在希腊政治的所有各种组织中以此为最具有永久性。

当伯罗奔尼撒同盟正在形成的时候，在亚洲又发生一件大事，使得以后许多年内，这个同盟获得了非常重大的意义。这个事件的序幕有如下述：

当尼布甲尼撒正在征服犹太的时候，他新交的盟友，米底国王基亚克萨里斯（前 634—前 594 年在位），也征服了哈亚斯河以东的土地。这个征服使米底与吕底亚发生了接触，于是两国之间发生了战争。这场战争没有能够分胜负，最后两国讲和，吕底亚国王阿利亚特（Alyattes，前 617—前 560 年在位）的女儿和基亚克萨里斯的儿子结了婚。

阿利亚特现在既然感到东面已无后顾之忧，就决定向爱琴海方面扩展他的西疆。他决定夺取米利都（Miletus，即 Palortia），这是爱奥尼亚联盟（Ionian Confederacy）中最重要的城市。战祸延绵不绝，直到他的儿子克罗伊斯（Croesus，前 560—前 546 年在位）嗣位，才终于获胜了。他征服了所有的爱奥尼亚和伊奥尼亚的城市，并且强迫多里安诸城市也都向其臣服。以后，克罗伊斯又兴起建立一支舰队，以征服爱琴海中诸岛屿的念头。正当此时，上述的大事就开始发生了。他的姐夫米底国王阿斯特亚格斯（Astyages，前594—前549年在位），突然为一个不知名的波斯王子所推翻了，这个王子叫作库鲁希（Kurush），也就是希腊人所称的居鲁士（Cyrus）。

居鲁士为米底属国安申（Anshan）的王子。大约在公元前556年，他背叛了米底。他的军队由肯吃苦的农民和专业化的弓弩手所组成。在古代的名将中，拥有一支真正有效的骑兵者，似乎要首推他为历史上的第一人。在他发动叛乱之后，三年之内即征服了米底的全部领土，其成功的主因为阿斯特亚格斯的部队都纷纷倒戈。

这件事使克罗伊斯大吃一惊。因为他害怕居鲁士的下一个步骤即为渡过哈亚斯河，所以他放弃了他的爱琴海扩张计划，并与埃及、新巴比伦（迦勒底）、斯巴达等国缔结同盟，以抵制这个新兴的征服者。他于公元前547年，在普提里亚（Pteriei，地址已不可考）的附近，渡过了哈亚斯河，与波斯人做了一次无决定性的战斗。之后，由于冬季将近，他退回了他的首都萨迪斯（Sardes，即Sart），并派遣使臣到各同盟国去要求共同准备组织联军，以便在次年春季大张挞伐。

克罗伊斯退却之后，居鲁士尽量地利用其内线地位的优势，立即渡过哈亚斯河，在萨迪斯城外做了一次会战，击败了吕底亚的陆军。接着他就攻下了萨迪斯城，并俘获了克罗伊斯本人。他留下了他的部将哈巴古斯（Harpagus），去削平那些海岸上的希腊城市，因为这些城市是毫无团结的，所以哈巴古斯很容易地完成了任务。居鲁士本人则首先在吕底亚境内巩固自己的地位，然后公元前540年向东进发，在俄庇斯（Opis）击败了伯沙撒（Belshazzar）所率领的巴比伦军。两年之后他征服了巴比伦。先知但以理（Daniel）在他的《诗篇》第五章中，曾经叙述过巴比伦这次沦陷的史实。

巴比伦投降之后，于是从叙利亚北部起，到埃及的边界止，所有的国家都被居鲁士征服了。他留下他的儿子冈比西斯（Cambyses）去准备侵入埃及，而他自己则忙于组织其所征服的地区，并上尊号为“巴比伦、苏美尔和阿卡德，以及世界四方的国王”（King of Babel，Sumer，and Akkad，and the four quarters of the world）。于是他宣布接管米底帝国在东方的一切土地，其中包括希尔卡尼亚（Hyrcania）、安息（Parthia）、大夏（Bactriana）和粟特（Sogdiana）等国。关于以后在这些国家中，或更远的地区中的战役详情，都已经不可考，只知道他最后的一次战役，是以咸海（Lake Aral）地区的西徐亚人（Scythian）所建立的马萨格泰（Massagetae）为对象。他死于这场战役，是被杀还是病死已不可考，时为公元前528年。他的遗体被运到帕萨尔加德（Pasargadae，即 Murghab），就埋葬在那里。

他死后三年，他的儿子冈比西斯（前528—前522年在位）侵入埃及，在尼罗河的东部出口处的培琉喜阿姆（Pelusium）获得了一次决定性的胜利，使埃及人的抵抗完全崩溃。之后他又沿着尼罗河上游进攻阿比西尼亚，因补给上的困难，终于放弃。此时，希腊人在昔兰尼（Cyrene）的殖民地也已向他投降，于是他自上尊号为埃及国王。

当他在公元前522年逝世的时候，波斯帝国已经从印度的边境伸展到爱琴海，从黑海到努比亚（Nubia）以及从黑海到印度洋。已经有四个大王国——米底、新巴比伦、吕底亚和埃及——被消灭了。这都是30年征战的结果。

对于这个庞大而尚未消化的大帝国，其继承人为希斯塔斯普（Hystaspes），他本是安息省的省长（Satrap），因为他缺乏警惕，皇位遂为一个乔装冈比西斯已死兄弟的人所夺去。不过这个人的统治时间很短，篡位不久，希斯塔斯普的儿子大流士（Darius）就杀了他，夺回了皇位（前521—前483）。

大流士即位之初，即忙于削平各地的叛乱，等到秩序恢复，就立即开始组织他的大帝国。首先，他把全国分为20个省，每省设一个总督，这是一个真正的文官，而不像过去只是收税而已。其次，他利用腓尼基人建立了一支强大的舰队，以控制东地中海，并建筑了一张道路网，沟通各省与首都苏萨（Susa，即 Suster，《圣经》中作 Shushan）之间的交通。每隔 4“波里”(Parasang，约等于 14 英里)，即设置有驿站和旅馆，使这种驿递方式的速度可以很快。从萨迪斯到苏萨，其中所隔距离约为 1600 英里，皇家使者不要一个星期的时间即可到达。他也重开了苏伊士运河，它在塞提一世的时候即已存在，并向印度洋方面求发展。

大流士的军制是以师为基础。每师有 1 万精兵，分为 10 个营，每营又分 10 连，每连又分 10 排。他的御林军，号称为“不朽军”(Immortals)，也约为 1 万人，这和他的骑兵一样，是由纯粹的波斯人所组成的。几乎所有的高级军官和驻屯军指挥官也都是波斯人或米底人。照这样看来，他的军队很像英国的印度陆军。就其全体而言，布里斯特德在其《文明的征服》一书中，曾经对于大流士的帝国组织做过以下的评述：“姑且不说它是世界史上的，至少是古代东方史上的最伟大的成就之一。”罗宾森（Robinson）在他的《以色列史》一书中也说：“它似乎是此后一切帝国的模范，尤其对于罗马人为然。”

内乱已经平定，大流士的第二个问题就是如何使他的帝国免于外来的危险——换言之，即必须确保边疆的安全。其中最重要的又为东西两方面。在东面他发动了一连串的战役，把国界推过了印度河（Indus），于是这条大河和西面的山地就变成了防御侵入的金城汤池。第二个问题就比较复杂。除了在黑海与兴都库什山脉之间的缺口以外，波斯边界上最脆弱的地区即为爱琴海和普罗波恩蒂斯海(Propontis，即马尔马拉海［Marmara］)的沿岸。这是由于这个窄海两岸的民族血统相同，一旦有事，他们会彼此应援。其唯一实际可行的解决方案即为建立一条人种学上的界线，把西界向西推，一直到把全部希腊包括在内为止。似乎出于这个观念，他才会在公元前 512 年（？）进兵多瑙河地区。

他集中了可能有二三百艘船只的一支舰队，以及 7 万精兵的陆军（上述数字以《剑桥古代史》为依据），在加尔西顿（Chalcedon，即 Kadikoy）附近架桥渡过博斯普鲁斯（Bosporus）海峡。当陆军达到多瑙河时，他的舰队也到了该河河口，在加拉兹（Galatz）或布来拉（Braila）附近，用船只搭成了浮桥。接着他就向多瑙河以北推进，一方面可能是为了侦察地形，另一方面也是把他的力量显示给西徐亚人看。他到底前进了多远已经不可考，但是西徐亚人却实行焦土政策，迫使他只好退兵，等到他撤退时，西徐亚人就又攻击他的后卫，抢夺他的补给纵列。

大流士本来留下来一个由亚洲希腊人所组成的支队保护浮桥，现在他们已经受了色雷斯的切尔松尼斯（Thracian Chersonese，在加利波里半岛上）的暴君米太亚德（Miltiades）的鼓动，准备拆去浮桥，切断大流士与其基地之间的联络。但是米利都的暴君希斯提艾奥斯（Histiaeus）却劝说这些希腊人不要这样做，因为假使大流士遭受了惨败，则这些爱奥尼亚国家都会起而叛变，驱逐他们的暴君，而变为民主国家。大流士渡过了浮桥，撤回萨迪斯，留下他的副帅迈加比佐斯（Megabazus），率领一支大军去平定色雷斯（Thrace）。他从马尔马拉海一直顺利地进展到了斯特里蒙河（Strymon，即今斯特鲁马河［Struma］），虽然他未能灭亡马其顿（Macedonia），但是其国王亚历山大却承诺向大流士效忠。

这样就展开了希、波之间 200 年的斗争史，虽然双方都是雅利安民族，但它却是欧亚两洲间，东西两方间，有史以来的第一次大战。这与以后许多次的战争都不同，因为那大部分都是欧洲民族和国家之间的斗争。

当上述事件正在发生的时候，同等重要的事情也使希腊人感到困扰。当居鲁士在遥远的粟特逝世的那一年，雅典城的暴君庇西特拉图（Peisistratus）也死了。继承者是他的两个儿子，希庇亚斯（Hippias）和喜帕恰斯（Hipparchus）。后者在公元前 514 年被暗害，前者在 4 年后丧失人望，于是人民获得了斯巴达国王克莱奥梅尼（Cleomenes，公元前540—前491年在位）的武力援助，把他驱逐出境。希庇亚斯逃到了大流士的宫廷里去乞求援助。为了酬谢斯巴达的援助，雅典人被迫加入伯罗奔尼撒同盟，于是斯巴达获得了某种权利以干涉雅典的国事。

推翻了他们的暴君，雅典人在一个与人民友善的贵族克利斯提尼（Cleisthenes）的领导下建立了民主政体。当克利斯提尼获得了政权不久，另外一个贵族伊萨戈拉斯（Isagoras）却做了他的政敌，向克莱奥梅尼要求把克利斯提尼驱逐出国。于是斯巴达国王再度进入雅典，但是雅典的人民却群起反抗，他和他的小型陆军以及伊萨戈拉斯，都被围困在卫城（Acropolis），被迫投降——这种耻辱对于斯巴达国王而言，是一件空前的大事。

克利斯提尼在稳定政权之后，就开始进行改革。他所制定的第一批法律中有所谓"贝壳流放"（Ostracism）的制度，那就是说任何著名的公民若被认为对于国家具有危险性，就可以公民总投票的方式，把他放逐到国外去，期限为10年。其次他就开始改组陆军，把雅典人分为10个"人工化"的支族，每一个支族负责出步兵一个团（Taxis）和骑兵一个中队。每个团由一位将军（Strategos，后又改名Taxiach，即团长）率领着，整个军队则由一个有名无实的总司令（Polemarch）来统率。

因为害怕克莱奥梅尼会再来侵犯阿提卡（Attica）以雪前耻，克利斯提尼也向大流士求援；但是当克莱奥梅尼为了对付雅典所组织的第一次同盟失败了，他就又改变了他的决心。过了一两年，克莱奥梅尼组织了另外一个同盟，想来击溃阿提卡，但又因为同盟国间的争吵而毫无所成。最后，克莱奥梅尼认清了要想靠同盟国的力量，不可能达到他的目的；而且除非他已经是伯罗奔尼撒半岛的真正主人，否则也就无法再向科林斯海峡以北去求发展。所以他决定了第一个步骤应该是毁灭阿尔戈斯的权力，这是在伯罗奔尼撒尚未加入同盟国家中的最强大的一个。大约在公元前494年，克莱奥梅尼侵入了阿尔戈斯，在西皮亚（Sepeia，在萨罗尼加的西北方），他击败了敌军。获得了这次决定性的胜利之后，他并未进一步攻入城市，因为假使毁灭了阿尔戈斯城，则斯巴达在希腊人眼中的道义价值，将会大为降低。这次大胜的结果马上就显示了出来：在伯罗奔尼撒同盟中再没有一个国家敢反对斯巴达，不久，雅典也就在事实上承认了斯巴达在希腊世界中的政治领袖地位。

在这个伟大胜利的五年前，又有另外一个国家间的冲突发生，这是对于欧洲历史最具有决定性的一次战争，即所谓的爱奥尼亚叛乱（Ionic Revolt），其起源有如下述：

公元前499年，米利都是由大流士的女婿阿里斯塔戈拉斯（Aristagoras）所统治着，他的野心是想要征服基克拉泽斯（Cyclades）。因为他并没有一支够强大的舰队，所以他向萨迪斯总督之子，大流士的妻舅阿尔塔费尼斯（Artaphernes）求助。阿尔塔费尼斯获得了国王的授权，派了200艘船去帮助他，由迈加巴提斯（Megabates）指挥。他们到达不久之后，迈加巴提斯即与阿里斯塔戈拉斯发生了争吵，于是前者为了报复，就暗中通知纳克西亚人（Naxians），告诉他们马上就有危险来到，结果使这一次远征完全失败。阿里斯塔戈拉斯害怕受到惩处的耻辱，因为知道爱奥尼亚诸城市都正在想要推翻他们的暴君，于是决定设法发动一次全面的叛乱，以挽回他的命运。

首先他到希腊去寻求斯巴达的援助，但是斯巴达拒绝了，于是他又到雅典和埃雷特里亚（Eretria，即Aletria）去，前者给了他20艘船，后者给了他5艘。希腊人的援助若能更慷慨一点，那么这次叛乱即可能成功，整个历史都会改变。

这一点微不足道的增援，居然产生了巨大的结果。阿里斯塔戈拉斯回到了米利都，在公元前498年，他向萨迪斯进发，除了卫城以外，全境都为他所占领。不过这个成功却只是昙花一现，他不久即在以弗所（Ephesus）附近为波斯军所击败，雅典和埃雷特里亚的援兵也都各自回国去了。

萨迪斯被攻占之后，许多城市随之掀起了普遍的叛乱，这个风潮迅速展开，向南达到了卡利亚（Caria）和塞浦路斯，向北达到了普罗波恩蒂斯海岸。一个个的城市推翻了波斯人的统治，但是不久又都为波斯军队所压平，被迫降服。阿里斯塔戈拉斯在伤心之余，逃到了色雷斯，以后就死在那里。

这次战争中的主要大事为米利都的围城战，这也就是叛军的神经中枢。波军在陆上包围该城，在海上则用 600 艘船组成封锁线。希腊人一共只有 353 艘舰艇，决定突破封锁线，结果却在拉德岛（Lade）附近为波斯人击溃。这次惨败决定了米利都的命运，而这一次叛变也就随之而结束。

在这次惨败之后，腓尼基人的舰队就进入赫勒斯滂（Hellespont），并重新收复了在色雷斯海岸上的所有城市，北面直到拜占庭（Byzatium）为止。于是切尔松尼斯的暴君米太亚德，就从卡尔地亚（Cardia）逃往雅典，当他到达的时候又引起了一个政治危机。他是出生于雅典的，与波斯和庇西特拉图派都有世仇——因为他的父亲西蒙（Cimon）是死在后者手里——所以雅典的波斯贵族阶级（少数派）正需要他这样一个领袖，以对付克利斯提尼的民主派。结果他那个支族推选他出任将军。

赫勒斯滂既已再度回到波斯人的手中，那个被放逐的雅典暴君希庇亚斯，现在仍然在波斯的宫廷中，他遂力劝大流士向雅典进军，并扶助他复位。他这个要求为大流士所接受，因为现在爱奥尼亚叛变既已平息，大流士本人也十分想建立他那人种的西疆，他认为希庇亚斯是一个可以利用的工具。他决定在把亚洲的希腊地区重组之后，即开始再度征服色雷斯和马其顿，那是在这次叛乱中丧失掉的。他帮希庇亚斯复辟，以便把他当作傀儡，此后用蚕食的方法，吞并斯巴达和希腊其余部分。所以他的目标是占领雅典，在占领之后，即可以孤立斯巴达。

公元前 492 年，马多尼奥斯（Mardonius），波斯国王的女婿，被派率领大军进攻色雷斯，逼迫马其顿国王再度向波斯投降。当他正要向希腊进攻的时候，他的大部分舰队在阿索斯山（Mount Athos）的附近为一场风暴所损毁，迫不得已只好回到亚洲去。这一个挫折并不足以影响大流士的决心，他马上命令再组建另一支远征军，这一次不是采取陆上的路线，而是直接渡过爱琴海进攻。由于马多尼奥斯负伤，所以改由萨迪斯总督之子阿尔塔费尼斯，以及一位米底海军将领大提士（Datis）共同指挥。真实的兵力尚无定论，或许是 2.5 万名步兵和 1000 名骑兵。因为全部兵力都由海上运输，所以不可能比这个数字再大多少。

波斯人的战役计划到底是怎样，这我们就只好靠猜度了，以事实为根据，而不以古代所记载的为根据，因为希罗多德（Herodotus）的记载根本上缺乏任何明白的战略观念。依照孟罗（Munro）在《马拉松战役》一文中的推测，其大致应有如下述，这与希罗多德所说的也并不冲突。

从希庇亚斯方面，大流士知道在雅典城中，有一个阿尔克迈翁家族（Alcemaenidae，这是一个贵族，在公元前 7 世纪至公元前 5 世纪中，对于雅典的政治是一个主要的领导力量）是激烈反对米太亚德的，现在希望希庇亚斯能够复辟。此外，过去雅典人曾经参加爱奥尼亚叛乱，为求饶起见，他们也准备与波斯人合作。用今天的名词来说，就是在雅典城中已经存在着一支强有力的第五纵队，这当然是对于波斯人有利的。假使能将雅典陆军设法引诱离开城市，而同时用一支波斯军在法里龙（Phalerum，即 Phaleron）登陆，以支援阿尔克迈翁家族，雅典城也许就可以不战而下。所以波斯人就面临着两个主要问题：（1）如何在精神上支援在雅典城中的第五纵队；（2）如何引诱雅典陆军离开雅典，并把他们牵制住。

对于第一个问题的答案是首先征服埃雷特里亚——它几乎是毫无抵抗能力的——埃雷特里亚的被蹂躏，可以使雅典人在精神上感到恐惧，于是驱使他们投入阴谋叛国者的怀抱中。对于第二个问题的答案是用一支陆军在马拉松湾（Bay of Marathon）登陆——在雅典东北方25英里处——以由陆上向雅典进攻的威胁，来引诱雅典陆军出城迎敌。

公元前491年[1]的8月底或9月初，这个计划的执行准备都已经完全妥当，波斯人的运输船团在舰队的护送之下，从萨摩斯（Samos）驶往纳克索斯岛（Naxos），在基克拉泽斯小有接触之后，就到达了欧波亚（即Negropont）南岸上的卡里斯塔斯（Carystus，即Karystos）。当希腊人已经认清了波斯人的目的之后，这支远征军即已通过欧波亚海峡，向埃雷特里亚前进。埃雷特里亚人决心抵抗攻击，并派人到雅典去要求紧急的援助。雅典人表示同意，但同时也认清了专靠雅典人的力量，还是不够强大，于是又立即派人向斯巴达求援，我们还可以假想还已经向普拉蒂亚人求援。这个派往斯巴达的使者费里皮德斯（Pheilippides），在48小时之内跑了150英里的距离，于9月9日到达了斯巴达。因为雅典已经是同盟中的一分子，所以斯巴达当然立即答应援助，可是他们却说因为受了卡里亚节（Carneian）的限制，他们必须在9月19至20日的满月之后，始能出兵作战。

阿尔塔费尼斯率领一部分波军，围攻埃雷特里亚，而大提士则率领其余的兵力，越过了欧波亚海峡，在马拉松湾登陆。同时，希腊的陆军总数约为9000到1万人，在总司令卡利马科斯（Callimachus）指挥之下，从雅典城向北进发，同他一路走的有10个支族的将军，其中有一个即为米太亚德。他还没有前进得很远，就听到波斯人在马拉松湾登陆的消息。卡利马科斯就向右转，进入了阿弗罗那（Avlona）谷地，把军队扎营在赫刺克勒斯（Heracles）

[1] 传统性的说法为公元前490年，但孟罗却改订为公元前491年，其理由很充分，但尚未为大家一致接受。

的神庙中，在那里又有1000名普拉蒂亚人加入他的部队。

当雅典人到达赫剌克勒斯神庙的时候——它在弗拉纳（Vrana）以北的某处——可以假定波斯的舰队正在赛罗苏拉（Cynosura）岬角的西边投锚，其陆军则已经登陆（约1.5万人），在海岸边大沼地掩护之下宿营。在大沼地的南面即为马拉松平原，由一条小河卡拉德拉（Charadra，即溪流之意）分为两部分，在平原之南又有一个沼泽地带，称为小沼地，其位置在海岸与阿格莱里基山（Mount Agrieliki）山麓之间。

雅典人所占领的阵地，实际上是无法加以攻击的，又因为波斯人并未攻占从平原通到雅典的路线，即经过小沼地和卡拉德拉和阿弗罗那等处的道路，所以雅典人也似乎明了敌人并不想从陆路攻入雅典。他们若不向波斯人进攻，其唯一的危险就是雅典城在无防御的状况之下，可能会有叛乱的阴谋在城内发生，否则，他们就真应该延迟发动攻击的时间，以等待斯巴达人在满月后到来。所以在最初8天之内，双方都和平地相持着，一直等到第9天，雅典人得知埃雷特里亚由于内奸的响应已经陷落的消息，于是卡利马科斯和他的将军们就被迫必须做决定了。很明显的理由是，现在阿尔塔费尼斯已经有了行动自由，于是在大提士牵制行动的掩护下，他可能会从海上绕道直趋雅典城。现在他们举行了一次作战会议，米太亚德在会议中极力主张立即进攻。因为有5位将军反对，4位赞成，于是他请卡利马科斯裁决，他也投票表示同意，问题才算是获得了解决。不过一直等到他们获得了阿尔塔费尼斯的部队已经在上船的消息，他们才开始采取行动。很巧合的是，那个时候又正碰到米太亚德轮值，担负全军的战术指挥。[1]

[1] 整个有关指挥的问题还是模糊不清的，总司令只是名义上的统帅，10位将军都出席作战会议。在公元前5世纪的时候，所谓战术，只不过是排定一个战斗序列而已。从希罗多德的记载上来看，似乎每一个将军都有轮流指挥的权利。但这并不侵越统帅的权威，因为这完全是操典上的行动，任何将军都优先为之。

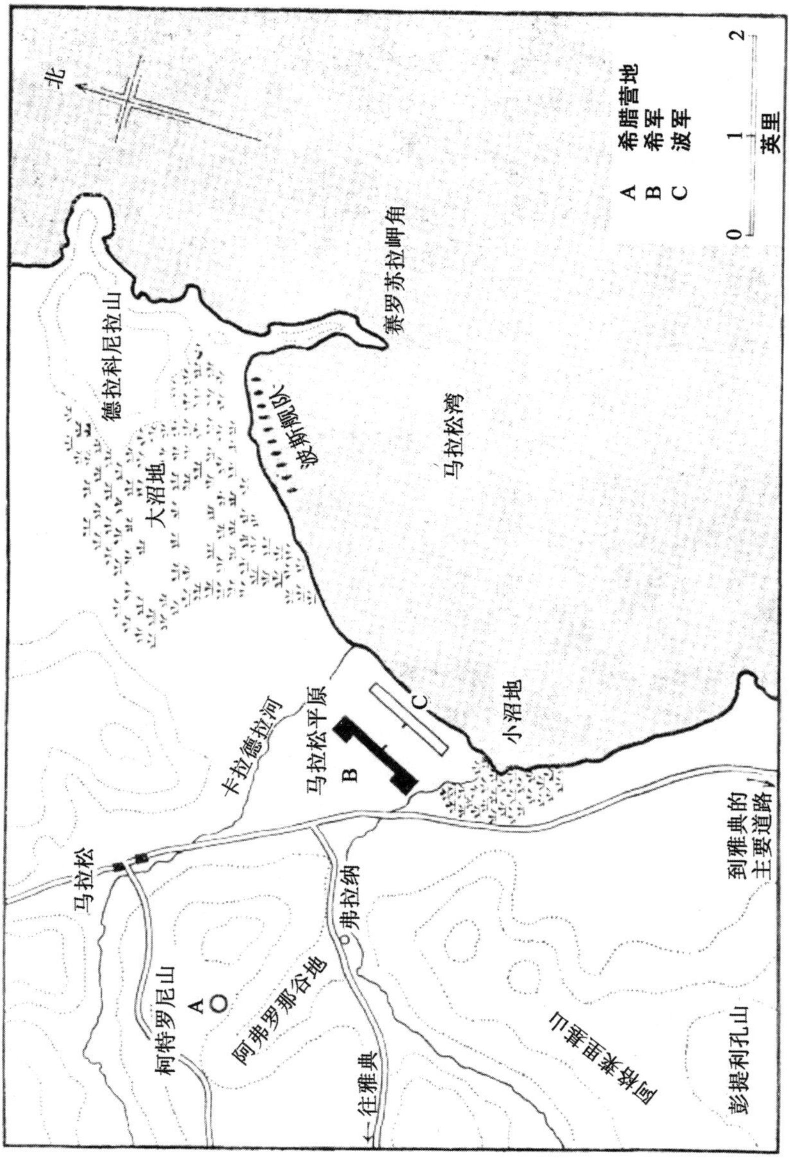

图二　马拉松会战，公元前 491 年

那也许是 9 月 21 日，由值日的将军米太亚德，把雅典陆军摆成战斗序列，似乎全军约为 1 万到 1.1 万人，分为两个平行纵队，每一个都约有半英里的长度，等到进入了马拉松平原之时，他们就旋转变成横队。波斯人看见了之后，也立即把兵力展开在卡拉德拉河的右岸与小沼地之间，所以他们的正面应该是与海岸线平行的。据说两军之间的距离是 8 个“斯塔德”（Stades）还不到，即比一英里略少一点。接着，为了预防被波斯人包围，卡利马科斯，或者是米太亚德，把希军的中央兵力可能减为 4 排，而在两翼方面则维持着 8 排的配置。希腊人尚右，右翼为荣誉位置，由卡利马科斯亲自率领；普拉蒂亚人则在左翼方面，而米太亚德则可能站在他自己那一团的前面。参战人员中还有悲剧诗人埃斯库罗斯（Aeschylus）。

在战术方面，卡利马科斯和米太亚德面临着一个困难。波军步兵的主力由弓弩手所组成。在白刃相接的时候，这两位将领可以依赖他们的装甲步兵来突破波军的正面，但是当进到弓箭的射程之内时，突击的速度必须提高。一旦进入了“击败地区”（Beatenzone），即在波斯弓弩手前面约 200 码处，突击的步调就必须加倍。因为一个一英里长的方阵，在这种步速之下，要想维持其队形是不可能的，所以有发生秩序混乱的危险。

战斗序列摆好了，牺牲也显示出吉兆，希军遂缓步向前推进，等到快要接近“击败地区”的时候，才把速度提高一倍。固然真正的战斗情形，只能猜测得之，但这却可以用常识来判断。当成一条横队前进时，在正面敌“火”威胁之下，两翼的速度自然地就会超过中央部分。结果希军的正面遂成为凹进的形状，又因为中央只有 4 排兵力，而两翼则有 8 排兵力，因此中央部分似乎就现出空洞来了，于是波军就由此突入，驱逐中央部分的希军向后退却。希军中央部分的退却除了把波军正面拉成了凸出的形状以外，也把希军的两翼向内拉，于是缩短了正面的原有长度。这种长度的缩短又自动地使希军两翼向内旋转，直扑波军的两翼。这个结果就形成了两面包围的局面，与300年后，汉尼拔在坎尼会战中所故意想造成的形势极为相似。于是波斯全军被挤在一起，秩序大乱，在恐慌之中摆脱了战斗，向船上奔逃，而希军则在后面乘胜追击。后来在海岸上又做了一次战斗，但是大提士在损失了7艘船和6400人之后，终于逃脱了。

据说，雅典人一共只战死了192人。其中包括英勇的总司令卡利马科斯，另外一位将军，以及诗人埃斯库罗斯的兄弟赛尼吉拉斯（Cynegirus）。普拉蒂亚人的损失没有记录。战死的人埋在一个大圆丘之下，到今天还足以作为这个战场的标志。

大提士的残部匆匆登舟逃走的时候，阿尔塔费尼斯可能已经在海上，而他的先头部队也许已经越过了赛罗苏拉之线。正当此际，据说有人在彭提利孔山（Mount Pentelicon）用一个防盾反光打出信号来。是谁在发信号，以及信号内容为何，都已经不可考。但是以后的解释都是说这是要求波军的舰只直向雅典驶去，以便支援那些叛徒。[1]

希腊人现在是一分钟的时间都不能损失。大提士开船，他们马上就赶回雅典，恰好可以阻止阿尔塔费尼斯在法里龙占稳一个立足点。阿尔塔费尼斯看到机会已失，就立即掉转他的舰队，向亚洲驶去。在这同一天的黄昏时候，斯巴达军的前卫也进入了阿提卡，当他们听说会战已经胜利地结束了，就开往马拉松战场上，去凭吊波斯的战死者。

马拉松要算是一次著名的会战，波斯人的战略和希腊人的战术，两者都足以令人景仰。虽然希腊人击败了大流士这一次惩罚性的远征，但是它并不具有决定性胜利的意义。它并未使希腊波斯之间的争霸战从此告以段落，相反，它却只算得是为未来的长期斗争吹响

[1] 以这个信号而论，似乎当时叛徒们是已经准备成熟，即将发难了。但是因为某种原因，却迟迟未发。以后他们知道斯巴达人的援兵就要来到，遂不敢动。

了序曲。诚如孟罗所说的：这是一部伟大剧本的一场卓越的序幕。这是希腊人有史以来的第一次，凭着他们自己的力量把波斯人击败了，马拉松一战使希腊人对于他们自己的命运产生了信心。这个命运支持了 3 个世纪，在这个时期中，西方文化诞生了。马拉松战役可以算是欧洲出生时的啼声。

第一章

萨拉米斯会战和普拉蒂亚会战

希罗多德曾经这样写道："现在，在雅典有这样一个人，他新近才升到第一等公民的地位，他的真名叫作地米斯托克利（Themistocles），但是通常大家都称他为尼奥克利斯（Neocles）之子。"他比他的多数同胞更具远见，认为马拉松只是波希间长期战争的一个开始。他也认清了除非雅典能够建立一支强大的舰队，足以赢得爱琴海的控制权，否则它的覆亡即将成为定命。

每当伟人出现，通常总是有一种时势来帮助他，而地米斯托克利又可以算是最伟大人物中的一个，其情形也正是如此。（1）雅典与埃伊纳（Aegina）之间的战争，证明了拥有强大海军的必要性。（2）尽管大流士的决心比过去更坚定，一心想继续进行对希腊的战争，可是由于埃及发生叛变，把他牵制住了，暂时无法采取行动。（3）马罗尼亚（Maroneia）矿区发现了丰富的银矿，最先大家主张把这些财富平分给雅典每一个公民，最后地米斯托克利却终于说服了人民大会，把它用来建造100艘有3层桨架的战船（Triremes）。（4）大流士尚未把埃及的叛乱压平，他本人又死了，王位由他的儿子薛西斯（Xerxes，前485—前465年在位）继承。这又使希腊人获得了更多的喘息时间，因为薛西斯不仅要平定这个叛乱，同时还要巩固他自己的王位。

等到埃及的秩序恢复，薛西斯于公元前 484 年即开始准备这个延误已久的希腊人侵战。虽然希罗多德的记载不免夸大，可是经过了 4 年的准备，这一次的远征行动实在是声势浩大。每一个省区要负责供给一定量的兵额。据希罗多德的记载，全部的亚洲民族，都已经出兵对希腊作战。莫里斯爵士（Sir Maurice）估计这次征兵的总数为 15.05 万人，孟罗则认为战斗人员共有 18 万人，可是比起希罗多德的记载 264.161 万人，似乎还是很渺小的。不管实际的数字到底有多大，由于人数太多，绝对无法用船只来运输，于是采取了陆上进攻的路线。而这一次渡过欧洲的地点为赫勒斯滂，而不是博斯普鲁斯。为了避免马多尼奥斯在公元前 492 年曾经遭受的灾难，薛西斯下令在连接阿索斯山与卡尔西德斯（Chalcidice）大陆之间的狭窄地峡上，开了一条运河。此外他也下令在斯特里蒙河上架桥，并且沿着部队所要经过的海岸道路上，一路设立兵站。

从阿拜多斯（Abydos）到西斯塔斯（Sestus）之间的赫勒斯滂大浮桥，就当时而论，可以算是一个惊人的成功，即令到了今天来说，也不是一个轻松的工程。第一次尝试失败，而第二次在希腊工程师哈巴拉斯（Harpalus）的指导之下终于成功了。3 层桨架和 50 桨座的船（penteconters）一共搭成了 2 座浮桥。它们之间由 6 条长缆联系着，2 条是麻绳（Flex），4 条是纸草（papyras）纤维所织成的。在船上又建造着一条木制的道路。西端的浮桥一共用了 314 艘船，东端的浮桥一共用了 360 艘船。

到了公元前 481 年的冬天，一切准备都已完成，薛西斯把他的司令部设在萨迪斯，向所有的希腊国家发出通牒——只有雅典和斯巴达例外——向他们要求土和水，也就是“臣服”的象征。次年春季开始进兵，陆军向阿拜多斯进发，依照希罗多德的记载，早已集结了 1207 艘战船和 3000 艘运输船。在阿拜多斯，薛西斯检阅了他的陆军，此后陆军就通过浮桥进到了西斯塔斯，向切尔松尼斯进发，绕过了米拉斯湾（Melas），到达了多里斯卡斯（Doriscus）。在那里他们与舰队会合，之后舰队就要通过阿索斯山运河前进。薛西斯检阅了他的舰队之后，就启程前往塞尔迈（Therma，即萨洛尼卡），这是远征军休息之地。于是波斯王乘船先行，去侦察滕比（Tempe）隘路的情形，它的位置是在奥林波斯（Olympus）之南，奥沙山（Ossa）之北。

在尚未叙述此后的发展之前，应首先把这个时期希腊人的战争艺术，略加检讨如下。为了使这问题的讨论完整，遂一直包括到公元前 5 世纪末的发展为止。

到了这个时候，方阵组织在斯巴达已经发展到了最完美的程度。依照斯巴达的法律，这些公民军人的责任就是“征服或战死”。对于他们而言，战争是一种节日，而战斗即为勇敢的比赛。每一个斯巴达的军人，都有一个背负防盾的人员随伴着，因为他的装备差不多有 72 磅重。在公元前 479 年的普拉蒂亚会战中，每一个重步兵（Hoplite）都有 7 个农奴（Helot）跟着他，于是整个方阵有了 8 个人的纵深。对于负伤的敌人，这些农奴用棍棒将他处死，假使他们的主人负伤了，他们也就负责救护。为了保持战斗的行列，士兵们的步伐以军笛吹奏的音乐为准绳。

在这种“礼仪”式的战斗中，战术就只限于长矛的冲刺，一直等到轻型部队加入了方阵，这种战术才开始有一点变化。假使不是受了这种崇尚英勇的宗教狂热的影响，毫无疑问，一开始就应该做如此的改革。可是甚至迟到伯罗奔尼撒战争（前 431—前 404）的时候，除了北部希腊的种族，其余各国都还是不重视轻型部队。话虽如此，公元前 426 年，在狄摩西尼（Demosthenes）率领下的雅典人，却为埃托利亚人（Aetolian）的标枪兵击败了，后者拒绝从事肉搏战，只是从远距离处用标枪（Javelins）来击溃方阵。环境的压迫，使这种改革无可避免，于是在公元前 4 世纪的初期，雅典的将军伊菲克拉特斯（Iphicrates）才训练成功了一支真正轻型的步兵，称为 Peltasts。他们受过迅速运动的训练，穿着棉胎或皮质的短衣，携带着防盾、标枪和刀剑。在公元前 390 年，伊菲克拉特斯歼灭了一个斯巴达的营（mora），足以证明他们的价值。

说来也很奇怪，像雅典人这样一个聪明的民族，对于这种重要兵种的建立，竟会如此迟缓。早在很久以前，他们即已组成了一支具有高度效率的海军弓弩部队，这些人员是从次一等的富有阶级中招募来的，不过他们的财产还不够养马的资格。在伯罗奔尼撒战争中，对于斯巴达的海上突袭，这些弓弩手曾经发挥极大的作用，根据修昔底德（Thucydides）的记载，斯巴达人只好采取非常的手段，组织了 400 匹马和一批弓弩手来对付他们。

当波斯大军入侵的时候，在希腊各国中唯一有真正骑兵的只有色萨利人，但是他们对于希腊的防御，却并未有所贡献，因为他们完全不是波斯骑兵的敌手。尽管他们的国家具有山地的性质，可是说也奇怪，希腊对于这种兵种却是如此落后；因为 20 年前，公元前 511 年，斯巴达人在距离雅典不远的地方，即曾为色萨利人的骑兵所击败，早已付出了代价，认清了它的价值。依照戴布流克（Delbruck）的分析，在希波战争的全部过程中，决定性的因素都是希腊人对于波斯骑兵的畏惧心理。

从上述对于希腊战争的简略分析中，可以注意到一点：所有关于兵器方面的改变，都完全是出于被迫的，因为就整个立场上来说，都是匹夫之勇阻碍了发明。仅仅在围城战中，我们才可以发现有运用想象力的例证。在公元前 429 年的普拉蒂亚围城战中，普拉蒂亚人似乎曾经使用火箭来焚毁敌人的攻城机器；在德龙（Delium）围城战中，曾经利用硫黄烟做过一次毒气攻击；在公元前 413 年，叙拉古人似乎也使用液体火来防御他们的城墙。

远在薛西斯到达塞尔马之前，许多希腊国家早已派代表参加一个所谓的泛希腊会议（Panhellenic Congress），共同讨论如何应付他的进攻。会议在科林斯地峡举行，由斯巴达人任主席。许多国家都缺席，其中较重要的为色萨利和多数的波提亚（Boeotian）城市。

所讨论的防御计划，主要受下述事实的支配：由于伯罗奔尼撒被它那些国家认为是“希腊独立的卫城”，所以他们认为科林斯地峡的防御最为重要。第二种考虑是，假使单独据守这个地峡，则所有希腊北部和中部都要放弃，可是这些地区一旦被敌人占领，则地峡的防线即可以从海上来加以迂回；为了避免这种危险，又必须在地峡的北面阻止敌军，愈远愈好。因为希腊的陆海军在数量上都处于劣势，所以前者必须要在隘道中，后者必须在窄海中，才有希望获致成功。除了这个地峡以外，滕比谷地和温泉关（Thermopylae）对于陆军而言，似乎是一个理想的位置。而除了萨拉米斯海峡以外，埃夫里普（Euripus），或称欧波亚海峡，对于舰队而言，似乎也同样合适。更进一步，因为后述的窄海在希腊东海岸上，从滕比谷地起到温泉关之间，对于所有实际可能登陆的地点，都可以构成它的侧翼，所以一支舰队若能在这里作战，则可以与据守滕比谷地或温泉关的陆军收到合作之效。同时所需要的陆军也不必太强大，其实力只要能够阻止波斯陆军的前进达相当长久的时间即可。一旦波军在陆上无法前进，即可引诱他们运用舰队迂回这个阵地，这样就可以在欧波亚海峡中做一次海战了。在这种窄海中，波军的数量优势即将大打折扣。如果波军在这个窄海中遭到决定性的失败，科林斯地峡即可以免受海上来的侧翼迂回。

当希腊人正在讨论上述战略时，薛西斯还留在阿拜多斯，色萨利人向希腊会议提出要求，希望能封锁滕比谷地。于是有一支希腊的舰队，装载着 1 万名步兵，分为两个师，一为斯巴达师，由艾凡尼塔斯（Evaenetus）率领，一为雅典师，由地米斯托克利率领，被派往通过埃夫里普以到达亚该亚 · 费提阿提斯（Achaea Phthiotis）的哈拉斯（Halus）。从哈拉斯，联军总司令艾凡尼塔斯又领兵向滕比谷地前进，在那里他发现有几个隘路，感觉到他的兵力实在不够支配，就撤回了科林斯地峡。战争一开始，即做了这样一次撤退，结果使希腊北部诸国在精神上大受打击；而那些主张专守地峡的人，在会议中的势力遂大为增强。

德尔斐的神谕（The Oracle at Delphi）又使情况变得更为复杂。由于为波斯战争准备的浩大声势所慑（薛西斯对于这些准备是绝不掩蔽的），这些预言都表示出希腊是不利的。神谕说："为什么你要坐在这里等候毁灭？飞！飞向造物极端。离开你的家和你的城市。"

这个忠告是专对雅典人而发的，很明显，这个祭师以为波斯人远征的唯一目标就是雅典，假使雅典受到了膺惩，而其他国家不去支援它，这些国家则大致是可以幸免的。

雅典人对于这个丧气的神谕感到非常失望，于是再度去祈求神的指示。结果是他们又获得另外一个指示，其最后一段是很有名的，大意如下：

> 这个木墙会继续保护你和你的孩子的安全。
> 不要等候马的蹄声，或是步兵的步伐声。
> 在陆上，转过背来对着敌人，你可以撤退。
> 可是有一天来到了，你将会与他交战。
> 神圣的萨拉米斯，他可以毁灭女人的后代。
> 那里人播种，或是那里人收获。

是不是真有这回事呢？这些预言也在可解与不可解之间。假使上述的一切是事实，那么神谕似乎猜得很准确，决战只有在海上去寻求，而不是在陆上。可能是这样的：艾凡尼塔斯回来不久之后，泛希腊会议就开始向当时希腊世界中最大的强权，叙拉古的暴君吉罗（Gelo）求救。由于他的舰队在数量上可以与雅典相等，神谕才会做以上的推断。

依照希罗多德的记载，虽然吉罗也很愿意援助，可是他心有余而力不足，因为当时迦太基也正准备要想向西西里做大规模的入侵，由于这个威胁，他被牵制住了，不敢行动。

这里就有一个有趣味的问题发生。波斯和迦太基同时发动入侵，是否为一个联合性的作战，其目的不仅是摧毁希腊，更是整个的希腊世界？

根据狄奥多拉斯（Diodorus）的记载：薛西斯希望把所有的希腊人都赶出他们的家乡，便派了一个使臣到迦太基去，要求他们合作，并订立一个协定。波斯人攻击住在希腊的希腊人，而迦太基人则同时攻击住在西西里和意大利的希腊人。格仑地（Grundy）在他的《大波斯战争史》中认为这是可能的事情。因为：（1）腓尼基人一方面是波斯的臣民，另一方面又与迦太基人具有血缘关系；（2）这两方面的入侵，很明显可以收到互相协助之效。

在滕比的不战而退，加上又没有能够获得吉罗的援助，逼迫着泛希腊会议在下述两条路线中，必须要选择一个：（1）在埃夫里普海峡中寻求海上的决战，同时用陆军扼守温泉关。（2）专门坚守科林斯地峡，等候在萨拉米斯海峡中做海上的决战。斯巴达人主张后者，而雅典人则主张前者。但是最后斯巴达人让步了，因为假使放弃阿提卡，则雅典人将宁肯与敌人言和，也不愿意让他们的国家化为焦土。若是这样，则他们的舰队将归入波斯人的掌握，而若无雅典的海军，则科林斯地峡即丧失了其防御价值。

会议决定派遣联合舰队到阿提密喜安（Artemisium，可能即为Pataki）去，这个地点在欧波亚的西北岸上。另外有一支陆军，在斯巴达王莱奥尼达斯（Leonidas）指挥之下，同往温泉关。后者约有七八千人，除正规步兵以外还有轻型步兵，其中包括着300名斯巴达的御林军在内。前者一共有324艘3层桨架的战船和9艘50桨座的船，其中雅典海军共占180艘，由地米斯托克利指挥，虽然由欧利拜德斯（Eurybiades）所统率之斯巴达海军一共只有10艘船，但因为他是同盟中的盟主，所以仍由他出任统帅。

虽然海军与陆军在数量上的不成比例，表明主要的目标是海上的战斗，但是温泉关的死守也还是同等重要。只有阻止了波斯陆军的前进，才能迫使波斯舰队挺身而斗。照我们看来，希腊计划中的弱点就是莱奥尼达斯也还是和艾凡尼塔斯一样，率领的兵力实在太少，不足以完成他的任务。其原因是斯巴达人坚决认为，科林斯地峡的守兵是绝不能减弱的。

波斯人的计划是陆军和主力舰队应同时抵达温泉关的前方，以及欧波亚海峡的北端入口处，后者又负责与希腊舰队交战。同时，腓尼基人的支队，约有船 200 艘，准备绕过欧波亚的东岸和南岸，以封锁海峡的南端入口，这样就可以把希腊舰队关在海峡之内。

波斯陆军从塞尔马向南行军的第 12 天，波斯的主力舰队和腓尼基支队也开始出海。欧利拜德斯听到了支队行动的消息，就派了 53 艘阿提卡战船到恰尔西斯（Chalcis），去扼守海峡的腰部。此时，波斯舰队沿着马格内西亚半岛（Magnesian）的东岸向下行驶，尚未到达阿费台（Aphetae）的碇泊所，突然遇到一阵东南狂风——号称赫勒斯滂之风（Hellespontias）——依照希罗多德的记载，有 400 艘战船受到了损毁，而运输船则无法计算。

欧利拜德斯召开了一个战争会议，来讨论这个事件。在会议席上，依照狄奥多拉斯的记载，除了地米斯托克利以外，其他所有的指挥官都主张采取守势。虽然如此，他还是说服了大家同意采取攻势，他指出这是一个空前的好机会，在第一次接触时，就能够以整齐的兵力来攻击一个秩序已乱的敌人。接着就发生了顽强而无决定性的战斗。当天，希腊人在阿提密喜安又接获了从恰尔西斯传来的消息，得知腓尼基支队遭遇到了大风暴，大部分船只被摧毁，于是那 53 艘阿提卡战船也开始驶回，可能在交战的那一天黄昏，即已驶返阿提密喜安。

第二天，波斯舰队改取攻势。希腊人把他们的船摆成一个新月形，把两端指向陆地，以防侧翼受到迂回，在一声讯号之下，波斯舰队冲上来。结果是一场接近的混战，但还是没有决定胜负。交战之后，希腊的海军将军们又开会准备考虑退却。正在争辩时，突然由温泉关来了一条 30 桨座的快船，带来了一个坏消息：隘路已经丧失，莱奥尼达斯已经阵亡，波斯陆军正在向雅典开进。于是除了撤退以外，更无其他选择的余地，在黑暗掩蔽之下，希腊人向南撤往萨拉米斯。

在叙述这一个惨败的经过之前，应先把这个隘路的情况略加说明。在公元前 480 年的时候，它是沿着马利亚湾（Malian Gulf）的南岸行走的，一共分为三道“门”（Gates）：西门、中门和东门。西门在阿索普斯河（Asopus）河口东面不远的地方，东门在阿彭尼镇（Alpeni）的西面，而中门则位于二者之间。在南方为卡里德罗马斯山（Mounts Callidromus），有一条小径，叫作阿罗培亚（Anopaea），越过它的北坡，从东门的附近起，到山地中一点的附近——这一点叫作德拉柯斯皮利亚（Dracospilia）——于是往西走到达特拉齐斯卫城（Citadel of Trachis）附近的阿索普斯峡谷。若是取道这一条小路，则那条通过海边三门的道路，就可以从东西两边来加以迂回了。[1]

莱奥尼达斯达到了温泉关之后，他就据守着中门，为了保护他的左翼，他派了 1000 名弗西亚兵（Phocians）驻在阿罗培亚小径上，大致距离德拉柯斯皮利亚不远。等到他部署好了不久，薛西斯的大军即进入了马利亚平原，把营地扎在西门以西和阿索普斯河上。他在那里停留 4 天，据希罗多德所推测的，他是想凭着他的庞大兵力，把希腊人吓走，但是比较更可能的解释是他在等候他的海军先打一个胜仗，以便迂回希腊人的阵地。

在第 5 天的时候，薛西斯开始对于中门做第一次攻击，结果却

[1] 这条小径的真正位置，历代史家的看法都不一样，到现在仍无定论。

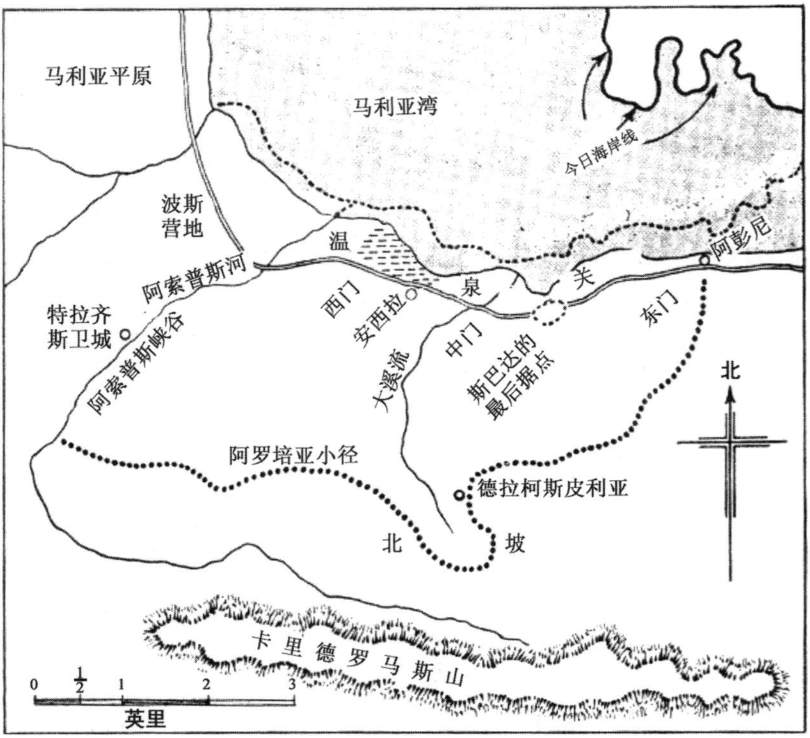

图三　温泉关的防御，公元前 480 年

发现他的那些未装甲的部队，实在不是希腊装甲部队的对手。第 2 天他再进攻，仍然被击退。现在波斯人的处境就开始变得颇为严峻。他的陆海军现在都无法通过，而我们也可以假想其陆军的补给已经快要完了。在这个紧要关头，假使希军的总数是 1.6 万人，而不是 8000 人，则薛西斯即可能会被迫撤退，而他一走，则希腊舰队将随之发动全面攻击。

薛西斯正在感到无可奈何的时候，突然有一个马里斯人（Malis）艾费尔提斯（Ephialtes），告诉他还有一条小路通到温泉关山地中。薛西斯马上就想到，若沿着这条小路进兵，则有迂回中门的可能性。

大约在上灯的时候，他命令海达尔尼斯（Hydarnes）率领御林军去完成这个任务。他们走了一夜，在拂晓的时候，向德拉柯斯皮利亚附近的弗西亚支队实施奇袭，把他们赶入了山中之后，接着再继续挺进。不久之后，就有侦探——可能即为弗西亚人——去把这个情况报告给莱奥尼达斯。以后的发展就很模糊不清。格仑地在《大波斯战争史》中所假定的说法是：莱奥尼达斯即把他的全军分为两部分，留下斯巴达、提班斯（Thebams）和提斯皮亚（Thespians）的部队，仍然扼守中门，而把其余的兵力派往后方去占守森林中的小径，阻止波军的跃出，这样就可以使他的交通线还不至于被切断。真正的情形是怎样，还是不可考。或者是这一部分兵力到达得太迟，没有来得及阻止波军的前进，不然就是在恐惧中溃散了，从东门向艾拉提亚（Elataea）逃走。不管到底是怎样，莱奥尼达斯不久即腹背受敌，在拒绝招降之后，终于英勇战死。这个隘路遂被打通，波斯军开始向雅典长驱直入。

薛西斯立即向南进发，希望使雅典人和斯巴达人都屈服在他的意志之下，以使战争获得一个胜利的结束。他的统一宇内的壮志所要求的不可能比这个再少，而且似乎在他的前路上，已经没有任何的障碍物，足以阻止整个希腊半岛并入他的帝国版图之中。

雅典城中已经是惊恐万分。雅典公民希望他们的伯罗奔尼撒同盟军，能够赶紧开入波提亚，阻止野蛮人南下。可是他们所听到的消息，却是同盟军还正忙于在科林斯地峡构筑要塞工事。但他们却还是不肯投降，而做了一个历史上最英勇的决定。他们在卫城山上设防，撤出了雅典和阿提卡，把他们的家人送往埃伊纳、萨拉米斯和特罗曾（Troezen）。

这种迁徙不免会带来混乱，而斯巴达人尽管自私自利，可是地米斯托克利手中仍然还握有一张王牌——雅典的舰队。假使温泉关的防御是要依赖这个舰队的，那么科林斯地峡的防御对此的需要，也许还要加倍。但是这支舰队又应该如何运用呢？在阿提密喜安，

图四　萨拉米斯与普拉蒂亚会战，公元前 480—前 479 年

尤其是在第二次海战中，所犯的错误就是在开阔的水面上与数量占优势的敌人交战。地米斯托克利认为绝不可以再犯这个错误，于是他的思想就固定在萨拉米斯海峡上面。可是诚如格仑地所指明的：假使波斯人不管留在萨拉米斯的希腊海军，而直接驶向科林斯地峡，情况则即可能会危险到极点。所以如何引诱波斯人来攻击他所选择的地点，就变成了地米斯托克利心中的主要问题。

萨拉米斯岛位于艾琉西斯湾（Eleusis）的南面，东西两端都形成一个狭窄的海峡。其一在萨拉米斯与麦格拉（Megara）之间，另一个则在赛罗苏拉岬角与皮拉斯河（Piraeus）河口之间。后者又与普西塔利亚岛（Psyttaleia）分为两个小海峡，西面一个约半英里宽，东面一个比 0.75 英里略宽一点。

为了引诱波斯人再采取他们在阿提密喜安所使用的同样计划，即把希腊舰队封锁在窄海之内，以便一网打尽，地米斯托克利决定做一个极大的冒险，故意留着萨拉米斯到麦格拉之间的海峡不加以设防。为了防御东西的两个小海峡，他可以依赖 366 艘 3 层桨架的战船和 7 艘 50 桨座的战船。

现在我们可以引用修昔底德的评论来说明这个伟大人物的风度：

> ……地米斯托克利这个人，显出了无比的天才，尤其是在这个危急的时候，他更是值得我们无比推崇。他的天才似乎是不可学而致之的，在这个迫在眉睫的危机中，几乎是没有考虑之余地，他却是一个最好的决断者，而对于将来，甚至是很远的可能性，他也都是一个最好的预言家。对于所有从其实际经验领域中产生出来的东西，他都善于做理论上的解释；但对于其毫无经验的事物，他也一样具有适当的判断能力。对于隐藏在不可预见的将来情况中的善恶，他却能分辨得很清楚。最后，不管是他的天才也好，还是他在运用时的果敢态度也好，这个伟大人物在运用直觉以应付危机的本领上，的确可以说是高人一等。（见修氏的《伯罗奔尼撒战史》）

当地米斯托克利用计的时候，薛西斯也已经前进了。他到达了雅典，围攻卫城山，经过了苦战，才把它攻陷，并且屠杀了它的防御者。这是一个意外的噩耗，希腊舰队的水手们立即发生了惊慌的现象，要求立即召开战争会议。但这个震惊太巨大了，甚至有些船长不等到会议中投票表决，就匆匆地上船，扯起风帆，好像他们准备马上逃走一样。地米斯托克利听到了这个消息，就立即说服了欧利拜德斯离开了他的船只，又重新召集各位船长再开会讨论。于是地米斯托克利做了下述的致词：

“啊，欧利拜德斯呀！拯救希腊就全靠着你，假使你要肯听我的话，在这里与敌人交战，而不听那些人的话，把舰队撤回科林斯地峡，那么希腊即可得救。现在请你听我说，在下述的两条路线中选择一条。若在地峡地区，你就必须在开阔海面上作战，这是对于我们大为不利的……波斯的陆海军同时并进，假使你要撤退，那么也就无异于把敌人向伯罗奔尼撒引去，结果会使整个希腊同归于尽。反过来说，假使你肯听我的话，那么你就可以获得下述的利益：当我们在窄海中作战时，即可以寡击众，假使战争照常轨发展的话，我们则可能获得一个伟大的胜利；因为若在窄海中作战，就对于我们有利，而在阔海中作战，就对于他们有利。……这就是你所要决定的，到底是采取哪一条路线。不管我们是在这里作战，还是到科林斯去作战，都是同样为了防御伯罗奔尼撒而战的……当人类依照理智去考虑，理智即可保证成功；但是假使他们不依照理智去考虑，则神就绝不会帮助人类的幻想！”

科林斯人阿德曼塔斯（Adeimantus）反对他的意见，劝说欧利拜德斯拒绝接受地米斯托克利的计划。于是，地米斯托克利最后向欧利拜德致词，并且打出他的王牌来：

“假使你肯留在这里，采取像一个勇士的行动，那一切都很好……否则，我们就会把我们的眷属装上船去，立即开往意大利，那里本是我们的老家……等到你损失了像我们这样一个同盟国之后，那么你再想到我今天所说的话，就一定会追悔不及了。”

听到了这一番话，欧利拜德斯又变更了他的决心。他害怕假使他把舰队撤往地峡地区，雅典人就会一怒而去。他也明知道一旦雅典人离去，所剩余的兵力，就更绝对不是波斯舰队的对手。于是他决定留下来不走，就在萨拉米斯与敌人决战。

第二天，公元前 480 年 9 月 22 日，在这个决战的前夕，据当时在场的阿斯齐拉斯说：薛西斯曾经从希腊舰队方面收到了一封来信，它的内容据说是有如下述：

> 等候到夜幕将垂的时候，
> 希腊人是不会再坚持下去，
> 他们将乘着黑暗的掩护，
> 各自飞奔逃命。

当薛西斯接到了这封来信——那可能是午后不久的时候——他本来已经命令他的舰队出海，现在又暂时收回成命，决定等到黑夜之后再采取行动。是谁送去这一封信？为什么要送呢？希罗多德对于这个故事的叙述有如下述：

尽管欧利拜德斯已经决定在萨拉米斯决战，可是反对这个决定的人还是太多了，于是在 9 月 22 日上午，又举行第三次战争会议，仍然讨论这个老问题。当地米斯托克利看到伯罗奔尼撒诸国的将领，都准备投票反对他的时候，就秘密地从会议中溜了出来，向某一个人吩咐了一番，即命令他搭上一艘商船开往米底人的舰队中去。以下即为这个使者向薛西斯所说的话：

“雅典军的指挥秘密地派我来见你，其他的希腊人都完全不知道这件事。他是一向对于大王具有好感的，他宁愿希望大王成功，而不愿见他本国人胜利。他要我来告诉大王，希腊人恐慌到了极点，正准备匆匆逃走。假使你现在能够阻止他们逃走，那么你就可以大获全胜。他们之间意见分歧，所以现在不会做任何的抵抗。甚至于你可以看到他们之间即将发生内讧。”

薛西斯会中计，其理由是可以想见的，因为他一直听到他的间谍们说，敌人阵营中早已发生了分裂现象。所以如上文所说的，他立即改变他的计划。现在他决定同时秘密地封锁萨拉米斯的东西两端出口，于是就可以把希腊舰队全部封锁在内。依照阿斯齐拉斯的说法，这些行动都是在夜幕垂下之后进行的。

埃及人派遣的 200 艘船，受命绕过萨拉米斯，去封锁西端水道，而其余的波斯舰队，则排成一道 3 层船的阵线，从赛罗苏拉岬角的南面，一直到皮拉斯河口为止。中间的普西塔利亚岛也由波斯军占领。在 9 月 23 日拂晓之前不久，这些部署都已经完成。

当这些事正在进行时，希腊的将领们却还在争论不决。于是地米斯托克利的政敌，阿里斯提德斯（Aristeides），突然地从埃伊纳岛上赶来。他把地米斯托克利喊到一边来，向他说："不管那些科林斯人和欧利拜德斯希望如何，可是现在他们已经无法撤退了，因为我们全部都已经为敌人所包围。"地米斯托克利要求他亲自向会议报告。当他报告了之后，斯巴达人还不肯相信，一直等到有一艘从波斯方面逃来的提尼亚人（Tenian）的船只，才算是证实了阿里斯提德斯的话，这样他们才认清了他们的问题已经自动解决了。

现在既然被迫非应战不可，希腊方面的将领即开始匆忙地准备作战。据推测，他们首先派遣科林斯支队去据守西面海峡，以对抗埃及人。其次，他们在萨拉米斯镇与艾加罗斯山（Mount Aegaleos）南坡上希拉克莱奥（Heracleion）下面的海岸之间的海峡中，把战船列成了阵势。其战斗序列如下：右面，欧利拜德斯率领着 16 艘船；左面，雅典舰队，船只占总数一半以上；中央，其余同盟军的船只。

在视线之外，波斯舰队分成了三线，一字摆开。不久，它又分为船只的纵队，以便通过普西塔利亚水道，腓尼基人在右，而爱奥尼亚希腊人在左。可是当这个调动开始之后，也许是因为船数太多，或者是因为水手不够熟练，又或者是因为海上波浪太大——可能三者联合在一起——波斯的纵队发生了混乱，一直等到希腊船只已经划近了他们的时候，秩序仍然没有恢复。在这种混战中，最重的船比较有利，而最快的船却并无作用。不久，领先的波斯船被迫向后倒退，使混乱更形增加。雅典的船只构造较为坚固，当它们从敌船侧边紧紧地擦过时，把敌船一面的桨完全折断了，使其丧失操纵能力。然后它们又掉过头来，碰撞敌船的中部。在雅典的每一艘战船上面，载有 18 个陆战队员——其中有 4 个重步兵和 4 个弓弩手。

决定性战斗是在希腊左翼方面打的。在那一方面的雅典人和埃伊纳人沿着海岸向前划行，就在薛西斯的面前经过——他本人正站在皮拉斯河北岸的一个山丘上面，想在那里展望希腊舰队的投降——然后转到腓尼基舰队的右面，把他们向波斯阵线的中央压迫。但希腊的右翼进展得太快，在那里看来好像腓尼基人已经受到了侧面的攻击。等到雅典人和埃伊纳人对波斯中央部分的迂回，已经使波斯左翼又受到后方攻击的威胁时，胜利的波浪才逐渐由希腊的左翼传到右翼方面。于是爱奥尼亚希腊人开始撤退，而他们的撤退使这个已经苦斗了七八个小时的战斗告以结束。

希腊人似乎并未实行追击，也许他们已经很吃力了。普西塔利亚岛上的波斯守军为阿里斯提德斯所肃清。战败后的波斯人返回法里龙，而得胜的希腊人则返回萨拉米斯。双方损失并无可靠的记载。依照狄奥多拉斯的记载，希腊方面损失 40 艘船，波斯方面则为 200 艘，被俘的还不算在内。

就战术而论，萨拉米斯并不算是一个超级的伟大胜利，但是在战略上却具有决定性的效果。它彻底地击毁了波斯人的计划，这个计划的成功，必须有赖于舰队与陆军间的密切合作。对于薛西斯而言，船只的损失还并不太严重，而威望的损失才更为严重。前者是可以补充的，可是后者在一个勉强组成的混合大帝国中，一经丧失，就很难再建立起来了。他的后方由于这次战败，可能会发生叛乱，而尤以爱奥尼亚希腊人为然。

直到萨拉米斯之战为止，波斯的海权在爱琴海中是至高无上的。因为：一方面，波斯人所能集中的船只数量，是任何国家都比不上的；另一方面，由于爱奥尼亚叛变失败之后，沿着爱琴海东岸的波

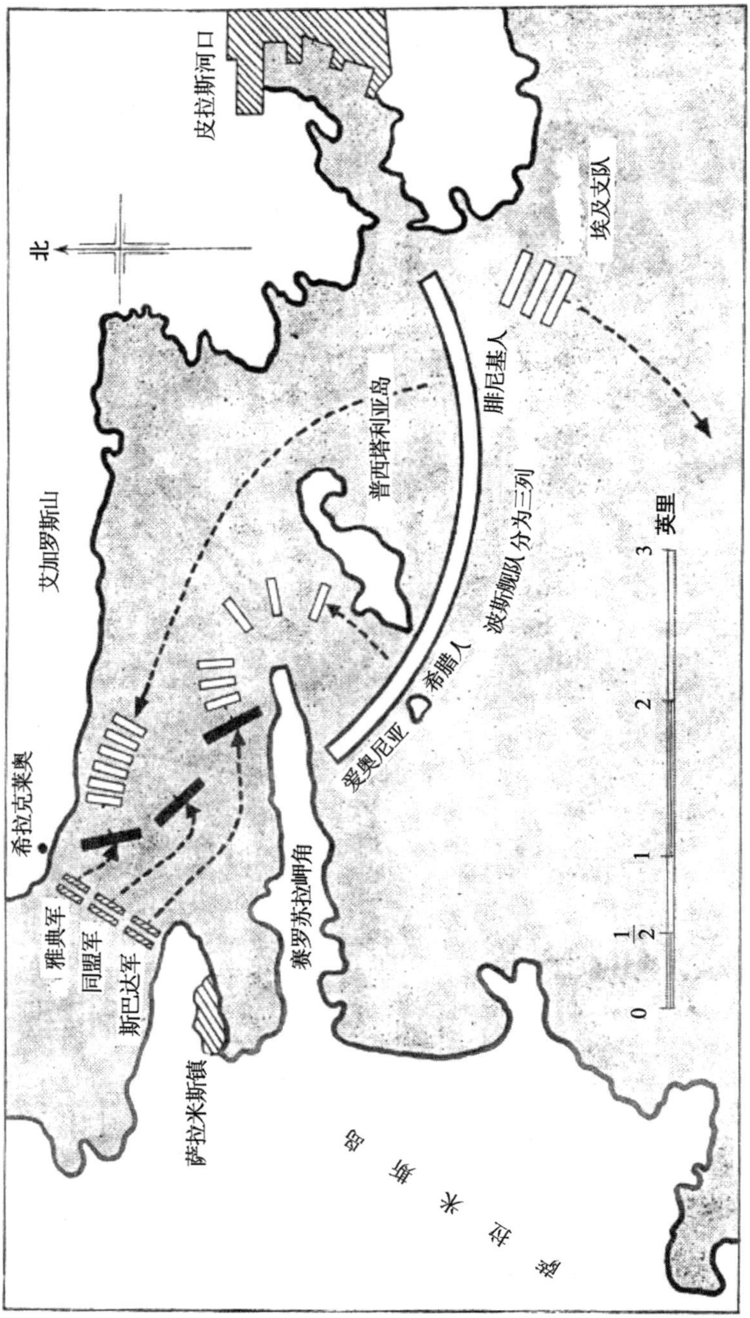

图五 萨拉米斯会战，公元前 480 年

斯海军基地的安全有了保障。现在情形就完全不同了，因为在萨拉米斯的希腊海军不仅击败了波斯的舰队，而同时也鼓励了爱奥尼亚人的反抗情绪。虽然在那个时候，双方还不一定知道这一点，可是萨拉米斯这一战，却的确使波斯人在爱琴海中的制海权从此告以结束。若无制海权，波斯人在像希腊这样一个穷国之中，实在无法维持一支巨大的陆军兵力。诚如格仑地所说的，他们所运送过去的巨大兵力，现在已经逐渐缩小，以至于希腊人在战场上都敢向他们挑战了。普拉蒂亚之战即为萨拉米斯之战的后果。

萨拉米斯之战结束了，薛西斯现在最感到焦急的，即为赫勒斯滂浮桥的安全。他有一点神经紧张，自己把危险的程度放大了，认为若是希腊人或爱奥尼亚人把它毁掉了，那么他的全军就都会陷于死地。他立即命令他的舰队回亚洲去，扼守爱琴海的东岸，几天之后，他也率领陆军向北退却。

当时，希腊人看到波斯陆军仍坚守原地未动，遂假定其舰队尚留在法里龙，直到波斯陆军也开始撤退，他们才出动侦察敌人的行踪。他们发现敌人舰队早已远去，而且也没有捉到任何的波斯船只，他们只前进到安德罗斯岛（Andros）为止，在那里停船，又举行了一次战争会议。地米斯托克利建议一直驶往赫勒斯滂，去毁灭波斯人的浮桥。但是欧利拜德斯却反对他这个意见，他认为这一个行动将使波斯人无法回亚洲去，他们为了求生，必做困兽之斗，整个希腊就都有遭到蹂躏的可能性。大多数人都表示同意这个意见，地米斯托克利的计划遂被打消。

当他发现希腊海军并不积极活动，薛西斯的神经又恢复了镇定。他现在认清了，假使全军都撤出希腊，其后果之惨将与全军覆没在那里并无二致。假使承认了这样一次压倒性的失败，则其帝国的基础将开始动摇。所以他决定守住希腊不退了。他留下马多尼奥斯和阿尔塔巴左斯（Artabazus）两员大将和陆军的一部分，前者驻在色萨利，后者则留在色雷斯和马其顿。因为在这些地区中，已经存积了不少的补给，而且到亚洲的交通线也比较短。至于其他的部队则经过赫勒斯滂撤回亚洲，以便平定后方可能爆发的任何叛变。

根据希罗多德的记载，波斯陆军中一共留下了 30 万精兵，交给马多尼奥斯指挥，当然这个数字是不免过分夸大，但无论如何，实际数字也还是不小，足以使马多尼奥斯随心所欲，在任何地方都能重整攻势。[1] 不过由于波斯的舰队已经撤走，他已经无力解决科林斯地峡的问题。很明显，他也知道这一点，所以他并不前进，而企图设法利用希腊城市国家之间和内部的永无休止的争论，来坐收渔人之利。

公元前 479 年，在雅典又重开了一次选将会议。地米斯托克利这次没有再度当选——其原因已不可考——但他的两个政敌，阿里斯提德斯和桑希普斯（Xanthippus）却都当选了。这对于马多尼奥斯而言是一件幸事，因为他们过去都是主张宁愿与波斯人讲和，也不愿再与斯巴达人缔结同盟的。假使他能够把他们争取过来，则科林斯地峡的问题自可迎刃而解。

在公元前 479 年的初夏时节，他派马其顿的国王亚历山大到雅典去诱和，说明完全不咎既往，要求雅典与波斯以平等的地位缔结同盟。这个消息传到了斯巴达人的耳中，使他们大为震惊。结果雅典人同意拒绝这个和谈的要求，不过斯巴达人也默认愿与雅典人联合在一起，以对于共同的敌人发动一次攻势。

于是马多尼奥斯又开始设法挑拨伯罗奔尼撒诸国之间的内讧。因为知道阿尔戈斯人（Argives）与斯巴达有宿怨，所以他就想挑拨阿尔戈斯人去攻击斯巴达。假使这两国真的打起来，他就可以突然南下，用突袭的手段把地峡地区攻占下来。但这个阴谋未能成功。

接着马多尼奥斯又把他的第一个计划加以修正再来实行。这一次的目的是想用压迫雅典人为手段，以引诱斯巴达人进到开阔的地

[1] 根据《剑桥古代史》的估计，约为 10 万。

上来求战。当他从色萨利南下时，他改变了方向，直向雅典进军。同时又派了一个使节到萨拉米斯去，企图与雅典人重开谈判，希望这样可以使斯巴达人感到恐慌。这一计划成功了，阿里斯提德斯立即派代表到斯巴达去，说假使斯巴达人对于雅典仍然是忠实的盟友，那么就希望他们能够立即采取行动。这个威胁的后果为，经过了相当的迟延，斯巴达人从地峡地区派出了一支野战军，由他们青年的国王保萨尼阿斯（Pausanias）率领着，一共有 5000 名重步兵和 3.5 万名武装的农奴。马多尼奥斯一直都不曾损毁过雅典城，现在却纵火把该城烧光，接着就撤回到波提亚，以引诱斯巴达人和他们的同盟军前进到一个比较适宜于其骑兵作战的地区中。

保萨尼阿斯可能在 7 月份才到达科林斯地峡，他首先集中在那里的伯罗奔尼撒诸国的兵力，然后再进到艾琉西斯，在那里阿里斯提德斯也加入到一起，一共有 8000 名重步兵，以及相当数量的弓弩手。从艾琉西斯他又向艾里斯莱（Erythrae）前进（确定地址已不可考），从那里站在赛台龙山（Cithaeron）的北面山脚上，他可以看见在阿索普斯河上的设防营地。

虽然希军所占的位置地形起伏破碎，并不适宜于骑兵攻击，但是马多尼奥斯希望在敌人尚未获到增援之前，即将其击败，所以就命令马西斯提亚斯（Masistius）率领他的全部骑兵向希军进攻，结果却不幸大败而归。雅典人一箭把马西斯提亚斯射下马，以后为了争夺他的尸体，又发生了一场恶战，结果还是波斯人损失严重，终于撤回。

虽然这只能算是一次大型的小战，但却带来了重要的战术性后果。波斯人学会了一个教训，知道在一个破碎多山的地面上，若与密集队形的重步兵做接近的战斗，则骑兵是不会有获胜的机会。可是希腊人却被这次胜利冲昏了头脑，以为他们在任何地形中都可以击败敌人的骑兵了。我们可以看出来，在下一次作战中，波斯人是过分地小心，而希腊人则是过分地大胆。

由于这一次击败了波斯的骑兵，而艾里斯莱又缺乏适当的水源，同时在这里又很难于向波斯军的右翼采取攻势——假使这个攻击能成功，则足以切断马多尼奥斯与其在底比斯（Thebes）基地之间的交通线——所以保萨尼阿斯决定利用山地的掩蔽，躲过波斯人的视线，从他这个良好的防御阵地中跃出，进到普拉蒂亚与阿索普斯河之间的普拉蒂亚平原上。在那里他展开了他的军队，斯巴达人在右，雅典人在左，其余的盟军——共有 19 国的部队——居中。根据希罗多德的记载，兵力总数一共为 10.82 万人（孟罗的估计约为 8 万人，其中又只有 2/5 为主力的重步兵）。

从他这个新位置上，假使他能够在敌人尚未认清其动机之前即开始攻击，则保萨尼阿斯也就真的可以迂回波斯人的右翼。这是很值得惊异的，为什么他在占领了这个位置之后不立即发动攻击。不管这个原因是什么，马多尼奥斯不久即发现他的对方已经调换了阵地，于是也立即引兵出了他的设防营地，在阿索普斯河的对岸（北岸）上，排了一个平行的序列，正面对着希腊人。左面是真正的波斯人，面对着斯巴达人；亚洲诸国的兵力位置在中央；波提亚人和其他的希腊附庸军队则在右面，面对着雅典人、普拉蒂亚人和麦格拉人（Megarians）。

依照希罗多德所说的情形，两军曾经毫无动静地对峙达 8 天之久，于是当然就要追问“为什么”的问题。可能有两个原因：（1）由于在艾里斯莱波斯骑兵曾在密集的希军步兵手里吃了一个大败仗，所以马多尼奥斯希望敌人能渡过阿索普斯河再动手，这条河固然还是半干的，但仍能使希军的秩序混动。（2）由于保萨尼阿斯现在已经不能够迂回波斯人的右翼，又因为上次的胜利是在固定阵地中严阵以待而获得的，所以他也决定让敌人先行动。

最后到了第 8 天的时候，有一个底比斯人，提马吉尼达斯（Timagenidas），劝告马多尼奥斯应注意赛台龙山地中的隘路，因为希军每天都有大批的补给增援从那里通过，并且向他保证一定可以截获其中的巨大数量。一点都不错，保萨尼阿斯的补给纵队是正在从这些隘路中通过，其中最重要的为戴奥齐费莱（Dryoscephalae，意译为橡头）隘路。马多尼奥斯接受了他的劝告，在这里做了一次骑兵的奇袭，获得很大的成功：希腊的一个补给纵列，一共有500匹驮兽，在隘路中被切断毁灭，没有一人一兽漏网。

这一次突击实际上证明了保萨尼阿斯现在所处的位置已经不可再停留，因为他没有骑兵，所以只有退回到隘路上，才能够保护他的交通线。此外，这一战也唤起了波斯人的斗志，于是在两天之内，双方曾经做过多次的小接触，结果都是希军失败，因为他们的弓弩手在数量上远居于劣势。

尽管保萨尼阿斯在目前的位置已经不可久留，但是马多尼奥斯现在也忍耐不住了，也许是因为他的补给也已经逐渐感到困难，尤以骑兵为然。所以尽管阿尔塔巴左斯劝他应撤回到底比斯，并用贿赂来拆散希腊将领的团结，而马多尼奥斯却还是决定发动一个全面的攻击。马多尼奥斯决定做骑兵的攻击，不过这一次却准备使用远射程的兵器，而不准备做接近的战斗。

当此之际，希腊人列阵在阿索普斯河的南岸上，雅典军在左，联军居中央。他们的水源都是要仰赖着这一条河的供给。至于在右翼方面的斯巴达军，则可以从格尔格费亚（Gargaphia）的泉水中去汲取用水。这条河的水源是很危险的，因为这条河流是夹在两军之间的；但是这泉水却很安全，因为它的位置在斯巴达军的后方。波斯骑兵前进，向雅典和联军发动激烈的弓矢攻击，使其无法再取得河中的饮水，迫使他们也必须到格尔格费亚去取水。接着斯巴达人也一定是被逐退了，虽然历史上并无确切的记载。而不等到他们再度前进，波斯人却把这泉水的水源破坏掉，结果当斯巴达人重占该地时，就发现它已经是毫无用处了。

自从交通线受到了突袭，希腊人的地位即岌岌可危，现在水源又已经断绝，遂不可能再留。在波军攻击的第二天上午，希腊人召开了一个战争会议，决定在黑夜里退到一个叫作“岛屿”（Island）的地方，这个地方在普拉蒂亚废墟东面约一英里远，在格尔格费亚的南面，夹在阿罗河（Oëröe）的两个源流之间。据希罗多德的记载，他们也一致同意，当到达了这个位置之后，他们就应该在当夜派出一半的兵力去援救那些已经派往采办补给品的部队，这些部队在那个地区中已经被敌人围困住了。

从这个记载和真正发生的事实上看来，似乎这次撤退的计划有如下述：全军都准备撤到赛台龙山上面，这个山地足以掩护三条隘路：（1）普拉蒂亚—麦格拉隘路，（2）普拉蒂亚—雅典隘路，（3）雅典—底比斯隘路（戴奥齐费莱）。这又有三个因素使它变得更为复杂。其一，采办补给的部队仍在围困之中，必须尽最快的速度去加以解救。其二，这些运动必须在夜间实行，他们一定很慢，因为太慢了，所以当希军左翼和中央到达山地时，在拂晓之前已经来不及摆阵。因为这个原因，他们才决定先撤回右翼（斯巴达人），以去援救被围的部队；而同时则由中央和左翼的兵力，在“岛屿”地区中占领一个中间位置。从战术方面来看，这个位置应该从普拉蒂亚的卫城，延展到麦格拉—底比斯道路，一共有两英里长的距离。从这个“岛屿”中央的圆丘算起，一边大约有一英里长。现在再说到第三个因素，很显明，最简单的办法是把中央部分（小同盟军）撤到圆丘的东面，而把左翼（雅典人）撤到圆丘的西面；但这却违反了军事上的礼节，于是小同盟军奉命组成新的左翼，而雅典人则调到右面来。这个决定的意义就是说必须等到小同盟军和斯巴达军都撤尽了之后，雅典人才能开始撤退，换言之，他们必须最后走。

在该夜二更的时候，撤退开始，希军的中央部分向普拉蒂亚与圆丘之间的位置撤退，尽管希罗多德对于他们颇有非难之辞，实际上他们似乎是已经完成了自己的任务。当保萨尼阿斯听到了中央部分已经在运动的时候，就也命令他的右翼撤退，可是他有一位师长，阿蒙费里塔斯（Amonpharetus），却是一个标准的斯巴达人顽固分

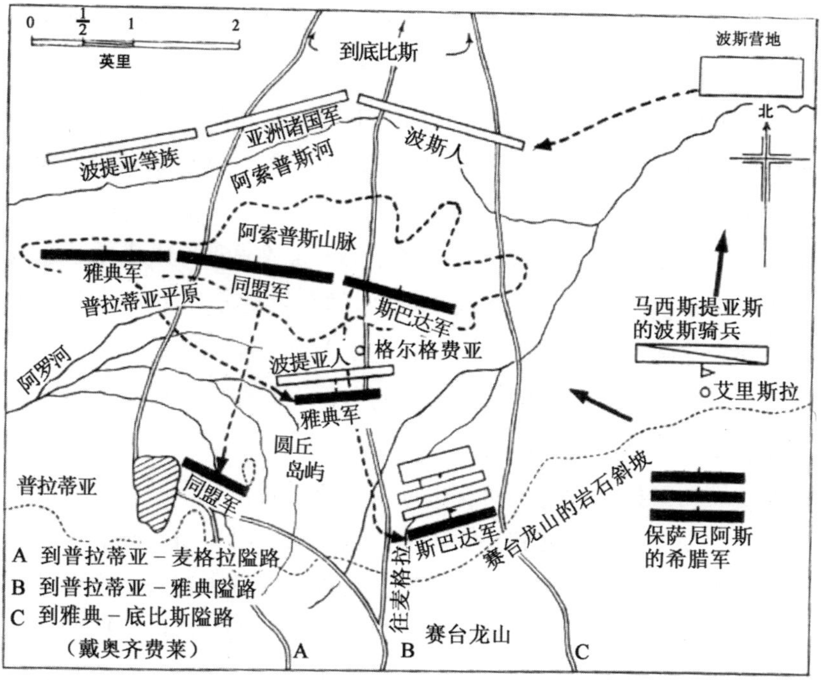

图六　普拉蒂亚会战，公元前 479 年

子，认为面对着敌人而撤退，这是一种耻辱，居然拒绝采取行动。于是整夜中的最好时机都用于争吵（这是希腊人的老习惯），一直等到天亮之后，保萨尼阿斯才算是把这位顽固分子留下来，开始行动了。此时，雅典军却还等在那里，在等候中央部分撤尽了之后，现在还要再等斯巴达人采取行动。

当保萨尼阿斯开始撤退不久，这个迟误的主因，阿蒙费里塔斯才发现他已经被丢弃了，于是赶紧向右翼追去，等他追上的时候，波斯骑兵开始攻击。很不幸，这一次的迟误使斯巴达人未能达到丘陵地区，而在一个平缓开阔的斜坡上，为敌人所赶上，在这个地方是一切都对于波斯骑兵有利的。他们的目的非常明显，不等到斯巴达人到达赛台龙的岩石斜坡上，就先把他们钉住，以等待波斯步兵的赶到。

留下他的右翼去对付雅典人——他们还留在后面未动——马多尼奥斯命令他的波斯步兵前进，以支援他的骑兵，而在他们的后面，他又催动了中央部分的全部亚洲部队。当保萨尼阿斯看到敌军的大部分都已经正对着他进攻，于是立即派人去要求雅典人来做紧急的救援。可是他们却无法应命，因为波军的右翼也正面对着他们前进。结果保萨尼阿斯只好率领他的部下，对抗着波斯军的主力。

波斯骑兵始终都只采用弓矢的战术，不久即使斯巴达人感到站不住脚；正当战斗进行的时候，波斯步兵也赶上了，他们接替了骑兵的位置，用柳条编成的防盾构成了一道堤防，从它们的后面射出箭雨来，使斯巴达人更感到吃不消。现在马多尼奥斯却犯了一个极大的错误，结果使他不仅丧失了这次会战，而且更丧失了他个人的生命。他本来应在弓弩手的后方，保留着相当大的空间，以便他们可以进退自如，保持着一个有弹性的战术正面。可是他却把他的亚洲部队，集中地塞在他们的后方，于是使弓弩手的正面被冻结住了。

最后战争的转机来到了，换言之，当保萨尼阿斯看到亚洲部队靠拢的时候，他就认清了决定性的时间到了，于是立即发动反击。他的重步兵冲破了盾墙，把弓弩手们逼在亚洲部队的身上。接着就是一场激烈的苦斗。希罗多德的记载这样写道："野蛮人几次三番地抓着希腊人的长矛，并把它们折毁掉；因为在英勇好战的精神方面，波斯人比希腊人是毫不逊色的。但是他们没有手盾（Buchlers），没有受过训练，在使用兵器的技巧上远不如他们的敌人。有时个别地，有时 10 人成为一组，有时多，有时少，他们直冲向斯巴达人的行列，白白地送了性命。"

希罗多德又继续说："战况刚开始时对于希腊人还是不利的。马多尼奥斯骑着一匹白马，周围由波斯人中最勇敢的战士包围着，这 1000 名精兵都能各自为战。只要马多尼奥斯还活着，这一个集体就能够抵抗一切的攻击，而当他们为了保卫他们的生命而战时，同时也就杀死了不少的斯巴达人。但是在马多尼奥斯阵亡之后，这支部队也就丧失了中心，而这又正是波斯军的主力，他们一垮，其余的部队随之瓦解，纷纷逃走。他们的轻装和缺乏手盾，是他们的致命伤，因为他们是在与重装甲的敌人交战，而自己却完全缺乏防御。”

于是这位克莱翁布罗特（Cleombrotus）的儿子，保萨尼阿斯，获得了一次空前的胜利。这个胜利的日子可能为公元前 479 年 8 月 27 日。

当此之时，雅典人又怎样呢？当他们接到了保萨尼阿斯的紧急通报之后，他们马上就改变了行军的方向，朝斯巴达这一面赶去。但是当他们移动不久，波提亚人和其他的希腊附庸军队，就开始扫击他们的左翼，逼迫着他们必须组成一个正面来对抗敌人。经过了一场苦战，波提亚人被击溃了，纷纷向底比斯逃走。同时，在“岛屿”地区构成左翼的希腊中央部分，直到此时尚未与敌人交战。当他们看到敌人已经溃逃，就迅速组成了两个纵队，乘胜追击。在下面的平原上，左面这个纵队为底比斯骑兵所击毁，战死者有 600 人之多。在这一个著名的会战中，这是希腊人所遭受到的唯一灾难。

全部的损失无法知道。希罗多德说：组成波斯陆军的 30 万人当中，逃出性命的也许不超过 3000 人。斯巴达一共死了 91 个人，提吉亚（Tegeans）16 个人，雅典 52 个人（这个数字根本不可靠）。普鲁塔克（Plutarch）在他的《阿里斯提德斯》传中，估计希腊方面全部战死人数为 1360 人。

胜利后的 10 天，希腊人开始围攻底比斯，到了围城后的第 20 天，马多尼奥斯的基地做了有条件的投降。

温泉关之战的那一天[1]，依据狄奥多拉斯的记载，叙拉古的吉罗在希米拉（Himera）击败了哈米尔卡（Hamilcar），这个决定性的

[1] 希罗多德则说是在萨拉米斯之战那一天。

胜利使此后 70 年中，西西里都不曾再受到迦太基人的威胁。同时上文所说过在安德罗斯出现的希腊舰队，也并非完全静止不曾活动。大概是在公元前 479 年，从萨摩斯（Samos）他们获得了一个请求，说假使能有支援，则爱奥尼亚希腊人即将再度叛变，于是舰队奉命把战争带入敌人的海域中。

希腊舰队这时正留在提洛岛（Delos）边，由斯巴达王莱奥提基德斯（Leotychidas）指挥。当他驶到了萨摩斯，波斯舰队却早已退往米卡里（Mycale）。薛西斯在这里留置了相当数量的陆军，由提格拉尼斯（Tigranes）指挥，以监视这些爱奥尼亚的城市。在米卡里，这些船只都搁在海滩上面，为了保护它们，乃构筑着要塞。莱奥提基德斯划过了敌人的舰队，在距离米卡里约 20 英里处，命令陆战队和重步兵登陆，由这个位置进攻，爱奥尼亚希腊人也都纷纷起而助战。他把波斯舰队付之一炬之后，才再退回萨摩斯。

接着，他们又决定驶往赫勒斯滂，去拆毁那些桥索，并攻占西斯塔斯。那是色雷斯切尔松尼斯的锁钥，以及波斯人在欧洲的最后据点。但是因为它构筑有坚强的要塞工事，而斯巴达人却不欢喜作围城战，莱奥提基德斯就回家，留下了雅典人，由克沙提巴斯指挥着，继续实行围攻。虽然这次围城是在秋季开始的，雅典人却花了大部分的冬天，以用饥饿的方法减弱这个要塞的力量。阿尔塔巴左斯不但不来援救，反而撤回到拜占庭，越过博斯普鲁斯海峡，退回亚洲去了。

这样就结束了亚欧两洲之间的第一次大决斗，其全部的记录现在都还能保存着，诚属幸事。若专以战争而论，则我们感到有两点是值得注意的：（1）虽然这是在公元前 5 世纪的时候，可是一切有关战争艺术的要点，都差不多已经和今天同样有了极高度的发展。（2）在这次战争中所犯的错误，也正和现在所犯的是一样普通。

波斯挑拨迦太基人去攻击在西西里的希腊人，以便在地中海中部造成牵制的局势，这一点足以证明波斯人已经充分明了大战略的意义，而希腊人的向吉罗求救，也可以证明出来波斯是的确知道他们会如何做的。即令我们认为这种牵制是不可靠的，暂时置之不论，可是对于海权与陆权之间的关系，当时所具有的了解程度，却是毫无疑问不比今天差。不仅波斯人如此，而希腊人也同样能够如此。此外，双方战斗部队的行政问题，也一定有了很高度的水准。即令薛西斯率领开入欧洲的部队，其总数并不超过 10 万人，但是它既然能够从其亚洲基地前进 800 英里的距离，到了一个无道路的国家中去作战，这也就可以确实地证明，其补给系统必然具有优越的组织。而对于保萨尼阿斯而言，在一个多山的国家中，要想在野战中维持着 8 万人的兵力——甚或就是再少一点——就行政方面来说，也当然不是一个易事。

在战术方面，这里所犯的错误，也是古今军人在许多不同的战场上所常犯的老错误。例如只想倚赖大量的半训练人力，而希望数量可以补偿素质的缺陷。又如对于兵器的威力缺乏认识，对于兵器的使用，未能配合地形和当时战术条件。但是更重要的，是整场战争都证明，心理因素、军队士气的得失和最高指挥者威望的消长，还是战争中的决定性因素。

威望的丧失不仅制止了波斯帝国的膨胀，而且更撼动了它的基础，也正如之前和之后的许多帝国一样，并且更埋下了其最后崩溃的远因。同样，希腊在萨拉米斯战胜了，由此赢得的威望使他们走上了惊人的发展道路，诚如伯里教授在其《希腊史》中所说的：

> 人们似乎都一致被唤醒了，意味着他们的经验所具有的高度历史重要性。当时的大诗人把它写成了诗词，大雕刻家把它塑成了偶像……这些观念都漂浮在空气之中，好像特洛伊战争（Trojan War）就是这个同一剧本的前一幕一样。在萨拉米斯和普拉蒂亚作战的战士们，与在特洛伊平原上和赫克托尔（Hector）死拼的英雄们，是为了同一个目标而战的。

随着这一战，我们也就站在了西方世界的门槛上面，在这个世界之内，希腊人的智慧为后来的诸国奠定了立国的基础。在历史上，再没有比这两次会战更伟大的，它们好像是两根擎天柱，负起支撑整个西方历史的责任。

大事记（一）

希腊内部的争雄

虽然萨拉米斯一战使雅典人获得了爱琴海的控制权，但却未能使他们赢得一个完整的制海权。他们的舰队固然拯救了希腊，使其免受异族的征服，但却未能使他们的城市免遭敌人的侵入。要想达到这个目的，这个城市必须要塞化，而舰队也必须以附近的港口为基地，并加以坚强的防御。在这个时候，他们是两者俱无，所以在战略上，雅典人必须要安抚斯巴达。地米斯托克利决定绝不可以让这种情况再继续下去。普拉蒂亚之战以后，雅典人又回到了他们的废墟上，在地米斯托克利的指挥之下，他们开始重建该城，使其要塞化，同时也把比雷埃夫斯发展成为一个设防的坚强的海军基地。尤其因为海外贸易的日益发展，后者的工作更显得重要。阿提卡的人口增加得非常迅速，所以必须用贸易的方式来换取粮食。

他们所需要的大量谷物，都是来自乌克兰草原，雅典人就必须使庞廷（Pontic）航路维持畅通。为了保证这一点，在地米斯托克利的发起之下，公元前478年至前477年的冬季，成立了一个海军同盟。由雅典为盟主，所有小亚细亚和爱琴海中各岛屿的希腊城市都参加了这个组织。他们把财富集中在提洛岛上的阿波罗（Apollo）

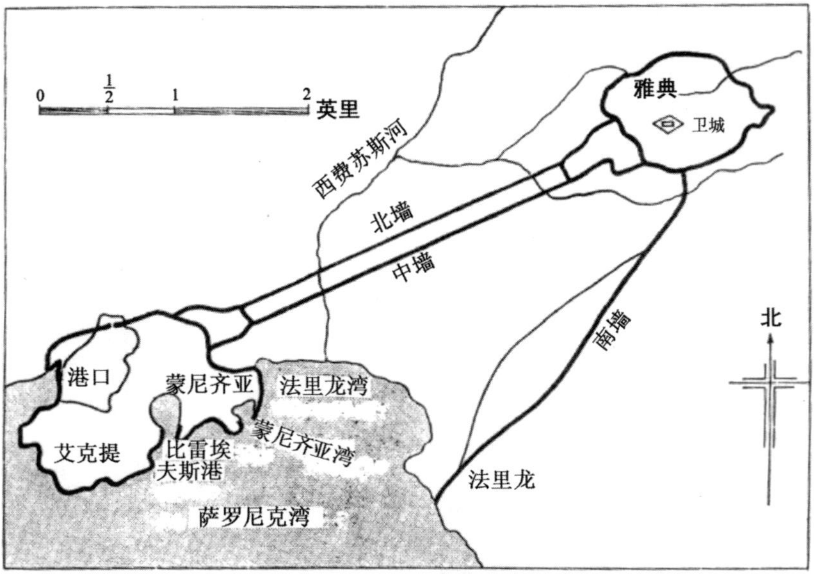

图七　雅典与比雷埃夫斯的要塞设防

神庙中，这个同盟因此又被称为提洛同盟（Delian League）。这些管理财富的人都是雅典公民，从一开始起，雅典人就握有这个工具，逐渐使这个海军同盟变成海军帝国。

为了能使这个同盟完整地建立起来，并且与伯罗奔尼撒同盟成为对立的状态，就必须设法使那些尚在波斯人统治之下的希腊城市——在小亚细亚和色雷斯的海岸上——都能获得自由。因此与波斯之间的战争仍继续发展着，由这个同盟采取攻势。

这个扩张政策受到了米太亚德的儿子西门（Cimon）的反对，他主张与斯巴达合作。他获得了公民大会的支持。大约在公元前470年，地米斯托克利被陶片流放所放逐出境了。接着，他又被控犯有叛国罪，为了逃避拘捕，他逃到了克基拉（Corcyra），即科孚岛（Corfu），之后又逃往苏沙。

此时，提洛同盟对波斯的战争已经交由西门负责。他首先消灭了留在色雷斯海岸上残余的波斯据点。然后，公元前 468 年，在潘菲利亚（Pamphylia）的欧利米登（Eurymedon）河口上，他追上了波斯的陆军和海军，在一个陆海双重会战之中，击败了敌人，使其损失了 200 艘船只。这一次决定性胜利使该同盟在卡利亚和潘菲利亚赢得了一些沿海的城市。

西门的政策是继续与斯巴达人缔结同盟，但是雅典人民现在却反对他，于是在公元前 462 年，他被免职并被放逐出国。公元前 481 年，雅典人即已加入这个反波斯人的大同盟，现在与它断绝了关系。雅典又与色萨利和阿尔戈斯缔结同盟，而后者在伯罗奔尼撒半岛之内，又恰好是斯巴达的劲敌。现在雅典与斯巴达之间的战争一触即发，雅典与科林斯和埃伊纳之间的贸易竞争又更加速了它的发展。

在放逐了西门之后，雅典民主党就拥护伯里克利（Pericles）为领袖，他是米卡里胜利英雄克桑西波斯的儿子。伯里克利认为政治权力应该以自由人为基础，他宁肯说服自由人来服从他的意志，也不愿意强迫奴隶来服从他。他的最大雄心就是要建立一个雅典大同盟，这也正是地米斯托克利所梦想的。他要把雅典变成世界上最美丽的城市，并使它成为希腊战胜波斯的纪念碑。在他的许多设计之中，也许最重要的就是比雷埃夫斯城的新计划，他在那里采取直角形的系统，这也正是今天近代化城市所采取的办法。同样重要的是，他在比雷埃夫斯和雅典之间，建立了一个长达 4 英里半的甬道，两面都有城墙保护。这个巨大的工程直到公元前 457 年才完工，于是这个强大的海军基地与雅典城结合成为一体，足供雅典海军和商业舰队的使用。

第一次战争性的行动发生于公元前 458 年。那一年，雅典人正在从阿左利 · 罗克里人（Ozolian Locrians）的手中夺取劳巴克塔斯（Naupactus，即今之勒班陀［Lepanto］），以求获得对科林斯湾的控制权，并切断科林斯人与意大利和西西里的贸易往来。接着，麦格拉人脱离了伯罗奔尼撒同盟，愿意接受雅典的保护，这使雅典人获得了一个坚强的前哨，以阻止斯巴达人从陆路侵入阿提卡。伯里克利这时指挥着 1.3 万名重步兵，此外还有 1.6 万人专门防守国内的要塞，1200 匹马、1600 个弓弩手和 300 艘适合于战争的 3 层桨架的战船。

战争爆发了，雅典人最先在阿尔戈利斯（Argolis）发动攻击，但未获成功。接着他们在萨罗尼克湾（Saronic）获得了一个海上的胜利，并从陆海两方面封锁埃伊纳。在这个围攻之前不久，利比亚国王伊纳罗斯（Inaros）曾在埃及发动了一个反抗，现在正受着严重的压迫，遂向雅典求援。此时伯里克利要应付两场战争，但却毅然应允了他们的要求。他希望用帮助伊纳罗斯为手段，以强迫波斯与提洛同盟讲和。他派了 200 艘船只到埃及去，有了这个帮助之后，伊纳罗斯就攻占了整个孟斐斯（Memphis），除了它的卫城。

于是斯巴达出面干涉的时机到了，为了诱使波提亚人加入伯罗奔尼撒同盟，以便从北面威胁雅典，他们派了一支军队到波提亚去，一共有 1500 名的斯巴达重步兵和 1 万名伯罗奔尼撒的同盟军。当他们完成任务之后，于公元前 457 年初，在回国的途中，这支兵力就直向雅典进发，并在塔纳格拉（Tanagra）击败出城迎击的雅典军。说也奇怪，这一战却反而救了雅典人，因为伯罗奔尼撒的联军在获胜之后，接着就立即撤回科林斯地峡，而不采取进一步的行动。两个月之后，波提亚人在阿诺费塔（Oenophyta）被雅典人击败了，而且除了底比斯，波提亚的全境均已在雅典的控制之下。在这一年终了之前，甬道已经完工，而埃伊纳的围攻战也胜利结束了。雅典的权力达到了它的最高顶点：从科林斯地峡到马利亚湾之间的一切土地都已向它屈服，在海湾的北面，只有色萨利仍然是一个名义上的同盟国。

可是这个征服狂潮却逆转得极快。公元前 456 年，派往埃及的远征军吃了一个大败仗。他们被波斯军逐出了孟斐斯，残余部队被围困在普罗索皮提斯岛（Prosopitis）上，该岛位置在尼罗河的两条水道之间，由一条运河连接着。他们在那里被围了 18 个月，到了公元前 454 年，才被全歼，希腊人损失了大约 250 艘船和 5 万人。对雅典的海军而言，这是一个空前的惨败。为了预防存在提洛岛上的财富被波斯人夺去，并且能对同盟中的分子做更坚强的控制，这些财富被移到雅典。最后，色萨利国内又因为党派分裂而发生内乱，雅典人派兵去平乱，但也被他们逐回。

现在雅典的所有各党人士都十分厌战了，公元前 452 年，西门在放逐期满之后回到雅典，就由他出面与伯罗奔尼撒同盟谈判，缔结一个为期 5 年的休战条约。接着在公元前 448 年，又与波斯缔结了和约,是谓《卡利亚斯（Callias）和约》,使 32 年的苦斗告以段落。

在这个休战条约满期前一年，波提亚又有一次叛乱爆发，使雅典人从该国撤出。接着欧波亚和麦格拉也都发生了叛乱。前者被压平，后者则除了尚能保留尼沙亚（Nisaea）和配吉（Pagae）两个港口以外，其余地区都完全丧失了。这种逆势促使雅典人希望求和，于是他们退出上述两个港口，连亚该亚和特罗曾在内，以交换斯巴达对于爱琴海中雅典帝国的承认。在公元前 445 年，双方终于签订了一个为期 30 年的和约。

在这个和平期间的前 16 年，伯里克利用来巩固这个“国协”，并把雅典变成希腊民族中的皇后。他的最终目的是想联合所有的希腊人，组成一个宗教性的同盟，而由雅典出任精神上的领袖。一个大一统帝国的思想又再度复活了；但这却是一个不可能实现的梦想，因为不仅是为了美化雅典，伯里克利还要向各国要求纳贡，使这些国家感到难以应付，而且这种大一统帝国的条件也完全不存在。斯巴达与雅典之间的敌视态度从根本上并未消除，除此之外，又加上多数希腊国家的恐惧心理，因为他们都认为这样一个雅典帝国对于他们的独立将成为一种威胁。只要有一个偶发事件，这种恐惧心理即可能造成第二次伯罗奔尼撒战争。

公元前 435 年，祸乱就开始了。在那年，克基拉与科林斯断绝了关系，并要求雅典人给予援助。克基拉是意大利—西西里贸易航路的东西锁钥，雅典人看得很清楚，他们若能控制着强有力的克基拉舰队，那么爱奥尼亚海的控制权即可确保，而且有了这个工具，他们就可以用切断西西里粮食供应线为手段，随时威胁伯罗奔尼撒诸国，因为这是它们所不可缺少的粮食来源。因此，雅典派了 30 艘船到克基拉去，公元前 433 年，在西波塔（Sybota）之战中，拯救了克基拉的舰队，使其免于毁灭。

其次，科林斯过去的殖民地波提德亚（Potidaea）——但有一度也曾向雅典纳贡，加入提洛同盟——也反叛了，科林斯人遂要求斯巴达宣战。公元前 432 年，与雅典有仇的各国都派代表到斯巴达集会，讨论科林斯的建议，结果决定派一个大使到雅典去谈判。接着就举行外交上的谈判，所以第二次伯罗奔尼撒战争暂时延搁下来。该年 3 月，又发生了一个意外事件，战祸遂一发不可收拾。底比斯人用阴谋奇袭的手段，占据了普拉蒂亚，尽管雅典人曾经一度被普拉蒂亚人逐出，但是这次仍然派军进入波提亚，战争开始全面化。

在整个的战争指导中，伯里克利都是仰赖于消耗战略。在陆上取守势，而在海上取攻势。前者以雅典—比雷埃夫斯甬道为基地，事实上那是不可能透入的；后者则以其舰队为工具，若是能有技巧地运用，则它也可以达到一切目的，无敌于天下。当他们在陆上受到威胁时，阿提卡的居民就退入甬道之内，以此为避难所；而他们的海军则蹂躏敌人的海岸，切断敌人的贸易，以此作为报复。使用这种手段，伯里克利希望一方面使他的帝国安全无恙，而另一方面却可以把敌人拖垮。

当战争刚开始时，因一个无法预料的事件，把一切计划都弄乱了。在公元前 430—前 429 年，接着又在公元前 427—前 426 年，有一种在东方已经传播颇久的瘟疫，传到了雅典。这次瘟疫很可怕，伯里克利本人即为受害者之一，他死于公元前 429 年。他的死是一个无法补偿的损失，因为他的这种特殊的政府制度，只有他活着才能运作。于是雅典人把他们的命运，交付给人民党人克里昂（Cleon）。然而他却犯了一个极大的错误，把一个本质为防御性的战争，变为侵略性的战争。

公元前 428 年，米蒂利尼（Mytilene）叛变；第二年，经过了一个长期的围攻之后，普拉蒂亚终于落入了波提亚人的手里。后来，战争又进展到西西里，有一支雅典舰队被派往那里，以阻扰西西里谷物运往伯罗奔尼撒。依照修昔底德的说法，它的目的也包括尝试使西西里降服。

战争一直延续到公元前 425 年，还是双方互有胜负。在这年中，有一支斯巴达的军队在斯帕克提里亚岛上（Spacteria）全部被俘，这使克里昂的威望提高了不少。两年之后，他又率领一支陆军，在色雷斯境内与布拉西达斯（Brasidas）的斯巴达军对抗，在安菲波利斯（Amphipolis）的城墙下面，克里昂被敌人击败了，而他与对方的主将布拉西达斯同时阵亡。

这两个人的死亡，使和平的主要障碍消除了。雅典的贵族党领袖尼西亚斯（Nicias）被派往斯巴达与其国王普莱斯托纳克斯（Pleistoanax）共同商讨和平的条件。这个结果即为《尼西亚斯和约》。依照这个和约，雅典几乎把它在战争中所征服的一切地区都归还出来，而斯巴达也放弃安菲波利斯和其他一些城市，这些城市名义上虽然是独立的，但事实上却是对雅典纳贡。科林斯人、波提亚人和麦格拉人都一无所获，所以他们的不满意情绪遂比过去更为加强了。

第二章

叙拉古的围攻和伊哥斯波塔米会战

《尼西亚斯和约》刚刚签订,阿尔戈斯即拒绝与斯巴达续订条约,斯巴达人害怕雅典人会与阿尔戈斯联合,所以就劝诱雅典人与他们缔结一个为期 50 年的同盟。波提亚人感到惊慌了,遂要求也缔结一个类似的同盟。斯巴达人同意了他们的要求,这样又使阿尔戈斯人感到害怕了,他们看到希腊诸国中的两个最大的军事权力结合在一起,认为不能不采取对策,遂派遣代表往雅典,要求他们两国与伊利斯(Elis)和曼提尼亚(Mantinea)之间,缔结一个四角同盟。斯巴达人听到这个消息,也立即派代表到雅典去。

当这两方面的使节都到达之后,尼西亚斯,过去曾经说服雅典人与斯巴达人缔结同盟关系,现在就力劝他们坚持这个决定。但是有一个年轻的贵族反对他,这个人就是亚西比德(Alcibiades),他虽然还年轻,但却已经被选为将军。

亚西比德出生于公元前 450 年,他是在伯里克利家中长大的。他的外表极为英俊,虽然也具有卓越的能力和巨大的财富,但是他的个性却自私、放浪、无所顾忌,并且也不重视其国人的利益。他所主张的一切计划,都是以个人私利为出发点的,因为公共的福利对于他根本是无所谓的。他用诡计迷惑了斯巴达的使臣，使他们举止失当。凭着这些阴谋手段，他赢得了人民的拥护，结果于公元前420年7月，雅典、阿尔戈斯、伊利斯和曼提尼亚四国缔结了一个四角同盟，期限为100年。这个功劳使亚西比德遂再度当选为将军。为了确保下一次的任期，他的第一个步骤就是亲自去访问伯罗奔尼撒，以引诱阿尔戈斯人向埃皮达鲁斯城（Epidaurus）挑衅，这也是过去伯罗奔尼撒同盟中的一国。

由于尼西亚斯又再度当权，所以这个侵略性的行动有一部分已经被减轻。虽然如此，雅典却仍然维持着与阿尔戈斯的同盟关系。斯巴达人当然不能满意，所以就派了一支军队去援助埃皮达鲁斯。雅典人立即提出抗议，认为他们已经破坏了和平。斯巴达人更表示愤慨，遂由其国王阿吉斯（Agis）率领了一支大军进入了阿尔戈斯的领土，可是一直到雅典军来援，他才开始寻求决战。公元前418年，双方在曼提尼亚交战，雅典人和阿尔戈斯人大败。

这次决定性的胜利使斯巴达的威望得以重振。雅典人撤出了埃皮达鲁斯，四角同盟被迫解散。阿尔戈斯被迫与斯巴达缔结了为期50年的同盟条约。这种种的挫败，使得雅典人当中有人提出放逐尼西亚斯的建议。亚西比德也感到震惊，遂率领他的党羽，加入拥护尼西亚斯的集团中。

公元前417年的初春时节，斯巴达人推翻阿尔戈斯的民主政治，强迫其人民接受寡头政治，但是不久这些统治者即被人民赶走，后又重建了民主政体。在亚西比德的劝诱之下，雅典与阿尔戈斯又重订了条约，这次又是为期50年。

在次年的6月里，从西西里岛上的塞杰斯塔（Segesta，距离阿尔卡莫［Alcamo］不远）有一个使节来到了雅典，请求雅典人干涉他们与西里纽斯城（Silinus）之间的战争，同时也提出了一个更大的计划以阻止叙拉古权力在西西里的扩张。在保证了援助的费用可由塞杰斯塔担负之后，雅典人就派了一个代表团，去调查该城的财政情况。当塞杰斯塔人把 60 个“塔兰特”（Talent，古币名）给他们，并请他们看了其他的财富之后，他们就回来报告说，该国是可以担负得起这个费用。亚西比德认为这个计划可以使他有出风头的机会，所以极力劝说国会投票通过派兵到西西里去的提议。结果一共派了 60 艘船只，一共有三位将军：尼西亚斯、拉马科斯（Lamachus）和亚西比德本人。

尼西亚斯反对这个决议，指出到这样远的地方去作战，是绝对不明智的，因为在希腊境内随时都有发生战争的可能性。但是亚西比德却另有惊人的野心，他希望能够一举征服西西里和迦太基，自己不仅可以发大财，而且也可以扬名天下。他全力支持这个计划，并且煽动人民的感情。他说：“闪避优势敌人的攻击，并不能够息争无事，必须要先下手，以阻止敌人的攻击。我们无法固定一个正确的终点，认为我们的帝国只应扩张到那里为止。我们现在已经到了这样一种境地，只能前进不能后退，假使我们不统治人家，那么就有受人家统治的危险。”

尼西亚斯又想了一个办法，故意夸大这个计划的范围，指明这个计划实在是太大，以使人民望而生畏。但是人民的情感已经被煽动了，他们已经丧失了理智。虽然也有少数人心里不赞成这个计划，可是因为害怕人家骂他们不爱国，所以不敢举手反对，而只是保持着沉默的态度。于是尼西亚斯马上开始准备的工作，当这支远征军就要出发的前几天，突然在一夜之间，所有赫尔墨斯（Hermes，希腊神祇，司学艺、商业、辩论等）的半身塑像——它们站立在神庙中和私人房屋的门外——都被人毁坏了。虽然没有人知道这是谁干的，大家却都猜疑亚西比德。他立即要求举行一次审讯，可是他的政敌也害怕，假使他受审，军队可能会站在他那一边，所以他们设法使这个审讯延期，让他到了西西里之后再举行。他们的计划是要想趁他不在国内的时候，可以比较易于对他提出较严重的起诉，然后才召他回来应讯。

公元前 415 年 6 月，一切准备都完成了，这支战斗舰队从比雷埃夫斯驶往克基拉，其余的盟军部队早已集中在那里。从那里，远征军就一直开往意大利。它一共包括 134 艘三桨架的战船（雅典占 100 艘），130 艘运输船，5100 名重步兵（1500 人为雅典军），1300 名弓弩手（包括标枪、投石手在内），此外还有马 30 匹。一共约有官兵 2.7 万人。他们的补给由 30 艘运谷船和 100 艘其他的船只装载着。此外还有许多其他的商船，自愿随军出发，其目的是做生意。部队在雷吉姆（Rhegium, 即雷焦［Reggio］）登陆，他们获得了一个坏消息，说塞杰斯塔人的库中其实一贫如洗，连 30 个“塔兰特”也没有，换言之，雅典的代表完全受骗了。

在叙拉古，当人们接到了这支远征军是以西西里为目标的报告之后，大家都不肯相信。不过其中有一位将军赫莫克拉特斯（Hermocrates）却不以为然，他主张立即采取行动。他说：

> 假使我们全体西西里人，当然，除了我们自己之外，其他的同盟国是多多益善的，能够把我们实际所有的海军，带上两个月的补给，开往他林敦（Tarentum，即今之大兰多［Tarento］）和艾皮几亚角（Iapygian Promontory），去阻止雅典人，让他们知道在尚未打进西西里之前，就必须先为争取通过爱奥尼亚海而作战，那么我们就可以使他们的陆军感到失望了……照我的意见，这个考虑即足以使他们不敢离开克基拉往前进……或者是由于这样一个出乎意料的打击，甚至会使这个远征行动自动消灭，尤其是据我听到的消息，他们中间最有经验的将军，本身就不赞成这次行动。若是我们能做一次郑重的示威，他可能就会马上抓着这个当借口了。……除了先下手攻击，或是告诉他们是要采取自卫行动以对付一个攻击外，还可以刺激较大的恐惧心理，因为人们知道他们已经在准备应急了……你们大家都知道轻视敌人攻击的最好表示，就是英勇的行动。但是就目

前而论，应该采取的最好策略是有所戒惧，并开始准备，好像危险是真的而采取行动，因为这是安全的最可靠保证。

很少有人肯听他的话，尤其是民族中的领袖人物，阿特那哥拉斯（Athenagoras）人更是如此。一直等到他们知道了雅典人已经在雷吉姆登陆之后，叙拉古人才开始感到恐慌，于是大家才同心协力来进行准备的工作。

当塞杰斯塔的骗局被拆穿之后，雅典人就召开了一次战争会议，尼西亚斯提议先做一个示威的行动，把雅典的权力展示出来，远征军就马上返回希腊去。亚西比德认为若是空手回去，那是一种耻辱，主张采取政治战的手段，鼓励西西里岛上的其他国家反对叙拉古。最后才轮到拉马科斯发言，他主张趁着叙拉古还没有准备好和人民正在恐惧的时候，立即攻击该城。他所说的话是很值得记忆的："一切的军备在最初出现时是最具有恐怖性的，假使不立即表示出来，而让时间拖下去，那么人们的勇气就会复活，于是他们就又有可能以毫不在乎的态度来看待它了。若是突然进攻，当叙拉古人余悸未消时，成功的机会也就愈大。敌人看到这样大数量的军队，想到未来的悲惨结局，而尤其是眼前的危险，即可能出现严重的恐惧现象。"

尽管他这些话说得虎虎有生气，可是亚西比德的意见仍然为大家所接受，于是他们以一连串的企图，以争取西西里的城市。但是所有的企图都完全失败了，因为没有一个重要的城市愿意对雅典表示友善，甚至连半友邦的卡塔那（Catana，即卡塔尼亚［Catania］），本来预定是把它当作西西里岛上的立足点的，也还是用了诈谋才把它占领。

当雅典人在卡塔那站定了立足点不久，就有一艘差船，萨拉米尼亚号（Salaminia）从雅典开来，命令亚西比德立即返国受审。他同意回国，可是在返国的途中，当船只开入图里港（Thurii）时——一个在意大利南部的城市——他逃出了监视者的掌中，不久就上了

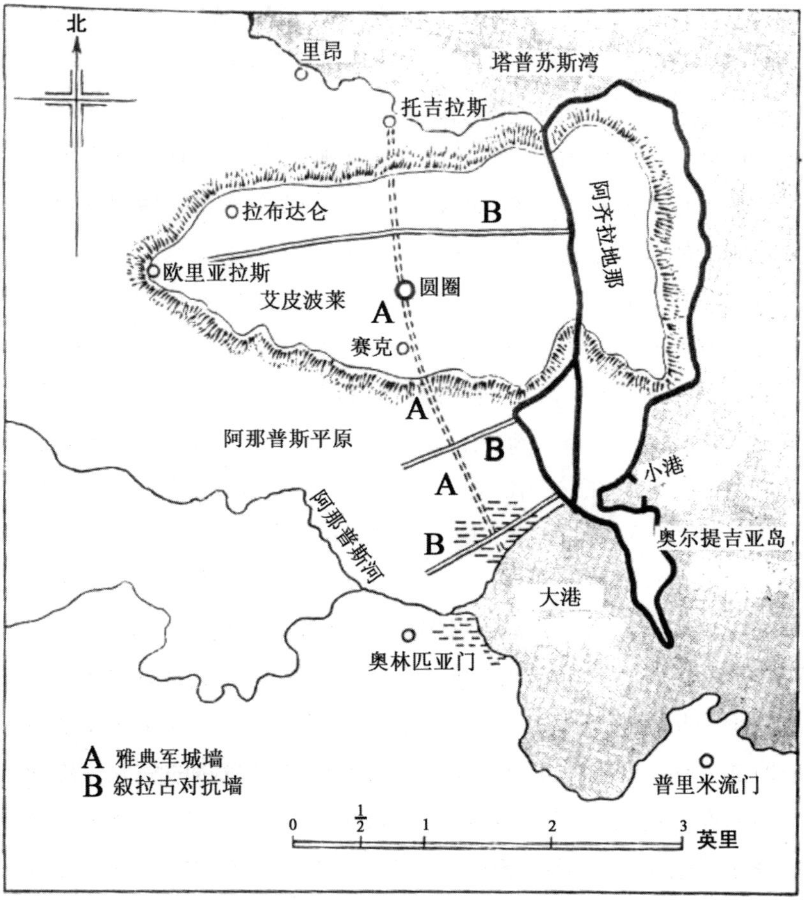

图八　叙拉古围城战，公元前 415—前 413 年

一条开往伯罗奔尼撒的船，逃往斯巴达去了。雅典人就缺席判决了他的死刑。现在尼西亚斯和拉马科斯可以照他们自己的意见自由作战。

叙拉古人没有受到攻击，他们已经从奇袭中恢复了镇定，并开始轻视他们的敌人。因为敌人不来进攻，所以他们在恢复了信心之后，就召集他们的将军，命令他们领兵向卡塔那进攻。尼西亚斯听到了这个消息，决定设法使他们更陷于幻想之中。他的意图是当敌军进入卡塔那的时候，就把他的部队撤回船上，乘着黑夜的掩护，驶入叙拉古的大港（Great Harbour），并占领奥林匹亚门（Olympieum）正东的一个位置。他又贿赂了一个卡塔那土人，这个人在叙拉古人眼中占有很高的地位，由他把一个假情报送给敌人，说雅典人的警戒是很松懈的。

卡塔那在叙拉古的北方，相距约30英里，它的新城建在塔普苏斯（Thapsus）湾与大港之间的一个海角上，这个大港的出口，在奥尔提吉亚（Ortygia）与普里米流门（Plemmyrium）之间，约有半英里宽。奥尔提吉亚从前是一个小岛，现在却变成了半岛，即为旧城的地址。在它的正北面即为小港（Lilttle Harbour），当这个城伸展到海角东端的大陆上一个叫作阿齐拉地那（Achradina）的地区时，就出现了城墙。这两个城，现在一个名为内城，一个名为外城，中间为一个坟场所隔着，上面立着提米尼提斯的阿波罗（Apollo Temenites）塑像。在阿齐拉地那以西，展开的是艾皮波莱（Epipolae）高原——其本身又为这个高原的东部。这个高原的南北两面是如此的险陡，当一支军队要进入这个高原时，就非要通过三个“门户”不可：在北面通过托吉拉斯（Trogilus），在南面通过提米尼提斯，在极西面通过欧里亚拉斯（Euryalus）。艾皮波莱之南和大港以西，即为阿那普斯平原，因为有一条阿那普斯河（Anapus）穿过那里而得名。

当他们对卡塔那的奇袭都准备好了之后，叙拉古军就出发了，他们一启程，就有人用讯号通知尼西亚斯。他命令部队上船，趁夜间溜进了大海，并在阿那普斯河以南登陆。他在那里建立了营地，并在叙拉古军尚未赶回之前，环绕着他的船只，建筑了一道鹿寨。当敌军赶回来，就面对着他们安营。

第二天，双方准备会战。叙拉古军把他们的重步兵摆成了一个16列的方阵，另将1200名骑兵放在右翼。尼西亚斯因为没有骑兵，而且也害怕敌人的骑兵，所以把他的一半兵力，在前面摆成一个 8 列纵深的方阵，在这个方阵的后面，靠近他的营地处，他又用另一支兵力，组成一个空心的方阵，每边也是 8 列，而把随营的人员放在中间。这个预备兵团奉命保持着警戒，随时准备支援遭受攻击最重的友军。很明显，这是一个对抗骑兵的阵势。

会战由弓弩手和投石兵的接触拉开序幕，他们在重步兵掩护之下逐渐接近。阿尔戈斯军冲向敌人的左翼，而雅典军则透入敌人的中央，若非叙拉古的骑兵阻止住雅典人的追击，则他们大有全军覆没的可能性。

这次会战不久，冬天来临了，面对着敌人的骑兵，尼西亚斯不敢停留在阿那普斯平原上，于是驶返卡塔那，就在那里宿营过冬。他派了一艘快船回雅典去，要求于明年春季里增派一支骑兵来。此时，叙拉古人吸取了一个教训，知道用这种匆忙召集的乌合之众，不足以对抗训练有素的精兵，于是也就开始操练他们的重步兵。同时，他们也派了使臣到科林斯和斯巴达去要求援助。此外，他们还开始在提米尼提斯进行筑城的工作，以阻碍敌人在城墙外的西面建筑一个对垒式（Contravallation）的城墙，并确保艾皮波莱高原的南门。

当叙拉古的使节达到了伯罗奔尼撒，他们马上就获得了亚西比德的帮助。他不仅把雅典人的计划告诉他们，而且更促使斯巴达人采取行动。斯巴达人还是不愿意破坏其与雅典的和平关系，在亚西比德的建议之下，他们同意派吉利普斯（Gylippus）去指挥叙拉古军，至于科林斯本来已和雅典处在战争状态之中，当然应允派遣援兵。

公元前 414 年 5 月，尼西亚斯和拉马科斯从雅典获得了 280 名骑兵，同时他们在纳可克（Naxos）和塞杰斯塔两地又召集到 400 名骑兵，于是就开始准备夏季战役了。

照他所预料的，下一次的打击将打在第一次登岸的地方，所以赫莫克拉特斯据守着奥林匹亚门。为了阻止敌人从北面取道托吉拉斯和欧里亚拉斯进入艾皮波莱高原，他又选了 600 名精兵，由狄奥米拉斯（Diomilus）去防守这些隘路。在这一天上午，当这支部队尚未去占领隘路之前，他在阿那普斯平原上检阅这支兵力，可是尼西亚斯和拉马科斯却于此时发动了攻击。他们并不曾企图在大港方面登陆，而乘着黑夜调动舰队，使部队在里昂（Leon）下船，在那 600 人尚未赶到，即已占领了欧里亚拉斯。等到狄奥米拉斯和赫莫克拉特斯连续赶到时，双方即开始交战，结果又是叙拉古军大败，被赶进了他们的城市。现在城外既无敌踪，于是尼西亚斯和拉马科斯二人就立即开始在拉布达仑（Labdalum）建立一个要塞化的基地，而在赛克（Syke）附近开始建筑一个中央堡垒，这就是修昔底德所谓的“圆圈”（The Circle）。以此为起点，他们又建筑了一道“对垒”的城堡，向北推进到托吉拉斯，向南推到大港。当这道围墙完成之后，叙拉古在陆上方面遂完全处于被包围之中。为了阻止这道围墙南端的建筑，叙拉古人开始在提米尼提斯之西又建立了一道对抗的城墙。但是有一天，当他们的警戒松懈时，雅典人突然冲了上去，把这个完成一半的工程完全拆毁，将所有的材料都夺走了。他们也把叙拉古城中供给饮水的地下水管破坏掉了。

接着，叙拉古人又开始从城外，越过提米尼提斯西南的沼泽中部，再建立一道对抗墙——由栅栏和壕沟所组成——以阻止雅典军把城墙延伸到海边。雅典人又发动了一次攻击，命令他们的舰队环绕着航行，从塔普苏斯又进入了大港。拉马科斯率领了一支强大的兵力，从艾皮波莱南下，把门板和跳板铺在泥泞松软的沼地上，就这样渡过了沼泽。到了拂晓时，便攻占了栅栏和壕沟。接着又是一场战斗，叙拉古军又溃败了，但是雅典人却遭到了一个无法弥偿的损失，在沼地上的战斗中，拉马科斯阵亡了。同时，叙拉古也攻击那个“圆圈”，他们认为那里的守军一定是很单薄的。虽然他们并未能攻克这个要塞，可是却拆毁了大约 1000 英尺长的城墙。

叙拉古的情况很危急了，所以他们私下已经在与尼西亚斯展开谈判，同时指控己方将领的无能祸国，并免去了赫莫克拉特斯的职务。

在上述的事情尚未发生之前，吉利普斯和科林斯的援兵已经到达了路卡斯（Leucas, 即 Santa Maura），这是爱奥尼亚海中的一个岛屿。吉利普斯把舰队留在后面，自己日夜兼程驶往卡拉布里亚（Calabria）的罗克里城（Locri）。在那里，他方知道叙拉古尚未完全被围，于是他又立即赶往西西里岛上的希米拉。他说服了希米拉人加入这场战争。在短时间之内，他组成了一支部队，大约有 2000 多名重步兵和轻步兵，以及 100 匹马。

正在此时，留在路卡斯的科林斯舰队也向叙拉古进发，在到达那里的第一艘船中有一位将军叫作冈吉拉斯（Gongylus）。当他一登岸，就发现叙拉古人正在召开大会，以决定是否应该结束这场战争。他马上就赶往加以制止，当他们听过他的致词之后，又恢复了勇气，决心等到吉利普斯的陆军一到，即合作破敌。

一经准备好了之后，吉利普斯即向叙拉古进发，他又碰到了一个难得的好运气，欧里亚拉斯隘路居然没有设防。他马上占领了这条隘路，并且越过艾皮波莱高原向前推进，不久即与叙拉古军在“圆圈”之北的某一点上会师了，那里是雅典的围墙还没有能达到的地方。他发现叙拉古人的秩序非常混乱，虽然如此，他还是用奇袭的手段，攻下了拉布达仑，之后他就开始建筑一道对抗的城墙，从叙拉古向西延伸，通过雅典围墙已经完成的终点与托吉拉斯之间的缺口，一直横断艾皮波莱高原，到欧里亚拉斯为止。这一个工程若能完成，则不仅切断了敌人的陆上交通线，并且把艾皮波莱的北半部，也加入到叙拉古的防御体系之中，使该城与内陆连成一气。

为什么尼西亚斯不立即重新打开他的陆上交通线，个中原委在历史上已经不可考。但是由于他没能做到这一点，现在只能完全仰赖舰队来补给他的陆军。为了使他在大港中能够获得较大的自由，他就占领了普里米流门，使其要塞化，并在那里建立了他的海军基地。

此时，吉利普斯仍然埋头建筑他的长城，他利用雅典人已经采集好了的石块。接着双方又做两次战斗，第一次仍是叙拉古军战败，第二次雅典军却受到了重大的反击，于是吉利普斯的长城就安然地通过了雅典人的工事。从此之后，即令雅典人在战场上能够获胜，在将来也会丧失一切包围这个城市的机会。

在这场重要的战斗之后，科林斯舰队在艾拉西尼德斯（Erasinides）指挥之下，也从路卡斯赶到了。它闪避了在普里米流门港外的雅典警戒船只，驶进了大港，就在那里让增援部队登陆。

现在夏季已经过完了，尼西亚斯派了一个人把一封冗长而悲观的报告送回了雅典。他的报告中说：在陆上方面，现在被围的是他自己，而不是敌人；他的船只已经朽烂了，他的海员也消耗殆尽，每一次为了燃料、粮秣、饮水，都必须要经过战斗；而他现在也无法招募到海员，假使意大利市场对他再停止补给，那么饥饿即足以强迫他放弃这次战役。此外，由于西西里岛上正在酝酿着一个大同盟的组织，而伯罗奔尼撒又可能会有新的援军到达，所以他说："你们要立即决定，或是把我们召回，或是再派一支强大的海陆军来，并且还要携带大量的金钱和可以接替我的人，因为我正患着肾病，已经不能再支持了。但是无论你们如何决定，在春季开始之前必须有所行动，绝不可以再延迟……"

雅典不愿放弃这次围攻，认为这会有损他们的国威，所以决定派遣第二次远征军，由欧利米登（Eurymedon）和德谟斯提尼（Demosthenes）率领。前者定于 12 月出发，一共 10 艘船和 2000 名海员，而后者则在招募远征军。为了阻止这个行动，斯巴达人于公元前 413 年 3 月，重开了伯罗奔尼撒战争。在亚西比德的怂恿之下，他们派了一支军队，由阿吉斯指挥，进入阿提卡去攻占地西利亚（Decelea）。这个工作他顺利完成了。此时正值冬季，25 艘科林斯船只成功地在劳巴克塔斯拖住了 20 艘雅典船只，直到装载着重步兵的商船，已经从伯罗奔尼撒走了很远之后才放手。

吉利普斯开始展开春季攻击。他在陆上已经获得了主动权，现在就决定攻占敌人在普里米流门的海军基地，以赢得海上的主动权。他决定用他的舰队实行佯攻，而用陆军做真正的攻击。在黑夜的掩蔽之下，他把他的陆军移到一个可用他的骑兵来确保安全，同时又可以不为敌人所发现的位置，只等一接到信号，即开始向普里米流门突击。然后他又把舰队分为两个支队，一个有 45 艘船，另一个有 35 艘船，前者以小港为基地，后者以大港为基地。两个支队同时出海，并连成一线，向敌人的海军基地进攻。他们的目的是要把敌军从对陆上的防线中引到海岸方面来，然后便发出信号，让陆军发动突击。

在没有钟表的古代，从分开的基地上实行联合作战，总是极为冒险的。在这一次作战中尤其如此。叙拉古海员的技术是不如雅典人的。当这两个支队尚未能连结成一线时，雅典人已经出动了 60 艘战船，于是在大港口中发生了一场长时间的苦斗。在这个时候，果然不出吉利普斯所料，有许多雅典人都从陆上防线中跑到海岸方面来观战，当他判断主要堡垒中的兵力已经空虚的时候，就命令发出信号，放出陆军来。叙拉古的陆军立即从隐伏处跃出，直向普里米流门的斜坡上冲去，攻入它的防线。但是这时，雅典舰队击败了叙拉古的舰队，击沉 7 艘船只。

对于雅典人而言，他们海军基地的丧失是一个极大的悲剧。修昔底德说这是他们溃败的首要原因。所有的粮食、补给和海军的樯帆绳索都丢光了。港口已经不再是他们的了。为了保持他们海上交通线的畅通，每天都必须作战。更坏的是，现在他们被迫回到其在大港之内的旧基地，将来必须要在那个狭窄的水面上作战，这样使他们优秀的海上技术也无法充分发挥。

在这一战之后，双方就都开始对他们在大港之内的海军基地进行加强，把大木桩钉在海底上，以便他们的舰队可以躲在大木桩的后面。这就引发所谓“木桩战争”（Pilewarfare）。修昔底德记载说：雅典人把一艘载重1万“塔兰特”（即275吨）的船驶到叙拉古的木桩旁边，船上装有木质的炮塔和障壁，然后把绳索绑在木桩上，把它们拉毁。又因为有许多木桩并不露出水面，所以必须用潜水人员去把它们锯断。这样，双方彼此对抗着，用尽各种不同的技巧。

当他们知道德谟斯提尼的第二远征军已经从埃伊纳出发了，叙拉古人决定在他到达之前，再做一次舰队战斗。这次战斗准备在大港之内进行，由于空间狭窄，雅典人难以施展他们惯用的战术，他们加固了他们的船头，以便去与敌军对撞。吉利普斯这一次的计划又是陆海双方同时进攻，而以陆上方面为佯攻。

吉利普斯在开战之始，分别从城中和奥林匹亚门，向雅典的设防营地和海军基地同时进攻，这样就把敌人的注意力吸引着，使其忽略了海上的戒备。接着他出动了他的舰队。在大混乱之中，雅典的海员们纷纷从岸上赶回船上，匆匆驾驶75艘战船，去迎击敌人的80艘船只。

这一战就是三天。第一天都是游击式的小战，其目的很明显是想使雅典的海军疲于战斗。第二天双方俱无接触，尼西亚斯趁这个时机修补毁损的船只。在他的海塞前方，以每隔200英尺的间隔，沉了一线商船，构成一个“闭塞的外港”（Enclosed Harbour），目的是当每一艘战船受到强力攻击时，可暂时以这里为避难所。第三天，叙拉古人又从陆海两面大举进攻，但仍然颇少成功。于是有一个科林斯的舵工皮尔希卡斯（Pyrrhicus）建议采取下述的计策：首先从城中把水手们的午餐运到海岸边上，接着摆脱海上的战斗，退到港中，迅速地让水手们进餐，最后当敌人们撤回基地用餐时，不等他们吃完，就马上把舰队驶出向敌人挑战。

他们采取了这个计策，当雅典人看到他们的敌人突然撤退，就认为他们已经吃不消了，于是自己也返回基地，海员们纷纷上岸去找东西吃，以为这一天的战事已经结束了。我们从修昔底德的记载上即可以读到下述的战况：

> 突然，叙拉古人又驾驶着他们的船向前进攻了；雅典人处在极大的混乱之中，有许多人还是迅速地回到船上，经过了很大的困难，才开出海来迎击敌人。有一段时间，双方都避免接战。最后，雅典人决定不要让自己的锐气被消磨掉，于是在一声呐喊之下，趋前进攻了。叙拉古军也立即应战，依照他们原定的计划，采取对撞的战术，凭着船头的硬度，把雅典前排船只撞毁了一大部分。他们在甲板上的标枪手也使雅典人受到了很大的损害，而更厉害的是叙拉古人坐着小船，钻到雅典大船的桨架下面，用标枪刺杀雅典的水手。

这些奇袭的战术证明是如此成功，使得雅典船只掉头逃走，躲在他们的商船后面。叙拉古舰队乘胜追击，但为雅典甲板上所装的投石机（Dolphin）所阻。[1] 虽然雅典人损失不到 7 艘船，但这却是一次决定性的会战，因为它把雅典舰队的士气彻底破坏了，并且使叙拉古人赢得海上的主动权。

公元前 413 年 7 月，德谟斯提尼和欧利米登所率领的第二远征军开入了大港，一共有 73 艘战船，5000 名重步兵，3000 名弓弩手、投石和标枪兵，一共总数约为 15 000 人。他们的到达使雅典人士气大振，而叙拉古人则颇感到惊恐。因为尼西亚斯现在是一个病人，所以战争立即改由德谟斯提尼指挥，他一分钟都不想耽搁，因为他想尽量利用他所带来的锐气和所造成的乐观心理。他决定马上夺获吉利普斯在艾皮波莱高原上所建筑的城墙，因为不如此即不可能再

[1] 这种用杠杆原理，把铁块和石块抛在敌船甲板上的机械，在这一战中，曾经击沉了两艘叙拉古战船。

继续进行围攻。首先，为了肃清通过高原的隘路，他把叙拉古人逐出了阿那普斯平原。其次，利用他所带来的攻城槌，对着敌人的长墙发动了一次大规模的攻击，但是这次攻击却失败了，因为敌人烧毁了他的机器。最后，他决定趁着黑夜做一次迂回的行动，他的目的是重占欧里亚拉斯，以迂回长墙的右翼。这个攻击预定在满月之夜来执行的，一旦欧里亚拉斯被攻占，即随之向阿齐拉地那前进，于是雅典围墙向托吉拉斯延展的工作又可以继续做下去了。

这个计划的第一部分顺利完成了。欧里亚拉斯在奇袭之下被攻占了，可是当雅典人正在忙于拆毁对抗墙时，叙拉古军也赶到了。最先他们为雅典军所击退，可是当他们再度进攻时，双方的阵线就绞在一起，混乱不堪。在现在的夜战中，这种情形也还是很普通。当预备队正在后面跟进时，有一部分前线上的雅典军却在恐惧之中，向后溃逃。于是这些预备队也感染了恐惧病，转身就跑，遂使德谟斯提尼的攻击遭到了惨败。

德谟斯提尼决定，除了解围回国以外，实更无其他的办法可想，尼西亚斯虽然也同意不应再进攻，但他却劝德谟斯提尼暂时不要走。他说叙拉古斯城市有一批人，很想把该城出卖给雅典人，并且不断地在与他通消息，叫他们不要解围而去。

这样一拖就拖了差不多一个月的时间；敌人的增援已经到达了，必须做出决定。雅典人秘密地在计划并准备撤退。当远征军正要开始撤走时，那本应是一个满月之夜，可是突然发生了月食（公元前413 年 8 月 27 日）。部队和海员都认为这是一个凶兆，拒绝上船，要求他们的将领等待一个吉利的日子再走。不幸得很，尼西亚斯本人也是极为迷信的，就同意他们的意见，决定等到过了“三九”之期再走。

但这个自杀性的决定传到了吉利普斯的耳中，他马上就决定利用这个好机会，虽然他只能够集中 76 艘战船，以对抗敌人的 86 艘，但却再度向雅典人的海军基地进攻。欧利米登指挥着雅典军的右翼，企图迂回叙拉古军的左翼，但与雅典军的中央部分脱节了，因此受到了包围，与他所率领的支队同归于尽。接着中央部分也被敌人透入，于是雅典舰队全部处于混乱之中，被逐后退，全体沿着大港的海岸逃走。但是雅典陆军却击退了敌方派来俘虏水手的部队，救出了不少的海军人员。雅典人一共损失了 18 艘船，对于那些逃回基地的船，叙拉古人又尝试用火船的方法来毁灭它们，但是却没有成功。

吉利普斯现在看出来，敌人唯一可能采取的途径即为冲出大港，逃回国去。为了防止他们逃去，他就把战舰和商船，横锁在一起连成一线，封锁着港口。

雅典人现在缺乏补给，四处都对他们具有敌意，随时都会受到敌方骑兵的骚扰。果不出吉利普斯的预料，他们召开了一个战争会议，决定从海上突围逃走，这已经是唯一实际可行的路线。于是雅典人缩短其陆上的防线，把部队尽量地装载在船上，决定从海上突围。若是胜利了，则退往卡塔那，否则就烧掉他们的船只，改从陆路退往他们所可能到达的最近友邦。尼西亚斯是资深的将领，应由他率领少数的陆军，担负断后的荣誉任务。至于德谟斯提尼、米南德（Menander）和欧昔地马斯（Euthydemus）均领军由海上退却。他们一共还有 110 艘船，能作战的和不能作战的都在内。

9 月 10 日，这三位雅典的将领领兵做最后的冒险。他们直向大港口中的狂浪驶去，在他们的前面中央为科林斯的支队，两翼则为叙拉古的主力舰队，构成一个新月形的阵势。叙拉古方面一共只有 76 艘船。把科林斯支队逐退了之后，雅典舰队就达到了封锁线，但当他们正要通过这些障碍物时，叙拉古的舰只却从各个方向撞来。结果又是一场混战，修昔底德对此没有做太多的叙述，只说了这样一段话："由于这样多的船在这样一个狭窄的空间中交战（在这个最狭窄的空间中，作战船只的数量快到 200 艘，是史无前例的），一切正规的攻击方式都不适用，船只很少有后退和脱离阵线的机会；

船只都在相互碰撞，乱成了一团。”

这一战的结果是叙拉古人大获全胜，雅典人丧失了 50 艘船只，而他们的敌人却只损失了 26 艘。

这一次惨败却并未使雅典的将领感到胆寒，他们认为他们仍然还有 60 艘船只，而敌人却只有 50 艘，所以决定再做一次尝试；可是水手们却拒绝上船，要求从陆路撤退。本来他们应趁敌人正在狂欢庆祝胜利的时候，马上动身，可是却又延迟了 36 个小时，因为赫莫克拉特斯已经散布了一个谣言，说他们的退路已经被切断。他之所以这么做，也是为了争取时间，以等待叙拉古城中的庆祝告以结束。

最后，雅典人把伤病人员留在后面，开始撤退了。陆军用一个中空的正方队形行军。尼西亚斯的一师领先，接着就是德谟斯提尼的部队。重步兵位置在外侧，辎重部队和其他人员则夹在中间。全军渡过了阿那普斯河。第一天，由于不断受到敌人的攻击，所以一共走不到 4 英里路。第二天还没走到 2 英里，却发现退路已经为敌方强大兵力所切断了。在以后的两天当中，雅典军想要逐退叙拉古军，结果又失败了，于是决心改换另一条退却线，准备沿着卡西配里斯河（Cacyparis）走。他们留下营火燃着不熄，趁着黑夜溜走，到达了通向希罗仑(Helorum)的海岸道路。尼西亚斯仍然率部先行，但是德谟斯提尼的部队却在恐慌之中延误了时间，被留在后面。到了正午的时候，两部分相距就有五六英里远，于是后者在一个城墙附近——波里齐拉斯（Polyzelus）的家园——被敌方的骑兵包围住了。敌人向德谟斯提尼提出要求，只要他们肯投降，则可以允许他们有自由。德谟斯提尼拒绝了，于是一直打下去，直到情况完全绝望，在获得了全体人员的生命保证之后，他才投降了——一共还有 6000 人。

尼西亚斯的命运也是一样的。当他走到艾利流斯河（Erineus）时，发现前路已经被敌人切断。他突出重围，又走了 3 英里，到达了阿西那鲁斯河（Assinarus）。在那里，他的部队散开了行列，纷纷冲往河边饮水解渴，马上就为敌人所包围。在水边挣扎了一番后，全军只剩下约1000人，尼西亚斯只好向吉利普斯投降。

雅典一共大约派遣了4.5万人到5万人的海陆军到叙拉古去，现在所残存的就只有这7000人。他们被放逐在一个石矿场中做苦工，生不如死。叙拉古人违背了吉利普斯的承诺，尼西亚斯和德谟斯提尼还是被残杀了。

修昔底德说："这一战在整个希腊史上，要算是一个最伟大的杰作。胜利者可以说是极为光荣，而失败者也可以说是极为悲惨。他们是整个儿地被击碎了，他们的损失极为巨大，他们全部毁灭了：陆军、舰队，一切的一切都全毁了，没有几个人能够逃回家去。"

这个失败虽然是如此具有绝对性，但是原因并不是战略观念错误了，而是战术执行的愚蠢。姑且把战争的事实放在一边，这个战略实在是很卓越的：它正足以补足雅典人力的缺乏。由于人力缺乏，雅典无法在陆上与敌人争雄，所以最好是以切断资源——谷物、油类和贸易——的手段来打击敌人的人力优势。虽然斯巴达并不像科林斯和雅典，是一个人口过多的城市，但依照修昔底德的分析，战争主因之一的确是为了阻止西西里的粮食向伯罗奔尼撒输出。我们可以假定西西里作为补给来源地的地位，其对于斯巴达和科林斯的重要性，与乌克兰对于雅典是完全一样的。因此墨西拿（Messina）海峡的控制权，对于前述二者的重要性，也正和赫勒斯滂对于后者是一样的。当公元前415年的夏天，雅典人既已决定攻占叙拉古之后，这个作战的要点就变成了战术性时间（tactical time）的问题了。这个占领的工作愈快愈好，以便参加作战的兵力能够尽早撤回，以对付斯巴达。假使当时听了拉马科斯的忠告，那么毫疑问，在第一次攻击之下，叙拉古即可能陷落，接着所有主要的西西里城市也就都会向胜利者投降。结果，伯罗奔尼撒的粮食来源即可以完全切断，于是面对着凯旋的雅典陆军，斯巴达和科林斯就会无法在战场维持着足够数量的兵力，以争取胜利了。雅典尽管在人力方面居于劣势的地位，但却可能不必经过一战，即能使这两个国家屈服于其意志之下。

假使我们接受了上述的分析，则这次惨败的根源就要直接归罪于亚西比德这个人。在开战之始，他就反对拉马科斯，并且使尼西亚斯听他的主张，采取所谓政治战争以来代替战术性的作战。现在在另一个更大的灾难中，他又要担任一个主角，这一次的事件是发生在赫勒斯滂——这是雅典帝国的脐带。这个事件的起因有如下述：

这是无法避免的后果，当雅典的舰队和陆军在西西里被歼灭之后，整个雅典帝国的核心都受到了震动，萨拉米斯和普拉蒂亚两战的总收获都全部输光了。欧波亚、莱斯沃斯（Lesbos）和希俄斯（Chios）都发生了叛变；斯巴达开始向海上发展，建造了 100 艘战船；而波斯也开始企图收回其丧失的爱奥尼亚领土。

这个时候，波斯国王为大流士二世（前 424—前 404 年在位）。萨迪斯的总督为提萨费尼斯（Tissaphernes），赫勒斯滂弗里吉亚（Hellespontine Phrygia）的总督为法尔纳巴左斯（Pharnabazus）。后述的两个人纯粹为了私利的原因，都派了代表到斯巴达去：一个要求斯巴达人支援希俄斯，另外一个则劝说他们在赫勒斯滂采取行动。亚西比德正在爱奥尼亚，鼓励那些地区背叛雅典。大部分是由于他的活动，斯巴达人居然与提萨费尼斯缔结了同盟，并承认大流士对爱奥尼亚境内全部希腊城市的统治权。以后，亚西比德又返回斯巴达。他过去曾经引诱过阿吉斯的妻子，所以这位国王大怒，命令把他处死。亚西比德恰好又先得到了消息，马上逃往萨迪斯，劝说提萨费尼斯与斯巴达断绝关系，而改与雅典交好。他认为这一计若能成功，则雅典人一定会感谢他的功劳，而让他回祖国去。

亚西比德的建议是这样的：只要雅典人改变他们的政府制度，改行寡头制，波斯国王就愿意在财政上支援他们。因为钱正是雅典人现在所最需要的东西，所以他就力劝他们修改宪法。虽然留在萨摩斯的雅典舰队还是效忠于民主政治的，但也赞成与波斯缔结同盟，所以他们召回了亚西比德，赦了他的旧罪，并选举他担任将军。与此同时，法尔纳巴左斯邀请伯罗奔尼撒的舰队去访问赫勒斯滂。于是在公元前 411 年，这支舰队与雅典舰队在赛罗西马角（Cape Cynossema，罗得岛北部）发生了战斗，结果为雅典人所击败。由于击败了他的同盟国，所以提沙费尔尼斯感到颇为恼怒，因此当亚西比德再度去访问他时，他就命令将其拘押，但是又被亚西比德逃脱了。公元前 410 年，亚西比德与提拉米尼斯（Theramenes）和特拉西布拉斯（Thrasybulus）合作，在一次相当规模的海战中，在库齐库斯（Cyzicus，在马尔马拉海中）海外击毁（或捕获）了 60 艘斯巴达船只，并且解除了该城的包围。

在这一次大败之后，斯巴达又寻求和平，但是雅典却拒绝加以考虑。因为此时在克莱奥丰（Cleophon）——其人为民主党，也是主战派的领袖——领导之下，雅典已经恢复了民主政治。在普罗朋提斯海中，继续有战事发生，而雅典人在亚西比德的有力领导之下，一直都在获胜，直到再度赢得了博斯普鲁斯的完全控制权，恢复了这一条脐带为止。

这种挫败，再加上这两位总督的无能和互相妒忌，大流士指派了他的幼子居鲁士（Cyrus）去总理爱奥尼亚的一切事务。在此同时，斯巴达人也任命了来山德（Lysander）为他们的舰队司令。这个人是可以为居鲁士所敬重的，因为他是东方人所不能以贿赂来收买的。

当这两个人正在谈判的时候，亚西比德于公元前 407 年回到了雅典，受到了人民的热烈欢迎，他也再度被选为将军，并由其控制战争指导之权。可是当人民正欢呼他为救主不久，雅典的舰队在诺提翁（Notion）监视以弗所时，却又为来山德所击败。人民对他又起了反感，选择柯农（Conon）代替他。亚西比德感觉到本身的危险，躲进赫勒斯滂的一个堡垒中，这表示他有先见之明，早预备好了这样一个避难所。

在下一个冬天里，伯罗奔尼撒的舰队实力又大为增强，当来山德 12 个月的任期届满，接替他的人为卡利克拉提达斯（Callicratidas），其所率领的战船已经增到 140 艘了。他率领全部的船只，最后终于迫使柯农在米蒂利尼海外接受挑战。雅典人又大败，70 艘战船中被击沉了 30 艘，其余 40 艘则被封锁在米蒂利尼的港内。

这一次大败使雅典的地位岌岌可危，存在卫城神庙中的金银都被熔化了，用来建造另外一支新舰队。凡是志愿从军的奴隶可以获得自由。这样又组成一支拥有 150 艘战船的舰队，被派往援救米蒂利尼。当卡利克拉提达斯听到这支舰队来到的消息，他已经指挥着 170 艘战船，于是留下 50 艘船继续封锁米蒂利尼，然后亲自率领其余的兵力，驶到莱斯沃斯南面的阿尔吉鲁沙（Arginusae）群岛附近，以阻击雅典的舰队。在这一战中（公元前 406），他遭到决定性的失败，丧失了 70 艘战船和他自己的生命。若非一场突起的风暴阻止了雅典军的追击，则其整个舰队都会遭到歼灭厄运。雅典方面也损失 25 艘船，由于风暴的阻力，他们无法救起那些还攀援在破船上的水手。

这一次胜利又使雅典重获爱琴海东部的控制权，并且使斯巴达再度求和。但是受到了克莱奥丰的影响，雅典人第二次拒绝了这个要求，接着就又发生了一次惊人的不幸事件。因为在阿尔吉鲁沙之战中未能救回那些船沉遇难的水手，于是在雅典城内对于这支舰队的指挥官们激起了猛烈的怒火。这个问题提到了公民大会，8 个指挥官被判死刑，其中有 6 个，包括伯里克利之子在内被处决，其余 2 个人则设法逃走了。不久之后，像民主政治中的常例一样，雅典人追悔了，又通过了一个法案，规定把那些欺骗人民的人，在交付审判之前，先行加以禁闭。5 个人被捕，后来又都逃走了。

因为雅典人拒绝考虑和平，所以居鲁士就力促斯巴达当局再任命来山德为伯罗奔尼撒舰队的指挥官，由于斯巴达的法律禁止同一个人两次出任总司令，最后只好另外任命一个名义上的总司令，而由来山德辅之，这个困难才算是解决了。来山德于是到以弗所去，居鲁士请他到其垂死的父王床前，把他那一省的行政大权，全部托付给他，让他有征税的全权。有了这些财源，来山德不久就使他的战船数量增加了一倍。

公元前405年，来山德驶出了以弗所，先到罗得岛（Rhodes）倒转过来，再沿着亚洲海岸到了赫勒斯滂。他发现了兰普沙卡斯（Lampsacus）毫无戒备，就立即加以围攻，其目的则为截断雅典的庞廷贸易路线。

柯农正在攻击希俄斯岛，但当他听到了兰普沙卡斯被围的消息，就立即率领180艘船只所构成的舰队去救援它。在他达到西斯塔斯之前，该城即已陷落。柯农决心要强迫来山德接受会战，于是就驶到伊哥斯波塔米（Aegospotami），该地在西斯塔斯以北，相距只有几英里远，并面对着兰普沙卡斯。在那里，他的水手们正准备吃晚餐。

第二天，来山德率领着大约200艘战船出现在兰普沙卡斯。虽然对战斗做了充分的准备，但来山德却命令他的水手暂时不要下海。雅典人也准备好了，于是就将船划到了兰普沙卡斯，可是因为来山德不肯出来应战，所以他们又返回原地。来山德派了侦察船只跟在后面，这些船长奉命侦察敌人在陆上做些什么。

雅典人一连四天都在挑战，而来山德却始终拒绝应战。此时，亚西比德从附近的堡垒中赶来，根据他本人的经验，他知道来山德是如何的足智多谋。当他知道了雅典舰队是投锚在一个开阔的滩头上，而一切的补给都必须从西斯塔斯取得，而斯巴达人的一切所需却可以从兰普沙卡斯获得，他就向柯农和他的船长们提出建议：他们这个停泊点实在不好，劝他们移到西斯塔斯去，在那里有港口和城市的庇护，这样就进可以攻，退可以守了。但是这些将领却要他滚开，因为他们说现在是他们在指挥，而并非他在指挥。

到了第五天，雅典人又驶出了伊哥斯波塔米，来山德就命令他的侦察船，当看到雅典人回转头来往西斯塔斯获取补给时，就马上用一个防盾反射日光发出信号来。当他一接到了这个信号，马上就以最快的速度率领全军出海追击。柯农看见敌人舰队前进了，立即命令所有人员就位备战。但是所有的人员都已分散，岸上到处都是人，在匆忙之中，有的船上只有两排桨有人摇，有的只有一排，有的简直一人都没有。柯农自己的旗舰，连同 7 艘其他的伴船，总算是人员齐全，他们用密集的队形驶出海去，另有一艘传令船巴拉劳斯号（Paralus）也随着一起走了。其余所有的船只就都在滩头上，全为来山德所捕获。在岸上的水手，除了少数躲在附近的要塞内，其余大部分也都变成俘虏。当柯农率领 9 艘船逃走之后，他知道雅典已经完了，他驶到兰普沙卡斯的海角上，在阿巴尔尼斯（Abarnis）夺到了属于来山德舰队的风帆[1]，然后率领 8 艘船驶到塞浦路斯岛的欧哥拉斯（Euagoras）去避难。而那一艘差船巴拉劳斯号，则开回雅典，把这个消息带回国去。

根本就没有战斗，这就是所谓伊哥斯波塔米之战，170 艘雅典战船搁在滩头上，全部被俘了。被俘的人员约三四千人，全部被屠杀，因为他们所做的暴行太多了。他们曾经决定，假使他们胜利，就要把他们所俘虏的敌军一律砍去右手。

在胜利之后，来山德就驶往拜占庭和卡尔西登，这些城市都自动开门迎降。他对于这些守兵，以及一切到海外殖民或在国外服务的雅典人，都加以安全的保护，并把他们都送回雅典去。因为他知道在雅典城内和比雷埃夫斯地区所集中的人口愈多，则雅典的粮食供应就会更感到困难。

巴拉劳斯号将坏消息带回了雅典，全城都为之震惊，那一天夜里没有一个人能够安睡。第二天上午，召开公民大会，结果决议封锁港口，修理城墙，使全城进入围城战的状态。尼西亚斯的兄弟欧克拉提斯（Eucrates）被选为统帅。

---

[1] 希腊战船在准备会战时，都要把风帆卸下来。

斯巴达的第二个国王保萨尼亚斯（Pausanias）开始征调整个伯罗奔尼撒同盟的兵力。除了阿尔戈斯，其余各国的兵力都纷纷集中，在地西利亚加入阿吉斯的阵营。从那里他们开往雅典，从陆上方面包围该城。以后，来山德又率领舰队到达，一共 150 艘战船，从海上对雅典加以封锁。雅典已经处在完全包围之中，敌人现在所要做的事，就是等候饥饿来为他们赢得这个城市。

又开始谈判了，雅典人所提出的条件是允许他们保有它的城墙和故土，而以加入斯巴达同盟为交换。斯巴达拒绝了，并提出反要求，要雅典人将城墙的两面，各拆去 2000 码。克莱奥丰这个人，过去曾经两度拒绝了光荣和平的机会，现在他又再硬到底了。接着提拉米尼斯自动去会晤来山德，想要获得较有利的条件；不过他的真正意图却是希望拖延时间，以使人民恢复他们的理性。他在外面住了三个月，当他不在城内的时候，饥饿就开始发挥影响了。由于克莱奥丰的顽固坚持，人民开始暴动，把他杀掉了。

此时，雅典的命运实完全操在伯罗奔尼撒人和他们的同盟国手中。科林斯和底比斯主张把这个城市彻底毁掉，把一切的人民都出卖为奴。斯巴达反对这些野蛮的建议，而提出了下述的条件：长城和要塞应加以拆毁，一切国外的领土全部交还，雅典的统治仅以阿提卡和萨拉米斯为限。全部舰队都应交出。所有流亡的人都获准自由返国。雅典加入同盟，并承认斯巴达的领导权。

雅典人接受了这个条件。在这种情况下，他们已经没有拒绝的余地了。到了公元前 404 年 4 月，来山德的舰队驶入比雷埃夫斯港，所有流亡在外的雅典人也纷纷返国了。接着伯罗奔尼撒人就兴高采烈地，开始配合着吹笛女郎的音乐，动手拆除城墙。他们认为从这一天起，是希腊自由时代的开始。

在欧洲境内，第一次建立帝国的企图就这样告以结束。这个帝国是用武力建立起来的，可是它的毁灭既不是由于武力，也不是由于内在的崩溃，而是由于群众心理的作祟。在西西里远征惨败之后，雅典人最多所能做到的，就只是避免全面的失败，所以他们实在不应该放过任何机会以来寻求和平。但是魔鬼却不肯这样，由于雅典人丧失判断力，所以也就无法确保这个帝国了。他们不仅是丧失了这个帝国，而更悲惨的，却是由于这个帝国的丧失，希腊的文化和政治领导权也随之分裂了。

大事记（二）

马其顿的崛起

虽然在伯罗奔尼撒战争中，斯巴达所公布的目标是解放所有那些为雅典所征服的国家，可是等到雅典邦联崩溃之后，斯巴达人马上就决定把他们所解放的国家，置于自己的控制之下。向伯罗奔尼撒境外扩张的政策，开始代替了传统的孤立政策。

他们所采取的第一个步骤，就是要压制雅典人的民主思想，在那里建立寡头政治。其次就是放逐他们的政治反对者，并没收他们的财产。在雅典，除了有许多原来流亡在外国的人民——其中多数是在波斯避难的——回来之外，也回来了许多军人。由于长期的战争，这个古老的民兵制度已经变成了常备兵制。现在和平来临，这些职业军人反而失业了。

这些人变成了佣兵，谁的价钱出得最高，就帮谁打仗。其中有一个就是色诺芬（Xenophon），他是雅典的武士，也是苏格拉底的朋友，他与斯巴达的将军克里尔库斯（Clearchus）一同投效在居鲁士的麾下。居鲁士是小亚细亚的总督，他正在计划推翻他的长兄阿尔塔薛西斯（Artaxerxes），夺取波斯的王位。居鲁士鼓励爱奥尼亚诸城背叛他们的总督提萨费尼斯。他一共集中了大约 3 万人的东方部队和 1.3 万名希腊籍佣兵，其中有 1.06 万人为克里尔库斯所指挥的重步兵。他们于公元前 401 年从萨迪斯出发。经过了 1500 英里的行军之后，他到达了库那克沙（Cunaxa），那是在巴比伦以北约 60 英里的地方，在那里他与阿尔塔薛西斯的军队遭遇了。在这次会战中，由希腊人首先发动攻击，几乎可以说是势如破竹。居鲁士认为是已经获胜了——事实上也的确如此——就率领着一小队骑兵向前追击，他一心只想亲手杀死他的长兄，趾高气扬地纵马前进，结果被杀害。他的亚洲部队在惊恐之中，马上就溃散了。虽然如此，这些希腊的佣兵却能屹立不动，不久他们也被围了，可是仍然拒绝投降。阿尔塔薛西斯不敢向他们攻击，只希望他们赶紧离开，于是同意供给他们以向导和护送，由提萨费尼斯领着他们回希腊去。在返国的途中，这个奸诈的总督利用诡计，把希腊的将领与他们的部下隔开了，然后把这些将领一网打尽，送给波斯国王，都加以处决了。虽然他认为这些没有领袖的希腊人现在可能会投降，但是他还是不敢攻击他们，所以提萨费尼斯暂时按兵不动，采取观望的态度。但是大部分希腊军人由于色诺芬的努力和劝告，在混乱中又恢复了镇静，选出了新的将领，开始继续撤退，这就是历史上著名的“万人大撤退”（The Reteat of the Ten Thousand），这在色诺芬的自传中，曾经有过详细的记载。在公元前 400 年年初，经过了历史上这个最著名的撤退之后，他们在特拉佩祖斯（Trapezus）到达了黑海的海岸。

这一个奇迹使每个希腊城市都为之感动。从来不曾有过一支希腊的陆军，进入过波斯帝国的中心，打了一次伟大的会战，还能面对着大量的敌人安全地退回国来，这个事实明白地证明，没有一个东方的军队，能够挡得住一支由高度训练的希腊军人所组成的陆军。诚如伯里教授所批评的：这一次战役，对于薛西斯的入侵是一个尾声，而对于亚历山大的征服，则是一个序幕。

这个后果马上就出现了。那些希腊籍的亚洲城市害怕提萨费尼斯回来，就向斯巴达要求保护。斯巴达的国王阿格西劳斯

（Agesilaus）就率领着一支陆军去援助他们。他们把战争一直带入了弗里吉亚和吕底亚，获得了相当的成功，正在梦想直捣巴比伦，推翻阿尔塔薛西斯的王朝。到了公元前 394 年，斯巴达人的好梦却为柯农的再度出现而惊醒了。这个雅典的败将，在伊哥斯波塔米之战中逃走了以后，现在却又变成了波斯海军的总司令。8 月，在尼多斯（Cnidus）海战中，柯农使裴桑德（Peisander）所指挥的斯巴达舰队受到了决定性的失败，于是也就击毁了斯巴达的制海权。

此时，在希腊境内，斯巴达人又与其同盟国之间发生了战争。苦于斯巴达的勒索，同时又受到了波斯的支持，底比斯开始反叛了，并与雅典、科林斯和阿尔戈斯结成同盟。公元前 394 年 7 月，在科林斯附近打了一仗，结果斯巴达获胜。从此又苦战了 8 年之久，此即科林斯战争。阿格西劳斯此时已从亚洲回国，率领陆军在柯罗尼亚（Coronea）再度击败了联军。最后，他们还是被迫放弃了波提亚，撤回到伯罗奔尼撒，被封锁在那里。

斯巴达人认为敌人能成功的主因，是有了波斯的援助，所以在公元前 392 年，他们派了安塔尔西达斯（Antalcidas）去与波斯的指挥官提里巴左斯（Tiribazus）会晤。安塔尔西达斯表示，如果波斯肯支持斯巴达，则他们愿意承认“大王”（Great King）对于所有一切亚洲希腊城市的宗主权。这个建议最先并无肯定的答复，直到公元前 386 年，因为波斯人害怕雅典又会乘机复兴，才接受这个“可耻”的和平。依照这次的条约，所有亚洲希腊籍城市和塞浦路斯岛都划归波斯；而波斯则承认斯巴达在希腊境内的领导地位；任何国家若不愿接受这个和约，则由波斯来强制执行。这样一来，“大王”变成了希腊诸国间的仲裁者，保有永远干涉的权利。

有了波斯的支持，现在又摆脱了亚洲的复杂纠纷，斯巴达恢复了它的暴虐政策。公元前 378 年，底比斯再度叛变，并与雅典缔结同盟。此时，雅典依照提洛路线，开始建立第二次的海军同盟。与斯巴达之间的战争再起，底比斯这次对于其本国能做成功的防御，而雅典在海上也获得了相当的胜利。公元前 371 年，交战诸国互相同意商谈和平，但是斯巴达不承认底比斯有代表波提亚全境的权利，于是底比斯愤而决定独力再战下去。照所有的希腊人看来，底比斯此举实无异于自寻灭亡。

若非底比斯出了一个名将伊巴密浓达（Epaminondas），则其败亡就将成为定局了。伊巴密浓达认清了斯巴达人永远都不会改变其传统的“冲击”（Shock）战术，这种战术成功的要诀就是保持完整的队形前进，方阵中所有的长矛都同时冲入敌军的正面。他发明了一种新战术，来阻止这种冲击，并设法使敌人的方阵发生混乱。他的部队所列成的阵势，不与斯巴达军的正面平行。他组成了一个斜行的战斗序列（Oblique Order），左翼领先右翼后退，同时在左翼方面集中兵力，把纵深增到了 50 列。其目的是想要用“超级”的“冲击”来对抗冲击，而同时又能控制足够的预备兵力，以迂回敌人的右翼。公元前 371 年 7 月，他与斯巴达国王克莱奥姆布罗塔（Cleombrotus）所率领的陆军在波提亚南部的路克特拉（Leuctra，位于多门弗里那［Domvrena］的附近）遭遇了，利用这个新战术，他使斯巴达人受到了决定性的失败。克莱奥姆布罗塔也阵亡了。这一战不仅击毁了斯巴达的威望，而且也使短暂的斯巴达霸业告以段落。

底比斯现在的地位开始高升了，在公元前 369 年—前 362 年，它居然有机会完成雅典和斯巴达所没有能完成的伟业，即把许多希腊城市统一成为一个国家。它建立了一个舰队，削弱了雅典在海上的势力，而在伊巴密浓达和派洛皮德（Pelopidas）领导之下，获得了希腊的领导权。但是它的这种优势却完全寄托在一个人的有限生命上。公元前 362 年夏天里，艾帕米隆达斯在阿卡地亚（Arcadia）的曼提尼亚地方，又使用同样的战术，再度击败了斯巴达军。可是这一战对于底比斯的霸业而言，却是一个致命的打击，因为在追击之中，伊巴密浓达被害了。从公元前 379 年起就一直引导底比斯的光明熄灭了，它的海陆权也就随之崩溃。这样一来，三个伟大的国家，雅典、斯巴达、底比斯，都轮流失败了，它们没有一个能够统一整个希腊世界。接着希腊就准备屈服于外来征服者的膝下。这个征服者就是马其顿的腓力（Philip of Macedon）。

腓力出生于公元前 382 年，他是阿明塔斯三世（Amyntas Ⅲ）的第三子，当他的哥哥佩尔狄卡斯三世（Perdiccas Ⅲ）在公元前 359 年逝世的时候，他就设法夺取马其顿的王位。从这个时候起，一直到他在公元前 336 年逝世，完全凭着他个人的魄力，支配着一切事务的发展。他这个人好动不息，精力过人，有远见也有心计。依照波莱纳斯（Polyaenus）的说法，他的领土都是用计谋获得的，而不是用武力得来的。他最好的传记作者霍加斯（Hogarth）说他的帝国原则是“诡计放在实力的前面，而最后才使用实力”。

公元前 367 年，腓力曾经在底比斯做人质，在这三年之内，他曾经拜派洛皮德和艾帕米隆达斯为师，学会了许多有关战争的知识。等到他在纷扰不堪的马其顿种族之中建立了统一的权威之后，这些知识对于他就大有用处了。之后，他做了一件事，是过去任何统治者所不曾做过的：从他那些封建化的部落中，创立了一支职业性的陆军，并赋以民族精神。诚如霍加斯所说的：他发展出第一个具有近代化意义的欧洲强国——一个武装的民族国家，具有一个共同的民族意识。

他所打的战争大致可以分为四大类：（1）在马其顿以西、以北和以东的战争，这是为了建立他的作战基地；（2）在马其顿以南，其目的是要控制色萨利；（3）为了赢得对于色雷斯的支配权，以及获得博斯普鲁斯海峡的控制权；（4）为了伸展他的权威，直达温泉关以南的全部希腊地区。

公元前 358 年，腓力与伊利里亚（Illyrian）各族作战，到了公元前 357 年，他又占领了在斯提尔蒙河上的旧雅典所属的安菲波利斯殖民地和潘盖厄姆山（Pangaeus）的金矿，这个金矿对于他尤其具有极大的价值。大概就是在这个时候，他与伊庇鲁斯国王的女儿奥林匹亚斯（Olympias）结了婚，在公元前 356 年生了一个儿子，这就是亚历山大（Alexander）。四年之后，他侵入了色雷斯和色萨利。于是费莱（Pherae，在费罗［Volo］以西）的暴君利科夫龙（Lycophron）赶来应援，他所带来的福基斯（Phocian）佣兵有侮辱德尔斐神庙的行为。腓力为他们所阻退回，但是第二年又卷土重来，并自称他是奉了阿波罗神的命令，来为神雪怒的，并在费罗附近把敌人都打败了。接着又有多次的战役，到了公元前 346 年，他为了控制通到希腊的陆上路线，一直进到了温泉关，并且用贿赂使福基斯的守将把这个著名的隘路献给他了。见风转舵的德尔斐同盟（Delphic Amphictyony）就承认他加入希腊人的内圈组织，在公元前 346 年的皮西亚（Pythian）大祭典中，推举他为主席。这对于腓力而言是一个第一等的政治性胜利。[1]

在以后的 6 年之中，除了腓力曾经进入伯罗奔尼撒，在亚得里亚（Adriatic）海岸上作战，并引军进到了甚或越过了多瑙河之外，其余就不大可考。在这些年月之中，他的最后雄心逐渐成形了。他毕生的大愿就是被推举为希腊联军的统帅（Captain General），从事对波斯的战争。

这个伟大的计划早已在酝酿之中；除了腓力以外，许多人认清了对于一个分裂的希腊，波斯实在是一个经常性的威胁。差不多 40 年前，伊索克拉底（Isocrates）就首先主张希腊人应该捐弃旧嫌，联合成为一个国家。在某一次奥林匹克大会中，他曾经发表一场动人的讲演，他说：“任何从国外来的人看到希腊的现有情况，一定会认为我们是大傻瓜，为了不相干的小事情，大家打成一团，毁灭我们自己的家园。假使不是这样，我们可能已经征服了亚洲。”

[1] 这个同盟原先为住在温泉关附近的 12 个希腊古族所组成，其目的为保护德尔斐的阿波罗神庙和主持祭祀的祭典。

在他还未能在希腊建立他的完全支配权之前，腓力决定首先控制这条通过赫勒斯滂的运谷航路；一旦这条航路握在他手中，他就有了一个强有力的经济手段以强迫希腊人团结一致。此外，他也就获得了亚洲门户的锁钥。他把战争带入了普罗波恩蒂斯地区，但却遭到了一次显著的失败。他围攻了皮林沙斯（Perinthus，即Eregli）和拜占庭，但到公元前340年却都未攻克。这个挫败只是短期的。公元前338年初，德尔斐同盟会议派了使者到皮拉（Pella，在Janitza附近）来谒见他，请他去制裁阿姆菲萨（Amphissa）——这是在德尔斐附近的一个城镇。腓力马上答应了这个要求。有人认为这是他故意制造出来的把戏，以恢复这次失败后的威望。底比斯和雅典组成了同盟，阻止他这一次进攻。腓力进入了波提亚，大约在公元前338年8月底或9月初，与联军相遇于喀罗尼亚（Chaeronea）——在帕尔纳索斯山（Mt. Parnassus）以东。他率领着3万名步兵和3000名骑兵，可能他的敌人在数量上并不比他少。不过他们却是由佣兵和民兵所组成的混合部队，而且又是二元指挥；至于腓力的军队却是具有高度训练的民族精兵，并在其一个人单独指挥之下。

对这一次会战的详情已经不可考，大致说来，最初的交战中，双方都很顽强，腓力的目的是想先消耗敌人，再做决定性的打击。这个决定性的打击由他的儿子亚历山大来执行。亚历山大所指挥的马其顿骑兵击碎了底比斯军的侧翼，联军阵线遂告总崩溃，包括腓力的劲敌，雅典演说家德谟斯提尼在内。

这一战使腓力变成了希腊“事实”上的主宰者，不久他也就变成了法理上的主宰者了。他首先占稳了科林斯，接着他就请所有在温泉关以内的希腊国家，都派遣代表到地峡地区来开一个大会。除了斯巴达拒绝参加以外，其余各国都派了代表来。他在大会中最后发言，说明他的决心是要与波斯作战，并解放所有在亚洲的希腊城市。这个大同盟选举他为希腊联军统帅，赋予他最高的权力。他派遣帕尔梅尼奥（Parmenio）、阿明塔斯和阿塔罗斯（Attalus）率领一支强大的军队，先去据守赫勒斯滂，并在特洛德（Troad）和比西尼亚（Bithynia）赢得一个立足点。而后希腊同盟的大军就乘这个时候开始集中起来。

公元前 336 年秋天，当他正准备出发与帕尔梅尼奥会合时，先在皮拉参加他女儿的婚礼，却不幸被刺了。于是这个伟大的计划就留给他的儿子去执行。亚历山大把马其顿扩张成一个世界帝国，他的工作正是其父亲天才的最确切证据。

第三章

高加梅拉会战

帝国主义本是一个东方的观念，对于希腊主义而言，它是一个外来的东西。在观念上，它是神化的，既非贵族化的，又非民主化的。它也不是纯粹独裁化的，像希腊的所谓暴政一样，反之它却有一种神秘感，因为从东方人的眼中看来，国王不只是一个绝对专制的君主，进一步说，他是一个教主，是天子，而神的僧侣也就是他的大臣。他统治他的帝国时，不仅依赖武力，而且也根据上帝的意志。在许多国家中，宗教成为政府的工具，所以最好是假定只有一个神，这最为方便。这个定于一尊的神也使他们对于所有的人类，不分种族，都可以具有同等的权威和统治权。再把这种宗教观念更推进一步，那就可以包括所有已知的世界。征服其他邻国之神所统治的土地，是一种合法的权利，于是建立一个世界性的大帝国，也就变成了一种神授的权利与义务了。埃及人的阿吞，也许就是这种神权演化的最早例证。

这种观念对腓力而言，完全是格格不入的，因为他所创立的科林斯同盟，其性质与过去所有的那些希腊同盟是完全一样的，只是一个城市国家的联合组织，在他的军事领导之下而已。所以我们可以获得一个结论：假使腓力本人不死，他固然可以击败波斯，为希腊人一雪前耻，可是他自己绝不会相信，也不会接受这种“天子”的观念。他决不会把一个世界性统治者的观念，带到这些征服地区中去。换言之，也就决不会将它们组成一个世界帝国——这个帝国在当时而言，可以说是把所有已知的世界都包括在内了。

这种神圣征服的超级观念，得留给他的儿子去发展。塔恩博士（Dr. Tarn）在他的《亚历山大大帝》一书中，认为亚历山大从来不曾想变成一个世界统治者，他的话也许是对的。不过事实上却似乎足以证明，亚历山大的确孕育着一种神意的世界统治者观念，而统一性的世界大帝国观念，即由此而产生（这些事实下文中将要论及）。因为他认清了神与人之间具有一种新的关系，而这种关系的目的就是要使人与人之间，建立一种和谐的关系。所以应该根绝城市与城市之间、民族与民族之间的仇视对立思想，而把它们联合起来，成为一个单独的城市，四海之内皆兄弟。所以德罗伊森（Droysen）说：“亚历山大这个名字象征着一个世纪的结束和另一个纪元的开始。”威尔肯（Wilcken）也说：“此后整个历史的过程，后代一切政治、经济和文化的生活，若不研究亚历山大的一生事业，则可能不易了解。”

他不仅是一个世界征服者，他还创立了一种世界观念，自此以后的每个时代，这种观念都一再地复活，就因为这一点，在历史上没有另外一个人能够赶得上他这种光荣的地位。在罗马，他受到早期诸帝的崇拜，在犹太人的民间故事中，他被尊称为救世主的先驱。在土耳其斯坦和巴达赫尚（Badakhshān）的部落中，人们还把他当作始祖看待。关于他的“罗曼史”，曾经从冰岛传到了黄海，他被传说成最后一位法老奈克塔内博（Nectanebo）的儿子，阿开民王朝（Achaemenid）家族的后裔，一个狂热的伊斯兰教徒，一个神圣的基督教徒，以及一个全能的魔术师。这些神话固然是荒诞，可是却都含有一部分真理，因为亚历山大的确是人间的怪杰。

亚历山大出生于公元前356年，可能是在10月。他的父亲，自命为神话中赫剌克勒斯（Heracles）的后裔，从小就灌输他向波斯复仇的观念。不过更重要的却还是他的母亲奥林匹亚斯，她把一种热情遗传给他，才使他能把这个观念付诸实现。她是一个特殊的女人，个性野蛮、神秘、专权。她是伊庇鲁斯（Epirus）国王的女儿，据说她的祖先即为阿喀琉斯。在她的故国中，她曾经朝拜过最古的宙斯神庙[1]，并且也知道最神秘的阿蒙大神庙的位置在锡瓦（Siwa）绿洲中。除了赫剌克勒斯和阿喀琉斯，宙斯的儿子狄奥尼索斯（Dionysus）——这是他和底比斯卡德摩斯（Cadmus）王的女儿塞墨勒（Semele）所生的——也要算是亚历山大的神话式祖先，在马其顿规定有一天是祭祀他们的。狄奥尼索斯是一个“人神”（man-god），他曾经经过吕底亚和埃及，到达印度，传播一种崇拜葡萄的神秘宗教，并征服了他所到的国家。这些神话也就代表奥林匹亚斯那个时代中，人们精神生活的现实情况，对于她和她的儿子具有深刻的影响。

除了受到其父母的影响，亚历山大也受到亚里士多德（Aristotle）的影响。当他13岁的时候，腓力就聘请这位老夫子去做他的教师。亚历山大随着他在一个叫作米查（Mieza）的小村中住了三年之久。受了亚里士多德的陶冶，亚历山大对希腊文化发生了热爱，尤其爱诵咏荷马的史诗。据说在他的征战生涯中，他总是随身带着一本亚里士多德注解过的荷马著作。毫无疑问，亚里士多德也曾把仇恨波斯人的观念灌输到他的脑海中去，因为波斯人曾经杀害亚里士多德的朋友兼亲戚——阿塔纽斯（Atarneus）的暴君赫美亚斯（Hermeias）。

有了这样的父母和老师，再加上他的天才和无限精力，无怪乎亚历山大对于任何事都做得极为彻底，而不作第二人想。他的英勇

[1] 在英雄时代，宙斯神的影响最大，以后才为德尔斐神庙所代替。

到了令人难以置信的程度，但是反过来说，却又非常地谨慎小心。他同时具有现实主义者、理想主义者、先知者和实行者的双重人格。无论是在思想方面还是在行动方面，他比同时代诸人更有鹤立鸡群之感。他一方面是神秘的，另一方面又是实践的。凡是与他接触的人，都会感到他具有无限的磁力。虽然他具有极高度的幻想力，但是他的幻想力却很少会越出其理智的限度，而他对于细节的精明程度，又可与他对于概括观念的渊博相比拟。所以阿利安（Arrian）在他的《亚历山大传》的评语中说：像这样一个与任何其他人完全不相似的英雄，照他看来，不能不说是出于天授，而非人力之所能致。

据说亚历山大只有中等身材，白皮肤。据普鲁塔克说，他有一个惯于把头偏向左肩的习惯。他跑得极快，连职业体育家也不是他的对手。在战役中，当他不需要调度军队的时候，他会把时间消磨在狩猎上面，或者是审判司法案件、料理军务和读书。他是极爱好自然的，为了消遣，他喜欢猎狐和射鸟，他也极爱读书。当在亚洲的内地找不到其他的书可读时（除了荷马以外），他就命令哈尔巴拉斯（Harpalus）从后方送些书来，哈尔巴拉斯遵命照办了。

在他所有的品性当中，使他与同时代诸人感到遗世独立的，却还是他的道德观点。在那个时代中，同情心被认为是有失丈夫气概的，但是他却能对他人表示同情，而对于不幸的人，尤其能表示怜悯。在以弗所，他制止了当地的人民屠杀寡头政治的执政者，因为他知道若对这些人民不加以制止，那么除了真正的罪人以外，所有与他们有私仇的人，或者他们想抢夺其财产的富人，就都会同归于尽。在米利都围城战中，有些被围的部队躲在一个岛上，亚历山大看到他们准备死战到底，就不禁对他们表示同情，认为他们也是很高贵而忠勇的军人，就与他们谈判，并准许他们参加他的部队。在伊苏斯（Issus）之战以后，他也对于底比斯的大使表示同情，一部分的理由是他很怜悯底比斯的遭遇，对于该国的灭亡他很感到遗憾。当他从印度回来时，正在通过吉德罗西亚（Gedrosia）的沙漠行军之中，有一些派往守卫仓库的部队，因为饥饿的缘故把仓库中的粮食抢劫一空。亚历山大知道了这些人实在是由于迫切的需要才出此下策，就赦宥了他们的罪行。

几乎在所有的时代中，女人的问题都被人认为是军人的合法污点，可是亚历山大对于这个问题的态度，也正足以证明比起他的同时代诸人，他简直是生活在另一种道德的世界里。他不仅对于所俘获的大流士的妻女待以皇族的礼节，而且对于强奸的行为更是深恶痛绝。在他那个时代中，这种强奸行为在战争中是一种普遍的现象。有一次他听到帕尔梅尼奥的部队中，有两个马其顿的军人曾经侮辱过某些佣兵的妻子，他立即命令帕尔梅尼奥对于这种毁灭人性的野兽处以死刑。另外有一次，米底的总督阿特罗帕提斯（Atropates）送他 100 个少女，并做骑兵的打扮，亚历山大马上把她们送到军队的范围以外去，以免她们受到马其顿或外国部队的侮辱。在围攻波斯波利斯（Persepolis）时，他更下了一个惊人的命令，不准触及任何妇女。尽管他对于妇女是这样尊重，可是这还不算是他的最高美德。阿利安曾经对于亚历山大所犯的错误感到很遗憾，可是他却说：在古代这许多帝王之中，据我所知，只有亚历山大一个人，是能够根据其天赋的高贵理性，真正勇于改过的。

关于他的将道，讨论的文章实在是太多了，但是最真实的，也许要首推阿利安的结论。因为阿利安的主要资料，都是得自亚历山大的部将托勒密（Ptolemy）。这是当他做了埃及王之后所写的，其内容如下：

> 他非常聪明，非常勇敢，对于荣誉和危险非常热心，对于宗教非常谨慎……他最善于选择正确的行动路线，不管情况是如何模糊，他的猜想总常常是正确的。他对于如何集中一支军队和如何装备它，都十分内行，而尤其善于提高部队的精神，使他们产生新希望。凭着他自己的大无畏精神，铲除了他们脑

海中一切害怕危险的观念——在所有的特性中，这一点最难能可贵。对于一切在不确定环境中所应做的事情，他都是以最大的果敢精神行之，他是最善于做迅速的预测和把握敌情，不让任何人有时间患得患失。

亚历山大嗣位之后，他发现他的四周都是敌人，立即用惊人的速度采取行动。他首先进入色萨利，在滕比迂回到色萨利守军的侧翼，这样他赢得了一个不流血的决定性胜利，于是被选举为色萨利同盟的盟主。接着，他又从天而降地进入了温泉关，德尔斐同盟又马上承认他是腓力的继承人。他的南下速度是那样迅速，本来雅典已经准备脱离马其顿的控制，现在马上又向他表示臣服。科林斯邦联大会也就选举他为最高统帅，他由此继承了其父亲的地位。在腓力死后，不过几个星期的时间，他在希腊境内的地位就完全稳定了，他就可以出发去巩固其北面和西面的疆界，并使在界外的野蛮民族屈服于其意志之下。经过了两次惊人的战役，一次在多瑙河上，一次在伊利里亚，他就建立了他的权威。在这一方面的任务完成之后，他又以最快的速度赶回南面，因为在希腊境内又在酝酿新的危机，这一次是波斯人所鼓动的。

公元前 338 年，库那克沙的胜利者，阿尔塔薛西斯二世的儿子阿尔塔薛西斯三世被刺杀，其位由他的一个远房亲属科多马努斯（Codomannus）继承。他改名为大流士，是谓大流士三世。他害怕马其顿的兴起，趁着亚历山大正有事于北疆的时候，就送了 300 个塔兰特给雅典人，以作为贿赂。虽然雅典人拒绝它，但是狄摩西斯却接受了，而差不多在同时又有谣言传来，说亚历山大和他的全军都已断送在伊利里亚的荒野中。于是底比斯人不等到这个消息证实，就立即包围据守卡德米亚（Cadmea）的马其顿部队，雅典人也派了一支军队去协助底比斯人。突然，底比斯人发现亚历山大不但没有死，而且已经到了翁齐斯塔斯（Onchestus），在底比斯的西北面，距离只有 15 英里左右。他的行军速度简直快得可怕，他的来到就像雷霆一样打在底比斯人的身上。第二天亚历山大就已经站在底比斯的城外，一个奇袭就攻占了一个城门，6000 个底比斯人被屠杀。接着他把该城夷为平地，将其土地分给同盟中的其他各国。为这个悲剧所震惊，雅典人立刻向他屈服，亚历山大对于他们却待以殊礼。这不仅是因为他认为雅典是希腊的文化中心，而且他也不希望强大的雅典舰队倒向波斯人的怀抱中。在不过一年多一点的时间之内，他已经在欧洲建立了一个坚固的作战基地，从那里他可以发动对波斯的攻击。

亚历山大留下了安提帕特（Antipater），带了 9000 多名步兵和一小队骑兵，去控制希腊，监视斯巴达人，并在赛尔西尼提斯湖（Lake Cercinitis）中集中他的舰队，一共为 160 艘战船。在公元前 335 年的年底，或是次年年初，亚历山大率领他的军队从皮拉向西斯塔斯前进。当他的军队正在渡过阿拜多斯时，他首先驶到了赫勒斯滂去拜访特洛伊旧址，以便在他神话中的远祖阿喀琉斯的坟上，放上一个花圈，来安慰其在天之灵。在阿拜多斯东面几英里远的阿里斯贝（Arisbe），他赶上他的大军，其总数约为步兵 3 万人和骑兵 5000 人。为了在深入波斯心脏地区之前，先肃清其左翼，他进到了格拉尼库斯河（Granicus）上。敌方在那里有 2 万人的亚洲骑兵和 2 万人的希腊佣兵，由罗得岛的门农（Memnon）所指挥。公元前 334 年 5 月或 6 月，在这个河上他赢得了他的四大会战中的第一个。接着他就征服了赫勒斯滂弗里吉亚的全境。然后全军向南旋转，首先进到萨迪斯，该城投降了；接着又进到以弗所，该城又投降了；再前进就是米利都，它拒绝投降，经过了围攻之后，于 7 月被占领。在那里他做了自从战役开始以来的第一次重大决定。为了要夺取波斯人的制海权——他却无法击毁他们的舰队，因为他并无这样的工具——所以他决定占领东地中海岸上所有的港口和基地。对于这个艰巨的工作，他一共花了两年的时间才完成。

这些基地中的第一个为哈利卡纳苏斯（Halicarnassus，即波德仑［Bodrum］)。当他发现要攻陷它需花上相当长的时间，亚历山大遂留下了 3000 步兵和 200 骑兵，由托勒密去负责围攻，他自己再继续向戈尔迪乌姆（Gordium），即贝拉希沙尔（Belahissar）推进。他的兵力分成两个纵队：一个由帕尔美尼奥率领，经过吕底亚前进；另一个由他自己率领，经过吕西亚（Lycian）海岸前进。从戈尔迪乌姆，他取道安赛拉（Ancyra，今安卡拉）向塔苏斯前进，公元前 333 年 10 月，就到达现在亚历山大里亚塔（Alexandretta）所在的位置。

此时，大流士在索巧（Sochoi）已经集中了一支军队，这个地点在阿马努斯（Amanus）山地之东。当他知道了亚历山大正在沿着海岸向南前进，他就放弃了平原地带，越过了阿马努斯山脉，进到了亚历山大湾的北端，在伊苏斯切断了马其顿军的交通补给线。当亚历山大知道了这个消息，立即赶回来，就在皮纳鲁斯河（Pinarus）岸上，打了他的第二个主要会战——是谓伊苏斯之战。他在那里击溃了波斯军，使大流士逃走。

亚历山大还是坚持着他的目标——占领波斯的海军基地。他没有尾随波斯败军向内陆穷追，而仍然继续沿着叙利亚海岸前进。阿拉杜斯（Aradus，在的黎波里附近）、比布鲁斯（Byblus）和西顿（Sidon）都开门欢迎他。假使不是他要求对于提尔（Tyre）的麦勒卡特（Melkarth）神的祭祀权利，则提尔人也会同样地开城投降。这个要求被拒绝了，这个岛城开始受到围攻。这次围城战在历史上也算是最著名的一次，它从公元前 332 年 1 月开打，直到 8 月才被攻陷。于是不仅所有的波斯海军基地，连所有腓尼基城市的舰队，包括塞浦路斯的都在内，全部都落入亚历山大的掌握之中。这些因素使他对于东部地中海获得了绝对的控制权，并且使马其顿成为世界上最伟大的拥有制海权的国家。

亚历山大通过了今天称为巴勒斯坦的地区，经过了两个月的围攻，加沙城也被攻陷了，埃及与波斯间的联系全被切断。亚历山大派遣他的舰队到培琉喜阿姆，再进军到达孟斐斯，于是进入了埃及法老的都城。依据逸事的说法，他被拥上了设在普塔（Ptah）神庙中的御座，上尊号为埃及国王。从孟斐斯，他沿着尼罗河下驶，到达卡诺普斯（Canopus）。在拉可提斯（Rhacotis）的附近，他选定了亚历山大城（Alexandria）的地址，在许多用他的名字来命名的城市中，要以这个最为著名。

在公元前331年年初，他越过大沙漠，走了250英里去凭吊在锡瓦的阿蒙神庙。依照神话，这个地方曾经为他的祖先佩尔修斯（Perseus）和赫剌克勒斯所征服的。[1] 据普鲁塔克的记载：当他走向神庙的时候，有一个僧侣想用希腊语来向他致欢迎词，他本来是说："啊，我的孩子。"可是因为是外国人，拼音不正确，使人听到好像是说："啊，宙斯的儿子。"这个错误使亚历山大感到十分愉快，于是就制造了一个神话，说神自己称他为宙斯的儿子。此后，他们一同去祭神，至于神签对于亚历山大有些什么启示，无人知道。据说亚历山大认为这是极高的机密，连写信给他的母亲时都不曾提及。

不管事实是怎样，却似乎是一个偶然的巧合。在僧侣称亚历山大为"宙斯的儿子"之后，他又曾经听过哲学家沙蒙（Psammon）的讲演。当他指明神为所有人类的帝王之后，这一点使亚历山大更感到别有会心。

从此他的思想大有改变。他认为既然太阳神阿蒙是普照全人类的，对于善恶都是一样的，所以他就联想到所谓Homonoia的观念，那就是和谐团结，万众一心的意思。若无这个观念，则在一个城市国家之中，即不可能有真正的和平。他认为这个观念应该扩而广之，把整个世界包括在一起，变成神的城市，所以一切的人类应一律平

[1]　佩尔修斯为赫剌克勒斯母亲的祖父。

等，而无种族的分别。照塔恩博士的分析，这种对于 Homonoia 观念的解释，是要比柏拉图、亚里士多德、伊索克拉底等人的思想又更前进了一步。莱特教授（Prof. Wright）也持着同样的意见，他说："对于亚里士多德，他固然是获益良多，但是却比他的老师更前进了很远的距离。他放弃了希腊人与野蛮人之间的界线，他勇敢地宣称：四海之内皆兄弟。"

这个问题，也许可能要算是世界史中有关文明的一件最重要大事。塔恩这样写着：

> 亚里士多德告诉亚历山大，对待希腊人应如朋友，对待野蛮人应如禽兽。但是亚历山大所知道的却更好，他宁肯把人类分为善恶两种，不考虑种族的区别，而这样去实现亚里士多德的真正意图。亚历山大相信他负有一个神授的使命，以调和全体的人类。他要做全世界上的调解者，把人类的生活和风俗，都混成一体。他要把善人当作是他的亲属，把恶人当作是异族；他认为善人才是真正的希腊人，而恶人才是真正的野蛮人。
>
> 不管所有这些思想是从哪里来的，很明显，这的确是思想史的一次大革命。这个意思就是说，所有的人类本来都是自然的兄弟，虽然恶人并不包括在内。从此"Homonoia"的观念，已经不再限于希腊人与希腊人之间的关系，而是要把希腊人与野蛮人联合成为一体。亚历山大的目的是要用和平代替战争，对于凡是他的兵力所能达到的地方，对他帝国中的臣民，都要使其万众一心，这样才可能消除人类之间的仇恨。人类既然是同一个血统，所以他们的心灵和精神也应该是一致的。

色诺芬曾经用居鲁士为例证，把一个理想中的世界统治者的图景说给亚历山大。柏拉图在他的《共和国》中，也曾提出了哲学王的观念。诚如贝尔（Henri Berr）所指明的："亚历山大惯于跳出事实的圈子，而进入沉思的领域。所以他自然产生一种‘天无二日，民无二王’的观念，因为只有一个太阳照耀在大地之上，所以人类也只应有唯一的统治者。”当他在锡瓦神庙中接受了神秘的感召之后，这位受过哲学家教育的国王，就摇身一变而成为神授的国王了。通过亚历山大，西方世界才从东方接受了神权帝国和君主崇拜的观念。这第一个观念在罗马帝国中和它的继承者基督教帝国中，就更发扬光大了起来；而第二个观念则演变成为王权神授的观念。

这种对于“Homonoia”观念的推广解释，实为对于世界观念的一个超级革命，以后变成其所有征服行为的目的，使他从锡瓦走到了当时所认为的世界尽头。

回到了孟斐斯之后，亚历山大发现从希腊开来的增援部队已经在那里等候他，于是赶紧着手组织其对于埃及的控制。他指派了他的驻兵指挥官，命令他们应该允许当地的省长依照他们的旧有习惯，治理他们的地方，但是由他们负责征集一定的贡额。在他的领域之中，所使用的一律都是这种老办法：他把地方的民政与军事控制完全分开。前者他交给被征服人民的代表去处理，后者则交由他所选定的马其顿军人去负责。

公元前 331 年的春天里，他架桥渡过了尼罗河，再回到提尔，发现他的舰队已经在那里等候他。从那里他派了一支强大的舰队到伯罗奔尼撒去，以对抗斯巴达人的阴谋。接着他就取道奥龙特斯（Orontes）河谷，向安提阿（Antioch）进军。向东一转，他就跃进到幼发拉底河上。在塔普沙卡斯（Thapsacus）的附近，他发现了尼斯发流门城（Nicephorium）在他的交通线上，可以当作一个据点和仓库使用。最初他是想在尼尼微——今之摩苏尔（Mosul）——附近，渡过底格里斯河。之后当他知道大流士正在这个地区集结有大量的兵力，他就决定在亚述古都的西北面渡河，沿着它的左岸向下游走，以阿贝拉（Arbela，即 Erbil）为目标。

在西方世界的战史中，所有一切的决定性会战，这一战要算是最惊天动地的。命中注定要在这场会战中获得胜利的军队，是腓力一手所创造出来的。以一个军事组织家的立场来说，他最伟大的一点即他认清了在军事组织中，机动性实为一个最主要的战术性因素。直到他这个时代，会战都被人当作是一种耐力的竞赛，谁能在战场上获胜，并在那里建立一个纪念物，谁就是这次会战中的胜利者。无论如何，因为它所具有的硬性，一个方阵若不解散其行列，即无法实行追击，而一旦解散了，则它就很容易为轻装骑兵的部队所击败。腓力却认清了在战场上的格斗仅仅为达到一个目的的手段，其战术性的目的则为在追击中歼灭敌人。当他组织他的陆军时，就注意到这个目的，他把各种不同的战斗人员，联合组成一个战术工具。当他的步兵咬着敌人的时候，骑兵就迅速调动做决定性的打击：前者为弓，后者为箭，箭从弓上发射出去。

在腓力之前，马其顿的骑兵是由贵族所组成，它被称作“Hetairoi”，意即国王的伙伴。这也是一个极古老的名称，远在荷马的史诗中，阿喀琉斯的 2500 名精兵，也是使用这个名称。在腓力的时代中，步兵也早已逐渐由一群乌合之众的武装农民，变成了有组织的正规常备兵，他们叫“Pezhetairoi”，意即步行的伙伴。腓力把骑兵分成数团（Ilae），每团约有 1500 人到 1800 人，其中有一个团为禁卫军。这种重骑兵装备有长剑和盔甲，而其主要兵器则为长枪。因为马蹬一直到公元后 6 世纪才有的，所以长枪只用来刺击，而不像中世纪那样用来撞击。腓力又用一种介于轻重步兵之间的步兵，来代替旧有的重步兵。这种重步兵（Peltast）的观念，是雅典将军依费克拉提斯（Iphicrates）在公元前 392 年首创的。这种步兵使用一枝长枪和一个小圆盾。马其顿的新型步兵使用长 14 英尺的长矛（Sarissa），右臂携带一个轻型防盾，穿着胫甲和具有金属保护的皮袄。腓力把步兵的方阵组织成团（Taxeis），每团的正常编制为 1536 人，其下续分为营连等单位。最小的单位为一列 16 个人，但是亚历山大通常总是把它减到 8 个人。

除了方阵重步兵（Phalangites），腓力又编成了三个营的轻装步兵（Hypaspists），每个营1000人，作为右翼方面的快速骑兵和行动较缓的方阵之间的联系。三个联合在一起，就好像左面是一个运动迟缓的墙，右面是一个运动迅速的门，而中间就是一个铰链。这个具有弹性的铰链在采取斜行序列前进时是非常重要的，若是没有它，骑兵与方阵之间的联系就必然会中断。而在所有的古代战争中，维持一个完整的正面却经常是一个重要的目标。轻步兵也有一个营被指定为禁卫军。

上述的单位纯粹由马其顿人所组成，除此之外，腓力也组织了相当数量的联军轻骑兵，主要为色萨利人。而除了马其顿的步兵，亚历山大也有希腊同盟所供给的大量步兵和一些佣兵。

直到腓力的时代，希腊的围城战都要靠饥饿来迫使被围者投降。为了加速这个缓慢的程序，腓力从西西里学会了使用攻城的机器，在那里，这种工具早已被希腊和迦太基的工程人员使用着。

对于亚历山大的炮兵和工兵，我们所知道的知识非常有限，而对于他的辎重和补给部分，更是一无所知。炮兵也可分平射（加农）和曲射（榴弹）两种，所投射的东西为石弹和标枪。而工兵则供给必要的工具和材料，以建筑攻城槌、围攻塔、围墙、桥梁和营寨等。所有的战斗兵种和勤务部队都由亚历山大亲自指挥，但却有一个很好的参谋组织来帮助他。其中有一位秘书长、日志记录员、国王计划的保管员、测量人员、战史家，还有许多专家和科学研究人员。就其全体而言，这种军事组织可以说是史无前例的。它不像是一支征服性的军队，而更是一支占领性的军队，不仅是一个战斗组织，更是一个科学开发性的组织。

大流士在伊苏斯失败之后，又另行招募了一支军队。据说他曾经让其某些师配备了剑和更长的矛，这样比较易于对付马其顿人的长矛，由此可以推断他不是没有吸取教训。他从巴比伦向北行军，渡过了底格里斯河的左岸，达到了阿贝拉城——意即四神城——把仓库和家眷都寄托在这城里。从那里他就进到了高加梅拉（Gaugamela），在布莫多斯河（Bumodos）河上。这条河是大扎卜河（Greater Zab）的支流，它的位置在摩苏尔的东北，距离约为18英里，在阿贝拉的西面，距离约为35英里。他选择这个位置的理由是，那里有一个广阔的平原——在克拉姆莱（Keramlais）的附近——适宜于其大量骑兵的运用。

亚历山大渡过了底格里斯河，9月20日，当军队在该河东岸休息时，恰好有月偏蚀的现象发生，于是他就向月神、日神和地神牺牲致祭。[1]

又过了几天，当他的侦探报告他说波斯军已经接近了，他就立即准备迎战。他亲自率领了一部分精锐的骑兵，以最快的速度向敌人方向前进，而命令其余的部队以常步跟着后面赶上。从俘虏口中他获知波斯王正在高加梅拉，兵力计有4万骑兵，100万步兵，200辆装有镰刀的战车和少数的战象。[2] 此时，大流士正在忙于铲平地面和移去障碍物，把这个高加梅拉平原变成一个巨型的阅兵场，在这个广场上他把他的部队依照下述的战斗序列加以展开：

其左翼由大夏（Bactrian）骑兵担负，达汉人（Dahans，西徐亚部落中的一支）和阿拉恰提亚人（Arachotians）的部队也与他们混在一起；再其次是波斯人的部队，骑兵与步兵混合在一起；以后才是波斯苏萨人（Persians Susians）；再后才是苏萨卡都西亚人（Susians Cadusians）。以上所述为其左侧方面直达整个方阵的中央为止的全盘部署。在右翼的顶点，所集中的为叙利亚低地和美

[1] 从亚历山大做选择的神名上来看，似乎当时的人已经能够了解月食的成因。

[2] （1）兵力的真正数字已经不可考。查士丁（Justin）认为是40万步兵和10万骑兵，柯蒂斯（Curtis）认为是4.5万骑兵和20万步兵，而狄奥多拉斯和普鲁塔克则都是说总数100万。（2）当时的战车可能十分厉害。它的速度很快，镰刀可以把人和马的肢体切去，镰刀极锋利，被切者甚至还没感觉到痛苦，即发现自己的手脚已经被切断。（3）在印度境外，战争中用象，这还是有史以来的第一次记录。

索不达米亚的部队；其次则为米底人，与他们在一起的还有安息人（Parthyaeans）和沙西亚人（Sacians）的部队；再其次为塔普里亚人（Tapurians）和希尔卡尼亚人（Hyrcanians）；最后为阿尔巴尼亚人（Albanians）和萨赛西尼亚人（Sacesinians），直到整个方阵的中心为止。在中央部分，大流士统率其皇族部队，这些波斯人的长矛上都饰有金缨；其次为印度人，当时被称为“移居的”卡利亚人（“Transplanted” Carian）和马尔地亚人（Mardian）的弓弩手；在他们的后面则为乌克西亚人（Uxians）、巴比伦人、红海各部落和西塔西尼亚人（Sitacenians），都组成纵深的队形。在前进部分，左翼方面，面对着亚历山大的右翼，为西徐亚人的骑兵，几千名大夏人和 100 辆战车。在大流士的御林军骑兵的前方为 15 头战象和 50 辆战车。在右翼的前面为亚美尼亚人和卡帕多西亚人（Cappadocian）的骑兵和 50 辆战车。希腊的佣兵，紧靠在大流士和他的亲信波斯部队的两侧，正对着马其顿人的方阵，也只有这个部队才可能对抗得住方阵。

依照上面的叙述，是不可能明了这么多部队实际上是如何集结的。下附的图解为道奇上校（Col. Dodge）所拟绘的，足以表示可能的部署。依照塔恩的推测，则全部第一线兵力均由骑兵所组成，而跟在他们后面的第二线为步兵。右翼由马查斯（Mazaeus）指挥，而左翼则由贝苏斯（Bessus）指挥。

当他把敌军的部署确实搞清楚了之后，亚历山大就花了 4 天的时间去休养他的军队，加固他的营地，装置鹿寨和挖掘堑壕。在渡过底格里斯河后的第四夜里，大约是二更时分，他突然命令拔营前进，以便在拂晓时与敌接触。到了与波斯大军相距三英里半的时候，他停了下来，召集他的各位将领会商。他的副帅帕尔美尼奥，建议他们应该就地扎营，再对敌方和地形加以侦察。亚历山大同意这一点，趁着营地尚在设防之际，他亲自率领着轻步兵和骑兵，四出巡视，勘察这个准备当作战场用的广场。

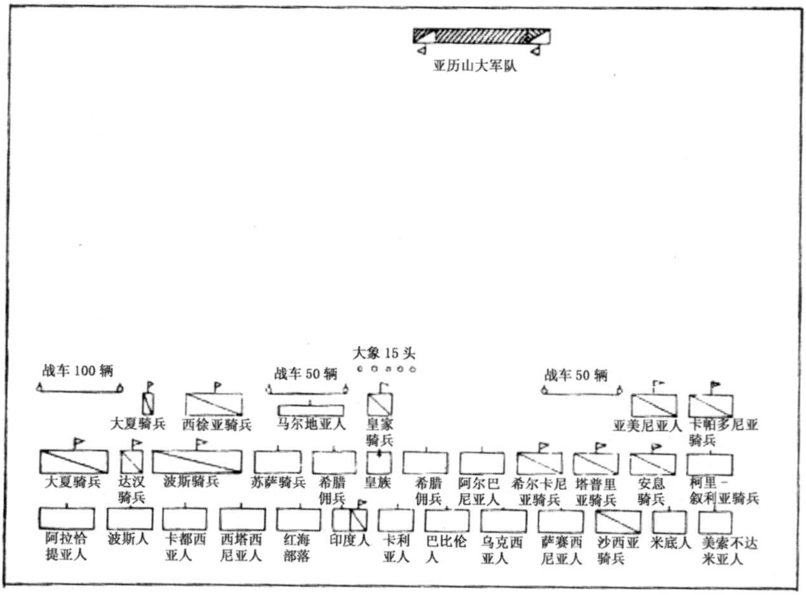

图九　大流士在阿贝拉的战斗序列，公元前 331 年

他视察归来之后，再度召集将领讨论他所看见的一切，并向部下说明立即执行命令的重要性。

9 月 30 日，即会战的前夜，当大流士那边正在吹一种午夜的归营号时，亚历山大的军队也休息了。帕尔美尼奥走到国王的帐内，向他建议做一次夜间攻击，但是亚历山大却拒绝考虑它。他已经计划好了，准备在来日清晨的会战中，如何做决定性的打击，同时他也认清了夜间作战的困难实在是太多了。亚历山大把他的兵力做了下述的部署：

右翼方面包括骑兵、轻装步兵，以及假定由三个团所组成的方阵。在正面的右端为克里塔斯（Clitus）的皇家禁卫骑兵中队，在他的左面则为格劳西亚斯（Glaucias）、阿里斯托（Aristo）、索波里斯（Sopolis）、赫拉克里德斯（Heraclides）、狄米提亚斯（Demetrius）、米里亚格（Meleager）和希格罗库斯（Hegelochus）等人所率领的骑兵中队，这些骑兵全都由帕尔美尼奥之子费罗塔斯（Philotas）任总指挥。再其次为禁卫轻步兵营和尼卡诺（Nicanor）所率领的轻装步兵。中间的重步兵方阵战斗序列如下：寇纳斯（Coenus）在右，其次即为皮尔狄卡斯（Perdiccas）、米里亚格、波里希皮尔强（Polysperchon）、希米亚斯（Simmias）和克拉特罗斯（Craterus）的部队。照例，这左翼方面的全部步兵又均由克拉特罗斯担任总指挥。再左面为艾利吉亚斯（Erigyius）所率领的希腊骑兵和腓力所率领的色萨利骑兵。而整个的左翼又由帕尔美尼奥总揽其指挥权。在他的身边则由法尔沙利亚（Pharsalian）骑兵担任护卫。

说到这里，在这个战斗序列中并无什么特殊的意味。其排列都是正常的，与在格拉尼库斯会战和伊苏斯会战中，都颇为相似。但是战术却不同，而在观念上却与色诺芬所叙述的，居鲁士在提门布拉（Thymbra）之战中所面临的情形极为接近。亚历山大可能曾经熟读过色诺芬的著作 *Cyropaedia*，他又把那次半神话性会战的战术，应用在这一个会战之中。他在他的第一线的后面，还安排了一个第二线。他对于这些预备线的指挥官，曾经下达下述的命令：假使他们看到第一线受到波斯大军包围时，就旋转向前以接受波斯人的攻击。这个后方或预备队的战线，由两个快速突击（Flying）纵队所组成，每一翼的后面摆一个。他们的位置是与正面成为一个角度。假使敌人想绕过侧翼进攻，他们便可以攻击敌人的侧翼；假使敌人不如此，则他们可以向内旋转，以来增强正面的兵力。

在右翼方面，其部署有如下述：一半的阿吉里亚人（Agrianians），由阿塔罗斯指挥；一半的马其顿弓弩手，由布里索（Briso）指挥；老练的佣兵（步兵），由克林德（Cleander）指挥。在前两个单位的前面，又有阿里提斯（Aretes）所率领的轻骑兵和阿里奥斯托（Ariosto）所率领的配奥尼亚（Paeonians）骑兵，而在他们的前面，则又有米尼达斯（Menidas）所率领的希腊骑兵（佣兵）。其余的阿吉里亚人、弓弩手和巴拉克鲁斯（Balacrus）的标枪兵，又排列在

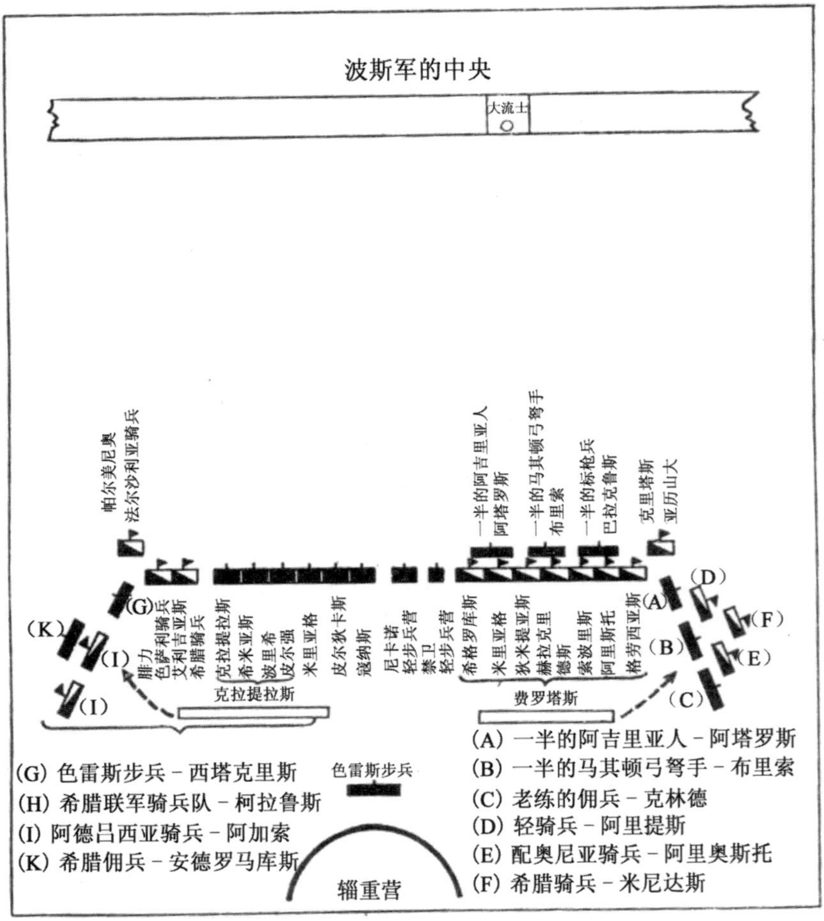

图十　亚历山大在阿贝拉的战斗序列，公元前 331 年

马其顿骑兵的前面，以对抗波斯战车的冲击。敌人的骑兵若绕过右翼进攻，则米尼达斯的部队即旋转并进攻敌人的侧翼。左面的纵队位置也是呈角状的。首先为西塔克里斯（Sitacles）所率领的色雷斯步兵，次为柯拉鲁斯（Coeranus）所率领的希腊联军骑兵，再次为阿加索（Agatho）所率领的阿德吕西亚（Odrysian）骑兵。在他们的前面又有安德罗马库斯（Andromachus）所率领的希腊佣兵和保

护行李营的为色雷斯步兵。整个算起来，亚历山大全军共有 7000 骑兵和 4 万步兵。

对于亚历山大这个巨大的战术部署，道奇上校曾有下述评论：

> 这样的部署常被称为一个空心的大方阵，但事实上，其意义不仅于此。这种部署具有较大的机动性，这是方阵所无的。这两个快速突击纵队的组织和部署，使他们可以面对任何方向，对于从前面、侧面和后面来的攻击，都可加以迎击。事实上，后来左面的纵队曾经遭遇到一个来自后方的攻击，并终于将其击败了。所以柯蒂斯说：严格地说来，他对于军队部署，是使其到处都可以构成正面，可以在所有的方向上与敌人接战。

以上所述为亚历山大的战斗序列，更重要的是我们应该记着，在整个会战中，他能够预先测知敌人的意图，并准备应付的对策，所以他才可以照着他自己的理想，成功地发展出一种新的战术。这次胜利的主因还是他具有先见之明。

当马其顿军逐渐接近波斯军时，亚历山大不直接向他们进攻，而向他们左翼方面斜着走。大流士看到这个情形，也就沿着平行的方向，随着他走，而西徐亚骑兵则以袭步前进，领导攻击。亚历山大继续斜着走，逐渐开始走到了波斯人已经铲平的地区之外。大流士害怕到了那里之后，他的战车丧失作用，于是命令他左翼方面的前排单位，赶紧绕过亚历山大的右翼，以迫使他停下来。为了对付这次攻击，亚历山大调动米尼达斯所率领的希腊佣兵（骑兵）向前，但是他们却被敌人击败，纷纷后退。接着，阿里奥斯托的配奥尼亚骑兵和克林德的佣兵也奉命进攻。为了对抗起见，贝苏斯也派遣大夏和西徐亚的骑兵前进。这些兵力突破了马其顿骑兵的队形，使他们受到重大的损失，因为西徐亚骑兵的人和马都有较好的装甲保护。尽管如此，马其顿军的纪律和勇气也开始表现出来，他们一个中队

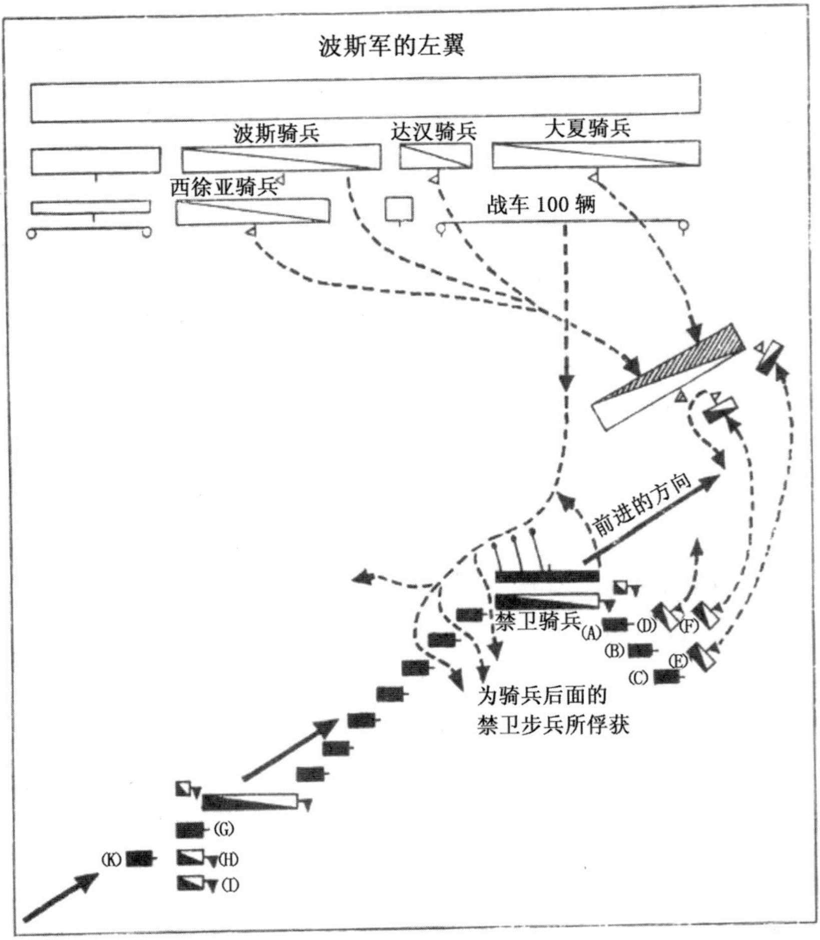

图十一　阿贝拉会战，第一阶段

又一个中队，连续地向敌人冲锋，终于将贝苏斯的攻击击退。当马其顿骑兵刚发生混乱时，大流士便抓着这个机会，发动他的战车，希望把敌方的方阵冲散。可是当他们接近时，布阵在马其顿骑兵前面的阿吉里亚人和巴拉克鲁斯的部下，就用箭和标枪的阵雨来阻止他们。这样就结束了马其顿右翼第一阶段的会战。

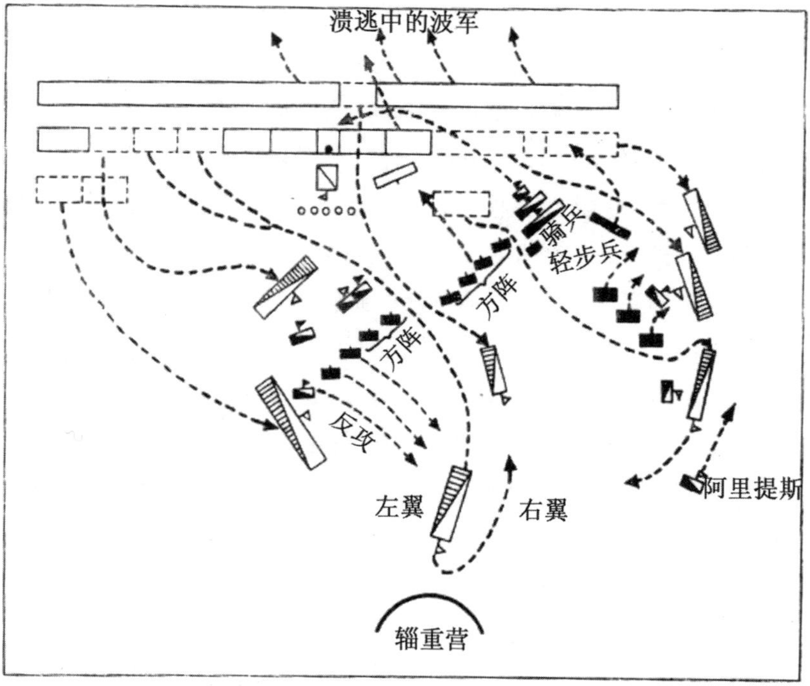

图十二　阿贝拉会战，第二阶段

第二个阶段开始，阿里提斯奉命攻击那些迂回马其顿军右翼的敌军。接着，亚历山大亲自率领着马其顿的骑兵，向内一旋转，构成了一个尖劈，连同右面的四团步兵，冲向敌军。此时敌军由于骑兵已经前进，正面上现出了一个空洞。最后，他就率领骑兵直向大流士冲去——这是决定性之点。这个骑兵的冲锋，在左面有长矛如林的步兵方阵加以密切支持。这个声势骇人的攻势使波斯国王受到了震惊，立即逃到战场之外。此时原来在亚历山大右方的波斯骑兵，发现其后方已经受到了阿里提斯的威胁，也就开始逃走。马其顿人尾随追击，杀伤颇多。这个景象令人惊心动魄，因为柯蒂斯和狄奥多拉斯都说：大量的敌军纷纷逃命，掀起一层尘雾，几乎使任何东西都难于分辨清楚，所以马其顿人才没有把大流士俘获到手。只有一片喊叫和马鞭啪啪的声音，可以作为追击者的向导。

当右翼战斗正在进行之际，在左翼也同时发生了恶战。亚历山大的斜进，使左翼的位置落在右翼的后面，而亚历山大的勇敢冲进，又使左翼与右翼之间造成了一个空洞。于是印度人和波斯人的骑兵，就从这个空洞中拥入，直扑马其顿的行李营，以拯救大流士的家属。依照阿利安的记载，这里的战况变得异常危急。幸亏预备队的指挥官听到这个消息，马上依照事前所收到的命令，很轻快地旋转过来，在波斯军的后方出现，把他们杀伤了不少。正当这个战斗尚在进行，大流士右翼顶点方面的运动，也绕过了马其顿的左翼，从侧面攻击帕尔美尼奥。现在帕尔美尼奥就受到了敌人的包围。

正当此际，帕尔美尼奥就派了一个传骑，把他现在所处的紧急情况报告给亚历山大。亚历山大还在追击波军左翼的残部。他马上就率领马其顿骑兵转过头来，直向波斯军的右翼进发。此时波斯的骑兵恰好退回来，发现退路已经被切断，遂做顽强的战斗。双方苦战不已，最后还是亚历山大获胜。

帕尔美尼奥之围已解，马其顿军再继续追击，一直到深夜为止。接着他们又用强行军向阿贝拉城赶去。一共前进了大约 35 英里，但是并未能俘获大流士，他早已溜走了。

这场会战中的死伤数字，连猜测也都很困难。阿利安估计波斯军被杀者为 30 万人，而被俘者则更多。至于亚历山大方面则认定只损失 100 个人和 1000 匹马。柯蒂斯说波军战死了 4 万人，而马其顿军则为 300 人。狄奥多拉斯则估计双方分别为 9 万人和 500 人。

亚历山大现在对于大流士暂不作做一步的追击，而改向巴比伦前进。这个城是未设防的，因为它的城墙已被拆毁。当他入城之后，即命令重建马尔杜克（Marduk）的神庙。接着他又进到苏萨（Susa），在那里他夺获了 5 万“塔兰特”的金条（总值 1200 万英镑），又追到帕沙加达（Pasargadae），在那里没收了 12 万“塔兰特”的金条（总值 2900 万英镑）。从那里又到了波斯波利斯，作为是一种形式上的报仇，他烧毁了薛西斯的故宫。当他在波斯波利斯的时候，接到安提帕特的报告，说在米加罗波利斯（Megalpolis）的前方，他做了一次大会战，击败了斯巴达军，杀了斯巴达国王阿吉斯。伯罗奔尼撒同盟被迫解散，连斯巴达本身也被迫加入了科林斯同盟。

公元前 330 年的冬天里，亚历山大离开了波斯波利斯，向艾克巴塔纳（Ecbatana，即哈马当［Hamadan］）进发，在那里他又夺获了 18 万塔兰特（总值 4378.5 万英镑）。但是这次大流士又逃脱了。最后他在 11 天之内，前进 390 英里，才终于赶上了大流士，可是却发现大流士已经为贝苏斯所谋杀。大流士一死，亚历山大的政治目的达到了，靠着武力他变成了万王之王。接着，他必须在东部各省建立权威，以使这个帝国屈服于其意志之下，并且尽可能地使它们获得一个安稳的边界。

他征服了里海地区，又向东进到希拉特（Herat），在那里建立了在阿里亚（Aria）境内的亚历山大城。其次向南进到赫尔曼德河上（Helmand），这条河是在吉德罗西亚（Gedrosia）的北面边界上；从那里再向东北走，在加兹尼（Ghazni）建立了阿拉霍西亚（Arachosia）境内的亚历山大城。在喀布尔（Kabul），他又建立了高加索的亚历山大城，从那附近，于公元前 329 年的春初，他又越过了哈瓦克(Khawak)隘路，并爬过了兴都库什山脉。他进入了大夏，渡过奥克苏斯河（Oxus），进入了西徐亚，建立一连串的要塞，以保护他的北疆。其中最重要的一个是在贾克萨迪斯河（Jaxartes）上的亚历山大艾斯恰特（Eschate）。

他与西徐亚人缔结了同盟，为了要收买大夏的人心，他又与该国元首奥克斯阿特（Oxyartes）的女儿罗克桑娜（Roxana）结婚。到了公元前 327 年的暮春时节，他才率领着大约 2.7 万人到 3 万人的兵力，沿着传说中狄奥尼索斯和赫剌克勒斯所曾经走过的旧路，向印度前进。

在喀布尔，他把兵力分为两部分。一半由希法斯辛（Hephaestion）

和皮尔狄卡斯（Perdiccas）率领着，从开伯尔隘路（Khyber）进发。他自己率领一半兵力，经过齐特拉尔（Chitral）征服了许多山地中的部落，再从斯瓦特（Swat）进入到印度河（Indus）流域的阿托克（Attock），在那里又与希法斯辛会合在一起。他渡过了印度河，进到了希达斯皮斯河（Hydaspes）上。在公元前 326 年，他在那里击败了印度国王波鲁斯（Porus），这是他的四大会战中的最后一个，若以战术而论，要算是最卓越的一个。由于佩服他的勇敢，亚历山大让波鲁斯仍然复位为王。接着他灭了桑加拉（Sangala），越过了阿西斯尼河（Acesines），他的最后目标为到达恒河（Ganges），直到海边为止。很明显，这是他理想中最安稳的东界。可是他的军队随着他已经差不多走了 1.7 万英里，并且到达大流士帝国的东界，所以拒绝再向前走了。于是他只能停止前进，准备回国去。在尚未掉头西向之前，他在希达斯皮斯河上建造了 12 个祭坛，以来谢神和纪念他自己的功业。当此之时，在他的营幕中有一个流亡的印度酋长，名字叫作旃陀罗笈多（Chandragupta）。不过几年之后，这个人居然效法亚历山大，建立了一个伟大的孔雀王朝（Maurya Dynasty），其首都设在恒河岸上的巴利波塔（palibotha）。

既然无法用海洋来巩固他的东疆，照他看来，似乎第二条最好的防线就应该是印度河了。而假使能从海上使其河口与幼发拉底河的河口相联系，那么价值就会更大，因为所有的波斯沙漠和印度的西部山地，都在其囊括之中。

亚历山大开始西归，在基拉姆（Jhelum）建立了一支舰队。公元前 326 年 11 月，舰队完成了，在对他的祖先赫剌克勒斯、阿蒙等神奠酒上祭之后，就开始出发了。在南进的途中，他与马利人（Malli）打了一仗，几乎丢了他的生命，最后终于到达了印度河三角洲上。当他对于该河的出海口做了一番勘察之后，他就在帕塔拉（patala）建立一个海军基地，并命令他的海军司令奈阿尔科斯（Nearchus），率领一支舰队，大约有船 100 到 150 艘，向西行驶去寻找波斯湾。他再把陆军分为两部分，命令克拉特罗斯率领较多的一部分，取道波伦（Bolan）隘路和坎大哈（Kandahar），回到波斯波利斯。而他自己则带着较小的一支兵力，约 8000 到 10 000 人，沿着格德罗西亚沙漠的沿海岸地区，向波斯进发，其目的是在海岸上替奈阿尔科斯的舰队设立补给基地。在这次行军中，他损失了大部分的行李和许多的非战斗人员，但是他的战斗兵力却无太多损失。最后，三支军队都能愉快地回来，而通到印度的海上航线也被打通了。

公元前 324 年春天，他回到了苏萨，为了庆祝他的成功，他举行了一个巨大的欢宴，在这个欢宴中，他自己和他的许多部将，还有 1 万名士兵，都和波斯女人结了婚。这个举动象征着征服者与被征服者的界线已经不再存在。自从色诺芬的时代起，对于希腊有一个经常存在着的威胁，那就是有许多漂泊无家的希腊人，愿意出卖生命当佣兵。他为了解除这个威胁，就命令所有的科林斯同盟国家，允许这些人携眷返国。这个命令超出了他作为最高统帅的权力之外，他又立即设法来解释这个变例。他向各国发出训令，要大家承认他是神，这样就可以不受同盟条约的限制了。各国都不敢不听命，于是流亡的人纷纷回家。

不久，他又决定把所有届满服役年龄的老兵都送回希腊去。他在俄庇斯（Opis）做了这个合于常识的决定，但是却引起马其顿人的强烈反对，他们猜想亚历山大的目的是为讨好波斯人，所以故意排挤他们，并且将要把它的政府中心从马其顿迁往亚洲。不久这种不满意的情绪引起了全军的叛变，只有轻步兵禁卫军例外。军人们要求回家去，并且说请亚历山大与他的父亲阿蒙去打仗好了。亚历山大把叛变的领袖予以拘押，使叛兵不敢妄动。接着他宣布解散全军，并开始建立一支波斯军队。这个惊人的行动使叛变无形消灭，他又继之以安抚的工作。他举行一次大宴会，一共请了 9000 个客人。这个欢宴也象征着他希望在其帝国中所建立的和平。马其顿人和波斯人，在战争中本来是死对头，现在都和他同坐在一席之上，其他各个种族也都有代表参加。阿利安的记载说，亚历山大和他同伴们用同一个碗喝酒，也举行一样的奠酒仪式。亚历山大起来为和平而祈祷，他说马其顿人和波斯人都是他的帝国中的人民，所以应该像一个社会中的伙伴一样（不仅是臣民）。他认为全世界的人民都应该和平相处,万众一心。这也就是大家始终不曾做到的“Homonoia”观念。他从前即曾说过所有的人类都是一个父亲的儿子，所以他的祷文也就表示他相信他是负了神的使命，以来调和这个世界。虽然当时在座诸人没有一个曾经预料到，可是这个祈祷实在是亚历山大一生事业的顶点。

公元前 323 年春，他回到了巴比伦，这也是他所选定的首都。在那里他接见利比亚的大使，该国的使臣把皇冕献给他，称他为亚洲之王。意大利诸国也都有使臣来向他朝贺。

在巴比伦，亚历山大忙于计划许多探险和开发的工作。其中有一个是向黑海探险，其目的是想要证实它到底是一个大湖，还是一个海湾。其次还有对于波斯湾地区的开发。为了后者，他在巴比伦建筑了一个巨大的海港，船只就从那里派出，以便在波斯湾的东岸上建立殖民地。他又想开辟从巴比伦到埃及之间的海路，并使后者经过上次奈阿尔科斯所发现的航路，与印度取得联系。他还想绕着阿拉伯航行，并亲自领导这个远征。当舰队正在建造的时候，他又改革方阵的编制，把波斯的轻装部队与马其顿的重步兵配合在一起。

这些伟大的计划却没有一个能够完成。当正在准备的阶段中，6 月 2 日他突然害了疟疾，病势日渐沉重，被抬入了尼布甲尼撒（Nebuchadrezzar）宫中。6 月 12 日，他的老兵们排成纵列，沉默地鱼贯而行，在他的面前通过。他躺在那里已经不能说话了，可是他还是对他们做了最后一次检阅，抬起头来向他们注目为礼。第二天，公元前 323 年 6 月 13 日的黄昏，亚历山大驾崩了，享年 33 岁，一共在位 12 年 8 个月。他被葬在亚历山大城。

亚历山大逝世之后，他的大帝国也即告分裂，一共变成了四个大王国——埃及由托勒密统治，亚洲由塞琉古（Seleucus）统治，马其顿由安提柯（Antigonuss）统治，而在印度则为旃陀罗岌多帝国——可是他的天下一家，四海之内皆兄弟也的观念却永远不会消灭。当他从印度回到苏萨的时候，他曾经使马其顿人和波斯人做了一次大规模的集团结婚，这也就象征着种族的融合。此后在他所建立的大城中，这已成了习以为常的事情。如此一来许多的种族都混合成为一体，而这种混合又产生了一个共同的文化——希腊化文化。

亚历山大逝世不久，这些城市中最大的一个亚历山大城，就变成了这种新文化的动力来源。它成为全世界的集会所。雷纳克（Reinach）说：在这个城里，无尽的好奇心驱使人们去追求和扩展各方面的知识。他们希望能知道一切事物，能解释一切事物。他们遍读古籍，到世上各地去旅行。他们把今天所谓的“科学”研究，已经发展到了相当的高度，这是与哲学具有明确区别的。在那里，人们发现蒸汽可作为动力，数学和力学的知识也都有发展。许多新的信仰和知识，向东西两面交流着。

亚历山大所采取的财政制度，更使这种融合的过程加速。在他尚未出发做他的巨大冒险之前，他一定早已认清了他父亲权力的来源，大部分是由于他在色雷斯保有金矿。此外，在埃及的时候，他也一定认清了黄金是被当作神物来看待的，因为在埃及国王的坟墓中都有大量的黄金殉葬。他夺获了波斯的大量存金之后，就把它们熔化铸成金钱。他不仅发行了货币，而且也创立了一种统一的标准，以统一财政制度。在他死了之后，托勒密垄断了在埃及的全部银行事业，而经过他们在亚历山大城的中央银行，他们也处理与其他各国的贸易关系。威尔肯曾这样说：

> 在亚历山大的战争中，东西双方过去的障碍物都被取消了，而在下一代之中，有数以千计的希腊商人和技工到这个新世界

> 中去，他们在像雨后春笋一般兴起的新希腊城中，去寻找他们的好运。这样一来，这两个原先分立为二的圈子，就逐渐地密合起来，而变成一个单独的经济圈。当西部地中海也被吸入这个在东方所发生的巨大革命性的轨道之中时，最后就形成了一种世界性的商业关系。它包括全部有人居住的世界，从西班牙直达印度，并经过中亚直达中国。这个发展最后在罗马帝国统治之下，才终告完成，但却是因为亚历山大征服了亚洲，才奠定了它的基础。

在亚历山大死后所建立的大王国，也都是以神授王权为其立国的基础。诚如塔恩教授所说的："自从他死了之后，所有的神话传奇就都开始附会在他的大名之上。以他为中心，整个东方的梦想世界，逐渐发展成形……他把文明世界从一个轨道中纳入另一个轨道之中。"他开创了一个新纪元，一切的情形都不再可能回到过去的状况。在以下的各章中，我们还可以看出他的事业具有多么深远且广大的影响。在公元前 2 世纪中叶，第一次布匿战争（Punic War）结束之后，希腊化文化才开始对罗马社会发生影响。而在第二次布匿战争之中和其后，在西庇阿（Scipio）家族的领导之下，这个影响更不断扩大。威尔肯说：首先给亚历山大上尊号为"大帝"（the Great，罗马文作 Magnus）者，就是罗马人。研究希腊史的人可以在亚历山大和伟大的大西庇阿（Scipio Arficanus）之间做一个对比，后者为汉尼拔的征服者和罗马世界帝国的创立者。罗马人称西庇阿为朱庇特神（Jupiter Capitolinus）的儿子，把亚历山大的神话套在他的身上，说他是神蛇的后代。

之后，奥古斯都（Augustus）也是一个亚历山大的狂热崇拜者，在他的统治之下，把皇帝当作神圣世界统治者的崇拜正式建立了起来，他把他的肖像刻在国玺上面，于是亚历山大的梦想至少有一部分实现了。因为在"罗马和平"（Pax Romana）期间，西方世界第一次尝到长期和平的幸福。从亚历山大的神圣皇帝的观念，再加上他所说的“神是所有人类的共同父亲，但是他却把最好的人当作是他的亲生子”这句话，到基督教的建立和把罗马皇帝的世俗统治转变为中世纪教皇的精神统治，其间就只差了一步而已。更进一步说，尽管伊斯兰教是基督教的最大对头，可是阿拉伯主义若不与在埃及、叙利亚和小亚细亚的希腊主义相接触，它也许就不能创立起来。

大事记（三）

罗马的兴起和它与迦太基的冲突

公元前 1200 年到公元前 1000 年所发生的民族大迁移运动中，有两个亚洲的民族在中部地中海出现。第一个是提尔的腓尼基人，大约在公元前 1100 年，在乌提卡（Utica）建立了他们的第一个北非殖民地，在公元前 9 世纪的下半期，建立了迦太基（Carthage，意即新城）。另一个为埃特鲁斯坎人（Etruscans），他们在公元前 1000 年之前，即移居到意大利台伯河（Tiber）以北的地区。在台伯河以南，有一个叫作拉丁姆平原（Latium）的地区，为拉丁人（Latins）聚族而居的地方。拉丁人是印欧种系中的一个分支，他们以阿尔巴隆加（Alba Longa）为领袖，大约在公元前 753 年——罗慕路斯（Romulus）建立罗马的传统纪念年份——为埃特鲁斯坎所征服。在后者统治之下，所有在帕拉丁小山（Palatine Hill）附近的村落，逐渐合并成为罗马城市国家。

又过了 250 年——大约在公元前 500 年——当埃特鲁斯坎人正在忙于和北方的高卢人（Gauls）交战时，拉丁人把高卢人驱逐到了罗马之外，并侵入埃特鲁里亚（Etruria）。最后，高卢人又攻占了埃特鲁里亚，渡过了台伯河的下游，大约在公元前 390 年，又占领了罗马——此时罗马尚未筑城墙——并将其付之一炬。只有在卡庇托里小山（Capitoline Hill）的卫城死守不屈，不久高卢人对围攻感到厌倦，索取了一批黄金之后，就解围北去。

在这段时期中，罗马人的军事单位是“兵团”（Legion），它以罗马公民为征召的对象，这些人属于原有族系中之一分子，只有他们才有携带武器的权利。他们构成手持长矛的武士团体，战神的保佑也只降在他们身上。因为只有在战争中服过兵役，才是唯一的晋升之阶，所以这种传统的英勇气概，遂养成罗马人民的尚武精神。

原来的兵团也是一种方阵形式，装备着多里克（Doric）型的兵器。最初一个兵团约有三四千人，分为 8 列。前 6 列为重步兵，而最后 2 列为轻步兵（Velites）。像希腊的方阵一样，它的战术原则就是震荡冲击。它没有预备队，只有少数骑兵供支援之用，所以追击通常都很困难。

依照传统的说法，在罗马被焚毁之后，这种原始化的军事组织就立即做了完全的改革。领导这个改革的人为卡米卢斯（Marcus Furius Camillus），他是高卢战争中最著名的罗马将军。本来军队是以户籍为分类的标准，现在他却改用年龄来作为标准，以便使每个人的能力和经验可以有充分的发挥。重步兵，也即为真正的兵团部队，被分为三个部分，分别称为 Hastati、Principes、Triarii。前者为最年轻的人员，次者为壮年人，后者为年纪最大的人员。轻步兵也仍然维持着，仍以户籍为标准，而不依年龄分类。

其次，为了获得必要的弹性，以应付高机动性的高卢人，这个方阵形的兵团又分为三师，作成纵深的序列。青年军在最前面，壮年军次之，而老年军则位于最后。每一个师分为 10 个连(Manipuli)，前两种的每连为 120 人，而老年军则每连 60 人。一个支队(Cohort)中包括每种部队一个连，120 名轻步兵和一中队（Turma）的骑兵(30 人)，一共为 450 人。10 个支队即组成一个兵团。在战斗序列中，各连做棋盘格子式的部署，所以第二师的各连，可以掩护第一师正面上的间隔，而第三师则又掩护第二师。10 个中队的骑兵合组成一个侧翼（Ala）。

这种新组织的形成可能是逐渐的。波里比阿（Polybius）在他的《通史》第六卷中，对于罗马人的兵器，曾有详细的叙述。轻步兵携带一剑、一矛和一盾（Parma），盾的直径为 3 英尺。这种矛是为投掷用的，所以它的矛头非常细弱，一投出之后即弯曲了，使敌人拿在手中毫无用处。青年兵背着一个大防盾（Scutum），形状是半圆筒的，宽 2.6 英尺，长 4 英尺，由两层木板胶合而成，外面盖一层牛皮，并镶着铁边。他们的武器有一把短剑（Gladius）和两支标枪（Pila）。头戴铜盔和胫甲，胸甲有一块铜制的护心钟（Pectorale），若是财力充裕时，才有全副的胸甲（Lorica）。壮年兵和老年兵的兵器和装甲都是一样的，不过他们不用标枪，而改用长矛（Hastae）。

至于骑兵，似乎是完全被忽视，因为到了布匿战争开始时，骑兵也还是没有装甲，他们的防盾是皮质的，他们的矛和剑也不是特制的。一般说来，他们都宁愿下马做徒步战。

罗马人喜做个别的战斗，而不愿做集体的战斗。他们不是用方阵来做一次巨大的冲击，而是连续做一连串迅速的冲击。他们也采用设防营地的方式，即便是只暂停下来过一夜也是如此。古老的纪律一向极为严格，也很少改变，训练和操练的时间都很长久。至于战术方面，却已经有了一些彻底的改变。近战和远战已经合而为一；开始有了预备队的存在，而攻击与防御也已经有了密切的结合。蒙森（Mommsen）对于罗马兵团曾有下述的评论：

> 罗马人将重标枪与剑配合使用，其所产生的作用与近代战争中使用火枪与刺刀是极为近似的。标枪的投掷是为刀剑的肉搏战做准备，正好像先发射一排枪，然后再用刺刀冲锋一样。最后，彻底的设防营地体系使罗马人在战争中，可以获得攻守

合用之利。他们可以依照环境而决定接受会战还是拒绝会战。而在接受会战时，他们可以在营寨防壁之下作战，正好像在城墙之下作战是一样的。

在高卢人侵入之后，罗马开始变成一个有墙的城市，罗马人现在有了一个稳固的作战基地，就开始踏上征服之路。公元前 325 年，他们的扩张使得他们与南面的萨谟奈人（Samnites）发生了冲突，接着就引发一连串的战争。最后的结果是公元前 295 年，在塞恩蒂姆（Sentinum）发生了一次决定性的会战。在这一战中，萨谟奈人、埃特鲁斯坎人和高卢人的联军为罗马人所击溃。这次胜利，使罗马在阿尔努斯河（Arnus）到萨来诺湾（Gulf of Salerno）之间，取得领袖地位的资格。布里斯特德（Breasted）认为，这一战足以决定此后两千余年间意大利的前途。在意大利境内，罗马所剩下来的假想敌人，在北面只有高卢人，在南面只有卢卡尼人（Lucanians）；此外也许还可以加上在海岸上的希腊城市国家。

这些城市当中最首要的一个为他林敦（Tarentum，今塔兰托）。罗马的迅速扩张使他们感到非常害怕，于是他林敦人向伊庇鲁斯（Epirus）求援。伊庇鲁斯的国王为皮洛士（Pyrrhus），是亚历山大的亲属，也是当时的名将之一。公元前 280 年，他在意大利登陆，在两次会战中击败了罗马人：一次在赫拉克莱亚（Heraclea），位于塔兰托湾（Gulf of Taranto）内；另一次在奥斯库卢姆（Asculum）的附近，即在今日韦诺萨（Venosa）东边。但他在这些会战中，也遭到了巨大的损失，所以当叙拉古人要求他援助他们以对抗迦太基人的时候，他就把军队移到了西西里岛。经过了几次卓越的战役，由于希腊城市的继续分裂，皮洛士又在公元前 276 年从那里回到了意大利。结果在贝内文图姆（Beneventum，即今之贝内文托[Benevento]），他被罗马所惨败，撤回了伊庇鲁斯。临行他宣称：“这个战场，我留给迦太基和罗马去打好了。”这句话以后真的变成了谶语，自从他离去，所有希腊城市都一个个地向罗马投降了。等到雷吉姆被占领之后，这两个巨强就开始隔着墨西拿海峡，遥遥相望了。

公元前 310 年—公元前 289 年，西西里岛的大部分都为叙拉古国王阿加索克利（Agathocles）所征服。他是一个卓越的军人，也是第一个曾经把战争带入迦太基非洲的欧洲人。当他死后，西西里发生了长期的扰乱，因而使迦太基人坐收渔人之利。皮洛士是阿加索克利的女婿，所以西西里人才会向他求援。当皮洛士离开了西西里，叙拉古国王希伦二世（Hiero Ⅱ）又与前王阿加索克利的一部分佣兵发生了战争。这些佣兵号称马麦丁人（Mamertines），他们占据了梅萨纳（Messana，即今之墨西拿）。他们受到了希伦二世的沉重压迫，就同时向迦太基和罗马求援。双方都应允来援，于是彼此间发生了冲突，遂在公元前 264 年爆发了第一次布匿战争。

罗马人发现若缺少舰队，则无法阻止迦太基人从非洲把增援部队送过海来，他们遂于公元前 261 年决定建立一支舰队，因而变成一个海军国家。这的确是一个极为勇敢的决定，因为当时他们对海洋几乎是一无所知，而迦太基人却已经是地中海内的海权领袖国家。他们把船只建造好了，并且由训练尚未精熟的水手驾驶着，于是在公元前 260 年企图攻占梅萨纳，但是失败了。可是他们对于这一次的挫败，一点都不感到灰心。他们知道假使他们墨守当时的传统战术而不求改良，则他们在海上将永无战胜迦太基人的希望。他们开始创出一种全新的战术，以使其军人的白刃战优点能够获得充分的发挥。他们在战船上面装上一个木板桥，叫作“乌鸦”（Corvi），在桥板的顶点下面有一个长钉。每艘船的头上又有一根杆子，可以使这个桥直立起来，向左右两边摆动，当它一落在敌船甲板上，就马上把敌人抓住。于是船上的陆战队就从桥上过去，实行白刃战。

他们第二次出海，在迈利（Mylae，即今之米拉左角［Cape Milazzo］）海上与迦太基舰队遭遇了，迦太基的船只直向他们驶来。

据波里比阿的记载："这个机器向四周摆动，从各个方向迎接敌人，确实地落在他们的船上。所以没有一艘船在驶近时能不被钩住的。最后，迦太基人掉头逃走，在惊慌失措之中，一共损失了 50 艘船。"

这一次胜利使罗马变成了一个海军强国，其直接的结果是迦太基人撤出了科西嘉（Corsica），而罗马人侵入撒丁（Sardinia）。

罗马人，现在也像阿加索克利一样，决心把战争带到非洲大陆上去，他们的舰队一共有 330 艘船。迦太基人在赫拉克莱亚米诺亚（Heraclea Minoa）集结了一支更大的舰队，想等到罗马舰队向非洲行驶时，好攻击他们的侧翼。可是当两军遭遇时，那个"乌鸦"又显出了决定性的效力，结果迦太基人损失了 96 艘船，罗马人只损失了 24 艘。这次希拉克里亚之战使罗马人赢得了中部地中海的控制权。

罗马人把损毁的船只修补好了，就命令舰队直向希尔马流门（Hermalum）即今之朋角（[Cape Bon]）驶去。由雷古卢斯（M. Atilius Regulus）所率领的陆军就在那里登陆。他首先占领了突尼斯（Tunnes，即 Tunis），以便建立一个对迦太基的作战基地。但是正当他进行这些工作的时候，迦太基也获得了增援。这是由一个名叫桑希普斯（Xanthippus）的斯巴达人所率领的一支希腊籍佣兵。桑希普斯是一个极能干的军人。波里比阿对于他有下述的批评："因为靠这一个人，一个头脑，才击败了许多人，这些人是自认为无敌于天下，而且无事不可完成的。"他恢复了全城的信心，之前其信心可以说是完全毁灭了，他们军队的情绪是已经降低到了极点。他选择了一个迦太基的骑兵可以充分发挥其威力的战场，于是一战就击败了罗马人，俘获了雷古卢斯。罗马人放弃了这次侵入战，回到西西里。公元前 255 年 7 月，他们又遭到了一次可怕的天灾。在一次风暴之中，他们的 364 艘船中损失了 284 艘。利用这个机会，迦太基人又再度获得了制海权，并立即增援利利贝奥（Lilybaeum，即今之马尔萨拉 [Marsala]）。公元前 249 年，另一次风暴简直使罗马的舰队几乎全被毁灭。罗马人对于这个损失感到异常失望，遂放弃了在海上作战的念头。两年之后，迦太基人又派哈米尔卡 · 巴尔卡（Hamilcar Barca）到西西里去，他就是汉尼拔的父亲。

等到他们神经恢复正常，罗马人在公元前 242 年，又再度开始建造另一支舰队，到了第二年，又有了 250 艘战船，准备妥善后可供作战。他们对于迦太基人的海港利利贝奥和德里帕那（Drepana）发动突然的攻击。此举使迦太基人大感震惊，因为它们是西西里港口中距朋角最近的。迦太基的舰队立即出海，想去夺回这些港口。两军在爱加特斯岛（Aegates）遭遇了。罗马人大获全胜，迦太基船只被俘者 70 艘，被击沉者 50 艘。迦太基和罗马双方都已感到筋疲力尽，到了公元前 241 年，双方又再度恢复和平，其条件为迦太基人撤出西西里。西西里岛从此变成了罗马帝国的第一个行省。

停战之后，迦太基内部立即发生了普遍的叛乱，许多佣兵都纷纷拥兵作乱。在撒丁，他们反叛了迦太基，预备独立，当他们为撒丁人所驱逐时，就又向罗马人求援，请他们去恢复秩序。罗马人表示同意，于公元前 238 年实行干涉，迦太基人放弃了该岛，于是它也变成了罗马人的领土。

罗马人为了消灭在撒丁的野蛮民族，也花了许多年的时间，同时他们与意大利北部的高卢人之间也发生了激烈的边界战争。公元前 229 年—公元前 219 年，对于亚得里亚海中的伊利里亚海盗，罗马人也曾发动过一连串的膺惩性作战。公元前 225 年，在一次重大的会战中，高卢人被杀死了 4 万人，被俘虏了 1 万人，这才暂时停止了进攻。在这次胜利之后，罗马人才在克雷莫纳（Cremona）和普拉森提亚（Placentia）建立了殖民地。为了增援这些地方和其他的北方戍兵，又修建了专供部队运动之用的弗拉米尼亚大道（Via Flaminia），直到阿里米尼（Arimini，即今之利米尼［Rimini］）为止。伊利里亚战争使罗马第一次与希腊发生了外交上的接触，也引起了马其顿国王腓力五世的疑惧，从此他对罗马一直都抱着敌视的态度。

此时，迦太基为了挽回其在中部地中海所丧失的地位，又派哈米尔卡到西班牙去扩展他们在那里的领土。公元前 229 年，他死了，其位由女婿哈斯德鲁巴（Hasdrubal）继承。哈斯德鲁巴于公元前 228 年在西班牙建立了新迦太基城（Nova Carthago），即今之卡塔赫纳（Cartagena）。很显明，为了对付迦太基的势力扩张，罗马与富有的希腊城市萨冈坦（Saguntum，即今之萨贡托［Sagunto］）缔结了同盟。他们现在正忙于用全力对付高卢人，在这个时候，不愿意再与迦太基人发生另外一个战争，于是罗马人与哈斯德鲁巴订立了一个条约，双方同意以依贝拉斯河（Iberus，即今之埃布罗河［Ebro］）为界，来划定两国在西班牙的势力范围。公元前 221 年，哈斯德鲁巴遇刺，由他的妻舅汉尼拔（Hannibal）继承他的位置。

第四章

米陶拉斯会战和扎玛会战

罗马人所做的，只不过是完成了亚历山大的心愿。我们可以看出来，罗马人已经吸收了他的观念，这并非故意如此，因为历史是由环境的力量所造成的。现在在罗马人的骨子里，产生了帝国主义的企图。诚如李维（Livy）所云："没有一个伟大的国家能够长久保持和平的。假使它没有外敌存在，那么就会在内部产生敌人。正好像一个强壮的身体，似乎是不会感染外来的疾病，可是它们的强壮却适足使它衰亡。"从每一个强国的生命史上，都可以看出有两个因素，足以控制它们的命运：那就是内在和外来的冲突，即所谓的革命和战争。一个国家若不是衰老了，则绝不会建立和平；而使它们衰老得最快的，却正是所谓的"安全感"。以上所说的理论，对于罗马也完全能够适用。因为当第二次布匿战争发生时，罗马还是正在它的青年期中，夹在两大强国之间——东面为马其顿，南面为迦太基。要想获得安全，这些强国是必须加以消灭的，因为任何强国的目的都是要建立一个绝对安全的疆界——这也是亚历山大的目的。

在西班牙，则无这种疆界存在，因为埃布罗河不过是一个地理上的名词，所以一旦高卢战争结束，罗马人就把眼光集中在西班牙的银矿和市场上。在萨冈坦国内，罗马人扶持某政党去攻击托尔波里塔（Torboletae）人，他们是迦太基的臣民。汉尼拔采取了行动，罗马人即警告他不要管闲事，他拒绝了。公元前 219 年，汉尼拔攻击萨冈坦，经过 8 个月的围城战，才将它攻下。罗马人并未出兵协助萨冈坦人，可是在次年 3 月，他们派了代表到迦太基去，要求交出汉尼拔和他的部下来。这个最后通牒被拒绝了，于是两国正式宣战。

汉尼拔有一切报复的权利，这是很明显的；可是当他包围萨冈坦时，他似乎早已充分明了其可能的后果。虽然他可能是为了报私仇，但他也是为了消除第一次布匿战争的后果，并使迦太基重新获得优势。他具有一种高度的政治才能，并且认清了罗马还只是一个临时拼凑起来的强国。罗马的优势地位，是凭着威力建立起来的，而不是由于说服。高卢人始终是与他们为敌的，当皮洛士入侵时，也有几个同盟国曾经背叛它。从战略上来看，这个时机似乎是很有利的；而战术方面，汉尼拔也处于强有力的地位，他知道自从亚历山大使用骑兵给战争艺术带来了新的革命之后，罗马人对于这种革命似乎还少有认识。

反之，罗马元老院（Senate）也认为这个时机同样有利。在北意大利，高卢人已经被击败了，罗马人在那里建立了拉丁殖民地来控制他们。他林敦和其他的南部港口都加以据守，越过亚得里亚海，不再会有外来的威胁，制海权已经控制在罗马人的手中。不仅从罗马到西班牙之间的海上交通线有了安全保障，并且可以从西西里向迦太基人发动直接的攻击。但战争却是一种机会性的游戏，其中有许多不可预料的因素。罗马的元老们对于一切的事情都有正确的计算，但却有一个因素是他们所无法计算的。他们可以估量迦太基人，但是却无法估量躲在他们后面的汉尼拔的天才。诚如道奇所说的，自始至终，汉尼拔即为一个枢轴，所有一切都绕着他旋转。在以后超过 16 年的战争中，就只有他一个人与罗马为敌，并且教会了他们如何征服世界。他是一个怎样的人物呢？

关于汉尼拔的一切，所知道的颇少，除了从他的战役中所获得的那一部分知识，而这些也没有一件是由友方叙述的。他出生于公元前 249 年，9 岁时即离开迦太基，和他的父亲一同去西班牙。一直到他的伟大冒险开始时为止，他都不曾离开过那里，不过他却一定曾经随着他父亲参加过许多次战役，在这些战役中他学会了战争艺术的运用。他所受的教育是不容忽视的。据说他能说极流利的希腊语，而且能读能写。他对于希腊战史做过极深入的研究。他比较清瘦，但身体很强健，是一个优秀的赛跑选手，善于击剑和骑马；具有钢铁般的体质，极能吃苦；头脑极灵敏善计算，能够把一切情况综合起来。他的生活极简单，不受醇酒和妇人的诱惑。李维说："他具有超人的勇气，敢于冒险犯难，在危难之际也能保持极正确的判断力。"虽然如此，李维又说他具有非人性的残酷，比一般布匿人更可怕，他不信真理，不守信用，不畏鬼神，不信宗教，不尊重誓词。波里比阿也说他"异常残酷和十分贪鄙"。不过照我们看来，这些恶德可能都要大打折扣，因为他的不讲信誉，并不比他的伟大对手西庇阿更厉害；而他的残酷在那个时代也并不算是反常的。

当公元前 218 年的春天，汉尼拔从新迦太基城出发前往埃布罗河时，他的目标十分清楚。他并不想征服意大利，而只想破坏意大利同盟，以强迫罗马求和，就正好像过去阿加索克利对于迦太基所曾经施用过的故计。当他在特拉西梅诺湖（Trasimeno）大捷之后，曾经发表演说："我之来此不是要和意大利人作战，而是要意大利人向罗马作战。"他并非以征服者的姿态前进，而是以解放者自居。以这个观念来指导他的战略，他率领着 9 万名步兵、1.2 万名骑兵和 37 头战象，进入了近代所谓的配皮南（Perpignan）地区。他之所以宁愿采取陆路而不走海路，不仅是因为罗马人正控制着海面，也是因为他想唤起高卢人，一同反抗罗马。他希望在尽量接近山南高卢（Cisalpine Gaul）的地区，建立一个补给基地和兵源补充站，因为他与西班牙之间的交通线是随时可能被切断的。

从比利牛斯山脉（Pyrenees），毫无抵抗地，汉尼拔前进到了亚威农（Avignon）以北不远的地方，因为罗马元老院对他的意图完全没能猜中。他们一方面命令森普罗尼亚斯（Tiberius Sempronius）在西西里集中一支军队，准备对迦太基发动一次远征；另外又命令西庇阿（Publius Cornelius Scipio）率领一支军队取道马西里亚（Massilia，即今之马赛［Marseilles］），直往埃布罗河。当西庇阿到了马西里亚之后，他知道汉尼拔正在他的北面，彼此相距已在50英里以外，他无法赶上，然而他却不愿领兵从沿海道路赶回意大利，遂命令他的兄弟劳斯（Gnaeus）率大部分兵力向西班牙进发，去攻击汉尼拔的基地，自已则率领少数人回到比萨（Pisa）。等到罗马人知道了汉尼拔的位置，马上就派人通知森普罗尼亚斯领兵北上。此时，汉尼拔采取了一个与亚历山大在希达斯皮斯河上相似的行动，徒步涉过了罗讷河（Rhlône），领兵向滨海阿尔卑斯山（Maritime Alps）进发。到底他从哪里翻过山脉，已经不可考，大致是在小圣贝纳德（St. Bernard）和日内瓦山（Mt. Genèvre）之间。他所面对的最大的困难并非山脉本身，而是具有敌意的阿罗布罗克斯人（Allobroges）不断地攻击他的后卫。他一路的损失颇为可观，当他渡过罗讷河时，尚有步兵5万人和骑兵9000人，[1] 等到他进入山南高卢平原时，却只剩下步兵2万和骑兵6000人了。依照李维的计算，其剩余兵力，比起他从新迦太基出发时，只相当于1/4了。

---

[1] 这个数字与原有兵力已经差了很多。主要原因是他在加泰罗尼亚（Catalonia）留下了2.2万人的留守兵力，其余2.1万人则可以显示逃亡人数相当可观。不过上述数字可能不无夸张之处。因为波里比阿曾经说过：这支军队的数量之多，尚不如其素质之精，其训练程度尤其优秀。

这样重大的损失，是否由于领导将才的过失，这很难说，不过的确可以表明他军队的纪律并不太好。反之，他在以后几年中，居然又能赢得一连串的惊人胜利，则更令人难以了解。

公元前 218 年 12 月，在特里比亚（Trebia）河岸上，汉尼拔引诱桑普罗尼亚斯接受会战。他使桑普罗尼亚斯感到昏乱，在正面上牵制着他，另外分出他骑兵之一半，去绕过敌人的侧翼，打击在敌人的背上。罗马军大败溃逃。[1] 次年 4 月，在特拉西梅诺湖的北岸上，他故意把他自己布置在塞尔维里亚斯（Servilius）和弗拉米尼乌斯（Flaminius）两军之间。然后他奇袭了后者，几乎使其全军覆没。[2]

汉尼拔继续向南移动，趋向亚得里亚海岸，在奥费达斯（Aufidus）河上的坎尼（Cannae）夺获了一个罗马人的补给站。但他到那里去的主要原因，似乎还是为了给他的骑兵寻找一个适合的战场。此时在吉仑纽门（Gerunium，在特木利［Termoli］以南）有四个罗马的双倍兵团（double legions），由他们的执政官保罗斯（Aemilius Paullus）和瓦罗（C. Terentius Varro）所率领着。当他们知道了汉尼拔的行踪，就进到奥费达斯河上，在它的右岸上设营，在汉尼拔的上游距离三英里远。

因为迦太基的骑兵占有优势，所以保罗斯不主张出战，但是瓦罗的想法却完全相反。由于两位执政官是隔日轮流担任总指挥的职务，当他们到达后的第二天，是由瓦罗轮值指挥，于是他命令全军前进，双方发生了不具有决定性的序战。到了第二天，那是公元前 216 年 8 月 2 日，保罗斯已经没有办法照他的心愿引兵退去了。汉尼拔可能也认清了这一点，于是把兵力布成一个新月形的阵势，准备交战。在中央他集结着西班牙和高卢的部队，而把他的非洲部队

[1] 根据波里比阿的记载，双方兵力有如下述：迦太基人为步兵 2.8 万，骑兵 1 万；罗马人为步兵 3.6 万，骑兵 4000。

[2] 罗马方面的损失为阵亡 1.5 万人，被俘 1.5 万人。

布置在两翼上面。在步兵阵线的两端，他又各设了一支强有力的骑兵兵力。面对着罗马人的平行序列，他首先击溃了罗马的骑兵，接着就等候罗马步兵前进。他们压迫着迦太基的新月阵势向后退，一直到它凹入时为止。于是突然间，汉尼拔命令他两个师的非洲步兵前进，两面都向内旋转，从侧面把罗马人卷入口袋之中。最后，追击归来的迦太基骑兵就打击在罗马军的背上。罗马军就好像是遇到了地震一样，全部为他们所吞噬。[1]

我们若对于特里比亚、特拉西梅诺湖和坎尼这三次会战做一次分析观察，毫无疑问，这些胜利之获得，实应归功于汉尼拔的战术天才。又因为罗马人对于战争的思想太落后，所以更使他的天才可以为所欲为，无往不利。罗马人的战争观念是纯粹机械化的，其所依赖的就是匹夫之勇、纪律和操练。至于提到将道，简直可以说是聊胜于无。他们还是把一位将领当作总教官看待，他只要善于调换一切的检阅队形就够了，对于地形和战术要求，简直很少加以考虑。他们过去的敌人都是纪律和操练两方面均缺乏的野蛮民族，在无数次的战斗之中，他们都是靠着纪律和操练取胜的。他们对于亚历山大和他的继承者的战争，是一点都不了解，无怪乎会受到汉尼拔的奇袭。他们愚笨无知，迭犯战术上的错误，而汉尼拔却是有惊人的机智、远见和想象力。不过这并非罗马将军们本身的过错，他们通常都并不缺乏勇气，而是罗马军事制度根本就要不得。罗马人认为，每一个公民都可以担负将领的任务，因为他们假定每一个公民都是精通武艺的。诚如蒙森在他的《罗马史》中所说的："在这样的战争中，对于将领的人选，却年年都要用投票的方式来决定。这实在是一种不可思议的怪事。"这大部分又是由于政党政治在作祟，罗

[1] 波里比阿认为罗马军的兵力为步兵 8 万人，骑兵 9600 人。而《剑桥古代史》则对于这个数字表示怀疑，估计罗马兵力应为 4.8 万人。依照波里比阿的估计，罗马军的损失如下：骑兵除逃出了 370 人以外，其余全被歼灭。实际未参加会战的步兵 1 万人被俘，另外 7 万人被杀。迦太基全部损失数字为 5700 人。

马的几个大家族都是互相对立的，其结果是建立了一支静态的陆军，他们的将领是选择出来的，其标准不是经验和能力，而是他对于政党利益的效忠关系。

相反，汉尼拔却是一位能够适应任何环境的将才，也许只有围城战是唯一的例外。他凭着意志的驱使，在意大利战役中的前3年内，显出了无比的果敢；接着在以后的13年当中，他又能做顽强的防御战。他具有一种超人的能力，使他的行动适应千变万化的环境，所以波里比阿的批评是一点都不错的："对于罗马人和迦太基人所遭遇到一切命运，不管是好是坏，都导因于汉尼拔这一个人和他的一颗心。这个人的影响非常巨大，简直是惊人，他的心可以适合于一切人力范围之内的任何工作。"他又接着说，"一连16年的时间，汉尼拔都一直在意大利与罗马人做不断的苦战。他的军队从来没有一天离开过战场，他好像一位优良的舵手，始终使这支巨大的军队在他的控制之下，虽然他的部队并非由一个种族，甚至并非由一个民族所组成，可是他们却没有一个人对他有怨言，而且彼此间也从来没有冲突。像这样复杂的部队，没有一个人敢不服从他的意志和命令，这也就可以显示出他的指挥才能实在高人一筹。"

再引证一位近代史学家的批评。蒙森曾经说过："他特别具有发明的天才，这也是腓尼基人的主要民族性之所致。他喜欢采取偏僻和出人意料的路线。埋伏狙击和所有一切的计谋对他而言都是家常便饭。他对于其对手的性格曾做极谨慎的研究，这也是前无古人的。他组织了一个当时无双的谍报系统——甚至在罗马城内，他也经常派有侦探——所以他对于敌人的一切计划，都能获得最新的情报。他自己本人也常常化装和戴着假发，亲自去搜集情报。在这个时代的历史书中，几乎每一页都可以证明他的军事和政治天才。他的确是一位伟大的人物，不管他到任何地方去，都会吸引着大家的眼光。"

那么像罗马那样的军事制度，对于这样一个人，又有什么应付的方法呢？完全没有，可是到了最后，罗马人的民族性还是获得了胜利。在坎尼会战之后，我们所看到的景象又是怎样呢？汉尼拔希望这一战能使罗马共和国发生全面的动摇，可是结果完全不然。尽管罗马已经瘫痪了，但却没有一个拉丁城市肯背叛它。假使汉尼拔是亚历山大，那么罗马也许还是会灭亡的。他现在应该明白了，罗马联盟的力量就寄托在罗马城的身上，除了罗马以外，他们也就空无一物了。他的骑将马哈拔（Mahartbal）劝他立即向这个首都进攻，他却拒绝了。马哈拔怒叫着说："这的确是一个真理，上帝对于一个人的赐予是不完全的，他不会让同一个人具有一切的天才。汉尼拔呀，你知道如何获得一个胜利，但是你却不知道如何利用一个胜利。"诚如李维所批评的："大家都认为这个时间上的延误，已经救了这个城市和这个帝国。"

汉尼拔为什么不向罗马进攻呢？哈尔瓦德先生（Mr. Hallward）的答案是，他正在构想一个新战略：准备使用迦太基的全部力量，以使战争扩展到新的地区中，这样就可以包围意大利。当他正在进行逐城争夺战时，其本国的政府也在设法把罗马人逐出西班牙，夺回撒丁，而更重要的是在西西里岛上重建他们的势力。这样就可以迫使罗马求和了。为了达到这个目的，汉尼拔也早已接受了马其顿国王腓力五世的请求，准备与他合作结盟。[1]

可是这似乎并非达到其目的的最迅速的途径。假使罗马城被攻陷了，则所有西班牙、撒丁和西西里都会自动落入他的掌握之中。所以并非因为他认定了这个"新战略"是最好的，而是因为缺乏攻

[1] 在听到了汉尼拔在特拉西梅诺湖获得了胜利，马其顿的腓力五世也准备攻击意大利，而在坎尼会战以后，就与汉尼拔缔结了同盟。罗马人在受到了柏加曼（Pergamum）国王阿塔罗斯（Attalus）的支援之后，也就与他在公元前214年开始交战，是谓第一次马其顿战争。公元前211年，罗马人与阿托里亚同盟（Aetolian League）签订了条约，到了公元前205年，战争才告以结束，双方签订了《腓尼基和约》，腓力同意不再侵扰罗马的同盟国。

城的工具，不能不如此。汉尼拔知道他攻不下罗马城，被迫放弃攻势，与他的对手法比乌斯（Q. Fabius Cunctator）同样采取守势，彼此都是想以消耗的手段取胜。

为什么没有一个城市背叛呢？不仅是因为它们是效忠于罗马的，而且也因为它们都是有城墙，并且彼此间都有道路联系着。它们不仅可以安全地对抗汉尼拔的野战军，同时补给的供应也不至于发生问题。现在构成罗马战略的枢纽者，即为这些有城墙的城市，而汉尼拔居然不曾认清这一点，这未尝不是一件怪事。假使他能明了这一点，那么当他于公元前 215 年在卡普阿（Capua）建立了基地，并使南意大利的大部分归入他的控制之下时，他就应该组成一支攻城纵列，去击毁敌方战术中的核心。在此后 4 年当中，战争就变成了反复进退的行动。到了公元前 211 年，弗尔维亚斯（Fulvius）把卡普阿城攻陷了，于是汉尼拔所能做的事情，就是渡过了阿尼奥河（Anio），进到罗马的城墙脚下，立马科林门（Colline Gate）外，挥动他的宝剑。这固然是英雄的姿态，但却已经迟了 5 年的时间，实在是太迟了！

当双方在意大利境内都在作防御战时，大部分是受了汉尼拔的外交策动，在其他的地区中也同时展开了激烈的战事。在西班牙的境内，汉尼拔的兄弟，哈斯德鲁巴和马戈（Mago）以及吉斯哥（Gisgo）的儿子哈斯德鲁巴（同名），正在与两位西庇阿（Publius 和 Gnaenus，亦为兄弟二人）发生激战。公元前 215 年，撒丁也发生叛乱，次年，罗马的摄政官马塞卢斯（Claudius Marcellus）进兵西西里，因为叙古拉已经与迦太基订立了同盟条约。他对于该城的围攻战，成为当时战争中的一件大事。这里又发生了一个很有趣味的战争插话，那就是阿基米德（Archimedes）的发明天才，在这里大显神通。波里比阿曾经说过："在某种环境之中，一个人的天才可以比任何多的数量都还更有效力。"叙古拉一直坚守到公元前 211 年，最后由于内奸的行动才被攻陷。当它沦落之后，西西里岛上所有一切的抵抗也都终止了。

虽然马塞卢斯在西西里获得了成功，可是西庇阿兄弟在西班牙于同一年内却遭到了惨败。他们的凯尔特伊比利亚（Celtiberian）部队纷纷逃亡，兄弟二人都失败被害了。罗马又再度瘫痪，结果又要以公民投票的方式来选择一个新的指挥官。现在已经没高阶层的人——像做过执政官或司法官的——来竞选，于是有一位 24 岁的青年人，自告奋勇出来做候选人。虽然他过去只做过低级军官，但却获得了选民的拥护，元老院只好勉强接受他。他是西庇阿的儿子，此后在历史上就被尊称为阿非利加的西庇阿（Scipio Africanus），汉尼拔的征服者。

西庇阿出生于公元前 235 年，第一次出名是在特里比亚战役中，虽然那时他还是一个小孩子，但却曾经救过他父亲的生命。在坎尼会战中，他是一位低级军官。在那次大屠杀中，他逃得了性命，以后当他听到梅特卢斯（Metellus）和一部分青年贵族准备逃出意大利，他就跑到梅特卢斯的寓所中，提着剑逼迫他宣誓，说他们这一批人永远不逃亡。虽然他是一个非常勇敢的人，可是他的个性却实在不易测度。蒙森对他的评价有如下述：

> 有少数人能够凭着他们的精力和铁一样的意志，来约束这个世界，在几百年之内，采取新的路线和向新的路线行动。他却不是属于这一类的。可是环绕着这个俊美的英雄，却另有一种特殊动人的魔力，好像是一个闪耀发光的光圈一样。在安静的气氛和坚定的信心之外，西庇阿又经常混合着轻快和敏捷的情调。他有足够的热心可以使人们的心灵温暖；同时又有足够的计算能力，使他在任何情况中都能追随着智慧的领导。他虽然并不脱离平民生活，却不过于庸俗；他具有一般人对于天命的信仰，虽然并不明讲出来，但是他却用一种暗中说服的方式，来使人相信他是神所特别保佑的人。一言以蔽之，他具有一种

纯正先知者的本质。他是站在人民的上面,但却并不与人民脱节。这个人遵守他的诺言,在行为上有王者之风。他认为他若是采取了一个通俗的帝王尊号,那实在是小看了自己,但是他却永远不能了解共和国的宪法如何可以约束他。他对于他自己的伟大,具有如此的信心,所以他忘记了仇恨和妒忌的心理,他有礼貌地承认旁人的好处,而同情地忘记旁人的过错。他是一个优秀的军官和一个老练的外交家,但却并不特别地显出他对这两种职业具有专长。他把希腊文化与罗马人的民族意识做了充分的配合;他是一个口才极好的演说家,态度非常之庄严优美。他能赢得人心,包括士兵和妇女,他的国人和西班牙人,他在元老院中的政敌和他伟大的迦太基敌人在内。

自从西庇阿出任西班牙的指挥官起,一直到他最后的一战为止,他创立了一个每战必胜的纪录,其主要原因是他有一颗希腊人的开阔心灵。其他的将领们对于罗马人的失败,很少能从中学得什么教训,可是他从这里所获得的教训,却远比从其本身成功中所获得的要多。汉尼拔虽然是他的敌人,但也同时是他的老师,汉尼拔不仅教授他以战争的艺术,而且也使他学会了领导人和管理人的艺术。他最显著的天才是他对于群众心理的了解。当他的部下在西班牙发生叛变时,他曾经发表过下述的意见:"群众是非常易于被领导着走入歧途的,也极易受引诱犯下任何种类的过失。群众就像海洋一样,它的本性是安定和平静的,可是一旦有风吹来,马上就会波涛汹涌。所以群众都是受其领袖支配的。"

西庇阿从台伯河上开船,于公元前210年年底,在艾门波流门(Emporium,即今之安普利亚斯[Ampurias])登陆。当他到达时,他所面临的情况实在很难令人乐观。他发现除了卡斯屠罗(Castulo)和萨冈坦两个要塞城市之外,所有在埃布罗河以南的地区都早已丧失殆尽。但这种情况适足以刺激其将道的发挥。他的第一个行动，在战争史上要算是最果敢和最富有戏剧性的行动之一，仅仅由于他能控制海洋，所以才能够如此，那就是趁着两位哈斯德鲁巴和马戈的兵力已经分散时，用突袭的手段攻占新迦太基城，使他自己占据敌人东翼方面的位置。这一方面可以攻击敌人的后方，另一方面又能威胁他们的海上交通线。他在采取此项行动时，在攻城战中也表现出高度的战术技巧。一旦他把该城占领到手，就立即采取恐怖政策，洗劫全城以示威。他释放了拘留在该城中的西班牙人质，并送给他们许多礼物，少女是耳环和手镯，青年男子则是匕首和刀剑。这种办法立即产生了显著的效果，足以赢得当地人民的好感。

当他占领了新迦太基城之后，他把他的舰队和部队整理补充了一番，就向安达卢西亚（Andalusia）前进。公元前 208 年，西庇阿在巴埃库拉（Baecula）击败了哈斯德鲁巴的军队，却未能使其全军覆没。因为那位能干的军人向圣塞巴斯蒂安（San Sebastian）撤退，退入法兰西，最后终于进入意大利。虽然有几个历史学家责备西庇阿不应让他们逃走，可是这种批评实在不合理。假使他为了追击哈斯德鲁巴，而不惜深入一个不熟悉的险阻地区，并且让马戈和另一位哈斯德鲁巴（吉斯哥之子）的兵力原封不动地留在他后方，那才是一种战术上的愚行。

其次，他又集中兵力于卡斯屠罗，向哈斯德鲁巴和马戈的兵力进攻。在依利巴（Ilipa）他采取了一个卓越的战术，有一部分很像汉尼拔在坎尼会战中所使用的，使他的敌人受到了决定性的失败。哈斯德鲁巴逃往毛里塔尼亚（Mauritania，即今之摩洛哥）。马戈则逃往巴利亚利群岛（Balearic），在那里他着手招募一支新军，去援助汉尼拔。这一战决定了迦太基人在西班牙的命运，到了公元前 206 年的秋天，整个西班牙都向罗马投降了。

此时，公元前 207 年的春天，哈斯德鲁巴已经越过了阿尔卑斯山，采取了 11 年前他长兄所走的旧路，跃进到波河流域，他在那里招募了 1 万名高卢兵，就开始围攻普拉森提亚城。[1] 他没有能攻下这个城市，于是就一直挺进到法仑（Fanum Fortunae，即今之法诺［Fano］)。该地是亚得里亚海岸边的一个小港口，也是弗拉米尼亚大道的海岸终点。他在那里与罗马军的前哨相接触，那是司法官波西亚斯（L. Porcius）和执政官李维亚斯（M. Livius）所率领的联军，他们驻在塞那加里卡（Sena Gallica)，在法仑的南面，相距几英里远。汉尼拔此时尚在意大利南部宿营过冬，有 4 万名罗马步兵和 2500 名骑兵，由执政官尼禄（C. Claudius Nero）和弗拉卡斯（Q. Fulvius Flaccus）率领着，专门监视他。汉尼拔的意图是与他的兄弟在意大利中部会合在一起，但是他同时也要顾虑其在布鲁提门（Bruttium，意大利的“脚趾”）基地的安全，所以必须等到知道了哈斯德鲁巴的确切位置，他才准备北上。依照李维的记载，他最先没有料想到他的兄弟在越过阿尔卑斯山时，能够像他过去一样地快。等到他听说哈斯德鲁巴已经在围攻普拉森提亚时，他知道这样的围攻战大致需要多少时间，就前进到卡努西乌姆（Canusium）去等候他兄弟的消息。

于是就发生了一个偶然的意外事件，在战争中常常会有这种无法计算的事件发生，而它们却往往足以决定国家的命运。当汉尼拔在普拉森提亚解围而去时，哈斯德鲁巴派了四个高卢人和两个努米底亚（Numidia）骑兵，送了一封信给汉尼拔。这几个人穿过了整个的意大利，但是没有想到汉尼拔已经进到卡努西乌姆，所以还是到他林敦附近去寻找他。他们迷了路，被罗马搜寻粮食的支队所捕获。当尼禄从这些人身上获知了哈斯德鲁巴准备越过亚平宁（Apennines）山脉，与他的哥哥在翁布里亚（Umbria）会合时，依照李维的记载，他就判断面对着这样的情况，实在不能再用过去的老办法来作战了——每一个执政官限制在他的省界之内，只能用他

[1] 他的全部兵力已不可考，《剑桥古代史》认为是 3 万人。

自己的兵力对元老院所指定的敌人作战。尼禄决心冒险采取一种全新的办法，这种方法是临时应急的，其结果也无法预知。在开始的时候，它也许会使本国公民感到震惊，其程度并不亚于敌人，但假使完成了，则这种巨大的害怕就会变成巨大的喜悦。他把这封信派人送往罗马城，并且向那些元老报告说，当汉尼拔尚在狐疑不决的时候，他所率领的6000精锐步兵和1000骑兵，应迅速北上，去增援波西亚斯和李维亚斯的兵力，留下卡提阿斯（Quintius Catius）继续监视着汉尼拔。他又建议驻在卡普亚的兵团，应调到罗马，而罗马的部队则应调往纳尔尼亚（Narnia）。他对于他将经过的地区，都事先派人去下达命令，要农村和城市都把粮食送到路边以供军人食用，并且也要把骡马送来，使瘦弱的人不愁代步之物。他更知道时间已经十分迫紧，一分钟都不能耽搁，所以他不等到答复，就立即率军北上。

这个史无前例的步骤使罗马的元老们大吃一惊。他们所看到的是汉尼拔又被放出来了。过去的几次惨败、两位执政官的战死所造成的恐怖印象仍然存在。他们说过去在意大利境内，还只有一支敌军，一位敌将，即已经产生了许多不幸的后果，现在竟已变成了两场布匿战争、两支强大的敌军和两个汉尼拔了。

尼禄率领着他的7000精兵，用最高的速度，日夜继续行军，当他快要到塞那加里卡的时候，先派人去通知李维亚斯，说他快来了，准备在黑夜里秘密进入他的营地。为了不让哈斯德鲁巴知道他们到达，李维亚斯的营地并未加以扩大，尼禄部下的所有官兵，就暂时和李维亚斯的部下挤住在同一个帐幕之内。

尼禄到达之后，他们马上召开一个战争会议。许多人都主张应等待尼禄的部队彻底休息和恢复了疲劳之后，再与敌人交战。尼禄却力主马上进攻，这样才能使哈斯德鲁巴不知道他的来到，汉尼拔不知道他的离开。他的主张为大家所接受，于是发出备战的信号，开始集中部队。

尽管用了许多预防的手段，以求达到保密的目的，可是罗马人却犯了一个愚蠢的错误，让哈斯德鲁巴知道李维亚斯已经获得了增援。依照罗马人的军礼，当一个搜索巡逻队回来报到时，在司法官的营帐里应吹一声号角，在执政官的营帐里应吹两声号角。这样使哈斯德鲁巴猜到了在李维亚斯的营帐中，一定有两位执政官，这样当然是已经获得了增援，所以他拒绝与敌人交战。在那天夜间，他退到了米陶拉斯（Metaurus）的河谷中，想从那里走上弗拉米尼亚大道，哪知在黑暗之中，他的向导逃走了，他为了寻找道路浪费了许多的时间。罗马人发现他撤走了，就追上他，并强迫他接受会战。

哈斯德鲁巴的部队做了下述的部署：在中央部分，他部署着利古里亚人（Ligurians）的部队，并由他的战象提供掩护。西班牙部队在右，高卢部队在左。高卢人所占领的位置为一座小山，俯视着一条溪流——可能即为现在的圣安吉罗（San Angelo）溪流——似乎与利古里亚人的左端还隔着相当远的距离。面对着高卢人，在溪流对岸的高地上，即为尼禄所占领的阵地。中央为波西亚斯，紧接着就是左翼方面的李维亚斯，他面对着西班牙军，那是在哈斯德鲁巴直接指挥之下的。李维告诉我们说，哈斯德鲁巴的战线是长过于深，而罗马军的左翼则又伸展到战线之外去了。

由西班牙人首开战斗。接着罗马的中央和左翼都参加了战斗。大部分的罗马步兵和骑兵，西班牙部队和利古里亚人都卷入了战潮。这些西班牙人都是老兵，也都熟悉罗马人的战斗方式，而利古里亚人也是一个顽强好战的民族。战象刚出现时，它们的第一个冲锋即把第一线冲乱了。可是当战况转烈，喊声大震之际，它们也就丧失了控制，在两军战线之间摆来摆去，好像是无舵之舟一样。最后，多数战象都为象奴杀死，这些象奴都带有长刀和木槌，专供杀象之用。他们用木槌把长刀钉入大象的脊髓之内。

此时，在哈斯德鲁巴的左翼，受地形的影响，双方的交战受阻。尼禄看见他的左方已经发生了激烈的战斗，决定也参加进去。他留

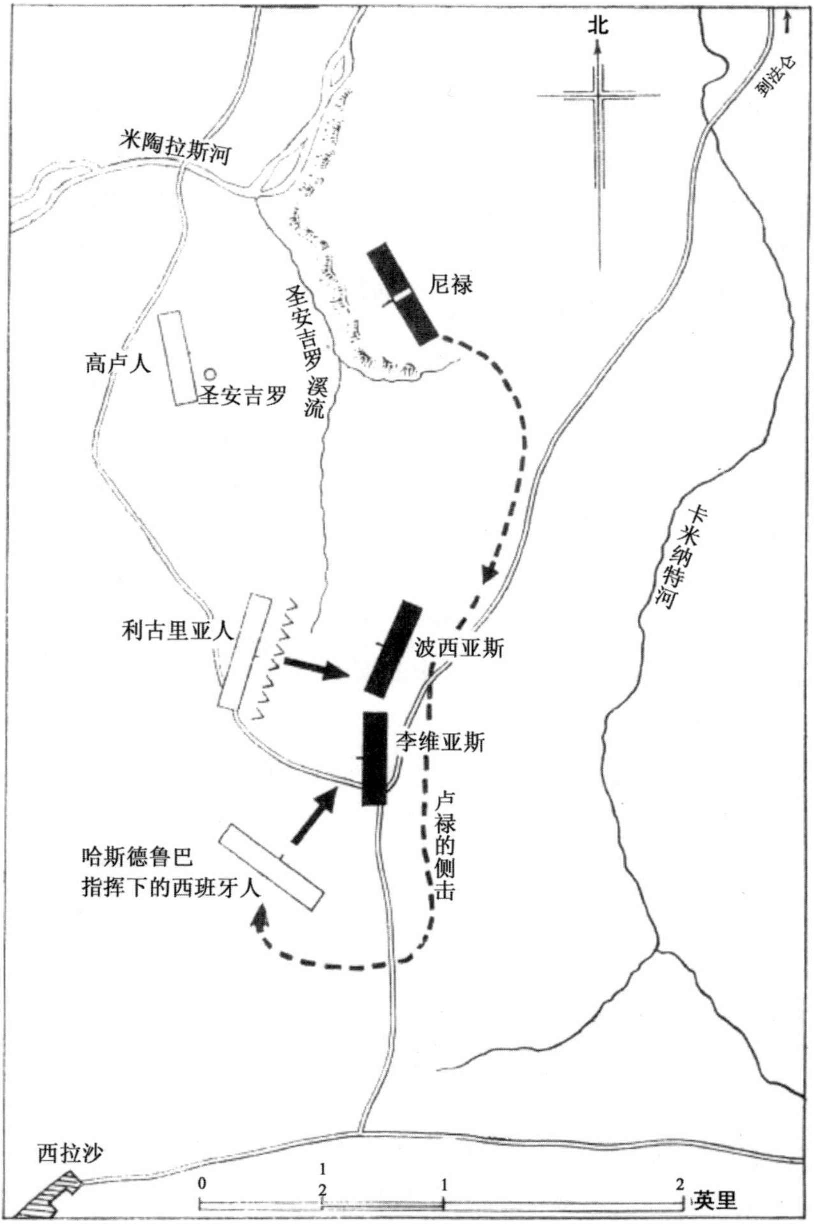

图十三　米陶拉斯会战，公元前 207 年

下少数兵力向高卢人做示威的行动，以牵制着高卢人，而自己则率领着几个支队的兵力，躲过敌人的视线，绕过李维亚斯所部的后方，这正好像几百年之后，马尔伯勒（Marlborough）在拉米伊（Ramilles）所采取的行动是一样的。为了要使哈斯德鲁巴感受到奇袭，他先向西班牙部队的右方冲锋，然后落在他们的背上，把他们压迫着向利古里亚人方面退却。

当看到战局已经无可挽回，哈斯德鲁巴用马刺踢着他的马，直向一队罗马兵冲去，结果就战死在那里。他这种行为证明他不愧是哈米尔卡的儿子和汉尼拔的兄弟。对于这件事，波里比阿曾经有下述的评论："当他认为前途尚有希望时，哈斯德鲁巴在这个会战中，对于他个人的安全，是十分注意的。他并非没有准备，而且也并非没有胜利的希望，可是命运却剥夺了他在前途上的一切希望，逼得他非走极端不可。虽然如此，他还是勇敢地面对他的命运，没有做任何对不住其过去事业的行为。"

根据波里比阿的估计，这次的损失，迦太基人，包括凯尔特（Celts）人在内，一共不下 1 万人，而罗马方面则死了约 2000 人。

在会战结束之后，当天晚上尼禄又赶回去，他的行军速度比来的时候还更快，到了第六天，他便回到在汉尼拔前面的营地中。此时，关于他的胜利，已经有了模糊不清的报告传达了罗马。最先，罗马人民认为这只是道听途说，不敢置信，等到证实之后，才全城狂欢庆祝，因为对于他们的死敌，这是一次空前未有的大捷。

当他听到了他的兄弟失败和战死的消息，汉尼拔就又退回了布鲁提门。罗马人到现在仍然还不敢攻击他，因为他的大名实在是令人谈虎色变。可是他们应该能够认清，无论从哪一方面来看，他们这次的胜利都要算是一个决定性的成功。这一战结束了汉尼拔的希望，他再也不能击破罗马人对于意大利的控制权，它恢复了罗马军人的信心，也使罗马的同盟国和所征服的臣民，不敢不向罗马效忠。从此以后，主动权即开始转入罗马人的手中。

汉尼拔在坎尼获得了大胜之后，假使他真的是因为相信包围意大利的战略比较有利，所以才放弃了向罗马进攻的意图，那么当他的兄弟在米陶拉斯河上失败之后，他就应该认清他自己的错误，受包围的不是敌人，反而是他自己。到了公元前205年，他已经被孤立在意大利的“脚趾”上面，西西里已经丧失了，西班牙也完了，罗马与马其顿国王腓力五世也媾和了。[1]汉尼拔被迫采取消极的守势，于是主动权就移入了罗马人的手里。他们的意图是慢慢地绞死汉尼拔，但是西庇阿的想法却完全不同。自从他接管了西班牙的指挥权之后，他就开始照他的意思进行工作。他的设想是要把战争带到非洲去，而以西班牙为他的踏脚石。根据波里比阿的记载，当他把迦太基人逐出西班牙，就有人劝他可以休息享福了。他却回答说，他的决心要比过去更为坚定，一心只想如何发动对迦太基的战争。在他的头脑中，似乎都是以阿加索克利的战役为先例，他对于这个人的果敢怀着极大的敬佩。因为他是那样地深信必须把战争带到非洲去，所以在依利巴会战后不久，他曾经冒着生命的危险，去访问毛里塔尼亚。他的目的有两个:（1）争取马赛西里（Masaesylli）国王赛法克斯（Syphax）的友谊，（2）从努米底亚的国王马西尼萨（Masinissa）手里获得一部分骑兵。[2]

在这次出使之后，公元前205年他回到意大利。在那里他受到了人民的欢迎，但也受到资深年长将领们的反对。他们看到他还年轻，而且更妒忌他的成功。他被选为执政官，并指定西西里为他的省份，主要的目的是想排除他，而不是想利用他的才能。他发现在

[1] 罗马人在依利里亚的作战，此处未曾加以论述，因为这只是战争的副产品，对于双方都谈不上光荣。它的重要在于将来，即使得罗马介入了希腊世界，并导致公元前200年第二次马其顿战争的发生。

[2] 蒙森说这是一种“愚笨的冒险”，而李德哈特则认为是一个具有外交重要性的使命。马西尼萨的首都在西尔塔（Cirta），即今之君士坦丁堡（Constantine）。赛法克斯的首都在西加（Siga）——在奥兰（Oran）之西。

西西里所指挥的只有两个兵团，都是由坎尼会战后的败军残部所组成的。他要求援助，被拒绝了，可是他并不灰心，而着手积极招募、组织和训练这一支“大复仇”的军队。

他派他的副将拉流斯（C. Laelius）在公元前205年渡海到非洲去。次年春天，他的部队在李里伯姆登船，在乌提卡附近的法利那角（Cape Farina）登陆，在那里立即与马西尼萨的兵力会合在一起，他被赛法克斯赶出他自己的领土。西庇阿的远征军包括他的两个兵团和那些他所能招募到的志愿军，一共大约为2.5万人，40艘战船和400艘运输船。此时，哈斯德鲁巴（吉斯哥的儿子）自从回到非洲之后，又编成了一支迦太基的军队，共有2万步兵、6000骑兵和140头战象，并且还在等候一批凯尔特伊比利亚佣兵的到来。赛法克斯也正在招募大量的骑兵，以支援他。

西庇阿的第一个需要就是要占据一个作战基地，他开始围攻乌提卡，但是当哈斯德鲁巴和赛法克斯的兵力接近之后，他被迫解围退到2英里之外的一个岩石海角上面，他称之为卡斯塔柯里尼亚（Castra Cornelia），就在那里宿营过冬。赛法克斯认为他已经陷入窘境——事实上也的确差不多——就向他提出了和谈的要求。西庇阿的狡猾程度似乎又胜过迦太基人一筹，因他的办法是迦太基人过去从未用过的，他尽量拖长谈判的时间，以便使他对敌营可以做详细的侦察。双方营地相距只有6英里，他的意图是想利用黑夜的掩蔽去突袭敌营。

有许多人都谴责这种行动是一种纯粹的奸计，可是我们也可以为他解释。大家应该记着当时西庇阿的情况实在太危急，尤其是他的敌人拥有大量的骑兵，足以使他们取获食粮的行动受到极大的限制。不过无论从何种观点上来看，事实却是一样的：西庇阿所采取的行动是如此的具有决定性，假使他不这样做，那么他也许就不会获得最后的胜利了。他装着非常希望能获得和平的样子，欺骗了他的两位对手——赛法克斯和哈斯德鲁巴，使他们产生了一种虚假的安全感。他很快地签订了休战协定，然后匆匆地集中了两个兵团，在日落时开始出发，命令拉流斯和马西尼萨去攻打赛法克斯的营地，把火把投在它的上面，而他自己则去放火烧哈斯德鲁巴的营地。

迦太基人的哨兵似乎毫无警戒，要不就是睡着了。当他们突然在黑夜里看到火光四射，马上就混乱不堪。李维和波里比阿的记载都十分生动。后者的记载说："这种可怕的景象简直无法想象，无法形容。"而前者则告诉我们有 4 万人被杀死或烧死，被俘者为 5000 人，此外还有 2700 匹努米底亚马和 6 头战象。简言之，假使李维的数字不是太夸张的，那么即令哈斯德鲁巴和赛法克斯逃走，可是他们的联合大军却差不多被消灭殆尽了。

乌提卡仍在坚守之中，所以西庇阿不敢冒险立即向迦太基前进，仍然回来围攻乌提卡。此时，哈斯德鲁巴和赛法克斯又与 4000 名凯尔特伊比利亚佣兵会合在一起，开始组织一支新军。西庇阿认清了汉尼拔有撤回非洲的可能性，所以必须在他回来之前，首先彻底击碎哈斯德鲁巴的力量。他于是率领了一个兵团和他的全部骑兵（现在实力已经大量增强）又来从事野战。在巴格拉达斯河（Bagradas）的大平原上，他遭遇到了他的两位对手，他采取一个他在依利巴会战中所曾经用过的战术行动，把敌人击败了。在罗马历史上，仅用骑兵的冲锋即能击败敌人者，这要算是第一回。哈斯德鲁巴阵亡，赛法克斯率领一部残余骑兵逃走，马西尼萨一直追到了西尔塔，才把他俘虏了。对于西庇阿而言，这一行动有莫大的价值，不仅使他可以扶助马西尼萨重登王位，而且同时也使迦太基人丧失了最有价值的骑兵来源地，而使它们都为罗马人所用。

这一战的结果使迦太基城内发生了恐慌；他们又再度向罗马求和，原来在波河流域作战的马戈和在布鲁提门的汉尼拔都被召回了。西庇阿于是达到了他的第一个目标，使汉尼拔的势力撤出意大利。接着他提出一个宽大的和平条件，希望能达到他的第二个目标，胜利地结束这场战争。

当和平还在谈判时，马戈溜走了，虽然他的军队能够到达非洲海岸，但他自己却负了重伤，死在航海的途中。

当汉尼拔接到撤退的命令时，他正在克罗顿（Croton）。他首先杀死他的马匹，在公元前 203 年 6 月 23 日，在休战条约保护之下，他的军队上船了，大约为 1.5 万到 2 万人，在小雷普提斯（Leptis Minor，即今之李门塔［Lemta］）登陆，然后转经哈德鲁门坦（Hadrumentum，即今之苏萨［Susa］）去尽量地招募骑兵。这个行动使迦太基城中的爱国党人大感兴奋，于是他们拒绝批准和约，并拘禁罗马的使臣。为这个奸诈的行动所激怒，西庇阿在公元前 202 年拆了他在突尼斯的营帐，向巴格拉达斯河流域进军，一路走一路烧毁沿路的村落，用恐怖手段恐吓迦太基人，同时也切断迦太基城的主要粮食供应来源。这种行动使迦太基城中的居民大感恐慌，所以就催促汉尼拔立即采取行动，不要再延迟了。几天之后，汉尼拔拆去了哈德鲁门坦的营帐，朝内陆方向的扎玛（Zama，即今之左华林［Zowareen］）前进，它在迦太基城西南方，相隔有 5 天的行程。在那里他接到一个恼人的情报，马西尼萨率领着 6000 步兵和 4000 骑兵，已经与西庇阿会合在一起。

汉尼拔看到敌人拥有如此优秀的骑兵，认清了获得胜利的希望颇微，于是他就要求与对手展开会谈。西庇阿应允了他的要求，第二天，双方的指挥官从自己的营地前进，只有少数的骑兵伴护着。最后他们把随从留在后面，单独前进到中间只隔着可以对话的距离，每个人携带一位译员。汉尼拔表示战争的幸运是如何的不可靠，主张双方休战讲和，其条件为西西里、撒丁和西班牙都仍归罗马所有，迦太基允诺永远不再攻击罗马的领土。西庇阿也充分认清了自己在军事上现在具有绝对的优势，就一口拒绝了这些建议。他说由于迦太基人最近破坏了休战协定，他实在不敢再相信迦太基人的诺言。于是会谈告以结束，双方转回营地，第二天拂晓时，各自引军摆成战斗序列。

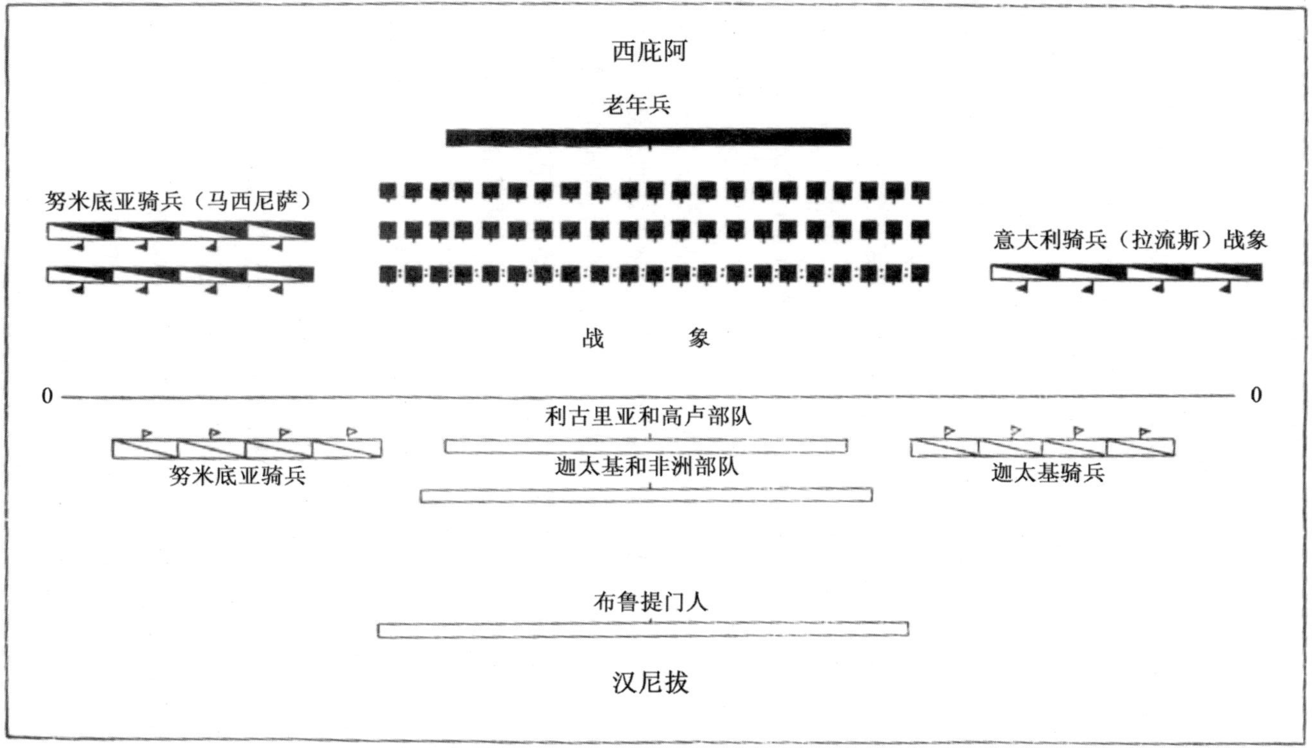

图十四　扎玛会战，公元前 202 年

在素质和训练两方面，汉尼拔的军队比之对方都是远处于劣势的，从他所布置的战斗序列上，即足以证明他自己完全了解这一点。他一共有三个师的步兵：他自己的部队、马戈的部队和迦太基元老院在匆忙中召集的迦太基和非洲部队。前二者是可以靠得住的，第三者却不太可靠。所以他把马戈的部队排在最前线上，其中包括利古里亚人和高卢人的辅助队。我们可以假定他们是将采取分散的形式，因为汉尼拔又把巴利亚利的投石兵和摩尔人（Moorish）的轻步兵混夹在一起。第三部分，由迦太基和非洲部队所组成，汉尼拔用他们组成第二线，其位置就紧接在第一线的后方。至于第一部分，又布置在第二线的后方，相距约 200 码，那是他的总预备队，主要为布鲁提门人。在他的第一线之前，他又把 80 头战象布成一条延长的战线。最后他把他的骑兵 2000 人摆在两翼上，迦太基人在右，而努米底亚人在左。他的骑兵实力太薄弱，所以他无法再用坎尼会战的战术，用他们去迂回敌人的侧翼。因此他的计划是想突破罗马军的正面，这是一场赌博，其成败的关键就要看他的大象是否肯听话。假使这些大象肯听话，则罗马人的正面毫无疑问地就会被冲乱，这不仅能使其第一线的攻击大为省事，而且也可以鼓起第二线的勇气——这些都是临时招募来的非洲人。最后，凭着他的第三线精兵，以来做一次决定性的打击。

西庇阿仍然维持着其正常的兵团组织，但是却能适应他所面临的战况。他没有把他的各连依照三线棋盘格的老形式展开，照这种形式，是第二线的各连恰好掩护着第一线中各连的间隔。反之，他的后两线各连是正对着第一线各连的后方，这样在战斗序列中产生了许多条甬道，以便迦太基的大象可以从那里通过。此外他的老年兵则保留在较后面的地方，即令迦太基的战象达到了突破的目的，他们也不会卷入混乱之中。轻步兵则填塞在甬道之中，假使他们挡不住象的冲突，可以立即撤退。左翼方面为意大利骑兵，由拉流斯指挥；右翼方面为努米底亚骑兵，由马西尼萨指挥。

这次会战又可以分为四个阶段：（1）汉尼拔的战象冲锋和其骑兵的溃败；（2）汉尼拔的前两线兵力和西庇阿的前两线兵力交战；（3）双方预备队的交战；（4）马西尼萨攻击汉尼拔老年兵的背后。

李维的记载较富有戏剧性，但波里比阿的记载却较可靠。会战的序曲是双方的努米底亚骑兵开始疏散地接触，在这个时候，汉尼拔就命令他的战象冲锋。但是当它们接近敌人的时候，罗马人号角齐鸣，响声震地，大象们吓慌了，于是在左翼方面反转身来向后冲，使汉尼拔的努米底亚骑兵立即发生了混乱。马西尼萨抓着这个机会，立即追击，把对方的努米底亚骑兵赶到了战场之外。在中央方面，大象从甬道中追逐罗马的轻步兵，使他们受到严厉的惩罚。接着拉流斯的机会也来了，他马上就抓着不放手。当战象正要冲到罗马的后方时，他也立即向汉尼拔的迦太基骑兵冲锋，并把他们击溃。好像是和马西尼萨比赛一样，他也开始做激烈的追击。

不等到双方的骑兵远离战场，步兵的战斗也就开始了，诚如波里比阿所说的，这是人与人之间的接近战斗。最初似乎是汉尼拔方面占了优势，但是他的第二线未能支援第一线，第一线遂慢慢地后退了。最后他们因感到孤立无援，于是就冲向后方逃命。因为汉尼拔不准他们通过第二线，这些惊慌失措的人就不惜向自己人砍杀，以来夺取逃走的路线。结果这两线兵力混成一团，彼此自相砍杀。罗马的青年兵在壮年兵的支援之下，向前推进，又压迫着他们向第三线退却。第三线拒绝他们通过，他们就纷纷绕过侧翼，落荒而逃。

这样就展开了第三阶段的战斗。战场上的景象十分凄惨，死伤枕藉，尸骨堆山，血流遍野。西庇阿命令把负伤的人抬往后方，扫清战场，以便做最后一次的突击。他把青年兵撤到两翼，然后命令壮年兵和老年兵，以密集队形进到他们的中间。当他们越过了障碍物（尸体），到达了与青年兵成一线的位置时，双方即开始冲锋，开始最激烈的苦战。因为双方的数量、精神、勇气、兵器都大致相等，所以打得难分难解。双方人员都发挥出最大的勇气，努力死战，连一步都不肯退后。

假使这次战斗只剩下步兵来决定胜负，那么汉尼拔也许还可以战胜。但是西庇阿的运气太好了，正在这个紧急关头，马西尼萨和拉流斯的骑兵赶回来了，他们向汉尼拔的后面冲锋，许多人就在原有的行列中被砍杀了，那些想逃走的人也没有几个能逃出性命。于是迦太基军完全失败了。罗马方面战死 1500 人，迦太基方面则在 2 万人以上，而被俘的人数也差不多与此相等。汉尼拔由少数骑兵保护着，逃回了哈德鲁门坦。

这次会战之后，西庇阿并未立即向迦太基城进攻。依照李维的说法：他是想假使他去围攻该城，则不等到大功告成，就会被召回，反而让他的后任坐收结束战争的荣誉。而波里比阿则说，由于罗马人的自尊心，他宁愿采取宽大的态度。实际上，这两种说法都颇有疑问。真正的理由是，西庇阿对长期的围攻战并无充分的准备。像汉尼拔一样，他对于野战固然很拿手，可是对于围城战却并不内行。此外，战争已经延续了 16 年之久，罗马人也疲惫不堪了。无论如何，若是围城则必须花费很多的时间，因为迦太基的城塞工事是十分坚强的。[1] 所以最好是与迦太基缔结和约，而不去占领它。西庇阿所提出的和平条件是非常宽大而聪明的。双方同意的条件如下：

（1）迦太基交出所有的战象和战船。

（2）未得罗马同意之前，迦太基不得发动任何战争。

（3）同意马西尼萨在他自己原有的王国中复位。

（4）迦太基赔偿罗马 1 万塔兰特的银币（共值 297 万英镑），分 50 年偿清。

[1] 迦太基城是建立在一个小山上面，靠近一个半岛的顶点，这个半岛与大陆相连之处为一个宽约 3 英里的地峡。这里有三道防线，最外面的一道城墙高 45 英尺，每隔 200 英尺就有一个碉堡，封锁线内的半岛，全部周围约为 30 英里。事实上，迦太基是一个巨型的特强要塞，储备有各种必需品，足以支持长期的围攻。

这些条件为罗马元老院和人民所接受。斯卡拉德（Scullard）在他的《罗马政治》一书中说："这位汉尼拔的征服者除了证明他在军事战略上具有天才以外，在政治方面也获得了胜利。他成功地谈判了一个聪明的和平，假使汉尼拔只是在意大利被击败，则绝不可能获得这样一个和约。他的成功应归功于罗马人民的热心和忠实的支持。"蒙森的批评如下："政治问题的决定，可能应归功于这两位伟大的将军。他们所提出和接受的和平条件是能当作一个公正合理的限制，一方面限制了胜利者凶狠报复的心理，另一方面也使失败者不至于铤而走险，做困兽之斗。汉尼拔对于无可避免的事情，敢于接受；西庇阿在胜利之后，知道持盈保泰，这都可以说明这两个伟大的对手，具有高贵的心灵和政治家的天才。"

虽然在当时，毫无疑问的，这两位伟大的人物都不曾完全认清这个事实具有极大的重要性，不过从许多年后，李维和波里比阿的记载上，还是可以找到在西庇阿心理上的回音。李维在要开始叙述扎玛会战的时候，他曾经这样写着："在夜幕低垂之前，他们就可以知道在罗马和迦太基之间，谁将是全世界各国间的支配者，不仅是非洲，也不仅是意大利，胜利的酬劳就是整个的世界。"波里比阿也说："对于迦太基人而言，这是一个为他们自己的生命和利比亚主权的斗争；对于罗马人而言，却是为了争取世界性的支配权利和优势。"[1]

这些说法都是正确的。扎玛一战决定了谁是西部地中海的支配者，接着在东部地中海内的未来争霸战，也就随之而决定了。甚至在战争中，由于迦太基与马其顿之间具有同盟关系，不断地迫使罗马有东顾之忧。现在他们既然可以不受迦太基的牵制，便可以将注意力转到这个方面——这也是事实上所必要的。

---

[1] 阿皮安的记载上说：汉尼拔认为这次会战足以决定迦太基和全部非洲的命运。西庇阿则说，他若是失败了，则他的全军将死无葬身之地。

这次战争的直接后果有如下述：西班牙被并为罗马的两个行省，却经常不断地有叛乱发生。叙古拉附庸王国也并入了西西里省区。努米底亚过去为迦太基的保护国，但现在却成为罗马最重要的一个保护国。最后，迦太基也由一个强大的商业国家，变成了一个毫无防御的商业城市。换言之，罗马在地中海的西区中，建立了一个无可抗衡的统一地位。扎玛会战实为历史上的伟大转捩点之一：它使罗马民族越过了统一意大利的门槛，走上支配世界的坦途。

大事记（四）

罗马帝国的兴起

第二次布匿战争对罗马人的影响之深，可以与亚历山大战争对希腊人的影响相比拟。不仅是罗马帝国由此而生，而且同样重要的是，它阻止了罗马民主政治的发展，把巨大的行政权力交在元老院的手中。元老大部分都是从贵族（Nobles）中选举出来的，换言之，都是豪门世族中的人物。在公元前 2 世纪中叶，这种情形就造成了不同家族集团之间的拉锯战，贵族（Patrician）与寒门（Plebeian）两方面都包括在内。此外，新的阶级也兴起了，在罗马政治中开始占了重要地位，以后被称为"平民"（Equites）。

此时由于农村的破坏，大量的自由劳工被迫奔向城市，农村劳动力缺乏，再加上许多自由民投入军队，使廉价奴工的需要日益增强。在海外方面，由于在非洲、西西里和撒丁，都有巨大的小麦产区可供开发，所以奴工的需求又更为迫切，而奴隶却只有靠战争才能获得。战争遂变成了罗马文明的必需品。在向南和向西的扩张已经完毕之后，唯一合乎逻辑的进一步发展，就是向东面进行一连串的战争。自从亚历山大死后，东面地区即发生了全面的混乱，到了公元前 306 年，共有五个巨强出现，其统治者都自称为王。这些强国为：(1) 埃及，其国王为托勒密（前323—前283年在位），是拉古斯（Lagus）的儿子；(2) 叙利亚（Syria），其国王为安提柯（前323—前301年在位）；(3) 上亚细亚（Upper Asia），其国王为塞琉古（前312—前280年在位）；(4) 色雷斯，其国王为利西马科斯（Lysimachus，前323—前281年在位）；(5) 马其顿，其国王为卡山德（Cassander，前319—前297年在位），是安提帕特的儿子。

这些王国之间彼此不断地发生战争。公元前301年，安提柯已经是81岁的老翁，可是他和他的儿子德米特里（Demetrius Poliorcetes）却都具有极大的野心。结果其他诸国组成了一个同盟来与他们为敌，利西马科斯得到了卡山德和塞琉古的支援，带领了480头战象和大量的骑兵，使他们在弗里吉亚的依普苏斯（Ipsus）遭到了决定性的失败。这个想要征服整个亚历山大大帝国的最后企图从此结束。

在这一战之后，安提柯的王国就被瓜分了，五个强国只剩下四个。马其顿是其中最弱的一个，在此后10年，它陷入了无政府的状态，在纷乱之中，北方的高卢人也乘势侵入，局势似乎已经毫无希望。最后，公元前276年，安提柯的孙子安提柯 · 哥纳塔斯（Antigonus Gonutus）获得了它的王位，他在位38年，算是重建了秩序和繁荣。他死于公元前239年，到了公元前221年，他的孙子腓力五世做了国王。上文说过，公元前217年—前205年，他曾经与罗马人发生冲突，是谓第一次马其顿战争。

公元前281年，利西马科斯以80岁的高龄，在柯鲁皮登（Korupedion）一战中，为塞琉古所击败和杀害，于是色雷斯也亡了国。第二年，塞琉古也被刺了。公元前241年，阿塔罗斯（Attalus）继承他的叔父欧米尼斯（Eumenes），做了柏加曼的统治者，也自称为王。

到了公元前202年，即汉尼拔在扎玛会战中被击败的那一年，东面地区一共分为三大强国：（1）叙利亚，国王为安条克三世（Antiochus Ⅲ），他也号称“大帝”（The Great，前 223—前 187 年在位）；（2）埃及，国王为托勒密五世，名字叫作艾皮法尼斯（Epiphanes）；（3）马其顿，国王为腓力五世（前 221—前 179 年在位）。此外还有一些次等的王国——柏加曼、比西尼亚（Bithynia）、卡帕多西亚（Cappadocia）和本都（Pontus）。而在哈亚斯地区中，跟着它们的后面还有一个加拉提亚（Galatia），那是在公元前 278 年侵入马其顿和色雷斯的高卢人的老巢。

这些王国都是亚历山大帝国的剩余部分，现在就成了罗马人东征的对象。第一步即为第二次马其顿战争。

在公元前 205 年，《腓尼基和约》签订了之后，腓力五世就转向爱琴海方面求发展，他认为罗马人对这个地区不太感兴趣。他又与安条克三世签订了一个秘密条约，准备共同瓜分埃及的领土，因为它的国王托勒密五世还是一个小孩子。第一个受到腓力扩张政策的压迫者，即为阿塔罗斯和罗得岛人（Rhodian），他们就去向罗马控诉，并且夸大其词说腓力将成为罗马之大害，包括这个密约在内。虽然罗马人在久战之余，已经疲惫不堪，可是对于罗得岛使臣的说辞感到颇为忧惧，所以立即向腓力宣战，以求阻止他和安条克夺取希腊，当作侵入意大利的跳板。实际上，这与腓力和安条克的计划简直文不对题。结果，公元前 198 年，罗马的执政官弗拉米尼努斯（T. Quintius Flamininus）被派到希腊去担任总指挥，当他到达时，亚该亚同盟也加入他的麾下。

公元前 197 年的春天，腓力率领着一支强大的陆军，留在拉利沙（Larissa），掩护着滕比谷地。弗拉米尼努斯侵入了波提亚，然后进到了色萨利东南部的费莱（Pherae）。当腓力听到罗马军来到了之后，就从拉利沙向南，进入了斯柯屠萨（Scotussa）平原，而弗拉米尼努斯也从南面进入了这个平原。两军在一个叫作赛诺斯西法莱（Cynoscephalae）的山脉附近遭遇。因为这里的地形不适合方阵的作战，所以腓力决心避战，但是不幸得很，两军却在雾中碰上了。虽然腓力的右翼把罗马军的左翼逐退了，可是由于地形破碎，他的左翼无法与右翼保持一线，而被分隔开了。弗拉米尼努斯用几匹战象做先锋，亲自率领他的右翼向这一部分敌人冲锋，把他们击溃了。假使不是罗马军中有一个护民官（Tribunes），主动率领了二十几个连的兵力，向已获胜利的马其顿军右翼后方进攻，那么这场会战就会打成平手了事。这个果敢的行动决定了这场会战的结果，腓力率领着他的残部，退回了滕比。

如波里比阿所指出来的，这一战罗马获胜的主因是其军队具有较优的机动性。当方阵站在原地不动时，固然是不能撼摇的，可是一旦它的正面出现空洞，即很容易为罗马兵团所击败。

这一战的直接效果为结束了马其顿对于希腊的支配权。虽然阿托里亚人高声要求灭亡马其顿，但弗拉米尼努斯却不愿加以考虑。他不仅想在希腊境内维持着权力平衡的局势，而且还想利用马其顿作为北面的屏藩，因为北方的野蛮民族才是真正的危险。此外，罗马也希望这场战争能够迅速了结，因为它在意大利北部的负担还更重，那里直到公元前191年才算是获得了成功。所以当双方在滕比隘路举行和平谈判时，弗拉米尼努斯所要求于腓力者，仅是撤退其留在希腊城镇中的驻兵。

阿托里亚人对于这样的解决感到不满意，又与安条克谈判，此时汉尼拔也正在他的宫廷中做客。汉尼拔认为这是一个对罗马雪耻的好机会，所以他力劝叙利亚国王任命他率领100艘船，1万名步兵和1000名骑兵，先到迦太基去，诱劝迦太基人再兴师侵入意大利。在同一时间，安条克则应侵入希腊，若是机会良好，则更应越过亚得里亚海，也侵入意大利。

当罗马人听到了这个消息，元老院即派使节到叙利亚去，但并未获得满意的答复。接着在公元前192年，当阿托里亚人与罗马决裂的时候，安条克却把汉尼拔的勇敢计划搁在一边，而命令他的军队进到色萨利的德米特里亚斯（Demetrias，即今之弗罗[Volo]）。罗马元老院立即接受了这个挑战，在次年春天里，派遣格拉布里奥（Acilius Glabrio）率领一支军队到希腊去。安条克本来想据守温泉关，但为罗马军所击败，于是放弃了希腊，撤回到以弗所。可是即令如此，他也还是不能安居，因为格拉布里奥在弗卡亚（Phocaea）——即今之弗卡（Foca），为爱奥尼亚城市中最北面的一个——获得一次海战胜利之后，也就随之而进入亚洲了。这是罗马军队第一次在亚洲土地上过冬。

公元前190年，执政官西庇阿（L. Cornelius Scipio）接管了格拉布里奥的指挥权，他的兄长阿非利加拉斯倒做了他的副将（Legatus），把他的头脑借给兄弟使用。10月，西庇阿兄弟到达驻在赫勒斯滂的军队中，他们发现柏加曼国王欧米尼斯二世已经为他们准备好了一切假道过境的工作。安条克现在希望谈判，但他所接到的答复是说除非他同意赔偿所有一切战争的费用，并交出在托罗斯（Taurus）山脉以西的全部亚洲土地，否则罗马人不拟考虑和平的问题。他拒绝接受这样的条件，遂又撤到了以弗所以南的马格内西亚平原（Magnesia ad Sipylum）。

西庇阿兄弟沿着海岸边的道路，从赫勒斯滂出发，到达了艾拉（Elaea，在康达利[Candarli]附近），在那里与欧米尼斯所率领的大量骑兵会合在一起。这时，大西庇阿患病了，他的位置改由阿赫诺巴布斯（Cn. Domitius Ahenobarbus）接替。他们再从艾拉向南前进，追上了安条克，后者虽然再度图逃，但终于在公元前190年12月（或为次年元月）的一个冬季多雾的早晨，在马格内西亚发生了一次决定性的会战。

安条克亲自率领其右翼的骑兵，突破了罗马人的左翼，从后方威胁罗马人的营地。可是此时，他自己的左翼和中央部分却都遭到了惨败。欧米尼斯指挥着罗马右翼的全部骑兵，击退了叙利亚左翼的骑兵，冲到了安条克中央方阵的后方。当阿赫诺巴布斯从正面进攻时，他也就从背面发动了猛烈的突击。这次罗马之所以能获致完全胜利，是欧米尼斯的智勇过人。于是在亚洲也和在希腊一样，一战定江山。

惨败之余，安条克只好求和，询问他要在何种条件之下始能获得罗马人的友谊。此时大西庇阿已经病愈，又回到军中，他就提出了下列的条件 :（1）所有在托罗斯山脉以西的亚洲地区都必须放弃 ;（2）赔偿 1500 欧波克塔兰特（Euboic Talents，约值 360 万英镑）;（3）所有战象须交出，舰队限制准留 10 艘船 ;（4）交出汉尼拔。

安条克接受了这些条件，但是他早已猜到罗马人会提出索取汉尼拔的要求，所以事先就要汉尼拔逃走了。这位伟大的迦太基人先逃到了克里特岛，然后又去投奔比西尼亚国王普鲁西亚斯（Prusias）。他一直留在那里，差不多到了公元前 183 年，为了避免落入罗马人手中，才服毒自杀。

罗马元老院批准了这个和约，但是真正的困难却是如何处置安条克所交出来的土地。一般的原则是所有的希腊城市都应听其自由，其余所兼并的土地则由柏加曼和罗得岛瓜分。后者所获得的为吕西亚（Lycia）和马南德（Maenander）以南的卡利亚地区，其余领土则均为前者所占有。这样遂使欧米尼斯成为亚洲最强大的君主，因为太强大了，不久也就引起了罗马的猜忌。

下一个问题即为如何制止高卢人的劫掠，这个任务由执政官弗尔索（Cn. Manluis Vulso）来执行。阿托里亚人早已被迫做无条件的屈服，无论在和平或战争时，都完全要听命于罗马的支配。

这两次战争，第一次是以马其顿为对象，第二次是以叙利亚为对象，最初的目的都是要想获得安全的保障，但结果都足以引到富强的道路。两次战争却未能使罗马增加一寸的领土，因为在意大利北部和西班牙，战事始终未曾停息，所以罗马已无人力来据守所征服的土地。两次战争的主要影响是刺激了贵族阶级的兴起，使他们位尊而多金，同时也使人民和军队都日趋腐化。在彼得那（Pydna）会战之前，一共还有三个战役，都足以显示出来上述的影响。因为罗马的执政官和兵团，从来没有像在这几次战役中，表现得那样不称职。

第五章

彼得那会战

在公元前 188 年签订的和约中，罗马人希望从此可以使希腊分裂，并使亚洲保持着权力平衡，可是不久和约即出现了裂痕。首先，欧米尼斯开始与比西尼亚国王普鲁西亚斯交恶，接着又与马其顿的腓力发生了争吵。罗马人认为欧米尼斯是想要扩展他自己的权力，就决心援助他的兄弟阿塔罗斯，以阻止他的膨胀。其次，吕西亚人反抗罗得岛的统治，而罗得岛人在海上势力的扩张，也使罗马人认为它对于爱琴海地区是一种威胁。再次，阿托里亚人之间又不断地发生争执，由于斯巴达勉强加入了亚该亚同盟，更经常成为一个引起摩擦的原因。这些纠纷使得这些国家经常到罗马去告状，罗马人每次都是派遣大使或是代表团去加以调查，却很少有成果。这时，腓力本来就从未放弃其重获霸权的希望，遂认为罗马的权力已经减弱了，开始藐视它的权威，在公元前 187 年或前 186 年，占领了色雷斯海岸上的城市艾那斯（Aenus）和马罗尼亚（Maroneia），即今之艾诺斯(Enos)和马罗尼亚(Maronia)。此举足以威胁赫勒斯滂——通往亚洲的最短通路——所以欧米尼斯感到惊慌。公元前 185 年，罗马派了一个代表团去调查，并提出了报告。结果罗马的裁决是要腓力撤出他留在艾那斯、马罗尼亚、色萨利等地的驻军。听到了这个消息之后，腓力大怒，说："我的运气不见得就完了。"因为他对战争并无准备，所以只好忍怒撤兵。不久，为了争取准备的时间，他又派他的幼子德米特里（Demetrius）到罗马去向元老院诉苦。

德米特里在罗马并不是一个生客，过去他以人质的身份在那里住过好几年。罗马人对他表示极热烈的欢迎，待之以殊礼，其目的是想分化马其顿王族中的关系。弗拉米尼努斯甚至向他献媚说："罗马人不久即将拥立你为王。"结果当他回到马其顿的时候，因为带回来一个最有利的答复，所以受到了人民的热烈欢迎。人民认为由于腓力的挑拨，马其顿与罗马之间是已经走到了战争的边缘，现在因为德米特里的斡旋，所以才获得了和平。他这样得人望，使他的长兄佩尔修斯（Perseus）感到极大的嫉妒。佩尔修斯造了一封假信，说是弗拉米尼努斯寄来的，威胁他的父亲，终于说服了腓力把德米特里毒死了。这是公元前181年的事情。不久之后，腓力就识破了这个阴谋，知道他自己受骗了。他受到了良心的谴责，再加上他的左右宠幸也都纷纷投靠佩尔修斯，在两年之内，他不明不白地死在安菲波利斯。

公元前179年，佩尔修斯继承了王位，他决定继续遵行他父亲的仇视罗马政策，他的第一个行动却是要求与罗马续订同盟条约。一旦罗马人表示同意，他就设法增强其对于色雷斯（人力的最大宝库）的控制。同时他也想解决土地问题，许多年来那都是希腊境内一切祸乱的根源。平民主义已经是十分猖獗，其主要原因是罗马使希腊各国之间不再能发生佣兵性质的战争。过去这些贫穷和非法之徒尚有当兵的路可走，现在只好做土匪，抢劫富人的财产。富人们为了自保起见，又只好去寻求罗马人的保护。

佩尔修斯对一切想要"革命"的分子，都准备加以收买。他不仅在马其顿颁布敕令，使破产者可以获得利益，而且发出普遍的号召，欢迎一切由于政治或债务等理由而逃亡在外的希腊人到马其顿来，并允许其有完全恢复其过去的地位和财产之希望。这是一个非常高明的手段，它几乎使每一个希腊城市和国家中，不管是对于马其顿为友或为敌，都存在着一支反罗马的“第五纵队”。所谓“社会革命”，在希腊北部早已在冒烟，现在就开始爆出了火光来。引用蒙森的说法，所有的“国家社会”党派都向佩尔修斯要求援助。

这种如火如荼的局面使罗马元老院大起恐慌，立即派了一个代表团，到马其顿调查，但徒然遭受马其顿的冷眼。最后，在公元前172 年，欧米尼斯到罗马去，在元老中陈诉佩尔修斯的侵略意图。当时，罗得岛的大使也在座，他又起来攻击欧米尼斯，说他在亚洲所采取的政策，恰好与佩尔修斯在希腊的完全相似。罗马人不理会这个控诉，但内心里并非完全忘记了，元老院对于欧米尼斯，还是待以殊礼。欧米尼斯获得了这次外交胜利，于是上路回国。到了德尔斐，他顺便去祭奠阿波罗神，佩尔修斯所雇用的刺客，就在那里企图谋杀他。这就是触发第三次马其顿战争的导火索。公元前 172 年年初，司法官西西尼乌斯（Gneius Sicinius）被派往依利芮孔（Illyricum），在阿波罗尼亚（Apollonia，即今之波利那［Pollina］）建立一个亚得里亚海东岸上的桥头阵地。

假使佩尔修斯能够采取果敢的行动，则罗马人将要遭遇到一个危急的局面，因为比起第二次马其顿战争爆发时，佩尔修斯的实力远比其父为强。蒙森曾经说过：“无论从哪一方面来看，马其顿的势力都已经加倍了。汉尼拔在当年所拥有的力量，比较起来是差得太远了，可是他却还能够动摇罗马的根本。”在佩尔修斯的财库中，他所存的金钱足以供养他现有的陆军再加上 1 万佣兵达 10 年之久。他所储存的粮食也能支持同样长的时间，而各种装备，足供其 3 倍兵力的使用。他现在所集中的野战军共为步兵 3.9 万人，骑兵 4000人。假使他知道罗马人尚无准备，而首先发动一个勇敢的攻势，则很可能使希腊全境中发生普遍的反罗马革命。可是他却缺乏他父亲所具有的勇气，采取了一个纯守势的战略，坐待敌人的进攻。

佩尔修斯所指挥的陆军，与马其顿开国英雄腓力所建立的和亚历山大及其继承者所发展的，都已经完全不同了。骑兵只占次要的地位，而重步兵的方阵已成为决定性的部分，这种回到重步兵决战观念的主因，可能是马其顿地形多山。到了公元前 2 世纪，方阵的机动性更形减低，因为它现在改为 16 列，每个人都携带着 21 英尺长的长矛（Sarissa）。前五列和最后一列，由有充分训练的人员组成，中间则夹着半训练的人员，他们的任务就是推动前面的人前进。队形是如此密集，所以他们只能向前行动。在正面上，每一个长矛兵都为其右首战友的防盾所掩护着。在战斗中，这样一个方阵很像一个慢慢行动的活要塞，前五列中的长矛都伸出到正面的前头。若在平地上，对于其正面简直无法加以攻击，可是在不齐的地上，则很容易溃裂，因为这种长矛要用两只手才能挥动，只要秩序一乱，这种方阵就极容易被比较机动的罗马兵团所击败。除了正规的重步兵，马其顿军中也还有 5000 名轻步兵，但实际上也还是重步兵。在彼得那会战中，他们构成了劳卡斯皮德斯（Leucaspides）的方阵。

一直到了公元前 171 年的仲夏，罗马军在执政官利西尼乌斯 · 克拉苏（P. Licinius Crassus）的指挥之下，才从布隆迪西乌姆（Brundisium）渡海，到达了阿波罗尼亚。全军包括两个由执政官所率领的正常兵团，每个兵团为 6000 名步兵和 300 名骑兵，另外有为数 16000 名步兵和 600 名骑兵的联军。为了与罗马合作，欧米尼斯的陆军和舰队也同时动员备战。

利西尼乌斯 · 克拉苏在伊吕里库姆留下了一支强大的兵力，以阻止马其顿人从西面来攻，他率领其余的兵力，从阿波罗尼亚翻过山脉进到色萨利的拉利沙。当他正向该城进攻时，在卡里西那斯（Callicinus）小山的附近与佩尔修斯遭遇。结果罗马军大败，损失了步兵 2000 名，骑兵被杀和被俘的各 200 名。于是他撤过了皮劳斯河（Peneus），即今之沙拉门布里亚河（Salambria），它流过滕比谷地。

他本应趁战胜的余威，尽量地扩张战果，可是佩尔修斯就固执于防御战略。他不仅放弃一切唤起希腊人反抗和发动游击战的念头——他的敌人对此是毫无准备的——而且，他还派遣使节到罗马去讨论和平条件。这个建议立即被拒绝，因为罗马人绝不可能在刚刚失败之后，即考虑议和的问题，所以他所获得的答复，是唯一可以考虑的条件，即为无条件投降。

尽管在言辞方面表现得很勇敢，可是在这次战役中，罗马陆军所表现的纪律之坏，却是前所未有。失败使他们的组织被破坏，抢劫使他们的士气消沉。他们用最可耻的行动，来虐待友好的人民，而对于同盟军则当作被征服的敌人看待。假使当时指挥马其顿军的人不是佩尔修斯，而是腓力，则毫无疑问，利西尼乌苏 · 克拉苏的全军都将毁灭，而罗马人也会丧失希腊的全境。

公元前 170 年，利西尼乌苏 · 克拉苏的位置由曼西努斯（Aulus Hostilius Mancinus）所接替。曼西努斯再度企图进攻色萨利，但和他的前任一样，也被击退了。接着在公元前 169 年，又换了菲利帕斯（Q. Marcius Philippus）任统帅，他也是一个无能的军人。他经过滕比西面的拉帕索斯（Lapathus）隘路，越过了奥林波斯山（Mt. Olympus）。最后当他经过隘路，到达赫拉克勒乌姆（Heracleum）的时候，才发现他的部队已经缺乏补给。又是佩尔修斯的畏怯无能，罗马军才得以幸免于毁灭。当佩尔修斯看到敌人已经进入了马其顿的境内，马上就幻想他一切都完了，在恐怖之中逃到了彼得那，命令烧毁他的船只，把一切财货都沉入水中。在前进了 4 天之后，苏利帕斯的舰队无法补给他，于是他被迫撤退。佩尔修斯神经又恢复了正常，从彼得那向南前进，在迪乌姆（Dium）以南，占领了全艾尔皮亚斯河（Elpeus）上的阵地。那里可以做坚强的防御，于是菲利帕斯放弃了一切攻击的希望。[1]

在下文中，我们可以看出，若非佩尔修斯的贪吝误事，毫无疑问，可以设法把菲利帕斯诱出营地，到开阔地上来将其彻底击败。假使他能这样的话，则他可以把其父亲在赛诺斯西法莱一战中所丧失的一切东西，全都收回来。罗马的威望将全部崩溃，希腊可以摆脱罗马的羁绊，埃及将落于安条克四世的手里。安条克四世于公元前 175 年继承了叙利亚的王位，在公元前 162 年就准备侵入埃及。因为有这些可能性，所以才使第三次马其顿战争的重要性远超过第二次。这是一个试验场，可以决定罗马在希腊、小亚细亚和埃及的威望，究竟是继续存在还是被消灭。

最后，在人民的压力下，罗马元老院才知道绝不可以再把战争的重任交给那些不称职的执政官，因为他们只不过以打仗作为发财的手段。元老们才再度选举保罗斯（Lucius Aemilius Paullus）执政，并把公元前 168 年的战役指导大权完全交付给他。他的父亲也曾任执政官，战死在坎尼会战中。保罗斯属于老贵族世家，且为西庇阿·阿非利加拉斯的至亲，在西班牙和利古里亚都立有很多战功。当他受任的时候，已经 60 岁，依据其同时代人波里比阿的记载，在当时罗马人当中能够拒绝金钱的诱惑者，他要算是少数中的一个。

保罗斯的第一个行动是要求元老院指派一个代表团去调查希腊的局势，且很聪明地要求人选的决定应由他负责。他选派了三个人，其中有一个为阿赫诺巴布斯，曾在马格内亚获得胜利。只要看当时这些代表所要负责调查的问题，即可以知道罗马当局对于希腊的情况是如何地缺乏了解。这些问题如下：陆军和舰队的要求如何？马其顿兵力的状况如何？在罗马和敌人手中所保持着的国家各有多少？罗马人宿营在何处，是在平原上抑或在山地中？哪些同盟国可以信赖，哪些则不可以信赖？需要哪些补给物资，哪些可以用车载

[1]　这是马其顿的艾尔皮亚斯河，不要与色萨利的艾尔皮亚斯河混为一谈。

运，哪些可以用船载运？最后，在陆海战役中，已经获得哪些成就？

这些代表收到任命后两天之内，即开始上路，当他们去后不久，元老们即不耐烦地强迫保罗斯告诉他们他的计划是怎样。保罗斯立即回答他们说，必须等候代表团回来他才肯说。

阿赫诺巴布斯等三人回来，报告说：罗马和马其顿的营地隔着艾尔皮亚斯河相对峙着。佩尔修斯既无进攻的意图，而菲利帕斯的兵力又不足以语此。后者的部队闲着无事可做，其所保有的粮食只够几天之用。在伊吕里库姆，克劳迪乌斯（Appius Claudius）所指挥的部队情况颇为紧急，但是他的兵力若能增强，佩尔修斯即可陷于两面夹攻之中。舰队的情形糟不可言，有许多水兵都病死了，其他人纷纷逃亡，所余的人员缺衣乏饷。最后，欧米尼斯的忠诚也颇有疑问。

这个猜疑似乎是有根据的。自从佩尔修斯在艾尔皮亚斯河上站稳了之后，就又开始阴谋破坏罗马的同盟关系，其中包括伊吕里库姆的耿提亚斯（Genthius）、欧米尼斯和罗得岛人等。同时，他也在与一个叫作克隆地卡斯（Clondicus）的凯尔特酋长谈判，这位酋长愿意出 1 万匹高卢马和许多步兵，来由他雇用。但是，除了罗得岛人，其余的谈判都因为价格谈不拢而搁浅了。佩尔修斯允诺给耿提亚斯 300 塔兰特，诱致他缔结同盟。于是耿提亚斯拘禁了两位罗马大使，结果却发现这个诺言未能兑现。佩尔修斯与欧米尼斯纠缠了许久，最后欧米尼斯发现自己还不是佩尔修斯的对手，于是谈判破裂了。佩尔修斯最大的错误，还是他不应该欺骗克隆地卡斯。诚如李维所指出的，假使他真的收买了凯尔特的骑兵，这支骑兵可以从皮尔哈比亚（Perrhaebia）隘路——在康本尼亚（Cambunnian）和平达斯山脉（Pindus）之东、欧罗巴斯河（Europus）以北的地区——进入色萨利。若是色萨利被骚扰，罗马军就必须要为自己的安全打算，既不能留，复不能进。色萨利是罗马的补给来源，丧失了它罗马军即不能生存，而马其顿又正挡着他们的进路。

在代表团做了报告之后，保罗斯又获得了授权，可以亲自选择他所辖两个兵团中的护民官（即中级干部），其总兵力为1.4万名由罗马公民和拉丁同盟所供给的步兵和1200名骑兵。另外还有两个兵团，每个团步兵5000人和骑兵200人，由加卢斯（Lucius Anicius Gallus）率领，准备派往伊吕里库姆作战。当这些部署均已就绪，保罗斯走出了元老院，到人民大会中来向大家致辞。根据李维的记载，这个致辞十分有趣，它可以证明一直到这时，战争的指导大部分都是受到纸上谈兵的战略家的影响。他们提出了许多的建议、计划和批评，足以使在战场上的指挥官无所适从。所以保罗斯说：

> 在每一个圈子里，甚至在每一张桌上，都有人正在领兵参加马其顿的战争。他们知道应该在哪里扎营，哪个位置应由部队占领，应在何时何地进入马其顿，补给工作应该如何组织，物资应该如何运输，何时应该与敌交战，何时应该坚守不出。他们不但决定了何者是最好的办法，而且表示假使若采取其他的办法，他们就要“提审”执政官，好像他们是审判官一样。

接着他又指出，他并不是说指挥官不应接受忠告。只要这个提出意见的人的确精通战争艺术，或是亲自在战场上作战，那么他都一律欢迎。他最后的结论是：

> 假使有任何人自认他对于我所要指导的战争，是有资格提出意见的，而且这些意见是对于公众有利的，那么希望他不要拒绝对于国家的协助，并且让他随我一同到马其顿去。我愿供给他一只船、一匹马和一个帐幕，甚至还有旅行的费用。但若他认为这太麻烦了，而宁愿享受城市中的生活，而不想尝试战争的苦味，那么就希望他不要明明身在陆地上，却想担负舵工的任务。在这个城市中，本身已经有了许多可供高谈阔论的对象，

让他们去尽量地谈好了，而我们却只以限于营帐之内的会议为满足。

公元前168年春初，保罗斯启程往希腊，他一路走得很快，在离开了布隆迪西乌姆之后，5天就到了德尔斐。他在那里祭了神，只花了4天就到达了艾尔皮亚斯河上的驻军区。同时加卢斯司法官也启程往伊吕里库姆。当他到达之后30天，那里的战争才开始。早在战争开始之前，罗马城内就已谣传这场战争已经结束了，耿提亚斯和他全家都为罗马人所俘获。

保罗斯一到达，就发现军中正在闹水荒——这表明当时艾尔皮亚斯河正在枯水期中——他立即命令掘井。依据李维的记载，他因为看到山脉是那样高，就想到一定有地下泉的存在，尤其是地面上又没有溪流，更可以证实这一点。果然，当把地面的沙土一挖开，泉水开始涌出了，好像是有神助一样。这一件事使主将的名誉和影响在士兵的心目中大为提高。

其次，他命令一切工作都应有秩序，而不准喧哗吵闹。他禁止哨兵携带武器，因为他们的目的本非战斗。对于前哨的组织采取轮流换班的办法。他做这样做那样，以整肃军中的暮气，不久全军中就没有一个人是游手好闲的了。

当他使部队开始工作之后，就又召集军官们开会，其目的是想要发掘他们的思想，而不仅是听取他们的意见。有人主张对佩尔修斯的营地做正面的攻击；另外又有人主张利用舰队做侧面的迂回。对第一个建议他立即驳斥，因为马其顿军在艾尔皮亚斯河上的正面具有特强的工事，并备有许多的战争机器如投石机等。他认为第二案比较有利。当他听完了军官们的意见，就不做结论地散会，然后再秘密地去拟订他的计划。

保罗斯的主意是这样的：在正面牵制佩尔修斯的兵力，用舰队威胁他的北面交通线，以分散他的注意。另外派遣一支强力的纵队，西向越过奥林波斯山的南坡，取道皮苏门（Pythium）和佩特拉（Petra）以达迪乌姆，从这里就可以达到马其顿营地的后方。因为对这里的地形不熟悉，深恐没有把握，所以在他做下决定之前，他找到了两位熟悉此地地形的皮尔哈比亚商人，亲自询问他们有关通到皮尔哈比亚隘路的情形。商人说隘路并不难走，不过听说已经有国王的军队占领了。

保罗斯就请这两位商人当向导，命令司法官屋大维（Octavius，并非罗马帝国的建立者奥古斯都）把全部舰队都集中在希拉克兰，并准备1000个人可够10天用的补给。其次他命令纳西卡（Publius Scipio Nasica）——西庇阿·阿非利加拉斯的女婿——和他自己的儿子菲比乌斯（Quintus Fabius Maximus）——他年纪还很年轻，因为认菲比乌斯为义父，所以取了这个名字，他的哥哥则为大西庇阿儿子的义子，这也就是他的舅父——一同率领一支精兵，共步兵8000人，骑兵200人，向希拉克兰进发，使敌人误以为他们是要在那里登船，准备从海上去迂回马其顿的阵地。他只把他的计划暗中告诉纳西卡一个人。他把两位向导交给他，并且指示他用一连串的夜行军，由希拉克兰向西走，于第三天四更的时候应占领皮苏门，然后再继续向迪乌姆以北进发。他又告诉纳西卡为了吸引佩尔修斯的注意力，他自己将率领其余的兵力，进攻马其顿的前哨阵地。

纳西卡出发后，到了第二天拂晓，保罗斯就向设在艾尔皮亚斯河道中央的敌军前哨阵地，发动了他的第一次牵制性攻击。马其顿国王站在一边，罗马的执政官站在另一边，都在作壁上观。在远距离作战时，马其顿军较为有利，因为他们可以投掷石头，但是在接近战中，罗马军却比较坚定，因为他们的防御较佳，每个人都有防盾。差不多到中午的时候，罗马执政官发出收兵的信号，这一天的战斗就如此结束了。第二天又同样演出了一次。第三天，保罗斯不进攻了，而另派一个纵队沿着河岸向下游走，好像准备要在河口上渡河。很明显，这都是为了吸引马其顿人的眼光，使

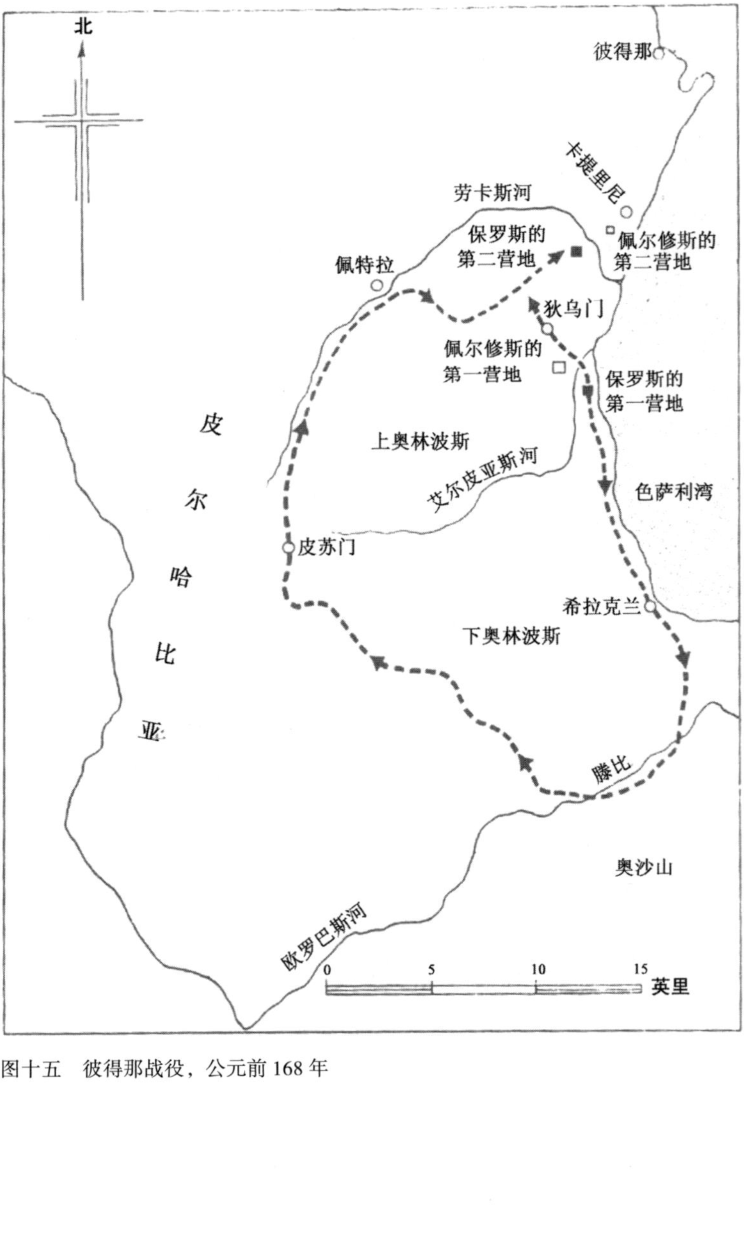

图十五　彼得那战役，公元前 168 年

其不注意纳西卡的迂回运动。

纳西卡利用黑夜的掩护，从希拉克兰向西进发；但是不幸得很，在行军的途中，有一个克里特士兵逃走了，他跑到马其顿的营地，把正在发展中的情况告诉了佩尔修斯。

似乎这两位商人向导的情报也不完全可靠，因为在这个时候，隘路还并未设防。但是当佩尔修斯听到了纳西卡正在行军的消息，就立即派了 1 万名佣兵和 2000 名马其顿兵，由米罗（Milo）率领着去阻塞罗马人的进路。依照普鲁塔克在他的《保罗斯传》中所说的：纳西卡在山地中与米罗碰上了，经过了一番激烈的战斗，才把他击溃。佩尔修斯听到米罗战败的消息，害怕他有受到前后夹攻的危险，立即溜出了这个陷阱，向彼得那方向退出。他现在所选择的位置，是在卡提里尼（Katerini）的南面平原上，该地颇适合方阵运动，又为两条小河所包围着，即阿森（Aeson）和劳卡斯河（Leucus），它们虽然是已经快要干涸了，但仍可使罗马人感到相当的困难。马其顿军一撤退，保罗斯立即就知道了，于是他也马上前进，毫无困难地与纳西卡的兵力在狄乌门以北会合。从那里他们继续向卡提里尼推进，发现马其顿人已经在该镇西南面严阵以待。

纳西卡害怕佩尔修斯又会再度乘着黑夜溜走，所以主张立即进攻，但是保罗斯更有经验，没有接受这个建议。他的部下在行军中已经用尽了力气，现在是仲夏，而他还没有一个设防营地可充作战基地，此时冒险会战实在是一种愚行。此后在这一天当中，为了平息部下的批评，他曾经向他们训话指出：“一个营地对于胜利者是一个住所，而对于失败者则为一个避难所。曾经有许多的军队，当战状不利时就被迫逃到防波堤的后面，不久它们又驶出来，终于击败了胜利者。这个军事性的居留地对于每个军人而言，就是他的第二故乡。营塞的围墙正和其城市的城墙一样，他的帐幕也就是他的家。”

为什么在对他如此有利的环境中，佩尔修斯还不设法向他的敌人挑战呢？唯一的原因是保罗斯把他的部队留驻在阿罗克拉斯山（Mt. Olocrus）上，这是一个小山，高约 400 英尺，在劳卡斯溪流的西方，而这条溪流又紧靠着马其顿营地的西侧流过。这是一个不宜于方阵进攻的地形，我们绝对不要忽视了，这种方阵的设计是专门为了在平原上使用的，即令是一个小型的障碍物，也足以使其行列解体。正因为这个原因，亚历山大几乎从不使用他的方阵作为突击兵器——只有一个例外，即希达斯皮斯之战。可是自从他逝世，这个教训早已为人所忘记，而且方阵的组织又变得越来越笨重。

当罗马人正在建筑营地的时候，护民官加卢斯（Caius Sulpicius Gallus）向士兵们宣布说："明日夜间会有月食现象发生，时间是自第二时到第四时。"为了平息他们的害怕心理，他又解释说这纯粹是一种自然现象，并且举出其正确的理由。可是到了月食现象真正发生时，罗马的士兵却认为加卢斯真的具有识破天机的智慧；反之马其顿的部队，在心理上却发生了极大的震动，认为这是他们王国灭亡、民族毁灭的预兆！他们在马其顿的营地中，叫闹喧哗，一直到月亮复圆时才停止。因为这次月食的发生，是在公元前 168 年 6 月 21 至 22 日的夜间，所以对于第二天发生的彼得那会战，才有正确的日期可以考据。

依照李维和普鲁塔克的记载，两军的营地都需从劳卡斯河中汲水，而在每年这个时候，河水几乎干得见底了。为了保护他们的汲水队，罗马人在西岸上摆了一部分兵力，一共两个支队（Cohort）的步兵和两个中队的骑兵。另外还有三个支队的步兵和两个中队的骑兵，用以监视马其顿的营地。我们可以假定马其顿方面也一定是做了类似的部署。由于双方有许多人都已互相面对着，所以照当时的惯例，似乎有一种君子协定存在，即彼此都不干扰对方汲水队的工作。

月食后的那一天下午，大约是第 9 时的样子（下午 3 时），有一匹罗马的马脱了缰，冲向对岸去了，后面有三个兵跟着追，此时

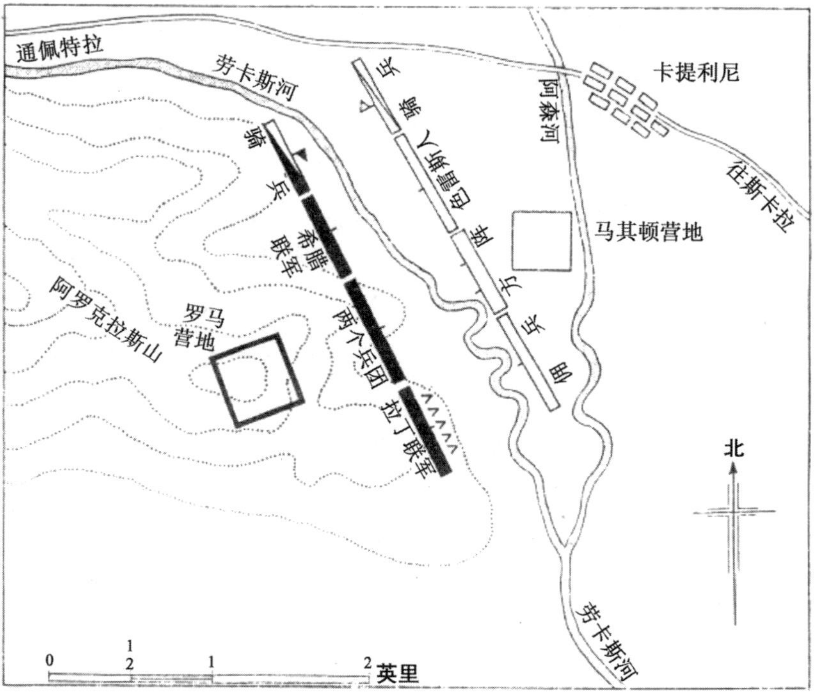

图十六　彼得那会战，公元前 168 年 6 月 22 日

河水的深度刚刚没胫。同时，马其顿方面有两名色雷斯士兵，想去捉这匹马，结果被打死了一个。于是这一队色雷斯兵，约 800 人，可能为马其顿军的前哨，就被激怒了，开始干扰河中的汲水行动。罗马方面当然不肯示弱，立即对抗，双方马上发生了小战。这个闹声把保罗斯引出帐幕之外。他知道一打起来之后，要召回自己的兵，是既不容易而且也不安全，所以最好是利用士兵的锐气，把这个偶发事件变成一个战胜的机会。于是他率领他的全军出营。同时，已经赶去参加小战的纳西卡，也回来报告说：佩尔修斯也领军出营了，正在摆布他的阵势。

很不幸，叙述彼得那会战的波里比阿著作，除了断简残篇，这一段的记载全部遗失。而李维的记载又不清楚。在普鲁塔克的《保罗斯传》中，曾经引述了纳西卡的一个报告，从这里可以看出来佩尔修斯所部的前进次序大致如下：

> 首先前进的为色雷斯步兵，他们的外表，照纳西卡的说法，是很可怕的。士兵身材都很高大，穿着夏季服装，在白色衣服和闪闪发光的胫甲防盾之下，显出黑色的皮肤。他们的右肩上高高地背着重铁头的战斧。在色雷斯人后面，即为佣兵，他们的装备五花八门，各自不同，帕尼亚人（Paeonians）也混在他们的中间。第三部分的兵力为劳卡斯皮德斯的方阵，这是马其顿的青年精兵，他们的鲜红军衣和甲胄发出鲜明夺目的光彩。当他们摆好了队形，接着就是重步兵，他们称为恰尔卡斯皮德斯（Chalcaspides）的方阵，携带着青铜的防盾，从背后的营地中拥了出来。他们的喊声震地，盔甲鲜明。

虽然实际的战斗序列已不可考，但是由于方阵是必然位于中央，所以马其顿的战斗序列可能是有如下述：色雷斯人在右，接着就是轻步兵方阵，再接着即为重步兵方阵，最后是佣兵居左，骑兵则可能位置在两翼上或一翼上。

对于罗马军的战斗序列，也没有确实的记载。但是我们也可以假定两个罗马兵团是居于中央，拉丁同盟军在右，希腊同盟军在左，骑兵位置则在两翼或一翼。据说还有一部分战象，最初是控制在后方，以后，照我们看，是加入了罗马右翼方面作战。

佩尔修斯的攻击速度快得出人意料，因为李维的记载上说：那些第一批被杀死的人，所倒下的地点距离罗马营地只有 250 步远。假使这种说法是正确的，又假定克罗马那（Kromayer）和魏思（Veith）两人合著的《古代战争图解》一书中所假定的会战计划是不错的，那么马其顿全军就应该是已经渡过了劳卡斯河，向阿罗克拉斯山麓前进。

当他看到方阵前面伸出来的长矛，好像刺猬一样，保罗斯最先不免感到有一点惊恐，他也从来不曾看见过这样可怕的场面。可是他表面上却还能够故作镇静，他的头部和全身都没有保护，开始摆列他的战线。假使这种说法是确实的，那么就足以证明他已经受到奇袭，在无准备的状态下为敌所乘。换言之，是佩尔修斯而不是他，已经获得了主动。

罗马方面的最初反攻是由皮里格尼亚人（Pelignians）的部队开始，他们可能是在罗马全线的右端，他们无法攻入敌人用长矛所组成的墙壁。他们的指挥官沙尔费亚斯（Salvius）抓着一面军旗投掷到敌军的中间，于是引起了一场混战，最后皮里格尼亚部队还是被击溃了，丧失了秩序向阿罗克拉斯山上逃走。这个背进的运动似乎带着全线都向后退，于是罗马全军都想退回到山坡之上来。若是真相的确如此，则很明显的，只要地形是适合于方阵作战时，罗马人就完全不是这个钢铁刺猬的对手。接着，因为地形渐次变得对于方阵不利了，于是它的正面就开始弯折溃裂，直至产生缺口。一方面由于地形的高低不平，另一方面由于正面的长度所致，所以企图占领高地的人员，虽然不愿意但却必须与占领低地的人员分隔开。

对于罗马人而言，可以说是太幸运了。佩尔修斯并非亚历山大，他似乎对于亚历山大的战术毫无了解。在这个紧急关头上，他不应该把方阵立即向山坡上推进，而应该挥动其全部的骑兵和轻装部队，向已经动摇的敌人追击，并在他们掩护之下，重新整理方阵的正面。

大家总还记得，亚历山大在阿贝拉之战中所以能获得胜利，就是他发现了波斯军正面上有一个空洞，马上就乘虚而入。在彼得那现在也就发生了同样的情形，所不同者在于除了一个大空洞之外，还有相当数量的小空洞。

普鲁塔克对于这次会战的记载，曾经清楚地说明对于这些小型的空洞，罗马人是如何加以利用的。他说，保罗斯把他的兵力分开，命令他们迅速钻入敌方的一切裂缝缺口中，并立即展开接近战斗。于是所打的就不仅是一个单独的会战，而变成了许多独立和连续的战斗。保罗斯把这个命令传给他的军官，他的军官们又转达给各个士兵，不久他们就绞在敌人的阵线之内，他们从侧面和后方攻击敌人，这是他们的防盾所保护不到的。这样一来，方阵的力量和优点都丧失了，结果完全被击溃。

李维的记载虽然混乱，但却明白地说明，除了这些小空洞以外，在马其顿军的中央部分左方与右方之间还出现了一个大空洞。其可能的原因是追击皮里格尼亚部队，所以马其顿的左翼已经上前了，而中央部分则尚在与罗马的两个主力兵团交战，当然就落后了。以下又是李维的记载：当保罗斯命令其各支队，化整为零地揳入那些小型空洞之后，他又亲自率领其两个兵团中之一个，冲入了马其顿佣兵与方阵之间的大缺口中。这样就切断了敌阵，他背对着佣兵，面向重步兵的方阵。同时，阿尔比拉斯（Tucius Albinus）也率领着第二个兵团向轻步兵方阵攻击。战象和联军的骑兵现在就趋前攻击已经孤立的马其顿佣兵，但是却未获致成功，接着拉丁联军也趋前进攻，才强迫敌军的左翼退出了战场。

此时，“在中央方面，保罗斯的兵团已经冲散了重步兵方阵，胜利的确实原因不太清楚。开始时经过了相当多的远距离战斗，于是敌人发生了动摇，最后终被击溃”。

当他看到会战已经失败了，佩尔修斯就率领着几乎是毫无损失的骑兵，逃回到皮拉，再退到安菲波利斯。会战后的屠杀颇为惊人。依照李维的记载，马其顿军被杀的共 2 万人，被俘的共 6000 人；罗马人在追击中又俘获了 5000 人，追击的距离共为 14 英里。罗马方面的损失据说在 100 名以上，大部分均为皮里格尼亚人，至于负伤人数则较多。

蒙森的评论说：“亚历山大大帝的帝国从此消灭无余了，他曾经征服东方并使其希腊化。在距离他逝世的 144 年后，帝国终于完结。”波里比阿也说：“一共不出 53 年（前 219—前 167），几乎全部的人类世界都被征服了，都在罗马一个城的支配之下。”他又说，在这段时间之内，世界历史由许多“不连续的碎片”，而凝成了一个“完全的整体”。

这一战获胜之后，罗马元老院决心把所有有问题的国家，无论为友为敌，都做一个一劳永逸的解决，使它们永远丧失叛变的能力。马其顿的国号被取消，重新组织了四个联邦式的共和同盟，每一个同盟中的人民禁止与另一个同盟通婚，也不准在国外置产。所有的王国都被解除武装，一切小康阶级以上的人民，包括所有的官吏在内，都运往意大利，过着俘虏般的生活。在希腊各城市中都开始追诉审问“叛逆”，因为到处都可以找到马其顿党人和曾经在佩尔修斯军中服役的人员，这些人都一律被“清算”。伊吕里库姆也受到同样的待遇。在伊庇鲁斯也是一样。虽然这违反了他的本意，可是保罗斯还是命令洗劫了 70 个城镇，把 15 万个伊庇鲁斯人出卖为奴。

当敌人都已经肃清，罗马就开始毁灭它的同盟国。在战争中，亚该亚同盟的一切行为都是无懈可击的，虽然如此，它的 1 万名领袖人物，包括历史学家波里比阿在内，都被发配到意大利去，在那里关了 17 年之久，还不曾受到审讯。欧米尼斯被迫交出了他在色雷斯的一切属地。假使波里比阿的记载可以相信，那么就还有下述的一幕趣剧：“当罗马大使加卢斯到达亚洲，就在所有最重要的城市中发出布告，命令所有想控诉欧米尼斯的人，都可以到萨迪斯与他见面。他在那里设座在公共体育场中，花了 10 天的时间来听取这些人对于国王的控诉，他们都是用各种丑恶的谎言，极力诋毁欧米尼斯，许多都是言过其实的。”罗得岛人也受到了相似的待遇，所有在大陆上的领土均被剥夺，这本是在马格内西亚一战之后，罗马人分配给他们的。它的商业也受到有系统的破坏，以使罗马可以垄断东地中海的贸易。

于是罗马变成了一个世界性的强权和帝国，仅仅是没有这个名义而已。史卡拉德（Mr. Scullard）在他的《罗马政治》一书中说：

> 整个希腊世界都裂成了碎片，屈服在它的膝下，它们之所以尚能保住任何独立性，也都完全是出于强国的恩赐。50 年前，照腓力五世看来，这个强权还只不过是西方天际的一朵浮云。现在这朵云却已经遮满了整个地中海上空，对于某些地方虽降下了一些甘霖，但对于其他的地方，却只带来了毁灭性的风暴。

可是这种巨大的权力扩张却并非有计划的。它是一个活力充沛的民族自然生长的结果。在那个时代中，大家还不知道权力平衡的道理。在那个时代中，任何民族一旦获得了内在的团结，为了自保，他们对于邻国势必要加以征服或削弱。希腊人用的是第一种方法，罗马人用的是第二种方法，但这却只是一个达到同样目的的慢性手段而已。结果是诚如蒙森所说的："所有其他一切富庶和高度发展的文明古国，都为了使这个民族富强而被消灭了，好像它们存在的最后目的，就仅只是对于意大利的伟大和包括在那个伟大中的衰颓有所贡献。"

虽然如此，一旦这些暴力的行为告以结束，其结果不是希腊的衰亡，而是希腊主义的胜利；因为希腊人是西洋古代史中的中国人，总是能够征服其征服者。为了驱除过分的个人主义——这个主义曾经使他们始终分裂对立——他们所需要的，即为一个强力和安定的世界政府的权威。而为了要变成一个文明的世界强国，罗马所需要的，即为希腊世界的文化。彼得那会战和第三次马其顿战争的真正胜利品，不是掠夺和进贡的财富，而是上述的两大成果。

大事记（五）

罗马帝国内部的争霸

虽然罗马元老院对于如何进行战争，已经累积了许多的经验，但是对于在一个帝国之内如何建立和平的技术，却运用得不太成功。对于征服地区的统治，是交付给行政长官（Magistrates）去处理，他们的任期极短，通常为一年，所以更助长其贪污的风气。此外，对于这些行省和领地，每年都要抽取巨额的贡款，因为罗马的公民现在已经不再直接纳税。为了应付合法的支出和满足这些好逸恶劳、只图享受的普罗阶级（Proletariat）的要求，各行省遂不能不拼命地榨取。结果是经常发生不满和不安的现象，也常常有公开的叛变发生。

第一个重要的叛变是发生于公元前 152 年，有一个叫作安德里斯库斯（Andriscus）的人，自称为马其顿旧王佩尔修斯的儿子，集合了一支色雷斯军队，侵入了色萨利。这个叛变在公元前 148 年，为米特拉斯（Q. Caecilius Metellus）所削平，接着又有另外两个冒充佩尔修斯儿子的人继续作乱。到了公元前 146 年，才完全被剿平，于是这个原先分成四个同盟的马其顿，终于合并成罗马的一个省区。

此时，斯巴达已经脱离了亚该亚同盟，当亚该亚人破坏和平时，米特拉斯于公元前 146 年初，又向科林斯进军，并围攻这个城市。7 月，孟米亚斯（Lucius Mummius）接管了指挥权，在地峡上击败了亚该亚人，并无抵抗地进入科林斯城。他洗劫了这个城市，并把它夷为平地。于是亚该亚同盟和希腊境内一切幸存的其他同盟，都全被解散。从此希腊也归马其顿总督兼管。

与征服希腊的行动同时的，还有迦太基的灭亡。自从公元前 202 年，扎玛会战失败之后，迦太基人早已恢复了其过去的繁荣，于是罗马人又对它产生嫉妒和贪吝的心理。著名的检察官加图（Porcius Cato），不断地在罗马城中发出危言耸听的言论。他认为只要迦太基存在一天，则罗马将永无安全之可言。这个人的寿命很长，到了他晚年的时候，只要他出席元老院投票，不管所讨论的是什么问题，他发言的最后结论却总是说："迦太基非灭不可（Delenda est Carthago）。"公元前 149 年，正是他以 85 岁高龄逝世的那一年，罗马人决定向迦太基挑战。首先向迦太基提出了一连串的最后通牒，其内容是一个比一个严苛无理：第一个通牒要求迦太基送 300 名贵族出身的男孩子，到罗马来充当人质。迦太基照办了。第二个通牒要求他们交出一切的武装，迦太基也遵命办理，一共交出了 20 万套兵器和 2000 门弹射机（相当于火炮）。最后罗马人又提出了第三个通牒，这才显示出来罗马元老院的真正用心。罗马人命令迦太基人应放弃其城市，将所有的居民向内陆迁移，到距离海岸在 10 英里以外的某点上。因为战争的结果似乎也不会比这个更坏，所以迦太基人决心作战了。他们把这个城市变成一座兵工厂，日夜不停地制造兵器，每天的产量都很巨大，甚至女人也都牺牲长发，用来做弹射机上的弓弦。

公元前 147 年，艾米利亚努斯（Publius Scipio Aemilianus）——彼得那会战胜利者的幼子——奉命指导这场战争。他包围了这座城市，切断它的补给，到了次年春天，由于饥饿，迦太基人被迫投降了。迦太基投降后，艾米利亚努斯就奉命把这个城市彻底夷为平地。当他命令放火焚城的时候，他回过身来向他的老友和老师波里比阿说：“波里比阿，这是一件伟大的事。但是当我想到有一天，会有别人对于罗马城下达这个同样的命令时，我禁不住要发抖了。”加图的遗志终于完成了，迦太基的领土变成了罗马的一个省区，称为阿非利加省（Africa）。

城市的毁灭现在已经变成了罗马权力的象征。诚如波里比阿所批评的：“把战争所由起的城市加以毁灭，似乎实在是一种疯狂的行为，而且是一种非常暴烈的疯狂行为。”科林斯、迦太基以及后来的纽曼提亚（Numantia）——在西班牙，毁于公元前 133 年——等城的毁灭，都是为了表示罗马威力的强大，同时也是为了满足抢劫的贪欲。此外，出卖它们的公民为奴隶，也是非常有利可图的，有许多次的叛乱和所谓战争者，究其实际都不过是为了猎取奴隶而已。

尤其是在叙利亚，那些不幸的人民因为受不了这种野蛮待遇，终于发生了大规模的叛变，此即所谓第一次奴隶战争（First Servile War）。公元前 135 年奴隶起来反抗主人，他们由两个知名的人物所领导着，一为攸努斯（Eunus），叙利亚人，另一为阿恰斯（Achaeus）。他们组织一支大军，总数多达 7 万人，赢得了几次苦战。然而到了公元前 132 年，终于还是为鲁皮琉斯（Publius Rupilius）用残酷的手段所压平。

当这场战争正在热烈进行之时，阿非利加的西庇阿的孙子提比略·格拉古（Tiberius Gracchus）刚刚出任护民官，就开始仗义执言，为民请命，尤其是对于无土地的农民阶级。他说：“那些在意大利境内活动的野兽，也还有它们的巢穴。可是你们这些为意大利战死的人，所能享受的却只有空气和光线。这就是你们唯一的遗产。无家无室，你们只好带着妻子四处飘荡。你们战死了，却只是为了替旁人争取财富和享受。你们被称为是全世界的主人，可是在这个地球上却并无立锥之地。”他以护民官的身份，在议会中提议把公有的土地加以重新分配。公元前 133 年，这个提议终于变成了法案。之后他又努力再度竞选，以求能够亲自监督它的实行。结果他被人暗杀了；他的死引起了一个世纪（前 133—前 33）的革命和内战，终于使共和政体归于毁灭。公元前 123 年，他的兄弟，盖尤斯 · 格拉古（Caius Gracchus），也获得了同样的官职，于是他继承乃兄的遗志，继续奋斗；并且进一步主张所有意大利同盟国的人民，都应获得罗马公民权。公元前 121 年，在一次暴动中，他也被刺杀身亡。

虽然这两兄弟不曾完全达到他们的目的，可是他们却教会了人民去选择领袖，而又诚如布里斯特德所云："这个趋势即为一人专政权力的开始。"不过人民所选择的次一个领袖是军人，而不是文官。

在盖尤斯死了 10 年之后，罗马又与努米底亚国王马西尼萨的孙子朱古达（Jugurtha）发生了战争。此时，元老院的腐化无能，已经到了无耻的程度，于是人民选举了一个新人做执政，并且用公民总投票的方式赋予他非洲的指挥权，于是遂创了一个先例，用公民投票的方式来决定军事人员的任命，在以后一个世纪内，这种方法曾经用过好几次。这次所选定的人员为马略（Caius Marius）。他生于公元前 157 年，出身寒贱，在纽曼提亚围城战中，曾在阿非利加的西庇阿的麾下服务。此时他正在非洲担任执政官米特拉斯的副将。公元前 107 年，他接替了米特拉斯的位置，到了次年遂使战争胜利结束。朱古达也为马略的部将苏拉（L. Cornelius Sulla）所擒。

当此之时，意大利又感受到一个更严重的威胁。公元前 113 年，有一群野蛮人，叫作辛布莱人（Cimbri），占领了德拉瓦（Drave）谷地，并在那里与条顿人（Teutones）结合在一起。罗马当局派了执政官卡波（Cn. Papirius Carbo）去对付他们，结果失败了。在以后的 5 年中，罗马人累次兴师，但所有领兵的执政官都遭到同样的命运。公元前 106 年，野蛮人冲入了高卢境内，攻占了陶洛沙（Tolosa，即今之图卢兹［Toulouse］）。次年，他们击溃了执政官曼琉斯（Cn. Manlius）的军队，使他丧失了他的营地和 8 万人员。

接着他们就越过比利牛斯山脉，进入西班牙，但为凯尔特伊比利亚人所击败，又退回了高卢。辛布莱人把条顿人和安布罗尼斯人（Ambrones）留在普罗旺斯（Provence），经过滨海阿尔卑斯山脉，进入意大利；而他们自己则转向北面，通过瑞士，以求越过布里纳（Brenner）隘路。两支兵力拟在山南高卢地区会合。

自从卡米卢斯的时代起，罗马从来不曾遭遇到如此严重的威胁，人民都感到惊恐异常，为拯救这个共和国，现在已经连任四次执政官的马略，就奉命指挥外阿尔卑斯（Transalpine）高卢境内（法国东南部）的战事，而卡塔卢斯（Lutatius Catalus）则负责山南阿尔卑斯方面。

马略在罗讷河下游设立了一个要塞化营地，以等候野蛮人的到来。野蛮人想攻入这个营地，结果未能成功，于是就绕过它前进。可是当他们一绕过之后，马略也就立即跟踪追击。公元前 102 年，他设法使他们在阿奎亚塞克提亚（Aquae Sextiae，即今之艾克斯[Aix en Provence]）接受会战，把他们杀得大败。波里艾赫（Pourrières）村中，现在还能看到这次大屠杀的痕迹。

当外阿尔卑斯高卢的局势已经稳定之后，马略回到罗马，又再度被选为执政。他在罗马接到卡塔卢斯在维罗纳（Verona）失败，并退到波河流域的消息之后，于是在公元前 101 年，马略又出发去援助他。他与卡塔卢斯会合在一起，渡过了波河，发现辛布莱人正在费尔西莱（Vercellae）等候条顿人和安布罗尼斯人的到达。可是结果他们却碰上了马略，并彻底地被击溃。

马略虽然是一个野蛮型的能干领袖人才，可是贵族们却痛恨他，认为他是一个无党派的政治家。这次胜利之后，他又第六次当选执政官。但是在接着到来的骚动中，元老院占了上风，他被迫不光荣地退休了。以后新的麻烦又来了。意大利各同盟国现在要求完全的公民权，他们的领袖为一个贵族，名叫德鲁苏斯（Livius Drusus），他在公元前 91 年被刺。于是中部和南部意大利的领袖们开始叛变，自己成立了一个国家，首都设在科菲尼乌姆（Corfinium），改国号为意大利加（Italica）。这就引起了公元前 90 年—前 88 年的社会战争（Social War）。这场战争的结果是他们获得了公民权。

在小亚细亚也在酝酿着叛乱，富阀豪门看到他们的经济利益受到威胁，遂强迫元老院任命苏拉为指挥官。但是平民的领袖拒绝他，并选出了马略。为了打击他的反对者，苏拉占领了罗马，强迫元老院通过了一条法律，规定以后人民大会在投票决定一切之前，都必须先获得元老院的同意。之后他便动身往小亚细亚。他走了之后，人民马上闹起来了，正在此时，马略从非洲率领了一支部队回到罗马，他与执政官秦那（Cornelius Cinna）一同进入罗马城，大杀元老派人士。不经过选举，他们两人就自己做了公元前 86 年的执政。不久马略就死了。

苏拉到亚洲去的主要原因，是为了与本都国王米特拉达梯（Mithridates）作战，并顺便压制希腊境内的叛乱。苏拉围攻雅典城，收复了希腊的欧洲部分，并将米特拉达梯逐回了亚洲。于是他又回到意大利，在柯林门外做了一次决定性的会战，击败了马略派，进入罗马，并在公元前 82 年，凭着他的兵力，强迫元老院任命他为独裁者。他的第一个行动就是有计划地屠杀民党的领袖人物。他建立了一个恐怖统治，在恐怖的掩护之下他剥夺了人民大会的一切权利，而使元老院恢复了原有的领导地位。公元前 79 年，他退休了，次年病死。

公元前 70 年，民党又找到另一个有能力的军人领袖庞培乌斯（Cn. Pompeius）——通常称为庞培（Pompey）——他是苏拉的旧部，出生于公元前 106 年。他同意废苏拉的法案，于是被选为执政。公元前 67 年，人民大会通过一条法律，使他在地中海地区中握有最高的指挥权，以来清剿在那里劫掠罗马商船的海盗。在他以前的任何罗马将军，都不曾获得过这样广泛的指挥权。

40 天之内，他肃清了西部地中海，然后转往东部，在 7 个星期之内，又剿平了在爱琴海中的海盗巢穴。次年，他又奉派接替卢库卢斯（L. Licinius Lucullus），指挥第三次米特拉达梯战争，这是公元前 74 年开始的。他击碎了这个王国，直抵幼发拉底河，并瞭望黑海。当他回国时，又进入了耶路撒冷，将犹太人也纳入罗马的统治下。公元前 62 年，他回到意大利，当时元老院中有人感到很害怕，以为他可能会进军罗马，以来夺取最高权力。可是他的行动却出人意料，当他在布隆迪西乌姆登陆时，他遣散了他的部队，叫他们各自回家。

第六章

迪拉基乌姆的围攻和法萨卢斯会战

当庞培于公元前62年从东方凯旋时，这个罗马共和国好像是一堆已经水分饱和了的糖，虽然还保持原有的外表，但却已经要分解了。元老院的组织，本是一个城市议会而已，不足以担负这个帝国性的任务。虽然它是反对独裁观念的，却又无力把握这个世界帝国现在所面临的各种巨大问题的意义，结果它的幻想消灭了，它的意志麻痹了。

财富的增加，以及自从汉尼拔战争之后大量奴隶的输入，已经使经济方面发生了剧烈的变化。在工商业方面，是银行重于贸易——接受政府的合同，娱乐的支出，租税的兴办，赔偿和战利品的搜集，用近代货币计算，每种价值也在600万英镑左右。

所以发财的观念，很快地代替了为国服务的观念。租税使人民贫穷，他们被迫只好求救于高利贷，结果由于债务的原因，他们都变成了假想的或实际的奴隶。在罗马共和国的最后100年中，这种情形达到了古代史中的最高潮。而且奴隶又生奴隶，于是养奴变成了一件十分有利的生意。由于农民的消灭，土地都转入少数地主的手中，奴工代替了自由劳工，于是许多无地的人民就都拥向城市中。

结果诚如弗勒尔（W. W. Fowler）所云，城市中又挤满了贫民，他们缺乏一切天然的工具，以做精神上和社会上的发展。其后果自不待言——使罗马共和国中加入了一种可怕的毒素。

同时，在富有的阶级中，这种经由征服手段所累积起来的金钱，并不用在生产工作上面，而只用来享乐和找刺激。从根本上说来，高利贷实为罗马共和国的癌病，虽然这种衰弱的原因是饮食过量，而不是衰老——一种严重的不消化病，但尚非必死之疾——可是却从来没有一个民族，曾经低落到如此的程度。他们没有宗教、道德和一切社会美德的观念，于是这些群众就被罪恶所吞噬了。奢侈产生兽性，兽性产生放纵，放纵又导致独身生活，于是不生小孩子的风气日甚一日。对于这些堕落的人而言，放纵也就是自由，但是对于豪门巨富而言，自由又等于权力、利润和对于财富的无限贪欲，最后人与人之间，就只剩下了金钱为唯一的联系了。有许多人都认为整个文明是已经衰颓了，姑且不说它是完全崩溃，也只有出一个赫剌克勒斯，才能有扭转乾坤的可能性。于是当大家都向天边看去，望眼欲穿的时候，这个人终于来了。公元前 61 年 9 月 23 日，穿着一件亚历山大所遗留的外衣，庞培凯旋罗马，人民都欢呼他是英雄。当庞培于公元前 66 年，在东方代替了卢库卢斯出任统帅的时候，他曾经以这位伟大的马其顿英雄自比。他也和亚历山大一样，曾经越过了幼发拉底河，兼并了大量的土地，建立了许多城镇。他不仅拥有军权，而且也控制着大量的财富。金钱的意义就是赠予，而赠予的意义就是献媚。最初的英雄崇拜思想的阴影，终于变成帝王的实质了。

当所有的人都把庞培当作眼光的焦点时，又突然有第二个人出现了。这个人是贵族出身，生于公元前 102 年（有人认为是公元前 100 年），据说他的始祖为伊尼亚士（Aeneas），为爱神和安齐西斯（Anchises）的儿子。他叫恺撒（Caius Julius Caesar）。

尽管他家族中的大部分都属于元老党（Optimates），而他个人却是平民党（Populares）人，这可能是因为他的姑母茱利亚（Julia）曾经与伟大的马略结婚。公元前 68 年，他在西班牙服务，担任财政官（Quaestor）的职务。在伽德斯（Gades，即今之卡地兹［Cadiz］)，有一次到了赫剌克勒斯的神庙中，他看到了一座亚历山大的塑像，不禁仰天长叹，表现出他心中的苦闷。因为在他这样大的年纪时，亚历山大早已征服了世界，而他今天却还是一无所成。于是他立即要求辞职，以便赶回罗马去寻求做大事的机会。

当公元前 60 年，恺撒赶回到罗马竞选执政的时候，他发现当时的政局是控制在三个人的手中：加图、庞培和克拉苏（M. Licinius Crassus）。后二人又与前者为敌。恺撒由于在西班牙的成功，本来胜利在望，但是因为受到了加图的反对而终告失败。这对于加图而言，实在是犯了一个极大的错误，他使恺撒也变成了他的政敌。罗马前三雄的局势遂开始形成。庞培、恺撒和克拉苏缔结了同盟，庞培和克拉苏两个人支持恺撒出任执政，而其条件为恺撒执政之后，应设法供给土地以来安置庞培所解散的退伍军人，并修改某种与克拉苏有关的税则。他是一个有钱的银行家，对于这个问题颇为关心。

公元前 59 年，当恺撒当选为执政之后，这些政策也就次第实施。假使不是赫尔费提人（Helvetii）发生了严重的叛变，则三角同盟可能即在此时解散。为了对付这个北疆方面的威胁，山南阿尔卑斯高卢和伊吕里库姆两个省区都交给恺撒统治，不久以后又加上了外阿尔卑斯高卢省。他于公元前 58 年，接手了指挥权，在比布拉克特（Bibracte）击败了赫尔费提人。以后又发现住在高卢中部的凯尔特人，正受到阿里阿费斯塔斯（Ariovistus）所率领的日耳曼人的威胁，于是他从贝尔弗特缺口（Belfort Gap）前进，9 月 2 日在莫尔豪森（Mulhausen）附近，经过了一场大战终于把后者又击败了。到了第二年，他又征服了贝尔格（Belgae）和尼尔维（Nervii），这样就完成了征服高卢的第一阶段。

公元前 56 年，“三雄”在卢卡（Lucca）举行会议，三人同意恺撒对于高卢的统治再延长 5 年的任期。而庞培则统治两个西班牙的省份，期限也是 5 年。至于克拉苏则准备接手叙利亚，以便征服安息（Parthia）。假使说恺撒从前不曾明了，现在他至少应该已经能认清高卢的重要性了。它不仅是对抗好战的日耳曼民族的一座堤防，而且也是他的军队人力的主要来源。这是他的军事性兵器，也是他的政治性兵器，同时也是对于庞培做政治攻击的最可靠基地。不仅是山南阿尔卑斯高卢省位置在整个意大利北部的侧翼上，而且外阿尔卑斯高卢省也能切断了庞培在意大利与西班牙之间的陆上交通线。所以一旦庞培与恺撒发生冲突，庞培将处于极端不利的形势。

此时，克拉苏已经有 60 岁了，他拥有极多的财富，耳朵是聋的，精神是盲目的。他前往叙利亚，想去与亚历山大大帝较一日之短长，准备对于安息人发动一个战役，后者的西疆以幼发拉底河为界。

安息帝国是由米特拉达梯一世（Mithradates I）所创，他大约在公元前 160 年即开始其征服的工作。他首先征服米底，其次为叙利亚，然后是大夏（Bactria）和吉德罗西亚（即今之波克哈拉［Bokhara］和马克南）。他所建立的一支陆军是很强大的，几乎完全由骑马的弓弩手所组成，克拉苏所要遭遇的就是这样一支军队。率领这支兵力的是一位能干的青年将领，叫作苏里拉斯（Surenas），虽然他总是像女孩子一样在脸上化妆，可是他却是一个无所畏惧而富有幻想力的人。他认清了弓弩手的箭消耗得极快，所以对于他的 1 万名骑兵，又配备 1000 头运送“弹药”的骆驼，每头骆驼载运着大量的箭，用这个方法可以使他们的“火力”增加 100 倍。公元前 53 年，面对这样一个强敌，克拉苏开始向东进发。

当他已经占领了尼斯发流门之后——这正是亚历山大渡过底格里斯河的地点——克拉苏突然向北一转，趋向艾德沙（Edessa），6 月他在卡尔海（Carrhae，即今之哈南［Haran］）被苏里拉斯所包围，他的军队几乎全被歼灭。他自己被杀害，他的兵团共 4 万人，战死了 2 万人，被俘者也近 1 万人。

自从坎尼会战以来，这是罗马人所遭受到的最惨重失败。虽然罗马公民对此并不太表示注意，但是其结果却使恺撒处于非常困难的地位：因为克拉苏的力量现在已经不再存在，于是再也没有其他力量可以与庞培对抗了。使恺撒的地位变得更为困难的，是在公元前 52 年高卢人在弗尔辛格托里克斯（Vercingetorix）的卓越领导之下，又发生叛变了。接着就是阿吕西亚（Alesia）被围攻，一直等到次年，叛乱才终被压平，于是高卢的征服才终于算是完成了。

这是一个非常艰巨的任务，因为普鲁塔克的传记上，曾经这样地说过：恺撒像一阵旋风一样，攻下了 800 多个城市，征服 300 个部落，与 300 万人发生了多次的苦战，在肉搏战中一共屠杀了 100 万，并且俘获更多的俘虏。[1] 因为他具有惊人的精力，所以才能获得如此的成就，他不仅使罗马人征服了高卢，而且这次的征服也使恺撒变成人民心目中的英雄和最强大的罗马军队的主人。庞培的势力衰落了。这就是说二人之间开始发生战争，诚如蒙森所说的："这并不是共和与君主之间的斗争，而是庞培与恺撒之间，为了罗马的王冕所做的斗争。"

这里也许应该插入讨论一个具有相当重要性的问题，即自从扎玛会战之后，罗马军队在军事组织上所发生的改变，因为它们对于这个时代中的政治、战略和战术，都具有广泛的影响。

第二次布匿战争时的罗马兵团，还是由罗马公民所组成，分为青年兵、壮年兵、老年兵三大类。但是国家富强之后，罗马人的生活也发生极大的变化，罗马的市民都发了财，逐渐都希望能避免服兵役。结果到了公元前 104 年左右，马略才开放军队征召的限制，准许有产阶级以外的人民志愿投效，以后更从奴隶、罪犯和外国人当中去招募军队。此外，由于采取分连的制度，罗马兵团的正面上出现了许多的间隔，成为一种内在的危险。为了减少这种危险，马

[1] 很明显，这个数字是过分夸大的。

略又将兵团改组为由支队所组成的三线，每个支队下辖 5 个连，并取消了青年兵、壮年兵和老年兵之间的区分。这个战术单位的人数由 120 人增到 600 人。每个兵团通常含有 10 个支队，第一线 4 个，第二和第三两线各为 3 个，兵团的总兵力也由 4500 人增为 6000 人。兵团的骑兵被取消，取而代之的为外国籍的骑兵（Auxilia）。支队间的间隔也逐渐缩小，终于变成了一个完整的方阵。

古老的民兵制度又变成了一个具有佣兵精神的职业性军队。在过去，罗马军人是要宣誓效忠于共和国，现在改变为宣誓效忠于他们的将领。这样一支军队需要有高度教育和技巧的将领。有了这种人才，则成功有望；若是没有这种人才，则其纪律马上就有崩溃的危险。

关于恺撒时代的兵团组织，其正确的编制已经不可考，但可能与马略所遗留下来的差不多。他们的兵器和盔甲似乎都很少有所改变，除了增加了轻型部队、投石手和弓弩手。

最值得注意的新改革为骑兵、炮兵和工兵的增多。骑兵大部分是由于和努米底亚人及其他骑马的外国人相接触而增加的。炮兵和工兵则由于和迦太基人与希腊人发生了战争，并且与亚历山大城的工程师发生了接触，才逐渐发展的。下述的例证可以使我们对于这种进展获得相当的了解。

公元前 53 年，在阿瓦里库姆（Avaricum）的围城战中，很明显，恺撒曾经使用过某种形式的“速射机”。到了公元前 51 年，在他对贝罗费西人（Bellovaci）的战役中，我们发现他在野战中也曾使用各种的“轰击”机器。我们从《高卢战记》上，可以看到下述的记载：“在把他的军队摆成了战斗序列之后，他就进到了最远的山头上，从那里他可以利用他的机器，把标枪像雨点一样投射在敌方密集队形的上面。”当恺撒在迪拉基乌姆（Dyrrhachium）企图要包围庞培的时候，也曾有过类似的行动。当恺撒的第九兵团占到了一个小山，正准备构筑工事的时候，庞培却占据了邻近的山头，用集中的“火力”

射击恺撒的军队，结果使他们放弃工事而撤退了。

以后，我们从普鲁塔克的记载上，得知当安东尼（Antony）远征安息时，即曾携带着一支由 300 辆大车所组成的攻城纵列。较小的“野炮”用车辆来载运，称为“炮车”（Carroballistae）。在公元 105 年至 113 年，罗马人所建立的图拉真记功柱（Trajan's Column）上面，还可以看到它们的模型。这种“野炮”也许在 100 年以前即已开始使用了。这些炮车是用骡马来牵引的，车上的石矢可以从骡马的头上飞射出来。依照费格提亚斯（Vegetius）的记载，每一个支队有一门“榴弹炮”（Catapult），每 100 人有一门“野炮”。所以在恺撒的时代不久之后，罗马兵团就一共有相当于 60 门“野炮”和 10 门“榴弹炮”的火力。

与炮兵威力齐头并进的，是筑城和攻城的技术。在战争艺术的这一个分支方面，恺撒可以说是一时无二。公元前 52 年，在阿吕西亚的围城战中，据计算，他的人员曾经从他们所挖掘的堑壕中，一共移动了 200 万立方英尺的泥土。4 年之后，在迪拉基乌姆的围城战中，他们所做的工作差不多同样艰巨。而在公元前 49 年马西利亚（Massilia）的围城战中，所有的机器均曾加以使用。

虽然战争技术的进步，可能节省生命的浪费，但是它却使防御变成一种较强的战争形式，因此也阻止了主动精神和勇气的发挥。此外，这样巨大的职业性军队和他们战斗力量如此惊人的发展，再加上各个省区都尾大不掉超出了中央政府的控制限度之外，其结果使将领们的独立性日益增加，而使元老院和人民的权威成比例地减弱。同时还有一个更大的困难，就是这些新型的职业军人，并无一定的服役期限，经过一定年数的服役之后，也无法保证其一定退役，而退役之后，其生活又无一定的保障。把这些因素总加起来，这些变化和环境就会导致内战的爆发和独裁制度的建立。

等到高卢最后征服了之后，罗马世界所面临的情况是如不改变就要瓦解；元老院和人民都已经无能为力了，所有的权力都完全集中在恺撒和庞培的手中。两个人都是以民主主义者自居：前者相信“君主的民主”，后者主张放任主义；前者活力充沛，后者则暮气沉沉。他们都不希望有战争发生，但是战争却无可避免，因为一个新观念遭遇着一个旧的传统，而这个旧的传统却是如此缺乏活力，不再具有自己改革的力量。

在这种环境之中，元老院支持庞培，而各地方城镇和人民则大致拥护恺撒。恺撒希望在公元前 49 年 7 月当选执政，为了使他的敌人不能趁他交出指挥权之后与接任执政之前的阶段中对他提出捏造的指控，他决定留住在高卢到公元前 49 年年底为止，等到公元前 48 年年初再到罗马去履新。在此之后，照他的计划，就准备去接管对安息的战争指挥权。但是在公元前 51 年或 50 年的时候，庞培已经倒向元老院的方面去了，于是反对恺撒的人就认为依照法律，恺撒在公元前 48 年对于执政的职务，固然可以请假，但在请假的时候，却不可以仍然保持着他的军事指挥权。当这个阴谋日渐成熟之际，恺撒也充分地明了这一点，于是他暗示着说只要庞培也能采取同样的做法，则他可以交出他的军权和省区。庞培悍然拒绝，于是骰子掷了出来！元老院宣布国家进入了危险期，公元前 49 年 1 月 7 日，所有市民奉命武装起来，由地方官把他们编成兵团。

虽然罗马的公民已经不再能组成一支有纪律的精兵，可是这个召集却使恺撒处于危险的地位。庞培和元老院对于海上有优势的控制，在西班牙有 8 个精锐的兵团，在意大利有两个，在叙利亚、马其顿、非洲和西西里也还有其他的兵力。恺撒所能立即召集的兵团只有一个，这是驻在拉温那（Ravenna）的第十三兵团，约有步兵 5000 人和骑兵 300 人，从陆路走到罗马还有 240 英里的距离。面对着它的有庞培的两个兵团，一共 7000 精兵，驻在鲁西里亚（Luceria）。至于恺撒的其余兵力，则一半在苏尼河（Saône）和罗亚尔河（Loire）上，一半在高卢的北部。

尽管他在数量上居于劣势，恺撒却决定在庞培和元老院能动员兵力之前，即开始打击。到了公元前 49 年 1 月 14 日，消息就传到了罗马，说他已经渡过了卢比孔河（Rubicon），并进入了阿里弥乌姆（Ariminum，即今之利米尼［Rimini］）。庞培知道人们都拥护恺撒，所以决定放弃罗马和意大利，在鲁西里亚 14 个支队的兵力掩护之下，开始把他的部队集中在卡努西乌姆和布隆迪西乌姆两个据点上面——即今之卡诺沙（Canosa）和布林迪西（Brindisi）。他命令康配尼亚（Campania）所征的兵，一共为 30 个支队，向卡努西乌姆集中。他希望还有 30 个支队的兵力，会从科菲尼乌姆（Corfinium，即今之圣法利诺［San Farino］）来加入在一起。新任命的外阿尔卑斯高卢总督阿赫诺巴布斯（L. Domitius Ahenobarbus）也正在那里。虽然过去他并非庞培的部属，可是大约在 2 月 6 日的时候，庞培却力劝他率领所征来的兵员，向南面移动。不过因为他已经听到恺撒正在向屠提仑（Castrum Truentinum）前进，所以他决定留守不走。

恺撒抓着这个机会，就向他的敌人发动打击，2 月 13 日，他渡过了阿特尔努斯（Aternus，即今之皮尔斯卡拉河［Perscara］），准备围攻科菲尼乌姆。该城于 2 月 19 日向他投降。他一天都不休息，即直向布隆迪西乌姆进发，庞培已经把他可能集中的兵力都摆在那里。第二天，庞培就把他兵力的过半数，运过了亚得里亚海，退到迪拉基乌姆（即今之杜拉左［Durazzo］）。

3 月 1 日，恺撒达到了布隆迪西乌姆城下，他的第一个步骤即为与庞培开始谈判。但是后者却拒绝考虑条件。等到他的运输船只回来之后，庞培就很巧妙地把其余的兵力都装上了船只，并把他们载运到伊庇鲁斯。于是恺撒也就决定了他的战略。

恺撒所面临的情形有如下述：在放弃了意大利之后，庞培已经把他的兵力分成了两个主要的部分，一在伊庇鲁斯，一在西班牙。虽然如此，因为他握有制海权，所以很可能用夹击的方式，击碎中央位置的恺撒兵力。恺撒认清了时间又是一个主要的因素，决定用最快的速度向西班牙方面运动，那是庞培主力的所在。此时，为了阻止敌人对于意大利发动经济攻击，他分别派了两个兵团到西西里和撒丁去，以保护粮食的供应来源，接着他就命令他在高卢的9个精锐兵团，加上6000名骑兵和一部分的弓弩手，集中在马西利亚的附近。

当庞培从布隆迪西乌姆渡海逸去的后两天，恺撒也就启程回罗马，于3月29日到达。他马上命令安东尼乌斯（Marcus Antonius）——通常被人称为安东尼（Mark Antony）——指挥在意大利境内的部队，搜刮了15 000镑的金条，3万根银条和大约3000万个铜币（Sesterces）——每个约等于两便士，此外又通过了一些法律。于是大约在4月5日左右，率领了少数随从人员，恺撒向马西利亚出发了。他派了5个兵团和6000名骑兵进入西班牙，并包围马西利亚城。6月，他留下布鲁图（Decimus Brutus）和特雷博尼乌斯（Trebonius）去继续围城，他自己带着900名骑兵，翻过了比利牛斯山脉，又与他的军队会合在一起，一同向伊莱尔达（Ilerda，即今之利芮达［Lerida］）进攻。在阿弗拉尼乌斯（Afranius）指挥下的庞培兵力正在那里宿营。

阿弗拉尼乌斯的战略是拒绝会战，以免在这个作战的季节中遭受到失败；恺撒的战略则为用最低的成本，来寻求会战。他采取了一连串出敌不意的行动，最后切断了敌人的饮食来源，迫使他们非投降不可。这个胜利是如此完全，整个西班牙都望风而降。恺撒用非常宽厚的大度来对待他的敌人，大约在9月底，他再回到马西利亚，加紧围城的工作，一直到该城投降为止。这时他又表示出他的谦恭态度，并不夸张自己的功德。他留下两个兵团的戍兵之后，因为听到中央政府已经任命他为“独裁者”，他就又赶回罗马。他回来之后，批准了有关借贷双方之间的法律，召回了许多的流亡者，对于所有在山南阿尔卑斯高卢自由出生的住民，都给予以完全的公民权。他就职11天之后，就辞去这个“独裁者”的职务，不等到他正式接任执政的职务，即先赶往布隆迪西乌姆。在 12 月底，他又与他的军队会合在一起。在罗马历史上的一次最惊人的政治—军事性战役，就这样告以结束。

虽然在西班牙，恺撒已经对于庞培的威望，做了一个致命的打击。把庞培在西班牙的力量消灭了之后，他了却了后顾之忧，而且凭着他的智慧，他在意大利也已经建立了一个相当安定的政治性和社会性的基础。但是当他到了布隆迪西乌姆之后，却发现他的地位还是很紧张危险的。

庞培仍然握有帝国的东半部；他的舰队在 300 艘船只以上，仍然是一个优势的力量；他可以从埃及和小亚细亚沿岸（Levant）吸取大量的补给；他的陆军兵力也在日渐增强之中，现在一共为 9 个兵团，总人数约 3.6 万人；而西庇阿（Metellus Scipio）还率领了两个兵团，正在从叙利亚赴援的途中。此外他还有 7000 名骑兵，3000 名弓弩手和 1200 名投石兵。他的基地迪拉基乌姆，距离意大利海岸也只有一天的航程。

恺撒马上认清了迪拉基乌姆实为全盘形势的枢纽，所以有立即占领的必要，不过问题却是：怎样去占领呢？因为庞培的舰队控制着亚得里亚海，所以海上的航行几乎非常危险，可是恺撒却决定冒险一试。这不仅是因为若采取经过伊吕里库姆的陆路，可能要花几个星期甚至几个月的时间，而且因为当他正在这个地形恶劣的地区中挣扎前进时，庞培却可能乘机侵入意大利，击破了他的基地。对于他可以说是太幸运，这已经是仲冬时节，庞培绝对不曾想到恺撒会敢于大胆做这样的冒险，所以他已经到马其顿去招募新兵去了。于是又和在卢比孔河上的情形一样，骰子又已经掷下！恺撒决定采取似乎是不可能的路线，不仅是因为他所决定的作战在战略上是合理的，而且也因为它似乎是不可能的，所以就更具有奇袭的意义。

把他所有的 12 个兵团都集结在布隆迪西乌姆之后，其运输工具却只够 7 个兵团的使用，恺撒却一点也不愿意等待。他把 7 个兵

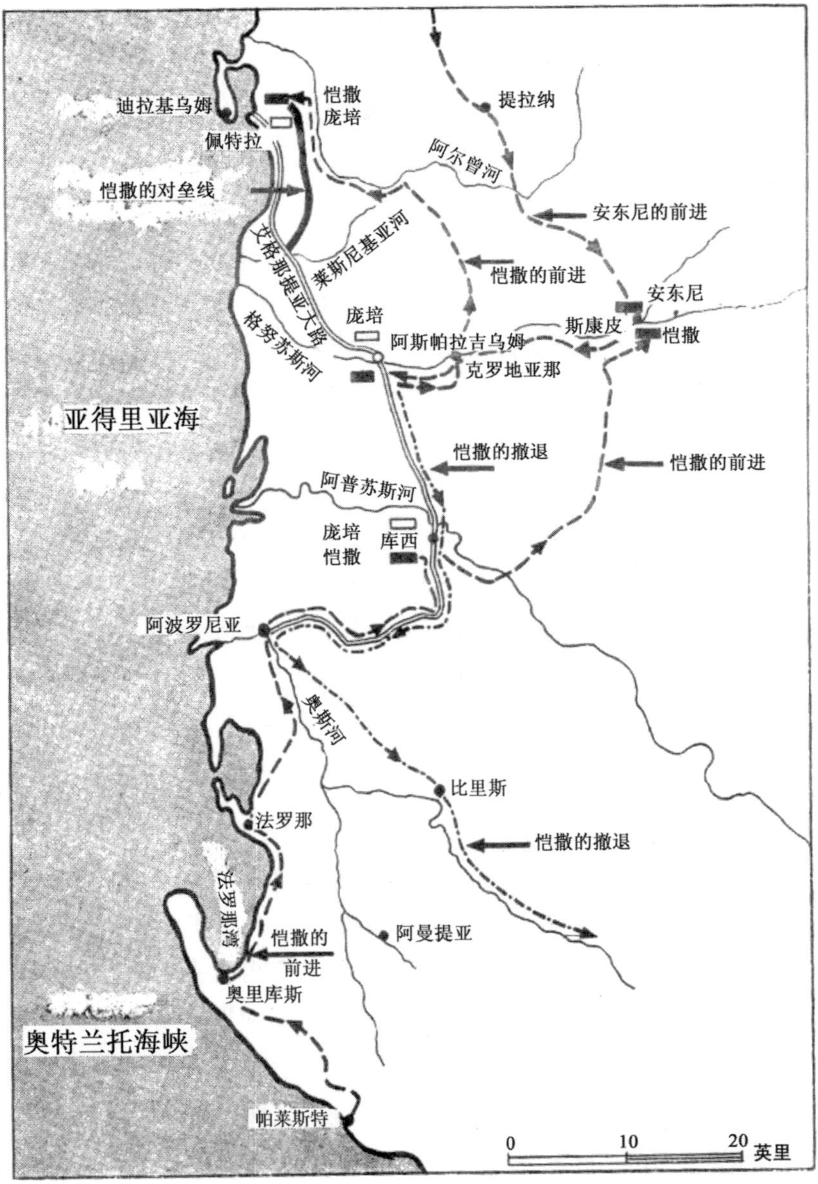

图十七　迪拉基乌姆会战，公元前 48 年

团装上了船只，大约有 2 万名步兵和 600 名骑兵，没有携带任何的粮食、奴隶和驮兽。他留下了安东尼指挥其余的兵力，等候运输船回来再做第二次的航行。公元前 48 年 1 月 4 日，他开始上船出海了。第二天，他在阿克罗塞劳尼亚（Acroceraunian）海岸上的帕莱斯特（Palaeste，即今之帕莱沙［Paliassa］）登陆，在迪拉基乌姆的南面，相距约 100 英里。从那里，他又派了一个代表去见庞培，再度提出和谈的建议。接着他完成了他部队的下船工作，并立即向迪拉基乌姆进发，同时又命令运输船只于同一夜里，即驶回布隆迪西乌姆。虽然在第一次航行时，庞培的海军司令比布卢斯（Marcus Bibulus）好像是睡死了一样，但现在却已经醒觉了。当恺撒正在向奥里库斯（Oricus）和阿波罗尼亚（Apollonia）推进时，比布卢斯就在敌人船只回航时，击毁了 30 艘之多，所有的水手均听其沉溺，未加援手。

庞培现在的位置，距离迪拉基乌姆要比恺撒所认定者要较近，当他听到了恺撒已经登陆，即用强行军赶回迪拉基乌姆。他早到一步，于是就在阿普苏斯河（Apsus）北岸上的库西（Kuci）地方，占领着一个坚强的阵地。他的敌人则已经占领了该河南岸，与他遥遥相对。

两军对峙的时间究竟有多长，已经不可考，但是因为越等就越感到不耐烦，可能是快要到 2 月底的时候，恺撒就向安东尼下了一个紧急命令，要他立即渡海增援。安东尼在一个黄昏的时候，秘密地带着 4 个兵团和 800 名骑兵，开船溜走了。乘着西南风，他的船只驶过了在阿普苏斯河上对峙的两军，在尼姆法乌姆（Nymphaeum）——在迪拉基乌姆之北——登陆。从那里他又命令运输船只驶回，去接运其余的兵力。庞培马上拔营向北运动，以便去迎击他。恺撒也向东北移动，到了提拉纳（Tirana），并派人去警告安东尼，说庞培已经前来了。安东尼避开了庞培所埋伏的陷阱，在格努苏斯河（Genusus）上的斯康皮（Scampi）与恺撒会合在一起。在没有能够阻止敌军会合的情况下，庞培就退回到阿斯帕拉吉乌姆

(Asparagium)。恺撒现在既已经获得了安东尼的增援，遂决心扩大其作战的地区。第一步，他派了多弥提乌斯·卡尔维努斯(Domitius Calvinus)率领了两个兵团和500名骑兵，到马其顿去迎击庞培的副将西庇阿，他正从提萨罗尼加(Thessalonica，即今之萨罗尼加[Salonica])向北前进。第二步，他又派了一个兵团，5个支队和200名骑兵，到色萨利和阿托里亚等地区去寻求粮食的补给。这些支队已经出发不久之后，突然又有一个极坏的消息传来了。

恺撒曾经留下阿西利乌斯(M. Acilius)指挥他设在奥里库斯的海军基地——在法罗那湾(Valona)的南端顶点上。恺撒的运输船只即停在这个港湾中，为了封锁这个港口，阿西利乌斯已经沉了一艘商船，并且又把另外一艘系在它的上面，在这艘船上又设立了一个炮台。尽管有如此的防御，指挥着埃及海军支队的庞培长子格劳斯(Gnaeus)，却仍决心夺取恺撒的船只。他首先用密集的“火力”击毁了浮动炮台，接着就清除了沉船，于是他的军舰开入了港中，在炮兵“火力”掩护下，攀登上奥里库斯的城墙，并夺获那些运输船只。同时，指挥庞培的亚洲舰队的是莱利乌斯(D. Laelius)，他也驶向安东尼设在利苏斯(Lissus)的基地。虽然他没有能够攻下这个城市，但却把安东尼所有的运输船都烧毁了。于是恺撒在希腊海面上的全部舰队都完全被毁了，没有留下一艘船，他和意大利的交通线也完全被切断了。

假使换了另外一个人，这样的惨败将会使他神经瘫痪，可是它却使恺撒的决心更为坚定，一心只想迫使敌人接受会战。他沿着格努苏斯河向下游行军，扎营在它的南岸上，正对着庞培在阿斯帕拉吉乌姆的营地。他在那里把军队展开形成战斗序列。但是庞培却拒绝了这个挑战，于是恺撒又决定冲向迪拉基乌姆的敌人基地，这样或许可以切断庞培到那里的退路，假使庞培先退回到那里，则也可以将他封锁在那里。

恺撒拔营而起，从阿斯帕拉吉乌姆向格努苏斯上游进发。庞培认为他是为了要搜集补给，但是当恺撒的部队到达了克罗地亚那（Clodiana），却渡过了河川改向北行动，庞培才认清了敌人是想去夺取迪拉基乌姆。接着庞培也用最快的速度，经过艾格那提亚大路（Via Egnatia），退回他的基地。恺撒进入了阿尔曾（Arzen）谷地，经过它，然后把军队宿营在迪拉基乌姆以东数里远的一个山岭上面。从这里他可以看见庞培部队的前卫，正在沿艾格那提亚大道蜿蜒前进。发现他在陆上已经与他的基地间断绝了关系之后，庞培的军队就扎营在一个叫作佩特拉的岩质高原上面，其位置在恺撒营地的正南方，中间隔了一条溪流。

虽然庞培的军队如此接近，已经无法攻击迪拉基乌姆，可是恺撒却绝无放松其对敌人控制的意图；而且为了他自己的安全计，也必须紧缠着敌人不放手。假使他向内陆前进，则庞培即可以获得渡海再进入意大利的自由，或是也前进迎击他，或是把他引到开阔地上，这时凭着其数量优势的骑兵，也将是敌人占了上风。所以尽管派出了支队之后，自己的兵力已经减到 2.2 万人，恺撒还是决定围攻敌人。进一步说，假使他围攻庞培的部队，则可以使他自己的粮秣搜集队不受到敌人骑兵的威胁，同时又可以将庞培的骑兵限制在沿海的草原上面，不久就会把所有的青草吃光了。于是恺撒立即命令他的部队，开始构筑一条对垒线（A Line of Contravallation），正绕着庞培的要塞阵地的周围。它从北面的佩特拉起，直到南面的莱斯尼基亚河（Lesnikia）为止，在这里他占了连续山岭的地利，其大部分的阵地均在山地包围之中。一总说来，这条对垒线长达 15 英里，在那个时代中，要算是最伟大的野战工事了。在它的西面即为庞培的防线，大约有 8 英里的长度，在海岸线的东面，其间所隔的距离从 1 英里到 1.5 英里不等。

虽然利用他的舰队，庞培的人员补给还可以不断绝，但不久他的草秣和饮水，都逐渐开始感到缺乏了，因为恺撒把一切流向海岸的河川，都用人力使其改道，或是在上游修筑水坝将其切断。[1] 庞培的情况迅速地日趋困难，所以他必须决定是侵入意大利，还是向恺撒进攻。因为第一个决定必须放弃迪拉基乌姆，而他的补给和围攻机器却都储存在那里，所以他就决定采取第二条路线。为了便利他的攻击，他故意散布谣言，说在迪拉基乌姆城中有一部分叛徒，正准备帮助恺撒进入该城。

我们可以假定恺撒是断然地相信了这个情报，因为他留下苏拉（Publius Sulla）指挥他的大军，到了夜间他亲自率领一支小型的兵力，进到了迪拉基乌姆的近郊，结果陷入陷阱之中，几乎丧命。同时，庞培用了4个兵团的兵力，向敌人对垒线中点一个小山上的堡垒，发动了猛攻。守军只有一个支队的兵力，敌人虽然一共发射了3万枝箭，而守军还仍然坚守不屈，直等到有两个兵团的援军开到之后，庞培的部队才撤回。

庞培接着又决定攻击恺撒的极左翼，正当他拟订计划的时候，在恺撒的高卢部队中，有两名阿罗布罗格斯籍的军官逃向他这一方面来。对于庞培而言，这是一个意想不到的好运气，因为他们可以提供有关恺撒野战筑城的一切详细情报。

为了完成他的对垒线，恺撒正在把他的堑壕延至莱斯尼基亚河以南的平原上，为了保护他的后方不受攻击，他又另外构筑了一条对垒线。两条防线之间相隔约为200码，前者包括一道15英尺宽的壕沟和10英尺高的壁垒，后者规模则稍小一点。这些工事还没有完成，而面对着海水，纵贯连接在两条防线之间的壁垒也尚未完成。现在庞培对于这些情况都完全知道了。这就是说在海岸上终点之间，并无纵贯的壁垒连接在两道防线之间。

面对着恺撒延过平原的对垒线，庞培也已经把他自己防线的右端，向西沿着莱斯尼基亚河的右岸延展。在该河的南面，他也占领

[1] 唯一的淡水来自莱斯尼基亚河，它距离庞培在佩特拉的营地有5英里远。

了恺撒所放弃的旧营地。为了确保其与河川之间的交通，庞培另外从他防线东北角上，挖了一条堑壕直抵莱斯尼基亚河岸。

当他从这两个降将的身上获得了一切情报，庞培遂决定对着恺撒的左翼，发动一个陆海联合攻击。他调动了 60 个支队的兵力，到莱斯尼基亚河的南岸上去，利用恺撒的旧营为作战基地，以进攻恺撒的对垒线。另外从海上运送一支轻步兵，分两部分登陆：较大的一部分在对垒墙壁之南登陆，即从南面攻击它；较小的一部分在两道防线之间的海岸上登陆，换言之，就是在那个尚未建筑纵贯性防壁的地区登陆。简言之，恺撒的左翼将同时受到前、侧、后三方面的攻击。无论从那一方面看来，这个计划都是很卓越的。

大约是在 7 月 9 日那一天，在黑夜掩护之下，庞培开始发动攻击，轻步兵在拂晓前不久的时候登陆。据守恺撒左翼的两个支队，此时正要在两道防线的海岸顶点上交代防务，而最近的预备队为马尔西里努斯（Lentulus Marecellinus）所率领的 8 个支队，他们的营地在 2 英里远的内陆地方。虽然这两个支队马上就据守阵地作战，但因为敌军在防线之间的地区登陆——这是那两位逃亡军官所指明的弱点——在侧击之下，守军大惊，向内陆方向溃逃，并阻止了马尔西里努斯的援兵前进。

庞培军正要进攻马尔西里努斯的营地时，安东尼率领了 12 个支队的兵力赶到，把他们逐退了。接着他的后面，恺撒本人也率领着 13 个支队赶来了。此时，庞培则正忙于在海岸上建立一个新营地，其位置就在敌军内防线的正南面。它的目的是双重的：一方面可以使他的船只安全地靠近海岸，另一方面确保向南面的平原以使其骑兵不至于没有草秣。这样一来，庞培已经突破了封锁。

为了尽量巩固其左翼的安全，恺撒把敌人逼退到距离海岸线只有 1 英里远的位置，把他的两条防线收回了一半以上的长度，于是在它们中间又赶筑了一道纵贯壕，将其连成一气。其次，当他听到

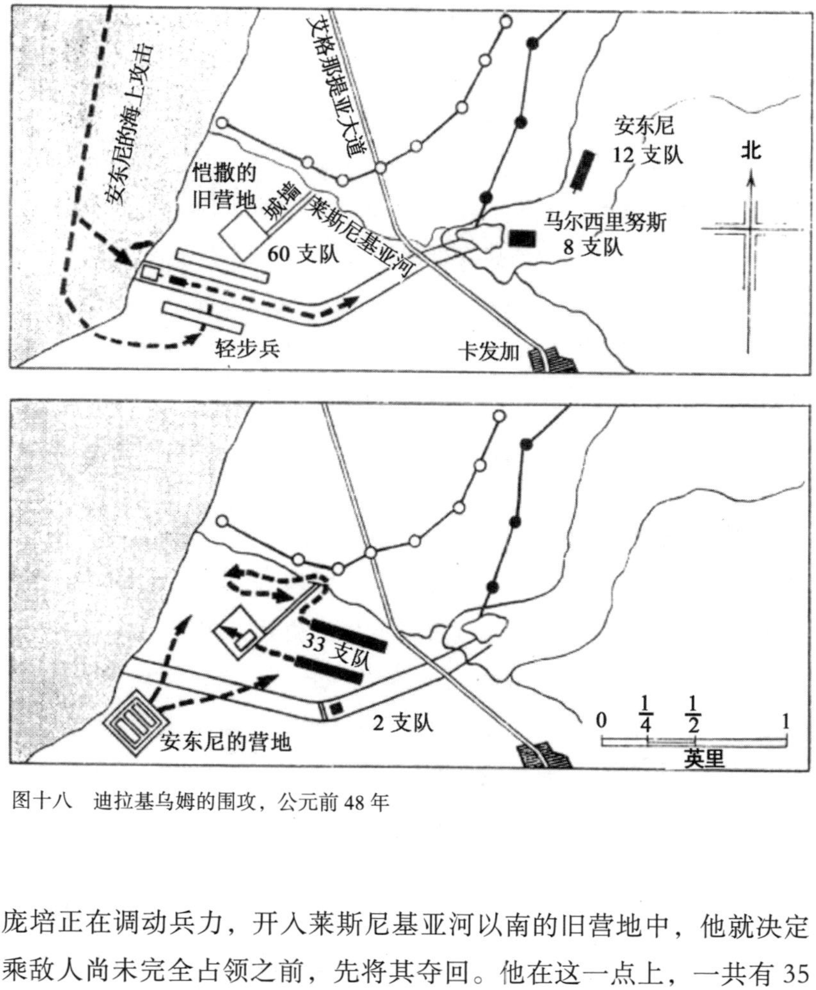

图十八　迪拉基乌姆的围攻，公元前 48 年

庞培正在调动兵力，开入莱斯尼基亚河以南的旧营地中，他就决定乘敌人尚未完全占领之前，先将其夺回。他在这一点上，一共有 35 个支队的兵力，但很显明，他却不知道这个营地与莱斯尼基亚河之间，已经有一道墙壁连接着了。

他留下了两个支队据守纵贯墙，把其余 33 个支队组成了两个纵队，在森林掩护之下，向这个营地进攻。左面一个纵队攻击它的东面，右面一个纵队攻击它的北面。前者攻入了营地，把守兵驱向西门方面，但后者却碰着了那道连接的墙壁，以为这就是营地的围墙，就沿着它走想寻找它的城门，最后走到了莱斯尼基亚河岸边上，才突破了这个墙壁，而进入了夹在壁垒、河川、海岸与营地之间的平原上。

庞培听到了敌人攻击营地的消息之后，就立即赶往救援，他的骑兵扫过了营地东面的平原。恺撒的右面纵队，看到它的后方受到威胁，就企图撤退，却又为墙壁所阻。在恐怖之中，士兵们纷纷爬城逃命。此时，本已为恺撒左面纵队所逐退的庞培守兵，现在看到援兵来了，也就发动了逆袭。因为右面纵队已经溃败，喊声震地，左面纵队也随之丧失了斗志，结果就一败不可收拾。庞培并未追击，这对于恺撒才真算是侥幸到了极点。当他收拢残部的时候，发现一共损失 32 名军官、960 名士兵和 32 面军旗。据说多数都是没有负伤，而是在恐怖逃走中，为自己同伴所踩死的。

恺撒认清了凭着这些已经发生了动摇的部队，他已经不可能再守住这一条过长的防线，所以在这一天黄昏日落不久之后，他即开始撤退，利用迅速的夜行军以躲避庞培的骑兵，在第二天上午，他到达了他在阿斯帕拉吉乌姆的旧营地。正午时他又继续开始行军，摆脱了庞培的骑兵，于 7 月 14 日到达阿波罗尼亚。

当迪拉基乌姆的围攻战尚在进行的时候，多弥提乌斯在马其顿已经阻止了西庇阿，但由于恺撒的撤退，他的后方遂丧失了掩护，于是恺撒决心与他会合在一起。他的想法是有两方面：用威胁西庇阿的手段，可以强迫庞培离开海岸线，于是与他存在迪拉基乌姆的辎重隔开了，这样就必须以同等的条件来作战了；或者是庞培会渡海进入意大利，那么他就可以把兵力集合在一起，改从伊吕里库姆去加以救援。此时，庞培却已经把侵入意大利的计划搁置不谈，因为他认清了除非恺撒已经被击败，否则绝无和平之可能，于是他也决定与西庇阿会合在一起。双方的会合都达到了目标，恺撒与多弥提乌斯在埃吉尼乌姆(Aeginium)会合，庞培与西庇阿在拉利沙会合。从这两个城市中，双方又进到了赛诺斯西法莱山地以下的法萨卢斯平原之上——其原因到现在还是不可考。于是在那里，过去的幽灵终于面对着未来的精神，正好像238年以前在高加梅拉平原上的情形一样。

法萨卢斯（Pharsalus）古战场的正确位置，是一个曾经引起许多争论的问题。有许多人认为它是夹在法萨卢斯与艾尼皮乌斯河（Enipeus）之间，但又有人说它在帕莱法萨卢斯（Palaepharsalus）的附近。最近的批评都认为后说是比较可靠，所以本书也就采取了它。依照这个说法，恺撒是从埃吉尼乌姆向东南进军，在法萨卢斯附近渡过艾尼皮亚斯河，在它的北岸宿营，差不多就在帕莱法萨卢斯的正北面。庞培也赶来了，就在多刚德齐斯山（Mt. Dogandzis）的斜坡上扎营，在恺撒的西北面，相距约3英里。不久，恺撒即将他的军队在营地之外，展开形成战斗序列。恺撒每天都在挑战，把他的兵力逼近庞培的营地。庞培却坚守不出，不肯离开他所占着的有利地形。恺撒发现他在法萨卢斯的谷仓已经快要吃空了，遂决定从他的营地撤退，向东北进至斯柯屠沙——在赛诺斯西法莱的正南方——以便威胁庞培到拉利沙之间的交通线，这样也许就可以强迫他放弃原有的阵地了。

8月9日的上午，当他的帐篷都已经拆卸，行军即将开始之际，恺撒却发现了庞培也正在排列他的部队，这次与平常的情形不同，不是靠近他的营地，而是在营地之前隔了相当远的距离之处。恺撒马上向他的部下宣称说："我们暂时应该不走了，而准备会战，这本是我们一向所要求的事情。让我们在心理上有所准备，以后我们就不容易找到这样好的机会了。"

他的兵力为80个支队（即8个兵团），一共为2.2万人，他只留下了2个支队防守营地，而把其余的78个支队，排成了3道战线，其左翼倚托在艾尼皮亚斯河上，面对着庞培的110个支队（即11个兵团），据他说，其兵力为4.5万人。但是在战争中，数量并不能决定一切，而在纪律、训练和士气各方面，恺撒的部队都要比他的对方强得多了。诚如弗勒尔在他的《恺撒传》中所说的：

一方面是古代寡头政治的最后残余势力，他们的心理上充满了不团结、自私和骄傲的情绪，他们所想的都是这一仗打胜了之后，就可以如何升官发财。而在另一方面，却是在一个人的单独绝对指挥之下，他的心地十分清明，所注意的就是此时此地的一切情况和事实。

道奇上校也这样说：“庞培失败的主因就是他的军队缺乏一个头脑，没有一个单纯的目标来控制和指导一切的事项。反之在另一方面，恺撒就是他的军队。这个整体都本能地随着他的意志走。自下到上，都各自努力，他控制着他们的一切思想和行动。他同时是发条也是摆轮。”

庞培的计划是确保其在艾尼皮努斯河的右翼，再用他强大优势的骑兵，去迂回恺撒的右翼，绕过它并从后方来加以攻击。他的战斗序列有如下述：

他把 600 名从本都来的骑兵，摆在右翼方面，接着在他们的右面把步兵做成三道战线，并分为三个主要部分：右翼由伦图卢斯（Lentulus）指挥，中央由西庇阿指挥，左翼由阿赫诺巴布斯指挥。在全线的左面，他集中了所有的骑兵（除了上述 600 名以外），连同他的投石兵和弓弩手都在内，由拉比努斯（Labienus）指挥。此外，他派了 7 个支队去保护他的营地，并且还把一些辅助队夹在战线之间，当作轻步兵使用。

当庞培正在排列战线的时候，恺撒却在一旁监视着，并猜透了对方的意图。他看出了庞培的意图，是想要迂回他的右翼，于是集中了他的 1000 名骑兵，在他的右翼方面，并用轻步兵作为支援，以对抗拉比努斯的 6200 名骑兵。他命令苏拉指挥右翼，多弥提乌斯指挥中央，安东尼指挥左翼。据恺撒自己说：因为害怕他的右翼可能会受到大量骑兵的包围，他又匆忙地从第三线中抽出了单独的支队，把他们构成一个第四线，与他的正面成斜交，并躲在骑兵的

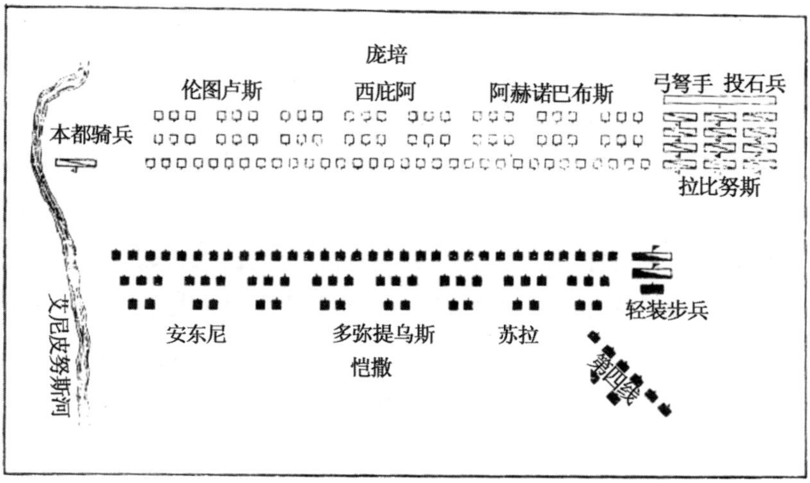

图十九　法萨卢斯会战，公元前48年

后面，使敌人无从发现。他向这些人员解释他的目标之所在，并且提醒他们说，今天的胜利就寄托在他们的勇气上面。同时他又命令第三线（预备队）和全军，在未奉到他的命令之前，不要与敌人接战。[1]

虽然庞培的数量优势是具有压倒性的，但是他却迟迟不发动攻击，一方面是为了要使他的战线不发生混乱，另一方面是想等到恺撒兵力疲惫之后再进攻。可是恺撒却是一个更高明的将才，他的想法完全不同。他说："现在照我们看，庞培的行动似乎是非常不合理。因为在战斗的气氛之下，每个人都自动地发出一种热情。指挥官应该尽量设法鼓励这种情感的发展，而不应该抑制它。"

当庞培并不前进的时候，恺撒就首先发动攻击了。双方之间的距离在200码以下，当他的部队走过了一半距离之后，他命令他们

[1]　(1) 因为八个兵团都是分成三线的，据说所抽出的兵力共为3000人，所以大家都相信恺撒是从每个兵团中抽出一个支队。(2) 恺撒的轻步兵是受过特种训练的，惯于与骑兵配合作战，所以才能面对着庞培的大量骑兵而不感到害怕。

暂停一下，以便恢复他们的喘息。不久之后，当他再继续前进时，庞培也就开始挥动了他的骑兵、弓弩手和投石兵。恺撒的骑兵支持不住，向后败退，庞培的骑兵就乘胜直追，来势颇为凶猛，开始要包围恺撒暴露的右翼了。恺撒看到了之后，即发出信号命令第四线兵力进攻，他们旌旗挥舞，向着敌人骑兵猛攻，使他们站不住脚，不仅放弃了其所已经获得的位置，并且纷纷向高地上逃走。当骑兵逃走了之后，所有弓弩手和投石兵也处于无防御的境况，全部被歼灭了。此时庞培的正面仍在激烈抵抗之中，于是这个第四线的兵力就绕过了他们的左翼，而从后面加以夹攻。同时，恺撒也出动了他的预备队，突破了庞培的正面。

当他的骑兵败逃了之后，庞培也正和大流士在高加梅拉的情形一样，逃出了战场，躲在他的营地之内，等候会战的结果。可是恺撒却亲自督促他的疲兵，向敌人的营地冲锋，那个营地内充满了一切的奢侈品。当恺撒的部队突破了营地的防壁之后，庞培脱下他的斗篷，匆匆地上马，逃到拉利沙。即令到了这个时候，恺撒还是不肯休息，他禁止他的人员抢劫战利品，逼迫他们继续向山地中推进。首先他把庞培的残部，从一个山头上赶了下来，接着他又亲领 4 个兵团的兵力，把他们包围在另一个山头上面。他切断了他们的水源，强迫他们投降。当他们在第二天上午投降时，恺撒又表现出非常宽大的态度，并立即向拉利沙压迫。

这一战的死伤数字究竟如何？依照阿皮安（Appian）的记载，恺撒一共损失了 30 个连长和 200 名士兵。另外有些权威说是 1200 人。至于庞培的损失则为 6000 人。

从拉利沙，庞培又逃向海岸上，从那里乘船往埃及。恺撒跟着他追，于 10 月初在亚历山大港登陆，在那里知道庞培已经被暗杀了。这对于该独裁者是一个极大的幸事，这是他二次的被选举。

在埃及，恺撒与托勒密的最后一个后代，富于阴谋的克丽奥佩脱拉（Cleopatra）发生了纠缠。她是托勒密 · 奥里特斯（Ptolemy

Auletes）的女儿，出生于公元前 69 年。她和一个小型战争使恺撒忙到了公元前 47 年夏季为止。此后他又经过叙利亚和本都回国，在泽拉（Zela）打了一次著名的战役——“我来了，我看见，我胜利”（Veni,Vidi,Vici）——征服了米特拉达梯（Mithradates）、法尔那西斯（Pharnaces），然后再回到罗马。到了罗马以后，他又开始研究财政问题，并准备对于非洲的远征。庞培的部将，西庇阿和拉比努斯，在法萨卢斯之战以后，就逃到了那里。

在 12 月的最后一星期中，他率领着 6 个兵团和 2000 名骑兵，从西西里开船，于 12 月 28 日在哈德鲁门坦登陆。在卢斯比那（Ruspina）虽然受到了拉比努斯的兵力的包围，但他却突出了包围，于公元前 46 年 4 月 6 日，与西庇阿和努米底亚国王裘巴（Juba），在塔普苏斯遭遇了，并将他们的兵力全部歼灭。在拉比努斯逃向西班牙之后，恺撒又获得了 10 年任期的独裁权。

他于 6 月 13 日，离开乌提卡，回到了罗马，在那里又停留了几个月之久。此时，拉比努斯和其他的人员又在西班牙起事了。他马上决定去平定叛乱，于 11 月初，他离开了罗马，在 72 天之内，到达了西班牙前线，在戈尔多瓦（Cordova）周围和在瓜达几维河（Guadalquiver）谷地中，打了他的最后一次战役。经过了许多次的运动，于公元前 45 年 3 月 17 日，他强迫拉比努斯在孟达（Munda）接受会战。结果拉比努斯遭受到决定性的失败，并被杀害。这样结束了第二次内战。9 月，他回到罗马，他的生命现在只剩下了 6 个月。虽然这个时间是很短促，但是其所发生的事情却还很多。尤其值得注意的，是恺撒已经不再是一个青年人，因为他现在已经 57 岁了。

恺撒开始构思他的伟大改革计划。由于他已经征服了高卢，使罗马的西疆伸展到了大西洋和北海，可是因为东疆和北疆仍然是暴露着的，于是在他的最后 6 个月当中，他就想到了一个计划，如何使它们不受到攻击。他首先计划与多瑙河上的吉台（Getae）和达西亚人（Dacians）作战，接着征服安息——它从幼发拉底河延展到大夏和印度西徐亚（Bactria And IndoScythia）为止——以报复克拉苏的失败耻辱。诚如普鲁塔克所说的：他的意图是取道海尔卡尼亚，以绕过黑海、里海和高加索，以侵入印度西徐亚，在征服了这些与日耳曼接壤的国家以及日耳曼本身之后，再经过高卢回到意大利，这样他就完成了其帝国的整个疆界，使其所有各方面都是以海洋为界线。

在他刚要出发做这种伟大冒险之前，公元前 44 年 3 月 15 日，恺撒突然地被刺了。他一共统治了罗马达 5 年半，其中有 51 个月是消磨在七大战役之中。

苏东尼乌斯（Suetonius）在他的《恺撒传》中告诉我们说：他身材很高，皮肤白色，眼珠深黑，对于武艺和骑术都具有高度的技巧，并具有令人难以置信的耐力。他的精力和活力的确是十分惊人的，在这些方面可以与亚历山大相比较。就智慧方面来说，他是一个现实主义者，具有渊博的常识。他是一个学者，一个艺术家，一个实干家。他那合乎实际的想象力和十分平衡的心灵，经常能做闪电性的决定。西塞罗（Cicero）说他具有惊人的速度和远见。他的自制力也很惊人。他没有情感主义和神秘主义的作风，而常例和传统对于他只是一种手段，从来不是目的本身。他是宽宏大度的，但是他这种大度却是有目的的，正好像他的收买。在法萨卢斯的战场上，他要求他的士兵宽恕他们的同胞，因为这正是他的政策，此外他也不惜大量地布施粮食和金钱。一切的手段都是他的工具，对于流氓阶级他用贿赂来收买，对于中等阶级他用免债的手段来示意，而对于文化阶级，则用提倡艺术和科学的手段来争取他们的欢心。

作为一个人类的领袖，恺撒不仅是军队的头脑，更是他们的灵魂。就这一方面来说，他可以与亚历山大和汉尼拔相等。他经常关心其士兵的福利，虽然在服务的时候，他要执行极严格的纪律，可是在其他时候，他却有时会偶然放松一下，因为他深知在人类的本性中，是具有善和恶两方面的。他对他的士兵所做的评估，不是以人格和幸运为标准，而是仅仅重视他们的武艺。他能充分地获得部下的敬爱，只要他和他们在一起，失败对于他们就似乎是一件不可能的事情。

就军队指挥官的品质而言，他在下述三个主要方面上，都是高人一等的：（1）和亚历山大与汉尼拔一样，他有一种过人的技巧，能够改造战争的工具，以适应他自己的天才。他是一个伟大的组织家，对于他自己的天才，具有不可动摇的信心。（2）他认清了他那个时代中的战争本质。那是全国性的战争，不仅是军队之间的竞争，而是整个民族要求革新的奋斗。在这种战争中，大战略居于首要的地位。换言之，要用所有一切的手段以来达到目的，一切的人力、金钱、贸易、政治反应和宣传，都要使其趋向一个目标。（3）最后一点，他具有惊人的勇气，有时似乎是莽撞一点。实际上他发现了一个秘密，知道无论在平时，还是在战时，多数的困难都是自惹的。一般说来，双方都是彼此具有同样程度的畏惧心理。假使有一方面敢于把恐惧的心理暂时摆在一边，那也就等于他首先踏上了走向胜利的坦途。恺撒，正和亚历山大一样，具有那种冒险精神，使其将道提高到了最高水准。他预知敌人的意图，把他自己的恐惧完全置之度外。

像这样的天才当然又使他变成了一个具有卓越能力的政治家。他了解这个共和国的实际情形和它们会朝什么方向发展。他对于这个时代内在意义的了解，正好像他测知庞培的心事一样清楚。他看出了他们所要求的是一个君主的民主：在纪律之下的自由，而不是在贪欲下的放任；简言之，此即是威灵顿公爵所称的“君主的民主”（Democratie Royale）。他的心灵即固定在这个目标上面，诚如弗勒尔所说的，他是人类的一个伟大教师。

关于他的政治改革详情，固然不是在本书所应讨论的范围之内，不过对于它们的基础，若能略加提及，也是很有意义的。这可以用三个名词来加以概括：权威、秩序和纪律。（1）他改变了中央政府的性质。他削减了元老院的寡头政治权力，改设国务会议，由他做最高级的控制，并使罗马成为许多民族的共同首都。（2）他开始建立一种新的政治秩序，使罗马和各省区获得了新生命，并融合成为一个整体。他限制“金钱”的权力，使罗马共和国衰颓者就是它们；撤换那些要钱的官吏，派出了 8 万人的移民，这样使民主政治可以做更自由的扩张。（3）他的目的是建立一个新的社会秩序。据说他在公元前 49 年，他对于一些叛兵做过下述的讲话，即可以当作解释。他说：

> 假使犯罪分子不受惩罚，则没有一个人类社会可以保持其团结和继续生存。假使有病的分子不受到适当的治疗，正和在我们自己的身体上一样，会使其余的部分也受到影响。而在军队之中，纪律更是绝对不能废弛的。假使作恶者不受到惩处，则他们的胆子将会变得更大，而使善良者也感觉到做好事并无益处。若是作恶不加以处罚，则为善也就不会受到奖赏了。

因为他统治的时间很短，所能够做到的工作，只不过是为这个大帝国的建立播下一点种子，但这却把罗马从一个自治市变成了世界帝国。他使共和国获得了新生命，他不仅为奥古斯都的“君主的民主”奠定了基础，而且把火焰吹得更高，变成了统一性宗教的观念。

大事记（六）

罗马共和国的灭亡

那些以诛灭暴君者自居的人们希望恺撒之死即足以使垂危的共和国复活，但这个希望却迅速地幻灭了。罗马全国所表现出来的不是欢欣，而是愤怒，因为害怕激怒了的人民会要危害他们的生命，卡修斯（Caius Cassius）、马尔库斯 · 布鲁图（Marcus Brutus）和60多个阴谋分子中的大部分，都躲在神庙（Capitol）之中。同时，执政和已死独裁者的亲信部下安东尼，也获得了骑兵主将（Master of the Horse）李必达（Aemilius Lepidus）的支持保证。因为安东尼的位置已经完全稳固，所以恺撒的遗孀卡尔普尼亚（Calpurnia）也把她丈夫的文件和财产，总值4000塔兰特（约100万英镑），都交给他保管。这个紧张局势渐次平息了，到了公元前44年4月底，安东尼就离开罗马到康配尼亚去，那里是恺撒大部分老兵安置的地区，他去劝诱他们继承独裁者的遗志，并且武装起来准备作战。

从权力的分配上来看，很明显，安东尼要比共和党居于优势，可是这些共和党人对于这个问题，似乎并未加以太多的注意。南高卢和近西班牙（Near Spain）的总督李必达早已表示拥护安东尼。远西班牙（Further Spain）的总督波利阿（Asinius Pollio）也是恺撒的忠实信徒。在普罗旺斯以北的全部高卢地区，是在普南卡斯（Munatius Plancus）的统治之下，他也绝不会表示敌对的态度。只有德基穆斯 · 布鲁图（Decimus Brutus）和科尼菲基乌斯（Quintus Cornificius）是绝对拥护元老院的，前者为山南阿尔卑斯高卢的总督，后者为非洲总督。

当恺撒的遗嘱公开发表之后，大家才知道他已经指定他的侄孙屋大维努斯（Caius Octavius）为他的继承人，并将他财产的 3/4 都给予他。屋大维努斯出生于公元前 63 年 9 月 23 日，当他接受了这个继承之后，即被人称为屋大维（Octavian）。当恺撒被刺的时候，他正在阿波罗尼亚，到了 3 月底他才接到了其母亲的来信，告诉他这个消息。他马上就渡海到了布隆迪西乌姆，在那里受到了部队的欢迎。同时他也接到了其母亲和继父菲利普斯（Marcius Philippus）的来信，劝他放弃这个继承权和遗产。他拒绝了这个忠告，并写信给他的继父说，他决心为恺撒报仇，并准备继承他的权威，从布隆迪西乌姆，他回到了罗马。安东尼听到他回来了，也从康配尼亚赶回来与他会晤，当他们于 4 月底会晤的时候，屋大维就斥责安东尼为什么不惩处刺杀恺撒的凶手，以后到了 7 月，在安东尼的操纵之下，元老院指定马尔库斯 · 布鲁图接管克里特岛，卡修斯接管昔兰尼（Cyrene），其目的就是要削灭他们的权力。但是他们两个人却不愿投闲置散地去接管那两个第二等的省区，于是逃往马其顿和叙利亚去了。

虽然两人会晤时，屋大维和安东尼大致还称得上是友好合作的，可是不久即发生了裂痕。有一个护民官死了，屋大维表示愿意出任这个职务。因为他太年轻而且又是贵族出身，所以安东尼以执政身份拒绝做此项任命。同时元老院方面也害怕屋大维获得这职位之后，就会利用职权去迫害共和党人。

10 月初，安东尼到布隆迪西乌姆去迎接马其顿的各兵团，这是他召回来的。因为他要把德基穆斯 · 布鲁图逐出山南阿尔卑斯高卢之外去，而德基穆斯却说他之占有该省，是曾经获得了恺撒的允许。

屋大维以异常坚决的态度，迅速下了他的决心。他暗中派人到布隆迪西乌姆去，向那些兵团散发收买人心的传单，同时又亲自到康配尼亚去争取那些退伍军人的拥护。他出了每一个人 500 德拉克马（Drachmas，约 20 镑）的高价，招募到了 3000 名士兵。此时，安东尼在布隆迪西乌姆却碰了一个大钉子，军人们都指摘他为什么不敢惩处凶手。仅仅在他依照屋大维的成例，每个人给予一笔同样的款额之后，才勉强地说服了一个高卢兵团和他一同到罗马去。

屋大维知道他可以依赖德基穆斯 · 布鲁图的支持——这个人是他最后要想毁灭的一个目标——但是他却感到他的力量还是不够强大，不敢与安东尼做正面的接触，所以在 11 月 10 日，他离开罗马到山南阿尔卑斯高卢去了。几天之后，安东尼进入了罗马，才知道他的兵团中有两个已经跟着屋大维逃走了。虽然如此，他还是率领着两个兵团的兵力，向阿里米仑进发，并命令德基穆斯退出山南阿尔卑斯高卢省。德基穆斯拒绝接受命令，在穆蒂纳（Mutina）闭关自守，准备接受攻城战。

当安东尼正在围攻穆蒂纳城的时候，屋大维就准备来援救它。他现在拥有延任司法执政官（Propraetor）的头衔，并且获有执政官希尔提乌斯（A. Hirtius）和潘萨（C. Vibius Pansa）的支持。希尔提乌斯在阿里米仑与他会合在一起，从那里他们率领着 4 个兵团，去援救德基穆斯。安东尼留下他的兄弟卢基乌斯（Lucius）继续围攻穆蒂纳城，而亲自去迎击敌人。但屋大维和希尔提乌斯拒绝会战，并等候潘萨的来到。

公元前 43 年 4 月 14 日，安东尼听到了潘沙已经率领了 4 个新成立的兵团，正走在将与屋大维会合的途中，遂率领两个兵团的老兵去击毁他们。但是前一天，希尔提乌斯也深知潘萨的新兵不是安东尼老兵的对手，于是派遣了马尔提亚（Martian）兵团和两个罗马防卫军支队去增援他。尽管有这些增援，潘萨还是战败了，在弗仑加罗仑（Forum Gallorum）之战中受了致命的创伤。但在同一天的以后时间中，希尔提乌斯又带了两个兵团赶上来了。此时安东尼军正在庆祝胜利，于是在毫无秩序的情况下为敌军所乘，四散溃逃。接着在 4 月 21 日，希尔提乌斯在穆蒂纳城外又再度击败了安东尼，但是他自己也丧失了生命。此后，安东尼遂于 5 月 3 日越过了亚平宁山脉，与巴苏斯（Vendidius Bassus）会合在一起。他驻在萨巴提亚（Vada Sabatia），在热那亚（Genoa）西南面约 30 英里远，指挥 3 个兵团的兵力。

虽然德基穆斯主张追击，屋大维却拒绝了，因为当马尔库斯·布鲁图和卡修斯尚在人间的时候，他还不愿意毁灭安东尼。他早决定了他自己的计划：首先削弱安东尼的权力，接着再与他缔结同盟，以毁灭布鲁图和卡修斯，最后才毁灭安东尼，于是他就再无对手和敌人了。作为趋向同盟的第一步，他对于安东尼的俘虏照料得很周到，并不参加德基穆斯的行动。

虽然如此，德基穆斯还是单独去追击安东尼。后者却安然地逃入了普罗旺斯，这是李必达的领域。虽然李必达已经表示向元老院效忠，但他却仍然与安东尼共其命运。此外还有北高卢的总督普南卡斯，也退过了依塞尔河（Isère），等待德基穆斯的到达。

当这些运动正在进行的时候，屋大维却在忙于活动，想获得一个执政官的位置，因为希尔提乌斯和潘萨的战死，已经有了两个空缺。因为时间已经快到了，所以他很想与安东尼缔结同盟，以求提高他自己的威望。7 月初，他派了一个由“百夫长”（Centurions，即连长）所组成的代表团，到罗马去要求这个任命。依照苏东尼乌斯的记载，当元老们感到犹豫不决时，有一位军官就抽出他的长剑喊着说：“假使你们不肯，这个东西就可以使他做执政官！”当这些代表回去之后，屋大维即率领了 8 个兵团向罗马进发，元老院立即同意让他候选。不久，因为听到从非洲所召回来的兵团已经正要到达了，元老院又取消他们的决定。屋大维立即占领了奎利那尔山

（Quirinal Hill）以外的郊区，第二天他率领着卫士进入罗马，立刻就有 3 个兵团倒向他那一方面。8 月 19 日，他和他的亲戚佩蒂乌斯（Quintus Pedius）当选了执政官，人民大会也承认了屋大维的继承权，并通过法律追诉刺杀恺撒的凶手。于是屋大维就开始向山南阿尔卑斯高卢进发，以求赢得安东尼的合作。

此时波利阿和普南卡斯都已经与安东尼会合在一起，而德基穆斯也被判定为凶犯，就逃往马其顿想与马尔卡斯 · 布鲁图会合在一起，结果途中为土匪所杀害了。

有了波利阿和普南卡斯的加入，安东尼和李必达的力量已经超过了屋大维，但是他们却仍然欢迎和他缔结同盟，因为他们的士兵都还是怀念故主恺撒的。他们在波诺尼亚（Bononia，即今之波隆那［Bologna］）附近与屋大维会晤，大家同意成立一个三角同盟，每个人都拥有总督的权力，限期各为 5 年。屋大维所分得的地区为西西里、撒丁和非洲；安东尼为全部的高卢；李必达为西班牙。同时也决定在目前，李必达暂时把西班牙交与他的一个部下去代替，而自己则兼摄意大利的政事。至于安东尼和屋大维则专心计划对布鲁图和卡修斯的作战。

有一件事感到匮乏，那就是战争所需要的费用。因为害怕当安东尼和屋大维不在国内的时候，共和党人会趁机鼓动反对的风潮，所以他们又决定实行大量的"充军"，并没收所有充军者的财产。所拟的名单包括 300 名元老，其中有西塞罗在内，以及 2000 名罗马的贵族，其中有许多被害者仅仅是因为有钱。他们中间有一个是庞培的幼子，塞克都斯 · 庞培（Sextus Pompeius）。弗仑加罗仑之战发生时，他正在西班牙，由元老院命令他指挥舰队，当这个"充军"名单公布时，他知道他已榜上有名，于是即率领他的船只，驶往西西里，在那里招募了一些海盗和逃避充军的难民，以扩充他的实力。接着在西西里岛上征服了叙拉古和其他的城市，并在海上击败了屋大维所派来的追兵——由鲁夫斯（Salvidienus Rufus）率领。

这项充军命令的执行却是极尽野蛮残酷之能事，被害者的产业均被没收和拍卖。当这个迫害正在进行时，公元前 42 年 1 月 1 日，后三雄又决定发起一个纪念恺撒的运动。于是元老院和人民决定尊恺撒为神，此后屋大维也就公开地自称为“神之子”（Divi Filius），这个尊号使他在平民和军人之间，获得无限的威望。

第七章

菲利皮会战和亚克兴会战

当屋大维和安东尼正忙于巩固意大利的主权时，布鲁图和卡修斯也在马其顿和叙利亚，进行着决斗的准备。和屋大维和安东尼一样，他们也感到经济上的困乏，此外还有一个重要的准备工作，即战役一旦开始，如何巩固他们的后方。因为不能采取“充军”的办法，同时为一举两得——一方面充实军费，另一方面也解除后顾之忧——他们决定采取一种类似的手段。因为知道卡帕多西亚（Cappadocia）国王阿里奥巴尔赞（Ariobarzanes）、罗得岛人和吕西亚人，都是同情恺撒党的，所以决定先解决他们，并夺取他们的财富。

当穆尔库斯（L. Statius Murcus）所率领的舰队在海上击败了罗得岛人之后，卡修斯即占领了罗得岛，俘虏了他们的舰队，把他们的公私财产全部加以没收，总值为8000塔兰特。此外塔苏斯又交出1500塔兰特的罚款。其次，又以阴谋反叛的罪名为借口，将阿里奥巴尔赞处了死刑，并没收他的财产和军事装备。当此之时，布鲁图也率领他的军队，进入了亚洲，几乎降服了吕西亚境内的全部城市。亚洲名城之一桑索斯（Xanthus）却拒绝开门，经过了一番激烈抵抗之后，才被攻陷了，城中被洗劫一空，所有公私财产都被没收。此外吕西亚舰队也被没收，奉命驶往阿拜多斯，以等待陆军的到达。

当这种土匪行动告以段落之后，布鲁图和卡修斯就在萨迪斯会合在一起。他们集中的兵力，一共为 19 个兵团，包括 8 万名步兵，1.3 万名骑兵和 4000 名弓弩手。大约在 7 月中旬，军队从萨迪斯出发，于 9 月到达了阿拜多斯，从那里渡过了赫勒斯滂，进到加利波里（Gallipoli）半岛，绕过萨罗斯湾（Saros），到达了多里斯卡斯。因为多数的军人都是恺撒的部下，卡修斯害怕他们的忠诚发生问题，于是曾经向他们做极雄辩的讲演，这是罗马历史学家所乐于称道的。不过军人们最感兴趣的却是他的结论，即每个士兵可以分得 1500 大德拉克马（约值 50 英镑）的犒赏，每位连长增加了 5 倍，护民官更成比例地增加。

此时，安东尼和屋大维也正在准备他们的作战。他们一共指挥着 43 个兵团，此外还有骑兵和辅助队。除了留守保安所需要的以外，一共可以调派 28 个兵团去参加马其顿的战役。其中有 8 个兵团，由德基迪乌斯 · 萨克沙（Decidius Saxa）和诺尔巴努斯 · 弗拉库斯（Norbanus Flaccus）指挥，充当前卫。安东尼把司令部设在布隆迪西乌姆，监督他们登舟渡海。在运输的过程中，他们受到了相当的损失，因为穆尔库斯所率领的卡修斯舰队，一共 60 艘战船，向他们发动了攻击。于是安东尼就派人到雷吉姆向屋大维求救。这个时候，屋大维正在西西里的海面上，与塞克都斯 · 庞培作战，虽然这一方面的战事也非常重要，可是屋大维却仍毅然决定，把他的舰队送往支援安东尼。穆尔库斯遂撤退，全部陆军才安然渡过了亚得里亚海。

从阿波罗尼亚，德基迪乌斯和诺尔巴努斯经过了马其顿和色雷斯，进到菲利皮（Philippi）城，再由此向东通过沙排（Sapaei）隘路，到达柯尔皮利（Corpili）隘路。控制这个地区的人是一位色雷斯的酋长，名叫拉斯库波里斯（Rhascuporis）。他们的目的是要扼守着这最后一个隘路，以迟滞卡修斯和布鲁图的前进，以便安东尼和屋大维可以在马其顿境内，从从容容地部署。

当他们到达了多里斯卡斯，卡修斯和布鲁图才知道柯尔皮利隘路已为敌军所扼守，于是派遣他们的舰队，载着一个兵团和一些弓弩手，沿着海岸向西行驶，趋向尼亚波利斯（Neapolis），以迂回这个隘路。诺尔巴努斯害怕敌军会占领沙排隘路，切断他的交通线，所以就赶紧撤回到这个隘路上。当共和党军到达了之后，发现这个隘路已经在敌方坚强设防之中，士兵之间立即发生了不满意的情绪。幸亏此时拉斯库波里斯尚效忠于卡修斯，才解决了这个难题。他向卡修斯解释着说，若翻过山地向北进攻，即可能迂回这个隘路。这是一段困难的旅程，但是因为派了工兵在森林中开路前进，经过了4天的行军，全军终于跃进到了菲利皮城的北面。诺尔巴努斯也撤出了沙排隘路，退向安菲波利斯。

卡修斯和布鲁图从潘盖尤斯山（Mount Pangaeus）上下来，进入了菲利皮城。这个城是马其顿的腓力大王所建立，位置在该山南面的一个横岭上面。在该城的南面，有几英里远的地区都是沼泽地，包括现在称作比里—克提里（Bere-Ketli）的湖泊。在该湖的南面即为一带丘陵，靠着海滨。在该城的西北和西南两面，都是起伏地，艾格那提亚大路即经过那里。在大路的北面，靠近山地，布鲁图建筑了他的营地，再向南去，在沼泽地北面不远的地方，即为卡修斯的营地。两个营地都有坚强的设防，在卡修斯营地的西面，又有一条刚吉提斯（Gangites）小溪，构成一道天然的壕沟。共和党的舰队都停泊在尼亚波里斯港中，其主要的补给基地则建立在萨索斯岛（Thasos）上。

此时，安东尼和屋大维的联军也已经在迪拉基乌姆登陆。在那里，屋大维发了一种周期性的老毛病，被留在后面，而安东尼则直向安菲波利斯挺进，准备以那里为他的基地。当他发现诺尔巴努斯早已在那里设防了，他把一个兵团的兵力和辎重留在这里，再继续前进。最后扎营在沼泽以北的平原上，与连接在敌军两个营地之间的防壁，只相隔不到 1 英里远的距离。他在营地周围挖掘了堑壕，建筑了墙壁和栅栏和一些炮塔。卡修斯也向一个尚缺乏设防的地区延展他的要塞工事，这就是从营地到沼泽之间的空间，以前因为它太狭窄，所以不曾加以注意。现在除了布鲁图侧面上的岩石、卡修斯侧面上的沼泽，以及沼泽那边的海岸以外，其余即可以说是到处都已经设防了。在中央地区，几乎一切的地方都已为堑壕、栅栏、墙壁和塞门所隔断。

双方兵力均为 19 个兵团，但是安东尼和屋大维的兵团是足额的，而布鲁图和卡修斯的却并未足额。在骑兵方面，后者有 2 万人，而前者却只有 1.3 万人。

接着就发生了游击战，此时屋大维还留在迪拉基乌姆，他获得了一个假报告，说安东尼已被敌人击败，于是马上带兵坐上马车赶去应援，并且让人用担架抬着他和士兵一同走上前线。他和安东尼都热烈地希望能使共和党接受会战，不仅是因为他们自己的部队比较精锐可靠，而且更因为马其顿的资源贫乏，不足以支持大军的补给，共和党有塞克都斯、穆尔库斯和阿赫诺巴布斯 3 支舰队，控制了海面，使他们很难从意大利获得补给。反之，布鲁图和卡修斯也完全认清了这些情况，并且知道他们的人员也不可靠，所以尽量拒绝对方的挑战。他们希望用饥饿的手段，来迫使恺撒党军撤退。

日子一天天过去了，补给渐感缺乏。安东尼，他是远征军的头脑，决定用切断交通的手段强迫敌人接受会战。据说，他拟好了一个秘密通过沼泽地的计划，尽可能不让敌人知道而到达他们的后方，即可切断其从萨索斯来的补给线。所以他每天把兵力展开，将所有的军旗都排列出来，好像他的全部兵力都在向敌人挑战一样。实际上，他却用了一部兵力，夜以继日地在沼泽地中开辟一条狭窄的道路，把芦苇砍倒，铺成栈道，两侧用石块砌边，使土地不下陷。在较深的部分更打下木桩，架设便桥，所有一切的工程都是在极端沉默中进行的。环绕在栈道的周围，芦苇仍然听其生长着，以防敌人发现他们的工作。

这个工程进行 10 天之久。同时，安东尼又已经在营地与沼泽之间的空地上，建了一条堡垒线，与其营地成直角；它的目标是很明显，即为保护营地的南面，并把营地与沼泽连成一气。

当卡修斯发现了敌人在沼泽中建筑新的工事时，他也就赶忙把他营地以南的防壁向南延展并通过沼泽，以便打在敌人工事的中心上。很明显，不等到这个工事完成，安东尼即将一部分原先向东的兵力，调向面北的方向，即躲在其在沼泽中已经建好的堑壕后面。他的人员备有梯子和其他的工具，以便突破卡修斯的纵贯工事，而其余的兵力则攻击敌营的西面。

当这个攻击正在发展之中时，布鲁图的部队并未接到命令，却突然越过平原冲锋，从侧面攻入了安东尼的左翼。他们席卷了左翼，于是又向屋大维的部队突击，将他们压退，冲入了他们的营地，几乎俘获了正在病中的屋大维。此时安东尼也正冒着敌方的箭雨，向前继续猛攻，一路夺路前进，直到碰着一部分卡修斯的部队为止。这是敌人的前卫兵力，在奇袭之下，为他所击破了。于是他继续向前勇敢地进攻，冲向连在沼泽与营地之间的要塞工事。他们拆毁了栅栏，填平堑壕，毁坏一切的工事，杀死了守门的士兵。他不顾城墙上的箭雨，一直冲入了塞门，其他的人员有的在拆墙壁，有的则从障碍物上爬了过来。这一切的攻击都发展得非常迅速，当他们刚刚把工事占领了之后，那些奉命到沼泽地中建筑工事的卡修斯部队，也赶回来援救他们的友军。在一个强烈的冲锋之下，安东尼的部下又把他们击败了，将他们逐回到沼泽地之中，四散逃命。于是安东尼军再回转身来，攻击卡修斯本人的营地。这仅是那些与安东尼一同爬过了防壁的部队，至于其他的兵力则在墙外与敌人混战。

安东尼迅速地攻破了敌营，因为守军的兵力本来就很微弱。可是当墙外的敌军看到老营已经被攻陷了，也就丧失了战斗意志，纷纷溃逃了。

阿皮安批评说："这个胜利是完全的，而且双方都是一样的。"布鲁图击败了敌人的左翼，攻陷他们的营地。可是安东尼也凭着无畏的勇气，击败了卡修斯，攻陷了他的营地，做了同样的报复。双方的死伤都同样惨重，但因为平原很辽阔，在尘雾遮蔽之下，彼此对于对方的真实情况，都不了解。等到真相明白之后，双方才各自收容被冲散了的兵力。但是在此之前，卡修斯因为并不知道布鲁图在左翼方面已经获胜，在失望之中先行自杀了。以后布鲁图就把他的遗体埋葬在萨索斯岛上。

这一战的损失数字，据阿皮安估计：卡修斯方面为 8000 人，而安东尼方面则为 1.6 万人，这似乎只是瞎猜而已。

虽然这个菲利皮第一次会战的结果是打一个平手，可是安东尼事实上却已经获得了胜利。因为卡修斯已经死了，敌军方面只留下了布鲁图一个人来做单独的指挥，而他却缺乏其同僚所具有的强硬个性。照阿皮安所告诉我们的，布鲁图的个性很温和仁慈，而卡修斯却很严峻坚决，因为这个原因，所以军队都不敢不服从他的命令，不敢干预他的权威，不敢询问其命令的理由，即令知道了这些理由，也不敢妄加批评。以后我们就可以看出来，使布鲁图败亡的原因，不是他的战略认识不够，而是他缺乏决断。因为战场的情况已经明白地表明，只要他能够阻止敌人切断他到尼亚波里斯的交通线，则由于共和党方面握有制海权，所以时间对于他总是有利的。

会战后的次日，布鲁图移驻卡修斯的营地中，因为它控制着他的战略性侧翼，为了坚守其正面，他又面对着沼泽设立了一道前哨线，以保护他的交通线。他仍然坚持着他的原定计划，即用饥饿的手段来迫使敌人撤退。根据阿皮安所记录的他对部下的讲话，即可以明白地显示此种观念。他指明，敌人不能从西西里、撒丁、非洲或西班牙获得任何的补给，而马其顿的物资已经消耗光了，现在仅靠色萨利为唯一的补给基地。他说："所以，当你们看到他们正在热心求战的时候，心里就应该记着他们是被饥饿所驱使，才宁愿死在战场上的。我们应该把饥饿的因素，列为计划中的一部分，让它去先击败敌人，等到敌人已经疲弱不堪时，再与他们交战。希望每一个人要认清这一点，不要以为我是疲软懒惰、缺乏行动的将才。"为了赢得士兵们的服从，并且奖励他们在前一天的奋勇，他又允许对于每个人奖赏 1000 个大德拉克马。

依照阿皮安的记载，安东尼也曾向他的部队训话，而他所出的赏格就更高，为了补偿由于营地被劫掠所受的损失，他允许对于每名士兵奖赏 5000 个大德克拉马。此后，他每一天都向布鲁图挑战，但布鲁图却始终拒绝。正当这个时候，就有一个消息传来，说共和党在亚得里亚海中获得了一次胜利。[1]

当第一次菲利皮会战正在进行之际，卡尔维努斯（Domitius Calvinus）率领着两个兵团和一些其他的部队，在少数战船护送之下，从布隆迪西乌姆出海，想去增援安东尼。穆尔库斯和阿赫诺巴布斯一共指挥着 130 艘战船，中途加以截击，卡尔维努斯许多运输船都为火箭所焚毁，几乎全军覆没。据普鲁塔克告诉我们的，当这个消息传到时，秋霖季节已经开始，在菲利皮战场上的恺撒党军营帐里，已经充满了泥水，并且马上就要结冰了。除了海上交通线的损失和补给的缺乏以外，这个新的困难也使他们非急于求战不可。安东尼和屋大维决定还是迂回敌人的左翼，以迫使他为了保护交通线而必须出战。

第一个步骤为占领一座小山，它靠近卡修斯营地南面，距离在弓弩射程之内。布鲁图这一次却失算了，他早已把那里的守兵撤走。

[1] 依照普鲁塔克的记载：布鲁图事先并不知道这次胜利，仅仅在菲利皮第二次会战的前夕，才从敌方逃亡人员口中获知这个消息，但他却不相信是事实，否则他就不会进行第二次会战了。

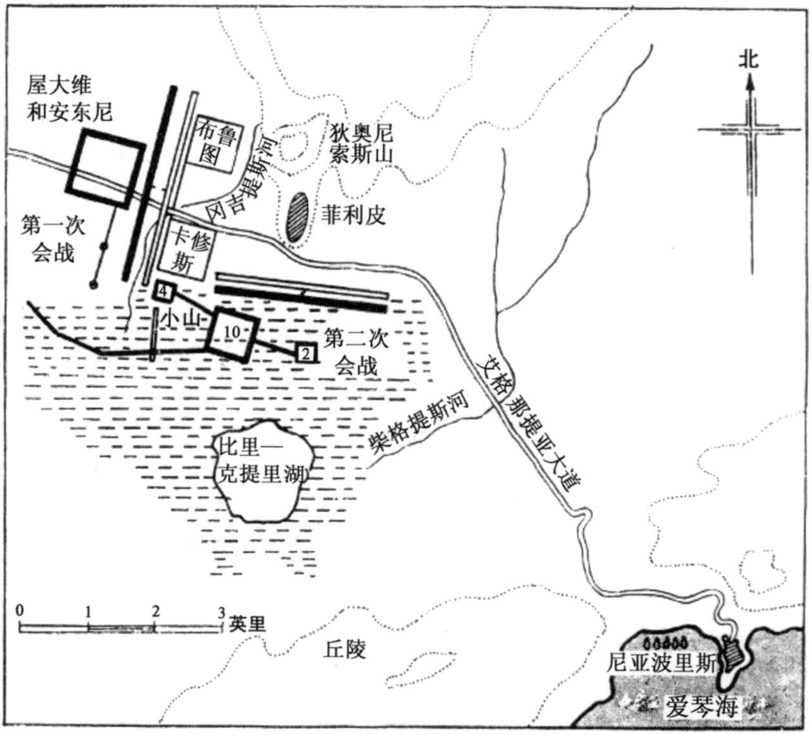

图二十　第一和第二次菲利皮会战，公元前 42 年

屋大维在黑夜里，用了 4 个兵团的兵力将其占领。他的部队利用障碍物和牛皮来保护他们自己不受到敌方弓弩的伤害。第二步，在这个小山的掩护之下，并在它上面设了营塞，又用 10 个兵团的兵力，向东南方向，向沼泽中推进了 5 个“富浪”（一个 Furlong 等于 1.125 英里）的距离。再推进 4 个“富浪”，又设立了一个营地，再留下两个兵团的兵力。于是一总起来有 16 个兵团的兵力——比其总兵力 3/4 还要多，都排成了一线面对着布鲁图的左翼和艾格那提亚大道。

这是一种非常危险的调动，仅仅是因为他们两人的情况已经十分危急，才能说它是勉强合理的。因为留下来据守其大本营和保护通到安菲波利斯的交通线者，一共只有 4 个兵团还不到的步兵和少数的骑兵，这实在使布鲁图获得了一个可以歼灭他们的机会。布鲁图所需要采取的行动，仅仅为一方面牵制着在沼泽中的敌军，另一方面则向其大本营进攻，这样留在沼泽中的 13 个兵团即都有被切断补给的危险。

可是布鲁图却不此之图，而仍然继续采取消极防御的态度，与敌人在沼泽中的新战线平行着，他也构筑了一连串的堡垒。此时，色萨利对于恺撒党军已经无力供应补给了，于是屋大维和安东尼顾不得兵力的减弱，又只好抽出一个兵团，派往阿盖亚（Achaia）去搜抢粮食。同时，他们也不敢再挑战，而改采取心理攻势。

他们的人员冲到敌人的堑壕边，向布鲁图辱骂，向他个人挑战。此外，他们又继续用箭把传单散入敌营，并向逃亡者提出赏格。他们用尽一切的手段，以来贬低布鲁图在其部下心目中的身价。

这种心理攻击颇具成效。尽管布鲁图仍旧坚持着他的计划，宁肯忍受敌人的围攻，而绝不与一支饿得发慌的军队交战，可是他的部下却不免另有主张。他们觉得这样把他们禁闭在营塞中，好像胆怯的女子一样，实在是很难堪。他们的军官，虽然最初还赞成布鲁图的计划，现在却也感到困惑了，他们觉得在现有的情况之下，是可以迅速击败敌军的。最后，布鲁图只好让步了，他用下述的语句来斥责他的部下："我似乎是像庞培一样，被战争带着走，现在是受被指挥的人来指挥了。"依照阿皮安的说法，布鲁图只敢这样发发牢骚而已，因为他心中隐藏着一个极大的恐惧，他的部下多数都是恺撒的旧部，随时都有倒戈之虞。所以从一开始起，他和卡修斯就认清了这一点，他们一直都很谨慎小心，不让军人们抓着任何不满意的借口。

大约是公元前 42 年 11 月 16 日，布鲁图把他的部队在堑壕之外列成了战线，但却命令他们不要前进得太远。他向他们说："你们是自愿选择战斗的，当我认为能用其他手段取胜时，而你们却偏要强迫我出战。”

安东尼马上也命令他的人员列成战线，然后就向他们训话。诚然，他要鼓起他们必胜的意志，却绝不曾故意低估现在的危险情势。他说：“没有一个人会愿意面临饥饿，那是一个无法控制的恶魔，我们宁肯冲向敌人的墙壁和身旁，他们对于勇敢、刀剑和失望是会表示屈服的。我们此时此地的情况是已经急迫到了极点，一切都不可以再拖到明天了。但就是这一天即可以决定我们是完全地胜利，还是光荣地战死。”

在下午 3 时，会战开始了，很明显，是安东尼做第一次冲锋。战斗立即发展成为肉搏战，因为阿皮安曾经这样写道：“他们简直不需要矢石和标枪，这是平常所惯用的，他们什么战术都不用，只是一冲而上，立即用白刃发生了接近战斗。不是杀人就是被杀，双方都只想冲入对方的行列。”安东尼的士兵终于将敌人的正面压迫向后退了，开始还是一步一步退却，但不久即开始瓦解了。最后，第一线崩溃了，连带着使第二和第三线也都随之而溃逃，结果毫无秩序地挤成一团，敌我都难分了。安东尼的部队继续压迫，使对方全部溃散。于是安东尼的人员占领了对方的塞门，使敌人无法逃入。于是布鲁图所部一部分逃向海边，另一部分经过柴格提斯河（Zygactes）逃入山中。

当屋大维封锁着布鲁图的营门时，安东尼即率领骑兵，向敌人残部追击，因为他害怕假使让布鲁图逃走了，则他不久又将卷土重来。布鲁图率领着 4 个兵团，逃入山地之中，准备乘着黑夜再回到他的营地，或是顺流下海逃走，但不久即为敌方骑兵所包围，无法达到他的目的。第二天，他劝说他的军官率领所部突围冲出，可是他们却抗不奉命，于是他也和卡修斯一样，引颈自杀了，死时 44 岁。当安东尼找到了他的尸体之后，就用他最好的紫袍将其包裹着，然后将其焚化，并且把骨灰送给布鲁图的母亲。不过依照苏东尼乌斯的记载，却说屋大维曾经把布鲁图的人头，送到罗马去摆在恺撒雕像下举行祭奠。

关于这一战的死伤数字，阿皮安的记载只是这样说："把这两次会战一总加起来计算，胜利者方面所被杀死的人数，似乎并不比失败者方面为少，而被俘的人员则估计为 1.4 万人。"

诚如阿皮安所云，这一天的战斗即决定了罗马政府在将来所采取的形式，它将是君主而非民主的。又如普鲁塔克所说的：因为罗马不可能再"民主"下去，而必须要有一个君主，所以天意才会使布鲁图短命死去，以消灭帝制自为者在前途上的唯一障碍。未来的政府是已经必然会采取一种新形式，现在所剩下来的问题即为安东尼和屋大维之间的争霸了。假使安东尼胜利了，则前途会趋向某一方面，若是屋大维胜利了，则又将趋向另一个方向。

虽然这个问题的答案，要等到 10 年之后才会见分晓，可是在菲利皮之战以后不久，两雄最后冲突的种子即已经播下了。屋大维回到意大利去巩固他在西方的地位。安东尼到埃及去，变成了克丽奥佩脱拉的爱人，也就做了东方的主人。所以这个帝国在文化上开始趋于分裂。

这两个劲敌分手不久之后，他们间的关系即开始恶化。第一件事，在公元前 41 年，安东尼的幼弟鲁夏反抗屋大维，结果受到了法律的制裁。第二件事，在公元前 40 年，安东尼与塞克都斯·庞培之间达成了一个谅解，后者的强大舰队以西西里为基地，仍然还在封锁着罗马的粮食贸易。安东尼在布隆迪西乌姆登陆，以支援塞克都斯，并封锁了这个城镇。屋大维也立即引兵往援。屋大维是一个现实主义者，总是能够分别事情的先后缓急，他的本意并不想和安东尼冲突，至少在目前是如此的，但他却要设法拆毁安东尼与塞克都斯之间的合作，因为罗马此时已经到了饥饿的边缘。他在布隆迪西乌姆，很巧妙地使环境变得对他有利，并用下述的条件来解决争端。安东尼应与他的姐妹屋大维娅（Octavia）结婚，并将权力重新加以划分：屋大维统治达尔马提亚（Dalmatia）、意大利、撒丁、西班牙和高卢；安东尼统治所有在爱奥尼亚海以东的地区；而非洲则由李必达统治。此外，双方又同意安东尼应执行恺撒的遗志，侵入安息，并收回克拉苏在卡尔海所丧失的军旗；还有他和屋大维应一同解决塞克都斯的问题。关于这最后一点，在公元前 39 年，两雄又在米西仑（Misenum）会晤，决定塞克都斯应将其留在意大利的部队撤出，不再做突袭，并从西西里和撒丁输出谷物以供应罗马。其交换的条件为承认他对于那些岛屿和伯罗奔尼撒的统治权。

当这些条件同意了之后不久，屋大维与塞克都斯之间又发生了新争执，而海盗行为又继续发生，因为安东尼已经不再作梗，所以他决心一劳永逸地把塞克都斯解决掉。他组成一支强大的舰队，由阿格里帕（Agrippa）指挥，阿格里帕发明了一件新奇的战争机器，叫作“Harpax”（或 Harpago），把它们装在船只上。它是一种大约 7 英尺长的木杆，镶着铁，一端有一个铁钩，另一端有一个铁环，可以把绳索从那里穿过，并用滑车加以控制。这个东西用弹弓将它投射出去，钩着敌船之后即可以将其拖近攻击。

安东尼也借了 120 艘战船以作支援，于是在公元前 36 年 7 月 1 日，对塞克都斯的清剿战役开始了。李必达封锁着利利贝奥，屋大维和阿格里帕的兵力则向西西里北部集中，虽然屋大维的支队遭到了一次失败，可是 9 月 3 日，在瑙罗库斯岬角（Naulochus）的附近，阿格里帕却获得了决定性的胜利，他发明的“Harpax”具有极大的贡献。塞克都斯向东面逃走，希望能投奔安东尼，再来与屋大维争雄。李必达想乘机夺取西西里，结果被击败，从此遂丧失了三雄鼎立中的地位。[1]

此时，安东尼正在准备他的安息战役，他正在想步着亚历山大大帝的后尘，建立一个巨型的东方大帝国。他在左格马（Zeugma）集中了 10 个兵团和 1 万名骑兵，于公元前 36 年的初夏，进到了幼

[1] 次年，塞克都斯又反叛了安东尼，结果被安东尼所杀。

发拉底河的上游，经过了卡拉纳（Karana）和阿拉拉特山（Mount Ararat），达到了塔布里兹（Tabriz），由此再向南转往弗拉斯帕（Phraaspa）。在这里附近，他丧失了他的攻城纵列，仅是在最大困难之下，并且靠着他的强大投石兵部队，才击退了安息的骑马弓弩手。他被迫撤退，渡过了阿拉克斯河（Araxes），最后回到了叙利亚，一共损失了 3 万人。

现在既然安东尼已经遭受到一次“莫斯科”，屋大维再不需要害怕他的攻击了。公元前 34 年，他开始在伊吕里库姆、达尔马提亚和帕诺尼亚（Pannonia）发动了一连串的战役，以巩固意大利的东北边疆。在这些战役中，他都能获得卓越的成功，使他的威望大有增加。反之，安东尼为了报仇，在亚美尼亚又进行了一次不光荣的战役，结果还是毫无成就。

现在就到了最高峰。安东尼离弃了屋大维亚，与克丽奥佩脱拉结婚，并给她上了一个尊号叫作“万王之后”（Queen of Kings）。对于她与恺撒所生的儿子（出生于公元前 47 年）恺撒里奥（Caesarion），也上尊号为“万王之王”（King of Kings）。他宣布他们为埃及、柯里 · 叙利亚（Coele Syria）和塞浦路斯的共同统治者。此外，他又指派托勒密、克丽奥佩脱拉和亚历山大（这是他与克丽奥佩脱拉所生的孩子）为叙利亚、小亚细亚、昔兰尼加、亚美尼亚和安息的君主（这些地方均尚未被征服）。这种荒谬的愚行使意大利人民大感震怒，于是这个即将来临的两雄决斗，在一般人的想象中，几乎具有东西两个世界间生死决斗的意味。于是大约到了公元前 33 年，这个自从菲利皮会战以来的两雄共同统治局面终于告以结束。

现在他们就需要找一个宣战的借口，而又不触怒安东尼在意大利境内的拥护者。很巧合的是，正当这个时候，普南卡斯和提修斯（M. Titius）因为痛恶克丽奥佩脱拉，就来到了罗马，告诉屋大维说安东尼已经将他的遗嘱托付给供奉灶神的贞女（Vestal Virgins）。

虽然她们拒绝交出这文件，可是屋大维却用强迫的手段将其取得，首先把它拿到元老院中去宣读，接着又把它拿到人民大会中去宣读。这个遗嘱的内容是说：安东尼已经再度宣布恺撒里奥的父亲为恺撒，而他自己除了已经把大量的礼物送给这位埃及女王的孩子以外，并且命令将他的遗体也埋葬在亚历山大城里，与她合葬在一起。于是人民大为愤怒，相信安东尼若能得势，就会将他们的城市都赏赐给克丽奥佩脱拉，并且把政权中心移到埃及去。[1]

于是罗马人开始对克丽奥佩脱拉发动了历史上最毒辣的仇恨运动。诚如查理斯华兹（M. P. Charlesworth）在《剑桥古代史》上所批评的："对于她的控诉可以说是极尽诋毁的能事，这些罪状自此以后永远流传于世间，有些实在是太幼稚，绝对不会是事实。他们指控这个埃及妇人是魔术师，曾经用毒药迷惑了安东尼；是一个淫妇，为了欢乐不惜出卖色相；她的面首多至无数；恺撒的儿子被认为是出身不明的私生子。她是一个兽神的崇拜者，是宦官的女王，是酗酒好淫之徒。以后又说她是一个施毒者，一个奸贼和一个卑怯者。"

这个宣传十分有效。本来由于筹措战费，人民曾表示不满，现在却迅速地平息了。在公元前 32 年的晚秋时候，整个意大利各城镇，都结成了一个神圣的同盟，宣誓向屋大维效忠，共同拥护他出任"十字军"的统帅，以对抗东方的祸害。在民意的支持之下，元老院取消了安东尼的权力，并停止他在公元前 31 年出任执政的权利。但是他们并不明白地宣布安东尼为敌人，因为他们害怕安东尼的党羽会因此而不安。所以一切的指控在表面上都是以克丽奥佩脱拉为目标，实际上却是以安东尼为目标。他们更明知安东尼是绝不会舍弃克丽奥佩脱拉的，假使当祖国人民对于他个人并无指摘，而他却自愿为埃及妇人而自绝于国人，那么就更会受到本国人民的唾弃了。

---

[1] 有些史学家相信这个遗嘱是伪造的。

此时，安东尼和克丽奥佩脱拉正在以弗所过冬（前33—前32），并动员他们的陆军和舰队。克丽奥佩脱拉供给她自己的舰队和所需运输船只300艘中之一半。此外，她又同意供给陆军和舰队的粮饷，并担负战费2万塔兰特。假使说安东尼尚未认清，那么她却早已认清这场战争是她的战争，而不是他的战争。当安东尼的某些部将，最著名者为克拉苏（P. Canidius Crassus），劝安东尼将她送回埃及时，她却坚决地拒绝离开。公元前32年4月，安东尼把他的司令部移到萨摩斯（Samos），而他的军队也渡过了希腊。5月，他和克丽奥佩脱拉渡海到了雅典，接到了意大利境内拥护他的人所传来的信，劝他赶紧摆脱克丽奥佩脱拉。但是现在已经不可能了，因为若无她在精神上和财政上的支援，安东尼根本就别想再作战了。9月，他的舰队和陆军已经达到了爱奥尼亚的海岸，这也是他所控制地区的西界。

陆军一共有19个兵团，总兵力为6万人到6.3万人。兵器部队尚在外，可能另有1万人，此外也许还有1.2万匹马。舰队一共分为8个支队，每个支队有60艘战船。其中有一个支队为克丽奥佩脱拉的埃及海军，由她的旗舰安东尼号（Antonia）率领着。每一个支队又另外有一小队侦察船随伴着。安东尼的战船中，有许多都比屋大维的更大，装有4人、6人、9人甚至10人的桨架（即每桨所用的人力），有些船高出水面在10英尺以上。在这些大船上，也还装有旋转"炮"塔，船的两侧备有"装甲"，即是用铁索缚着方木材，以防敌船的碰撞。全部水兵的数字为12.5万人到15万人。

陆军沿着克基拉-米索尼（Corcyra-Methone）之线宿营过冬（前32—前31）。主力位置在亚克兴（Actium），它在安布拉西亚湾（The Gulf of Ambracia）狭窄出口处的南岸上，正对着现在土耳其的普里费沙城（Prevesa）。安东尼的司令部设在帕特拉（Patrae）。因为希腊供给不起这样大的陆军兵力，所以所有的粮食必须从埃及运来。这条运输线取道太那仑角（Cape Taenarum，即今之马塔班

[Matapan])，再沿着伯罗奔尼撒的海岸走。从米索尼到路卡斯之间，设有一连串的要塞化据点，以来保护这条路线。

假使安东尼的目的是要向屋大维挑战，准备争夺罗马帝国的主权，那么这样的部署可以说是太奇怪了。因为它固然是适合于掩护埃及，可是却完全不适合于侵入意大利。要想达成后述的任务，安东尼就应该占领迪拉基乌姆和阿波罗尼亚，以提萨罗尼加为补给基地，而以艾格那提亚大道为其陆上交通线。这是一个永远不可忽视的事实，从远古起以迄于近代，对于渡海侵入战而言，最大的危险莫过于天气，所以通常总是选择一条最短的海上航线。于是就有了一个疑问：安东尼在此时是否真正具有侵入意大利的意图呢？查理斯华兹先生的答复是说“否”，这个看法似乎是正确的。查理斯华兹在《剑桥古代史》上的解释是说：

> 但是事实上，他也毫无选择之余地；他不能够侵入意大利，既不是因为季节太迟，或是港口已经设防，而是因为他既不能带着克丽奥佩脱拉走，复不能不带着她走。因为他既不能够趋前攻击屋大维，所以只好让屋大维来攻击他。于是放弃了艾格那提亚大道，在冬季里撤入克基拉，让屋大维可以自由渡海进入迪拉基乌姆。

因为屋大维只向克丽奥佩脱拉宣战，而非向他宣战，遂使安东尼处于进退两难的情况中。若是带着她一路侵入意大利，则会引起意大利全国人民的反对，包括他自己的朋友在内。若是不带着她一同侵入意大利，则又不可能，因为若是舍弃了她，则他的陆军和舰队都会发生混乱。所以他现在只好希望奇迹出现，因此决定坐待天命的支配。

由于环境的压迫，安东尼被迫只好坐待机会的支配。屋大维在这个时候当然不会放过良机，他可以有秩序地动员他的陆军和舰队，分别集中在布隆迪西乌姆和他林敦。前者一共有 8 万步兵和 1.2 万名骑兵，后者约有 400 艘以上的船只，其中较大者，也和安东尼的一样，备有木材的“装甲”带，并且还装有可以发射“Harpax”的弹弓。他们同意由马西那斯（Maecenas）留守意大利，屋大维亲自指挥陆军，阿格里帕指挥海军。

公元前 31 年年初，这支远征军出发了，这似乎要比安东尼所预料者为早。阿格里帕率领了一半的舰队，越过了爱奥尼亚海，向米索尼实行奇袭，在那里俘获了许多敌人的粮食和军需运输船只。当阿格里帕打击安东尼的补给线时，屋大维也带领了 8 个兵团和 5 个罗马禁卫军支队，进到伊庇鲁斯海岸上，准备奇袭亚克兴，因为敌方舰队的大部分都投锚在那里。他的部队在巴诺马斯(Panormus，即今之巴勒摩［Palermo］)、托莱尼（Toryne）和格莱西斯（Glycys）安全地下船了，并迅速地向南进发。但因为他的行动早已为安东尼侦察船所发现，所以他没有能达到目的。于是他在亚克兴以北 5 英里远的米卡里特齐（Mikalitzi）高地上，占领了一个阵地，大约在尼科波利斯（Nicopolis）北面不远的地方[1]，它对于北面有极广泛的视界，直看到克基拉为止，而在东南两面则可以看到安布拉西亚湾。在他营地以西约 1 英里远的地方为科马鲁斯湾（Comarus），那是一个开阔的碇泊所。

由于屋大维的出现，安东尼是否受到了奇袭，这固然并无确证，不过似乎是如此的，因为他的军队还正在宿营过冬。等到他把兵力集中起来之后，屋大维不仅已经使他的营地具有坚强的要塞工事，而且还筑了两条堑壕，或是长墙，从他的营地一直连接到在科马鲁斯湾中的海上基地。安东尼由于没有准备，不敢攻击他的敌人，也把他的营地设置在普里费沙海峡的南边，距离亚克兴岬角大约有 2 英里的距离。他的营地也有两边平行的工事连接到一个小港，他的

[1] 尼科波利斯城当时并不存在，它是屋大维在这一战以后才建立的，以留为纪念。

舰队中的一个支队即停泊在那里。

此时，阿格里帕率领着他的舰队做了一个突袭，攻占了路卡斯，俘虏了那里所有的船只，接着又攻占了帕特拉和科林斯，于是切断了安东尼与伯罗奔尼撒之间的联系。这是一个非常沉重的打击，因为它切断了其与埃及之间的交通线。假使继续做消极的防御，则结果将会是安东尼的军队由于饥饿而被迫投降。所以安东尼只好把一部分兵力移过了这个狭窄海峡的北面，安营在屋大维营地的南面，相距约 2 英里。他的意图为在正面上挡着敌人，同时再切断其水源——卢罗河(Luro)。接着，他用船载运了一部分兵力，多数为骑兵，进到安布拉西亚湾，在卢罗河口登陆，再向内陆推进。但是当屋大维派了他的骑兵去迎击时，安东尼的骑兵有一部分逃亡了，于是全部作战都失败了。他把这支兵力撤回到海峡的南岸。从此情况就完全改观，受包围的不是屋大维，而是安东尼本人了。他的补给问题已经感到如此迫切，所以他只好利用输卒，从山地中驮运过来，这些输送队中有一个人为尼卡库斯（Nicarchus），即为史学家普鲁塔克的曾祖父。

这时就有许多人开始逃亡了，包括阿赫诺巴布斯本人在内，于是卡尼迪乌斯（Canidius）建议安东尼放弃那些舰队，将陆军撤入马其顿，然后再在那里实行野战。克丽奥佩脱拉立即反对这个建议，她认为一次海战即可以决定这场战争。虽然安东尼现在对于舰队已经完全丧失信心，但他却还是同意于她的意见，也许是因为他认清了即令将陆军撤退，他也仍然还是无法供养他们。在做了这个决定之后，他就命令把那些由于人员逃亡和疾病而无法驾驶的船只都完全焚毁。屋大维得知这些情形，都是由于逃亡者狄琉斯（Quintus Dellius）的情报，他也曾经一度做过克丽奥佩脱拉的爱人。

那么安东尼的计划又如何呢？狄奥（Dio）在他的《罗马史》中告诉我们说：

> 由于有各种不同的凶兆——这是古代史家所最喜欢称道的，例如蜂蜜中滴出了牛奶和血液——军队的士气颓散，疾病流行，克丽奥佩脱拉自己很感到震惊，也就使安东尼受到了这种心理的感染。但是他们却不想秘密逃走，因为假使一逃走，则会给他的同盟耻笑，并且他们也会感到害怕。所以他们表面上做一次海上会战的准备，假使一遇到敌人抵抗，就准备突围遁去。

普鲁塔克也说："克丽奥佩脱拉表面上虽然主张应用舰队来决定战争，但事实上，她却早已打算逃走。她对她自己兵力的部署，不是为了想如何帮助获得胜利，而是希望一旦战败，可以从容逃走。"

若是把狄奥和普鲁塔克对于克丽奥佩脱拉的成见放在一边，则安东尼的计划似乎是很显明的——准备战胜或战败。因为战胜的希望实在很渺茫，所以他对于后者自然应做审慎的准备。虽然他和克丽奥佩脱拉会陷入现在的这种景况，足以表示他们很愚蠢，可是当他们计划逃出这个境况时，却并不懦怯。而且无论如何，他们在叙利亚、埃及和昔兰尼加还保有 11 个兵团的兵力。因为胜利的机会很小，所以安东尼采取了一种非常的措施，命令他的船只都携带着风帆，同时他的战费金库也装在克丽奥佩脱拉的一艘运输船上。

对于他所面临的两件偶然的事件，塔恩博士曾经这样说：在这个海岸上，夏季的风在上午总是从海上吹向大陆，但是大约到了中午的时候，它就转为西北风，风力也是一样大。安东尼知道当他冲出海面时，屋大维的舰队必然会在前面挡着他，他就准备利用转向的风力，迂回到敌人的左翼，驱逐他们向南方退却（下风），使其远离他们的营地，若是敌人的舰队被击碎或击溃，他就可以把他们的陆军饿死。但假使会战结果不如人意，那他又有第二个计划，也许只有克丽奥佩脱拉和卡尼迪乌斯两人知道这个秘密，很显明，屋大维是绝不知道的：他准备率领着所有可能集中的船只，逃回埃及，而其余的陆军则由卡尼迪乌斯率领着，从陆路撤回。

除非我们接受上述的解释，否则亚克兴之战就会变成一件不合理的行为。此外，从安东尼在会战中和失败后的行动上，我们也可以证明这种想法是正确的。

当逃亡者告诉了他说安东尼和克丽奥佩脱拉正在准备突围之后，屋大维就表示应鼓励他们这样做，然后再从后方去追击。因为他希望用迅速的航行，一举将安东尼和克丽奥佩脱拉俘获到手，以后就可以兵不血刃而获得胜利了。但是阿格里帕却比较老成持重，不同意他这种见解，他所准备的是会战而非追击，因为他认为敌人在使用风帆之后，是绝对不易追上的。他把舰队列成了战线，面对着普里费沙海峡，等待敌人驶出。

依照塔恩的估计，安东尼船上装载了 3.5 万到 4 万人的步兵（兵团），而屋大维也差不多有同样的数量。双方的船只都在 400 艘以上。[1]

依照塔恩的记载，当时的战况有如下述："在一场风暴之后，天气于 9 月 2 日后归于平静。安东尼的舰队驶出了港口，用桨划行着，等待风向的转变。他一共有 6 个支队，排成一线，分为右、中、左三部分。右翼一共为 170 艘战船，由安东尼亲自指挥。中央部分为一支队，由马尔库斯 · 屋大维亚斯（Marcus Octavius）指挥。左翼为两个支队，由索苏斯（C. Sosius）指挥。在右翼和中央的后方，克丽奥佩脱拉也展开了她的一个支队，一共为 60 艘船，由其可靠的佣兵驾驶着，其目的为防止任何脱逃的行动。"安东尼的目的是想要迂回敌人的左翼，因为这个运动将使其自己的战线上，产

[1] 依照普鲁塔克的记载，安东尼在船上装载了 2 万重步兵和 2000 名弓弩手。但是塔恩指出，这里所谓 2 万人和那 170 艘船，依照习惯只是指安东尼自己所指挥的右翼而已。霍姆斯（T. R. Holmes）认为安东尼舰队一共有船只 230 艘，他自己 170 艘，外加克丽奥佩脱拉的 60 艘。但是普鲁塔克却说，在会战之后，屋大维一共俘虏了 300 艘战船，此外还逃走了 100 多艘，被击沉了 10 艘到 15 艘。因此安东尼所有船数应在 400 艘以上。依弗罗拉斯（Florus）的记载，屋大维所有的船只在 400 艘以上。

生一个缺口，所以他的意见似乎是这样的：等到他前进了，克丽奥佩脱拉的支队应进到他左面，以填塞那个空洞。阿格里帕的舰队也是列成一线，分为三个部分：左翼由其本人指挥，中央由阿伦提乌斯（Arruntius）指挥，右翼由屋大维指挥。也和安东尼一样，也在等候风向转变，他的意图为迂回敌人的右翼。

快到正午的时候，风向变了，于是安东尼和阿格里帕都开始做迂回敌人战略侧翼的企图。这个运动使他们的兵力逐渐离开了中央支队。于是双方开始战斗，安东尼损失了 10 艘到 15 艘船，而他的旗舰被勾搭住了。所发生的战斗是那样激烈，似乎表明安东尼并不想脱身逃走，而是一心想战胜敌人。因为从全体上来说，阿格里帕的船只较轻，比较具有机动性，所以似乎他是采取一种西徐亚人的战术（Scythian Tactics）。据狄奥的记载，这种战术是这样的：假使他的船能击沉敌人的一艘船，那当然是最好的；假使没有击沉，他们就在尚未与敌人发生肉搏之前，立即退回，然后突然地再来撞击同一艘敌船，或者是把目标转移到其他的船只上面。他们所最害怕的是敌人的长射程矢石和接近的战斗。反之，敌人却企图用厚密的矢石去攻击来船，并向来攻者投掷铁质的四爪钩。狄奥又说：

> 一方面，驾驶人员和摇桨手忍受着最大的艰苦和疲倦；另一方面，陆战队则像骑兵一样，时而进攻时而后退，因为只有他们才能进退自如。另外的重步兵则取守势，严防敌人的接近。所以彼此混战，各有利害。一方面的兵力钻到下层去破坏敌人的桨叶，而另一方面却从较高的阶层上，用矢石来击沉他们。[1]

当安东尼正在苦战之际，他的中央和左翼的 3 个支队突然地后退，向港口中驶回。因为有克丽奥佩脱拉的支队挡住了退路，他自

[1]　普鲁塔克说：所以这种战斗很像陆上的战斗，说得更确切一点，好像是攻城战一样。

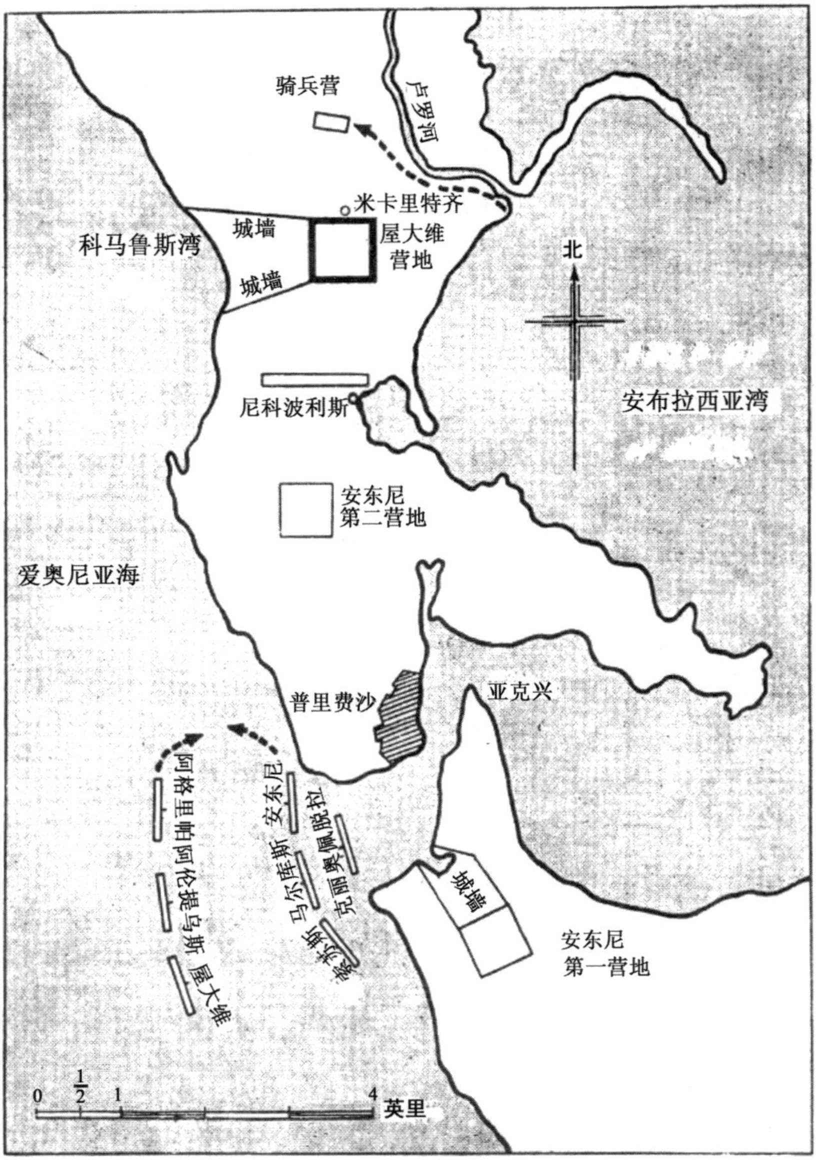

图二十一　亚克兴会战，公元前 31 年

己这一翼左面的两个支队，想随着撤退而不可得，于是举起他们的桨来表示投降。这种临阵脱逃的行动，本是安东尼在内心一直害怕的事情，现在终于发生了，于是他除了逃走更无其他的办法可想。他知道会战是已经败定了，于是就用信号通知克丽奥佩脱拉，准备实行第二计划。她命令安东尼号扯起了紫帆，率领着她的整个支队，从一进一退的两支兵力之间，向宽广的海面上逃走了。

这个行动使那些尚未背弃安东尼的船只，也开始全面地逃走。这些水手开始扯起他们的风帆，并抛弃他们的“火炮”。当他们正在忙于做这些工作的时候，他们的对手就打击在他们的身上。屋大维的舰队并不去追击那些已经逃走的船只，因为他们并未系带风帆，而仅做海战的准备。于是对于每一艘敌船，都有几艘船只去加以攻击，前后左右都有。接着双方发生了激烈的苦斗，情况各有不同。恺撒党军击毁了敌军的下层部分，击毁他们的舵桨，爬上他们的甲板，与敌军接战。安东尼所部则用船钩推回攻击者，用斧头砍倒他们，用沉重的矢石击退他们，逐回那些想爬上船的人员，和那些已经接近的人员发生了肉搏战。从目击者的报道上看来，好像是许多的城塞和岛屿，突然地挤在一起，并从海面来加以围攻。

假使狄奥的记载是可靠的，那么即令到了这样的混乱阶段中，安东尼的抵抗还是异常顽强，使得恺撒党军只利用火攻来焚毁敌军的船只。于是另外一种战斗形式开始了。攻击者同时从许多方向，接近他们的敌人，向他们发射火箭，把火把绑在标枪上投掷过去，利用机器在相当远的距离之外，把木炭和柏油投掷了过去。

尽管上述的记载，不过是像新闻记者的报道一样，不免失之于夸大，但是无论如何，却可以表示亚克兴之战是一场真正的会战，而不仅是逃走而已，同时克丽奥佩脱拉也的确不像宣传中所说的懦夫一样。

此时，安东尼的旗舰已经无法摆脱敌人的勾搭，于是他就换了另外一艘船，带了所剩下来的 40 艘战船，去追赶克丽奥佩脱拉。

当他追上了之后，他就上了安东尼号，失望地坐在船头上，用双手捧着他的头，沉默着一语不发。假使这种说法是真的，那么就可以证明，尽管是希望甚微，但他至少还是在希望能获得胜利。假使诚如狄奥和普鲁塔克的说法，他本来一心就只想迎合克丽奥佩脱拉的愿望，早已计划逃走，那么当他追上了安东尼号时，就应该大喜过望了。有 3 天的时间，他都拒绝与克丽奥佩脱拉见面。直到船只已经到达太那仑，王后的侍女们才劝服了他，肯与她一同吃饭和谈话。在太那仑，有不少的运输船只和他们的友军，开始来与他们会合在一起。当安东尼听到他们说，据他们所知，陆军还尚未降敌，于是他马上派人去传达命令给卡尼迪乌斯，叫他赶紧率领部队经过马其顿，撤回亚洲。

当克丽奥佩脱拉逃走时，情况是如此混乱，所以屋大维和阿格里帕两个人都不曾认清他们胜利的真正程度。因为缺乏风帆，他们没有追击，整夜里都留在海面上原地未动。第二天上午才开始收容那些投降的敌船，总数一共为 300 艘。屋大维把其中大部分焚毁，但把一部分的铜质船头送往罗马以作为恺撒神庙的装饰品。此时，卡尼迪乌斯企图撤退他的陆军，但是人员们却不肯奉命，于是他一个人逃回了埃及。这些陆军投降之后，就都被编入了屋大维的部队。

虽然亚克兴的悲剧已经使安东尼散失了魂魄，可是克丽奥佩脱拉却以胜利者的姿态进入了亚历山大港，所有的船只上都悬旗扎彩，以庆祝胜利。当她登陆了之后，即命令把一切可能有反叛嫌疑的人都处以死刑，接着又计划到西班牙去夺取银矿，或是在印度洋中去寻找一个新的领土。但是没有安东尼的合作，事实上，什么都不过是空话而已。此时的安东尼在精神上已经完全崩溃了，他甚至都不企图去集中他的 11 个兵团，以来据守特强的尼罗河防线。

公元前 30 年的夏天里，屋大维在埃及登陆了，7 月 31 日，他达到亚历山大港的郊区。安东尼此时突然振作了一下，率兵攻击他的前卫，将他们击散了。但是到了第二天，安东尼的部队和船只却逃亡降敌。他回到城中，听到一个谣言说克丽奥佩脱拉已经死了，他立即引刃自杀，被抬到了陵墓中，克丽奥佩脱拉正藏在里面，于是他就死在她的怀抱中。不久之后，她听到屋大维决定把她带回罗马去，于是她就设法要人走私送来一篮无花果，里面隐藏着毒蛇，她和她的女侍依拉斯（Iras）和卡尔蒙（Charmon）都一同自杀了。她死时年 39 岁，已经做了 22 年的女王。

对于她，塔恩博士有下述一段评述：

> 古代世界中对于失败者是一向很少表示怜恤的，可是对于克丽奥佩脱拉却总算有少许的同情。从罗马人的文献中，可以随时发现罗马人对于她的仇恨感情，但是从这些文献中，却也经常可以发现另外一种感情，在法斯提（Fasti）的著作中，即曾有公开的记载。尽管屋大维的宣传可以造成这种仇恨心理，但它却并不能创造恐惧的心理。尽管她犯了许多的罪行和过错，尽管她时常用非人类所用的兵器来作战，可是胜利者却还是违背了他们的本意，为她留下了"纪念碑"，显示出来她的伟大。对于罗马人而言，他们素以不怕任何国家和民族见称，可是在他们的时代中，却曾经害怕过两个活人：一个是汉尼拔，另一个就是这个女人。

菲利皮的胜利，奠定了屋大维政权的基础——很够讽刺的是，这个胜利却是安东尼帮他获得的。等到他在亚克兴击败了安东尼之后，这个世界帝国才算奠定了基础，这个斗争是自狄亚多齐（Diadochi）时代就已经开始了。前者是一个政治斗争的顶点，在这个斗争中，一个民主政治要决定今后到底是走向君主还是民主。后者是另一个顶点，两个分立的王权再做一次决斗，以决定是永久的分裂，还是由半边来统一全局。假使布鲁图和卡修斯在菲利皮一战中获得了胜利，则他们胜果还是不会成熟，因为罗马共和国的政治根本是早已枯萎了。假使安东尼和克丽奥佩脱拉对于埃及能获得防御上的成功，则可以防止屋大维获得托勒密王朝的财富，若是没有这个财富，他就无法使其对于拥护者和军人所提出的论功行赏诺言兑现。这样一来，东西对立的局势即可能永久延续下去，好像后来时代中的情形一样。再假定安东尼和克丽奥佩脱拉在亚克兴一战中能够获胜，那么毫无疑问，他们就会把这个帝国的首都，从罗马移到亚历山大，无论从战略和经济的立场上来看，它都是一个较好的地点。于是亚历山大的世界帝国梦想，又有实现的可能，而不像他们的征服者，只是建立一个民族性的罗马帝国而已。因为这个原因，我们可以说亚克兴之战，要算是最具有决定性的会战中之一个——它阻止了欧洲改变它的文化轴线。

它的第一个成果是马上即可以摘取的。当屋大维满足了克丽奥佩脱拉的遗志，把她葬在安东尼的身边之后，接着就以罗马人民的名义，兼并了埃及。他认清了埃及的粮食是一个极重要的统治工具，所以特别注意，由他自己加以控制。为了建立他个人在东方的威望，他也接受了托勒密王室的一切尊号和神权的荣誉。3 年之后，他于公元前 20 年 1 月 17 日，表面上恢复了共和政体，由元老院给他上了一个半神性的尊号，叫作奥古斯都（Augustus）——其意义为“神圣”的。

但是他永远不会忘记他的继父是用刀剑来征服敌人，最后却不免死在刀剑上面，所以在他的统治中，他总是用旧瓶装新酒的方法，来掩饰其用刀剑所赢得的权力，一切的新改革都是在旧名称之下来实行的。他掌握着实权，而表面上对于元老院和人民，却装作推崇备至的样子。依照当时的政府理论，主权的代表为元老和人民，事实上，所有的权力却都集中于其一人。因为执政太久，对于传统是太不适合，所以在公元前 23 年之后，他就不再担任这个位置。他从罗马，通过他所亲自指派的“兵团”司令（Legati），足以控制所有兵团驻在的省份。在帝国中的任何地方，如有必要时，他可以凭着他所享有的“统帅权”(Maius Imperium)，指挥各省的总督。在罗马城中，他还是可以倚赖他的护民官权利。在公元前23年，为了补足他放弃执政位置的损失，他获得了这种终身性的权利。虽然他已经有了“至高无上”(Imperator)的尊号，可是他却希望人民称他为“第一公民”(Princeps)。他的统治是以个人的威望为基础，而且又极善于利用宪法作为他的护身符。[1]

霍布斯(Thomas Hobbes)曾经说过："契约(Covenants)若无刀剑为其后盾，则只是空文而已，对于任何人均将无约束的力量。"奥古斯都似乎也认清了这个道理，所以他的统治是以军事权力为基础。因为在平时，所有各兵团是分驻在各省中，而并不在意大利境内，所以在公元前27年，他名义上恢复了元老院，但把所有边境上的省份，除了非洲以外，都归并在他个人的统治之下。所有的兵团，除了一个以外，都完全在他的指挥之下。

在共和国的制度中，至少理论上是说，有了战争才召集军队，而战争完毕之后，军队也应立即解散。可是在内战的时代中，这种紧急召集的兵役制度却大部分已由职业军队来代替了，他们只对发饷的人表示效忠。屋大维的第一个重要改革，即为取消这种私兵制度，建立了一个统一性的常备军，所有人员都仅向他本人宣誓效忠。他把兵团总数减到了28个，把陆军分为两大类——兵团和辅助队(Auxilia)。前者从罗马公民中召集，后者则为不具备公民资格的罗马臣民。在兵团中服务的限期为20年，招募的方法为志愿式，在退伍的时候，每个人员都可以获得一笔养老金或是土地。在辅助队中，也是志愿兵，其服役限期更长，退役之后，不仅可以获得养老金，而且他本人和妻子都可以获得罗马的公民权。他们除了编成了许多支队的步兵以外，所有的弓弩手和几乎全部的骑兵，都是由他们来充当。

[1] 关于这种复杂的宪法制度，可参阅《剑桥古代史》。

因为奥古斯都的政策基础是安全，而不是征服，所以一切的兵力都是分成小组，用来防守边疆，每一个群以一个设防的军事中心作为基地，叫作“Castellum”（即要塞），从这里到边界上的前哨之间，又都有道路联系着。这种“遏制”政策，与扩张政策是相反的，对于兵团的精神，产生了很深远的影响。因为他们现在的目的是维护和平，而不是制造战争，所以他们那种靠爱国心和抢劫发财的观念所激发的勇气，逐渐地销蚀了。第一点，因为丧失了恐惧心理，于是和平主义逐渐长成，公民志愿当兵的人数愈来愈少，为了使兵团足额，只好招募野蛮人来凑数。第二点，另外有一种最具有毒素的军阀制度也就乘虚而入了——以后皇帝的政治地位，就全靠军队的意志来维持。

另外还有一种改革也刺激军阀制度的成长。除了上述的两种部队以外，奥古斯都又组织了一支他私人的军队，和希特勒的党卫军一样，这就是禁卫军（Praetorian Guards）。在共和国的末年，罗马的指挥官为了保护自己的安全，都各有其私人的特种卫士，他们叫作“营地支队”（Cohortes Praetoriae），因为将军的司令部营地称为“Praetorium”，所以才有这个名称。当奥古斯都重建共和之后，他把这些卫兵都集中在意大利，把他们编成 9 个支队，每队 1000 人，指定两位将领（Praefecti）以他的名义代为指挥。他们代表他的一种制裁力量，由此即可以知道他的政府，实在是一种合法的有组织军事独裁。不过这里也隐藏着一个内在的危险：禁卫军固然是皇权的一个重要工具，可是到了后来，皇权的存在却要靠他们的忠诚来维持。

这样一个政府，实际上是绝对不民主的，但却为所有的罗马公民和被征服民族所接受，因为经过了 100 年的内乱和纷扰，只有奥古斯都的军队，才又重建了秩序和维持住了公共的和平，有两个世纪的时间，使这个帝国免于受到外来的侵略，再有两个世纪的时间，使它能够挡得住条顿野蛮民族的攻击，尽管中间不免偶然战败。靠这个军事力量,才维持了“罗马和平”(Pax Romana),在这个阶段中,西欧被拉丁化，而基督教也开始生根。因为有了菲利皮和亚克兴之战，奥古斯都才能够创出这个局面。

大事记（七）

罗马帝国疆界的建立

屋大维在亚克兴之战中，所赢得的这个帝国，从大西洋一直延伸到幼发拉底河，从北海一直延伸到撒哈拉沙漠，把地中海沿岸的一切国家都包括在内，而地中海则真正已经变成了罗马的内湖。它是机会的产物，而并非根据计划发展的。为了巩固它的统治，以及把这许多复杂的民族变成一个单纯的罗马国家，所需要的条件有两个:（1）内在的和平,（2）安全疆界的建立。奥古斯都统治时间很长，一共有 41 年之久，而他最关心的重要问题也就是这两个。虽然在他的一生中，武功也很不错，但多数却都是旁人代他去打的。到了他逝世之日，他为罗马帝国增加的领土，甚至要比恺撒征服的还要更大。

对于这两个主要的问题，比较紧急的还是第一个，其中包括西班牙和非洲的绥靖工作，以及各省区的概括改组。奥古斯都从西面开始入手，公元前 27 年夏季，他出发到西班牙去，经过了一连串的胜利之后，他于公元前 24 年回到了罗马。但不久战争又再度爆发，一直到公元前 19 年，阿格里帕才用大量屠杀的手段，终于击碎了坎塔布里亚人（Cantabrians）的抵抗精神。这同一年当中，柯尼流斯·巴尔布斯（Cornelius Balbus）也压平了阿非利加省的乱事。

从西班牙回来之后，奥古斯都即开始设法解决其东疆的问题。6 年前，当他占领了亚历山大城的时候，整个东方似乎都是匍匐在他的足下，当时罗马的舆论都主张应征服东方，直到印度为止。假使他是恺撒，毫无疑问，他一定会企图征服安息。但他是一个外交家，而不是军人。他固然知道为了重建克拉苏和安东尼两人在对安息战役中所丧失的罗马国威，是有采取这种行动的必要，可是他也认清了，因为罗马帝国是以地中海为基础，所以它的适当界线应为地中海地区，若再继续向东扩张，其结果是不能增强它的国力，反而会减弱它。他把叙利亚当作东方防御的枢纽，然后回到罗马去，更坚决地认为罗马的利益，若用外交手段来获取，是要比战争更为上算。现在这种观念又在他的心中复活了。这是一个三方面的问题，因为它包括着南面的埃及疆界，中央的叙利亚疆界和北面的小亚细亚疆界。

在埃及方面，他经过上埃及建立了一条要塞防线，此外在埃及西北界上，趋向昔兰尼加也可能另建了一条防线，不过这已经不太可考了。这些防御性的部署似乎是非常成功的，所以直到 3 世纪的中叶，在埃及都不曾再发生过寇边的事件。同时，他又派加拉斯（Aelius Gallus）率领了一支探险队，沿着阿拉伯·费利克斯（Arabia Felix）的东海岸前进，直到马里阿巴（Mariaba）为止。这是赛巴人（Sabaens）在叶门所建立的首都。这个行动的目的是控制对印度的贸易，但却毫无成就。

埃及的形势稳定了以后，他又兼并了加拉提亚（Galatia），对于本都和卡帕多西亚，也使其逐渐受到罗马的控制。公元前 19 年，他又派阿格里帕到东方去，监督各省区的政府，其所担负的任务之一为与博斯普鲁斯王国建立友好关系。这个王国位于黑海的北面，夹在聂斯特河与第聂伯河之间，人民属于希腊—伊朗（Graeco-Iranian）民族。这个国家具有相当的重要性，因为所有小亚细亚和爱琴海地区的城市所需要的小麦都是以此为主要的来源。当罗马军队在东疆的北部作战时，其粮食的主要供应地也是南俄罗斯。以后，这个王国成为罗马的藩属之一。

他认为幼发拉底河上游和该河南面的叙利亚沙漠，为一条掩护地中海地区中部的天然防线，所以奥古斯都决定放弃其对于亚美尼亚的一切领土要求。不仅是因为它是一个突出地，不易于防御和增援，而且它也成为与安息之间永远冲突的根源。安息这个国家若是听任它存在而不去理会，倒也并不能构成一个大患。它是一个封建式的国家，并无常备军的组织，虽然其临时召集的骑弓手能够赢得会战，但是他们的补给却异常恶劣，所以绝对无法在战场上支持太久的时间。不过因为关乎国威，奥古斯都遂采取一种古老的罗马折中办法，既不放弃亚美尼亚，复不兼并它，而决定把它变成一个保护国。因为这个办法触怒了安息国王法拉提斯（Phraates），所以他在公元前 23 年拒绝了罗马索还在卡尔海战场上所丧失的军旗的要求。次年，奥古斯都来到叙利亚，同时命令他的继子提比略（Tiberius），率领一支大军进驻亚美尼亚。这个行动产生了预期的效力，公元前 20 年 5 月 12 日，法拉提斯归还了克拉苏和安东尼所丧失的军旗和一切尚未死亡的俘虏。这是一次卓越的外交成功，奥古斯都认为这种成功，要比战场上的胜利还更为伟大。提比略进入了亚美尼亚，扶助罗马所选择的国王狄格拉尼斯（Tigranes）即位。但是这种解决并不真正圆满，到了奥古斯都的晚年，亚美尼亚仍然还是脱离了罗马的控制。

奥古斯都时代的罗马北疆，是从莱茵河口起，沿着河走以达贝里（Bâle），再越过朱拉（Jura）山脉的西坡，南进到罗讷河与滨海阿尔卑斯山之间。在那里它在山南阿尔卑斯高卢以西，构成了一个狭窄的附属地带，其南端差不多触及地中海。从此又再向北转，沿着滨海阿尔卑斯山脉走，再向东越过阿尔卑斯山的南坡，达到阿奎里亚（Aquileia）的北面。从那里又走向东南，以赫勒斯滂为其终点。

若从防御的观点上来看，这是一条完全不健全的疆界，因为它既不能保护意大利与马其顿不受到阿尔卑斯山地和多瑙河盆地的野蛮民族的侵略，又使意大利与高卢之间，及意大利与马其顿之间，无法建立适当的交通。连接在意大利与高卢之间的唯一路线，是沿着地中海海岸走的，因为大小圣贝纳德隘路一直都还未稳固地加以控制。意大利与马其顿之间，根本上即无陆上的路线，其与该帝国东半部的交通，都必须取道亚得里亚海和艾格那提亚大道。根据内战中的经验，奥古斯都早已认清了这是一个根本上的弱点，因为在那个时代中，海上的风暴对于部队的运输和他们在战场上的补给维持，都是一种致命的打击，远比今天的情形严重。我们可以看出来，因为意大利与马其顿之间没有道路联系，所以当公元前 48 年，恺撒与庞培交战时，这也就变成了他所要克服的一个最大困难。甚至在亚克兴战役中，尽管制海权是控制在奥古斯都的手中，可是若有一次突然发生的风暴，即可以使他满盘皆输。

公元前 25 年，奥古斯都即开始着手调整这些战略上的弱点。他从高卢方面开始，命令瓦罗（Terentius Varro）和维尼基乌斯（Marcus Vinicius）进占大小圣贝纳德隘路，征服那些尚未征服的剩余地带。结果建立了两条新的交通线，一条经过小圣贝纳德隘路，进入高卢中部；另一条经过大圣贝纳德隘路，以达到莱茵河的上游。以后在公元前 16 年或前 17 年，尼尔瓦（P. Silius Nerva）征服了加尔达湖（Lake Garda）以东的各部落，甚或连在上阿第及（Adige）地区的也在内。因为这个行动又打通了一条通向茵河（Inn）河谷的道路，所以奥古斯都在公元前 15 年，决定进行一场规模更大的战争，其目的是要使罗马能够征服一大片山地区域，即包括现在的提罗尔（Tirol）、瑞士东部、奥地利西部、巴伐利亚南部，并把北疆的中区向北推进，达到多瑙河的上游。

奥古斯都把这个重要的战役，托付给他的两个继子去执行，他们是提比略和德鲁苏斯（Drusus），为提比略·尼禄（Tiberius

Claudius Nero）与奥古斯都继室利维娅（Livia）所生的儿子。提比略向东进，从高卢到康斯坦斯湖（Lake Constance）。德鲁苏斯向北进，从意大利取道上阿第及，经过李西亚（Resia）隘路，以达茵河河谷，然后进入巴伐利亚以南与其兄长会合。这个战役获得了惊人的成功，诺里库姆（Noricum）被兼并了，这包括斯提里亚（Styria）、卡林西亚（Carinthia）和巴伐利亚南部在内。于是罗马的控制沿着多瑙河发展，直到维也纳为止。战略性的收获是非常的巨大，意大利不再需要在伊吕里库姆驻兵以作保护，于是这个兵力可以自由抽动，用来争取一条通到马其顿的陆上路线。

除了取道沙费（Save）河谷以外，再无其他的路线可以选择，所以奥古斯都决定从阿奎里亚进到艾莫那（Emona），然后进入沙费河谷地以达西斯基亚（Siscia）、塞尔曼（Sirmium）和辛吉杜努姆（Singidunum，即今之贝尔格勒）。从此这条路又可以再继续向东延展，取道奈苏斯（Naissus）和赛尔地斯（Serdice，在索菲亚附近）以达到拜占庭。甚至到了今天，要想在南斯拉夫境内从头到尾做一次纵贯的旅行，也还只有这一条路才勉强可以说得上够迅速和舒服的标准。除了这一条路以外，还有另外一条路线经过德拉瓦河河谷，取道穆尔萨（Mursa），以达塞尔曼。要想赢得这两条路线，其意义即为把伊吕里库姆的北疆推进到多瑙河上，从维也纳到贝尔格勒。等到这个工作完成之后，又因为提比略兄弟已经占领诺里孔，所以从贝里到拜占庭之间，已经可以建立起一条连续的路线，使罗马的军队可以不必依赖海路，而在帝国东西两部分之间，做迅速的调动。

公元前13年，阿格里帕和维尼基乌斯两人又发动了一个战役，以征服沙费河上和德拉瓦河上的潘诺尼亚人为目标。次年，阿格里帕逝世，由提比略继任统帅，到了公元前9年，他已经占领西斯基亚和塞尔曼，并进至多瑙河上，这个被征服的广泛地区，均并入伊吕里库姆省内。此时，他的兄弟德鲁苏斯在日耳曼境内也正在节节胜利之中。

第八章

托土堡森林会战

日耳曼人，为印欧民族中的一个分支，大约在公元前 2 世纪的末叶，才首次在罗马史上出现。他们也和过去的高卢人一样，曾经大举入寇，使罗马人大为恐慌，但最后在公元前 101 年，终为马略和卡图卢斯（Catulus）所击败。差不多 30 年之后，有一个住在朱拉河和佛日山地（Vosges）之间地区中的高卢部落，叫作塞卡尼人（Seqani），曾向莱茵河对岸的一个日耳曼部落求援，以对抗其另一邻近部落。这个部落叫作爱都人（Aedui），位在苏尼河以西。这个日耳曼部落的酋长阿里阿费斯塔斯接受了这个要求，在马格托布里加（Magetobriga）之战中，击败了爱都人。作为酬劳，他和他的族人被允许占住上阿尔萨斯（Alsace）地区。根据辛格尼特（Hignett）在《剑桥古代史》上的评论，认为这是一个决定性的因素，产生了一连串的后果，最后终至于使恺撒侵入了高卢中部。

差不多又过了 10 年，即公元前 59 年，有两个事件发生，使高卢的东北边疆问题开始受到注意。第一件事是阿里阿费斯塔斯被罗马元老院正式承认其为“国王”和“罗马人民的朋友”。但是这个友谊却很短促，因为当他被承认为王之后，他就劝诱其他的日耳曼部落越过莱茵河，对于土地遂产生了新的要求。第二个事件为外阿尔卑斯高卢省交给恺撒统治。当时赫尔费提人因为日耳曼人侵入了他们的国土（大约即为今日之瑞士），不得不西向进入高卢，以避其锋。恺撒解决了赫尔费提人之后，马上就把注意力移转到阿里阿费斯塔斯的身上。在他的《高卢战记》中，他曾经如此写道：

> 其次，他预料到日耳曼人今后更会逐渐惯于渡过莱茵河了，当他们大批地流入高卢之后，对于罗马人民即将形成一个威胁。他并不认为野蛮人有那样凶猛，能够占领全部的高卢，而是相信他们会像过去的辛布莱人和条顿人一样，分批渗入该省，然后再向意大利推进。总而言之，他觉得应该马上设法应付，而不可以再有片刻的延迟。

公元前 58 年，恺撒命令阿里阿费斯塔斯停止日耳曼人的移民，当他拒不奉命之后，恺撒即领兵用强行军进到费松提阿（Vesontio），以强制执行这个命令。从那里，他又进到了贝尔弗特缺口，阿里阿费斯塔斯的军队正在那里宿营，等候一个斯华比亚（Swabian）部落渡河。这个部落正集中在莱茵河的东岸上，这是渡河的先声。在 9 月中旬，恺撒诱使敌人出战，经过了一次血战之后，把他们击溃。虽然阿里阿费斯塔斯幸免于难，但在惨败之余，不久也死了。

因为他认清了，假使他现在撤回原地，则日耳曼人的移殖毫无疑问还是会继续下去，所以恺撒决定把莱茵河当作中北两高卢的东疆，使它变成一道有效的障碍物。其次他又出发征服比利时族（Belgic），他们大部分也是属于日耳曼种系的，他们所在的地区，大致即今天的比利时。公元前 57 年，他从费松提阿率领了 8 个兵团向北进发，击败了尼尔维人（Nervii），使他对于科隆（Cologne）以下的莱茵河岸，也获得了有效的控制。两年以后，他又进到了桑顿（Xanten），利用诡计把日耳曼人的酋长都一网打尽了，于是再对于这些已无领袖的人民，进行大量的屠杀。当他把从桑顿到贝尔弗特之间的莱茵河都完全占稳了之后，又决定渡过莱茵河。据他自己的记载是这样说的：因为他看到日耳曼人极易于受到诱惑而侵入高卢，他希望使他们要为他们自己的命运而感到害怕，要使他们知道罗马军队也一样能够越过莱茵河，攻入他们的故乡。现在当他已经为罗马帝国建立了一条“最后的极限”之后，就在科布伦茨（Coblenz）以南架桥渡过莱茵河，在它的东岸上做武力的示威。他把苏格门布莱族（Sugambri）的领土蹂躏了一番之后，才再撤回高卢。

以下就是罗马人眼中所看到的日耳曼人的情形，恺撒在他的《高卢战记》中，对于他们曾经有下述的评论：

> 他们的全部生活是由狩猎探险和军事行动所构成的；从幼年的时候起，他们即惯于吃苦耐劳。能够保持童贞愈久的人，愈能获得族人的尊敬。
>
> 他们对于农业缺乏兴趣，其食物中的大部分为牛奶、酪油和肉类。没有一个人有固定的土地所有权，他们的酋长每年指定每个部落或家族耕种某块土地，过了年又强迫他们调换地方。这种办法的实行有许多原因。第一，他们害怕安土重迁会影响其作战的勇气。其次，他们害怕有了私产之后，就会引起内部的争端。最后，他们希望大家财富是平等的，可以使每个人都感到满足。
>
> 他们认为扩充疆界是一种最高的荣誉。他们认为邻近部落都被赶开，没有一个人敢住在他们的附近，这是一种勇敢的真正表现，此外他们也觉得这样才安全，不怕受到突然的侵入。当国家发生战争时，才临时推选主将来指挥他们，并赋予其生死大权。在平时他们并无中央政府的组织，各部落的酋长分别对其族人行使司法权，或解决纠纷。他们很好客尚义，凡是为

> 了任何理由而投奔他们的人，都可以受到保护，一切食住都愿意与朋友共同分享。

从这些详细的记载中看来，也许就可以判断日耳曼人实为一种半游牧民族，属于本书导言中所谓的“车骑”民族（Wagon-Folk）。虽然恺撒不曾说明他们拥有用牛马拖拉的车辆，但若是没有车辆，则绝不可能做那样大规模的运动。我们知道赫尔费提人是有车辆的，因为恺撒曾经提及这一点，而且他还说他们曾用车辆作为防御壁垒来作战。由此看来日耳曼人的迁移，是受了生活方式的影响，而不是出于人口过多的压迫。[1]

塔西佗（Tacitus）说他们身材高大，碧眼金发。他们只能偶然地勇敢奋发，而不能忍耐长时间的劳苦。虽然他们是凶猛的斗士，但其军事组织却粗糙到了极点，他们的连营即是由家族和部落所自动组成的，很少有剑或是长枪。他们携带着一种短矛，用他们的语言来说，叫作“Frameae”，上面装着一个狭窄短小的铁头，很尖锐也很轻便，他们无论是在远近距离的战斗中，都使用这同一种兵器。骑兵使用一个防盾和一柄短矛；步兵还携带有投矢，能够投到很远的地方，因为他们不着外衣，最多不过一件轻便的斗篷。他们一点都不考究服装，很少有人穿着胸甲，偶尔有一两个人曾戴着金属或牛皮的头盔。马匹的外表和速度都不足称道，训练的方式也与罗马的不同。大致看来，其步兵的战斗力较强，所以他们的步骑兵在战斗中总是混为一体的。第一线全为步伐迅速的步兵，是从全体战士中挑选出来的。其战线成为楔形，若是遭到压迫，即向后撤退。他们认为这是一个战术性的问题，并不认为退却就是懦怯。斯塔波在他的地理学上，又补充了一点说：对于这些人，不信任实为最可靠

[1] 斯塔波（Strabo）对于日耳曼人，有更详细的说明：这些民族既不耕种，又不累积财富，日食所需都是靠牲畜，他们经常把全家载在大车上，赶着牲口逐水草而居。

的防御；因为若是信任他们则一定会吃大亏。[1]

他们的领袖是以勇敢为条件来选择的，他的指挥方式不是靠权威的强迫，而是要以身作则。塔西佗也告诉我们说：在战斗中，所有的人员都以能与将领看齐为光荣。此外一切作战用的兵器和马匹，也都由各连的连长供给，以代替薪饷。这些东西的成本又用战争和劫掠的手段来供给。

以上所说的就是罗马人所认识的日耳曼民族，他们散住在莱茵河以东和多瑙河以北的广大地区中，那还是一个未知的地区，充满了深山、森林和沼泽。大约从公元前 12 年，开始变成了罗马帝国的北疆。

从战略上说，这实在是一个极不完美的疆界，因为那两条河流形成了一个巨型的突出地带，其顶点即为贝里。在这个突出地区之内，日耳曼人可以占有内线的便利，而在外面的罗马兵团却被迫必须采取外线作战的方式不可。前者，只要他们愿意的话，可以任意选择莱茵地区或多瑙地区之一而加以攻击；反之，后者却要同时防御两个地区。而且当从这个地区向那个地区增援时，就必须绕过一个三角形的两边。此外，莱茵河也和大流士一世时代的爱琴海一样，不是一个种族性的边界。在莱茵河以西，有许多居民也是属于日耳曼族的，一旦与莱茵河东岸的日耳曼人发生了纠葛，则他们就都会对其同族表示同情的，正好像欧洲的希腊人同情于爱奥尼亚的希腊人一样。早在公元前 17 年，苏格门布莱等族人曾经侵犯河西地区，并乘罗马守将罗利乌斯（Marcus Lollius）不备，将其击败。[2] 除了这些弱点以外，奥古斯都又认为高卢是西方的埃及，对于在莱茵河上的大军，是一个最重要的补给基地。尽管野蛮民族尚未学会架桥

[1] 塔西佗生于 55 年，活到 117 年以后。他把日耳曼人称为“高贵的野蛮人”(Noble Savage)，足以表示他对当时罗马文明的不满意。

[2] 据罗马的古籍所记载，罗马人认为这是一次很可耻的惨败。

的技术，莱茵河可以算是一个巨大的障碍物，但是高卢的内部还并未完全平定，在中欧若再听任敌意势力的滋长，则对于罗马而言，似亦非良策。

虽然对于这几个问题，并无一个最理想的解决方案，但是奥古斯都却认清了，由于现在留在伊吕里库姆的兵力已经可以自由抽动，所以可以用来把莱茵疆界首先推进到威悉河（Weser），再进一步到易北河（Elbe）上——他却并无再向东进展的意图。但是果能如此，则在北疆方面可以获得下述的改进：这个突出地区被消去了，取而代之的为一条大致平直的河川界线，从汉堡一直拉到维也纳。从汉堡起，经过莱比锡和布拉格，可建立一条直达维也纳的横行交通线，以作为科隆—贝里—维也纳之线的补充。虽然向前推进之后，也还是不能获得一条种族性的疆界，但是由于现有的边界已经向东推进了 200 英里到 250 英里，所以高卢感受日耳曼攻击的安全度当然也相对地增加了。事实上，奥古斯都心中所考虑的，似乎与拿破仑所想的差不多。当拿破仑在 1806 年建立所谓“莱茵联邦”的时候，其目的是想在法国与假想敌普奥两国之间，建立一个缓冲国——法国人今天仍然还在追念这个问题。

在公元前 15 年和前 14 年，德鲁苏斯正在与他的兄长提比略一同在巴伐利亚南部作战。自此以后他就升任了三个高卢的总督。他出生于公元前 38 年，在一个英雄世家中长大的，是一个充满了活力和雄心的人。他一心只想立大功和成大事。当决定了日耳曼人应加以膺惩之后，在他心里所隐藏着的计划，是不仅为了洗雪罗利乌斯失败的耻辱，痛惩苏格门布莱族而已，而且还想切除夹在莱茵河和多瑙河之间的舌形地带，以缩短高卢与伊吕里库姆之间的交通线。在这个富有雄心的计划中，第一步即为达到易北河上游，征服沿途的蛮族。

德鲁苏斯，第一步，在莱茵河上建立一条冬季宿营线，其中两个主要的营地，一在费提拉（Vetera），面对着李培（Lippe）河谷，另一在莫根台孔（Moguntiacum，即今之美因茨［Mainz］），面对着美因（Main）河谷。其次在公元前 12 年，在蹂躏了西发里亚（Westphalia）之后，他就在拉卡斯弗里弗湖（Lacus Flevo）集中了一支巨大的舰队（即为今日的须德海［Zuyder Zee］，当时还是一个湖），航驶到埃姆斯（Ems）河口，赢得了一个相当大的海军胜利，再进至威悉河口，并与弗利西亚人（Frisians）缔结同盟。赢得了海岸之后，到了公元前 11 年，他才开始侵入日耳曼的本部。他经过苏格门布莱的领土，进到威悉河的中部，在那里暂停了一下，又回到莱茵河上。第二年，他离开了美因茨，侵入恰提人（Chatti）的领土，经过海尔西尼亚（Hercynian）森林，从美因河进到了威悉河，在图林根（Thuringia）打击在马柯曼尼族（Marcomanni）上面。再由此向北，穿过了齐鲁斯基（Cherusci），可能在马格德堡（Magdeburg）达到了易北河岸。当他在公元前 9 年凯旋荣归的时候，却坠马受伤，终于不治身死。继任的人为他的长兄提比略，比他大了 6 岁。在他继续指挥之下，这个战役终于获得了成功的结束。此后，在公元前 7 年，提比略才离开日耳曼，到东方去接受新的任命。

可是德鲁苏斯的征服太快了，难于持久，到了公元前 1 年，齐鲁斯基人开始反叛了，等到公元 4 年，日耳曼的全面情况就已经变得很严重，于是提比略又奉命到那里去重建权威。

在他的第一次战役中，他追到了威悉河上，受到各部落的迎降，直到北海海岸为止。他在李培河谷中宿营过冬，公元 5 年，他对于日耳曼北部做了一次距离最远和规模最大的远征。在莱茵河上他集中了两支军队：一支用大船载运，驶出海去绕过弗利西亚海岸，以进入易北河口；另一支则自莱茵河上，向东行军，在击败了南哥巴尔地人（Langobardi）之后，再与那支海运的兵力相会合。后者此时已经扫过了日德兰（Jutland）海岸，向北直到施卡格拉克（Skagerrak）为止。当他已经征服了北面诸族之后，于是就准备转向南面，去征服马罗波达斯（Maroboduus）——他是马柯曼尼族的国王，在公元前 9 年，已经率领该族，从图林根迁移到了波希米亚（Bohemia）。

对于这个公元 6 年的战役，他的计划是想用钳形攻势取胜的。莱茵河上的军队，在萨图尔尼努斯（Saturninus）指挥之下，从美因河上向纽伦堡或艾格尔（Eger）进攻。而伊吕里库姆的军队，则在他亲自指挥下，从卡仑坦（Carnuntum）向北进攻，一共动用了 12 个兵团，据说这个计划要算是一个杰作，在军事艺术史上应占有光荣的地位。但是当两军进到波希米亚中部，距离最后目标不过几英里远的时候，突然有坏消息传来，说在伊吕里库姆已经发生了严重的叛乱。提比略立即与马罗波达斯讲和，率领他的纵队赶回南方去。

事实的真相是这样的：达尔马提亚人，由于忍受不了人员和物资的搜刮，突然反叛了。因为驻兵均已撤走，所以一点约束也都没有。这个叛乱传播得极为迅速，整个伊吕里库姆和潘诺尼亚都势成燎原。叛军的总数有步兵 20 万人，骑兵 9000 人。罗马立即大为惊恐，因为既无预备兵力的存在，而招募兵员又极感困难，所以又不能立即编成新的兵团。虽然如此，提比略对于这场大乱，却处理得甚为巧妙。他并不与叛军交战，只是把他的兵力分为许多纵队，占领所有的要点，用坚壁清野的方法，迫使这些叛徒因为饥饿而投降。公元 8 年，潘诺尼亚投降了，第二年达尔马提亚也平定了。提比略留下了格马尼库斯（Germanicus）[1] 去稳定这些收复的地区，而自己则回意大利去。当乱事平定了 5 年之后，罗马又接获了一个报告：在日耳曼方面已经发生了一个惊人的灾难。

当公元 6 年，提比略离开了日耳曼，去进行对马罗波达斯的战役时，萨图尔尼努斯的位置也改由瓦鲁斯（Publius Quintilius

[1] 格马尼库斯为德鲁苏斯与安东尼娅（Antonia）所生的儿子，出生于公元前 15 年，做了他大伯提比略的义子。安东尼娅则为安东尼与屋大维娅所生的女儿。

Varus）来接替。这个人过去曾任叙利亚总督，据说在那里发过大财，这在那个时代中并没有什么了不起。他秉性温和，举止文雅，心智也和体力一样迟缓，惯于室内的工作而不能够打仗。他曾经与奥古斯都的孙女结婚，所以事实上，他能获得这个任命，完全是裙带关系。不过此时莱茵河上已经平静无事，野蛮人都开始被罗马人同化，愿意和平地做生意，双方建立了市场。高卢更是太平安定，日耳曼已经是群龙无首了。在这种平静无事的状态之下，所有的驻军也都变得懒惰软弱了。

瓦鲁斯对于这种情况应该加以矫正，这固然是不易之论。虽然他的过错是很多，尤其是当他失败了之后，更全堆积在他的身上，不过其最主要的弱点都还是愚笨，而不是暴虐。很显明，他是太缺乏想象力，不能够掌握凶猛的日耳曼人与柔弱的叙利亚人之间的巨大差异。狄奥的《罗马史》上说：他除了把他们当作是罗马人的真正奴隶，向他们下命令以外，就是向他们榨取金钱，好像他们是被征服的民族一样。费拉斯（Velleius）是一个含有敌意的批评者，说他当受任之始，即认为这个用武力尚不能征服的日耳曼人，是可以用法律来安抚的。似乎这个人，是官僚成分多于军人，而他的统治比较软弱，倒不是有计划的压迫。

真正的祸端起于用金银作为纳贡的偿付物。在西方也和在东方一样，罗马人要索取被征服民族的黄金。但是在东方因为购买奢侈品，黄金又可以流回，而在西方则否，他们根本就不出产奢侈品。结果是贵重金属的来源日益枯竭，而日耳曼人主要是用它们来制造饰物。黄金是那样稀少，使得各族的贵族都极感不满。

瓦鲁斯所指挥的一共有 5 个兵团，其中有两个是驻在莫根台孔，其余 3 个在冬季驻在李培河上游，在夏季则驻在威悉河上。[1] 因为现在表面上太平无事，所以驻军并不集中在一起，而分散在各地，

[1]　这个分布不一定准确。

从事伐木、筑路和造桥的工作。也和惯例一样，驻军中也包括着许多的女人和小孩子。

公元 9 年的夏天还是平安地度过。到了 9 月，当瓦鲁斯正在准备从夏季营地移往冬季营地时，突然听到了有一个邻近的部落发生了叛变。他立即决定不直接返回阿里索（Aliso），先经过叛乱的地区，再回到冬季营地。在他尚未出发之前，他本应该把所有的妇孺先送回阿里索，但很可能他是把这个叛乱只当作一种局部事件看待，绝不曾想到在前途上等待他的，却是世界历史上最具有决定性的会战之一。

事实上，他所接到的这个叛乱消息，是一个安排得极为巧妙的诱敌计划中之第一个步骤。设计这个计划的人是一个齐鲁斯基的青年人，名叫阿米尼乌斯（Arminius），他曾经在提比略的军中服役，参加过潘诺尼亚和伊吕里库姆的戡乱战争。毫无疑问地，在这些战役中，他对于罗马人的一切，曾经有过极深刻的研究。他本是齐鲁斯基酋长西吉米尔（Sigimir）的儿子，已经获有罗马公民的资格，并升任骑兵军官。当他调到瓦鲁斯司令部中服务时，还不过 26 岁。在个性方面来说，他是冲动型的。塔西佗说他具有“狂热的精神”，是“日耳曼的火种”。他对于罗马人内心中藏有极深的仇恨。很显明，他是想使在南方未能成功的叛乱，在北方能够成功。此外，他似乎也是为了对于其叔父报私仇。他的叔父为西吉斯提斯（Segestes），是瓦鲁斯的忠实拥护者。他的女儿屠斯尼尔达（Thusnelda）本来与阿米尼乌斯通奸，但他却不允许他们结婚。最后，他对于瓦鲁斯本人，具有极度的藐视心理。因为照他看，瓦鲁斯好像是一个文官，而不是一位将军，这一点也许他是对的。

他的计划经过了极小心的安排。他利用瓦鲁斯的疏忽大意作为进行阴谋的好机会，他很机警地认清了，一个人假使毫无畏惧，就最易于被击倒，而一切灾难的最普通起因，莫过于安全感的存在。当瓦鲁斯正要准备回到阿里索的时候，阿米尼乌斯就制造了这个叛乱，以引诱他走过一个似乎是安全但又很困难的地区，盼望他可能会松懈了他的警戒，等到把他引到了森林深处之后，就可以将他刺死了。

对于这样一个大规模的计划，要想保密是很少有可能性的，西吉斯提斯听到了风声之后，即立刻报告瓦鲁斯，劝他把所有的阴谋叛变人员都加上锁链。瓦鲁斯不听信这个劝告，也许他认为西吉斯提斯是挟嫌诬告，想暗害他的侄子。于是到了公元 9 年 9 月、10 月之际，瓦鲁斯率领着第 17、18 和 19 三个兵团，一共约 2 万人，后面拖着绵长的行李纵列和军眷，开始出发了。

关于这次行军最后阶段中的详细情形，我们无法知道，虽然有几个近代的作家，对于这个灾难曾做完整的叙述，但多属臆测，因为两个最可靠的权威——费拉斯和狄奥——对此都并未留有详细的资料。但是我们却知道阿米尼乌斯是一直随伴着瓦鲁斯，而他的亲信则散布在纵队之中，一直到准备起事的前夕，他还始终在瓦鲁斯的身边。西吉斯提斯又再度向瓦鲁斯提出警告，但又遭到了拒绝。接着，当罗马兵团正在沼泽和森林中盘旋前进时，阿米尼乌斯和他的党羽突然失踪了。同时瓦鲁斯接获了报告，说前哨中的士兵已经受到了杀害，这就是叛变开始的信号。瓦鲁斯似乎就立即回头，取道多仑隘路（Dören Pass）通到阿里索的路线。

因为他带着大量的辎重和军眷，情况当然是不可能太乐观，但是比起过去恺撒和德拉苏斯所常常面临的情况，又并不能算是太恶劣。不过他们是军人的领袖，而瓦鲁斯只不过是刀笔之吏而已。会战的真正起点是在哪里，也已经不可考。塔西佗说以后当格马尼库斯发现瓦鲁斯和其部下的骨头时，是在托土堡森林（The Teutoburger Wald）之中。这个森林位于埃姆斯河和威悉河之间，在当年应该是覆盖着一个极广大的地区。有些权威专家认为实际的战场是在狄特莫德（Detmold）附近，另外有一些人则说是在明斯特（Münster）附近。很可能前者为战斗的起点，而后者则为终点。

图二十二　托土堡森林会战，公元 9 年

因为假定明登（Minden）为瓦鲁斯夏季营地的位置，所以当他撤退时，毫无疑问是会趋向多仑隘路的，以后当听到了阿里索已经受到了敌人的包围，那么他的最好退路当然就是沿着埃姆斯河的下游走，趋向明斯特了。不过究竟悲剧是在哪里演出，在许多专家之间，还是争论不决。

狄奥告诉我们：当罗马军正在森林中砍树找路前进时，突然碰着一场极大的暴雨，使地面溜滑不堪，简直寸步难移，树木的顶部不断地折毁落下，造成了极大的混乱。罗马军队已经丧失了任何的秩序，车辆和非武装人员夹杂在一起。于是阿米尼乌斯突然地发动攻击，对着这一群毫无秩序的人们，投掷标枪。虽然如此，他们还是暂时撑住了，并且构成一个设防营地。

第二天上午，当他们把大部分的车辆焚毁了之后，秩序也略为恢复，于是罗马人且战且走，到达了开阔地上。可是不久又走入了森林，接着再度受到了惨重的损失。那天夜间，他们又暂时休息了一下，第三天上午他们继续前进，又遭遇到空前的大雨，不仅阻止他们前进，而且连立足都很困难，更糟的是使他们无法使用兵器。因为一切弓弩标枪都无法使用，而防盾也完全被浸透了。现在阿米尼乌斯的机会又来了，他冲进了毫无组织的敌人当中，使他们完全崩溃。主管骑兵的鲁莫尼乌斯（Vala Numonius）首先逃走了。瓦鲁斯和所有其他的较高级人员，害怕他们会被敌人俘虏，或是被杀害——因为他们都早已负伤——于是勇敢地做了一件可怕而无可避免的事情：集体自杀了。最后据费拉斯的记载说：在森林沼泽之中，所有的罗马人都被敌人消灭殆尽，不留一人。过去他们对于这个敌人，是好像对于牲畜一样地尽情屠杀，现在却轮到他们自己来尝这种滋味了。

所有的被俘人员都被钉在十字架上，活活地烧死，或是当作祭神的牺牲品。几年以后，当格马尼库斯去凭吊这个古战场时，他发现白骨成堆，到处都是标枪的碎片，马匹的肢体，骷髅被钉在树干上面。对于这种悲惨的场面，塔西佗曾经有过极生动的描写。

尽管瓦鲁斯遭到了这样一次惨败，可是卡地修斯（Lucius Caedicius）却坚守着阿里索，利用他的弓弩累次击退了来攻的敌人。以后在围困之中，他又能乘黑夜突围而出，带了许多的妇孺，退到了费提拉，再在那里与阿斯普里那斯（Lucius Nonius Asprenas）所率领的两个兵团会合在一起。阿米尼乌斯的乌合之众，不敢穷追，自行退去。对于这样一个惨败，有如此的结果，总要算是不幸中之大幸了。

从罗马帝国境内到处所传播的耳语流言来分析，即可以知道这次惨败的影响是如何的广泛。根据狄奥的记载，当时有许多谣传的凶兆：例如战神庙为雷所击毁；阿尔卑斯山好像彼此崩塌在一起；在日耳曼境内有一座胜利女神的塑像，本是面对敌人的，现在却已经改变面向意大利了。这当然都是不合理的谣言，可是在人心士气上来说，却是一种真正的凶兆。罗马的国威受到了一个致命的打击，从此野蛮人知道了罗马兵团并非无敌，凡是阿米尼乌斯所能做到的，旁人也照样可以做到。更糟的是罗马人本身也知道了。所以无怪其然，当奥古斯都听到了这个坏消息之后，撕开了他的衣服，大声地痛哭，因为他也害怕敌人会一直向意大利进犯，甚至直攻罗马城。在意大利境内，所余留着合于兵役年龄的公民，人数实在太有限了。虽然如此，他还是振作精神，立即开始准备工作。因为凡是合于兵役年龄的人都不想入伍当兵，所以只好实行抽签，在35岁以下的人民当中，五个抽一个，在35岁以上的人民当中，十个抽一个。凡是规避逃走的人，则没收他们的财产，取消其公民资格。最后，大家还是不肯听话，所以他甚至对于某些人处以死刑。即令这样的严刑峻罚也还是效力不大，在他有生之年，这三个丧失了的兵团始终还是不曾补充起来。这在所有的凶兆当中，应该是一个最可怕的了。所以他甚至气得让头发和胡子长了几个月，都不去修饰一下。他常常会把头碰在门柱上喊道："瓦鲁斯呀！还我的兵团来！"

尽管这些记载并不一定完全可靠，可是这三个兵团从此不曾再编组起来，却是一个事实。这并不是瓦鲁斯使它们丧失，而是罗马已经丧失了它的活力。在这次惨败之后，提比略又再度接管日耳曼的指挥权，到了公元13年，格马尼库斯继承他的职务。在一连串的战役中，他们曾再度到达了易北河，并且曾经累次击败日耳曼人。不过尽管如此，事实上这条河却已经成为罗马人的海发西斯河（Hyphasis）。所有的战役尾声，都还是撤回到莱茵河上，从此以后，莱茵河即成为拉丁文明的东北疆界了。

不过这里还有一层更深入的原因，比罗马活力的丧失还要更深入，这却要在奥古斯都的个性中去寻找。尽管在他那个时代中，他是威名赫赫的，可是他却有一点名过其实，并非一个真正的英雄人物。虽然他并不缺乏勇气和坚强的意志，可是作为一个人类的领袖而言，却并不能与恺撒相比拟。他是一个高明的投机分子，利用巧妙的手段，变成了他这个帝国的"总经理"，而不是一个真正的"帝王"。他是把罗马当作一个大企业，一个巨型专利事业看待，而把各省和疆界当作是它的股票和保险看待。他缺乏一种像磁电一样的感人力量，不能迫使旁人去完成似乎是不可能的工作，这一点也就是天才与仅仅是伟人之间的区别。一言以蔽之，他是一个超级的"布尔乔亚皇帝"。所以尽管他所征服的地区颇多，但在精神上，却都是守势性的投资。等到疆界已经完整，其所有心理上和精神上的进取心，也就随之而销蚀了。物质上的冒险与精神上的冒险是共存亡的。

最后，由于这种精神上的刺激丧失了，他对于东北疆界，就仅只是墨守前人的遗业。这个事实在历史上所造成的结果又是怎样呢？想象回答这样一个玄想的问题，我们一定要注意到许多"想当然尔"的假设，不过就其全体而言，也并非不可以猜度。诚然，日耳曼并非高卢人，他们要比高卢人野蛮得多了，但是由于这个帝国既然注定了还要再延续400年之久，则我们若是做下述的假想，也似乎并非不合理。若是罗马帝国的东北边疆位在易北河上，而不是在莱茵河上，则本书下面的一章也许就要完全改写了，再进一步说，以下各章也都会有不同的内容。克里赛（Sir Creasy）在他的《世界上十五次决定性会战》一书中，也曾正确地指明：假使罗马人守住了易北河一线，则"我们"这个岛也永久不会叫作"英格兰"了。而更重要的是，我们再也不会是英国人了。英国人的整个历史都会改头换面了。再说到在易北河以西的日耳曼地区，若是在以后400年当中，不断地受到罗马化并建筑好道路，那么西欧就只会剩下一种文化，而不是两种永远冲突的文化了。所谓法德两国之间的问题可能不会再有，或至少会与现有的情形完全不同。查理曼、路易十四、拿破仑、威廉二世和希特勒都可能完全没有了。

据说，奥古斯都在亚历山大城的时候，曾经下令把亚历山大大帝的石椁打开，以便他将一顶黄金的皇冕戴在亚历山大的头上，并且在他的遗体上面布满鲜花。此外，在奥古斯都的戒指上，也刻着这个伟大马其顿英雄的头像。可是在心理上，他们两个人之间是大有区别的，在亚历山大的心灵中，除了大洋以外，再无其他的疆界，而奥古斯都的“伟大观念”却是有限的。所以，尽管在以后历代皇帝的统治之下，在实质上，疆界还仍然有所扩张，可是在精神上，却早已固定了。罗马已经由一个帝国变成了有限责任公司。当奥古斯都以 76 岁的高龄于公元 14 年 8 月 29 日在诺拉（Nola）逝世时，他遗留给这个帝国的就是这样一种的“伟大观念”。继承他的人即为其义子提比略。

大事记（八）

罗马的和平

由共和国改变成帝国，这就引起了一个权力的问题，这个问题自始至终成为罗马的大害，促使罗马帝国衰亡者，这也是最重要的因素之一。奥古斯都所握有的大权，在理论上来说，还是元老院和人民授予他的，当他一死之后，这个权力也就应该自动地消灭了。为了解决这个困难，奥古斯都想到一个临时性的解决办法，就是设法使其他的人能够与他共享这个大权。首先是阿格里帕，之后即为他的义子提比略。当他在公元 14 年逝世的时候，虽然由于他的威望，提比略做了他的继承人，可是这却并不能构成一个“先例”，于是其无可避免的结果即为，因为皇帝权力的最后基础仍为军队，所以拥立皇帝的权力首先移入禁卫军的手里，然后再又转入兵团的手里。

之后，提比略因为皇帝继承人的选定，超出了其权力的限度，所以就只暗示地指定其孙子格米卢斯（Tiberius Gemellus）和侄孙盖尤斯 · 恺撒（Gaius Caesar），作为其私人财产的继承人。以后当他在公元 37 年逝世时，格米卢斯却被搁置在一边，因为盖尤斯获得了马可（Marco）的支持，后者为当时禁卫军唯一的提督。当盖尤斯在公元 41 年被刺时——这个事件也与禁卫军有关——提比略的侄子克劳狄（Claudius）开创了一个恶劣的先例：他给予禁卫军一笔很巨大的犒赏，遂被他们拥立为皇帝（Imperator）。盖尤斯的侄子尼禄（Nero），在公职上的升迁要比盖尤斯的儿子布里坦尼库斯（Britannicus）迅速。当然公元54年克劳狄逝世时，尼禄的母亲就煽动禁卫军拥立她的儿子为皇帝，其条件为给予一笔犒赏，和克劳狄所给予的一样丰厚。公元68年，尼禄又受到禁卫军的反对，只好自杀以逃避他们的杀害。

尼禄死后，举国骚乱，若非名将韦斯巴芗（Vespasian，公元69—79年在位）为埃及兵团和多瑙河上的部队拥立为帝的话，那么罗马帝国即可能会发生另一次长期内战。当他战胜了维特利乌斯（Vitellius），又重建了“罗马和平”。虽然如此，这个“四个皇帝的年头”（the year of the four emperors）却留下了一个如此可怕的回忆，连军人的内心中也有这样的感想。[1] 所以当公元96年，韦斯巴芗的幼子图密善（Domitian）逝世时，虽然并无嗣子，军人们却愿意将这个继承人选择的权利让与元老院。一直到了公元193年，皇位继承问题才再度成为内战的起因。

韦斯巴芗之后，他的二子，提图斯（Titus，公元79—81年在位）和图密善（公元81—96年在位）相继嗣位，使罗马帝国获得了高度的繁荣，图密善于96年逝世后，继承他的人为内尔瓦（Nerva），以后在98年又由图拉真（Trajan）继承。图拉真是西班牙人，可能为恺撒之后最有能力的名将。在他的统治期中，大部分是忙于边界战争。在公元101年到106年，他在多瑙河下游地区作战，征服了达西亚（Dacia，即今之罗马尼亚）并使其变成了罗马的殖民地。其次，他又把注意力移到了黑海的东端，在115—117年，

[1] 所谓四个皇帝为奥托（Otho）、加尔巴（Galba）、维特利乌斯和韦斯巴芗，他们都是为军人所拥立的皇帝。第一个打倒了第二个，第三个打倒了第一个，最后第四个又打倒了第三个。

他击败了安息人，使亚美尼亚、美索不达米亚和亚述都收入罗马的版图。

继承他的人为哈德良（Hadrian，117—138 年在位），又是另外一位名将兼政治家。在他的朝代中，罗马变成了世界上最壮丽的城市。他紧守着达西亚，但却放弃了图拉真在东方所已经获得了的领土，他使他的军人忙于修筑夹在多瑙河与莱茵河之间的长城和在不列颠境内的长城，此外他又建筑桥梁、水道和其他公共工程。他死于 138 年，继承他的人为安东尼努斯 · 庇护（Antoninus Pius），他的时代是如此太平，几乎无可记录。在公元 161 年，他的女婿奥勒利乌斯（Marcus Aurelius）继承他的皇位，他的女儿即为劣迹昭著的浮斯提娜（Faustina）。

在这两个皇帝的统治之下，罗马的和平时代达到了它的最高顶点。但是它现在已经长大成为一个地中海国家，诚如奥古斯都所预料的，意大利已经降级变成了一个省区了。导致这种情形的许多因素之一，即为一种普遍性法律的建立。诚如罗宾逊（J. H. Robinson）所说的："它宣示了人类不再是一群民族或部落，各有其自己的领土，而是天下一家，包括在一个伟大帝国之内，并受单一法律系统的管制，这种法律的基础即为公正和理智。"其他的因素为良好的道路系统，它使这个帝国在文化上、经济上和战略上都连成了一片；它拥有共同的货币，共同的度量衡；它建立了银行制度和支票制度；海上已经强盗绝迹，贸易的范围扩展到印度和中国。在西西里岛以西，文明社会所使用的共同语言为拉丁文，在该岛以东则为希腊文。最后，整个的帝国均由兵团围绕保护着，从苏格兰的边境起，到幼发拉底河，以及北非，好像是道堤防，挡着堤外野蛮潮流的侵袭。

公元 175 年，一位希腊的诡辩家阿里斯提得斯（Aelius Aristides），曾经在一篇对于奥勒利乌斯皇帝的颂词中，对于当时的情况做下述的描写：

> 现在整个世界都好像是在欢度假期一样，脱下了古代的铁衣，穿上了自由欢乐的锦袍。所有的城市都已经放弃了它们的旧有争端，而只想在一件单纯的事情上争胜，那就是每个城市都希望使它自己变得更快乐和更美丽。到处都是游戏场、林园、神庙、工厂和学校。城市充满了光明和美丽，整个大地好像是皇帝的花园一样。友好的烽火从它的平原上升起，而那些战争的狼烟就好像是随风飘到了山海以外去了，代替它们的是说不尽的美景和欢欣。今天，希腊人和外国人都可以空着手，或是满载着金钱，到处做自由的旅行，好像是在自己家里一样。只要是做了罗马人，或者是陛下的臣民，即可以有安全的保障。荷马曾经说过大地是属于大家的，而您却使这句话变成了现实，因为您已经测量了整个的世界，在河川上架了许多的桥梁，把山地开成了驿道，在沙漠中建立基地，使万物都文明化，使其具有纪律和生命。

当阿里斯提得斯正在歌功颂德的时候，他却似乎并未认清所谓“罗马和平”的时代，是已经快到了深渊的边缘。早在公元 162 年到 165 年，奥勒利乌斯即已在与安息交战，这场战争结束之后，他又被迫忙于修补他的北疆。此时，马柯曼尼人、南哥巴尔地人和夸地人（Quadi）等野蛮民族，都纷纷由多瑙河上的根据地，扫过帝国的北疆，进到了依利里亚边境上。公元 167 年，他们冲入了意大利北部，向南骚扰直到维罗纳为止，这是两个世纪以来的第一次。此外阿里斯提得斯也不曾提及，一旦当这些野蛮人被逐退了之后，奥勒利乌斯又采取了另外一个危险的政策，准许他们中间的许多人移居到疆界之内来。

除了外在的危险，农业的衰颓也更加速了内在的朽烂，而这是从共和国时代即早已开始了的。兼并之风盛行，小地主都为大地主所吞噬。早在尼禄的时代，阿非利加省的一半土地，即分别掌握在

6 个大地主的手里。据说他们所握有的奴隶当中，能知道他们的主人姓名者不到 1/10，由此可以想见其数量的众多。

这种大田庄被称为“Villas”，在各省区中都有。最初，工作人员主要都是奴隶，但是之后因为不再向外征战，这种劳动人力的来源遂开始感到枯竭，于是只好强迫自由农民变成佃农（Coloni），实际上变为束缚在土地上的农奴。当他们还不够用的时候，劳动力市场就只好开放，让野蛮人——主要是日耳曼人——来补充。此外因兵源也同样感到困难，所以也早已招募野蛮人来补充兵团中的缺额。

另外一个使农业衰颓的主因，为土壤的逐渐贫瘠。耕地面积持续不断地减少，使帝国已经无法供养其日渐增多的人口。因此，大量的人口就拥入城市中，那里更成为民族的坟墓，因为乡村中才有生产，而城市却专谈享受。城市中人口的增加，遂成为一种与日俱增的财政负担。他们不事生产，却还要吃饭，当农村日益贫困之后，也就无力购买城市中的制成品，于是工厂工人也失业了，靠救济度日的下层社会人数更形增多。农业的衰颓又导致工业破产。

与这种生产低落同时发生的，即为金钱品质的降低，以使工商业和贸易能有足够流通的货币。[1] 在奥古斯都的时代中，货币是由纯银所铸成，到了奥勒利乌斯的时代，变为含银量 1/4 的合金，再过两代，含银量只剩下 5% 了。奥勒利乌斯为发军饷，已经找不到足够的金钱，只好用谷物来代替。到最后又改用屯田的制度，分给军人以定量的土地，让他们自己耕种。名义上称为“边防军”（Limitanei），实际上却成为农民所组成的民兵，战斗力遂大为减低，比起图拉真和哈德良二帝时代的精锐兵团，已经是有名无实了。因为这种边防军中的野蛮人一天天地增多，最后终于取消了兵团的组织。等到兵团组织消灭了，罗马足以压制野蛮人的力量也就随之而

[1] 即变相的通货膨胀。

消逝了，野蛮民族所组成的军队反而变成了国内的最高权力。

促成罗马帝国丧亡的另一原因为传统宗教的迅速消亡，取而代之的则为各种不同的新宗教。长久以来，罗马的上等人（知识阶级）就已经不相信他们的旧神，改研究哲学；至于下等人则改信东方的宗教，它们的种类很多，而其主要的教义则为克服死亡，长生不老。在这些新宗教当中，比较晚出的是基督教，它具有一神的观念，与埃及的古教相似。它的起源具有“共产”的意味，所以深为罗马城市中无产阶级所欢迎。因为他们对于上帝的东西与恺撒的东西之间，认为具有一个实际的界限，所以不久即发展成为一种“第三种族”，介于罗马人和野蛮人之间。在和平时代的第二个世纪中，基督教发展得很快，打倒了或吸收了其他的宗教，而成为一个主流。因为他们的信徒不肯服从现有的秩序，排斥异端，拒绝参加祭典，甚至不肯服兵役，不承认皇帝的近似神圣性，公开地预言帝国会崩溃。所以当年罗马人看待他们，很像今天西方人看待共产党。举例来说，苏东尼乌斯说它是“新的邪教”，塔西佗说它是“一种外来的死硬迷信”，而普林尼（Pliny）在他的《上图拉真皇帝书》中，也说它是一个“邪恶危险的迷信”。

罗马和平时代的第三个世纪也是送终的一个世纪，其开端为奥勒利乌斯在 180 年的逝世。经过了一度无政府状态之后，皇位才由塞维鲁（Septimus Severus）所继承。他是一个成功的军人，在 193 年由兵团拥立为帝，到了 202 年，才使罗马国内恢复了秩序。他的儿子卡拉卡拉（Caracalla，211—217 年在位）对于帝国境内的一切自由人，均给予以公民资格，使罗马人和野蛮人完全立于平等的地位。到了 235 年，塞维鲁的世系断绝了，于是风潮又再度掀起，各省的野蛮部队纷纷拥立他们自己的傀儡皇帝，不久又纷纷将他们打倒。从康茂德(Commodus)皇帝在 192 年逝世时起，以后 80 年当中，一共有 26 位皇帝。除了在奥勒利安（Aurelian，270—275 年在位）朝代中略微停息了一下，这种无政府状况一直延续到 284 年为止。

此后戴克里先（Diocletian，284—305 年在位）才又建立了一个近似永久性的和平。

戴克里先取消了元老院，变成了一个绝对专制的君主，使国家完全军事化和东方化。布里斯特德曾经这样说："在这些发展中，我们认清了东西间的合流，又已进入了一个新的阶段，这种合流是在 600 年前，由亚历山大大帝开端的。"把皇帝当作东方的太阳来崇拜，戴克里先被正式称为"永恒的太阳"，他的生日被定为 12 月 25 日。在他的统治期间，一直被迫与波斯人交战——他们现在又已经代替了安息人。为了当他不在时也可以使西方的行政不致受到影响，同时又为了避免皇帝死后再引起内乱，戴克里先又建立了一个新的制度。他设立了一个副皇帝，与他共同享有统治权。他们两个人都具有"奥古斯都"的头衔，此外每个人又都有一个助手，均称为"恺撒"。虽然他并无把这个帝国分为两个的本意，可是事实上，这却是走向分裂的第一步。因为现在有了两个皇帝和两个"恺撒"，而罗马省区的总数又已经增加到了 100 个以上，为了便于统治起见，又划分 4 个大行政区：（1）高卢，包括摩洛哥、西班牙、高卢和不列颠；（2）意大利，包括非洲、西西里、撒丁、科西嘉、意大利和今天的南斯拉夫及奥地利；（3）伊吕里库姆，包括达西亚、马其顿和希腊；（4）东方，包括色雷斯、小亚细亚、叙利亚和埃及。因为每一个奥古斯都和恺撒都有他自己的宫廷，所以这个腐化帝国的行政费用实在是太大了，于是只好采取"社会主义"的办法来解决财政问题。

经济资源日渐枯竭，租税日益提高，政府的负担逐渐向弱者的头上压下来，对于人民实行严刑峻罚，并雇用军人充当执法吏和秘密警察。富有阶级和布尔乔亚都逐渐消灭了。因为物质的征发过度，所以物价高涨，人口由 7000 万人减到 5500 万人。为了补充这种人力上的损失，除了拥有特权的统治阶级以外，其余所有的人民，不分阶级都被迫变成了政府的雇工，被束缚在他们的职业上面。私有经济制度被取消了，取而代之的为在国有农场和工厂中工作的强迫劳动制度。

这个时代的一个附带现象，即为封建经济的抬头。在 3 世纪的时候，又出现了一种“新富人”（Nouveaux Riches）阶级，形成他们这个阶级的有军人、官吏、承包商、暴利者、投机者，以及其他靠国家社会制度而发财的人。等到他们的势力变得够强大的时候，似乎就敢于与政府为敌了。这些人舍弃了垂死的城市，跑到乡间去，在他们的田庄中称霸为王，于是这里变成了生产的中心，而弱者也投奔他们，以躲避政府的压迫。于是帝国初期的布尔乔亚城市文化，一变而为后期的封建农村文化了。

公元 324 年，在戴克里先逝世，继之以长期的混战之后，君士坦丁大帝（Constantine the Great）才获得了最后的胜利。[1] 他的在位时期为从 306 年到 337 年。他选定了拜占庭为他的首都，并改名为君士坦丁堡（Constantinople）。因为首都的移动，等到君士坦丁的铁腕一旦放松，帝国的东西分裂也就成为定局了。此时，基督教也已经获得了巨大的权力。早在公元 311 年，加莱里乌斯（Galerius）皇帝因为认清了罗马所感受到的威胁是外来的危险，而且对于内在的基督教徒也感到莫可奈何，于是承认基督教与其他的天神崇拜列于平等的地位。虽然君士坦丁本人是直到垂死时才接受洗礼，可是在他指导之下，帝国教会的第一次大会，却已于 325 年在尼西亚（Nicaea）召开。诚如贝恩斯（N. H. Baynes）在《剑桥古代史》中所说的：“当他坐在这些基督教的主教当中时，他也是凭着他个人的力量，拉开了欧洲中世纪的序幕。”

[1] 戴克里先所拟定的继承制度，实际上并未能阻止内战的发生。

第九章

亚得里亚堡会战

君士坦丁大帝在公元337年5月22日逝世了，于是好像是一支快要燃完的蜡烛，这个帝国的火焰开始发蓝了。他虽然曾经使这个帝国再度统一，可是当他一死，国家马上就又陷于分裂了。他有三个儿子，君士坦丁二世、君士坦斯（Constans）和君士坦提乌斯（Constantius），在他一生当中，他们都做过他的“恺撒”，于是现在即开始鼎足三分了。第一人分得了西班牙、两个高卢和不列颠；第二人分得两个意大利、非洲、伊吕里库姆和色雷斯；第三人分得了普罗波恩蒂斯以南的地区、亚洲和东方，连同本都和埃及在内。这样的分裂毫无疑问会引起内战。340年，君士坦丁二世在阿奎里亚附近为君士坦斯所杀；而君士坦斯在350年，又为叛将马格仑提亚斯（Magnentius）的部下所杀。

值此之际，在338年，君士坦提乌斯却正在与波斯国王沙普尔二世（Sapor Ⅱ）交战。在344年或348年，他赢得一个相当的胜利，在辛加拉尔（Singaral）击败了波斯的“驿站”骑兵（Cataphracti），接着，他就开始去征讨马格伦提亚斯。351年9月28日，在潘诺尼亚境内的穆尔沙，他获得了一次决定性的胜利。马格伦提亚斯逃往卢格都努姆（Lugdunum），于353年自杀。从历史上的观点来看，这一战是很重要的，因为所受到的损失是那样重大，所以若说罗马帝国在东方的防御力量因此而大受影响，也似乎一点都不夸张。此外这一战在战术上也有相当的重要性。君士坦提乌斯依照波斯的模型，建立了一支罗马重骑兵，兵器和装甲都是学波斯人的，这却是他们在西方的第一次胜利。在这次会战中决定胜负的，即为骑兵的冲锋，这也显示兵团的光荣时代是已经接近尾声了。

355年，君士坦提乌斯指定他的表兄弟尤里安（Julian Apostate）为他的恺撒，派他到高卢去驱逐日耳曼人。日耳曼人现在已经渡过了莱茵河，占领了布拉班特（Brabant）和阿尔萨斯，正在向高卢的中心地区进发。他在356年阻止了他们的前进，次年，尤里安在斯特拉斯堡击败了阿里曼尼人（Alemanni），不久以后即重建了莱茵河上的疆界。

当尤里安正在收复高卢的时候，君士坦提乌斯也正在多瑙河上征剿夸地族和萨尔马提亚人（Sarmatian）。接着在359年，君士坦提乌斯又去攻击沙普尔二世，此时他正在亚美尼亚境内，围攻着阿米达城（Amida）。因为在穆尔沙一战中损失的兵力太大，君士坦提乌斯感到兵力不够，遂命令尤里安把他的大部分兵力送来增援。但是他却没有要尤里安本人一同来，于是尤里安部下的那些野蛮人部队，认为这是一种侮辱，遂违背了尤里安本意，拥立他为“尤里安·奥古斯都”（Julianus Augustus）。虽然如此，这位新被拥立的皇帝，还是延迟了很久，才开始出发往塞尔曼和奈沙斯，以阻止君士坦提乌斯的西进。361年11月3日，君士坦提乌斯在途中病死。

因为急于想要膺惩沙普尔，尤里安于363年把他的司令部设在安提阿，并前进到了幼发拉底河上，在泰西奉（Ctesiphon）与沙普尔遭遇着，并将其击败。他实行追击，在做了一段无意义的行军之后，最后还是被迫撤退，而在撤退之中，于6月26日受到了重伤，当夜即殒命。于是其御林军的一位将领约维安（Jovian）立即被拥立为皇帝。他和波斯人签订了一个可耻的和约，把戴克里先所赢得的五个省份，只保留了一个，其余都退还给波斯人。7 个月以后，约维安也死了。

次一个皇帝为瓦伦提尼安一世（Valentinian I），在位期为 364 年到 375 年。他是一个帕罗尼亚制绳匠的儿子，曾经指挥过在不列颠的兵团，在高卢战役中，曾在尤里安的帐下服务。他是一个能干的军人，虽然他立即开始整饬多瑙河上的防务，可是当他在 364 年 3 月 28 日，指派他的兄弟瓦林斯（Valens）做他的副皇帝时，却不知不觉地，等于打开了多瑙河上的大门，让哥特人可以大举入寇。他死于 375 年，继承他的人是他的儿子格拉提安（Gratian），他还只有 16 岁，所以对于那个住在君士坦丁堡的叔父，根本不能发挥任何影响作用。

因为在本章中所要叙述的大悲剧中，瓦林斯是一个主角，所以我们对于他这个人，有做进一步认识之必要。史学家阿米阿努斯（Ammianus Marcellinus）是我们的可靠向导中的一人，他对瓦林斯的形容是："一个优柔寡断的人，皮肤黝黑，有一个瞳孔有毛病，但远看却看不出来；他对服装很考究，身材中等，两膝内翻，肚子有一点凸出。"虽然阿米阿努斯毫不犹豫地告诉我们说，他是残酷、粗暴、野蛮和缺乏文化气质，但又说他是一个忠实可靠的朋友，对于军民的纪律，都十分注意。他是一个非常公正的统治者，对于贪污的官吏更是嫉恶如仇。依照吉本（Gibbon）的说法，他的最大弱点就是把犹豫拖延、模棱两可当作一种正当的谨慎。

现在，对于哥特人的大举入寇，就要靠这样一个人去抵挡了。

哥特人的发源地，通常是假定为斯堪的纳维亚地区，以后逐渐移殖到维斯图拉河（Vistula）上。从那里他们向南移动，达到了多瑙河中部，再往东走，占领了夹在普鲁斯河（Pruth）与顿河（Don）之间的地区。在这里，他们分为两个集团，占领该地区西部的，被称为西哥特人（Visigoths），占领其东部的，被称为东哥特人（Ostrogoths）。

公元 238 年，这个半游牧民族在下摩西亚省（Lower Moesia，保加利亚北部）与罗马人发生了第一次的接触。于是在 250 年，爆发了第一次哥特战争。在这次战争中，哥特人在其国王克尼瓦（Kniwa）领导下，包围了菲力普波利斯城（Philippopolis），赢得了一次巨大的会战，破坏了整个地区，据说一共杀人在 10 万以上。以后，在 258 年，他们侵入了切尔卡西亚（Circassia）和乔治亚。4 年后，他们又进到以弗所，把世界七大奇迹之一的狄安娜神庙（Temple of Diana）也毁坏了。5 年之后，他们又与赫鲁里人（Heruli）一路，率领了 500 艘小船，渡到了博斯普鲁斯海峡，占领了拜占庭，不仅使科林斯、斯巴达和阿尔戈斯饱受蹂躏，而且把雅典也包括在内。最后希腊人毁灭了他们的船只，才把他们向北驱逐，赶出了马其顿的境外。但是两年之后，他们又卷土重来，人数还要更多，据说一共有 32 万人。结果在奈沙斯发生了一场大战，才阻止了他们的进军，据说他们一共损失了 3 万人。以后，因为被封锁在巴尔干山地中，他们为饥饿所苦，才开始被迫向罗马皇帝克劳狄二世（Claudius Ⅱ，268—270 年在位）投降，充当“同盟军”（Foederati）。他们放弃了达西亚，自从 270 年起，他们便与罗马人建立了和平关系，相安无事将近有 100 年之久。

瓦伦提尼安和瓦林斯兄弟登基不久，这个长期的和平关系即开始破裂。在阿斯特拉汗（Astrakhan）的大草原上，出于某些不可知的原因，匈奴人（Huns）大批地向西移动。370 年，他们侵入了阿兰人（Alans）的领土，这是一种半鞑靼人的部落，住在伏尔加河与顿河之间的地区中，其次再打击在赫尔曼里克（Hermanric）所率领的东哥特人身上。有些哥特人被征服，或投降，但其中有一部分，却在酋长阿拉特乌斯（Alatheus）和沙弗拉克斯（Saphrax）率领之下，开始向西逃避。接着阿沙那里克（Athanaric）所率领的西哥特人，也被赶过了聂斯特河，退到了普鲁斯河上。不久连第二条河也被迫放弃了。另外有一个信奉基督教的哥特酋长菲列德根（Fridigern），他的领域很明显的是在阿沙那里克以西，于是就派人向瓦林斯求救，希望能允许他的族人渡过多瑙河，并与罗马缔结同盟。当时的史学家欧那皮亚斯（Eunapius），对于多瑙河北岸的境况，曾经有下述的描写：

> 这一大堆的哥特人，为了要想逃避匈奴人的凶焰，都想渡过河来，其合于战斗年龄的人，总数不在20万以下。他们站在河岸上，仰天惊呼，伸手求援，诚恳地要求准许他们渡河，以躲避浩劫，并且说为了报答这个恩典，愿意永远效忠罗马帝国。

瓦林斯对于阿沙那里克曾经有私人的认识。在365年，这位酋长曾经率领了1万名哥特兵，帮助普罗科皮乌斯伯爵（Count Procopius）造反。依照左西马斯（Zosimus）的记载，这位新登基的皇帝为了削平这次叛乱，曾经表现出高度的能力。他说：

> 因为哥特人并不冒险做正规的会战，而只是躲在沼泽中，做埋伏的狙击，瓦林斯就命令他的正规部队都留在营地中，却把所有随营的杂牌人员和输送卒都集合起来，告诉他们若能获得一颗哥特人的首级，即可以领到某种定额的奖金。这些人在重赏之下，都纷纷到森林和沼泽中去搜寻，遇到了哥特人就杀，将首级带回来领赏。用这样的办法，瓦林斯杀死了不少的哥特人，于是剩余的哥特人遂开始求和，答应了不再渡河犯边的条件。

经过了这一次胜利之后，瓦林斯对于哥特人即开始心存藐视。在增强了多瑙河上的要塞防线之后，他就转回君士坦丁堡，不久，又出发到叙利亚去与波斯人作战。他始终把波斯人当作是最危险的敌人，这是一个致命的大错。

当他在安提阿的时候，才听到了哥特人集结在多瑙河上要求渡河的消息。根据阿米阿努斯的记载：当他听到了这个消息，他的表情是欣慰多于惊惧。因为若能把他自己的部队和这支野蛮人的兵力集合在一起，那么他就可以拥有一支天下无敌的强大陆军了。尽管这样大量的野蛮部队拥入罗马的境内，是一个明显的危险，可是准许他们入境也并非毫无理由。因为现在承平已久，罗马人民中想当兵的简直太少了。何况，假使能有公正的待遇，则也无确切的证据，说哥特人是一定不向皇帝效忠的。

于是罗马人就向哥特人提出条件：要他们把所有尚未达到兵役年龄的男孩子，都交出来作为人质，并且在尚未渡河之前，先把一切兵器交给两位罗马军官，卢皮西努斯（Lupicinus）和马克西穆斯（Maximus）。但是这些罗马的官兵，都是腐化荒淫到了极点，只要哥特人肯让他们的妻女和幼子供给他们淫乐，也就暗中允许哥特人保留他们的兵器。此外，哥特人渡过了多瑙河之后，又受到了许多的虐待，在饥饿和欺侮之下，开始激起了不满意的怒火。正当此时，又有大批的东哥特人，在阿拉特乌斯和沙弗拉克斯的率领之下，也进到了河边，当罗马人拒绝他们渡河之后，却暗中用木筏偷渡过来了。他们既无条件的约束，就开始与菲列德根缔结同盟，此时后者已经进到了马尔塞诺普里斯（Marcianoplis）。照阿米阿努斯的记载：在那里他们又受到了许多的虐待，于是激起的怒火终于成了燎原之势，而把整个罗马帝国都烧毁了。

卢皮西努斯，现在看到乱势已成，感到非常害怕，于是心生一计，约请菲列德根和另外一位西哥特酋长阿拉费法斯（Alavivus）来赴宴。他的目的是想举杯为号，以来刺杀他们。当宴会还正在进行的时候，哥特酋长所带来的卫士，在宫中的另一部分，开始受到了突然的攻击。当他们听到了随从人员的喊叫，这两位酋长立即跳了起来。阿拉费法斯，显然是当场被砍倒了，因为从此就不曾听过他的名字。但是菲列德根却拔出了他的佩剑，冲出了房门，立即受到他的部下的欢呼欢迎。他们骑上了马逃走了，并决定要为他们被害的同伴报仇。

约尔丹斯（Jordanes）在他的《哥特史》中，曾经这样说："现在这些勇敢的人们就获得了一个他们老早就希望能获得的机会，宁可自由地在战斗中战死，而不愿意饿死，于是立即拿起了他们的武器，去杀死这两位罗马将军，卢皮西努斯和马克西穆斯。"罗马军队在毫无准备之中为他们所击溃。他们把罗马兵团所遗留下来的兵器，都用来增强自己的装备。"从这一天起，哥特人的饥饿和罗马人的安全都同时告以结束。哥特人已经不再是流浪无依的难民，而是占领了所有的北方地区，自立为王了。"

接着，菲列德根就向亚得里亚堡（Adrianople）进发，在那里又与苏里达斯（Sueridus）和柯莱斯（Colias）所率领的另一批哥特人会合在一起。他们开始围攻这个城市，那却是一个徒劳无功的行动，因为他们根本没有攻城的工具，于是转进到色雷斯的境内，不分年龄性别，见人就杀，到处放火，将婴儿从母亲的胸前拉出来加以屠杀，极尽残酷之能事。当这个叛乱的消息传到了瓦林斯的耳中，他并不马上赶回君士坦丁堡，在与波斯人签订了一个和约之后，他就集中了在亚美尼亚境内作战的部队，交给普罗弗屠拉斯（Plofuturus）和图拉真（Trajan）来指挥，立即开入色雷斯去平乱。这两个人都是大将，而且也雄心盖世，但对于战争的艺术却并无高深的研究。同时他也派人去通知他的侄子格拉提安皇帝，要求他出兵援助。这是 376 年年底的事情。在没有继续讲述下去以前，我们应该暂停一下，首先把两方面的军事组织和战术，略加检讨如次：

奥古斯都所建立的罗马国防制度，具有一个极大的弱点，那就是没有一个中央控制的总预备队。到了 3 世纪的末叶，才由戴克里先皇帝做了一部分的改革。差不多一共经过了 300 年的时间，才开始有这种改革，这个惊人的事实适足以证明军人们的头脑是如何的保守——事实上，永远是如此的。戴克里先的办法是创立一支常备的野战军，叫作“Comitatenses”，由皇帝亲自指挥。在这个野战军中，步兵仍然称作“兵团”，骑兵叫作“旗手”（Vexilationes）。这整个组织与所谓边防军和驻屯军（Ripariensee）是完全分开的。除了这些部队以外，戴克里先又创立了一个御林军（Palatini），以代替过去的禁卫军。以后因为祸乱时常发生，新编成的部队也越来越多，主要为摩尔人、波斯人和日耳曼人的骑兵。他们代替了旧有的兵团骑兵，虽然如此，罗马的战术思想仍然不曾改变，还是把步兵当作决定性的兵种。

戴克里先时代的陆军兵力究竟有多大，已经不可考。据《剑桥中古史》的大致计算，为边防军共有步兵 25 万，骑兵 11 万，野战军另有步兵 15 万，骑兵 4.6 万，于是总数已超过 50 万人，这个数字似乎略嫌过大。也许事实上没有这么多人，因为戴克里先曾经把本来大约相当于今天一个旅（4000 到 6000 人）的兵团，缩减到只等于一个营（1000 人）的样子。他的骑兵团只保持 500 人的定额。由此可知其兵力的增强，主要是倚赖机动性的提高，而不是数量的增加。

对于战术观念和部署，能够发现的资料颇少。在 351 年，穆尔沙之战中，骑兵似乎表示出来他们是决定性兵种，可是 6 年之后，在斯特拉斯堡之战中，也还是靠步兵来决胜的。不过有一件事值得注意，对于防御的倚重却日益增加，也许是因为他们逐渐重视投掷兵器（弓弩、投石和战争机器），而不愿做白刃战。

到了 4 世纪的最后 25 年，野蛮民族的掠劫又引起了一个新的战术问题，从上文所引述的左西马斯的记载，即可以看出来。当瓦林斯的正规军无法解决这个难题时，就只好临时用随营的杂牌人员，凑成一种轻型步兵，来独立作战，以获得一部分的解决。从阿米阿努斯的记载中，可以知道普罗弗屠拉斯和图拉真从亚美尼亚领兵前往色雷斯时，也曾经遭到了同样的困难。他说：当这两位将军进入了战场，就不断地受到了狙击和奇袭，他们不知道把自己的兵力分

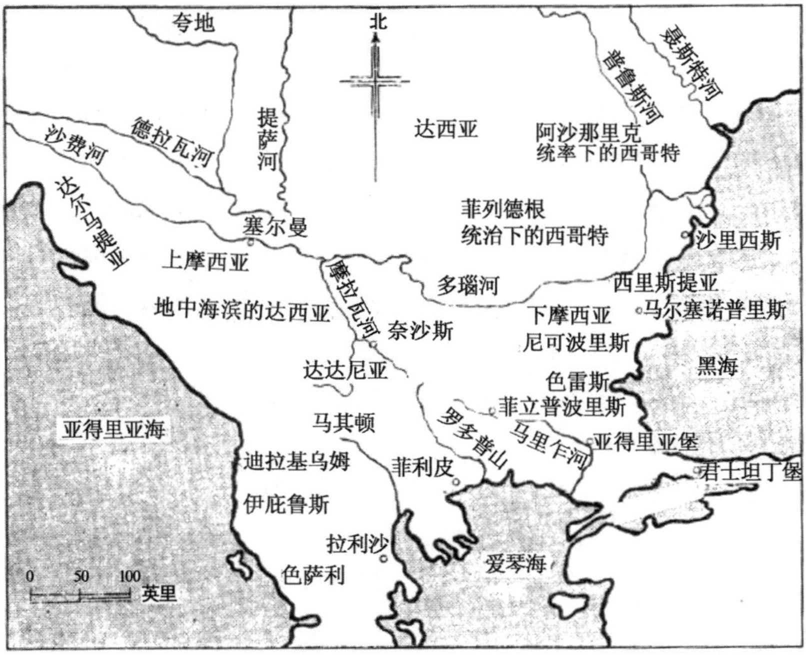

图二十三 多瑙河下游，378 年

为小型纵队，用游击战术来与敌人周旋，而始终维持着其兵团的组织。可是由于在高地上和平原上，已经到处都隐藏着敌人，所以不免感到惊慌失措，草木皆兵了。

哥特人的优点不仅在于数量众多和所用的手段恐怖，而且因为在过去，他们中间已经有许多的战士曾经在罗马充当过雇佣兵，所以他们现在所使用的兵器，已经比塔西佗所描写的他们祖先的情形进步得多了。部队备有铁皮的手盾、长矛、匕首（sacramasax）和长剑（spatha）。有些部落还使用锋利的战斧（francisca），这种兵器颇为厉害，可以舞动也可以投掷，能够砍穿罗马人的甲胄与防盾。他们的战斗方法和匈奴人差不多，以后 15 世纪的柴斯卡人（Zisca）、19 世纪的布耳人（Boers）也曾采取同样的办法。他们利用车辆构成一个“要塞”（Laagers），用车辆构成防壁，好像城墙一样。以这个缓慢移动的要塞为基地，在预定的信号之下，许多小队的人员出去抢杀，以后又像一支火标一样，风快地飞回他们的“车城”。更重要的是，所有派出去抢杀的人员，都是骑马的，由此可以证明哥特人实际上拥有相当强大的骑兵部队。他们的最大战术弱点，即为无力攻下有城墙的城镇。菲列德根自己也说过“他是与城墙讲和的”，不仅是因为他觉得这种攻击是有失他的尊严，而且更因为他没有攻城纵列。进一步说，因为城市始终无法攻下，哥特人不能获得决定性的胜利，所以双方也暂时讲和了事——罗马人据守在城内，而野蛮人却统治着乡村。

当他们已经肃清了罗多普（Rhodope）地区和巴尔干一线以后，图拉真和普罗弗屠拉斯终于在一个叫作萨里西斯（Salices，意译为柳树）的地方，与哥特人的大“车城”遭遇着了。经过了一番混战，哥特人退入他们的车城之内，罗马人即感到无法攻击。接着罗马人就想封锁他们，利用饥饿逼他们出战。可是正当此时，有一个坏消息传来，说又有另外一批野蛮人渡过了多瑙河。这个消息迫使当时的主将萨图尼努斯（Saturninus）不得不放弃围攻哥特“车城”的企图。于是色雷斯又再度受到蹂躏，而菲列德根更获得了东哥特人和一些匈奴人和阿兰人的援助。到了378年，所有的游牧民族居然组成了一个大同盟。他们冰释了彼此的冲突，联合起来在菲列德根的指挥之下，准备与东罗马一决胜负。

由于蛮族的联合，加上格拉提安战胜了阿里曼尼人的捷报引起瓦林斯的嫉妒和忧惧，于是瓦林斯把他的宫廷从安提阿迁回君士坦丁堡。从那里他改派一位意大利将军塞巴斯蒂安努斯（Sebastianus）去接替图拉真的职务。同时为了安抚军心，他也分发犒赏和额外的口粮，并时加“温谕”。

新的总司令是一位很能干的将军，诚如左西马斯所说的，他看到了军中官兵的惰气已深，除了会逃走享乐以外，其余简直是一无是处，他就只从他们这些人中间，挑选出了2000人的精兵，因为他深知一大群的乌合之众是根本无法指挥的，而这样少数的部队，却比较易于恢复其战斗效率。当他把他们训练完成之后，就率领他们出发，据守着亚得里亚堡。从那里，他乘着黑夜秘密出击，在马里乍河（Maritza）边击溃了一支巨大的哥特部队。菲列德根马上感到大为惊恐，召回他的剽劫部队，退到开阔地上，因为在这种地区中，他们不致缺乏粮食的供应，同时不害怕秘密的狙击。

这一次的成功，加上了夸大性的捷报，使瓦林斯大为兴奋，决定御驾亲征，他率领了一支毫无训练的巨大兵力，进到了亚得里亚堡的城边。塞巴斯蒂安努斯听到了这个消息之后，就派人去要求皇帝停止在原地上，不要再前进，因为他知道这种乌合之众是不能作战的。同时，他也主张用持久战来消耗敌人的锐气，只要用坚壁清野的方法，即可以使他们面临饥饿的威胁，于是他们不是自动向罗马人投降，就只好离开罗马的领土，改向匈奴投降。可是他最近的胜利，已经引起宫廷中宠幸的嫉妒，还有那些丧失指挥权的军人也是一样的，于是他们都劝皇帝不要听信他的话，而立即发动攻击。[1]

菲列德根也许是害怕做堂堂旗鼓的会战，或者是要想拖延时间，以集中他的兵力，就派了一个代表来见罗马皇帝，提出要求说只要把色雷斯赏给他，他就同意与罗马缔结永久性的和约。瓦林斯根本就不考虑这个建议，他把行李车辆停在亚得里亚堡的城墙脚下，于378年8月9日向前进攻。当他前进了大约8英里远的距离，在快要到正午的时候，即看到了哥特人的“车城”。

第一天的天气很热，大家都汗如雨下，根据阿米阿努斯的不完全记载，这些罗马兵是早已筋疲力尽，蹒跚而行了。右翼的骑兵领先，接着即为大量的步兵，最后才是左翼的骑兵。很明显，为了掩

[1] 此时格拉提安的援兵也正在行军的途中，他的代表劝瓦林斯等候援军到达后再进攻，可是瓦林斯却不希望格拉提安分享了他的胜利，从而拒绝了这个建议。

护步兵的布阵，瓦林斯首先展开其右翼方面的骑兵。假使菲列德根已经有了准备，那么这正是最好的攻击机会了；但是他并未准备就绪，因为他的骑兵主力——阿拉特乌斯和沙弗拉克斯所率领的东哥特人——为了搜寻饲料，尚未回来。为了等候他们回来，他就采取了两个步骤：（1）还是用过去的老办法，再派了一个代表去向瓦林斯求和；（2）利用柴薪和燃料，在田地中纵火焚烧，以延阻罗马人的展开工作。无论如何，我们至少知道罗马军的人畜都已经是饥渴不堪了。很不幸，瓦林斯走入了这个陷阱，事实上当时的情况也迫使他非走入不可。从战术上来看，要想攻击这样一个“车城”，实非易事，不仅是从“车城”里面会飞出无数的矢石，而且在这种作战中，势必要使步兵拆开他们的坚固战线，而一旦战线拆开了之后，在混乱之中即将听任哥特骑兵的砍杀了。此外，索左门（Sozomen）也告诉我们说，这个“车城”位于一个极有利的地形之上，这也就是说，它是位于一座小山或丘陵的上面。所以当对方的代表来到之后，瓦林斯这次却不完全拒绝。姑且假定他并非一个傻瓜，为了希望获得时间，以完成其部署起见，他装作发怒说，来使的阶级太低，他说假使菲列德根若是真心想要求永久的和平，那么就应该派高级人员来求和。

不久，突然又有一个意外事件发生，这却正合了哥特酋长的心愿。当瓦林斯的使臣正在出发往对方谈判的途中，当他快要走进车城时，他身边那些没有纪律的护卫弓弩手，却突然向对方“开火”，于是使臣立即退回，战端也就开始了。对于瓦林斯而言，最不幸的是东哥特的骑兵，还有一营阿兰人，也都恰好在这个时候赶到，为这个行动所触怒，又看到下面平原上的罗马军队尚未完成布阵，这些阿兰骑兵于是马上从山上冲下来，好像闪电一样快。接着罗马右翼的骑兵就与东哥特骑兵也正式交战了，屡进屡退，终于还是战败了。此时，罗马左翼的骑兵，就冲向“车城”方面，若是能有支援，则也许他们还可以继续挺进，但是右翼已经败退了，于是优势的敌人压迫在他们的身上，接着他们也就全部崩溃了。

罗马的骑兵，现在已经完全被赶出了战场之外，步兵也就孤立无援。很显明，他们还在那里摆布阵势，所以当哥特骑兵冲向他们的时候，他们还是乱成一团，有些人员连刀剑都无法拔出来。地面上掀起了尘雾，使人无法看见天色，到处只听到可怕的喊杀声。四面八方都有箭射过来，他们应声而倒，根本看不见，也无法抵抗。

现在，菲列德根似乎也从"车城"中放出了他的步兵，于是人马践踏，简直使罗马人无法后退。而且他们又挤得那样紧，所以也无法突围。这场会战变成了一场可怕的屠杀。最后直是杀得血流成河，尸骨堆山，这些野蛮人在死人堆中踩踏着，丝毫不动一点感情。

当步兵的主力已经完全垮了之后，瓦林斯退到了预备队的位置，他们最先还能勉强挺立不动，可是等到优势敌人冲来之后，他们也只好溃逃了。当夜幕将垂时，他混在一般士兵之中，已经受到了重伤。他是怎样死的，到现在还不敢确定，不过最可能的故事是这样的：他被抬入附近的一家农舍中，这个房屋却建筑得很坚固，当保卫皇帝的卫士拒绝投降时，哥特人并不知道里面躲着的是皇帝，就纵火焚烧，只有一个人跳窗逃走，其余的人都被烧死。

除了皇帝本人以外，还有许多显要的人员也都一同殉难，其中有图拉真、塞巴斯蒂安努斯、35个护民官、许多的营长、骑兵司令、宫廷大臣和一位前任的总司令。全军损失了2/3，大约有4万人之多。

在罗马的历史上，他们过去也曾几度遭遇过这样类似的惨败，但从来没有哪一次具有如此的决定性；因为这个亚得里亚堡的会战，也正和高加梅拉会战一样，是一个划时代的战役。它不仅是一个"第二个坎尼"而已，诚如班格教授（Prof. Martin Bang）在《剑桥中古史》上所说的话：

> 这个帝国的基础已经发生了动摇，所有的罗马人都感到忧惧不堪。在野蛮人铁骑所造成的尘雾中，罗马帝国的权力和光

> 荣都似乎已经显得黯然失色。罗马人和条顿人的斗争，已经继续了5个世纪之久，现在快要结束了。亚得里亚堡之战即为这个伟大剧本的最后一幕，其所造成的后果，为历史上所仅见。

这个伟大的会战很明白地指明出来：(1) 在“震荡”性的战争中，勇气还是第一个必要的条件，除非能够发现一种新的精神刺激，否则回到野蛮人的勇气，似乎即无可避免；(2) 古老的“方阵”和“兵团”等战术已经丧失了它们的活力，所以必须要有新的技术来代替它们。它在战争艺术中，引起了一个新的循环。在此以前，步兵通常总是决定性的兵种，当他们倚赖“冲突”性的兵器时，只要他们能够维持着完整的秩序，他们就不必害怕骑兵。但是因为投射兵器的使用机会增多，步兵的行列又无法避免疏开和混乱，过去的“盾墙”遂开始变成了“火线”。但是因为弓弩手和投石兵，很难和防盾的使用相配合，而且这些兵器的射程又太有限，此外在潮湿的天气中，他们又几乎完全丧失了作用，所以骑兵冲锋的机会遂又逐渐增多。于是问题就变成了如何把投射兵器的威力与对骑兵的防御打成一片。17世纪的末叶，发明了枪上装刺刀的办法，才算是解决了一部分。一直等到19世纪初叶发明了雷管之后，火器可以不分晴雨均能发射，这个问题才被完全解决了。

为了说明这场会战的后果，我们应将此后30年的大事做一个简略的检讨。在这场大屠杀结束了之后，哥特人就立即进到了亚得里亚堡城边，围攻这个城市。但是他们的骑兵到了这时，就感到毫无用处了。城头上向他们投射矢石，因为他们的人数是如此众多，所以即令是任意地射击，也都不会射不中目标。所以他们放弃了围城战，进到了皮林沙斯，不久以后又围攻君士坦丁堡。因为他们根本不可能攻入东罗马的首都，所以他们只好在色雷斯、摩西亚和依利芮孔境内到处窜扰，所过之处皆为废墟，最后终于停止在尤利安·阿尔卑斯山脉(Julian Alps)的山脚下。以后的情形如何，即不可考——

没有其他的战争记录了。菲列德根死于 380 年，阿沙那里克也在次年死去，以后罗马皇帝狄奥多西（Theodosius，378—395 年在位）就允许把已经残破了的色雷斯地区让给哥特人居住，其条件则是他们为帝国陆军补充兵源。

一切似乎都平安无事，一直到 390 年，西哥特又出一个阿拉里克（Alaric），他不过是一个 20 岁左右的青年王子，突然破坏了这个和平关系。他的叛乱时间很短促，因为在 395 年以前，并不曾发生其他的祸乱。这一年，狄奥多西死了，于是发生了全面的叛乱，这倒不是一般哥特人所造成的，而是罗马陆军中的哥特人所发动，现在几乎所有的官兵都是由他们来充当的。阿拉里克沿着马其顿和色萨利的海岸前进，进入了波提亚和阿提卡，攻占了比雷埃夫斯，迫使雅典迎降，再像狂潮一样冲入了科林斯、阿尔戈斯和斯巴达。所以在 4 世纪的末叶，东罗马帝国是已经完全残破，并与西罗马帝国完全分离了。

到了新世纪开始时，西方也开始遭受到东方所已经遭受过的浩劫了。401 年，阿拉里克离开伊庇鲁斯，进到了阿奎里亚，于是西罗马皇帝洪诺留（Honorius，395—423 年在位）派遣斯提利科（Stilicho）[1] 去击退他们。被迫放弃了对米兰城（Milan）的围攻，于 402 年 4 月 6 日，阿拉里克被诱在波仑提亚（Pollentia）接受会战。这次会战并无决定性，阿拉里克并未受到重大损失，安然地退去。

405 年，另外一位侵略者拉达格苏斯（Radagaisus），又率领着由东哥特人、汪达尔人、阿兰人和夸地人所合组而成的巨大部队，向西罗马进攻。他在罗马的敌人当中，要算是最野蛮的一个。但是斯提利科却用很巧妙的手段，将他们迅速地击败。他把他们围困在亚平宁山的山谷中，活活地饿死了不少。次年，汪达尔人又在美因茨渡过了莱茵河，通过了高卢，占领了特雷弗（Trèves）、理姆斯

[1] 斯提利科为一位汪达尔（Vandal）军官的儿子，在洪诺留之下，为西罗马的真正统治者。

（Rheims）、杜尔内（Tournai）、阿拉斯（Arras）、亚眠（Amiens）、巴黎、奥尔良（Orleans）、图尔（Tours）、波尔多（Bordeaux）和图卢兹（Toulouse）等地。但是他们却无法冲过比利牛斯山脉中的隘路。同时，阿里曼尼人也征服了渥姆斯（Worms）、施派尔（Speyer）和斯特拉斯堡，而不列颠也发生了革命。在这个全国骚然的环境中，当时也许只有一个人能够挽救西帝国的命运，那就是斯提利科，可是他在408年8月23日，却为洪诺留处死了。左西马斯说："这个人在当时的许多统治者当中，也许是最善良的一个。"

于是阿拉里克的机会终于来到了。他进到了阿奎里亚，推进到克里蒙那（Cremona），在当夜渡过了波河。经过拉韦讷——现在是洪诺留的驻地——而向罗马进逼。他封锁着台伯河，切断了非洲粮食的供应。最后，罗马元老院用贿赂的方式，买得他们退兵。一共花了5000磅黄金，30 000磅白银，4000件丝质的衣料，3000张牛皮和3000磅胡椒粉，这样才结束了这一次哥特人对罗马的围攻战。在这次围城战，没有流血，没有交战，阿拉里克仅只用饥饿为兵器，即获得了胜利。

两年以后，阿拉里克又再度围攻罗马城，不久引退，可是以后又来做了第三次的围攻。这次又是发生了可怕的饥馑。于是到410年8月24日，距离戴克里先浴场半英里远的萨拉里安城门（Salarian Gate），为内奸所打开，罗马城才受到了洗劫。阿罗苏斯（Orosius）用下述简单的语句来加以叙述：阿拉里克在发抖的罗马城前出现，包围了该城，造成了混乱，并破入该城。于是亚历山大的梦想终于在黑暗时代的征兆中，黯然消失了。

关于当时破城的情形，很少有详细的记录，大家只知道当阿拉里克入城之前，曾经下令不准损伤一切的基督教建筑物，凡是在圣彼得（St. Peter）和圣保罗（St. Paul）教堂中避难的人也不准伤害。这些命令似乎是曾经认真执行的。这个时候，圣杰洛姆（St. Jerome）是正在伯利恒的监狱中，当他听到了这个西方传来的可怕谣言之后，他说："我简直忘记我自己的姓名了。"圣奥古斯丁（St. Augustine）正在努米底亚的希波城（Hippo）中。这个坏消息却刺激了他开始写他的最伟大著作，因为他在他的《改变》（*Retractations*）一书中说：

> 此时，罗马正受到哥特人的入侵，在他们国王阿拉里克指挥之下，罗马正在受着可怕的屠杀。……我受了神的感召，决心为这个"神城"写一本书。

大事记（九）

民族的迁移

民族的迁移，或者是日耳曼人所说的“Völkerwanderung”，照我们看，要以 376 年哥特人渡过多瑙河为起点。其起因又是匈奴人从伏尔加地区的西进。但是第二批条顿人在 406 年渡过莱茵河的运动，是否也是由匈奴人所造成，虽不可确定，却也极有可能。即令与他们毫无关系，这个运动也还是一件无可避免的事情，因为自塔西佗的时代起，日耳曼人不仅数量增加了，而且许多小族也都逐渐合并起来，变成了大族。除此以外，诚如巴尔克爵士（Sir Barker）所说的：“罗马人口一个世纪比一个世纪减少，许多土地都开始无人耕种。似乎自然本身已经创造了这样一个真空，对于日耳曼发生了无可避免的吸引力。一旦壁垒破裂，洪流当然就顺势趋下，自然冲涌进来了。”而且，这些侵略者进入罗马时，并不是以实际敌人的姿态出现的，而是以“同盟军”的名义，来帮助帝国防御他们同类的侵略。一旦入伍，他们也就取得了留居在帝国之内的合法权利；继而，当他们获得了兵器和装备之后，也就获得了选举他们自己的傀儡皇帝的权力；最后，他们更能够建立他们自己的王国了。

在这 100 年的迁移时代中（376—476），西罗马帝国逐渐分裂成为几个王国。为什么东罗马帝国不曾遭受这同样的变迁呢？其原因是它的皇帝们发现了勇敢善战的伊索里亚人（Isaurians），以来代替过去野蛮人的辅助队。这个民族住在陶拉斯以北，夹在皮西迪亚（Pisidia）和西利西亚之间的地区中。依赖着他们的力量，东罗马帝国在西罗马帝国灭亡之后，还继续生存了好几个世纪之久。

407 年，不列颠境内的一个普通军人君士坦丁被拥立为帝，并渡海到了高卢境内。两年以后，他派驻在西班牙的将领吉仑提亚斯（Gerontius）背叛了他。为了增强自己的实力，吉仑提亚斯主动要求汪达尔人和他们的同盟者越过比利牛斯山脉，进入西班牙境内。当他们进入西班牙不久之后，又有另外一批野蛮人，这一次为法兰克人（Franks）、阿里曼尼人和勃艮第人（Burgundians），也占领了莱茵河以西的地区。法兰克人又分为两个集团：萨利安人（Salians）占领了斯海尔德河（Scheldt）和默兹河（Meuse）之间的地区；李普里安人（Ripuarians）则占领了摩泽尔河（Moselle）和莱茵河之间的地区。

在这第三次的侵袭中，罗马的新统帅君士坦提乌斯，进到了高卢以来保护洪诺留的“天下”。411 年，他击败了君士坦丁和吉仑提亚斯，即转而清剿法兰克人、阿里曼尼人和勃艮第人。他们已经在高卢境内拥立了一个傀儡皇帝约米那斯（Jovinus），以使他们在高卢的地位可以具有合法的色彩。可是当君士坦提乌斯正要开展工作的时候，突然听到了一个消息：阿陶尔夫（Ataulf）在 410 年，已经继承了阿拉里克的位置，并从意大利进入高卢，把皇帝洪诺留的妹妹普拉西狄亚（Placidia）也俘虏去了。君士坦提乌斯早就想与她结婚，以便取得继承帝位的合法权利（洪诺留无子），所以不免“冲冠一怒”，立即去追击阿陶尔夫。阿陶尔夫此时已经攻占了图卢兹和纳博讷（Narbonne）。他没能攻下马赛城，守城者为卜尼法斯（Boniface），即未来的非洲伯爵（Count of Africa）。阿陶尔夫退走，于 414 年与普拉西狄亚结婚。为了报复，君士坦提乌斯用他的舰队封锁了高卢的港口，切断其取自非洲的补给，以迫使阿陶尔夫屈服。为了避免饥饿，阿陶尔夫逃入西班牙，在巴塞罗那（Barcelona）与普拉西狄亚生了一个儿子，他的名字叫作狄奥多西（Theodosius）。这个孩子不久就死了，而在 415 年，阿陶尔夫也被刺身亡，继承他的人是另外一位酋长，华里亚（Wallia）。

为了移口就粮，华里亚决定渡海进入非洲，可是他的舰队刚刚出海，即为一次风暴所毁，他的部下受不了饥饿的威胁，到了 416 年，终于被迫向君士坦提乌斯求和。双方同意的条件为：君士坦提乌斯用 60 万“单位”的谷物换回普拉西狄亚，华里亚所部哥特人变成了罗马的同盟者，并负责肃清在西班牙境内的汪达尔人、阿兰人和斯维比（Suebi）人。

417 年，君士坦提乌斯总算是达到了他的目的，普拉西狄亚违背了她的本意，终于下嫁给他，他并获得了“奥古斯都”的尊号。她为他生了两个孩子，洪诺留（Honoria）和瓦伦提尼安（Valentinian）。此时，华里亚已经击败了汪达尔人和他们的同盟者，将他们赶到了西班牙的西北角上，即今日加利西亚（Galicia）之地。因为这个原因，罗马政府允许他移住在阿基塔尼亚（Aquitania）境内，并占有图卢兹。这是帝国政府第一次自愿地准许一个条顿民族在其帝国之内，由他们自己的国王统率着，建立一个居留地。

421 年，君士坦提乌斯逝世，由卡斯提那斯（Castinus）继任统帅（master of the troops）。不久以后，洪诺留又与普拉西狄亚交恶，于是在意大利境内产生了两个党派：一个以卜尼法斯为领袖，拥护普拉西狄亚和野蛮人；另一个以卡斯提那斯为领袖，拥护洪诺留和罗马人。

在这一年或者是次一年，那个于 418 年继承华里亚的狄奥多里克一世（Theodoric I），遵照他与君士坦提乌斯所签订的协定，派了一支军队加入罗马军，由卡斯提那斯率领，与汪达尔人作战。但是在会战之中，他们突然倒戈了，打击在罗马人的背上，将他们击溃。差不多在同一时间，卜尼法斯也在非洲作乱，使洪诺留、普拉西狄亚和她的两个儿子，都一齐流亡到君士坦丁堡去，暂时寄住在狄奥多西二世（408—450年在位）的宫廷中。423年，洪诺留死在君士坦丁堡。因为她的儿子还只有4岁，所以普拉西狄亚做了事实上的摄政，她于424年回到了意大利。第二年，她的儿子被拥立为帝，是谓瓦伦提尼安三世（425—455年在位）。

洪诺留之死，又引出了一个新的人物，他是埃提乌斯（Aetius），在此后30年中，他成为一个主要的支配者。他是一个来自锡利斯特拉（Silistria）的罗马人，大约出生于390年，曾经一度在阿拉里克的部落中为人质，又曾经在匈奴人的部落中为人质。自从433年以来，构成罗马陆军主体的，即已经变成匈奴人，因为日耳曼人现在不易招募了。自从瓦伦提尼安嗣位之后，埃提乌斯就升格为“伯爵”，并获得了高卢的指挥权。425年，当狄奥多里克正在包围罗讷河河谷中的主要城市阿尔勒（Arles）的时候，他就领兵去援救。他强迫敌人解围，并与他签订和约，其条件为允许他们在原先指定给华里亚的省份中，保有完全的自主权。

3年以后，汪达尔人开始从西班牙向非洲移动，其直接的起因为摩尔人的叛变。领导汪达尔人的为盖塞里克（Gaiseric），大约出生于400年，为民族迁移中最著名的人物之一。429年5月，其主力约8万人，从朱利亚·塔杜克塔（Julia Traducta，即今之塔里法[Tarifa]）渡海，在他们的漫游中找到了最后的归宿。

因为这个新的侵入威胁到意大利的主要粮食来源，所以罗马人立即与卜尼法斯伯爵媾和，希望他能击败汪达尔人。虽然卜尼法斯努力抵抗，却终为汪达尔人所击败，到了437年，希波也为他们所攻占。在累败之余，普拉西狄亚就把卜尼法斯召回意大利，以对抗埃提乌斯的势力。此时，埃提乌斯已经从法兰克人手中收回了高卢，正想步恺撒的后尘，变成西方的领导人物。

于是二者之间立即发生了斗争，结果埃提乌斯在现在西罗马帝国首都——拉韦纳——的附近被击败了。他逃到了他的老友匈奴人的地区中去了，在那里受到匈奴王鲁亚（Rua）——亦称鲁吉拉（Rugila）——的优待。卜尼法斯在获得胜利之后不久也死了，由他的女婿塞巴斯蒂安（Sebastian）继承了他的位置。

433 年，埃提乌斯率领了一支匈奴军回来了，强迫普拉西狄亚罢免塞巴斯蒂安，并任命他为“副执政”，这个头衔是君士坦丁大帝所首创的。[1] 从此以后，一直到他在 454 年逝世为止，西帝国都是在他一个人的统治之下。他的第一个行动即为与汪达尔人媾和，将毛里塔尼亚（Mauretania）和努米底亚的一部分，割让给盖塞里克。第二个行动是进攻勃艮第人，他们现在正在侵扰美因茨和特雷弗附近的地区。第三个行动为在许多地区中压平了农民和奴隶的叛乱，将攻击纳博讷的西哥特人击退了。在这三个行动中他都成功了，他在 442 年结束了他的战役，与哥特人签订了和约，并在奥尔良附近建立了一个阿兰人的殖民地，以来保护卢瓦河谷不受到他们的侵扰。

尽管签订了和约，可是汪达尔人却并不遵守，仍继续在西地中海和中地中海中进行其海盗式的作战。439 年 10 月 19 日，他们突然攻占了迦太基，并立即以此为他们的主要海军基地。在 440 年，他们又侵袭西西里，于是东罗马皇帝狄奥多西派了一支舰队去抵抗。盖塞里克要算是当时杰出的外交官之一，不愿意在侵犯西罗马帝国时，又把东罗马帝国牵涉在内。因为他现在很有钱，就设法收买多瑙河上的匈奴人，要他们攻击东罗马帝国。当在北面感到威胁之后，狄奥多西马上就召回了他的舰队。在这个时候，西罗马帝国的情况是有如下述：

高卢虽已经收复，但是却到处都充满了野蛮人的居留地。在北方为法兰克人；在西南方为西哥特人；在萨伏依（Savoy）为勃艮

[1] 副执政的位置原仅次于皇帝和执政，以后更具有“皇帝之父”或“国父”的意义。

第人；在上莱茵地区为阿里曼尼人；在瓦朗斯（Valence）和奥尔良为阿兰人；在西北方为不列颠人；非洲已经完全丧失；而且在406年、407年蛮族大批渡过莱茵河之后，不列颠与帝国之间事实上即早已断绝关系；最后，在西班牙境内，斯维比人也找到了一个领袖，一位叫作雷西拉(Rechiar)的酋长,他在439年攻下了梅里达(Merida),441年又攻下了塞维利亚（Sevilla),接着又征服巴埃蒂卡（Baetica）和卡塔赫纳(Gartagena)等省区。罗马人在西班牙所留下来的地区，就只剩东北一隅，即今之加泰罗尼亚（Catalonia)。在这许多损失之外，伊吕里库姆地区也已经一部分割让与东帝国，一部分为匈奴人所占领。

第十章

沙隆会战

大约在 440 年，与盖塞里克展开谈判的匈奴人，为一种属于吐拉尼安族（Turanian）的游牧民族。他们与罗马人和日耳曼人之间的冲突，又代表“车骑”民族与城市居民之间的战争。若专以战争论，几乎总是匈奴人占上风，可是最后他们还是被压倒了，这不是因为他们打不过西方人，而是由于他们缺少文明。在他们的故事中，至少有一方面是与喜克索人相似的，因为在这两次入侵中，造成其初期胜利的主要因素，就是野蛮人的马匹。以后的各世纪中，阿拉伯人、塞尔柱人（Seljuk）和蒙古人的胜利，也完全是基于同一个原因。

匈奴人的祖先和发源地，到现在仍然不可考。在 18 世纪中叶，法国的汉学家戴吉涅（M. Deguignes）才认定他们即为中国古代史上所记载的“匈奴”。他们在全盛时期，住在阿尔泰山、昆仑山和大青山之间的地区中。为了阻止他们的进犯，秦始皇曾在公元前 258 年修筑万里长城。不过这些记载与本书的内容并无关系。本章所要研究的为他们在西洋史中的影响。此外，究竟为什么他们会向西移动，入侵阿兰人的领域，因而造成 376 年哥特人对罗马的进犯，也还是无法考证。有人认为其主因为中亚的气候在公元后的最初几个世纪中，突然变得干燥起来，而到了公元500年，即达到了最高顶点。另外有人认为是游牧性的侵略者破坏了灌溉的水道之所致。诚如派希克（Mr. T. Peisker）所云：为了使一个水草田的拥有者不敢不向他们纳贡，他们只要攻占主要的水道即可。而这些游牧民族又常常盲目地抢劫和毁灭一切的东西。一次侵扰即可以使几百个水草田化为灰烬和沙漠。进一步说，游牧民族不仅使中亚的无数城市和乡村变成了废墟，更使草原本身变成了赤地，因为无意识地为了取火而滥伐树木，终于使流沙扩大了它的范围。若从后代的游牧民族所作所为的情形来观察，则第二个理由似乎比较具有可能性。吉本在他的《罗马帝国衰亡史》中，也表示了同样的看法。当他谈到蒙古人的凶残时，他说："从里海起到印度河为止，他们造成了一个宽达数百里的废墟地带，这都是人类几世纪来所努力经营出来的成果，也许五个世纪的时间都还不足以恢复这四年来的损失。"以后当匈奴人与拉丁文明接触了之后，因为他们不能给予任何东西，而只能吸收拉丁文明，为了生存，也只好拉丁化了。假使不是这样，而把局势反转过来，则罗马帝国早已变成了第二个"呼罗珊"（Khorasan）。

和所有的"车骑"民族一样，匈奴人是到处漫游的，所以他们根本无文明可言。经过了许多代的时间，他们都是带着牲口——牛、马、羊等——在西伯利亚的中部和南部草原上，逐水草而居。因为他们是那样的原始化，所以连纺织的手艺都没有，只好穿羊皮。在瓦林斯皇帝时代的史学家阿米阿努斯，对于他们曾经有过下述的描写：

> 他们都具有强壮的肢体和粗壮的头颈，样子很难看，简直像野兽。因为从小即惯于在山林中生活，所以极能忍受寒冷和饥渴。他们穿的是麻布或是兽皮。他们从不步战，好像胶在马上一样，他们的马很丑陋，但也很能吃苦。他们从没有固定的

住所、法律和安定的生活方式。他们像难民一样，到处流浪，夜间就住在车辆里面。他们不守信用，绝不可靠，见异思迁，容易冲动，好像无理智的野兽一样，对于是非是毫无辨别力的。

和所有真正的游牧民族一样，匈奴人是绝对不知道农业的，所以上文所说的麻布衣服，也和其他许多东西一样，可能都是以易货方式交换得来的。在他们本族之内，可能实际上完全没有商业关系，因为生活水准是那样低，所以几乎家家都是可以自给自足的。他们的对外贸易为用马匹、肉类、皮毛和奴隶，来与他们所接触的定居农业民族交换兵器、粮食和制成品。

为了生存，很明显，他们是不可能以“大群”来流动的，因为他们要靠牲畜维持生活，而它们却需要广阔的牧地。很可能，也和许多其他的游牧民族一样，他们分成了许多的小群，每群 50 人到 100 人，中间隔得很远，每个群可以自由调换其牧地。他们的社会是共产型的，虽然每群都有一个世袭的领袖，称为“要人”(Important Men)，但全族却无国王。过去的史学家常常把他们的数量估计得太高，毫无疑问，其原因是他们迁移得太迅速，而且极为凶残，使欧洲人感到极为害怕。依照约尔丹斯在《哥特史》上的记载 :“哥特人认为匈奴人是魔鬼的后代，没有人性，而且也没有语文。”[1]

他又说 :“他们的长相太可怕，使人见而生畏，在战争中让人望风溃走。他们的个性较为野蛮，对于刚刚出生的小孩子，都能加以虐待。因为他们对于每一个男子都要在脸上砍一刀，说是在他吃奶之前，就应该学会怎样忍受创伤，所以他们每个人脸上都有疤痕。青年人不漂亮，老年人也不长胡须。他们身材短小，行动敏捷，善于骑射。虽然他们外形像一个人，而其残忍则恰如野兽。”

距他们首次出现已经过了两代人，虽然他们带来的恐怖仍然继

[1] 约尔丹斯写这个历史时，已经是在 100 年以后，所以他的记载有许多只能当作小说看。

续使罗马人感到瘫痪，但因为他们可以很轻松地从他们的邻人方面获得“岁币”，遂安居在多瑙河地区不动了，其社会秩序也就迅速地发生了改变。大约在 430 年的时候，他们已经不再保持着只有家族的无政府状态，而是形成一个联邦，以鲁亚为单独的统治者。他是埃提乌斯的好友和保护者，而他也有足够的力量，迫使东罗马皇帝狄奥多西每年赠予他“岁币”350 磅黄金。当他在 433 年逝世时，继承他的人为他的两个侄子，阿提拉（Attila）和布莱达（Bleda）。后者于 445 年为其兄长所谋杀，于是就只剩下阿提拉一个人了。约尔丹斯和普里斯卡斯（Priscus）对于阿提拉都有很详细生动的描写。他身材短小，眼小睛圆，鼻头扁平，肤色漆黑。他的头部很大，胡须稀少，头发早已花白。他的个性贪鄙，自负，迷信，狡猾，粗暴，凶残。但是他的生活却十分简单。据普里斯卡斯说：当客人用金银杯喝酒时，他所用的却是木杯。他的衣服与其他的野蛮人一样的颜色，毫无花饰。他的刀剑、靴带和马缰上，也都没有黄金和宝石的饰物。[1]

阿提拉对于他所继承的联邦，具有绝对的统治权，虽然他走到其人民的中间，到处都可以受到欢呼，可是实际上他们对于他只是敬畏而非悦服，因为大家都生活在他的恐怖威胁之下。汤普森（E. A. Thompson）在他的《阿提拉传》中说：“他要比他的任何前任统治者都更能认清下述的事实：假使所有部落能在一个毫无问题而具有绝对权威的领袖之下联合起来，那么匈奴人就能够拥有一个史无前例的工具，以来榨取中欧的其他民族。他并不依赖分裂独立的酋长制度，而把他的权力基础建立在自己的臣仆（Vassals）身上。他们都是向他个人绝对地效忠，而不受部落关系的限制。”

当 499 年，狄奥多西派了普里斯卡斯率领其著名的使节团去谒见阿提拉时，匈奴人已经不再是纯粹的游牧民族，而变成一种“强

[1] 普里斯卡斯为东罗马皇帝所派的大使，曾于 449 年谒见阿提拉。

盗所组成的寄生社会。他们已经不再想饲养牲畜，而学会了一个更有利的生意，那就是饲养人类。他们中间似乎已经有了很尖锐的贫富矛盾，虽然或许并无阶级的矛盾。只要阿提拉能够对于他的人民供给生活必需品和少数的奢侈品，这个社会组织即可以永远维持下去”。从普里斯卡斯的描写上，也可以看出来这些变化，因为他告诉我们说：阿提拉已经不再住在帐幕和车辆里面，而是住在一个相当大的木质房屋之内，外面还包围着栅栏。他就在这个房子里接见罗马的大使，称他为“无耻的野兽”。此外普里斯卡斯又说阿提拉与他的女儿艾斯卡（Esca）结婚，这是为他们的法律所允许的。当罗马的使臣就馆舍的时候，布莱达的妻子之一又送来了营养品和美丽的女人，这对于匈奴人而言，也是一种招待贵宾的礼节。事实上，匈奴人的风俗与今天中亚某些地区，还是差不多的。

作为一个军人而论，阿提拉不过是一个“大盗”。霍奇金（Thomas Hodgkin）说他：“虽与文明人和人性作战，但却不与宗教作战，因为他还不懂得恨它。”关于建设性的天才，他一点都无所表示，虽然事实上，普里斯卡斯告诉我们说，他自信他是应该统治全世界的“真命天子”。他这个帝国也只有一个模糊不清的疆界。其中心牧场似乎包括着近代的匈牙利和特兰西瓦尼亚（Transylvania）等地方，其余地区则自高卢向东延展，一直达到遥远无边的地方。

虽然游牧民族的生活方式原始到了极点，但是比起乡村或城市居民，他们却具有某些军事性的优点，使他们特别适宜于作战。敏斯（E. H. Minns）在他的论文中曾经说过：“他们的生活充满劳苦而危险，需要有技巧、勇气和耐力，但是他们却不愿做耕田种地这种连续性的苦工。他们惯于改变环境，过惯了海阔天空的生活，具有一种自由感。他们的领袖对于大批人员的运输和管理富有经验。整个民族就是现成的军队，易于集中，自给自足，能做突袭和远征。在草原上，游牧民族是随时都在备战之中，为扩张自己的牧地，或是保护自己的牧地，经常有与其他部落火并的可能性。但是无论为攻为守，这种部落都必须要有良好的领导，而领袖也一定要有绝对的权威。”

匈奴人之所以能够所向无敌，并非由于他们具有数量上的优势，而是因为他们具有高度的机动性。他们分成由马弓手所组成的小队，能够迅速地集中在任何一个指定的点上，迅速散开，然后再集中在另外一个点上。虽然当他们最初出现时，他们的小马赶不上罗马马，但不久他们也获得了罗马马，于是这个弱点迅速地弥补了。

在赴战的路途中，这些骑兵小队以宽广的正面前进，后面跟着他们的家属和车辆。这些车辆就是活动的要塞，可以迅速地构成一个“车城”。虽然骑兵异常机动，可是车辆纵队只能慢慢地运动，尤其是在西欧的丘陵和森林地中，常常会完全不能行动，所以其战斗部队常常会与基地隔得很远。在这种情形之下，骑兵就必须不断地活动，以维持生活。又因为运动倚赖于粮秣，所以骑兵必须分为小群，而且在冬季总是尽量避免战斗。因为这个原因，“智者利奥”皇帝（Leo the Wise）才拟定了一条规律：对于西徐亚人和匈奴人，必须在 2 月、3 月来加以攻击，因为冬季的艰苦生活使他们的马匹体力减弱了。

为了解决口粮上的困难，匈奴人也和在 12 世纪、13 世纪的蒙古人一样，靠马来维持生活。马可 · 波罗（Marco Polo）告诉我们说：在成吉思汗的陆军中，每一名蒙古兵携带着 18 匹马（雌雄均有），所以他可以用马乳和马血作为食品和饮料。他们的马匹不仅是为了调换乘骑，而且也是一种自动补充的罐头食品。[1] 这种情形与劳伦斯（T. E. Lawrence）对于阿拉伯人作战的评述颇多相似之处：“我们的王牌为速度和时间，而不是打击力。若是有‘自动牛肉’的发明，则比火药的发明对于我们还更为有利。因为它所能增强者为战略性

[1] 主要的食品为乳制品，而不是鲜乳。现在市面上流行的“优格”（Yogurt）即为他们所发明的。

的力量，而非战术性的力量。”

从这种自动补给的基础上，就发展出一种旋风战略。匈奴人在作战时，像一阵旋风一样吹来，马上就退走了。整个地区都变成了废墟，全部人口都将被杀尽，这不仅是为了造成一种恐怖的气氛，而且是为了便于撤退，以免受到敌人的追击。他们所采取的战术可以下一个定义为:“在权威之下的凶残。”其主要的因素为勇敢、奇袭、闪避、狡猾和机动，而不是计划、方法、操练和纪律。匈奴人的格言也和土耳其人一样：“尝试了两次，第三次转身就跑。”诚如提耶里（Amédée Thierry）所说的：“野蛮民族和我们不同，并不把逃走当作是不光荣的。他们把战利品看得比荣誉更值钱，仅仅是在有成功把握时才作战。当他们发现敌人实力强大有备时，即马上退回，等到发现了好机会再来攻击。”他们的主要兵器为弓矢，因为在草原上是没有树木的，所以主要是由角质所造成。它的最大价值是射击时无声，其箭矢为骨质的。但在接近战斗中，他们却倚赖刀剑。他们置生死于度外，当敌人在避免受刀伤时，他们就把套索抛向敌人的身上，把敌人的肢体绑着，使他们丧失骑马和走路的能力。

他们在战术上的最大弱点为在任何地区都无法停留得太久，因为草料很快就被吃完了。此外，他们也无法攻下要塞和有墙的城市，这使他们对于任何地区的占领都无法永久化。443 年，在西斯托伐（Sistova）以南 20 英里的艾西马斯（Asemus）地方，阿提拉很容易就被阻止住了，当他开始向邻近地区施行劫掠时，从要塞中突出来的部队即可攻击他的背面。简言之，匈奴人的战斗方法，在亚洲草原上固然非常适合，可是在文明程度较高和地形较复杂的欧洲，最后却不免失败。

匈奴人的第一次大举进犯是在 395 年。他们渡过了冰冻的多瑙河，首先蹂躏了达尔马提亚和色雷斯，但是他们造成的最大毁灭却是发生在更遥远的东方。他们通过了高加索的隘路，冲入了亚美尼亚，使卡帕多西亚、叙利亚及西西里亚（Cicilia）的一部分都成为废墟，然后再围攻安提阿，以及哈亚斯（Halys）、赛恩达斯（Cyndus）、奥龙特斯（Orontes）和幼发拉底等地的许多其他城市。对于这一次深入的进犯所造成的恐怖，圣杰洛姆曾有极生动的描写："于是传报消息的使者到处穿梭着，整个东方都为之发抖。匈奴人来了，凭着他们的快马，到处烧杀。他们的前进速度也许比谣言传播得还要快，他们一点怜恤心都没有，不分宗教、阶级、年龄、性别，人若碰着他们就是死定了。"

第二次的重要进犯是发生于441年，即在盖塞里克与阿提拉谈判之后。匈奴人再度渡过多瑙河，毁灭了维米纳西姆（Viminacium）、马尔古斯（Margus）、辛吉杜努姆（Singidunum，今贝尔格莱德）和塞尔曼等地。这个闪电性的战役逼迫狄奥多西从西西里召回了他的舰队，并放弃其进攻盖塞里克的计划。

442年，双方同意休战，但是因为狄奥多西拒绝遣返逃亡者，于是第二年战争又起。阿提拉首先占领了拉台里亚（Ratiaria）——这是达西亚·李彭西斯省区（Dacia Ripensis）的首府，也是罗马舰队在多瑙河上的基地——巩固了他的后方安全，于是就进到了马尔古斯河谷，并毁灭了奈沙斯城。接着，他又进到了尼斯恰伐河（Nischava）上，将塞迪卡（Sardica，即今之索菲亚）和菲力普波利斯两城夷为平地，绕过亚得里亚堡和赫拉克利亚两城——因为它们的要塞工事太强，不是他所能攻下的——而直接窜到了君士坦丁堡的附近。当时率领东罗马军队的人是阿斯巴尔（Aspar），他是一个阿兰人，在一连串的会战中，阿提拉击败了他，使其全军覆灭在达达尼尔海岸之上。于是狄奥多西只好求和，当即获得了阿提拉的允许。其条件为所有的逃亡者均一律遣返，赔款6000磅黄金（值28万英镑），以后每年还要纳岁币2100磅黄金。这个和约是446年8月签订的。

447年，阿提拉又侵入东罗马帝国，他的借口已不可考。当他正要出发的时候，突然发生了一连串的强烈地震，使许多希腊城市的城墙为之溃裂，连君士坦丁堡的城塞工事也受到了很严重的损毁，所以这一次似乎是该城注定要遭劫了。为了保护该城，狄奥多西的军队进到了乌图斯河（Utus）上，虽然也还是战败了，不过却使匈奴人受到了重大的损失，所以阿提拉大肆烧杀了一阵，向南进到温泉关之后，就决定撤退了。

这一次的侵入使他可以无后顾之忧，现在意大利和高卢都摆在他的面前，听候他去选择了。但是盖塞里克认为意大利是他的私产，所以早在450年的春天里，即力劝阿提拉侵入高卢，把攻击西哥特的利益说得十分夸大。阿提拉接受了盖塞里克的建议，他知道西哥特人为罗马人的旧敌，于是他决定乔装为瓦伦提尼安的同盟者，以来中和罗马人的反对。此外，狄奥多里克和盖塞里克本是儿女亲家，现在也正在交恶之中。因为盖塞里克的儿子匈奴里克（Hunneric），最近遗弃了他的妻子——狄奥多里克的女儿，把她的耳鼻割去，然后将她送回娘家去。当罗马人守中立，盖塞里克又怀有敌意，狄奥多里克遂完全处于孤立的地位。

当这些计划正在进行之中时，450年7月26日，东罗马皇帝狄奥多西突然坠马负伤，两天后就死了。继承他的人为他的妹夫马尔西安（Marcian，450—457年在位）。新皇帝即位之后，第一件行动即为停止对于匈奴的纳贡。阿提拉大感愤怒，派了两个使臣分别到东西罗马去。到君士坦丁堡去的使臣所要求者，为东罗马应继续纳贡。到拉韦纳去的使臣所要求者，则为一件有关17年前旧事的问题。

434年，瓦伦提尼安的姐姐洪诺留，当她在17岁的时候，因为受到了其侍臣的诱奸，受到其母亲普拉西狄亚的责罚，被送往君士坦丁堡去暂住。她一怒之下，就送了一个戒指给阿提拉，要求他接受她为妻。现在她已经回到了拉韦纳，于是第二个使臣的任务就是不仅代表阿提拉迎娶她为妻，而且还要求割让西罗马帝国的一半为嫁妆。当这个要求被拒绝之后，接着又发生了另外一个事件，使阿提拉和瓦伦提尼安之间的裂痕就更大更深了。这时，李普里安法兰克国王死了，他的两个儿子为了继承的问题发生了争吵；长子向阿提拉求援，而幼子则向埃提乌斯求援。埃提乌斯对这个幼子加以优待，并收为义子，从这一个事件看来，阿提拉即知道埃提乌斯过去的友谊已经不可靠，当他想进攻高卢时，罗马人也就不一定会中立了。所以他就决定在未对付马尔西安之前，先清算其与西罗马帝国之间的旧账。这时勃艮第人又叛变了，其中有许多是拥护阿提拉的，而西哥特人也仍然与罗马人和汪达尔人为仇，至于李普里安法兰克人则正陷入内战之中。从阿提拉的眼中看来，拉韦纳似乎是不堪一击的，可是天下事却往往不如意者十常八九。又是因为某一个人单独的力量，使显然已经无可避免的命运改变了方向，这个人即为埃提乌斯，也被称为“最后的罗马人”。

佛来格里达斯（Renatus Frigeriidus）对于埃提乌斯曾经有下述的简单描写：

> 他的身材中等，相貌英伟，不胖不瘦；他机智锐敏，体力充沛，善于骑射，也极会使用长矛。他是一个天生的战士，具有高度的耐力，不怕劳苦，不怕危险。他从青年时期即表现出是一个非常之人，这似乎是命运注定了的。

在451年年初，阿提拉与埃提乌斯之间的战争似乎无可避免，于是后者心中所考虑的问题即为：在高卢境内的那些王国和部落，是否会彼此间息争，而联合起来对抗这个外来的侵入者呢？而最重要的是，这些国王中的最强大者狄奥多里克，会捐弃旧嫌，与他携手合作吗？很明显，阿提拉的目的也就是要尽量地破坏他们之间的合作。他又是一个“足智多谋”的人，总是先用计而后用兵。他同时派了两个使臣，去谒见瓦伦提尼安和狄奥多里克。对于前者，他特别声明他这次侵入战只不过是罗马人和匈奴人合作抵抗西哥特战役的延续而已；对于后者，他又指明其与罗马缔结同盟的危险。瓦伦提尼安也猜到了阿提拉的心事，于是也派了一个使臣去向狄奥多里克提出警告。这位使臣说 :“因为你拥有强大的兵力，应该注意到你自己的危险，而与我们携手合作。你自己也是帝国中之一部分，帮助帝国即等于帮助自己。请你严密注意，不要坠入敌人的陷阱。”

当狄奥多里克还在犹豫不决的时候，阿提拉却已经动手了。在451 年年初，他渡过莱茵河向西前进。他的军队号称 50 万人，这个数字很明显地具有夸大性，以来造成恐怖气氛。这是一支杂牌部队，其中除了匈奴人以外，还有东哥特人和吉皮德斯人（Gepids）——他们构成军队的核心，从里加（Riga）来的西里人（Sciri），从波美拉尼亚（Pomerania）来的鲁吉人（Rugi），从尼卡尔（Neckar）来的法兰克人，从巴伐利亚来的图林根人和从莱茵河以东来的勃艮第人。他的首要目标可能为李普里安法兰克人的土地，其次则为奥尔良城，因为它的位置为卢瓦河大河湾的顶点，一旦到手，他即可以入侵哥提亚（Gothia），即阿基塔尼亚。

他的军队分成三个纵队通过比利时高卢（Belgic Gaul），以宽广正面前进。其右翼进到了尼米塔孔（Nemetacum，今之阿拉斯［Arras］）；其左翼在摩泽尔河上，进到了米提斯（Mettis，今之梅斯［Metz］）；其中央兵力则向巴黎西阿仑（Lutetia Parisiorum，今之巴黎）和奥尔利安尼（Aureliani，今之奥尔良）前进。一路烧杀奸抢，所过之处皆为废墟。兰斯、梅斯、康布雷、特雷弗、阿拉斯等城市都完全被烧抢一空。那时的巴黎，还是一个建筑在塞纳河中小岛上的小镇，却幸免于难。当时，邻近村落南提尔（Nanterre）有一个少女，叫作圣热内维埃夫（St. Geneviève），当所有的居民都惊骇逃走的时候，她却劝他们信仰上帝，凭着她的简单祈祷，使这些人平静了下来，努力去守城，因而躲过了浩劫。

此时，瓦伦提尼安的使臣未能说服狄奥多里克，所以重要的问题仍然存在——这些部落是否能团结一致呢？和平常一样，在意大利境内是并无预备军的，而在前一年，又恰好遭到一次可怕的饥荒。

25 年来，埃提乌斯一向都是依赖匈奴人来补充他的兵员，现在他们却变成了敌人，所以部队中到处都是空额。他赶到了高卢，尽可能地收集了一些“同盟军”，并且制止了阿兰人在瓦朗斯城开门迎降的企图。进而赶到阿尔费尼（Arverni），派了一个罗马元老艾费塔斯（Avitus），再去劝说狄奥多里克，终于获得了他的支持。[1]

此时，匈奴人的大军正在向奥尔良前进。在该城附近有一个阿兰国王桑吉班（Sangiban），本是在 442 年，由埃提乌斯将他移居到这里来的，现在却私通敌人，答应将该城献与阿提拉。当这个消息传到了埃提乌斯和狄奥多里克的耳中，他们马上就用最快速度前进，想在阿提拉尚未赶到之前，先占领该城。可是匈奴人仍旧先赶到，并立即包围该城。依据格列高利（Gregory of Tours）的记录，这个城市之所以得救，是由于主教阿尼阿吕（Anianus）的功劳。他去谒见埃提乌斯，告诉他奥尔良城不可能守过 6 月 14 日。5 月初，阿提拉的军队兵临城下，一连五个星期，他们不断地用攻城槌撞击城墙，并发射了无数的矢石。当城墙开始损毁时，这位主教就不断地勉励守军苦撑待援。到了 6 月中旬，似乎希望断绝了。有一天上午，当一个士兵爬到最高守望塔上向远处眺望时，突然发现了有一点烟尘升起来——这后面就隐藏着埃提乌斯和狄奥多里克的援军。当烟尘慢慢扩大时，其中就显出来罗马兵团的飞鹰标帜和哥特人的绣旗了。最后，双方在郊区中遭遇，并展开了激烈的战斗。城上的居民也纷纷向匈奴人投掷石块。阿提拉知道支持不住了，遂开始撤退。埃提乌斯的确能遵守其诺言，这正是 6 月 14 日。在西方世界中，这是著名的一天，文明得到了拯救，免于全面的毁灭。

经过详情固已不可考，但是似乎阿提拉遭受了一次惨重的失败，因为他不特没有再向前继续攻击，反而乘着黑夜溜走了，他经过了桑斯（Sens），向塞纳河和奥伯河（Aube）的河谷退却，这

[1] 艾费塔斯以后做了西罗马皇帝，在位期为 554—556 年。

里的地形开阔，被称为“康配尼亚”（Campania），即今之“香槟”（Champagne）。在第一条河上，他留下一群吉皮德斯人，当作他的后卫，而把他的主力撤往该河以东的卡塔劳尼亚平原（Catalaunian Plains）上，又称为莫里亚克（Mauriacian）平原。[1] 埃提乌斯首先对于其后卫发动了一次夜间攻击，几乎将他们完全歼灭。据约尔丹斯在《哥特史》中的记载，敌人的死伤共 1.5 万人，这个数字当然不可能是正确的，但可以暗示出这次战斗的激烈程度。

大致是在第二天，6 月 20 日，会战才正式开始。

从约尔丹斯的记载中，可以发现阿提拉似乎并无必胜的信心，为了缩短交战的时间，以便能乘着黑夜掩护继续退却，他一直等到下午才走出“车城”应战。他的战斗序列有如下述：他把最精锐的部队放在中央，并由自己指挥，华拉米尔（Walamir）所指挥的东哥特人在左，阿达里克（Ardaric）所指挥的吉皮德斯人及其他部落在右。很明显，他的想法是向敌人的中央冲锋，使他们在混乱中后退，然后乘胜撤回自己的营地，以等待夜幕的低垂。反之，埃提乌斯也似乎能认清其对方的心事，决定从两翼采取迂回的攻势，以切断匈奴军与其“车城”之间的联系。他把他最不可靠的部队——桑吉班所率领的阿兰人——布置在中央，狄奥多里克所率领的西哥特人布置在右方，面对着东哥特人，他自己则亲自指挥左翼方面的罗马部队。

当两军还正在集结之中时，为了争夺一片高地，双方开始发生了游击战。狄奥多里克的儿子多里斯莫德（Thorismund）击败了匈奴人的前卫，使他们在纷乱中退走。这一场攻击使匈奴人锐气颇受顿挫，于是阿提拉向他的部队做了下述的训话。他指着阿兰人的位置说：“在那个点上去寻求迅速的胜利……因为当筋被砍断了之后，肢体也马上就会放松了，当你把骨架子取去了之后，身体也就撑持不住了。一个人若不该死，任何兵器都不能伤害他；假使是该死的，

[1] 因为这个原因，这次会战才定名为沙隆（Châlons）会战。

在平时也一样可以死。”受了这些话的感动，他们都鼓起勇气来向前冲杀了。

约尔丹斯对于会战的情形记载如下：“在会战中，双方发生激烈的肉搏，其猛烈混乱的情况，似乎是达到了空前的程度。若是一个勇士没有赶上这一场会战，则在他毕生当中可能不再有这样的机会。”沿着一条溪流，展开了可怕的战斗：西哥特王狄奥多里克正骑在马上，督促他的部队进攻，突然被马掀下来了，结果在己方部队践踏之下，年老的国王殒命了。接着西哥特人奋勇前进，几乎杀死了阿提拉本人。但是他却能临危不乱，仍然率领所部，退回了他的“车城”。

现在天开始黑暗了，在完全混乱之中，多里斯莫德迷失了方向，当他冲到了敌人车城附近，还以为是与自己的人会合在一起。此时，埃提乌斯也已经与自己的部下分开了，在敌人之中游荡着，他害怕会出乱子，就去寻找哥特人。最后他到达了其同盟军的营地，在他们的保护之下，度过了这个紧张的一夜。

到了第二天拂晓的时候，当罗马人看到战场上堆满了死尸，匈奴人也不敢再趋前挑战，就开始认为他们胜利了。但是他们也知道，除非是吃了一次极大的败仗，否则阿提拉是不会从战场上逃走的。可是阿提拉却一点都不肯示弱，他还是吹号摇旗，表示即将发动攻击以来威胁敌人。他好像是一头为猎人长矛所刺伤的雄狮，在自己的狮穴洞口上，摆来摆去地走着，虽然不敢跳出来，但是他的吼声却仍然可以使邻近地区中的人感到恐怖。这位英勇善战的名王，即便在窘境之中，也还能使他的对方不敢轻视他。所以哥特人和罗马人就集合在一起，研究如何对付这个已经失败了的阿提拉。他们决定用围攻的手段来消耗他的余力，因为他已经缺乏补给，同时在罗马营地中的弓弩手，也可以用箭雨封锁他的交通线。

尽管他摆出怒吼和跳跃的姿态来，可是阿提拉的境况实际上却已经极为危殆，他自己也完全明了，因为一旦敌人突破了他的“车城”，他就准备自杀了。不过说也奇怪，埃提乌斯的地位也似乎是同样的烦恼，因为日出不久，狄奥多里克的尸体就被发现了，他的儿子多里斯莫德遂被宣布为哥特王。

现在埃提乌斯就似乎决定了，尽管阿提拉已经是日暮穷途，但最好还是放他逃走。他似乎是并不敢相信多里斯莫德，他害怕假使阿提拉的力量完全被歼灭了，则西哥特人马上就会取匈奴人的地位而代之，继续成为罗马的强敌。这是约尔丹斯的意见，因为他说：

> 埃提乌斯害怕匈奴人若为哥特人所完全毁灭掉，则罗马帝国本身也将受到威胁。所以他力劝多里斯莫德回到他自己的领地中，去接受其父亲所遗留下来的统治权。不然，他的兄弟也许就会趁机霸占他父亲的遗产，而获得了对西哥特人的统治权。此外，他也感到有挟敌自重之必要，因为只有在阿提拉的势力尚未完全消灭之前，他在拉韦纳的西罗马朝廷中，才能获得安全，并被人认为是不可缺少的人物。[1]

事实是这样的：当多里斯莫德退去之后，阿提拉发现他的营地已经空虚了，于是也就收起他的车辆，向莱茵河的后面退去。他的实际损失数字是无法知道的。约尔丹斯说双方被杀者共为 16.5 万人，尚不包括会战前一夜的死伤数字 1.5 万人在内。依达提乌斯（Idatius）估计被杀者为 30 万人。这些数字似乎都过分夸大，不可置信。

当阿提拉回到了他的木质宫殿中不久，他又再度提出要迎娶洪诺留为妻的要求。在 452 年的春天里，他又出发入侵意大利。他

[1] 关于阿提拉逃走的整个故事实在是太奇怪了，很可能在 6 月 20 日到 21 日的夜间，埃提乌斯并未迷路，而是亲自秘密地去访问阿提拉，与他当面议定了整个计划。否则，当多里斯莫德离去之后，阿提拉为什么不向埃提乌斯进攻？还有当阿提拉撤退时，埃提乌斯为什么又不追击？

越过了尤里安山脉——那里的守军是早已撤去了——降到了阿奎莱亚，经过了长期惨烈的围攻战，才攻入了该城。他把该城夷为平地，甚至于在一个世纪之后，那里都还是一片废墟。然后，他就进到了威尼斯（Venetia），并毁灭了朱利亚·孔柯尔地亚（Julia Concordia），以及奢华的阿尔提仑（Altinum）和巴塔维姆（Patavium）等城。当他一路前进之际，维琴察（Vicenza）、维罗纳、布雷西亚（Brescia）、柏加摩（Bergamo）、米兰和帕维亚（Pavia），因为被阿奎莱亚的恐怖行为所震惊，都纷纷自动开门迎降。虽然它们的建筑物未被毁灭，可是所有的居民被屠杀，或为他们所俘虏带走。最后，阿提拉在明西奥（Mincio）暂停前进。

阿提拉这一次的果敢行动，使埃提乌斯受到完全的奇袭，感到措手不及。在恐怖现象的感染之下，他首先所想到的是携带着瓦伦提尼安，一同放弃意大利逃走。以后，他的神经恢复正常，遂决定向阿提拉求和。一旦大家都同意这个决定，西罗马就派了一个使节团到明西奥去，其中包括着教皇利奥（Pope Leo）、前禁军提督台吉提乌斯（Trygetius）和450年的执政官阿芬拉斯（Gennadius Avienus）等人在内。根据基督教的传说：这个可怕的"万王之王"，在圣彼得继承者的面前，突然感到渺小了起来，他不禁皈依在神光之下。但是伯里教授在他的《后罗马帝国史》中却指明这是不合理的，因为这位"土包子"皇帝是不会相信宗教的。

汤普森在他的《匈奴史》上所举出来的理由，也许是正确的。因为前一年，意大利境内还正在闹饥荒，而饥荒又与疠疫是一个结了不解缘的伙伴。此外当阿提拉进入意大利之后，东罗马皇帝马尔西安抓着这个机会，立即派了一支军队进到了多瑙河上。率领这支兵力的将领，也叫作埃提乌斯，他的作战颇为成功，因为他击溃了阿提拉的留守兵力。由于这一个果敢的反击，再加上补给的缺乏和对于疠疫的害怕，阿提拉才勉强同意媾和。他在沙隆会战中所受到的教训是如此的重大，所以他不敢冒险再损失太多的人力。

第二年，他又娶了另一个妻子，一个叫作依尔地柯（Ildico）的女孩子。当他喝醉了酒进入新房时，突然流鼻血不止，因为他是平卧着，结果血液流入咽喉，窒息而死。[1]

阿提拉死后，他的帝国立即瓦解。当他被秘密地埋葬了之后，他的许多儿子即开始纷争他的领土，并且彼此之间发生了混乱。在这个混乱之中，被阿提拉豢养在提萨河（Tisza）谷地中的东哥特人开始叛变了。接着所有的日耳曼人部落都发生了全面的叛变，他们全体拥护吉皮德斯人的国王阿达里克为领袖。454 年，在潘诺尼亚境内的无名小河尼多河（Nedao）之上，彻底地击溃了匈奴人。不过两三代之后，这个种族事实上几乎被消灭了。

阿提拉之死和他的帝国之崩溃，所引起的后果也很奇特。瓦伦提尼安和他的皇后欧多克西亚（Eudoxia）——为狄奥多西二世之女——只生了两个女儿，没有儿子，埃提乌斯希望能使他的家庭获得皇位的继承权，于是在 454 年，他要求让他的儿子与公主结婚。在大怒之下，瓦伦提尼安把埃提乌斯刺死了，第二年他自己也遭到了暗杀，继承他的人为马克西马斯（Petronius Maximus）。他强迫欧多克西亚嫁给他，为了报复，她就向盖塞里克要求援助。455 年 6 月，盖塞里克的舰队进到了台伯河上，与欧多克西亚会合在一起。他剥夺了她的衣袍和宝石，在罗马大掠了 14 天之久，由于教皇利奥的请求，罗马居民算是幸免于被屠杀。在这个大掠之前，马克西马斯也早已被刺杀，当盖塞里克撤退之后，政权遂落入李希米尔（Ricimer）的手中。他是西哥特王华里亚的孙子，现任罗马的统帅。接着还是“易君如置棋”，一个皇帝接一个皇帝，直到 475 年，有一个曾充阿提拉继室的罗马人阿里斯提斯（Orestes），获得了野蛮民族雇佣兵的拥护，在拉韦纳拥立其幼子罗慕路斯（Romulus Augastulus）为帝，并向罗马进军。但是当他进至中途时，部队

[1] 一说为女人所暗杀。

却要求把意大利的1/3当作是对他们的犒赏。因为这个要求被拒绝了，所以他们在476年8月23日，拥护他们的领袖阿多发卡尔（Odovacar）为意大利国王。他似乎是阿提拉部下，匈奴人艾地柯（Edeco）的儿子。艾地柯可能为西西里人的领袖。从这个时候起，一直到800年圣诞节那一天，教皇利奥三世在圣彼得教堂，为查理曼加冕为神圣罗马帝国皇帝时为止，西罗马境内部不再有皇帝的存在。公元前753年，是神话中的罗慕路斯建立罗马城的时候，经过1229年，还是另外一位罗慕路斯做了这个大循环的结束。

从这些事实上看来，埃提乌斯和狄奥多里克在沙隆会战中所赢得的胜利，并不能使西罗马帝国免于灭亡的厄运。而且即令他们战败了，阿提拉的帝国在他死亡之后，也还是照样会瓦解的；因为它并无政治上的基础，是完全建立在恐怖上面的，根本上即缺乏创造力。虽然如此，我们再回头看，不仅看到沙隆会战的胜利，而更看到它的形成，则其重要性立即可以显示出来。

这不是罗马人的胜利，也不是条顿人的胜利，而是两个民族联合起来，对抗亚洲人的胜利，正好像萨拉米斯之战的胜利，是雅典人和斯巴达人对于波斯人的共同胜利一样。这又是另一次东西之间、欧亚之间的冲突。欧洲人又是能够暂时捐弃私怨和旧嫌，以来对抗一个共同的强敌。

更重要的是在法兰克人的领土中，一切的教会组织均未被破坏，其结果使教会在中世纪中，变成了一个主要的国际性权威，而只有这个权威是可以从罗马时代算起，一直连续下来不曾中断。所以从这一点来说，法兰克是要比英格兰幸运，因为后者的教会组织已被撒克逊人完全破坏掉了，以后等到宗教从爱尔兰和罗马再度传入时，才获得了皈依的机会。假使当年的法国也受到同样的破坏，则中世纪的全部历史过程都可能要改观了。

进一步说，教皇的声望也大为提高，当教皇利奥在明西奥与阿提拉会晤时，他还只是一个卑下的乞丐；可是当这次会晤不久，这个凶恶的匈奴人就突然死了，在那个迷信的时代中，使人认为这就是上帝的判决。于是魔鬼终于为上帝的代表所征服。这个神话的结果遂使教皇的地位稳固地建立起来。诚如霍奇金在他的《意大利与其侵入者》一书中所说的："使罗马的教皇成为中世纪意大利政治中的最强力因素，匈奴人所做的间接贡献，也许要比历史上任何其他人物的贡献还更大。"这种说法似乎一点都不矛盾。阿提拉首开其端，而盖塞里克则步其后尘。所以米尔曼（H. H. Milman）在他的《拉丁基督教史》中说："从此之后，罗马不再是一个异教徒的城市了。"当旧罗马的贵族政治没落了之后，新的教皇权力即随之而兴起，不过这些侵入的恐怖记忆都能长久存在下去，阿提拉被当作是撒旦的化身，甚至于到了今天，当我们想侮辱一个敌人的时候，我们还是称他为匈奴人。

当宗教的前途改变了，战争的前途也随之而改变，于是战争常常就变成了神秘信仰的物质表现了。恐怖是如此彻底，恐惧是如此普遍，当人事上感到完全无能为力的时候，就只好依靠奇迹出现。虽然将军们能在地面上创造出地狱来，可是僧侣们却至少可以在未来的时间中，提供一个天堂的诺言。巴黎的得救不是由于一个女孩子的祈祷吗？奥尔良城的得救不是由于一个主教的努力吗？所以神符变成精神上的弹药，而教皇的权威变成了触发它们威力的引信。

正好像亚历山大的伟大，可能要从他的逸事中去加以判断。同样的，阿提拉所造成的恐怖，也应该从他的神话中去发掘。从血液浸透了的欧洲战场上，产生了世界上最伟大的史诗，它们都具有共同的来源。在拜占庭、德国、法国、意大利、斯堪的纳维亚和冰岛，到处都在流传着。这是西方世界中的伟大神话之一。把这些事实加在一起，它们即可以使沙隆会战变成西方历史中的决定性会战之一。

大事记（十）

东哥特人征服意大利

当 454 年匈奴帝国崩溃之后，东哥特人也就获得了自由，不再是它的臣民。在阿马尔（Amal）皇族的三兄弟——华拉米尔（Walamir）、提阿地米尔（Theodermir）和魏地米尔（Widemir）——的统治之下，占据了潘诺尼亚的北部。东罗马皇帝马尔西安雇用他们作为“同盟军”，为了报答他们的服务，每年给予他们岁币 100 磅黄金。差不多在同时，他们中间又有许多人，在“斜眼”狄奥多里克（Theodoric Strabo）的领导之下，加入了阿斯巴尔——他是东罗马的统帅（或步兵总司令）——的陆军。几年之后，当马尔西安的继承者利奥一世（457—474 年在位）拒绝给予这种岁币时，东哥特人就采取报复行动，连续地侵扰依利里亚省区，一直到他答应照给时才停止。依照双方协议，提阿地米尔的儿子狄奥多里克（当时 8 岁，出生于 454 年），被送往君士坦丁堡宫廷中充当人质。他在那里居留了 10 年之久，在这个阶段中，提阿地米尔已经变成了东哥特的唯一统治者，当他在多瑙河流域中部已经建立了极强固的地位之后，利奥为了向他表示友善，就把他的儿子送还给他。474 年，提阿地米尔死了，狄奥多里克被选举为王，很明显，他没有获得东罗马皇帝的同意，即把他的人民移入了下摩西亚，即今之保加利亚北部。在阿斯巴尔于 471 年死亡之后，“斜眼”狄奥多里克被其部下拥立为王，到了此时，他强迫利奥承认他是哥特王。

利奥死于 474 年，继承他的人为芝诺（Zeno，474—491 年在位）。当他发现其中恰好有两个对立的哥特王时，就决定设法使其鹬蚌相争。这种形势一直延续到 481 年，“斜眼”遭到一个意外送命了，继承他的人为他的儿子李基塔克（Rekitack），他立即杀死了他的两个叔父。以后芝诺在 484 年，又唆使狄奥多里克请李基塔克赴宴，将他暗杀掉，并接管其群众。这种力量的兼并，使得狄奥多里克的地位益为强大，两年后，他与东罗马皇帝发生了冲突，于是蹂躏了色雷斯，并且向君士坦丁堡前进。幸亏他的姊妹正留在芝诺宫廷中，出面干涉，他才退回了摩西亚。

芝诺现在又想到了一个一箭双雕的办法。他与阿多发卡尔本有宿怨，而现在又非常希望能解决狄奥多里克，所以他向后者表示，假使他能进入意大利，征服前者，则他对于这种征服将予以合法的承认。他并给予狄奥多里克以“副摄政”的尊号，此时阿多发卡尔也拥有同样的尊号。

在 488 年的晚秋时节，狄奥多里克从多瑙河下游的诺发(Novae，即今之西斯托伐）启程，他带着整个东哥特民族前进，他们的妻子就坐在车辆上，牛羊牲口也都赶着一同走。他们的总数已不可考。伯里估计为 10 万人，达恩（Dann）则认为有 25 万人之多。他们一路平安地通过了辛吉杜努姆，但是当快要到达塞尔曼的时候，却发现进路已经为吉皮德斯人所阻。因为能进不能退，双方发生了战斗，结果东哥特人获得了胜利。以后继续还有其他的接触，过此之后，他们就慢慢地向西行动，在 489 年 8 月，越过了尤里安山。从那里降入意大利，在阿奎莱亚城遗址北面几里远的地方，到达了松提斯河（Sontius，即今之伊松左河［Isonzo］）。狄奥多里克在那里发现阿多发卡尔早已在等候着他。8 月 28 日发生了一场战斗，结果后者受到了惨重的失败。9月30日，在维罗纳附近，再战再败之后，阿多发卡尔就躲在拉韦纳，坚守不出。

让他留在那里，因为拉韦纳是意大利境内最难攻克的城市之一，现在狄奥多里克就向西进发，攻占了米地阿拉努姆（Mediolanum，即今之米兰）。阿多发卡尔的陆军总司令屠发（Tufa）在那里逃亡到他这一边来了。他信任屠发，就派他率领所部去包围拉韦纳城；可是屠发却与他的故主结合在一起，使他受了一次骗。获得了这个增援，阿多发卡尔就从拉韦纳出发，封锁着提西诺（Ticino，即今之帕维亚），使狄奥多里克进退两难。这个意外的变化使他处于一个极危险的境况，假使不是西哥特人和勃艮第人也趁这个机会，越过了滨海阿尔卑斯山，侵入利古里亚的话，那么他也许就会全军覆没了。在这个牵制的掩护之下，狄奥多里克再趋前进攻。490年8月11日，在阿达河（Adda）上击败了阿多发卡尔，把他赶进了拉韦纳城，而加以围攻。

这场围攻一直拖到了492年的夏天，然后狄奥多里克才采取一个他早就应该采取的步骤。他占据了阿里米仑，建造或是搜集了一支舰队，开始封锁拉韦纳的港口，使他的敌人感到困乏。到了493年2月25日，阿多发卡尔才开始和谈。两天以后，经过拉韦纳大主教约翰的调停，双方同意签订和约，其条件为狄奥多里克与阿多发卡尔共同统治意大利。这种不稳定的安排是不可能持久的。3月5日，狄奥多里克进入了拉韦纳城，10天之后，他约请他的对手赴宴，就在宴会场中用他自己的佩剑将敌人杀死了。接着，阿多发卡尔的全家也都被谋杀。

肃清了一切敌人之后，狄奥多里克派了一个代表团到君士坦丁堡去，要求东罗马皇帝承认他是合法的意大利王。但是因为芝诺无意放弃其纯粹名义上的宗主权，所以狄奥多里克决定改称“哥特人和罗马人的总督”，以解决这个问题。他以王的身份来统治哥特人，使他们仍然保持其原有的权利，一方面他又是“事实上的皇帝”，对于意大利的统治方式一切还是照旧。在政治上并无激烈的变化，最简单的原因是他没有一个代替既存政府机构的东西，假使狄奥多里克不维持原有的制度，则法律和秩序即将无法维持，他就会无法收取捐税，以供养他的部队和官吏。他也比任何其他的野蛮征服者更能认清传统罗马制度的价值；所以他的目的是重建意大利的旧有权力，照罗马“文明人”的模型，来建立他的行政制度。他尊重元老院，虽然他自己在信仰上是一个雅利安人，可是他也很会应付教会，对于他们的纷争，始终是以公正仲裁者自居。

在他的统治期间，他强迫他的哥特人照样纳税，为人民确保粮食供给的来源，乃修补意大利的各海港，整理罗马和拉韦纳的艺术作品，虽然他自己是一个文盲，但却知道奖励学术的复兴。他对于外交政策的指导，也和对于国内政策一样的高明。从他的婚姻关系之建立上，即可以看出他的目标来。他把他的长女阿里瓦格尼（Arevagni）嫁给西哥特王阿拉里克二世（Alaric Ⅱ）；次女陶地哥沙（Theudegotha）嫁给勃艮第王的儿子；他的三女阿马拉森沙（Amalasuntha）则嫁给欧沙里克（Eutharic），他是一个阿马尔贵族，为希尔马那里克（Hermanaric）的直系后裔。最后这个安排是为了要找一个继承者，因为他没有儿子。他的一个妹妹阿马拉弗里达（Amalafrida），嫁给汪达尔王特拉沙莫德（Thrasamund）；另外一个妹妹阿马拉贝尔加（Amalaaberga），则嫁给图林根国王；而他自己则又与法兰克王克洛维（Clovis）的妹妹奥地弗里达（Audefleda）结婚。

他沿着他的边界，征伐野蛮民族，曾经有过多次的战争。他从吉皮德斯人手中夺回了帕罗尼亚；他占稳了格莱安阿尔卑斯山（Graian Alps）上的隘路，并占领普罗旺斯；使阿里曼尼人移殖到拉提亚（Rhaetia）去，使在高卢境内的西哥特人归属于他的保护之下；使阿拉里克二世的儿子阿马拉里克（Amalaric）在西班牙建国。他已经变成了西方世界的仲裁者，声誉日隆，甚至被放逐的斯堪的纳维亚王子也会到他的宫廷中来避难，而在遥远波罗的海边的爱沙尼亚人也向他进贡琥珀。

当他逝世的时候，他所统治的范围已经包括着意大利、西西里、达尔马提亚、诺里孔、帕罗尼亚和两个拉提亚（提罗尔和格里生），下日耳曼一直达到乌尔门（Ulm）为止，以及普罗旺斯。诚如杜木林教授（Prof. Dumoulin）所说的："假使要把他对于西班牙境内哥特人的统治也都算上去，那么除了非洲、不列颠和 2/3 的高卢以外，事实上，他几乎重建了这个古老的西罗马帝国。"

在狄奥多里克的统治之下，我们似乎可以看到，野蛮人的活力与罗马文明的残余部分结合了之后，西罗马帝国逐渐有了真正复兴的希望。虽然如此，这个有利的结合若能持久，则当然可能使整个西方的历史都为之改观，但事实上却注定了在它的建立者逝世之后，帝国也就随之而瓦解了。因为在 523 年，东罗马皇帝查士丁一世（Justin Ⅰ，518—527 年在位）采取了一个致命的决策，禁止在帝国之内有雅利安的信仰流传。这对于哥特人是一个直接的打击，狄奥多里克当然也完全知道这一点。他认为他毕生的事业都受到了严重的威胁，因为这无异于在他的领域之内，播下宗教战争的种子。

狄奥多里克死于 526 年，继承他的人为他的外孙阿沙拉里克（Athalaric），当时还只有 10 岁，由他的寡母阿马拉森沙摄政。她在感情上是罗马的成分重于哥特的成分，于是她与她的臣民之间立即发生了摩擦，而且更迅速地尖锐化。因为害怕会发生宫廷革命，她就与东哥特的皇帝暗通消息。此时东罗马皇帝为查士丁尼（Justinian，527—565 年在位），他在 527 年继承了他的叔父查士丁的皇位。她秘密地向东罗马的大使说，只要能保证她个人的安全，她愿意使她的王国归顺皇帝。当 534 年 10 月 2 日，阿沙拉里克死亡的时候，这个谈判还在继续之中。为了保持她自己的地位和防止这个秘密泄露，她决定让狄奥达哈德（Theodahad）与她共享统治权。他是她大姐的儿子，现在是西哥特人的假定王位继承人，因为相信他的个性软弱，所以主权还可以掌握在她自己的手中。她请求他继任国王，但他却应向她宣誓，表示愿意只做名义上的国王。他早已结婚，所以他们同意以姐弟的关系来共同统治。可是当这个协议订立不久，狄奥达哈德就与她的敌人联合在一起，把她禁闭在波尔西拉（Bolsena）湖中的一个小岛上，几个星期之后，她就被绞死了。当这个消息传到了查士丁尼的大使彼德（Peter of Thessalonica）的耳中——当时他正在往拉韦纳的途中——他马上要求晋见狄奥达哈德，向他和他的党羽提出了严重的抗议。他说，因为他们做了这种卑劣的罪行，所以皇帝与他们之间就只有战争而再无和平可言了。这场战争，照我们看，可以与后来的三十年战争相比拟：后者在1100年后使日耳曼变成了废墟，而这场战争则使意大利变成了沙漠。

第十一章

提卡米仑会战和塔吉那会战

查士丁尼，也被尊称为“大帝”，在东罗马诸帝中是最著名的一个，但他本人却是一个野蛮农民的儿子。他生于 483 年，其出生地为伊吕里库姆的达达尼亚（Dardania）地区。他在 523 年，与一个声名狼藉的女人——狄奥多拉（Theodora）——结婚。她是君士坦丁堡兽场中一个饲熊人的女儿，也曾在亚历山大城当过妓女和舞女。这个女人有坚强的决断与勇气，对于她的丈夫具有极大的影响，他一旦做了皇帝，就指派她共治天下。

查士丁尼是一个对于工作永远不感到满足的人，也是一个中央集权主义者，被人称为“一个永远不睡眠的皇帝”。他不仅把自己当作恺撒的继承人，而且也以宗教中最高领袖自居。在他的一生之中，有两个坚定的信念：（1）重建西罗马帝国；（2）制压雅利安异教徒。所以他的一切西方战争都具有十字军的性质，他认为他有领导世人进入基督圣城的使命。但是在他开始进行这个工作之前，必须先找到一个侵入的借口。此外，当他嗣位之时，帝国恰好在与波斯人进行战争。

他对于人才有很良好的鉴别能力，从他的禁卫军中选出了一位军官，来指挥东面的战事。这个人就是贝利萨留（Belisarius），他大约是在 505 年出生于马其顿。530 年，他在达拉斯（Daras）对波斯人赢得了一个惊人的胜利，不久之后他即被召回君士坦丁堡，并与波斯人匆匆地缔结了和约。其原因是在迦太基发生了一场革命。盖塞里克的一个曾孙吉里米尔（Gelimer），篡夺了汪达尔王希尔德里克（Hilderic）的王位。后者以皇帝属国的关系，向君士坦丁堡求援。于是查士丁尼立刻抓着这个要求，来作为发动其第一次十字军战争的借口。

当贝利萨留正在准备收复非洲的工作，突然又发生了一个号称"胜利"（Nika）的叛变，几乎使查士丁尼的皇朝告以结束。532 年 1 月 11 日，皇帝在赛马场中受到了观众奚落，纷乱的情形迅速地展开。在君士坦丁堡城中，本有两个对立的党派，一为蓝党，另一为绿党，现在却联合起来了[1]。他们攻击皇宫，纵火焚城，并宣布拥护前帝阿纳斯塔修斯（Anastasius）的侄子希帕提乌斯（Hypatius）为帝。情况十分危急，查士丁尼已经准备逃走，可是狄奥多拉在会议席上大声疾呼："啊，皇帝呀，假使现在你只想逃命，那是一点困难都没有的。因为我们有的是钱，而且在海上也有的是船。但是你再考虑到逃亡之后又该怎样时，那么你就会宁愿死也不想要这种安全了。至于我个人，却相信这一句古话是说得不错的，皇权是最好的坟墓。"

这一番慷慨激昂的论调激起了皇帝和群臣的勇气。于是贝利萨留和纳尔塞斯（Narses）奉命去镇压这次叛乱。后者为一位宦官，他是中年的亚美尼亚人，现在任总督太监（Grand Chamberlain）之职。贝利萨留率领军队去作战，而纳尔塞斯则携带着一大袋黄金，偷偷地出了宫门，用贿赂的手段使蓝党的领袖再向皇帝效忠。当他

[1] 蓝党（Veneti）和绿党（Prasini）为赛马时的两个对立的团体。前者受到皇帝的支持，而后者则由皇后加以鼓励。所以在平时，皇帝和皇后两人实际上分别控制着君士坦丁堡城中的流氓势力。

听到了叛徒大部分是集中在赛马场内，贝利萨留就设法冲进去，凭着另一位将领孟达斯（Mundus）的帮助，突然发动攻击，一口气杀死了3500人。这个“胜利”叛乱遂被压平，我们对于它的主要兴趣就是贝利萨留和纳尔塞斯两个人都在这一幕戏中上场，他们两个人也就是后来收复意大利的主角。

这是两个完全不同性格的人，实在是很难找到同样的例证，比三十年战争中的古斯塔夫（Gustavus Adolphus）和华伦斯坦（Wallenstein）二人之间的差异也许还要更大。在532年，贝利萨留还只有27岁，而纳尔塞斯却已经有54岁了。前者是从青年时期起就一直是一个军人，而后者却是到了中年的后半段中，才开始参加军事性的活动。贝利萨留体格高大，相貌英俊；纳尔塞斯却身材瘦小，貌不惊人。前者是具有旋风式的作风，勇敢到了鲁莽的边缘，而同时又具有一颗机敏的心灵。他那鄙吝成性的主人所给予他的工具，差不多总是不适当的，而他却从来不畏缩，照样能够战胜敌人。后者却是内心毒辣，态度恭顺，极狡猾而工心计，假使他认为工具不适当，就绝不肯把他的荣誉来作孤注一掷。他们都是优秀的战术家，但是就战略家的才能来说，纳尔塞斯似乎还高一筹，同时他也更长于“治术”（Statecraft）。

贝利萨留是一个仁慈的征服者，他总是尽量减少战争中的恐怖成分，有时不免有一点“妇人之仁”，甚至使他在战略上受到了不利的影响。反之，纳尔塞斯却能正确地认清战争为政策的工具，绝不能因为其他的考虑而影响到政策的目的。皇帝非常信任他，而对于贝利萨留则否，因为贝利萨留的成就太大，所以经常引起查士丁尼的疑忌。纳尔塞斯因为是一个太监，绝无篡位的可能性，所以皇帝对于他是言听计从。相对说来，贝利萨留的妻子安东尼亚（Antonia），却是他的最大的“包袱”。她的出身也和那位皇后一样不高贵，不过那位皇后要比皇帝小20岁，而她却要比贝利萨留大22岁。可是在他们结合之后，贝利萨留对于她的宠爱却始终不衰。

在所有的战役中，她总是随伴在一起，她对于贝利萨留的影响之大，正和狄奥多拉之于查士丁尼是一样的，可是却常常使他的名誉和事业受到坏的影响。这个女人到了老年更是淫逸放纵，可是非常奇怪，这位伟大的名将却愿意始终做她的奴隶。诚如吉本所批评的，他对于她的那种无比的耐性和忠诚，似乎不是在一个“男人”的性格之上，就是在它之下了。

虽然在这场“胜利”的屠杀中，有许多无辜的人民送了性命，可是从政治的观念上来看，这次流血却是大有价值的，从此在君士坦丁堡中的流氓势力被削平了，查士丁尼的权威不再有其他的内在威胁了，他就可以集中其全部注意力来发展其帝国计划：最眼前的目标即为从汪达尔人手里收复非洲，并在他们的领域中消灭雅利安主义。

在军事工具方面，他比起戴克里先和君士坦丁两位大帝，是差得太远了，因为自从他们的时代之后，罗马的陆军即开始腐朽崩溃。过去的巨型边防军已经差不多化为乌有，其他的野战军也只是纯粹在名义上还存在着，而兵团的名称则已经变成古董了。在阿那斯塔修斯、查士丁和查士丁尼三个朝代中，在名义上，罗马的陆军是可以分为三大类：“Numeri”“Foederati”“Bucellarii”。第一种为帝国的正规常备军，其中分为步兵和骑兵两类，但是已经衰朽，甚至连奴隶也成了招募的对象。第二种为纯粹的佣兵，其中各种民族都有，而尤以匈奴人为主，他们都是以打仗来作为发财的手段。第三种为拜占庭各地方官的武装卫士，虽然他们是属于私人军队的性质，但除了向其直属长官效忠以外，同时也还要宣誓效忠于皇帝。查士丁尼派往收复非洲的兵力，即为这种高度非民族性和雇佣性的部队所组成。

因为所想要征服的地区是那样广阔，而对吉里米尔的实力又无法做确实的估计，所以查士丁尼分配给贝利萨留的兵力实在是小得到了危险的程度。它一共有 10000 名步兵和 5000 名骑兵，实际上几乎为野蛮人所组成，这是从帝国以内各地区中分别招募得来的。也正和一般的佣兵一样，虽然每个人员都具有高度的训练水平，但是他们的忠诚也绝不可靠。在胜利时，他们像野兽一样凶猛，一旦失败了，就可能反噬主人。

在对于侵入战做准备时，贝利萨留的第一个问题即为在何处建立他的前进基地。把军队集中在埃及境内，然后取道利比亚和的黎波里前进，因为补给上的困难，这是一个不在考虑之列的问题。若是把基地设立在伯罗奔尼撒半岛上，再渡过地中海去，则又未免太冒险，因为不仅有遭遇风暴的可能性，而且汪达尔人也拥有一支强大的舰队。贝利萨留最后决定还是取道西西里前进。阿马拉森沙一向对于帝国表示好感，而她与汪达尔人也正在交恶之中，由于在527年，希尔德里克曾经把她的姑母阿马拉弗里达处死，所以她允许东罗马的远征军在西西里岛上可以获得友好的接待。这个决定终于使她的民族受到灭亡的厄运，因为假使没有西西里做基地，则这次的远征可能不会成功，而当它失败了之后，意大利也就可能不会受到侵入，于是东哥特帝国即可能继续支持下去，这对于西方而言，应该是一件幸事。

533年6月22日，东罗马远征军在君士坦丁堡上船，一共为500艘船（最大的载重有750吨，最小的只有45吨），由2万名水手驾驶着，随护的有92艘快速的小战船（dromon），由2000名拜占庭奴隶划桨。因为风向不利，他们在伯罗奔尼撒的梅索尼（Methone）停留了很久的时间，因为食物的不良，有500名士兵病死了。最后才到达了查提（Zante），在那里又遇到了逆风，花了16天的时间，才到了西西里岛上的卡塔尼亚（Catania）。应该感谢阿马拉森沙，他们受到了很好的接待。

现在贝利萨留所面临的，就是一个情报的问题。说起来很奇怪，他对于汪达尔陆军的实力和位置，以及在非洲的最好登陆点在哪里都是一无所知的。他所知道的就只限于下述这一点：汪达尔人有一支强大的舰队，假使他的运输船只在中途被他们拦截住了，则可能会全部为他们所击沉。他就与史学家普罗柯皮亚斯（Procopius）商量，后者在波斯战役中即为他所选择的法律顾问。他派普罗柯皮亚斯到叙拉古去，表面上装作购买粮食，实际上却尽量地搜集情报。他回来之后就报告说，吉里米尔完全不知道这支远征军已经离开了君士坦丁堡，而他的精兵，正由其兄弟特查宗（Tzazon）率领着，在撒丁岛上镇压一个由查士丁尼所煽动起来的叛变。

贝利萨留不浪费一分钟，立即命部队上船，扬帆出海。他一路经过了马耳他和哥佐（Gozo），在 9 月初才望见非洲的海岸。距离从君士坦丁堡出发之时，已经快三个月了，他在朋角以南 130 英里的卡普特伐达（Caputvada）登陆，受到当地人民的欢迎，建立了一个设防营地，到处散发查士丁尼的布告，说侵入军只讨伐吉里米尔一人，绝非对人民作战。接着就向北朝迦太基进发。他的前卫为 300 名骑兵，由约翰（John the Armenian）率领，另有 600 名匈奴骑兵掩护他的左翼，至于全部舰队则在他的右面，沿着海岸行驶。9 月 13 日，前卫达到了阿德戴西门（Ad Decimum）隘路——从迦太基算起的第十个里程碑。

听到敌军登陆的消息，吉里米尔的第一个念头为设法拖延战争的时间，以等待其兄弟的精兵可以召回来应战。同时他也痛恨他祖先的政策，把非洲城市的要塞工事都拆毁了，致使迦太基处于无掩蔽的地位。以后，他又听到贝利萨留的兵力是如何渺小，于是命令在迦太基负责指挥的兄弟安马塔斯(Ammatus)，准备向侵入者进攻；同时也把希尔德里克本人和他的所有亲友，都一律处死了。

吉里米尔的计划未免过于复杂：他决定等到敌人进入隘路，就联合起来从三个方向向敌人进攻。安马塔斯从迦太基城出发，攻击敌人的前卫；他自己率领着主力，打击在敌军主力的背上；同时他的侄儿吉巴莫德（Gibamund），从西面越过山地攻击敌军的左翼。普罗柯皮亚斯认为贝利萨留能够逃避毁灭，实在是万幸。但事实上，因为精确的时间配合，实为成功的先决条件，在一个没有钟表的时代中，要想使三个纵队同时作战，根本上即属不可能。

9月13日，安马塔斯出了迦太基城，在其他两个纵队尚未就位之前，即开始攻击，结果他个人负了重伤，于是其部队在恐慌之中，四散飞逃。接着，吉巴莫德也开始发动攻击，但又被匈奴人的侧卫所击溃。等到这两支兵力均已失败，吉里米尔还是一点都不知道，由于在山地中迷失了方向，并未能打击在敌军主力的背上。当他到达安马塔斯战死的地方，却与贝利萨留的先头部队遭遇着了。吉里米尔将他们击败了，败兵纷纷逃走，使未曾交战的800名步兵也随之溃散。假使吉里米尔知道如何把握时机，则胜利即已经是属于他的。因为当时在场的普罗柯皮亚斯曾经这样批评：“假使当时他立即实行追击，我认为即令是贝利萨留，也都会感到无法支持。反之，假使他立即向迦太基城进发，则约翰所部就会全被歼灭，因为他们正在三三两两地去搜劫死人身上的财物，简直毫无秩序可言。假使他退入城内自保，并捕获我方离城颇近的船只，则我们的胜利希望和回家的退路也就完全断绝了。”可是他却完全出于敌方意料，当他发现他兄弟的尸体已经残破了，不禁抚尸大恸，立即放弃了继续攻击的念头，而赶着为他的兄弟料理丧事。此时，贝利萨留已经聚集了其残破的部队，在黑夜尚未来临之前，发动了一个反攻，把汪达尔人击败了。

第二天，拜占庭的陆军进到了迦太基的城边，发现汪达尔的部队大部分都已经撤出了该城。9月15日，城门打开了，贝利萨留引兵入城，受到了居民的欢呼迎接。他心里还在害怕他的敌人，所以第一件事即为修补城防工事，经过一个世纪的时间，工事差不多都成为废墟了。此时，吉里米尔退到一个叫作布拉·里吉亚（Bulla Regia）的地方，在迦太基西方约100英里远。在那里，集合他的残部，仍然还是一支强大的兵力，他派人到撒丁去要求特查宗赶快来援救。当他来到之后，吉里米尔的兵力就更是相当地增强了，依照普罗柯皮亚斯的记载，说他的兵力要比其对方强过了 10 倍。[1] 于是他进向迦太基，破坏了供给城内饮水的水道。另外，他知道贝利萨留所部中的匈奴人，对于他们服役的条件感到不满意，所以又派人去活动，使他们答应在下一次战斗中，倒戈攻击罗马人。以后，吉里米尔就退往一个叫作提卡米仑（Tricameron）的地方，距离迦太基大约只有 18 英里，在那里建筑了一个设防营地，静候贝利萨留的出击。

贝利萨留听到他的匈奴部队不稳，就用各种手段来争取他们的人心。最后的结果是他们决定了，在下一次会战中，不马上打击拜占庭军的背面，而先采取观望的态度，等到看清楚了哪一方面胜利之后再动手。这个事件足以说明雇佣性军队的危险性，他们的唯一目标是抢劫，而胜利只不过是达到此项目的的一种手段。

当他的匈奴部队暂时决定保守中立，贝利萨留遂决定采取果敢的行动，以来做命运的赌博，尽管他在数量上是居于劣势的，但还是照样地进攻。在这种环境之下，这要算是一个果敢的决定，但是他对于敌人的判断却是非常正确的，这从他对部队的训话中即可以知道。他说："现在说到汪达尔人的乌合之众，你们中间每一个人都不必去考虑他们。因为在战争中决定胜负的不是数量，而是精神上的勇气。"

他命令约翰率领其全部的骑兵（不超过 500 名骑兵）领先进发，第二天，大约是在 533 年 12 月中，贝利萨留率领他的全部步兵，连同剩余的 500 名骑兵，也向提卡米仑进兵。那天夜间，他在距离敌营相当远的地方宿营过夜。当吉里米尔知道他来了，就向自己的部队训话说：宁可战死也不可使盖塞里克的名誉蒙羞。大约在正午的时候，他引兵挑战，突然进到约翰的骑兵部队前面，那些人正在准备午餐。他本应抓着这个好机会，不等到敌人布阵即开始攻击，但是他却停下来等候。这样地缺乏将才，焉有不败之理。约翰

[1] 这是过分夸大的说法，因为当前往撒丁时，特查宗的兵力也不过 5000 人。

迅速命令他的部下上马，把他们分为三个集团，而自己指挥中央的兵力。贝利萨留也听到敌人进攻了，把他的步兵留在后面，亲自率领了500名骑兵赶来助战。此时，吉里米尔也把他的骑兵分为三个集团，由他的兄弟特查宗指挥中央的兵力。汪达尔人所接到的命令为只准使用刀剑。

普罗柯皮亚斯告诉我们说，隔了相当长的时间，战斗才开始。约翰率领了一小队经过挑选的精锐骑兵，越过了夹在两军之间的一道溪流，向汪达尔人的中央部分冲锋，但迅速为特查宗击败，约翰退回本营之后，接着又做第二次的冲突，但仍被逐回。最后，他再集中兵力做第三次的尝试，在喊声震天之中，发生了激烈的格斗，特查宗被砍倒了。这是拜占庭方面挥动全部骑兵进攻的信号，他们都渡过了溪流，向敌军进攻。敌军从中央部分开始崩溃，不久即全部溃散。这时，匈奴人看到罗马胜利，也就依照他们自己所约定的，马上加入追击。汪达尔的骑兵全部被逐回其设防营地之中，而拜占庭军马上开始洗劫死人身上的财物。

骑兵的战斗所经过的时间不会比一个钟头更长，而主力的会战还没有开始，因为贝利萨留的骑兵并不能攻击汪达尔人的营地。此外，双方的死伤都不算重，罗马方面在50人以下，而汪达尔人则大约为800人。

到了黄昏将近的时候，拜占庭的步兵才赶到，贝利萨留命令他们攻击敌人的营塞。当吉里米尔看到他们来到时，他马上忘记了他早上勉励部下死战的训话，一言不发地跳上了马背，向通往努米底亚的路上逃走了。国王逃走之后，全军马上大乱，所有的人员都各自逃命，只恐逃得不快。于是贝利萨留很轻松地大获全胜了。

这支无头的军队，如此崩溃固然是令人叹为观止，可是接着在拜占庭方面所发生的情形，也是同样的奇怪。当汪达尔弃营逃走之后，所遗留下来的财富实在不少，贝利萨留的全军马上也就瓦解了，三五成群地，各自去搜寻他们自己的好运。在这个地形险恶的区域之中，到处都有受到敌人狙击的危险。可是他们既不害怕敌人，也不尊重贝利萨留的命令，因为他们的主要目的就是发财。假使吉里米尔还有一点胆量，他应该把他的营塞作为一个诱敌的香饵，到敌军发动抢劫的时候，就立即来一个逆袭，那么他的王国就不会丧失了。这也正是贝利萨留心中所最害怕的事情，诚如普罗柯皮亚斯所说的："假使真是如此，则罗马军就会一个人都逃不掉。"

第二天上午，恢复了秩序之后，贝利萨留命令约翰再领兵追击。一直到 534 年 3 月，汪达尔王已经在乞食度日了，然后才投降。不久，贝利萨留即胜利归国。

贝利萨留刚刚离开非洲，穷凶极恶的税吏就来到了。在他们的勒索之下，有许多已经在那里与汪达尔妇女结婚的拜占庭军人开始叛变。同时，当地的雅利安人因为被禁止不得为他们的孩子举行洗礼和做一切的宗教礼拜，也揭竿而起。接着在全面纷乱之中，摩尔人也乘机作乱，在这些收复的省区中扰乱蹂躏了三年以上的时间。吉本在他的《罗马帝国衰亡史》中说："有些地区中，一个生人可以漫游一整天的时间，而看不到一个友人或敌人的脸孔。……当普罗柯皮亚斯最初在那里登陆时，他对于当地城市乡村的繁荣和农商的发达，很感到羡慕。不到 20 年的时间，这一片繁荣的景象已经变成了满目凄凉。有钱的人都逃往西西里和君士坦丁堡。依据普罗柯皮亚斯的《密史》所记载，在战争和查士丁尼皇帝的统治之下，非洲的人口损失了 500 万之多。"[1]

非洲的征服使查士丁尼有了一个良好的补给基地，以便于向意大利作战。534 年，当汪达尔王国灭亡之后，恰好狄奥达哈德也杀害了阿马拉森沙，于是查士丁尼马上就以此为借口出兵了。一共有两支兵力，一支由孟达斯率领，侵入达尔马提亚的哥特省区；另一支由贝利萨留率领，侵入西西里。因为这位皇帝生性鄙吝，所以这

[1] 这个数字明显是过分夸大。

两支兵力都真是小得可怜。孟达斯的兵力也许不过三四千人，而贝利萨留也只有 7500 人。

当我们检讨这次战争的初期经过，使我们发现贝利萨留之所以能以少胜多，似乎是因为他有超人的将才和优越的兵器，而同时在意大利，也和在非洲一样，所有的罗马籍人口都一致拥护他。他知道以这样微弱的兵力，要想与哥特人作野战，是绝难获致成功的。同时他又知道哥特人对于围城战最不擅长，所以他尽量避免缠斗，尽量利用有城墙的城市，以来增强他自己的力量，而且也强迫敌人在围攻时自动消耗其兵力。但是他的战术却绝非静态的，因为他也经常从所据守着的城市中，向敌人发动突击，他之所以能采取这个行动，是因为他拥有比较优越的"投射"能力，他自己曾做了下述的解释：

> 一切的差别即在这里：所有的罗马人和他们的同盟者匈奴人都是优秀的骑弓手，可是在哥特人当中，却没有一个人对于这种战法有经验。他们的骑兵只惯于使用长枪和短剑。他们的弓弩手是徒步地进入战场，并且是在重装甲骑兵的掩护之下。所以，他们的骑兵，除非是在接近的战斗中，否则当对方使用弓矢时，即根本上无自卫的能力，因此可以很容易地用弓矢来歼灭他们。至于说到步兵，他们的强度又绝对无法对抗对方骑兵的冲击。

接近 535 年年底的时候，贝利萨留在西西里登陆，在那里受到了人民的欢迎，除了巴勒摩一个城市，其余所有城市都自动开门迎降。一旦巴勒摩被攻陷，狄奥达哈德马上感到非常恐惧，立即向查士丁尼求和，愿意以接受一笔钱为条件，而自动献出意大利。但是当谈判正在进行时，贝利萨留又被召回非洲去镇压一个叛乱，而孟达斯在达尔马提亚境内战败被杀。这些意外的事件使得这位怯懦而多变的哥特王，马上又改变了初衷，并拘禁罗马的使臣。于是贝利萨留奉命进兵，他于 536 年 5 月，渡过了墨西拿海峡，围攻那不勒斯城，并从一条水道中进入该城。此时，拜占庭政府又运用外交手段，与法兰克人建立了同盟关系，正好像当它与汪达尔开战时，曾与东哥特人保持友好关系。于是狄奥达哈德开始面临着两面的战争。

当那不勒斯被攻陷之后，狄奥达哈德为其族人所废弃，另选一位叫作维蒂吉斯（Vittigis）的武士为王。为了稳定他的地位，维蒂吉斯与妻子离了婚，改娶阿沙里克（Athatric）的妹妹，狄奥多里克之孙女马塔沙恩沙（Matasuentha）为妻。他的第一个行动为收买法兰克人，把高卢境内的哥特领土都割让给他们，以换取他们的退兵。第二个行动是撤出了罗马城，只留下了少数的驻兵，并把这个城市托付给教皇西尔维留斯（Silverius）代管。这些行动也可以说是很聪明，但也引起无穷的祸害。536 年 12 月 10 日，尽管教皇对于维蒂吉斯是立有誓言的，他还是开门迎接贝利萨留入城。维蒂吉斯认清了他们的错误，遂于次年 3 月，率领大军 15 万人[1]开始围攻这个永恒的圣城。这次围攻即令不是最长的，也要算是最惨烈的。

他的第一个行动就是毁灭罗马城的供水道。这个水道对于 100 万罗马人，每天供给水量 3.5 亿加仑。市中的浴室、喷泉、花园和住宅，以及数以百计的水磨（磨粉或其他工业）都是仰赖这个水源的。虽然以后，这个水道修复了一部分，但整个系统却始终未能完全复原，所以从此罗马城的社会生活也随之而发生了变化。

大约在 3 月 31 日，维蒂吉斯企图对罗马城做一次大规模的攻击，但却为贝利萨留的各种“投掷”兵器所击退，以后他就完全采取封锁政策。到了 4 月，贝利萨留获得了 1600 名骑兵的增援，他决定出击，

[1] 相当地夸大。

准备在一击之下结束这场战争。可是在那个紧急关头上，他的部下却忙于抢劫哥特人的营帐，而不去切断敌人的退路——在台伯河上的米尔费亚（Milvian）桥。

12月，又有援兵5600人开到了意大利，率领他们的是一位能干但头脑颇僵硬的将领，也叫作约翰·贝利萨留，现在兵力既已增加，应该可以向敌人的后方作战了。他命令约翰和2000名骑兵，进入皮斯仑（Picenum），蹂躏弗拉米尼亚大道在亚得里亚海边终点周围的地区。约翰却不遵从他的命令，并未首先毁坏乌比诺（Urbino）和阿西莫（Osimo）两地的要塞，即向利米尼挺进。凭着他的勇名，在第一次突击下即攻占了该城。这个果敢的前进，距离哥特人的首都拉韦纳已经在30英里之内，于是使维蒂吉斯的计算完全错乱了。他于538年3月12日，自动解围离开罗马向北退却。这正和拿破仑从莫斯科撤退一样，罗马之围对于维蒂吉斯而言，实为哥特王朝在意大利的坟墓。

虽然约翰的违反命令是罪大恶极的，可是当他占领了利米尼，贝利萨留所该采取的正确路线，就应是将错就错，扩张现有的战果。可是他却并不如此，反而命令约翰撤出该城。约翰当然又不肯服从，于是两个人之间的关系就很紧张，而维蒂吉斯也就针对着这个弱点，立即冲向利米尼城，将约翰围困住了。同时，罗马防御战的成功，使贝利萨留的威名大振，引起查士丁尼的疑惧，害怕贝利萨留会变成一个危险的劲敌，于是就派其亲信，总管太监纳尔塞斯，也到意大利去，表面上是帮助贝利萨留完成这场战争，实际上却是严密地监视他。

纳尔塞斯的军队在皮斯仑登陆，假定其地点为安科那（Ancona），那么距离利米尼就在60英里之内了——在它的南面。登陆之后，为了援救约翰的问题，他与贝利萨留之间立刻发生了争论。纳尔塞斯主张应该加以援救，而贝利萨留则表示反对，但因为前者为皇帝的亲信，所以后者只好顺从他的意见。他们发动了一次非常完美的陆海军联合作战，达到了解围的目的。约翰当然只感谢纳尔塞斯，而不感谢贝利萨留，这使两位主将之间的歧见更为加深。于是一切的行动都是采取折中和拖延的方式，结果到了 539 年年初，本来已经收复的米兰城又为哥特人攻下了。哥特人的将领乌莱斯（Urais）为维蒂吉斯的侄儿，在占领了该城之后，即进行大屠杀，根据普罗柯皮亚斯的记载，人民被害者共为 30 万人。祸不单行的是，意大利到处又在闹饥荒，专以皮斯仑一个地区而论，饿死的人数据说即有 5 万之多。不久，这种二元的指挥方式实在是无法再进行下去，贝利萨留迫不得已向皇帝提出了强硬的抗议。结果查士丁尼只好召回纳尔塞斯。在解除了纳尔塞斯的烦恼之后，贝利萨留遂开始围攻菲耶索莱（Fiesole）和阿西莫，这是在拉韦纳以南哥特人所据守的最后两个据点。正当在作战之际，突然又有 10 万名法兰克人，在其王提奥德贝尔特（Theudebert）的率领下，侵入了意大利，到处蹂躏，所遇为墟，并同时击败了哥特人和罗马人。但因为当地病疫流行，迫使他们终于还是撤走了。[1]

到了 539 年年底，这两个最后的据点都已经被贝利萨留攻下了，他才向拉韦纳进攻，这是维蒂吉斯的最后根据地。但是因为此时匈奴人又有侵犯依利里亚、马其顿和色雷斯的趋势，同时又发现维蒂吉斯写信给波斯王科斯罗埃斯（Chosroes，即霍斯罗夫），唆使他从东面进攻罗马帝国，查士丁尼不免有一点害怕，于是在 540 年年初，派了一个使节团到拉韦纳去，对于维蒂吉斯提出了一个意想不到的有利条件：在波河以北的全部意大利领土，均承认为哥特人所有，以南的领土，包括西西里在内，则归还东罗马。这是一个合于政治家风度的建议，因为在意大利的北面还有凶猛的伦巴第人（Lombards），在其西面又有同样凶猛的法兰克人，所以在波河以

[1] 法兰克人所使用的兵器为刀剑、短把而两面开锋的战斧和防盾。他们的攻击方法为进到极近的距离，投掷他们的战斧，以砍破敌人的防盾，然后再用刀剑冲锋。

北若能让这个哥特王国继续存在，作为缓冲国，实在对罗马帝国是有利的。但是贝利萨留却一心只想无条件地结束这场战争，把维蒂吉斯也和过去的吉里米尔一样，当作俘虏献到查士丁尼的脚下。所以他拒绝参加和谈，并禁止皇帝的使臣进入拉韦纳，并加强围攻的工作。

因为已为饥饿所苦，也明知贝利萨留绝不肯妥协，于是维蒂吉斯又提出了一个非常特别的提议，也可以说最不自私的：他要求贝利萨留做西罗马的皇帝，换言之，即接受哥特人的王冕。贝利萨留过去曾经立过誓言，在查士丁尼的有生之日，绝不造反，我们对于他的忠诚是殊少疑问的。不过他这次将计就计地接受这个条件，却似乎总不算是一个太光荣的行为。他派人去向维蒂吉斯谈判，答应了他的一切要求，不过唯一的保留条件即为必须等待他入城之后，才举行接受王冕的宣誓典礼。到了 540 年的春天，拉韦纳就开城迎降了。等到他把地位站稳了之后，贝利萨留马上就取下了他的假面具，虽然他不曾洗劫这个城市，可是却拘捕了维蒂吉斯和一切重要的哥特贵族，并没收了大量的哥特财富，把三者都送回君士坦丁堡去。

这个背信行动固然不足为训，但却具有决定性，因为当拉韦纳被占领了之后，所有意大利东北的城市都望风迎降，只有维罗纳和帕维亚二城为例外。首者由依尔地巴德（Ildibad）所据守，后者由乌莱斯所据守。依尔地巴德为西哥特王的侄子。所有剩余的哥特勇士，都纷纷逃往这两个城市，他们首先想拥护乌莱斯为王，经过他拒绝之后，遂终于选举依尔地巴德为王。

贝利萨留的不光荣行为却不免害人终害己。查士丁尼还是感到害怕，不敢让这位野心勃勃的大将留在拉韦纳的皇宫中，于是将他召回君士坦丁堡，并且不让他举行一个正规的凯旋仪式。541 年的春天，他被派往幼发拉底河上，去结束东罗马与波斯之间的战争。

当贝利萨留离开意大利时，狄奥多里克的帝国已经只剩下帕维亚这一个孤城了。依尔地巴德率领 1000 名残兵还据守着它。可是不到这一年过完，他已经建立了一支大军，大部分都是由拜占庭逃兵所组成，在提费索（Treviso）附近作了一次巨型的会战，击败了东罗马军，并收复了波河以北的全部意大利领土。他为什么能有这样伟大成功？这是因为自从贝利萨留离去，东罗马关于战争的指挥分别交给 11 个将领负责，而其中没有一个人是具有最高指挥权的。他们根本不打仗，而只各自忙于抢劫。而且，当意大利一收复，东罗马的税吏也就像一群蝗虫一样地飞来。这个国家早已残破不堪，哪里还再禁得起他们的勒索，结果促使人民铤而走险，终于形成了无政府状况。

541 年春天，依尔地巴德被暗杀，继承他的人为艾拉克（Eraric），他只做了 8 个月的国王，又为依尔地巴德的侄子托提拉（Totila）所杀。托提拉是一个很杰出的军人，他具有宽宏的度量、骑士的精神和过人的勇气，霍奇金认为他是在东哥特这一枝树干上，开出来的一朵最名贵的奇花。542 年年初，他被选为王，在范查（Faenza）击败了罗马军，越过了亚平宁山脉，又在莫吉罗（Mugello）击败了约翰。这一战使他几乎收复了意大利中部和南部的全部领土，只有罗马城和几个少数的要塞为例外，差不多贝利萨留所征服的地区，是完全都丢光了。到了 543 年 5 月，他又攻下那不勒斯，于是决定开始围攻罗马城。最后，这些事实引起了查士丁尼的注意，在 544 年的春天里，决定再派贝利萨留到意大利去收拾残局。

贝利萨留在色雷斯境内招募了一支兵力，一共不会多于 4000 人，他首先解救奥特兰托，再沿海岸进到了波拉，渡过亚得里亚海而达到了拉韦纳。在那里他上书查士丁尼，要求给予人员、马匹、兵器和金钱。当这个呼吁提出不久，在 545 年的秋天里，托提拉即开始围攻罗马城。这个城的守将为贝苏斯（Bessas），他把小麦囤积起来，然后高价出卖给军民食用。这个围攻使得贝利萨留进到了港口和奥斯提亚（Ostia），这是罗马城的港口，并在那里建立他的基地。但他却只是劳而无功，到了 546 年 12 月 17 日，罗马城被内奸出卖给托提拉了。依照普罗柯皮亚斯的记载，这个城市的总人口 150 万人，被消灭到只剩下了 500 个男人都不到的程度。

哥特人又提出了和平的建议，这一次查士丁尼却把决定权交给贝利萨留，结果战争又继续发展下去。此时，约翰的兵力正在蹂躏着卢卡尼亚，所以托提拉在把罗马所有的剩余人民撤出了之后，就只留下一支小型守军在那里，而自己则去迎击约翰。贝利萨留立即乘这个机会，设法攻占了该城。托提拉听到了这个消息，就立即赶回来，在两次攻城不下之后，即自动撤到了提弗里（Tivoli）。

这样相持了两年之久，到了 549 年年初，贝利萨留看师老无功，主动要求皇帝把他召回君士坦丁堡。他的财富大量增加，可是名誉却不如过去了。[1]

此时，托提拉又三度围攻罗马城，结果又是内奸卖城投降。他又提出和平的要求，可是查士丁尼这次却不肯接见他的大使。不久东罗马军在意大利的据点就只剩下了四个城市：拉韦纳、奥特兰托、安科那和克罗托那（Crotona）。

查士丁尼本来已经选定了他的侄子日耳曼那斯（Germanus）来做意大利的统帅，但是他尚未赴任，就先病死了。而差不多在这同一时间，托提拉又占领了雷佐，越过海峡进入西西里，并再度征服了撒丁和科西嘉等岛屿。

日耳曼那斯死后，意大利诸将就都希望他的女婿约翰能够继任统帅之职。查士丁尼却似乎觉得约翰的阶级只不过与他们相等，恐怕他们不会服从他，于是决定派总督太监纳尔塞斯出任统帅。虽然纳尔塞斯的年纪已经 75 岁了，但却仍然很高兴地接受了这个任命。[2]

---

[1] 在 558 年，贝利萨留又奉命征讨匈奴人。到了 562 年，因为有人指控他造反，遂被削除了兵权。到了 563 年，他又获得了信任。两年后，在查士丁尼逝世前 8 个月的时候，他先死了。

[2] 他死于 573 年，一直活到 95 岁。

这个任命是很得人望的，纳尔塞斯一向以慷慨出名，挥金如土，许多拜占庭的武士都愿意投入他的部下。但更重要的是，他是皇帝的亲信，地位远比贝利萨留要强硬，皇帝对于他的要求几乎无不应允，照普罗柯皮亚斯的说法，那真是兵多财足。

当纳尔塞斯正在集中其兵力时，托提拉使用了 300 艘战船，去争取亚得里亚海的控制权。他首先洗劫了科孚岛，然后进到了伊庇鲁斯和达尔马提亚的沿岸，并毁灭了那些准备从希腊为纳尔塞斯军队运输补给的船只。同时，他也加紧对于安科那的围攻。这时，拉韦纳的守将为法利里安（Valerian），就向在萨罗那（Salona）的约翰求援。虽然约翰曾经奉命，必须等待纳尔塞斯到后，才准开始行动，可是他却发挥了主动的精神，率领了 38 艘战船出海，与法利里安的 12 艘战船联合在一起，赢得了一次海战，使安科那城解围。普罗柯皮亚斯曾经批评着说："这次会战击毁了敌人的精神，减弱了托提拉和哥特人的力量。"

于是托提拉又求和，结果遭查士丁尼的拒绝，他好像是痛恨哥特人，非把他们从罗马境内完全肃清不可。为了增强他的地位，托提拉又与法兰克王提奥德贝尔特谈判同盟条件，他的军队占领了威尼斯的大部分。他们约定在罗马人尚未被击败之前，彼此间绝不作战。

最后，在 552 年的春天里，纳尔塞斯动员了其在萨罗那的兵力，从陆路进入意大利。他的兵力确切数字无法知道，普罗柯皮亚斯只是说多得异常，可能是在 2 万人左右。和所有的拜占庭军队一样，大部分都是由野蛮佣兵所组成——匈奴人、伦巴第人、吉皮德斯人、赫鲁里人，还有一部分波斯人——但是主要却是靠他本人和大量的金钱。当他达到了亚得里亚海的道路尽头时，他发现法兰克人挡住了他的前路，另外在维罗纳城，有一支哥特兵力由台亚斯（Teias）率领着，以作支援。因为他的船只数量不够，无法将他的人员从伊松左河口运到拉韦纳的港口克拉西斯（Classis），所以他就命令他的部队沿着海岸走，与舰队保持着接触，而利用这些船只在河川和咸水湖上，当作渡船用。

他平安地到达了拉韦纳，与那里的罗马守军会合在一起，停留了9天之后，才进到了利米尼，该城正由哥特人乌斯狄拉斯（Usdrilas）所据守。纳尔塞斯把他击毙了，于是沿着弗拉米尼亚大道进到法诺。在那里他知道只有坚固的皮尔屠沙（Petra Pertusa）要塞尚在固守之中，于是向南进到了西尼格里亚（Sinigallia），从那里再转西，在卡格里（Cagli）越到弗拉米尼亚大道上。从卡格里再做14英里远的行军，就到达了阿德恩森（Ad Ensem，即希吉亚［Scheggia］）的碉堡，它监视着越过亚平宁山脉的隘路，从这里向南即为一片谷地。当他听到托提拉已经迎面来到时，纳尔塞斯就开始扎营，准备会战。

托提拉本来在罗马的附近，当他听到了纳尔塞斯已经到了拉韦纳的消息之后，马上就召回台亚斯，并率领他的全军（只留下了2000骑兵随后赶上）越过了托斯坎尼（Tuscany），并在塔吉那（Taginae）村中建了他的营地，在其敌人的南面，相距约13英里。[1]在那里，或者是半路上，他接见了纳尔塞斯所派来的使节。这个军使告诉他说前途毫无希望，劝他立即投降，不过又说假使他决心作战，便请他选定一个日期。他就回答纳尔塞斯说：在8天以后，我们决一雌雄好了。纳尔塞斯认为这是一个诡计，决定第二天即出战。他的判断并不错，因为第二天上午，托提拉已经进到了距离他的战线只有两个弓箭的射程那样远了。

两军在一个狭窄的平原上彼此面对着，这个平原夹在希吉亚与塔地诺（Tadino）之间，在亚平宁高山之中，东面为该山脉主峰的山麓，西面为一列丘陵——古比欧（Gubbio）山地。在罗马军战线的极左翼的前面，有一个独立的小山，它可以控制一条通到罗马军

[1]　他的兵力实数已不可考，但可能比罗马军要少到相当的程度。

后方的山路。纳尔塞斯认清了这个小山的战术重要性，在会战前的深夜中，派了 50 名弓弩手去将它占领，第二天上午虽然一再受到哥特骑兵的攻击，但却始终坚守不去。

在会战中，双方都排列各自的阵线。托提拉还是依照哥特人的成例，把骑兵列在前面，而把所有的步兵（多数为弓弩手）列在第二线，他的观念是要在一个冲锋之下，即击破敌军的中央部分，以来赢得这一次会战。依照普罗柯皮亚斯的记载，说他曾经命令全军只准使用长矛，不准使用弓弩或其他的兵器。假使真是如此，那么他又希望他的步兵做什么呢？这一点似乎颇为费解。

为了应付这种正面的攻击，纳尔塞斯采取了一个新奇的战斗序列。阿曼爵士（Sir Oman）曾经指明，在克雷西（Crecy）之战中，爱德华三世也曾模仿他这个办法，并且还把它当作自己的发明。纳尔塞斯命令 8000 名由伦巴第人、赫鲁里人和其他人组成的杂牌部队都下马，在中央当着弗拉米尼亚大道，摆成了一个坚强的方阵。在它的两侧，各用 4000 名罗马徒步弓弩手以为掩护。这两个侧翼向前倾斜，假使敌军冲入中央位置时，就不仅会扑一个空，并且两面都受着弓弩手的包围，暴露在箭雨下。纳尔塞斯和约翰（日耳曼那斯的女婿）指挥左翼，而法利里安和另一位约翰则指挥右翼。为了保护他的弓弩手，纳尔塞斯又把罗马的骑兵排列在他们的后面，每翼 500 人。在极左翼的小山之外，他又布置了 1000 名骑兵，命令他们等待敌人步兵开始行动时，就立即冲到他们的后方，把他们夹在两支兵力之间。

纳尔塞斯把主动权让给托提拉，等候他进攻。这个等候的时间颇长，因为哥特王想等他那 2000 骑兵到达后再作战。为消磨时间，哥特王一个人在两军之间的空地上，单独穿着光彩夺目的盔甲，表演马术。最后大约在正午的时候，当那 2000 名骑兵到达了之后，他就命令全体用膳，而自己也脱下了盔甲，穿上了一个普通士兵的衣服。他这样的做法是想引诱敌人也解散行列吃饭，于是就可以向

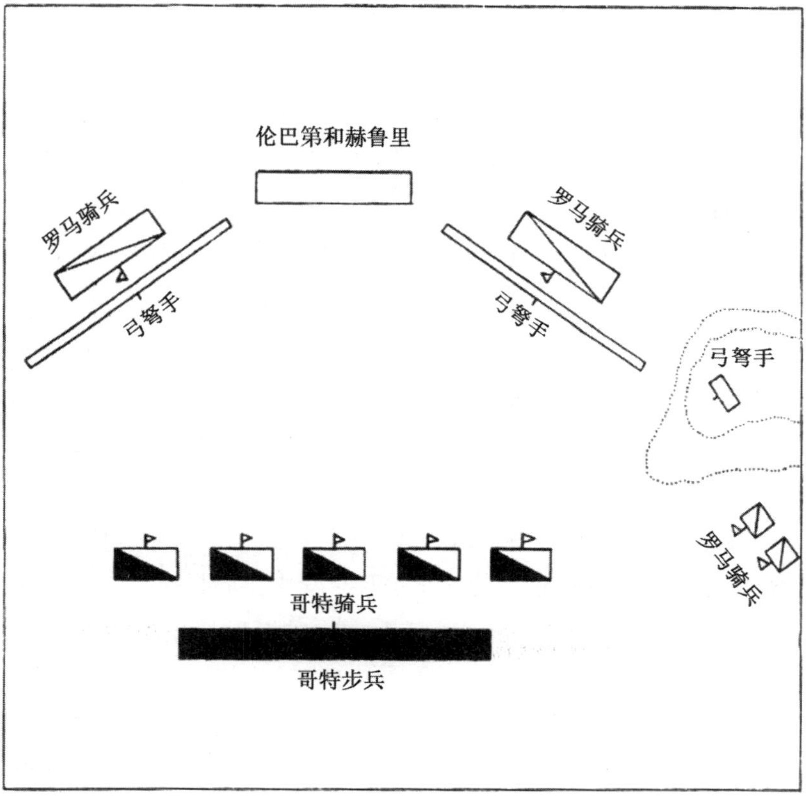

图二十四　塔吉那会战，552 年

他们发动一次奇袭。这一点他却失望了，纳尔塞斯早已下了严厉的命令，不准任何人离开阵地坐卧或吃饭，真是人不准解甲，马不准松缰。不过他并非不准他们吃东西，只是所有的人都只准站在原地进食，不准放下他们的兵器而已。

中午用膳不久，哥特骑兵展开了会战的序幕，一直打到夜幕低垂。虽然普罗柯皮亚斯的记载是很简略的——因为他并非目击者——可是实际的经过却不难想象得之。哥特人并不注意敌军两翼的弓弩手，直向中央方阵冲去，结果是其中央的骑兵为敌军方阵前的矛林（像刺猬一样）所阻，而两侧的骑兵又为弓箭所射翻。立即有数以百计的哥特人落马，这些逸马四处飞跑，在他们的行列中间造成了更大的混乱。似乎只有第一次的冲锋是有组织的，以后就是零星集合起来的兵力，各自为战了。记载上始终不曾说哥特骑兵退到步兵的后方，重新组织其兵力。快到黄昏的时候，罗马人才开始进攻，这时哥特骑兵已无抵抗之余力，就立即向后退走。诚如普罗柯皮亚斯所说的，他们并非想退到步兵的后面，喘息一下再战，而是想逃走了。这时哥特步兵却不放宽他们的间隔来收容骑兵，也不站稳脚跟来援助骑兵，而却在骑兵的前面先跑了。在混乱之中，他们更互相残杀，这是夜战中所常见的事情。这是枪矛和弓弩联合使用的第一次战斗，已经获得了完全的成功。

东罗马军在会战中杀死了 6000 名哥特兵，而所有被俘者也一律被屠杀，包括许多过去的罗马逃兵。其中连同托提拉本人在内，他是在会战中（初期或最后）受到了重伤，被捉到了卡普莱（Caprae）村中，就死在那里。

会战胜利之后，纳尔塞斯首先斥资遣散了他的伦巴第部队。他希望他们赶紧走，因为他们的野蛮简直使作战都受到了影响。其次，他才开始肃清哥特人的残部，他们已经选举台亚斯为王了。当纳尔塞斯占领了罗马，就把台亚斯的残军封锁在沙尔诺（Sarno）达两个月之久。最后当哥特人退到了李特里山（Monte Lettere），在一场会战之中，又把台亚斯击毙了。这样，哥特人才全部投降，其条件是准许他们在各要塞中，去搜集他们所埋存的金钱，然后离开意大利，到他们所选择的任何野蛮王国中去做自由人。

现在只剩下了法兰克人尚未被击败，当纳尔塞斯封锁沙尔诺时，他们在罗沙尔（Lothar）和布西林（Buccelin）两兄弟率领之下，又大举侵入意大利半岛，554 年，在卡西里努姆（Casilinum）为纳尔塞斯所歼灭，他所使用的战术仍大致与塔吉那会战中的相同。

这是 554 年，查士丁尼才完成了其在 532 年即已决心完成的任务。在非洲消灭了汪达尔人，以及在意大利消灭了东哥特人之后，他使旧西罗马帝国的大部分领域中，完全没有雅利安主义的遗留了，同时他的领土包括了整个的北非、达尔马提亚、意大利、西班牙南部、西西里、撒丁、科西嘉和巴利亚利群岛。除了西班牙和西普提马尼亚（Septimania）境内尚有西哥特人（后者为夹在东比利牛斯山脉与卢瓦河之间的地区）和在普罗旺斯境内尚有法兰克人以外，地中海又再度变成了一个罗马人的内湖了。这的确是一个惊人的成就，但是它的成本是什么？它在历史上的影响又如何？提卡米仑会战和塔吉那会战的重要性就应该在这些事情中去寻找。

和非洲一样，经过了 20 年的战争，在长时间的围攻、饥荒、屠杀、破坏、抢劫和疠疫之下，意大利也变成了废墟。狄尔教授（Prof. Charles Diehl）在《剑桥中古史》中曾经说过："最大的城市，像那不勒斯、米兰，而尤其是罗马，几乎均已无人烟，乡村变成了赤地，意大利的业主们因为效忠拜占庭和仇视托提拉，而受到完全毁灭的报酬。"

吉本的批评则更为苛刻。他说："查士丁尼的战争、征服和胜利，好像是老年人的回光返照，把最后的余力消耗完了，更加速了其生命力的衰颓。收复非洲和意大利，从表面上看来，似乎未尝不是赫赫武功，但是灾难却继之而来，显出征服者的无能，并使这些不幸的国家化为废墟。"他又说："查士丁尼的臣民受到了战争、疠疫和饥荒的三重迫害，人口的显然减少是其统治期中的最大污点。这些地球上最美丽的地区，以后永远不能恢复其损失。"

那么查士丁尼胜利的后果又如何呢？从幼发拉底河起到"赫剌克勒斯的支柱"（The Pillars of Hercules）为止，到处都是战争、财政性的压榨和宗教性的迫害，使东罗马的诸省都变得民穷财尽，民不聊生，这好像是为未来的伊斯兰教征服者铺路一样。查士丁尼死亡后还不到一个世纪，这些地区即被他们征服，甚至于到了我们这个时代中，也还有许多地方仍然控制在他们的手中。非洲的摩尔人，本已为汪达尔人所征服，现在又重新回到他们的原始野蛮的生活中，所以在下一个世纪中，当然也就抵挡不了伊斯兰教徒的侵入了。至于在意大利方面，一旦哥特人被消灭，在纳尔塞斯所指挥下的税吏，于以后的 12 年当中，也就把那一点在战争中尚未销毁完毕的剩余财力，完全压榨干净了。到了 568 年，阿尔博因（Alboin）所率领的凶猛的伦巴第人又侵入该地，这是日耳曼民族在旧西罗马帝国内建国的最后一个。他们迅速占领了波河以北的地区——现在这里仍然称为伦巴第——以后逐渐向南扩展，到处抢杀。除了拉韦纳和罗马，他们最后蹂躏了这个半岛北部 2/3 的地区。589 年，在左托（Zotto）领率之下，他们毁灭了在卡西诺山（Mt. Cassino）上的圣本笃（St. Benedict）派寺院，到了 774 年，才为查理曼所征服，而被吸收到他的帝国之内去了。

假使意大利不被侵入，也没有这次塔吉那会战，那么东哥特将继续统治意大利，于是中古史将完全改观。罗马不会变成一个废墟，一个无政治重要性的二等城市，而仍然可以继续在西方文化和文明中，做一个活跃积极的中心。哥特的活力和拉丁的文明若能融合在一起，则可以使自从亚得里亚堡会战以来即不断在西方爬行着的悲惨景象，为之一举廓清。虽然对于查士丁尼而言，塔吉那会战实为其最大的一次胜利，可是对于其当时的基督教世界和以后许多年的历史而言，都应该算是一个无可计量的大灾难。

大事记（十一）

伊斯兰教的兴起和扩张

查士丁尼要算是最后一位伟大的罗马皇帝，在他的继承者查士丁二世（565—578年在位）的统治之下，东罗马帝国甚至于理论上也都不能再冠以“罗马”的头衔了，它已经变成了纯粹的“拜占庭”了。从此，一切收复西方的想法完全被摆在一边，帝国政策变成了纯粹防御性的。它现在是腹背受敌，在多瑙河下游，受着柔然人（Avars）和斯拉夫人（Slavs）的威胁，在幼发拉底河上游，又受到波斯人的侵略。查士丁二世所面临的是一个不可能解决的战略问题：要同时守着两条分隔得颇远的防线，而他的兵力要想坚守一条防线却似乎还不够。结果当然只好把兵力放在两条防线之间，不断地做穿梭式的调动，而敌人对于这种弱点，当然又是绝不会放过的。

第一次的兵力大调动，是在572年，当时与波斯之间又发生了战争，到了591年，当莫里斯（Maurice）做皇帝的时候（582—602），因为欧洲方面的守军实在抽调得太厉害了，为了要抵抗柔然人和斯拉夫人的侵入，遂不得不与波斯王霍斯罗夫二世匆匆地订定了和约。前者是一个鞑靼民族，他是受了土耳其人的压迫，才想西进的。[1]后者为印欧民族中的一个非日耳曼集团，他们在577年，即开始在巴尔干撒播未来斯拉夫王国的种子。591年，柔然人又蜂拥南进，抢杀不停，直到604年，才由福卡斯皇帝（Phocas，602—610年在位）用收买政策使他们暂时撤退。因为这时，波斯王霍斯罗夫又破坏和平，福卡斯不能不去应付。

610年，福卡斯皇帝为其继承者希拉克略（Heraclius，610—642年在位）所杀，被砍成了碎片，极为凄惨。战争仍继续不停，到了613年，波斯人侵入了叙利亚，并占领了大马士革（Damascus）和耶路撒冷。与后者一同丧失的有君士坦丁大帝的母亲海伦娜（Helena）所发现的"神木"（The Wood），即所谓"真十字架"（True Cross）。这个损失又预兆着东罗马帝国的即将衰亡。之后，617年，当斯拉夫人正在蹂躏欧洲诸省时，柔然人也进到了金门（Golden Gate），在普罗波恩蒂斯的卡尔西登也丧失了。两年后，埃及被侵入，它的粮食补给也被切断了，此时亚美尼亚也被侵入，使拜占庭帝国丧失了其主要的兵员来源地。这个灾难是如此巨大，所以希拉克略决定准备迁都迦太基，仅仅受到了大主教的阻止，他才没有这样做，后者逼他宣誓永远不放弃君士坦丁堡。这个行动使人民感到大为满意，于是突然地发生了宗教性的狂热，要求组织十字军以拯救圣城和真十字架。

到623年为止，希拉克略已经一共进行了六次战役。第五次是发生在626年，柔然人、斯拉夫人、保加利亚人（Bulgars）和吉皮德斯人在卡尔西登与波斯军联合在一起，开始围攻君士坦丁堡。因为拜占庭握有制海权，所以这个城市得以幸免于难。次年，希拉克略取道阿塞拜疆（Azerbaijan），向南侵入波斯，于12月1日到达

[1] 土耳其人即中国古代史中的突厥人，在中国史书首次出现是在545年。546—582年，土耳其人在中国与波斯之间，建立了一个强大的国家。在565年，土耳其曾派使臣到查士丁的朝廷中来要求开放丝织品的贸易，并希望与他合作对付波斯人。

了大扎卜（Great Zab）；11 天之后他在尼尼微附近，使波斯人受到了决定性的失败。然后他进到了泰西奉，但在尚未达到波斯首都之前，即被迫撤退。不过再进一步的战役已经无此需要，因为在 628 年的春天里，波斯王霍斯罗夫被刺，双方又恢复了和平关系。他们达成的协议已经不太可考，除其中包括着“真十字架”的归还和波军撤出帝国境内两点以外。

此时当另一个新的侵略者在南方秣马厉兵之际，这两个东方的大帝国却都筋疲力尽了，他们的领土残破，人力消耗，财力空虚，他们已经变成了真空，只等待“先知者”的信徒来加以填补。

630 年 3 月 21 日，“真十字架”在圣城中重新竖立起来，几个月之后一场新的斗争就开始了，中间几乎没有间断，一直延续了 1000 年之久。远在 624 年，穆罕默德在重要的巴尔（Bahr）会战中，最终在阿拉伯民族中建立了他的权威。630 年的秋天，他派了一支侵入军北上，在死海之东，莫塔（Muta）地方与拜占庭的前哨兵力发生了冲突，但却被击败了。3 年后，6 月 7 日，穆罕默德逝世，因为他没有儿子，所以他的信徒中的一小部分就承认艾卜 · 伯克尔（Ab ū Bakr，632—634 年在位）为“哈里发”（Caliph，即继承者）。自从所谓“迁徙”年（Hegira，即 622 年）以后，麦地那（Medina）即已成为伊斯兰信仰的中心，现在多数的阿拉伯人都拒绝向它纳贡，接着就发生了一次叫作“李达”(Riddah)的叛乱，最后终为哈立德·伊本·瓦利德(Khālid ibn al-Walīd)所压平。在这次胜利之后，艾卜·伯克尔为了使他的得胜之军有事做，遂命哈立德率领 500 人去侵入伊拉克（Irak），另外派了三支小型的兵力，去援助叙利亚边境上的基督教阿拉伯人，因为拜占庭对于他们的常年补助费已经中断，他们遂向伊斯兰教徒求援。

当这些侵入军出发时，东罗马皇帝希拉克略正在艾米沙（Emesa，即霍姆斯），他相信在沙漠中的基督教阿拉伯人，对于伊斯兰教徒的前进是可以构成一道坚实的障碍物，所以他丝毫未做抵抗的准备。但是当他听到巴勒斯坦南部均已被侵入，就马上在大马士革以南集中了相当的兵力，命令他的兄弟狄奥多拉斯（Theodorus）率领，去击退这个侵入者。当哈立德听到了这个消息之后，他就以闪电般的速度前进，从幼发拉底河上的西拉（Hirah），经过帕尔米拉（Palmyra），突然进到了大马士革的城墙下。从那里，经过了极大的困难，他才与其他三支侵入兵力会合在一起，然后在耶路撒冷与加沙之间的阿主那台（Ajnadain）与狄奥多拉斯相遇。634 年 7 月 30 日，他获得了一个卓越的胜利。

不久，艾卜·伯克尔死了，继承他的人为欧玛尔（Omar，634—644 年在位）。他决定不仅要侵入，而且还要征服叙利亚，大批的伊斯兰教徒在哈立德率领之下，开始北上了。大马士革被出卖给他们，到了 635 年年底，他们占领了艾米沙。

636 年的春天里，希拉克略又派了一个新的兵力，大约总数为 5 万人，由提塔流斯（Theodorus Trithurius）率领着去对抗哈立德。哈立德马上撤出了大马士革城，把他的全部兵力约 2.5 万人，集中在耶尔穆克（Yarmuk）谷地的东南面上。在那里经过许多次的调动和几次交战之后，终于在 636 年 8 月 20 日，切断了提塔流斯的交通线，并歼灭了他的全军。这一战是具有决定性的，因为在叙利亚境内的人民，都莫不痛恨拜占庭的统治，所以他们把伊斯兰教徒当作救主看待。整个国家都被他们攻占了，在以后几个世纪当中，阿马努斯山脉都一直是哈里发领土的北面疆界。

波斯的崩溃，其迅速和完全也正和叙利亚一样，其主要的原因也是一样。农民们都把他们的征服者当作救主一样地来欢迎。635 年的秋天里，一个当地的酋长穆坦那（Mutanna），受到了伊斯兰教部队的支援，在布维布（Buwaib）击败了一支波斯陆军。637 年 6 月，拉斯坦（Rustam）所率领的波斯大军，又在哈地西亚（Khadisiya）为沙德（Sad ibn Wakkas）所击溃，其本人也被杀害。在沙德进到底格里斯河上再向伊朗山地前进之前，波斯国王和他的朝廷即闻风先逃了。接着，泰西奉自动开门迎降，最后伊拉克的全境都落入了阿拉伯人的手中。从此，伊斯兰教不再需要依赖麦地那，而代表阿拉伯成为一个完整的帝国了。有系统的征服代替了无目的的侵入，他们整个民族都参加这个工作。美索不达米亚被征服之后，叙利亚和伊拉克即连成了一气，641 年又攻占了埃克巴塔那，波斯湾也落于阿拉伯人控制之下，到了 652 年呼罗珊也被征服了。

说起来似乎很令人惊异，埃及在这同一期间也被征服了，这个原因的解释又还是一样，即人民对于拜占庭统治的恶劣反应。它对于埃及人课以额外的重税，并禁止他们有自己的宗教信仰。

埃及的征服者为阿穆尔 · 伊本 · 阿斯（Amr ibn al-As）。640 年 1 月，他占领了培琉喜阿姆，7 月在赫利奥波利斯（Heliopolis）击败了拜占庭军。641 年 4 月，占领了近代开罗附近的巴比伦。642 年 9 月 17 日，亚历山大城做了有条件的投降。以后为掩护他的西面侧翼，阿穆尔 · 伊本 · 阿斯又攻占了昔兰尼加。

在这个最后的一个进展之后，接着即为几十年的抢劫性突袭行动。虽然伊斯兰教徒深入了今天突尼斯境内的凯鲁万（Kairouan），并曾经一再地占领该城，可是一直等到他们用占领政策代替了抢劫政策，并终于获得了地中海的制海权之后，他们才算是完全占领了拜占庭的沿岸城镇，而它们也正是内陆的锁钥。到了公元 7 世纪终了时，这些工作才终于完成了。哈桑（Hassan ibn an Numan）以凯鲁万为自己的基地，在 695 年攻占了迦太基。在极短的时间之内，拉丁文明在北非境内即完全根绝了。

在这些膨胀的过程中，君士坦丁堡的征服始终是伊斯兰教徒的最后目标。早在 655 年，哈里发阿斯曼（Othman，644—656 年在位）即已第一次做这样的尝试。那一年，他派了一支海上远征军企图达到这个目的。虽然拜占庭的舰队受到了决定性的失败，可是次年阿斯曼本人被刺，于是在穆阿威叶（Muawiya，660—680 年在位）与先知者女婿阿里（Ali）之间，发生了争夺继承权的战争，进攻君士坦丁堡的念头也被迫放弃。659 年，为了应付阿里，穆阿威叶遂与拜占庭人媾和。他是伍麦叶（Omayad）哈里发世系的始祖，其首都即设在大马士革城。

当他自己的地位巩固了之后，穆阿威叶在 668 年又开始向外扩张了。那一年，他派了一支远征军进入小亚细亚——拜占庭人称这个地区为“罗马尼亚”（Romania）——在那里占领了卡尔西登。到了 669 年春天，从那里又跨入色雷斯境内，并攻击君士坦丁堡，但并未做重大的围城战。672 年，穆阿威叶接着在这支远征军之后，又派遣了一支舰队去赢得了博斯普鲁斯的控制权。从此一直到 677 年，君士坦丁堡即经常受到间歇性的攻击，不过每次均为君士坦丁四世（668—677 年在位）的舰队所击败。人员和船只的损失迫使伊斯兰教徒撤退。当他们撤回时，遭到了一次风暴，损失了其舰队的大部分，其残余的部分则均为拜占庭人所击毁。这次的灾难迫使穆阿威叶再度与拜占庭人媾和。

680 年，穆阿威叶逝世，在下一任的哈里发阿卜杜勒 · 马利克（Abd-al-Malik，685—705 年在位）的统治之下，大部分时间均在继承战争中度过。到了他的继承者瓦利德（Walid，705—715 年在位）的时代中，阿拉伯帝国到达了其最大的膨胀限度。在西方，于 710 年到达了大西洋海岸，并于次年攻陷了西班牙。在东方，阿拉伯人已经透入印度，到达了旁遮普河（Punjab），在中亚方面则到达了中国的边界。在他的晚年，瓦利德又继续想实行攻占君士坦丁堡的计划，当他在 715 年逝世时，这个计划遂遗留给他的继承者苏莱曼（Suleiman）哈里发来继续执行。

第十二章

君士坦丁堡之围和图尔会战

685 年，查士丁尼二世继承了君士坦丁四世的帝位，当他在 711 年逝世的时候，拜占庭帝国的衰颓达到了其有史以来的最低点。它的领土被分割，人口逐渐减少，在欧洲方面受到保加利亚人和斯拉夫人的劫掠，在小亚细亚方面受到伊斯兰教徒的蹂躏。它的陆军和舰队经常不断地发生叛变，似乎是末日即将来临了。可是突然地，在 20 年来无政府状态的废墟中，又产生了一个新的英雄人物。他一手建立了一个新帝国，在以后 700 年当中，注定了成为欧洲抵挡亚洲人侵略的堤防。这个人是一位职业军人，在历史上被称作“伊索里亚人利奥”（Leo the Isaurian）[1]。

关于他的身世，我们所知道的资料极为有限。也许他实际上是一个叙利亚人，而并非伊索里亚人。他大约是在 687 年，出生于科马吉尼（Commagene）的盖马尼恰（Germanicea），这是叙利亚的东北地区。他的原名为堪农（Conon），他和他的家族在历史上第一次出现是在 705 年，他的父亲在色雷斯把 500 只羊当作礼品，送

[1] 伊索里亚为小亚细亚的一个地区，在今柯尼亚（Konia）境内，陶拉斯河的北岸上。

给查士丁尼二世，为了酬答，查士丁尼二世就指派利奥做他的副官（Spatharius）。以后，明显地是为了要排除他，皇帝遂命他到高加索山地以北的阿拉尼亚（Alania）去完成某项使命。当他回来时，阿纳斯塔修斯（Anastasius）皇帝（713—716年在位）正想寻找有能力的军人，于是他奉命指挥安纳托利亚（Anatolic）地区中的部队。以后当716年，阿纳斯塔修斯被废时，所有的眼睛就都盯在利奥的身上，认为只有他有资格做继承人。

此时，苏莱曼（715—717年在位）正在开始继承瓦利德的遗志，准备进攻君士坦丁堡。其第一个步骤即为派遣两支军队，从陶拉斯进入"罗马尼亚"，一支由其兄弟马斯拉马（Maslama）率领，另一支则由一位也名叫苏莱曼的将军率领。后者通过了安拉托利亚地区，进到了阿莫里乌姆（Amorium），它位于阿克西尔湖（Lake Aksehir）的北面。虽然这个城并无守兵，但他只封锁该城，他知道利奥是皇帝的候选人，希望用一个诡计来将其俘获。这个诡计并未成功，当阿莫里乌姆解围之后，利奥将城内妇孺撤出，并在那里留置了800名驻兵。接着，从卡帕多西亚前进的马斯拉马也想设陷阱捕捉利奥，但也和苏莱曼一样，在斗智的过程中为这个机智的伊索里亚人所击败。

当这种双方斗智的战役正在进行之中时，狄奥多西三世（716—717年在位）给他的儿子披上了紫袍，让他驻在马尔马拉海的亚洲海岸上。利奥首先设法使马斯拉马的兵力完全撤出罗马尼亚，再进到了尼科美底亚（Nicomedia），把这个名字已经不可考的青年王子击败了，以后他可能即在那里宿营过冬，到了717年年初，才渡海进入君士坦丁堡。狄奥多西被迫逊位，入修道院为僧，在3月25日，由圣索菲亚（St. Sophia）大主教为利奥加冕，是谓利奥三世（717—740年在位）。

利奥感到一分钟的时间也不能损失。君士坦丁堡的谷仓和兵工厂都已经补充好了，城墙也都修补完毕，并在上面安置了许多的战争机器。从战略上来看，这个城十分坚固，事实上几乎无法攻破，不过其唯一的一个条件即为其海上交通线应能畅通无阻。该城建立在一个岬角上面，北面的侧翼为金角（Gold Horn），南面则为马尔马拉海。在它的西面，即向陆地的一面，有内外两道城墙；内城为君士坦丁大帝所修建，外城为狄奥多西二世所建筑，其全长约为4英里。在这个时期中，其正常的人口约为50万人，不过现在却更增加了相当数量的难民。在火药尚未发明之前，这个城市只要有坚强的设防，则事实上无法用硬攻的方式将其攻陷。唯一可靠的办法即为封锁。那也就是说必须同时封锁博斯普鲁斯和达达尼尔两个海峡，而要封锁前者是非常困难的，因为这个城市本身从侧面掩护着南面的进路。因此，对于利奥而言，一切的成败都倚赖在他的舰队上面，在数量上，他远比敌人居于劣势。

马斯拉马的计划却是一个双重的，同时陆海并进以包围这个城市。陆军约8万人，由他亲自指挥；舰队据说有1800艘船，船上也可载运8万步兵，则交给苏莱曼将军指挥。此外，还有其他的兵力在准备之中。在非洲和埃及的港口中，还有800艘船，也许多数为补给船，已经准备好了。而在塔苏斯，在哈里发亲自指挥之下，还有一支陆军预备队正在编组之中。[1]

马斯拉马首先进到柏加曼，攻下该城之后，就进到了赫勒斯滂，在阿拜多斯渡海，那可能是在7月，因为到了717年8月15日，他的兵力就在君士坦丁堡的外城之前出现了。他的部队即在那里掘壕建立营地，另外派了一个支队去监视亚得里亚堡方面，因为保加利亚人的国王提尔弗尔（Tervel）正在与利奥之间有来往。

他们立即做了一个陆上的攻击，但为拜占庭工程师的技巧和机器所击退。于是马斯拉马就决定用一条深沟围绕自己的营塞，并用封锁的方式来围困该城。为了达到这个目的，他命令苏莱曼

[1]　所有这些数字可能均不免夸张过度。

将他的舰队分为两个支队：一个停在亚洲海岸上的欧特罗庇厄斯（Eutropius）和安提米乌斯（Anthemius）两地，切断从爱琴海方面来的补给；另一个通过博斯普鲁斯海峡，到达加拉塔（Galata），切断黑海方面的补给。

9 月 1 日，第二个支队到达了，并于 9 月 3 日，在金角以北航行，利奥的舰队即停驻在那里。这个海港的出口处悬有一条大铁链作为保护，它挂在两个守望塔上，可以自由升起或放下。

当封锁支队刚刚到达，在西拉格里阿角（Seraglio Point）周围扫过的强流，使它的先头船只发生了混乱。利奥立即命令放下铁链，让舰队出战，在敌人未能布成战线之前，即把"希腊火"（Greek Fire）[1] 喷注在他们的船上，立即烧毁了 20 艘，俘获了其余的战船。以后，当利奥看到苏莱曼的主力舰队来到了，又马上退回到金角的港内。

这一次的攻击行动迅速而指挥良好，对于敌人的精神很可能发生震惊的作用。为了诱敌深入，在这一整天和整夜中，利奥都是将锁链放下，可是敌人却始终不曾做突入海峡的进一步尝试。几乎毫无损失即赢得了这一次胜利，因为胜利是如此的完全，所以利奥可以使补给不断地流入君士坦丁堡，而使其免受饥馑的威胁。更增加马斯拉马的困难者，为他的兄长哈里发在出发增援的半途中，因为消化不良而突然暴卒。[2] 继承他的人为欧麦尔（Omar）二世（717—720 年在位），他是一个宗教的迷信者，而不是一个军人。

现在所能进行的就只有部分性的封锁，而这年的冬天，天气却特别严寒。有 100 天，地面上都堆满了积雪，因为不能适应这种寒冷的欧洲天气，伊斯兰教徒死亡者数以千计，包括将军苏莱曼本人

[1] 希腊火为一种液体燃料，据说见水即燃，用虹吸管发射。它的成分可能为硫黄、石油和石灰等。这些东西在公元前即可能已经有人使用。

[2] 根据吉本的记载，这位哈里发的食量实在惊人，他在一餐之中可以吃下 70 个石榴、1 只羊、6 只鸡和大量的葡萄。

在内。次年的春季，从亚历山大港开来的埃及支队，一共有400艘船，在索费安（Sofiam）指挥之下，利用黑暗的掩护，通过了君士坦丁堡，到达了卡罗斯阿尔戈斯（Kalos Argos），并封锁住博斯普鲁斯的水道。不久，由叶齐德（Yezid）所率领的非洲支队，共360艘船，也在拜占庭的海岸上投锚了。最后，现在改由米尔达桑（Merdasan）统率的陆军预备队也来到了。他们开始补充堑壕中的戍卒，这些人为饥饿所苦，已经到了吃人肉的地步。

虽然博斯普鲁斯的封锁，差不多迫使君士坦丁堡投降，但利奥却真是太幸运了，在埃及水手当中，有许多都是基督徒，他们逃亡到他这一边来，并供给了有关对方的正确情报。于是他又放下锁链，命令舰队出海，直扑在敌军的身上，使他们受到了完全的奇袭。这根本上只能算是一面倒的溃败，而不能算是一场正常的会战；基督教的水手都纷纷弃船逃走，这些船只在无人驾驶之下，互相碰撞着，或为希腊火所焚毁。在这次决定性的海军胜利之后，又继之以陆上的追击。当利奥将非洲支队毁灭之后，即把相当数量的兵力送到亚洲海岸上，使米尔达桑陷于陷阱，把他的兵力完全击溃了。

此时，又利用外交手段，利奥引诱提尔弗尔率领了他的保加利亚人，向马斯拉马的兵力进攻。在亚得里亚堡以南的某地，他们击败了伊斯兰教徒，据说杀死了2.2万人之多。接着伊斯兰教徒又获得了一个消息，使他们更感到忧惧，据传说，法兰克人以保卫基督教为理由，已经分别从海陆两路来援。对于这个素来不清楚底细的王国，他们更觉得害怕。

哈里发下令召回马斯拉马，到了718年8月15日，他正式解围而去，前后一共整整12个月。他把他的陆军残部装上了船只，送到库齐库斯（Cyzicus）登陆。他的舰队再向赫勒斯滂进发，中途遇到了大风暴，全部覆灭。据说在这次围城战中，一共使用了2560艘船，回到叙利亚和亚历山大港的却只剩下5艘而已。在陆军方面，总数可能有20万人以上，但能回到塔苏斯的还不到3万人。

利奥这次胜利是具有决定性的。以后他在 739 年，又在佛里几亚的阿克罗仑（Acroinon）再度击败了阿拉伯人，迫使他们撤出了小亚细亚的西部。利奥之所以能获得胜利，是他将道超群，所有的历史学家对于这次胜利的重要性都莫不乐于称道。瓦希里耶夫（Vasiliev）在他的《拜占庭帝国史》上说："这是一个公正的评论：利奥的抵抗成功了，不仅拯救了拜占庭帝国和东方的基督教世界，而且保住了整个的西欧文明。"伯里认为 718 年是一个全体教会的纪念日。弗尔德（Foord）认为，这是罗马史中的一个最大的成功，而在战争的时代中，也是一大杰作。吉本认为，这次若为伊斯兰教徒所击败，则将是一个"令人难以想象的大灾难"。人员和船只的损失还可以补充，但若君士坦丁堡沦陷了，整个东方的历史就要重写了。毫无疑问，这次伊斯兰教徒的挫败，在西洋历史上是重大决定性事件之一。此时在欧洲内部，正有一个新的权力尚未发展成形，这一战就恰好挡住了欧洲不受到伊斯兰教徒的侵入。这个新的权力即为法兰克王国，现在它正在向一个新帝国建立的路途上踏出了第一步。

在 710 年，也许可能还要更早几年，侵入非洲的阿拉伯人到达了大西洋的海岸。因为柏柏尔人（Berbers）或摩尔人，即汉尼拔时代的努米底亚人，能够供给所需要的人力，他们才能有此项成就。这些人具有抢劫的本性，一旦到达了西海岸，为了使他们有事可做，北非的总督穆沙（Musa ibn Nusair）就决定让他们去向西班牙发展。他当时似乎并无征服西班牙的意图，仅仅不过是突袭而已。他并无可用的船只，就要求拜占庭政府的休塔（Ceuta）总督朱利安（Julian，可能是一个信奉基督教的柏柏尔人）加以援助。这个人因为西哥特国王罗德里克（Roderic）曾经侮辱过他的女儿，结有私怨，当然就很愿意帮助穆沙。他答应借 4 艘船给穆沙。穆沙于是向大马士革的哈里发请求准许他侵入西班牙。哈里发勉强答应了他的要求，回答说：不要让过多的陆军去冒险做渡海的远征。710 年的夏天，阿布（Abu Zora Tarif）就带了400人渡过海峡，在阿尔吉西拉斯（Algeciras）附近大抢了一次，把赃物都运回来了。

受到了这次劫掠的鼓励，并且又听到说罗德里克正在西班牙的北部与法兰克人和法斯孔人（Vascon）交战，穆沙在711年，遂决心做一个较广泛的远征。他所有的还只是那4艘船，每次只能渡过400人，这样他运载过去了7000人的兵力，交由塔里克（Tarik ibn Ziyad）去指挥。塔里克在直布罗陀登陆之后，不等到穆沙的主力到达，就立即沿着海岸向西挺进，在夹在扬达湖（Lake Janda）与西多尼亚城（Medina Sidonia）之间的贝卡河（Wadi Bekka）的河谷中和罗德里克遭遇。罗德里克军中有内奸存在，在7月19日，为塔里克所击败了。在艾西加（Ecija）又战胜了一次，塔里克遂乘胜占领了西哥特首都托雷多（Toledo）。第二年，穆沙才接掌最高指挥权，他使用威胁利诱的手段，在该年年底之前，几乎把西班牙的全境都征服了。到了年底，他才被哈里发召回。

当西班牙被攻占之际，这支由摩尔人和伊斯兰教徒所组合而成的兵力又越过了比利牛斯山脉，进入阿基坦公国（Aquitaine）。这里由欧多公爵（Duke Eudo）所统治，是西哥特王国的一部分。依照麦尔西耶（M. Mercier）的考据，这个侵入是从712年开始的。717—718年，穆沙的后任霍尔（Hurr），开始发动了一个大规模的远征，他的本意是抢劫性的，可是当君士坦丁堡之围师老无功，并且最后失败了，遂逐渐变成了一种征服性的侵入了。据说：伊斯兰教徒的意图是想要经过法兰西和日耳曼，以到达大马士革，并顺路攻下君士坦丁堡，使地中海变成一个伊斯兰教的海。719年，他们占领了纳博讷，两年后，当沙门（Samh）正在包围图卢兹时，他却被欧多所击败了。尽管有了这次失败，伊斯兰教徒还是继续进攻，725年，又占领了卡尔卡松（Carcassonne）和尼姆（Nîmes）。第二年，安巴卡（Anbaca）进到了罗讷河谷地，蹂躏了勃艮第，并向北透入了佛日山地中。

当这些侵入正在发展之际，未来的摩尔人征服者却还正在多瑙河上作战。他是查理（Charles），丕平二世（Pepin Ⅱ）的儿子，也是欧多的死敌。

这两个人不久就要碰面了，为了明白他们之间的关系，就必须回溯其过去的历史。在沙隆之战中，传说率领萨利安法兰克人（Salian Frank）参加埃提乌斯的同盟军的，是一位叫作墨洛维（Merovech）的酋长，他就是日后墨洛温（Merovingian）王朝的创建者。在他的孙子克洛维的时候，其国力达到了最高峰。他在507年，曾经有过一次弗里（Vouille）的胜利，终于把西哥特人逐出法兰西，使其全部都退入了西班牙。但是自从639年以后，这个王朝即开始衰颓，所有的国王都是少不更事的小孩子，因为纵欲之故，他们在二十三四岁的时候就死亡了。他们甚至在14岁的时候，即已经做了父亲，所以生下来的又都是弱种，在这种情形之下，一切的大权落入了宫相（Mayor of the Palace）的手中。其中最能干的人都是来自奥斯特拉西亚（Austrasia），这个地区大致位于默兹河与美因河之间。在这一个世系之中，丕平二世是在687年自立为宫相，成为奥斯特拉西亚、纽斯特里亚（Neustria）和阿基坦等地区的主人。[1]当714年他逝世的时候，他的私生子查理正关在监狱中，因为有人指控查理谋杀了丕平的嫡子格里摩尔德（Grimoald），宫相的职位遂由他的幼子所继承。在这种环境中，高卢全境无可避免地变成了无政府状况。在混乱之中，查理逃出了监狱，而欧多则宣布了独立。查理召集了一批拥护他的人员，首先稳定了他在奥斯特拉西亚境内的统治权，接着在719年，就去征讨欧多。在苏瓦松（Soissons）附近击败了他，并征服了纽斯特里亚。当欧多兵败求和之后，他又开始与日耳曼人、萨克森人和士瓦本人作战，以来先巩固他的东北

[1] 纽斯特里亚为卢瓦河与默兹河之间的地区；阿基坦为加龙河（Garonne）与卢瓦河之间的地区。

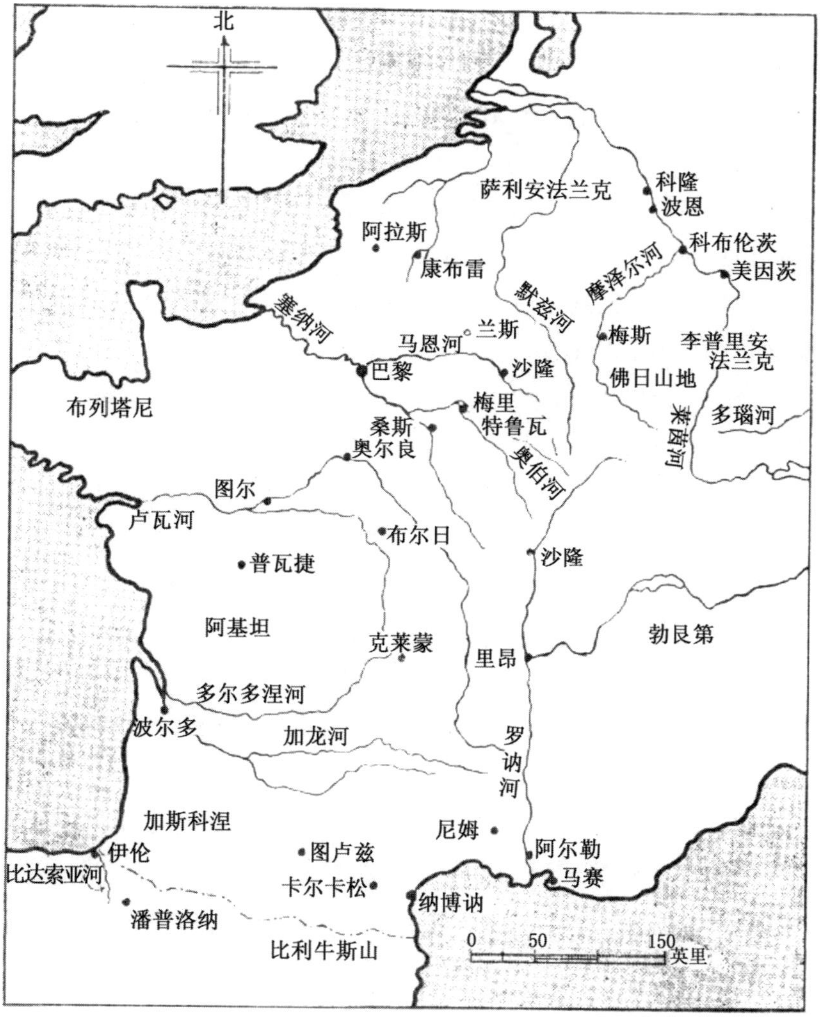

图二十五　匈奴人和伊斯兰教徒对法兰西的侵入，451 年和 733 年

面疆界，好使他在出发征服阿基坦之前，可以无后顾之忧。725 年，他正在多瑙河上作战，听到安巴卡已经进到了卢瓦河的消息。

此时，欧多虽不知道查理的意图是想征服高卢全境，但是他却深知自己地位的危险。他是夹在纽斯特里亚的法兰克人和西班牙的伊斯兰教徒之间，为了保障其南疆安全，他与一个叫作阿斯曼（Othman ben abi Neza）的柏柏尔酋长发生了联系，后者所控制的领域位置在比利牛斯山的北面。为了加强同盟关系，欧多准备迎娶其女兰佩吉（Lampagie）为妻。认清了欧多绝不可能同时防御其南北两面的边界，伊斯兰教徒在西班牙的总督阿卜杜勒 · 拉赫曼（Abd-ar-Rahman），开始去征讨这个谋叛的阿斯曼。731 年，伊斯兰教徒把他赶入山地之中，阿斯曼跳岩自杀了，他的女儿因有殊色，被送往大马士革以充哈里发后宫之选。

当欧多的伊斯兰教同盟者被征服了，阿卜杜勒即决定侵入阿基坦。他的目的毫无疑问只是想抢劫，而并不想征服法兰西。可是他似乎在头脑中也时常存着一个幻想，想把意大利、日耳曼和希腊等地，都完全收入伊斯兰教国版图之内。他集中他的军队主力于埃布罗河的上游，从陆路进到了潘普洛纳（Pamplona），在伊伦（Irún）渡过了比达索亚河（Bidassoa），进入加斯科涅（Gascony）。他的兵力不可能太大，据说是成单行纵队前进，当他们向北运动时，另外派了一支独立的支队，以阿尔勒为打击目标，其目的是牵制敌军，并在阿基坦境内散播恐怖的气氛。

他的进路指向波尔多，欧多在那里与他遭遇着，被击得惨败，该城被攻下，烧抢一空。离开了加龙河谷地，阿卜杜勒向北运动，渡过多尔多涅河（Dordogne），一路走一路抢杀。为了使抢劫的行动可以更为自由，他把他的军队分成了几个纵队，并向图尔前进。他曾经听说在那里的寺院中，藏着无价之宝。在图尔以南约 60 英里的普瓦捷（Poitiers）地方，他发现那里的城门已经闭上，即一面包围该城，一面继续前进。

此时，查理已经完成了他对于萨克森和多瑙河流域的征服工作，回到了纽斯特里亚。731 年，他从那里渡过了卢瓦河，攻入贝里（Berri）。因为夹在两条战线之间，所以欧多已经无选择之余地，只好投向查理这一方面。他跑到了巴黎，以愿接受法兰克的控制为条件，而换取了查理的支援。于是查理率领着一支军队，可能是在奥尔良渡过了卢瓦河。这时阿卜杜勒的军队正在忙于抢劫，闻讯之余，即退到了普瓦捷的城边。

关于阿卜杜勒的军事组织，我们所知道的资料颇少。我们是知道大部分均由摩尔人所组成，其中大部分又均为骑兵。他们似乎惯用枪剑，而少用弓矢，也很少穿甲胄。据说随着战斗部队的后面也有很多的骡马，但是这些牲口似乎是用来驮运赃物的，而不是运载补给的。这支军队就地取食，有大批的盗匪流氓也跟着他们走。他们的战术完全只是野蛮地硬冲，常常是浪费人力。

对于法兰克的军队，我们有较详细的记载。与哥特人不同，他们的主力是倚赖步兵的。他们分为两大类：一种是主将的私人部队，他们经常被雇用着，其唯一的酬劳即为抢劫的赃物。另一种是当地的民兵，他们是强迫征召得来的，武装很不完全。前者是经过多次战争的精兵，受过高度训练；后者则不过供搜寻粮秣之用而已。全部的组织是原始化到了极点，当有食物可以获得时，他们才会集合在一起，否则就会自动解散。至于说到纪律，可以说是完全没有。一切还是和格列高利的时代差不多，他曾经这样写道："没有一个人害怕他的国王、公爵或伯爵，假使任何人想发挥他的权威，或是想改良这种情况，军队中便将发生叛变。"

似乎法兰克军队中很少用马，仅仅是他们的贵族在行军时，当作代步之物而已。装甲却迅速地被采用，在585年，巴罗米尔（Gundovald Ballomer）就是由于有了装甲的保护，而未受到标枪的伤害。防盾也是很通用的，他们的兵器包括刀剑、匕首、标枪和两种不同的战斧，一种是舞动的，另一种是投掷的。

虽然他们的战术很粗劣，但查理却是一位良将，知道敌人的弱点。依照吉本的记载，他曾经写了一封信给欧多，上面这样说："假使你肯听我的忠告，那么就不要阻止他们的前进和过早发动你的攻击。他们像洪水一样，要斗水作坝是非常危险的。对于财物的贪欲和必胜的信心，增加了他们的勇气，而勇气却比兵器和人数更厉害。一定要能忍耐，等到他们满载而归时再开始攻击。这时他们发了财，就会士无斗志，而使你可以有成功的保证。”

查理的突然出现，使伊斯兰教徒大为震惊，他们现在正满载着赃物，已经丧失了所有的机动性。阿卜杜勒一度曾经想放弃他的战利品，可是并未能做到，这可能有两个原因：他的部下不肯服从命令，而查理对于他们也不曾过分地加以压迫，据说两军曾经对峙了七天之久。在这个相持的阶段中，双方的行动是很显明的：阿卜杜勒把他的赃物向南撤退，而查理则等候他的民兵到达。

对于这次会战本身的详情，我们也知道得很少。据说时间是在732年10月。可能是两军在图尔的附近发生了接触，彼此间做了一番游击性的小战。以后，阿卜杜勒即向普瓦捷退去，当他发现了他的胜利品尚未能向南运去时，遂决定停下来接受会战，以来掩护它的撤退。[1]

伊斯兰教徒是一支纯粹攻势性的军队，完全缺乏防御能力，这即是说，无论在何种环境之下，阿卜杜勒都不能不攻击。查理认清了这一点，他就把他的军队列成一个坚强的方阵，其核心则为其法兰克人的亲信部下。伊西多尔（Isidore de Béja）称它为“欧洲军”（Europeans），因为它包罗有各种不同的欧洲民族，说着各种不同的语言。

伊斯兰教徒还是照平常的惯例，以猛烈的骑兵冲锋来作为会战的序曲，他们一再地冲击，可是法兰克人的方阵却依然屹立不动。有一位史家说：“这些北方人像墙壁一样地屹立不动，他们好像是被冻结了一样，当他们用刀剑砍杀阿拉伯人的时候，也不会解散。

---

[1] 在普瓦捷的附近一共曾经有三次著名的会战：第一次是在507年，克洛维率领着他的法兰克人，在此击败了西哥特人，他亲手杀死了阿拉里克二世，并将阿基坦收入他的版图。第二次即为此处所叙述者。第三次为1356年9月19日，黑王子所发动的会战。

这些奥斯特拉西亚人，手臂粗壮，手掌如铁，在战斗中勇敢地杀敌，伊斯兰教徒人的国王就是为他们所砍倒的。”似乎是快到了黄昏的时候，欧多才率领了他的阿基坦人，绕过了伊斯兰教徒的一个侧翼，向阿卜杜勒的营地中进攻，那里还是充满了他的赃物。伊斯兰教徒立即退回营地，此时他们才发现阿卜杜勒已经被杀死。天已经黑了，会战也就告以结束。

第二天上午，查理又排列他的部队，以来准备抵抗第二次的攻击，可是他的侦探却向他报告说，伊斯兰教徒已经放弃营地逃走了。很明显，由于他们主将的被杀，伊斯兰教徒和摩尔人陷于恐慌之中，纷纷向南逃走，把他们的战利品的大部分都丢弃了。

查理并未追击，其理由是很显明的。第一点，查理无法追击一个正在退却中的骑兵部队；第二点，由于夺获了大批的赃物，也就无人愿意追击了；第三点，查理的政策似乎也不想欧多完全解除伊斯兰教徒的压力，由于南面威胁的存在，法兰克才能够控制阿基坦。所以他收集了战利品重新退过卢瓦河，以后他的后代都称他为“铁锤”查理（Charles Martel）。

关于损失数字，所记载的殊不可信，据说伊斯兰教徒被杀死了36万人，而查理的损失则为1500人。可能双方作战的兵力都不太大，这个原因实在非常简单，因为双方都没有补给纵列，若是人数过多，则当他们相对七天的时候，就一定会发生饥饿的恐慌了。关于这一战的后果，吉本曾经有下述的评论：

> 从直布罗陀的岩石，到卢瓦河的河岸，相距在1000英里以上，他们都是每战皆捷的。再加上一个同等的空间，即可以使伊斯兰教徒进入波兰的境内和苏格兰高地之上。莱茵河并不会比尼罗河和幼发拉底河更难于渡过，而阿拉伯舰队也可以不必经过一次海战，即驶入泰晤士河口。也许现在的牛津大学的学生还要研究《古兰经》，到处宣扬伊斯兰教的教义呢。

虽然事实上，查理的胜利不能与利奥的相比拟，不过尽管如此，它在欧洲史上也还要算是一次决定性的胜利，也许可以当作利奥杰作的一个尾声。假使君士坦丁堡在 717 年被攻陷了，则毫无疑问，伊斯兰教徒在东方的压力将会刺激其对西方的征服，所以利奥也正和“铁锤”查理一样，要算是法兰西的救主。不过使伊斯兰教徒在西方未能再做进一步的扩张者，其近因却是由于柏柏尔人在摩洛哥的叛乱，其原因可以简述如次：

大约是在图尔会战发生的时候，伊斯兰教大帝国却开始发生了内部的分裂，阿拉伯人固然靠伊斯兰教的信仰结合成为一个整体，但是他们却仍然保持着其部落的制度，其旧有的仇恨和争执仍然存在。他们中间有两个最重要的部落，一为马地提人（Maadites），另一为叶门人。前者代表阿拉伯的原有北方部落，后者代表其原有南方部落。麦加（Mecca）属于后者，而麦地那则属于前者。当前者占了上风的时候，在非洲的柏柏尔人遂拒绝服从他们，开始叛变，现在所称的摩洛哥地区全部都宣布独立。在纷乱之中，西班牙的大部分都变成了一个独立的摩尔国家。莱昂（Leon）、卡斯蒂利亚（Castille）和纳瓦拉（Navarra）等基督教王国，以及巴塞罗那郡也都开始成形了，而在非洲也出现了一连串的独立国家。但是此处所应注意的要点，为当阿卜杜勒在图尔失败之后，又发生了叛乱，于是在西班牙的阿拉伯将领与大马士革的哈里发，完全切断了联络，又因为摩洛哥的革命，更使他们无法再招募柏柏尔人从军，柏柏尔人肯打仗的主因，可能就是为了抢劫，所以查理的胜利也足以增加他们的混乱。

但是图尔会战的真正重要性却不在此，而是在另外一个方向上面。查理的胜利也许并不足以使西欧免于阿拉伯的统治，但是却足以使他在高卢境内获有优势的地位，并建立其自己的王朝。诚如皮伦尼所说的：“若无伊斯兰教徒，则法兰克帝国可能永远不会存在，若无穆罕默德，则可能即无查理曼。”

735 年，欧多活到 66 岁死了。查理即进兵阿基坦，强迫他的二子臣服。以后 4 年当中，他曾经与卢瓦河谷中的伊斯兰教徒一再交战，终于迫使他们撤回到比利牛斯山以南去了。

在这许多的战争中，他的最大困难即为军饷的筹措。金钱很是缺乏，而罗马人的租税制度在混乱之中，又完全毁灭了，于是只有两条路线可以采用：一为抢劫，一为没收土地和田庄。后者之中已经有许多都是控制在教会的手里，当查理没收它们以来赏赐功臣时，遂不免经常要与教廷发生冲突。当 741 年他逝世以后，这些教会的文人就只记他的坏事，而不记他的功劳。

在普瓦捷会战的前六年，以及其后的许多年当中，在教廷与利奥三世之间更发生了较激烈的争端。这个争端使得教皇格列高利三世（Gregory Ⅲ）在 739 年向查理求援，并将罗马执政的空头衔赠献给他。这个争执也是君士坦丁堡围城战的第一个后果。

这一个围城战使利奥的威名大振，他立即开始进行一连串的改革运动，从这里就产生了一个新的东罗马帝国。在他那个时代中，他不仅是一位最卓越的将才，而且也是最伟大的政治家；他除了知道怎样赢得一场战争以外，而且也知道如何赢得和平。他所发起的改革运动可以分为三大类：军事性的、民政性的和宗教性的，几乎可以说是无所不包。军队完全革新了，并建立了一支警察兵力；司法制度也完全改革了，秩序与法律又重新建立了起来；全部的财政制度也已经改组，所有农、工、商业都一律受到了鼓励。他认清了不可能在他的意大利诸省中，也同样地推行这种改革运动，他就决心让其自生自灭。这个决定遂发生了三方面的效果：（1）使罗马无法抗拒伦巴第人的侵略；（2）使他自己的宗教改革易于实行；（3）这两点加在一起，使他与教皇之间发生了冲突，并使东西两教会之间的距离越拉越大了。[1]

[1] 虽然完全的分离是在 1054 年，可是自从君士坦丁大帝迁都拜占庭，这种趋势即已无可避免。而自从 8 世纪中叶以来，二者实际上已经分离了。

说起来似乎很奇怪，因为利奥与伊斯兰教徒接触之后，他才拟订了他的宗教改革方案。一个有求知心的人是绝不会耻于向敌人学习的。他发现伊斯兰教徒成功的主因是他们有高度的精神力量，有严格的纪律，而尤其最重要的是他们对于“一神”的观念有疯狂的信仰，只有一个上帝，他无对手也无合作者。于是利奥决心改革基督教，削减教会的特权，禁止他们崇拜偶像和出卖神符，因为这些手段正是神棍们用来迷惑群众和集敛金钱的最有效的工具。

这立即引起了极大的纠纷，它是一个非常复杂的问题，不仅有宗教上的意义，更有政治上的意义。当时的教会和寺院拥有广大的田庄，并且是免税的，教育权也握在他们的手里，所有僧侣的数量估计在 10 万人左右，这样巨大的人力不事生产，使农业和工业都受到严重的影响，而同时也使军队感到兵源缺乏。此外，帝国的亚洲各省，都是崇拜偶像的，所以更感困难。

第一个禁止崇拜偶像的敕令直到 726 年才公开发布，马上引起了极大的震动。教廷立即表示否认，结果直到利奥在 740 年 6 月 18 日逝世时，基督教史上都差不多一直把他当作异教徒看待。虽然如此，这次争端，无论对于和平或战争，都是同样地具有广泛的影响，拜占庭帝国因此获得了新生命，使它在以后 300 年中，能继续保持其活力。在这个时间之内，它变成一个文化的蓄水库，而西欧却注定了要从这里汲取文化的泉流。

利奥和查理同为历史上的伟人，若是前者丧失了君士坦丁堡，后者在图尔战败了，那么整个历史均将改观。他们之间相隔了 1500 英里的距离，可是他们的生活和事业却是互相配合的。他们都生于忧患之中，都对一个共同的敌人赢得了伟大的胜利；一个人拯救了东方，而另一个人则在西方创出了新的帝国主义。

大事记（十二）

西欧帝国主义的再生

751 年，“矮子”丕平（Pepin the Short）获得了教皇扎迦利（Zacharias）的批准，废除了年幼无能的希尔德里克三世（Childeric Ⅲ），而自立为法兰克王——他在 10 年之前，继承了他的父亲“铁锤”查理，做了宫相。不久，教皇司提反二世（Stephen Ⅱ）又为他重新加冕，并授予其“罗马副执政”的头衔。墨洛温王朝终于灭亡了。丕平为了感谢教皇所授予他的特权，开始向伦巴第人进攻，从他们的手中夺回了拉韦纳教区，将它送给教皇，这样就建立了一个教皇国，一直延续到 1870 年。

768 年 9 月 24 日，丕平逝世了，继承者为他的两个儿子，查理和卡洛曼（Carloman）。当后者在 771 年死后，前者遂成为法兰克王国的唯一统治者，即以后历史上所尊敬的查理曼（Charlemagne）。

这个人身材魁梧，心胸广阔，他的伟大战略思想即为使所有的西方民族都能包罗在一个巨型的基督教大帝国之内。他一生尽瘁于这个使命，到了晚年，他所建立的大帝国已经从波罗的海，一直延展到台伯河，从易北河和波希米亚林山（Böhme Wald），一直延展到大西洋和比利牛斯山脉。

为了在这个巨大的地区中，对于这许多桀骜不驯的民族维持他的统治权威，查理曼有系统地利用要塞化的据点。在每个地区中，他都建立了一些碉堡，利用它们来作为其机动化兵力的运动枢纽。他对于军队是重质不重量的，其兵力的主体为装甲骑兵，较贫穷的阶级可以免除战争的负担。他所编练的步兵也不像过去那种乌合之众，而是一支具有良好装备的兵力。他们所使用者为刀剑、长矛和弓弩，而不再是棍棒农具。此外，每一个“伯爵”（Count）都被迫对于其骑兵，必须供给以防盾、长枪、刀剑、弓箭和匕首等项装备。查理曼也认清了假使一支军队必须靠搜劫食物来维持生活，而且又无攻城的能力，则不可能具有真正的机动性。他组成了另外两个独立的纵列，一为攻城纵列，另一为补给纵列。

在这些变化之中，我们看到了一种新军事秩序的第一次开花，这就是封建制度，当基督教国家生根成长时，必须靠它们来作为安全的保障。但是教会为永恒的主宰者，而封建国家最多不过是代表暂时性的权威而已，所以必须使战争也和和平一样，其一切的指导都完全依照教会的规律，然后宗教的支配权才能算是完整无缺。在这种支配权的斗争中，产生中世纪的战争观念，认为这是上帝的一种考验。宗教并不禁止战争，也不企图取消战争，因为它被认为是人类天性中的一部分，是原始罪恶之果，也是教会权力的支柱。战争只可用使战士基督化（高贵化）和限制它的时间，以来加以约束。

战争教授人类如何勇敢地死亡，所以战争是英雄主义的学校，这是一种异教徒的观念。但是死亡又是永生的门径，所以战争又应该是正义的学校，否则这种死亡就会永远不得超生，这却是基督教的观念。对于传统的军人，要使其变成理想中的基督教骑士。诚如莱基（Lecky）所说的：“要把古代战士所具有的一切力量和火焰，都与基督教圣人的温和人道结合在一起。虽然这种理想为幻想的产物，在实际生活中不一定能实现，可是却经常成为后世的楷模。”

战士被“高贵”化之后，第二个任务即为用禁令和规则来限制其活动。针对这个目标，第一步即为建立一种“上帝的和平”（Pax Dei），这是在 990 年第一次才被人听到的名词。它的目的是保护教堂、僧侣、朝圣者、妇女和农民，使其不受到战争的蹂躏，此外牲畜和农具也在保护之列。维持这种和平的工具即为宗教性的制裁——破门（Excommunication）和剥削宗教权利（Interdict）——虽然收效颇微，但却多少有一点功效，至少从基督教国家的眼中看来，侵略者是要算罪犯的。

战争的“贵族”化还带来了另外两个进一步的限制：第一个是只有位尊多金的人才购置得起甲胄装备，战争变成了贵族的专利品。又因为双方都穿上了甲胄，所以必须作接近的战斗，因此用矢石的战争被限制了，结果死伤的数字大为减低。在这个时代中的战争，常常仅是小队的装甲骑士之间的冲突。他们通常作个别性的挑战，其目的是显本领，而不是要发挥毁灭力量。他们只要把对方挑下马来就算了，而并不想杀人，反之把对手俘虏了之后，还可以勒索偿金。结果是战斗时间很短，一场比武之后，赎票的代价即为酬劳。

第二个是教会限制使用投射兵器。这些弓弩（arbalest or crossbow）一类的兵器具有使战争“普罗”化的趋势。这些兵器的起源已经不可考，似乎在 11 世纪的初叶已开始使用，在长弓（longbow）尚未使用之前，它们在投掷兵器中要算是最厉害的。1139 年，第二次教廷会宣布，除了对异教徒之外，禁止使用这种武器，否则应受到诅咒，因为这是上帝所痛恨的兵器，是不适宜于基督徒使用的。尽管如此，使用这种兵器还是非常普遍，只有在英格兰为例外。

当我们检讨这个时代的战争艺术时，对于上述的这些限制，必须予以认清，诚如阿曼爵士所指明的，查理曼的即位，对于战争艺术的发展，是一种新纪元的开始，可是这个纪元的本质却是具有浪漫性的。在欧洲幻想中的英雄为一个国王，一个战士，一个骑士：骑士时代开始萌芽了。

查理曼的征服使这种浪漫主义输入现实的生活中。他越出了一个民族性国王的狭隘限制，认为自己具有神圣的使命，要把整个日耳曼世界变成一个基督教的帝国，所以他要求他的权威应该具有神意的和普遍性的形式。诚如布尔教授（Prof. G. L. Burr）所指明的："假使基督教的教训是要征服这个世界，则政治的权力应与信仰的传播一同作为目标。"这需要两种力量——一为精神的，一为世俗的。一个已经存在，另一个则尚待创造。一个偶然的事件使它产生了出来。当时代在要求彻底的变化时，经常会是这样的情形。

799 年 4 月，教皇利奥三世，因为被指控犯了通奸和伪誓罪，逃到了帕德博恩（Paderborn）的查理曼宫廷中去求救，查理曼派人把他送回罗马，并使其复位。这个行动触怒了反教皇党，到了800年的秋天里，查理曼就到意大利去调解这个纠纷。圣诞节那一天，他穿着罗马"副摄政"的袍子，走进了圣彼得大教堂，跪在祭坛前面，利奥就在祭坛上取下了一顶皇冕，加在他的头上。所有的群众都一致欢呼起来说："查理奥古斯都万岁，上帝为他加冕，他是罗马的伟大皇帝并且带来了和平。"在这个欢呼之后，利奥就把这个本来应属于拜占庭皇帝的尊号献给他，宣布他是皇帝兼奥古斯都。这个基督的生日也变成了新西罗马帝国的诞辰。[1]

这个突然性的加冕，使查理曼本人也感到惊异。法兰克史上并未说明其理由，但是可以猜到利奥之所以这么做，是为了报答查理曼对于他本人的恩德。虽然事实的真相不过如此，但它却使查理曼从法兰克国王的地位，高升到了基督教世界的共主。许多年来，只有教皇是信仰的唯一代表，从此，皇帝也至少暂时同样具有此种权威了。这次加冕典礼的影响很巨大，诚如布莱斯（Bryce）所说："这

[1] 照理论上来说，在 800 年还只有一个罗马帝国，一直到 812 年，拜占庭皇帝才正式承认查理曼的合法地位。于是瓦林斯恢复了两个皇帝共同统治一个帝国的旧局面。不过事实上，却是两个分立的帝国，东为拜占庭帝国，西为法兰克帝国。

是中世纪的一件中心大事。”

当查理曼死后，其帝国亦随之而瓦解。这又是受了两个巨大种族性变故的影响：一为9世纪维京人（Vikings）的来到，另一为10世纪马扎尔人(Magyars)的侵入。前者为斯堪的纳维亚来的海盗；后者为一种乌拉尔—阿尔泰（Ural-Altaic）民族，他们在895年占领了提萨河地区。这个行动把南北斯拉夫和东西斯拉夫分隔开了，结果使欧洲的历史受到了极大的影响。在907年到955年，他们是中欧的祸害和恐怖的源泉。

这些外祸的侵入，使西法兰克又回到了无政府状态，萨克森、巴伐利亚、法兰克尼亚（Franconia）、士瓦本和图林根都分别由自己的公爵统治着，虽然这些公爵都想自立为王，但是他们却感到心有余而力不足。这种无政府状况一直延续到918年日耳曼名义上的国王康拉德一世（Conrad Ⅰ，911—918年在位）把王冕献给“捕鸟者”亨利（Henry the Fowler，919—936年在位）为止。他是萨克森公爵“光荣”奥托（Otto the Illustrious）的儿子，只有他一个人有资格应付当时的混乱局面。

亨利是一个天生的军人和能干的政治家，他征服了士瓦本和巴伐利亚，兼并了洛林（Lorraine），逐退了斯拉夫人和马扎尔人，终于统一了全部的日耳曼。当他在936年死亡时，继承他的是他的儿子奥托一世（936—973年在位），也被称为“大帝”（The Great），他与英格兰王艾特尔斯坦（Athelstan）有郎舅的亲戚关系。他于955年，在奥格斯堡（Augsburg）附近的莱希费尔德（Lechfeld）击败了马扎尔人，其次又强迫最强大的斯拉夫国家波希米亚向他纳贡。961年，教皇约翰十二世把他请到罗马去，想求他帮助。962年2月2日，约翰在罗马为他加冕，在经过了习惯的礼仪以后，罗马公民宣誓承认在将来未得皇帝同意之前，不得选举教皇。这样就使日耳曼和意大利的主权，归并到一个日耳曼王子的手中，从此后世所称为的神圣罗马帝国（Holy Roman Empire）开始存在了。这也是查理曼帝国的延续，但诚如布莱斯所说的："这不仅是一位继承者，而且为西方帝国奠定了第二个基础。"

在这些变化之前，海上的"车骑"民族维京人也扫遍了西欧的海岸和河川。虽然他们的第一次侵入是发生在查理曼的时代中，但是一直等到他谢世之后，这种祸害才日趋激烈。在805年，斯堪的纳维亚的全部男性人口都下海了，在以后的半个世纪里，在欧洲历史上要算是黑暗的时代。

维京人的侵入，一直到达了诺夫哥诺德（Novgorod）、西西里、冰岛、格陵兰和美洲，使查理曼所首创的军事组织，更受到了广泛的刺激。装备恶劣的民兵毫无用处，必须要有职业军人，而且只有骑士才能赶得上侵入者，军事权力遂逐渐移入贵族的手中。经过了这个大乱的时代，欧洲就变成一个完全封建式的社会，以堡垒和骑士为基础。只有阿尔弗烈德（Alfred）国王（871—900年在位）在英格兰，曾经采取另外一种手段。虽然他也倚赖要塞，可是他却不用骑兵，而建立了一支舰队，用他们自己的武器击败了维京人。结果遂使英国人继续倚赖着步兵，而欧陆上却早已把骑兵当作主要兵种了。

在许多次的侵入中，对于未来历史最具有影响的只有两次：一为对英格兰，另一为对法兰西北部的侵入。这两次侵入的开始都只是抢劫性的，接着变成移民，而最后却发展成为征服。前者开始于9世纪的末叶，结果在克努特王（King Cnut，995—1035）的统治之下，英国与丹麦合并而成为斯堪的纳维亚帝国之一部分。后者开始于896年，有一个维京人叫作罗洛（Rollo）或罗尔夫（Rolf）的来到了法兰西。他与"傻瓜"查理（Charles the Simple）对抗，到1911年，查理无法克服他，遂与他签订了一个《埃普特河畔圣克莱尔（Saint Clair-sur-Epte）条约》，允许把塞纳河下游的地区割让给他，其条件为他接受基督教的洗礼，并向查理称臣。这样就建立了所谓诺曼底大公国（The Duchy of Normandy），到了933年，就扩张到了不列颠的边界上。诺曼底与英格兰之间的斗争也就开始上演了。

引到这个最高潮的前因，可以简述如下：

在1002年，照许多史家所推测，为了避免诺曼底的港口被丹麦侵入者征用为避难所，英王艾特尔雷德二世（Aethelred Ⅱ）就迎娶诺曼底理查二世（Richard Ⅱ）——罗洛的曾孙——的女儿埃玛（Emma）为妻。接着在1013年，当丹麦王斯韦恩（Swein Forkbeard）侵入英格兰时，艾特尔雷德和他的妻子，以及两个儿子阿尔弗烈德和爱德华（Edward）逃往诺曼底，并受到理查的友善招待。几个星期之后，斯韦恩死了，艾特尔雷德乘机返回英格兰，斯韦恩两个儿子中的较小者克努特，发现自己准备不充分，遂率领丹麦舰队返回丹麦，去招募新的生力军。1015年，克努特回到英格兰，在四个月之内，他在韦塞克斯（Wessex）已经建立好了坚强的基地。次年，艾特尔雷德死亡，对抗丹麦人的战争由埃德蒙（Edmund Ironside）继续指挥，他是艾特尔雷德前妻艾尔芙吉弗（Aelfgifu）所生的儿子。经过了六次会战，1016年埃德蒙在阿兴顿（Ashingdon）受到了决定性的失败，只好与克努特议和。其条件为埃德蒙仍可保有韦塞克斯，而在泰晤士河以北的全部英格兰则属于克努特。这只是一个暂时性的解决，到了11月3日，埃德蒙也死了，为了避免战祸再起，西撒克逊地区决定承认克努特为英格兰的共主。埃德蒙的两个儿子——埃德蒙和爱德华——为克努特所放逐，为了避免被暗杀，他们就逃往匈牙利避难。第二年，为了预防诺曼底的理查借口保护他的外甥——艾特尔雷德与埃玛所生的两个儿子——起见，克努特又与理查签订了条约，并与埃玛结婚。

克努特的帝国包括英格兰、丹麦和挪威三个王国，当他在1035年逝世后，与查理曼的情形一样，王国由他的三个儿子所瓜分。斯韦恩分得了挪威，哈迪克努特（Harthacnut）分得了丹麦，哈罗德（Harold）则要求英格兰。第一个和第三个两个人都是克努特与艾尔芙吉弗的私生子，只有第二个为他与埃玛所生的合法儿子。所以就继承的关系来说，英国的正位实应以哈迪克努特来继承比较合理。此外也还有其他的候补者，即为埃德蒙之子和艾特尔雷德与埃玛所生的儿子。前者尚在匈牙利，一时无法返国。后者则留在诺曼底，不过理查二世已在 1028 年逝世，其继承者罗贝尔一世（Robert I）也已在 1035 年逝世。现在这个大公国的主人是一个 8 岁的小孩子，他的名字叫作威廉（William），以后他虽被人称为“征服者”（The Conqueror），但在这个时候尚无力过问阿尔弗烈德和他的兄弟的事情。

为了解决继承的问题，曾经在牛津举行过一次全国代表大会，经过了许多的辩论，哈罗德终获当选但却未被加冕。利用这个混乱的机会，在佛兰德斯的博杜安五世（Baldwin V of Flanders）的支持下，阿尔弗烈德遂在英格兰登陆。当他正在向伦敦前进时，中途遇到了韦塞克斯公爵戈德温（Godwine）。戈德温本为克努特的主要副手，他对于阿尔弗烈德假意表示欢迎，而到夜间却把他和其从者一网打尽了。阿尔弗烈德被送往伦敦，哈罗德立即用最野蛮的手段，将他的眼睛弄瞎，阿尔弗烈德不久便死了。哈罗德遂再被选为国王，并获得大家的承认。埃玛被放逐出国，跑到博杜安处去避难了。

1040 年，哈罗德逝世了，全国代表大会遂选举哈迪克努特为王。以前他对于英国的王位并未提出强硬的要求，因为丹麦一直受到挪威的威胁，此时斯韦恩已经死了，其挪威王位在 1036 年，由“好人”马格努斯（Magnus the Good）所继承。以后挪威与丹麦双方签订了一个条约，约定一方在死亡时若无后嗣，则他的王国即应由对方继承。此后哈迪克努特才能把他的注意力移转到英格兰方面去。1047 年 6 月 17 日，他在桑威齐（Sandwich）登陆，受到人民的欢迎。

哈迪克努特未结婚而无子，在 1041 年，他请他的异父兄弟，还留在诺曼底的爱德华回英国。这个邀请即等于暗示承认他为未来的继承者。一年之后，在 6 月 8 日，哈迪克努特死了，在他尚未下葬之前，所有的英国人都愿选择爱德华为王。但一直到 1043 年 4 月 3 日（复活节星期六），才在温切斯特（Winchester）由艾德西格（Eadsige）大主教为他加冕。

爱德华不仅有半个诺曼人（Norman）的血统，而且完全是在诺曼人的环境中长大的，在 1013 年以前，他一直住在诺曼底。他的从者都是诺曼人，并且也受到诺曼教会的包围。结果使英格兰不久即分为两个党派：一个是亲英党，其领袖为戈德温；另一个为亲诺党，其领袖为利奥弗里克（Leofric of Mercia）和西华德（Siward of Northumbria）。为了增强自己的地位，戈德温又使他的第三子托斯蒂格(Tostig)娶博杜安五世的妹妹茱蒂斯(Judith)为妻。1051 年，政治危机开始发生，戈德温和他的儿子西万、哈罗德、托斯蒂格、里奥夫万（Leofwine）和吉尔斯（Gyrth）均被放逐出国。

当亲诺党得势不久，即发生了一个事件，注定了要使英国历史的轴线改变方向。爱德华的表兄弟诺曼底公爵威廉，现在已经 24 岁了，到英国来访问。据说他带了一大队的法国兵来，爱德华对他招待颇周，送了很多礼物给他，才把他送走。若将当时英格兰的情形加以分析，爱德华不特没有儿子，又曾宣誓永保童贞，所以这次访问似乎不仅是礼貌性的。很可能他们曾经讨论过继承问题，威廉返国时，他对于英国的王位也许得了某种默契。

尽管如此，可是到了第二年，情况却又完全改变了。戈德温回到英国，受到了人民的拥护，爱德华被迫把他的公爵采邑仍然归还给他。此外，据说所有“幸进”的法国人又都被排除。换言之，这是亲英党的一次完全胜利，继承问题又随之而来。不过戈德温本人却命中注定了不该做皇帝的，因为他在 1053 年死了。他的韦塞克斯采地由哈罗德继承，至于诺森布里亚（Northumbria）则在两年前，由托斯蒂格继承。

照亲英党的政策来看，最合理想的继承人应该是艾赛林 · 爱德华，他是埃德蒙的幼子，他的长兄已经死了。1054 年，他们决定把他召回英国。经过一番延迟，到了 1057 年，他才携妻子——其子艾德格尔（Edgar）还是一个婴儿——返回祖国。似乎继承问题解决了，可是命运却偏不肯如此。当他返国后，不过几天尚未能谒见英王即不幸死亡。诚如英国编年史上所说的：“这对于这个可怜的国家，也是一个极大的不幸。”

第十三章

哈斯丁会战

威廉本来被人称为是“私生子”（The Bastard），以后却变成了“征服者”和“大帝”。他是诺曼底公爵罗贝尔一世与阿蕾特(Arlette)的私生子。[1] 他可能生于1027年9月，当他还只7岁时，他的父亲就到圣地去朝圣，在回家的中途病死在尼西亚（Nicaea），这是1035年7月的事情。自此之后，威廉在他的青年时期，经常处在危险的包围之中，可是等到他长大成人，马上就迅速地显出他的本领来了。当他在20岁的时候，获得了法王亨利一世（Henry Ⅰ）的助力，即在卡昂（Caen）附近，击败了他的叛臣。他拆毁了他们的堡垒，一直到1064年，他都在不断地进行战争，其对象有不列颠人、他的臣下以及法国国王。

他之所以能成功，主要是他具有伟大的个性、坚强的意志和不变的目标。他是一个铁人，不能容忍任何的反对；他的意志即为法律，

[1] 阿蕾特为法莱斯一个制革匠的女儿。当罗贝尔死后，她又与康特维尔子爵赫尔鲁昂（Herluin Viscount of Conteville）结婚生了两个儿子。一个为巴约主教阿多（Odo Bishop of Bayeux），另一个为莫尔坦伯爵罗贝尔（Robert Count of Mortain）。他们与威廉均为异父同母的兄弟。

无论是君主、臣子或是教皇，他都一概不肯让步。他是一个伟大的行政家和能干的军人，他的战略基础是打击敌人的城塞，用恐吓的手段，而不用攻击的手段来赢得它们。在他的手中，破坏毁灭是一个具有决定性的兵器，他看到可怜的农民被杀害，一点都不动感情。

在《盎格鲁撒克逊编年史》（*Anglo-Saxon Chronicle*）中，我们可以读到下述的记载：

> 他对于敬爱上帝的好人是很温和的，但对于违反其意志的人，则异常严厉。他十分严厉和粗暴，没有人敢违反他的意志。他把主教和僧侣赶出他们的寺院，关在监狱之中，连他自己的兄弟（阿多）也不肯饶恕。在他所做的许多事情当中，最令人难忘的是良好治安的维持。任何诚实的人携带着大量的财物，在他的王国中都可以安全地旅行，而不必害怕危险。不管是为了什么事情，人民之间都不敢互相殴斗。

另外有一个对于他的批评，也可以略述如次：

> 在当时所有的王子当中，这位国王，在智慧方面可以算是超人一等的。同时在灵魂方面，也要算是他比较伟大。他从不害怕困难和危险，绝不因为这两个原因而却步。他对于任何事情的真正意义，都能有明确的认识，所以当时诸王均非他的对手。

为了增强他的地位，他决定与佛兰德斯的博杜安五世缔结同盟，并于1048年向他的女儿玛蒂尔达（Matilda）求婚，虽然在次年，教皇利奥九世以血族太近为理由，反对他们结婚。可是他却不理这个禁令，在1053年仍旧与她结婚。六年后，教皇尼古拉二世（Nicholas II）才承认了这个婚姻的合法性，其条件为由他们两个人在卡昂捐献两座修道院。

在这个“承认”的第二年，由于亨利一世的死亡，威廉的战略地位大为增强。继承亨利的人是他的幼子腓力一世（Philip Ⅰ），由博杜安担任监护人的职务。因为法国国王现在已经成为其岳父的囊中物，所以威廉可以算是太幸运了，俨然成为法国的未来的主人。

1064年，当威廉用野蛮手段破坏了曼恩（Maine），并兼并了这个伯爵领地之后，发生了一个意料不到的事件，使他可以向英格兰的王位提出最强硬的要求。这就是韦塞克斯公爵哈罗德的访法，他现在已经是爱德华的主要大臣。关于这个传奇性的故事有两种不同的说法：一为普瓦捷人威廉（William of Poitiers）的记载，另一为马姆斯伯里人威廉（William of Malmesbury）的记载。前者的内容有如下述：

> 爱德华一向爱护威廉，好像把他当作自己的兄弟和儿子一样，因为觉得自己死期将至，为了使威廉能确保继承王位，特地派了哈罗德去谒见威廉，要他宣誓承认其过去的诺言（1051？）。当他渡过海峡时，遇到了风暴，哈罗德被迫在潘索（Ponthieu）的海岸上登陆，在那里落入了盖伊伯爵（Count Guy）的手中，被关入监狱。当威廉知道了之后，即命令盖伊将其释放。于是哈罗德向威廉宣誓表示下述的四点：（1）当爱德华王尚在时，他愿做威廉公爵的代表。（2）当爱德华死后，他愿意倾全力扶助威廉嗣位。（3）他愿在多佛（Dover）堡垒中，自费为威廉担任警卫。（4）在英国其他地区，只要威廉愿意，他也愿意担负警卫，并完全担负补给的供应。

另外一个威廉的记载又不同了，其内容如下：

> 从波夏姆（Bosham）——过去在韦塞克斯是一个重要的海港——哈罗德坐了一条渔船出海钓鱼享乐，为风暴所乘，到达

> 了潘索海岸上。他立即被捆住了手脚，送入了监狱。他为了获得自由，就用高价买通了一个人，要他去报告威廉公爵，说英国国王有重要旨意，要他亲自来传达。威廉立即命令他的臣下盖伊释放了哈罗德。当时威廉正在征讨布列塔尼，遂带着哈罗德同行。以后，哈罗德充分地表现出其能力和勇气，于是深得威廉的欢心。以后他又自动向威廉宣誓,表示推戴。为了感谢他，威廉又把他的女儿（此时不过11岁）许配给他。

这两种记载都不无可疑之处。就前者来说，当时哈罗德实际上在英国是一人之下，所以他如何会同意来担负这种任务。假使他真是以重要使节的身份去的，那么他一定会携带有“护照”，于是盖伊拘捕他即为不合法了。关于后者，很可能是这样的。当威廉听到哈罗德的不幸遭遇之后，他是站在宗教的立场上去救他出狱。可是一旦哈罗德落入他的控制之中，他当然也不肯轻易放过他，必须等到哈罗德宣誓效忠，才让他回国。

不过不管事实真相如何，这个宣誓的事实却是真实的。以后威廉对于教皇、皇帝和全世界都公开提出他的要求，而哈罗德却不敢反驳他。他无法反驳他，因为有证据抓在威廉的手中。

但哈罗德回国不久，他就面临着一个民族性的危机。人民反对他更反对他的誓约。他的兄弟托斯蒂格接收诺森布里亚公爵采地，也是不负人望的。当1065年10月，托斯蒂格与国王在布伦特福德（Brentford）公出时，当地的贵族就起来反对他，把他废掉了，而把采地献给莫卡（Morcar)，他是利奥弗里克的孙子，为艾德温（麦西亚［Mercia］的伯爵）的兄弟。莫卡接受了这个贡献，进到了北安普敦（Northampton)，在那里与艾德温会合在一起。在牛津，哈罗德与叛徒遇着了，希望调和双方的关系，结果他失败了，并且被迫放逐他的兄弟托斯蒂格。托斯蒂格和他的妻子逃到博杜安处去避难——这是他的妻舅。

这对于哈罗德是一个伤心的打击，它使戈德温的家族内部发生了分裂，而增强其劲敌利奥弗里克的势力。尤其是托斯蒂格投入博杜安的怀抱中，而后者又正是威廉的岳父和同盟者。

在这次叛乱中，爱德华也花了很大的气力，因而似乎更促其早死。12 月，他还在伦敦举行圣诞庆典，到了 28 日，病就很重了，不能参加威斯敏斯特（Westminster）新厦的落成典礼。1066 年 1 月 5 日，在他将死之前，他向哈罗德托孤，请他照顾他的妻子、外国籍的随从和整个王国。他死后即被匆匆埋在威斯敏斯特教堂中，接着英国代表大会即在伦敦开会，考虑其继承问题。[1] 当时讨论的详情固不得而知，但结果他们却决定选举哈罗德为王。[2] 这个时候，所需要者为一个强有力的国王，因为这个王国正处于危险之中：威廉在诺曼底；哈拉尔（Harald Hardrada）在挪威，他是斯韦恩的继承人；托斯蒂格在佛兰德斯；康莫尔（Malcolm Canmore）在苏格兰，他是托斯蒂格的把兄弟。假使当时在会议中，也有人考虑到艾德格尔，毫无疑问是通不过的，因为他还是一个未成年的小孩子。反之哈罗德不仅是春秋鼎盛，而且在最近对威尔士人（Welsh）的战争中，也曾表现出他是一个能力很强的将军。何况又有先王爱德华托孤的遗命，所以这个选择当然更是非他莫属了。于是哈罗德被请到了威斯敏斯特教堂中，由约克大主教艾尔德里德（Ealdred）为他加冕。

爱德华的死亡和哈罗德的当选，这些消息很快就传到了威廉的耳中，他立即决定用武力来报复这次侮辱，并获得他的继承权。但在尚未动手之前，必须要使全世界认为他这次宣战是合乎正义的。他派了使臣去谒见哈罗德，正式要求他实现他的誓言。现在对于当时各方面的战略形势，可以分析如下：

[1] 代表大会（Witanagemot）由贵族所组成，其代表人选为伯爵、主教等。他们讨论国家大事，并代行最高法院的职权。

[2] 这些代表并非不知道哈罗德立有誓约，因为他并非王族，无权对于王位提出保证，所以应被认为是无效的。

威廉的形势是最好的，这也是分所应尔，因为自从他在卡昂附近获得了第一次胜利，他的政策就一直是在国内加强国力，在国外求得安全的保障，从这一方面来说，他也颇得良好运气的帮助。从须德河到卢瓦河之间，几乎每个港口不是在他自己的手中，即在其同盟国的手中。

在东面，威廉与佛兰德斯人订有同盟，在西面征服了布列塔尼，在南面占领了曼恩。在巴黎又有一位友好的摄政，这当然又只能归之于运气。在 1060 年——即亨利一世逝世之年——威廉的劲敌安茹（Anjou）的杰弗里（Geoffrey Martel）也死了，他死后，其国家即为两个侄子所分占，而发生了内战。这就是说当威廉准备征服英格兰时，可以不必再害怕安茹的干涉。最后，当哈罗德嗣位，威廉的国际地位更形增强，欧陆上的一般舆论都认为哈罗德是个篡位者，而同情威廉。

若与威廉做一个对比，则哈罗德的境况可以说不能再坏了。英格兰并不团结一致，哈罗德又不具有王室血统，所以也不能获得神秘的支援。北方两个最大的诸侯，艾德温和莫卡也可能都不拥护他——事实上，当威廉动员其兵力时，后者即拒绝承认其王权。于是哈罗德被迫到约克去争取莫卡的支持。他以与其妹艾尔德吉斯（Ealdgyth）联姻为手段。当他于 4 月 16 日（复活节）返回伦敦时，才被承认是全英的共主。

在战术方面，其境况也是同样恶劣，只要比较双方的军事制度即可明了。英国方面一共有两种部队：一为民兵（Fyrd），一为私人卫士（Housecarles，又称亲兵）。前者的征募方式为以每 5 单位的“牛皮”供应一个人为原则（“牛皮”[Hide] 即相当于 120 英亩的面积），每单位的“牛皮”等于士兵供给 4 先令的军饷和两个月的粮食，或是一共 20 先令。后者本是属于国王、公爵和贵族的私人卫士，到了哈罗德的时代中，却已经发展成为一支小型的常备职业性兵力，其在战争中的主要目的即为增强民兵的抵抗力。虽然以数量而论，这两支兵力足够应付普通的危机，但是所谓民兵，却散布在英格兰各地方，在短时间之内是难以集中的，而且一旦两个月的粮饷用完了，也似乎并无任何正式的补给体系存在。最近也曾抽收一种新税，结果更使民怨沸腾。虽然亲兵和民兵中的大多数都是骑马的，但在战斗中却都是徒步而行。1055 年，赫里弗德伯爵（Earl of Hereford）拉尔弗（Ralph）对于威尔士人曾经做过一次骑马的战斗，结果惨败，之后似乎就不曾再用过了。[1] 在兵器方面，最重要者为长矛、标枪、两面开锋的剑和笨重的长柄丹麦战斧，其起源很明显为船上的兵器。弓弩虽然也当作体育来练习，但在战争中却很少用之。防盾有两种形状——圆形和风筝形。头盔和铠甲是自备的，财力充足的人员都使用它们。

哈罗德所面临的另一个困难，为爱德华已经解散了他所继承得来的那支小型舰队。结果他无所谓“存在的舰队”——而在 1066 年，除了征发渔船和商船，并强迫征用水手以外，也更无其他的方法来建立一支舰队。诚如斯坦登教授（Prof. Stenton）所指明的，这种舰队的动员是一件非常迟缓的工作，而且它们能留在海上的时间也十分短促，因为根本缺乏任何补给补充的组织。反过来说，在 1066 年年初，威廉似乎也没有适用于装载马匹的船只，所以也必须设法建造。他所面临的一堆严重困难——一个真正可怕的困难——如何渡过英吉利海峡。

诺曼人的军事制度是完全不同的。每一个伯爵或一个主教各自有其独立的土地，但一旦有事时，他们应把一定数量的骑士供给公爵使用，其数量也由公爵来决定，而其装备和补给也都是自给自足的。诺曼人的军事权力基础即为这种装甲骑兵，在威廉的多数战役中，他们获得高度的技巧和纪律。其主要的兵器为长枪、刀剑和槌

[1] 这次拉尔弗的骑兵是被弓矢所击败的。骑兵在无弓弩手支援之下，绝对不能对抗弓弩手。这个教训花了 300 年的时间才被人学会了。

矛（mace），其装甲情形大致与英国人的相似。马姆斯伯里的威廉对于诺曼人，有下述的概括性批评："他们是一个好战的种族，生活中几乎不能没有战争，首先对于敌人作猛烈的冲击，若是硬攻不成也会使用计谋，甚至于不惜用金钱来收买。他们对于其主人是很忠诚的，但若是主人稍微触怒了他们，也是会反叛的。"

诺曼的人步兵由长枪兵和弓弩手所组成，后者所用的或为短的诺曼弓，或为十字弓（crossbow）。威廉是一个杰出的将才，他对于欧陆战争中一切工具都有研究，他不仅知道如何执行纪律，而且也知道在战场上如何补给他的军队。

英国人对于国内的防御，实际上几乎不使用堡垒（Castles）。[1]而威廉对于其本国和所征服地区，都是用堡垒来作为扼守的工具。这使他能用极小量的兵力来据守广泛的地区。从另一方面来说，即可以集中大量兵力供野战之用。在他那个时代中，两三千人的兵力就已经算是相当的巨大了。

当他决定向哈罗德挑战之后，威廉立即认清了这一次的战争已经不是封建性的（即领主对臣下，臣下对领主之间的战争），而是国际性的，所以必须使其具有国际性的基础。在那个时代，两个最大的国际权威为教皇与皇帝，所以必须能获得他们的许可，最好是支持。他的第一个步骤即为与他们谈判，同时派代表到欧洲所有的主要国家去游说，提出他的要求。他的顾问是有学问的兰弗朗克（Lanfranc），凭着巧妙的外交手段，赢得了副教皇希尔得布南德（Archdeacon Hildebrand，以后他成为教皇格列高利七世）的支援，他又说服了教皇亚历山大二世，为诺曼人祝福，并赐威廉一面"神旗"。神圣罗马帝国皇帝亨利四世，也答应必要时给予援助。丹麦王斯韦恩（Swein Estrithson）也答应援助，但却未能遵守他的诺言。

---

[1] 11世纪中的多数堡垒只不过是在山丘上建筑一些栅栏而已。直到英格兰被诺曼人征服了，才有大批的石质堡垒出现。

虽然哈罗德对于许多的外交活动，应该是有所风闻的，但是他却并未派人到教廷中去为自己辩护，一任他们来对他的案件去做缺席判决。

威廉也认清了他所需要的兵力将比较巨大，专靠诺曼底的人力是不够的，但是根据封建时代的法律，他并无权力命令他的臣子从事于海外的征战。威廉于是在利勒博讷（Lillebonne）召开了一个伯爵大会，设法刺激他们的冒险精神，要求他们依照领土的比例准备船只。最后，他指派他的妻子玛蒂尔达在他出国期间代他摄政，另由罗杰（Roger of Beaumont）组成一个委员会以来作为她的辅弼。

有了教皇的批准为后盾，威廉的行动就能够吸引许多的附和者，征服像英格兰这样一个广大而富庶的国家，可以使军人们获得空前的发财机会。有许多贵族的幼子都是感到"土地"荒的，这是他们创业的好机会。因此在法兰西地区，以及在它界外的各地方，都有许多人愿意投效在威廉的麾下。这些地区为布列塔尼、曼恩、佛兰德斯、法兰西中部、勃艮第、阿基坦，以及南意大利，这些人员有许多都是当时各国的知名之士。过去从来不会看见这样多的贵族集中在一起，这似乎是为十字军的时代开了一个风气之先。

差不多当诺曼贵族正在利勒博讷集会的时候，托斯蒂格因为在哈罗德的当选中一无所获，也就离开了佛兰德斯到诺曼底来。他获得了威廉的允许，可以回英格兰去。但是这个允许的实际意义却并不清楚，因为威廉的准备还只达到最初阶段，不等到它相当成熟时，托斯蒂格是无法发挥任何重要作用的。比较可能的事实是，托斯蒂格无力对于他的从者发饷，又因为他在怀特岛上（Isle of Wight）保有田产，所以他决定亲自到那里去尽可能地搜集金钱。5 月，他率领了 60 艘船从欧陆出发，在怀特岛上登陆，在那里获得了金钱和补给，于是就继续去骚扰萨塞克斯（Sussex）和肯特（Kent）的海岸。在桑德威齐，他强迫征集一些兵员，但是他听到了哈罗德已经从伦敦动身来征讨他的消息，他马上就迅速地将人员再装上船去，又驶向亨伯（Humber）去了。他在那里登陆，却不幸突然为艾德温所率领的北部民兵所乘，遭受到了惨重的失败，只带了 12 艘小船逃去。他逃往苏格兰，寻求卡莫的庇护。

这对于威廉和哈罗德而言，都是事先不曾料想得到的。可是此举对于即将来临的哈斯丁（Hastings）战役，却具有重大的影响，它使哈罗德感觉到威廉的侵入马上就要来到了。其结果是哈罗德过早地对于其陆海军下达了动员令。据说当听到托斯蒂格在桑德威齐的时候，他就已经集中了一支“空前”强大的陆海军兵力。换言之，他所命令的是全部动员，而非局部动员。这种动员的完成，是必须要有相当时间的，等到完成之后，他就把民兵沿着萨塞克斯和肯特的海岸展开着，把舰队集中在怀特岛上。这样大约一直拖到了 9 月 8 日，兵员的合法服役期限（40 天）已经满了，而粮食和金钱也都用光了，他被迫只好解散民兵和舰队。正当威廉准备上船的时候，海峡上都是门户大开，等候他去进攻。假使托斯蒂格不来这一次突袭，则哈罗德也许不会过早地全部动员。设若他能推迟一个月的时间再下动员令，那么英格兰是否被征服，也许就是一个疑问了。幸运也是站在威廉的那一边。

当他刚刚复元，哈罗德马上就获得了一个惊人的坏消息：挪威国王哈拉尔（1015—1066）已经与托斯蒂格结合在一起，开始侵入了英格兰的北部。很明显，当托斯蒂格在苏格兰避难之后，即已去访问过挪威，劝说哈拉尔侵入英格兰，并根据哈迪克努特与马格努斯之间所订的条约，要求英国王位的继承权。不过更可能的解释是威廉已经准备侵入英格兰，所以哈拉尔也想趁火打劫。[1]

哈拉尔在卑尔根（Bergen）附近，从松恩峡湾（Sognefjiorden）启程，一共率领了 300 艘船只驶到了设得兰（Shetlands）和奥克尼

---

[1] 哈拉尔在当时也要算是名将之一，他曾经在东罗马帝国的军中服务。

（Orkneys），接着向南旋转，在泰恩（Tyne）海岸上与托斯蒂格会合在一起。他烧抢了斯卡伯勒（Scarborough），绕过斯朋角（Spurn Head）进入亨伯，再沿着奥斯河（Ouse）驶到了李卡尔（Riccall），这里在约克之南相距约为 10 英里。他的陆军在那里登陆，向约克前进。到了距离该城约 2 英里远的富尔福德门（Gate Fulford）与艾德温和莫卡两人所率领的约克郡民兵遭遇。9 月 20 日，双方发生了激战，这在英国古诗中曾经有详细的描写。结果是英军大败，死伤无算。

当哈罗德听到了哈拉尔侵入的消息，他就立即率领他的"亲兵"和一些尚未解散的民兵——几乎都是骑马的——日夜兼程向北方赶去。24 日，他进入了塔德卡斯特（Tadcaster），第二天当挪威王正在与那两个伯爵谈判降服的条件时，他突然地袭击侵入军，在斯坦福桥（Stamfordbridge）上发生了一场苦战，将敌军几乎全部歼灭掉。不仅哈拉尔和托斯蒂格都丧命了，据说在战斗结束之后，所剩余的敌人还不到 20 船。哈罗德允许哈拉尔之子奥拉夫（Olaf）率领他们回挪威去。当然，哈罗德方面的损失也同样惨重，维塔里斯（Ordericus Vitalis）在 1123 年到 1141 年撰修他的编年史，他说在他那个时代，还看到在这个古战场上堆着大量的白骨。

这两次战斗的重要性是绝不可以低估的，因为它们正发生在哈斯丁会战之前，相隔还不到一个月的时间，而且也更使哈罗德的兵力大为减弱。依照斯坦登教授的意见，艾德温和莫卡受到的损失是那样的严重，使他们在 10 月初的紧急关头上不能发挥有效的作用。对于这两位伯爵，他曾经有过下述的批评：

> 他们经常被人认为是爱国的，因为在哈斯丁之战中，他们是置身事外的。不过他们为了对抗当时北方最伟大的战士，已经尽了全力。而当哈斯丁斯会战发生时，其损失实际上还不可能恢复。

这当然是实情，不过更重要的事实却是有如下述：不管他们是忠诚还是奸诈，毫无疑问，哈罗德的亲兵却是骑马的，而他们二人的民兵却可能不是。所以当哈罗德听到了威廉登陆的消息之后，照我们推测，他一定又是兼程赶回南面，而徒步的兵力当然无法赶上他的速度。此外，马姆斯伯里的威廉也还有一种解释，虽然并不太可靠。他说："在斯坦福桥之战以后，哈罗德即命令艾德温和莫卡两人，把战利品护送到伦敦去，而自己则迅速赶往参加哈斯丁会战。他获得了胜利之后不免骄傲，觉得胜利已经在握了。"从此看来，似乎比艾德温和莫卡在富尔福德门的损失还更重要的，却是在斯坦福桥一战中，哈罗德的亲兵也受到了严重的损失。

当托斯蒂格在苏格兰避难和哈拉尔正在准备侵入之际，威廉也正在忙于建造一支舰队和征召一支陆军。他精力过人，到了8月中旬，差不多一切都完全准备好了。所有的军队都集中在迪沃河（Dives）的沿岸和河口中。至于他们的确切数量却是很难估计的。普瓦捷的威廉说陆军约为5万人，而瑞米耶日（Jumièges）的威廉则说所造好的船只共为3000艘。这是一个不可能的数字，雷姆赛爵士（Sir James Ramsay）认为这个数字可以用10来除它。[1]

唯一可靠的标准是说当他们在圣瓦莱里（St. Valéry）上船时和在佩文西（Pevensey）下船时，所用的时间都只有一天，大约12小时。从这个事实来加以推测，则威廉的陆军总数应不超过5000人，再把水手和非战斗人员也加在一起，其总数也不过七八千人。据柯贝特（Mr. Corbett）的估计为2000名骑士和3000名步兵，而骑士中间又有1200人是来自诺曼底的（见《剑桥中古史》）。即令是如此，这样多的骑士在如此短时间之内，要想上下船也是很困难的，除非他们携带轻便的跳板才行。从贝叶挂毯（Bayeux Tapestry）上可以看到这种船只的样式，似乎并无此种跳板，所以这还是一个哑谜。

[1] 其他比较可靠的估计，认为最多不过六七千人。

现在再来研究所需要的船只数字。我们知道这个时候维京人所用的船只，平均是每船可坐 40 个人。同时假定贝叶挂毯是可靠的证据，那上面表示一艘船可载运 10 匹马。再假定每船共用 5 个船员，于是每一艘船就可以用来载运 10 匹马或是 35 名兵员。因此战斗兵力一共需用船只 243 艘。再假定为了载运粮食、酒、兵器、工具、帐幕、额外的马匹和非战斗人员，还需要 100 艘，总数应该是 450 艘左右。这个数字可能是相差不远的，马姆斯伯里的威廉曾经告诉我们说：在 1142 年，格洛斯特伯爵罗贝尔（Robert Earl of Gloucester）曾经用 52 艘船，载运了 350 名骑士和一些马。

8 月 12 日以后，一整个月的天气都异常恶劣，北风使舰队无法开出迪沃河。9 月 12 日，风向才转西。威廉立即利用这个机会，将他的船只移动到索姆河口的圣瓦莱里，从那里渡过海峡的距离比较短。但是以后风向又转北，只好再待下去，这使威廉感到十分困难，他已经很难维持部队的纪律。

最后，到了 9 月 27 日，风向才转南。他立即命令陆军上船，这个工作进行得十分迅速，到了夜幕低垂时，所有一切都装载好了。他命令每艘船的桅杆上都挂着一盏灯，而在他自己的坐舰莫拉号（Mora，他的妻子赠予他的）上，更挂着一个大灯，要所有各船都随着它走。大概在午夜的时候，他们开船了。第二天——1066 年 9 月 28 日星期四——的上午 9 点钟，他们在佩文西登陆了，这也就是罗马人所称的安德里达（Anderida）。军队下船之后，第二天即进到了哈斯丁，这是通向伦敦的大路在海岸上的终点。他在那里建立了一个木塞，以此来巩固他的基地，接着开始向四乡骚扰，以此来搜集补给。

当威廉登陆时，哈罗德正在约克休整他的兵力和庆祝他的胜利。10 月 1 日，他在那里接到了这个不受人欢迎的坏消息。假定他立即开始命令召集民兵，他也知道除非放弃伦敦以南的地区，这些人才来得及在他到达伦敦的时候，与他会合在一起，一同在萨塞克斯参加作战。

他在 10 月 2 日，决定立即赶回伦敦，他以最快速度跑过这 200 英里的距离，大约在 10 月 5 日或 6 日，才到达首都。他在那里停留到 11 日为止，尽量集中各地调来的兵力。依照普瓦捷的威廉所记载的，说他计划对敌人进行一次奇袭或夜袭，为了防止敌人逃走，他又先派了一个总数为 700 艘战船的舰队，去封锁敌人的退路。维塔里斯很合理地将这个数字减到了 1/10。

哈罗德所应采取的最好路线应该是有如下述，假使换了威廉处于他的地位，他一定会这样做的：一方面留在伦敦不动，等候所召集的全部兵力到齐再作战；另一方面在伦敦以南的地区，实行坚壁清野的政策，以此来把威廉饿垮。可是哈罗德这个人缺乏耐性，易于冲动。此外，拥护他的部下，有许多都是南部的居民，假使现在他们的家园遭到破坏，则很可能会影响到他们的忠诚。此外，他似乎也有轻敌的心理。

他在伦敦集中了他的陆军。其核心为他自己的亲兵（现在已经相当残破了）和他的两位兄弟——吉尔斯和里奥夫万——的亲兵。其余的则为各地的民兵，其中包括各地的武士在内，都是在这五六天之内赶到的。他的兵力素质并不太差，认为他们是乌合之众的说法并不正确。至于实际数量已不可考。史巴兹（W. Spatz）在《哈斯丁会战史》中所估计的为六七千人，但是在斯坦福桥一战中，已经受到了相当的损失，而艾德温和莫卡两人的部队也不在内，同时动员的时间又是如此短促，这个估计似乎还显太高。我们把它减到 5000 人，甚或 4000 人，则也许较为合理。据弗洛伦斯（Florence of Worcester）的记载：当哈罗德领兵离开伦敦的时候，他内心里对于下述两件事颇为敏感：（1）在富尔福德和斯坦福桥的两次战斗中，英格兰的勇士牺牲了不少；（2）他还有一半的兵力尚未集合完成。此外当他在哈斯丁与威廉相遇时，其全部兵力只有 1/3 已经完成了战斗序列。这也暗示出他的前进速度还是太快了，使多数的步兵都赶不上。而且，马姆斯伯里的威廉也说：当他到达哈斯丁时，所带来的兵力“很少”，在 11 世纪的时候，即令是 4000 人也要算是一支大军了。[1]

10 月 11 日，哈罗德从伦敦出发，经过了 60 英里远的距离，在 10 月 13 日到 14 日的夜里，到达了现在的巴特尔（Battle）城镇所在的位置，宿营在一个高地的附近，那里有一棵“古老的苹果树”（hoary appletree）可以作为标志。普瓦捷的威廉说：“英国人所占领的位置，为森林附近的一个小山。他们从森林中走出来之后，就立即下马休息。”瑞米耶日的威廉却说：“当他们骑马行走了一夜之后，清晨出现在战场之上。”假使奇袭即为哈罗德的目的，那么很可能他是宿营在森林之中，第二天清早才占领这个“古老的苹果树”的位置。

依照马姆斯伯里的威廉和魏斯（Wace）的记载：哈罗德的部下，在 10 月 13 日至 14 日的夜间，是一直在饮酒高歌；而诺曼人则在忏悔他们的罪恶和领受圣餐。因为英国人在强行军之后，口渴是毫无疑问的，而诺曼人在战斗之前做祷告，也是事理之常。不过用常识来判断，英军，尤其是步兵，一定是睡得像木头一样；而威廉在获得了敌军来到的情报之后，他的人员则是彻夜在为会战做各种准备。

哈罗德的计划又是怎样的呢？是如上文所已经说过的，想奇袭威廉吗？还是仅仅采取消极防御的态势，封锁着到伦敦的道路，以此来等候敌人的攻击呢？诚然，哈罗德所作的是一个纯粹的防御战，可是他之出此下策却似乎是不得已的，他到达战地的时间没有能像

[1] 这是一个很有趣的问题，值得加以提出：当哈罗德从约克到伦敦的时候（10 月 2 日至 6 日），他平均每天走 40 英里；但是当他从伦敦到会战场的时候（11 日至 13 日），平均每天却只走 19 英里。这证明他顾虑徒步人员，而不得不减低速度。若使他要步兵都完全留在后面，则在 12 日即可能已经赶到了哈斯丁，那么也就可能使威廉受到奇袭，不过他的数量是否够强大，能否击败敌人，却又是另一个疑问了。

他所希望的那样早。到了断黑之后，他到哈斯丁还剩下了 7 英里的距离，若是事先并无日间的巡察，而贸然即作夜间的攻击，则实在是一种疯狂的行为。在这种环境中，其唯一可以使威廉受到奇袭的机会，即为在拂晓时向他攻击，那么英军在午夜之后，就应该立即前进了。哈罗德也许曾经考虑到这一点，可是其兵力的疲惫使他不可能采取此项行动。根据他过去的经验，在他的心中可能知道速度实为奇袭的基础。在1063年的威尔士战役中和他的斯坦福桥战役中，都是以闪击的行动来达到奇袭的目的。在这次战役中，他原有的意图，可能仍然是如此的。仅仅是守着这个阵地，并不能使侵入者退出英格兰，因为威廉在其弓弩手掩护之下，可以将陆军再装上船去，改在其他的地点登陆。占领这个阵地既不能钉住威廉，又不足以强迫他非进攻不可。不过威廉却还是进攻了，他的行动是如此迅速，结果在哈罗德尚未列好阵势之前，即已经来到了。受到了奇袭的人不是威廉，反而变为哈罗德本人了。换言之，哈罗德和他的部下也许是睡得太熟了。

其次，对于哈罗德的阵地也应详细检讨如下：

在巴特尔以北的高地——威尔登山地（Wealden Hills）——是与一个山脊连接着的，现在有一部分为寺院的建筑物所占着。其间为一个颈部，现在的巴特尔公路即从这里通过。这个山脊的最高点即为寺院的所在，从那里起，地势即开始向东西两面温和地下降。在其南面，坡度在 400 码之内降低了 100 英尺，到达了阿斯顿（Asten）溪流的源头。溪流上有一连串的水坝，使其变成了鱼塘。从阿斯顿再向南起伏延展，在寺院东南面约一英里半的地方，即为提尔汉山（Telham Hill）。在山脊的北面，颈部的坡度相当险陡，足以构成严重的军事性障碍。而在 1066 年，高地的流水把它们切成了峡谷，上面为丛林所掩盖着。此外在这个山脊的北面，距离寺院 300 码远的地方，在西面沿着一条小溪，在东面为哈斯丁与塞德尔斯科姆（Sedlescombe）道路交叉的地方，坡度又急剧

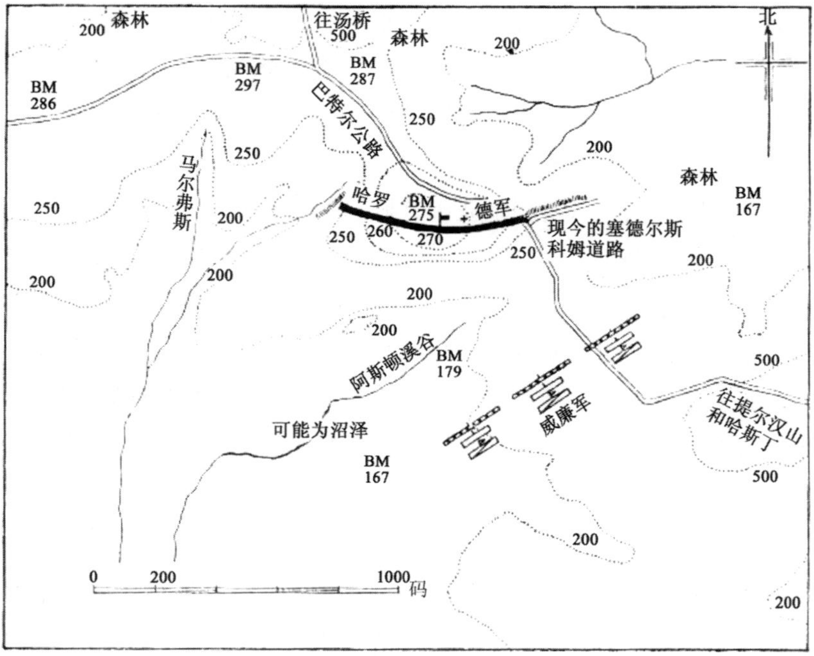

图二十六　哈斯丁会战，1066 年

下降，对于骑兵也构成一个有效的障碍。

很可能，哈罗德是首先把他的两面军旗插在山脊的最高点上，一为韦塞克斯的“龙旗”，另一为他个人的将旗，号称“战士”（Fightinng Man）。当会战结束时，这面将旗倒在寺院东面 70 码的地方。哈罗德可能占领着峰顶，而将他的亲兵列在两侧，至于两翼则主要为民兵所组成。中央位置最易于受到骑兵的冲击，所以由他本人指挥。关于哈罗德阵容的详情固不得而知，不过撒克逊人的一般正常情形，都是构成一个“防盾的墙壁”（Shieldwall）——这是一种方阵，肩靠着肩，盾靠着盾。对抗仅靠用剑、矛和斧的步兵，是一种很有效的阵形，而步兵对抗骑兵的冲击，这也是唯一的办法。

在战术方面，哈罗德的问题为维持一个不破裂的正面，并防止他的“盾墙”两侧受到迂回。所以很可能，他所占领的阵地，长达600码，夹在寺院两边小溪流与哈斯丁及塞德尔斯科姆两条路交点之间。这样他的两侧都可以有险陡的洼地保护。假使哈罗德的方阵是10个人的纵深，第一列每一个人平均占2英尺的正面，其后的9列，都是每个人占3英尺的正面，则以600码的正面来计算，其总兵力应该是6300人。若是12个人的纵深，则应为7500人。这个数字与史巴兹的估计——六七千人——颇为接近。

据说哈斯丁会战是在10月14日上午9时开始的，威廉应该是出发得极早。当他到提尔汉山以前，差不多还有6英里的距离要走，他的阵势即展开在这个山地的北面。若把集合、行军和布阵的时间都算上去，则他可能是在凌晨4点30分到5点之间，即已经开始动手了。他的战斗序列分为三部分：左、中、右。左翼主要的为不列颠人，由布列塔尼伯爵阿朗（Alan）指挥；右翼为威廉的法国和其他各国的佣兵，由布洛涅的尤斯塔斯（Eustace of Boulogne）率领着；中央为诺曼人，由他本人亲自指挥。在他的前面，持着教皇的“神旗”。每一部分又分为三个“梯队”（echelons）或线：第一线为弓弩手，第二线为重装备步兵，第三线为骑士。从战术上来看，这种战斗序列实与罗马兵团极为相似，只不过是最后一列老年兵改为骑马。

上午9点钟的时候，在号角齐鸣之下，会战开始了。诺曼人缓缓地向上坡进攻，直扑山顶上的英军“盾墙”。从地形上来看，威廉的中央兵力应该是沿着哈斯丁大路的西边进攻，以哈罗德的军旗为目标，其左右两翼则各向外展开，以求延长其攻击正面。此外其左翼在尚未爬上山坡之前，又必须先渡过阿斯顿溪流。

当两军中央部分逐渐接近时，诺曼弓弩手即开始射箭，但因为是向上发射，所以多数的箭不是碰着敌人的防盾，就是从他们头上飞过。依照普瓦捷的威廉的记载：英军的抵抗十分英勇，用长矛、标枪、战斧和石块等各种兵器掷向敌人，犹如疾雨。不久双方喊杀的声音，又为兵器的碰撞声、垂死的呼叫声所掩盖住。在很长一段时间之内，战况都是空前的激烈。

哈罗德的人员占有地利，他们始终保持着密集的阵容，维持着一条不可突破的正面。此外，防御者的兵器也很易于透穿攻击者的防盾和装甲。普瓦捷的威廉说：英国人不仅能英勇抵抗接近了的敌军，而且更使远距离之外的诺曼弓弩手也受到相当的损失。假使这些话是真的，则可以证明诺曼的弓弩手和步兵，对于这个“盾墙”似乎都是无能为力的。

下述的记载更可以证明这一点，普瓦捷的威廉又没有举出什么理由，而突然这样说:“步兵和不列颠的骑士们突然发生了恐慌现象，在英军前面四散逃跑了。”不久，“这个公爵的全军就都有溃逃的危险”。这可能是当诺曼左翼兵力在上坡时，遇到了困难，于是英军的右翼（或其一部分）即突然地作了一个逆袭，把不列颠的弓弩手和步兵都扫下山坡去了，因而使后面的骑士也随之溃逃。接着威廉中央兵力发现其左翼方面已经没有掩护，就开始退走，于是右翼也就跟着走。

现在是哈罗德的机会来了，可是他却并未能掌握。常常有人批评他，在会战之中未能始终严格保持他的“盾墙”。假使他能如此，足以使他不至于失败，但却还是不能使他获得胜利。假使他现在能抓着这个机会，他就应该下令作全面的进攻，从哈斯丁大路的两个斜坡上冲下去，这样几乎毫无疑问地，即可把诺曼的弓弩手和步兵完全歼灭掉。诚然，诺曼骑兵还是可以遁走，不过若丧失了步兵的掩护，他们就只有一直退到哈斯丁的营塞中，才可以获得安全的保障。胜利就会属于哈罗德，其所具有的决定性足以迫使威廉放弃这次战役，退出英格兰。

当诺曼人左翼的恐慌现象开始影响中央部分的士气时，又发生了一个意外事件，使哈罗德的反攻几乎能够获致全面的成功。

在最初的攻击中，威廉位于后方，似乎是当他的中央部分正面被突破时,他在混乱中落马了,一片喊声说他已经倒了。对于他而言,这应该是会战中的最紧急关头。在古代和中世纪的战争中，主将的丧失将使整个的指挥体系都完全解体，常常引起立即性的失败。这正好像是在近代化的战争中，一个军队的参谋组织突然被取消一样的。不过在这次的情形中，危险性固然是异常严重，但却只是暂时性的。威廉骑上另外一匹马，把他的头盔往后脑一推，以便使大家都能认清他的面目。在混乱恐慌中，他高声地喊道:“请大家都看我，我还是好好地活着！上帝保佑我，我还会获得胜利！”此时在左面，可以假定是在阿斯顿溪流附近，英军的逆袭也遇到了困难。于是诺曼中央兵力反转过来，将追击者切断，并杀死了其中的一部分。普瓦捷的威廉说有几千人，不过即令受到了这个损失，英军的总数还是并未减少。

当诺曼人把行列重新编好了之后，接着又继续进攻，但是这一次是由威廉亲自领导的，换言之，骑士们已经移到前面，而步兵则退到后方。从这时起，一连又是几个小时，在全线上都展开了激烈的战斗。骑士们分成小队向前冲锋，想用长矛来突破“盾墙”。虽然如此，一切的企图都还是失败了。

因为无法突破盾墙，威廉就使用一个在东方和拜占庭战争中所常用的诡计。他决定用“佯退”的手段，以来引诱敌人下山，离开这个山坡。

我们可以假定诺曼人对此是并无经验的，这种作战多少要算是一种冒险。比较适合的战场可能是在右面，因为这个撤退首先会使威廉的人员退入谷地，再退到山上，于是当追击者登山时，他就可以居高临下地来加以迎击了。而且在这一个方向上撤退，又可以使他的中央兵力侧击追击者。很明显，这是一种纯粹的骑兵战斗，所以当战斗正在进行的时候，步兵都已经事先撤回安全地带。

当然，以上所述种种都不过是一种猜想。普瓦捷的威廉所告诉我们的，仅仅是下述的这样一段：

> 他们认清了要想克服这样的一个密集集中的强敌，是绝对难免受到严重损失的，于是诺曼人决定诈败撤退，刚刚的撤退曾经使他们获得了利益。野蛮人相信胜利已经在握，开始欢呼并向我们辱骂，以全部歼灭为威胁。他们一共有几千人，向前迅速追击，以为又是和上次一样，我们是真败了。可是诺曼人突然把马回转过来，切断了追击者，将其围歼，使其无一人能够生还。这样的诡计曾经用过两次，都获得极大的成功。

有人责备哈罗德不应自己投入这个陷阱，但是这却也无可厚非。他的部队纪律可能很松懈，一切的行动都是自动的。而现在的战术情况又和第一次逆袭时完全不同。上次所面对的是步兵，而这一次却是骑兵，他们是不可能赶上敌人的。[1]

虽然普瓦捷的威廉曾经告诉我们说：尽管经过两次的诈败和对于追击者的杀伤，但英军还仍然是很坚强，而难于克服。不过毫无疑问，其左翼大为减弱，现在为增加士气，哈罗德就把他的大旗从山顶移向左方。此时，威廉似乎已经在准备作最后突击，并命令他的弓弩手使用“高角度的火力”——那就说他们要把箭朝天射去，以便超过自己骑兵的头上，而垂直地落在敌人的头上，以来诱使在后墙中的英军，举起他们的防盾。

当会战的最后一个阶段开始时，已经是暮色苍茫了。我们可以假定到了这个时候，英军的矢石也用尽了，而人员也疲惫不堪。真正的情形如何，大部分都还是只能靠猜度，可能的发展次序，应该是有如下述：当夜色暝暝之际，哈罗德有一只眼睛受到了箭伤，不久后即被砍倒。他的两个兄弟都早已战死，已经无人可以接替他了。

---

[1] 关于这些前进，还有一个解释也是不可忽视的。在所有古代的战争中，投掷的兵器只不过是标枪和箭，通常是很容易用完的，其补充的方法就是设法将敌人逐回，而在其所放弃的地区中收回那些枪箭。

接着，已经削弱了的英军左翼，在尤斯塔斯攻击之下，首先开始崩溃。全部盾墙开始溃裂，英军有些骑马，有些徒步，向西和西北逃走，诺曼军似乎是由尤斯塔斯领先追击的。虽然如此，在恐慌之中，还是有一部分英军——可能为哈罗德的亲兵——仍然能够临危不乱，退到了那个颈部坚守不退。他们是如此勇敢，所以尤斯塔斯命令他的部下后退。再过了一会儿威廉亲自来到了，立即取消了这个命令，催促人员上前。他们冲散了英军，在暮色中继续追击，冲过了颈部以西的谷地，到达了一个叫作马尔弗斯（Malfosse）的地点。

夜差不多全黑了之后，威廉才回到了主战场，发现哈罗德的尸体已经被剥光，并被砍杀得几乎认不清了。他把哈罗德搬到自己的营帐中，以后就埋在海岛上。

对于威廉，普瓦捷的威廉曾经有下述的评语："他支配着这个会战，制止他的人员逃走，鼓励他们的精神，与他们共危险。他命令他们跟着他走，而很少命令他们走在他的前面。由此即可以明了他是如何以身作则和如何给予他们勇气的。他所骑的马已经倒了三匹之多。"不幸得很，对于他那个英勇的对手，却并无人来同样地加以赞扬。

在会战后两天，威廉回到了哈斯丁。五天后他占领了多佛。当他把它的要塞工事加强了之后，他就出发往坎特伯里（Canterbury）。之后，他就经过莱纳姆（Lenham）、锡尔（Seal）、韦斯特勒姆（Westerham）到戈德斯通（Godstone）。在那里到达了伦敦—哈斯丁之间的公路，他派了一群骑兵北上，烧毁了萨瑟克（Southwark）。其主力则向西，经过吉尔福德（Guildford）和米齐尔地弗（Michieldever），以到达贝辛（Basing）。从奥尔斯福德（Alresford），他似乎从奇切斯特（Chichester）或朴次茅斯（Portsmouth）方面获得了增援，因为在会战之后，他的舰队已经开往该地。接着他又向北扫荡，从兰伯恩（Lambourn）以达沃灵弗德（Wallinnford）。他的军队从那里渡过泰晤士河，绕过齐尔特恩（Chilterns），再向南到达了小伯克汉普斯提德（Little Berkhampstead）。在那里，威廉遇到了伦敦城的代表，表示愿意献城投降，并请他为王。

从他进军的路线上来判断，贝林（Baring）认为威廉的兵力不可能多于 8000 人到 1 万人。而且他也没有太多的时间，来从事于蹂躏的工作。因为从坎特伯里到小伯克汉普斯提德，相隔在 350 英里左右，他若准许他的军队分散，作广泛的骚扰，则在 7 个星期之内，将不可能走完全程。所以，除了行军路线上以外，对于东南地区而言，其征服的效果似乎是很微弱。

当人家劝进时，威廉最初还假意推辞，最后当然还是接受了。于是他派了一批精兵先进城去修建现在所谓“伦敦塔”（The Tower of London）的建筑。1066 年，圣诞节的那一天，他在威斯敏斯特教堂中，由约克的艾尔德里德为他加冕。他对于英格兰的王位要求终于兑现了。

以后三年的时间中，威廉都一直忙于剿平叛乱，尤其是诺森布里亚地区之内，每一次的战役中，他都是使用有系统的破坏手段，所以到了 1069 年，这个王国中有 1/3 的地区是差不多变为废墟。同时，为了警卫和据守这些土地，他在每一个要点上，都建筑一个堡垒。到了 1070 年，他觉得他的地位足够巩固了，才解散了他的佣兵。两年后，他侵入了苏格兰，并且强迫卡莫投降。1087 年 9 月 9 日，他在芒特（Mantes）围城战中，终于负伤殒命。就这个时候，他在西欧要算是最强大的君主。

对于英格兰而言，哈斯丁之战不仅是在它的国土上所打的一次最具有决定性的会战，而且也是在它的历史中最具有决定性的一次。事实上，再没有其他的会战是比它更重要的。英格兰本是一个组织松懈、纪律缺乏的国家，现在却在一个坚强的中央集权政府之下，变成了一个统一完整的王国。这位国王是深通治术，知道如何把封建制度和个人的政府合而为一。威廉对于地方制度一切均听其一仍旧惯，他所掌握的却是整个的国家。

他是一个封建诸侯出身，也曾反叛过他的主上。他实知法兰克封建制度的内在弱点，而决定不让它在英格兰重演。他要使英国成为一个不可分的整体，所以他不准任何人对他做他对于法兰西国王所曾做过的事情。虽然他也因为军功的原因，而将土地赏赐与他的臣下，可是所有的人民却只准向他一个人宣誓效忠。1086 年，他在索尔兹伯里（Salisbury）召开过一次大会，所有与会群臣都一致宣誓只向他一个人效忠。

他的国外政策也与国内的同样精彩。虽然他也尊重教会的制度，可是他却拒绝教皇对于国王具有政策上的指挥权。他拒绝了教皇格列高利七世的“统一领域”要求，声明必须经过他的同意，教皇的权力才可以在英国获得承认。当 1080 年，教皇要求他向教廷宣誓效忠时，威廉立即加以拒绝。

仅比查理曼的加冕略逊一筹，威廉在哈斯丁的胜利，在中世纪的历史上也要算是一件最重要的大事。前者把西欧和中欧的许多分散民族，集合在一个共同的王权之下获得了统一的趋势；后者则切断了英格兰与斯堪的纳维亚之间的联系，使其与更富庶的西欧合而为一。它不仅结束了维京人对于西欧的支配，而且也使西欧获得了一个新的伙伴。正当东欧在伊斯兰教压迫之下将要崩溃之时，它对于西方世界实具有巩固的作用。

大事记（十三）

伊斯兰帝国的衰颓和拜占庭帝国的复兴

在西方，由于罗马帝国的观念与基督教国家之间发生了共存的关系，于是在政治上获得了新的生命，使欧洲能够挡得住伊斯兰教的攻击。反之在此同一时间之中，在东方的伍麦叶王朝却为阿拔斯王朝（Abbasids）所结束了。他们自称为阿拔斯（Abbas）的后代，他是穆罕默德的叔父。在哈里发迈尔万二世（Merwan Ⅱ，744—750 年在位）的朝代中，他们的反抗终于变成反叛。阿拔斯的第四代子孙依曼（Iman Ibrahim）在呼罗珊兴兵作乱，当他在 747 年死后，他的兄弟艾布·阿拔斯（Abul-Abbas as-Saffah），继续指挥这个叛乱，750 年，在大扎卜苦战了 11 天，才终于击败了迈尔万的军队，自立为哈里发。在他胜利之后，即大杀伍麦叶家族的人。其中显要者只逃出了一个人，他名叫阿卜杜勒·拉赫曼，逃到了西班牙，在 756 年，他在西班牙建立了科尔多瓦的伍麦叶王朝。

当伍麦叶王朝沦亡之后，伊斯兰教世界的领导权遂由叙利亚移到了伊拉克，这个变化也使阿拉伯人的优势告以结束。本来，伊斯兰教国的军人是从阿拉伯部落中招募的，现在大部分均为非阿拉伯籍的佣兵所代替，于是阿拉伯人与被征服民族之间的界限开始被破坏。虽然如此，阿拉伯人的宗教、语言和文明，对于这个新的伊斯兰教国却仍然具有支配作用。

在伍麦叶的朝代中，伊斯兰教的统一是兢兢业业地在维持着，但是在阿拔斯的朝代中，它就迅速地崩溃了。每一个省区的总督都变成独立的统治者。阿拔斯王朝的第二位哈里发曼苏尔（Mansur），把首都迁到了巴格达，从此波斯人的影响日渐增加。许多大官都是波斯人，而其中最显赫的则为巴尔马克（Barmakids）家族。在803年，这个家族才为第五代的阿拔斯哈里发所绝灭，这位哈里发为哈伦·赖世德（Harun-ar-Rashid，788—809年在位）。尽管他已经丧失了西北非洲和河间地带（Transoxiana），但是在伊斯兰教的编年史上，他的王朝还要算是最卓越的一个。在《天方夜谭》中，有许多政事都是以他为主人公的。关于他也有无数的逸事。他曾经与他同时的查理曼通信，同意将"圣陵"安置在耶路撒冷，并且由他来加以监护。

尽管他的统治是充满了光荣，似乎哈伦却已经认清了其伊斯兰教帝国是非分裂不可的，因为在802年，他即准备把它分给他的两个儿子。虽然如此，当他在809年死亡了之后，内战却还是立即爆发了。呼罗珊事实上已经独立；埃及也脱离了羁绊。哈里发穆阿台绥姆（Mutasin，833—842年在位）当政时，采取了一个送命的政策，即几乎完全招募土耳其人当兵。他们也和罗马的军队一样，以后就可以任意废立哈里发了。白益的儿子艾哈迈德自称为萨珊（Sassanid）王朝之后代，于945年进入巴格达。在土耳其禁卫军拥护之下，他被宣布为哈里发。差不多在一个世纪之中，哈里发都一直变成了他们的傀儡。一直到伽色尼王朝（Ghaznevids）和塞尔柱人（Seljuks）来到之后，情形才有所变更。

当这些变化正在使伊斯兰教世界改形的时候，拜占庭帝国也为许多困难所烦扰着。在国内，他们并无一个公认的皇位继承原则；

在国外，它经常在两个空间极大的正面上，面临战争的威胁——欧亚两方面。自从 802 年，伊林娜女皇（Irene）逝世之后，拜占庭即陷入无政府的状况中，直到 867 年，巴西尔一世（Basil Ⅰ，867—886 年在位）才使这种状况告以结束。

巴西尔出生于 812 年，为马其顿一个农民的儿子，他貌美而多力，在 856 年，引起了皇帝迈克尔三世（Michael Ⅲ，842—867 年在位）的注意，被任命为侍从武官长。他逐渐得势，为了消灭敌手，在 866 年，他又把皇帝的叔父巴尔达斯（Bardas）暗杀掉了。以后他就设法使他的主人与他共享皇权。不久，皇帝又宠信一个臣子，巴西尔失宠了，在怨恨之中他暗杀了迈克尔，而自立为皇帝。这样遂建立了所谓“马其顿”王朝，它使这个帝国获得 100 年的繁荣和光辉，并且延续了差不多 200 年之久。

当继承的稳定秩序建立好了之后，才有采取循序渐进的外交政策之可能，其结果为内在的安定导致了向外的扩张，并发展成为一种对抗伊斯兰教的十字军，而伊斯兰教国家中的现有无政府状况，对于这种发展也大有帮助。

巴西尔死于 886 年，从这时起到罗曼努斯二世（Romanus Ⅱ）在 959 年嗣位时为止，保加利亚帝国在西美昂（Simeon，893—927 年在位）统治之下，达到它的最高峰。923 年，西美昂包围了君士坦丁堡，到了此时，他的统治范围已经从亚得里亚海一直延展到黑海，从喀尔巴阡山脉一直延展到色萨利。他放弃了可汗的头衔，自称为保加利亚和希腊的“沙皇”（Tsar）。

受到这个强大势力的威胁，巴西尔的继承者利奥六世（886—912 年在位）和君士坦丁七世（912—959 年在位）都在不断地与保加利亚人发生战争，此外又加上从俄罗斯方面来的“北蛮人”（Northmen）之威胁。941 年，基辅的瓦兰吉亚（Varangian）王子伊戈尔（Igor）也围攻君士坦丁堡，但是当他舰队的一部分为希腊火所毁时，他也就撤退了。[1] 尽管在欧洲方面是这样的不利，可是帝国的东疆却推进到了幼发拉底河上。这也为罗曼努斯二世（959—963 年在位）的名将尼斯福鲁斯 · 福卡斯（Nicephorus Phocas）奠定其光荣胜利的基础。961 年，他收复了克里特岛，这是在 826 年所丧失的。

罗曼努斯死于 963 年，留下了两个幼子巴西尔和君士坦丁，由他们的母亲狄奥法诺（Theophano）摄政。但他们太年幼，福卡斯自立为皇帝，为了巩固其地位，他又与狄奥法诺结婚。他仍然继续向外发展，获得了一连串的胜利。965 年攻占了塔苏斯，并收复了塞浦路斯岛。968 年，他出发侵入叙利亚，占领了霍姆斯、的黎波里和吉布拉（Jiblah）等城市，并围攻安提阿，于 969 年 10 月 28 日将其攻陷。在这个重要成功不久，狄奥法诺就买通了他的部将齐米斯西斯（John Tzimisces）将他刺杀。969 年 12 月 10 日至 11 日的夜间，齐米斯西斯暗杀了福卡斯，但是不久，他又把狄奥法诺囚禁在一个修道院内，并自立为帝，号称约翰一世（969—976 年在位）。

在他的统治初年，齐米斯西斯忙于压平国内的叛乱，并与保加利亚人和俄罗斯人作战。他在两次巨型的会战中，击败了前者，于是在 947 年，他和亚美尼亚缔结了一个同盟，并出发解放耶路撒冷。从安提阿向南前进，他一路占领了大马士革、太巴列（Tiberias）、拿撒勒（Nazareth）和恺撒里亚（Caesarea）。在的黎波里他的军队受到了一次挫败，于是在 975 年 9 月，他撤回了安提阿。到了 976

[1] 在 9 世纪中叶，伊耳门湖（Ilmen）周围的斯拉夫和芬兰人的部落，都向俄罗斯（Rus）地方（瑞典或其一部分）的“北蛮人”进贡。到了 859 年，他们赶走了北蛮人。不久，他们之间又发生了内讧，北蛮人的势力又转盛。俄罗斯的三个王子——留里克（Rurik）、西纽士（Sineus）和屠弗尔（Truvor）——接受了他们的邀请，卷土重来，奠定了未来俄罗斯帝国的基础。留里克建都于诺夫哥诺德，位置在涅瓦–沃尔霍夫–洛瓦季–第聂伯河（Neva-Volkhov-Lovat-Dnieper）大水道的旁边，这条水道连接在波罗的海与黑海。瓦兰吉亚人（即俄罗斯人）由这条水道向南走，才变成了拜占庭皇帝的卫士。之后，他们的首都才迁到了基辅。

年 1 月 10 日，他死在君士坦丁堡。

继承他的人为罗曼努斯二世的二子，巴西尔二世（976—1025 年在位）和君士坦丁八世（976—1028 年在位），他们两人分别在 960 年和 961 年加冕。后者对于政事几乎完全不过问，而前者当时才 19 岁，把帝国的行政权都交给宦官巴西里奥斯（Basileios）去处理，这位宦官似乎希望巴西尔变成他的傀儡。接着就是内乱，其中最严重的为巴尔达斯·福卡斯（Bardas Phocas），他是在 987 年为部队拥立为帝的。之后，巴西尔获得其娘舅基辅弗拉基米尔（Vladimir）王子的协助，借给他一批瓦兰吉亚的佣兵，在阿拜多斯击败了叛军。

在解除了内在危险之后，巴西尔首先除去了巴西里奥斯，接着又对于小亚细亚的封建大地主作无情的战斗。他们不仅威胁到他的权威，而且也更破坏了帝国的统一，把人民分成了两个对立的阶级——富有（Dunatoi）和穷苦（Penates）。巴西尔同情后者，所以赢得了中下层阶级的支持，于是他的地位更大为增强。995 年，他又战胜了伊斯兰教徒，但其在东方的最大成就却是兼并了亚美尼亚的大部分，并把它变成了一个坚强设防的疆界。在他的统治期间的其余时间，他的主要活动都是忙于讨伐保加利亚的沙皇萨穆伊尔（Samuel，976—1014 年在位）。

996 年，他开始进行其征服性的战役，到了 1000 年，再度克服了保加利亚。战争一直拖到了 1014 年，在比拉西查（Bêlasitza）的巨大会战中，保军才被全部歼灭。这次胜利使巴西尔获得了“保加利亚人的屠杀者”（Bulgaroktonos）的外号。1018 年，这场战争才结束，以后一个半世纪（1018—1186）之内，保加利亚人都一直是拜占庭皇帝的臣民。1025 年 12 月，当他正在准备发动海上远征以求收复西西里时，巴西尔逝世了。

第十四章

曼齐克特会战

在巴西尔二世的统治期间，拜占庭的伟大光荣达到了登峰造极的程度。自从查士丁尼一世的时代之后，这个帝国的国威从来未有如今日之盛者。可是也正和查士丁尼所留下来的帝国一样，50 年后，拜占庭即已变成满目荒凉的废墟。

巴西尔征服事业的弱点为它是纯军事性的。他在战斗获胜之后，所留下来的即为一个巨大的残破地区，人口几乎杀绝了，成为胜利后的真空。

虽然如此，假使继承他的人能够是一位像利奥三世那样有才能的军人政治家，则这个帝国也许仍然还可以获得新的生命。可是它却落入了一连串的老人、纵欲者和妓女的手中——于是雌性的统治又复当令了。为什么此后在一次大败之余，帝国会全面崩溃，其理由应该在这个时期中去寻找。这种崩溃的戏剧性和激烈性，是可以与亚得里亚堡会战以后的情形相比拟的。

诚如布塞尔（Bussell）在《罗马帝国史》中所说的：在这个期间，“罗马的制度”已经在无声无息之中解体了。大致来说，这是一个和平的时代，政权都操在宦官和嬖幸的手中，其唯一的目的就是如何制止革命和叛乱发生。当巴西尔逝世之后，君士坦丁八世（1025—1028 年单独掌权）遂成为唯一的统治者。他这个人对外软弱，对内暴虐，像这样的个性汇集在一个人的身上，真可以说是再坏没有了。他为许多寄生虫所包围着，对于所有具有可能性的反对者，以及任何具有才能的人，一律将其眼睛弄瞎。军事和国务都交给宦官去处理，他认为这些人固然也可以阴谋造反，但却至少不能篡位做皇帝。巴西尔在世时，曾经企图限制贵族的权力，君士坦丁却引诱他们作恶。当他觉得他自己死期将至的时候，他就把他的女儿佐伊（Zoe），一个中年荡妇，嫁给贵族中的一人。当他死去之后，这个人即继承了他，是谓罗曼努斯三世（1028—1039 年在位）。此后接着就是长达 29 年的雌性统治。在最初的阶段中，这个新皇帝为了收买人心，对于教会、宫廷和人民，都曾不惜给予慷慨的布施，到处都是欺诈和淫逸的风气。佐伊首先把她的大姐狄奥多拉禁闭在一个修道院之中；接着她又收一位银行家迈克尔（Michael）为她的义子，以后又做了她的面首；最后，她毒死了她的丈夫，就在他死的那一天，她就和迈克尔结婚，是谓迈克尔四世。迈克尔在 1041 年死亡之后，她又收认他的侄儿，是为迈克尔五世。迈克尔五世只做了四个月的皇帝，就被废除了，并被弄瞎眼睛，关在修道院中。当佐伊 62 岁时，还与一位老情人结婚，是谓君士坦丁九世（1042—1054 年在位）。因为这个人不愿与他的老妻希里莱拉（Scleraina）分离，于是君士坦丁堡的人民就有机会看到一幕奇怪的喜剧，一个皇帝坐在两个皇后之间——一为妻子，一为情妇。

从以上所简述的荒唐事迹中看来，即可以知道当时的朝政已经败坏到了什么程度。正当帝国在精神方面已经低落到了极点的时候，它又受到南意大利的诺曼人的侵扰。他们在那里出现始于 1017 年，有一批诺曼人在到耶路撒冷朝圣回来之后，即在卡拉布里亚殖民。他们首先充当拜占庭皇帝和教皇的佣兵，以后却变成了征服者。1042 年，他们中间的酋长之一“铁臂”威廉（William of The Iron

Arm)，自称为阿普利亚（Apulia）伯爵，差不多在同时，另外又有一位酋长在阿韦尔萨（Aversa）自立。同时，在东方又来了一个新的侵入者，塞尔柱土耳其人像潮水一样地涌入帝国。为什么他们能够那样容易侵入呢？内在的崩溃、诺曼人在意大利和佩切涅格人（Patzinaks）在多瑙河上的牵制，都有关系，但更重要的却是拜占庭在对外政策方面犯了重大错误。

几个世纪以来，拜占庭帝国与伊斯兰教帝国之间，经常处在战争之中，而在11世纪当中，伊斯兰教帝国也是和东帝国同样衰颓。可是塞尔柱人的侵入，不久却使伊斯兰教的精神复活了，结果东罗马帝国的东疆又再度受到威胁。从高加索山地起，到幼发拉底河上游为止，拜占庭帝国都是与亚美尼亚接壤的，所以该帝国实在应该支援这个基督教的王国，以当作缓冲国对待。可是拜占庭却不此之图，反而想要去毁灭它。这并不是因为亚美尼亚人与塞尔柱人之间具有任何的同盟关系，而是因为它是一个富国，可供作劫掠的对象。

第一个送命的步骤，是巴西尔二世在1022年所采取的，他强迫亚美尼亚国王约翰同意在他死后把他的领土让与拜占庭。到了1045年，君士坦丁九世用极毒辣的手段，强迫国王格世克（Gaghik）照办，交出他的首都阿尼（Ani），并解散亚美尼亚的民兵，此时他们还有5万人的实力。虽然马太（Matthew of Edessa）是一个亚美尼亚人，可是他对于其国家所受到的灾难，却并未做过分夸张的描写。他说："这个国家是由无耻荒淫的'希腊'人，亲手送给土耳其人的。他们毁灭我们自己的王室，解散了我们勇敢的贵族，并取消了我们一切可供自卫的工具。可是当他们达到了这些目的之后，他们自己又怎样呢？他们对于我国既以保护者自居，可是率领他们军队的将领却都是宦官。"接着他又说："当他们发现了有一个优秀的战士之后，不是把他的眼睛弄瞎，就是将他投入海中。他们使我们的孩子变成了宦官，不特不让他们穿上铁甲，还把他们打扮得像女人一样。"当君士坦丁占领了亚美尼亚，在大肆掠夺和取消了他们的一切自卫能力之后，又再采取了一个更坏的行动。几年来在大肆挥霍之下，拜占庭的国库已经空空如也，于是为了节省费用，他又把在亚美尼亚境内的拜占庭驻军撤回，使它根本无抵抗外来攻击的能力。这个攻击马上就来了，1049 年，塞尔柱人开始侵入，不过几年之内，土耳其的统治即已由喀什噶尔（Kashgar）发展到了君士坦丁堡的附近。

1034 年，在塞尔柱的孙子图格里勒 · 贝格（Tughril Beg）和查格里 · 贝格（Chaghri Beg）的领导之下，这个凶猛而具有毁灭性的民族，越过了奥萨斯河（Oxus），进入呼罗珊。前者继续向西进发，蹂躏了伊拉克、克曼沙（Kirmanshah）、哈马当和阿塞拜疆等地，于 1049 年，到达了已经丧失自卫能力的亚美尼亚。他们进到了凡湖（Lake Van）以西的阿德曾（Ardzen），这个城已经没有城墙，所以很快就被夷为平地了。据说一共屠杀了 15 万人——男女老幼都有。[1]

在卡皮吞（Kapetron）与拜占庭军作了一次不分胜负的战斗之后，图格里勒 · 贝格在喀尔斯（Kars）击败了亚美尼亚人，接着就围攻曼齐克特城[2]。因为无法用突击的方式攻入，他运来了一个巨型的攻城机，这是巴西尔二世曾经用过的，需要 400 人将它拖进阵地。当这个城的总督看到它时，不免大感震惊，他马上悬重赏征求勇士去破坏它。有一个法兰克籍的佣兵自告奋勇去应征。他把一封信缚在长枪尖上，在衣服底下却隐藏着三瓶燃料，骑着马从城里向这个机器冲去。塞尔柱人以为他是一个军使，并且认为他可能是由于好奇心所驱使，才向机器奔去，所以并未加以阻止。可是出乎他们意料之外，这个人把燃料瓶向机器投掷过去，立即爆出了火焰，他马

---

[1] 虽然这个数字可能夸大，但阿德曾却是一个富城，据马太说，其中有 800 座教堂。

[2] Manzikert，这是阿尔索纳斯河（Arsonas）上的第一大城。它具有极坚强的城塞工事，并为许多花园所包围着。

上返奔回城去。图格里勒 · 贝格只好放弃这次围攻，城上的投掷兵器太多，其“火力”使他望而却步。

1050 年，佐伊皇后死了，四年之后君士坦丁九世也死了。继承他的人为女皇狄奥多拉，她是一个无用的老妇，1056 年，她为迈克尔六世所继承，次年他又为伊萨克一世（Isaac Ⅰ）所废除。后者一直统治到 1059 年，接着就是君士坦丁十世，他死于 1067 年。

在这个逐渐衰颓的时代中，似乎还没有人能认清这个帝国快要走到穷途末路了。现在宫廷已经握有完全的控制权，结果多少年来，使这个帝国能够保持团结一致的优良文官制度，开始绝灭了。外表的奢华是日盛一日，而交通和边防却开始腐朽。乡村中的人口日益减少，终致无法征募兵员。其结果不是单位减少了兵力，就是只好大量利用佣兵来充数。在过去，皇帝因为有钱，还可以买得到欧洲最好的军人来为他们服役。可是到了君士坦丁十世在位时，为了省钱，军队的素质不免相当低落。一切的装备储藏也不为人所注重，至于城塞工事更是荒废。尽管在军事方面，如此地打算盘，而帝国的财政情形，显然是每况愈下。君士坦丁九世的挥霍无度和寺院的垄断专利，国库已经空空如也。最后，由于司法制度的破坏，各省的人民感到民不聊生，于是纷纷投靠大地主，以求庇护，结果又使这些有土地的贵族势力日益增强，几乎完全不受统治。

当东方各省正受着塞尔柱人的侵凌，西方各省正受着匈牙利人的蹂躏时（他们已经攻下了贝尔格莱德城），而古兹人（Guzes）和佩切涅格人，也渡过了多瑙河，向南进展，使萨罗尼加以北的地区都变成了废墟。可是君士坦丁十世却还好像是一个袖手旁观的闲人，坐看着他的帝国化成了劫灰，最后他才勉强率领一支军队进入色雷斯，赶散了古兹人。为了补足其军中的缺额，他又招募了许多这种半野蛮人，他们是军人中最反复无常的。

当西方各省正在遭受侵袭之际，而东方的大祸又来临了。图格里勒 · 贝格在 1055 年攻克了巴格达，并征服了摩苏尔和戴比基尔

（Diarbekir）。在 1065 年，他的侄子（查格里·贝格的儿子）艾勒卜-艾尔斯兰（Alp-Arslan）继承了他的位子。这个人生于 1029 年，是一个能力高强的领袖。他重用贤相（Vizier），伟大的尼札姆·穆尔克（Nizam-al-Mulk），于是奠定了一个新伊斯兰教帝国的基础，而这更是未来奥斯曼（Ottoman）土耳其大帝国的基础。

艾尔斯兰把伊比利亚（Iberia）王国（即今之乔治亚）夷为废墟之后，就进一步围攻亚美尼亚的首都阿尼城。据说这个城中有 1000 座教堂，挤满了许多的难民。1064 年，这个城陷落了，很明显是由于阴谋或诡计。接着即为照例的屠杀，杀人如割草一样。芬莱（Finlay）对于这些在乔治亚和亚美尼亚的战役，曾经有以下的评述：

> 塞尔柱人为了要使他们自己变成被征服地区的主人，他们采取了一个计划。其目的是要灭绝在广大平原上的农民，以使这个地区便于让他们的游牧民族来占用。所有的乡村、农庄和植物都被烧光，水井也被填起，使一切的耕种只限于在城塞的附近。采用这种政策，他们不久就使小亚细亚的许多地区中的农人都感到不安，不等到他们侵入，即先行自动撤走了。他们的推进是如此勇敢，所以在君士坦丁十世的时代中，他们甚至进到加拉提亚、何诺莱斯（Honorias）和佛里几亚等地区了。（芬莱《希腊史》）

这就是 1067 年君士坦丁十世将死时的情况。他指定他的皇后欧多西亚（Eudocia）为他三个儿子的监护人。他们是迈克尔、安德罗尼卡（Andronicus）和君士坦丁。他要皇后立下一个诺言——因为她已经 48 岁了——不再嫁第二个丈夫。可是正和多数的拜占庭人一样，诺言根本就不为大家所遵守。依照马太的记载，当她的丈夫一死，她马上就与戴奥吉尼斯（Diogenes）姘居，不久这个本来被判定谋害王子的罪人，却变成了她的丈夫，是谓罗曼努斯四世

（1068—1071 年在位）。这个选择可以说是不幸之至，罗曼努斯固然是一个勇敢的军人，但是个性却太急躁。此外，他又不为军队所信服——这时军队的纪律已坏到了极点——因为他偏爱本国部队，所以更为瓦兰吉亚禁卫军所痛恨。罗曼努斯是卡帕多西亚省的宗族出身，这个省却已为土耳其人所侵占。所以他即位之始，就决定集中其“国际”性的杂牌军队（其中有瓦兰吉亚人、马其顿人、斯洛文尼亚人、佩切涅格人、古兹人、亚美尼亚人、保加利亚人和法兰克人），与敌人作一决战。而使事情变得更为恶劣的是当他出发之后，这位皇后和她的儿子迈克尔七世即开始阴谋反对他，似乎是他的独裁个性已经使他们感到受不了了。罗曼努斯此后的失败，皇后的关系实在颇大。

尽管这个帝国具有许多的缺点，但是它却有一个特长。它的军事组织要比所有的邻国都远为优越，否则它就不可能维持这样长的时间。第一点应该指明，从利奥三世的时代起，直到 1204 年十字军大掠君士坦丁堡时为止，它的组织是一直固定不变的，而其他的欧洲和东方国家的军事组织却都在不断的改变之中，所以它们都缺乏安定性。造成这种现象的原因又有好几个：（1）帝国的财源充足；（2）君士坦丁堡是一个无比强大的要塞；（3）最重要的，是莫里斯和利奥六世两位皇帝，分别在 579 年和 900 年，撰著了《战略学》（*Strategicon*）和《战术学》（*Tactica*）两本教范，使战争的艺术“教条”化。这一点都不是夸张的说法，一直到 19 世纪，在西欧都不曾产生过如此优良的军事教范。

拜占庭帝国采取绝对保守的政策，也就自然地产生了军事上的安定性。从查士丁尼的时代起，拜占庭陆军的战术和战略，在基础上都是防御性的。其整个的领域分为若干军区（themes），每个军区都有一些要冲，中间有良好的道路联络着，另有高度组织化的机动部队来供支援之用。这许多世纪以来，使这个帝国能够抵挡野蛮民族的侵袭者，就完全是靠这种防御体系，而并非是他们的将帅有天才，士兵有过人的勇气。侵入军通常总是攻不下这些要塞，又因为他们缺乏适当的补给体系，所以被迫必须靠抢劫来维持生活，但是当他们分散兵力去抢劫时，又必然无法对抗有组织兵力的攻击。所以拜占庭的战略，实与18世纪沙克斯元帅（Marshall Saxe）所用的极为相似。这位将军是从不寻求会战的，反之他总是避免会战，当受到威胁时，即躲入要塞之中。当敌人围攻的时候，他是处于绝对安全的地位，当敌人因为缺乏补给，不得不解围而去，以求寻找一个新的“给养地”时，他就乘着他们在搜劫食物的机会，而将敌人歼灭。虽然，就其全体而论，拜占庭的军队比起他们的敌人总是少数，但是因为他们是自给自足的，而且又有要塞为基地（可以保护补给库），所以他们经常可以在攻击点上，集中优势的兵力。

拜占庭陆军的组织和训练都是以这种战略为根据。像一支近代化的陆军一样，它是分为两大种类——行政性的（Administrative）和战斗性的（Combatant）。前者是具有高度组织的，其中包括着有行李纵列、补给纵队、战斗工兵和救护队等在内[1]。每16个人，有一辆车子装运干粮之类的物品，以及一批箭的补给，另外还有第二辆车装有一个手磨，一把斧头，一把锯子，一把伐木刀，一个筛子，一柄木锤，两把锄，两把十字镐，一个大藤盖，一个釜锅和其他设营用的工具等。除了车辆以外，还有一匹驮马，所以当步兵被迫把车辆留在后面时，这些马匹可以驮运8天到10天的干粮，以供急需之用（阿曼《中世纪战争艺术》）。

战斗兵力则分为骑兵、步兵和炮兵三种。骑兵戴钢盔，穿锁子甲，携带圆形防盾。其所使用的兵器为弓、枪、剑、斧、锤矛。步兵的组织为16个人一组（Decury），10组一连（Century），3连一营（Bamd）。营分轻重两类。重步兵装甲携带防盾，所用兵器为枪、剑和斧。轻步兵则几乎完全由弓弩手所组成，其装备为一张弓、一

---

[1]　每一个营配有一名军医和6名到8名担架兵。

筒箭共 40 支和一把战斧。

炮兵所使用者为各种投掷兵器，所发射的东西有石块、矢箭和火球三种。所用机器本身也有三种不同的形式，即轻型、中型和重型。

尽管有这样完善的组织，其本国籍兵员的征募却经常是一个难题。所以通常都是用外国籍的佣兵来补充缺额。在 9—11 世纪这三个世纪当中，有许多土耳其人曾经在拜占庭入伍。一切的指挥都是公式化的，所有的将领都完全是照着书本行动。这却并无泥古不化之弊，因为利奥在他的《战术学》一书中，曾经列举出一套各种不同的战例，不仅是对于各种不同的地形，而且对于各种不同的敌人，也都有详细的规定。因为缺乏组织力，所以像伊斯兰教徒和土耳其人，其战斗的方法几乎是永远不变的，因此可以很安全地依照一种定型的战术作战。

通常，骑兵都是分为三条战线：一条战斗线、一条支援线和一条预备线。在两翼上又有支队以保护自己的侧翼和威胁敌人的侧翼。在骑兵的后面即为重步兵，排成 16 列的纵队，第一列在前进时把防盾连锁起来，以后各列再把防盾顶在头上，好像罗马人的龟形阵（Testudo）一样。在重步兵的后面就是弓弩手，他们的箭是要从前列的头上发射过去。一旦敌人为骑兵的冲锋所突破、扰乱或分散，重步兵即以纵队实行突击，投掷他们的枪矛，并用剑斧实行肉搏，而由矢箭所构成的弹幕则从他们头上飞过。所以在他们的战术中，骑兵与步兵，突击和投射之间都有密切的配合。但骑兵却很少作追击，尤其是在对付土耳其人时更是如此。因为后者虽然缺乏稳定力，但却具有极高度的机动性。

毫无疑问，即令在 1071 年，这个组织的完整性，还是与巴西尔二世的时代中差不多。不过尽管陆军仍能保持其活力，但却已经腐化，因为 40 年来的宫廷政治，由于管理的失当和不正常的吝啬，士气是已经消沉了。他们所缺乏的并非勇气、组织和战术技巧，而是纪律、士气和信心。陆军变成了一个高度组织的真空——是一个臭蛋的硬壳。

假使君士坦丁堡能够革除这种内在的腐化，土耳其人则永无成功的希望，因为塞尔柱人的战斗部队是根本无组织之可言的。他们主要是骑马的弓弩手，每一群人各有其自己的酋长，彼此间时常发生战斗，即令对于苏丹（Sultan）也不例外，所以连苏丹的地位也是岌岌可危的。诚如劳仑特（L. Laurent）所说的："这种自由成性的土耳其人仅仅服从一个最强力的、最勇敢的、最冒险的、最疯狂的，而尤其是最幸运的领袖。一次偶然的失败，或是所得的赃物比平常少一点，马上就有散伙叛变的危险。"芬莱也说："他们的政策只有两个目的：（1）尽量地抢劫以使他们的部下发财，使他们自己的名誉增高，使他们的部队扩大；（2）尽最快的速度使乡村的人口减少，成为赤地，以便可以当作游牧的永久性根据地。"伟大的苏丹艾勒卜-艾尔斯兰，深知以这种破坏性的战争方式，要与拜占庭帝国的精兵进行一连串的会战，很难获得成功机会。

当罗曼努斯在佛里几亚匆忙地集中他的军队时，一般的情况即有如上述。此时艾勒卜-艾尔斯兰正在那里宿营过冬。当罗曼努斯正拟向沼地以北的赖康达斯省（Lycandus）进攻时，艾勒卜突然拔营，将他的兵力分为两支，一半向南和一半向北。当他听到北面一支兵力已经侵入潘塔斯，并正在抢劫新恺撒城（Neocaesarea）时，罗曼努斯就把他的辎重留在希巴斯提（Sebaste），越过了山地，突然地袭击在土耳其部队，逼迫他们放弃赃物和俘虏。其次，他转向南方，越过了陶拉斯山地，侵入了阿勒颇（Aleppo）的领域，取道亚历山大里亚塔（Alexandretta），再回到波当达斯（Podandus）。在那里，他听到又有另一群土耳其人，已经在要塞之间透入，正在毁坏阿尔莫流门（Armorium）周围的地区。于是他又回转过来对付他们，但是他们退却得如此迅速。他无法拦截他们，遂继续向西进发。他于1069年1月，回到了君士坦丁堡。

不久，他发动了第二次战役，但是他的法兰克佣兵在亚美尼亚军区发生了叛变，战事遂中途停止。他把叛变压平之后，进入卡帕多西亚，土耳其人正在恺撒城附近抢掠。他援救了这个省区之后，乃渡过幼发拉底河，意欲进到凡湖上的基拉特（Khilat）。当他正在包围该城时，他所指派前进的野战军却战败了，得胜之后的土耳其人遂向伊康（Iconium）拥入。罗曼努斯首先回到希巴斯提，接着再向南行军，在赫拉克利亚（Heraclea）截击敌人。虽然他能强迫他们放弃战利品，但是他们却终于突围而出，逃到了阿勒颇。

第二年，诺曼人正在攻击阿普利亚境内的巴流门（Barium），罗曼努斯亲自赶往援救，而把东面的军事交付给伊萨克一世的侄子曼努埃尔（Manuel Comnenus）去负责指挥，他的司令部设在希巴斯提。曼努埃尔前去攻击一个土耳其部落，该部落是在艾勒卜-艾尔斯兰“名义上”的兄弟阿里希阿格西（Arisiaghi）的统治下，但是曼努埃尔却战败被俘。阿里希阿格西正计划发动一次叛变，来对抗艾勒卜—艾尔斯兰，遂请曼努埃尔做他的顾问。后者说服了前者去访问君士坦丁堡，并与罗曼努斯缔结同盟。当他这样做的时候，艾勒卜—艾尔斯兰要求引渡阿里希阿格西，拜占庭政府拒绝，阿尔普遂出兵犯境，攻占曼齐克特城，并继续围攻艾德沙，围攻不下，才又撤回到波斯。

现在就开始这位皇帝的第四场战役了，这也是送命的一次。一直到此时，虽然他的成功并不显赫，却至少可以功过相抵，而更重要的，却是这些战役证明拜占庭的军事组织，是要比土耳其人高明得太多了，只要他的将领和部队继续效忠的话，只要他在行动时能够小心谨慎，则根本没有什么值得他害怕的。不过他却并不谨慎，尤有甚者，尽管他是一位无畏的勇将，而他的部队也有良好的训练和装备，但是他们却缺乏忠诚，这也就是酿成大祸的根本原因。

由于曼齐克特城的陷落，他大感愤怒，于是在1071年初，罗曼努斯又像一阵风暴一样，进到希巴斯提。在那里他集中了一支相当数量的兵力，部队若能纪律良好，也许一切都会一帆风顺的。可是事实上却完全不如此，当他的人员开始抢劫居民时，马上就出问题了。他最先想严申纪律，结果使其日耳曼籍佣兵发生了叛变。经过了反复的说服，才算使他们勉强跟着他走。从希巴斯提，他进到了狄奥多西阿波里斯（Theodosiopolis），在那里开始考虑其作战计划。他相信苏丹此时仍在波斯境内，而且当其做准备时，一定还会继续滞留在那里，所以他决定先收复在凡湖西北岸的基拉特和其北面 30 英里处的曼齐克特，以此来作为对波斯作战的基地。为了达到这个目的，他把军队分为两个主要的纵队：一支由他的法兰克佣兵所组成，由罗塞尔（Roussel de Bailleul）指挥，以攻取基拉特为目标；另一支由他亲自指挥，以攻占曼齐克特为目的。这两个城镇均有土耳其的驻兵。

阿曼爵士曾经责备罗曼努斯违背了利奥六世在其《战术学》中所列举的一切规律，所以才会失败。但是战术的错误却并非使其失败的主因，而主因是其部下的不忠，加上情报的错误。

罗曼努斯决定他的计划时，苏丹并不在波斯，而是在叙利亚。当他知道拜占庭皇帝已经到了亚美尼亚，尽管他自己的部队颇少，但仍然决定取道摩苏尔和霍伊（Khoi），向东北前进以来迎击他。在摩苏尔，他与曼齐克特的守军相遇，在那里又募集了大约 1.4 万的土耳其人和库尔德人（Kurds），即继续进到了霍伊。[1] 此时，罗曼努斯为了增援罗塞尔，已经命令塔哈尼阿提斯（George Trakhaniotes）率领大批的拜占庭重步兵前往。接着他又分遣了其他的支队，其中有一支兵力据说多到 1.2 万人，到乔治亚去搜集补给。此外他又围攻曼齐克特，并且占领了它。

在凡湖东方 125 英里远的霍伊，苏丹暂停不进，以等待阿塞拜疆方面的增援到达。一旦等他们到了，他就向西进发，可能是沿着凡湖以南侧进，以去援救基拉特。他的前卫似乎使罗塞尔和塔哈尼

[1] 他的行军速度颇高，所以其兵力可能不超过 4 万人。

阿提斯受到了完全的奇袭。当苏丹的兵力在 8 月 16 日到达基拉特城下时，他们不特不向拜占庭主力方向退却，反而将他们的支队撤往马拉蒂亚（Malatya）。他们之所以如此，是出于军事上的原因，还是一种阴谋，现在已经无法确定。但是他们在匆忙中，或者是故意的，却并不曾把他们撤退的事实报告罗曼努斯。

一旦占领了基拉特，艾勒卜又立即向曼齐克特挺进，而在同一时间，罗曼努斯却撤出了曼齐克特，向基拉特前进。但是前者却知道敌人正在接近中，而后者却还不知道敌人主力已经在亚美尼亚境内。其结果是拜占庭的前卫，突然发现自己面对着一支远较优势的敌军，于是立即遭到了惨败，被迫向其主力位置溃走。罗曼努斯现在才知道土耳其的全军就在附近，马上命令罗塞尔和塔哈尼阿提斯二人赶紧与他会合在一起，可是他们不能如此（也许是不愿如此），因为他们早已向西运动，和他隔得越来越远了。

尽管他的兵力已经减弱，罗曼努斯却不害怕，他对于胜利仍极具信心，所以当苏丹提出和谈要求时，他却严词加以拒绝——塞尔柱人是从来不想与拜占庭人作一次正式会战的。他向苏丹的来使说：除非苏丹亲自到他的帐中求降，并同意此后再不犯边，否则他绝不愿考虑和平。这样的条件是谈不拢的，会战遂无可避免。

会战的日子或者为 8 月 19 日，也可能是 25 日——前者比较可靠。拜占庭皇帝从营地中引兵出来，排成了战斗序列。他自己指挥中央部分，其中包括他的禁卫军和首都部队。右翼由卡帕多西亚将军阿利亚特（Alyattes）指挥，左翼由布仑纽斯（Nicephorus Bryennius）指挥。前者由古兹人的骑兵和基普恰克（Kipchak）的佣兵所组成，后者则为佩切涅格的骑兵。在后方他又用雇佣性的骑兵，组成了一条强大的预备战线，包括日耳曼人和诺曼人等。这支兵力由杜卡斯（Andronicus Ducas）来指挥，他是约翰 · 杜卡斯（Caesar John Ducas）的儿子，也是皇帝的死敌之一。

土耳其苏丹把军队的调度权交给他的太监将军塔劳格

（Taraug），并向他下了一个简短而正确的命令：“不胜利就砍头！”于是艾勒卜本人把他的弓箭放在一边，只携带一把剑和一柄锤矛，他把马的尾巴编成了辫子，穿上了一件白袍，涂上香粉，然后说：“假使我战败了，这里就是我的坟墓。”拜占庭军的主力为其重步兵和骑兵，而土耳其方面则为其轻骑兵。

会战还是照往常的惯例展开：土耳其的马弓手疾驰向前，向敌人发射箭雨，但却并未接近，当他们这样进攻时，罗曼努斯的基普恰克兵和佩切涅格兵就已经有相当数量的人开始逃亡了。拜占庭的骑兵也尽可能地冲锋，因为马匹已经死伤了不少，所以罗曼努斯命令他的重步兵前进。他们的秩序良好，战绩颇佳，他们不仅把土耳其人赶回了营地，而且更有过之。虽然如此，这却实在是一个不智的行动，因为不仅是白昼的时间已经消磨殆尽，而且土耳其也有无限远的土地，可供其后撤。可是罗曼努斯除非能够到达某一点，足以使他的人马获得饮水的供应，否则必将被迫后退，而到了那时，即必然会遭受到反攻。

天开始黑了，罗曼努斯命令退却，但由于受到了敌人的猛烈反攻，被迫只好转过身来迎击敌人。当前排回转身来，与土耳其人苦斗时，杜卡斯却故意拒绝服从命令，不特不担负支援，而且一直往营地退去，使前军的背面丧失了掩护。于是土耳其的轻骑兵立即绕过了敌人的侧翼，集中全力攻击其右翼的右方和后方，并且将其击溃，赶出了战场之外。其次，他们再打击在中央部分的暴露右翼和背面上，迫使他们与左翼分离，也可能是牵制着中央部分，而让左翼自行退去。总之，现在中央部分完全孤立了。虽然如此，他们却还是英勇苦撑，直到夜幕低垂。罗曼努斯也显出了极高度的勇气，但是他胯下的战马被杀了，而自己也负伤，遂为敌人所俘虏。这时中央部分才被突破，被杀得一人不留。

罗曼努斯这一次的惨败，几乎可以与公元前53年，克拉苏在卡尔海的情形相提并论，但是在战术上却并不完全相似。因为罗曼

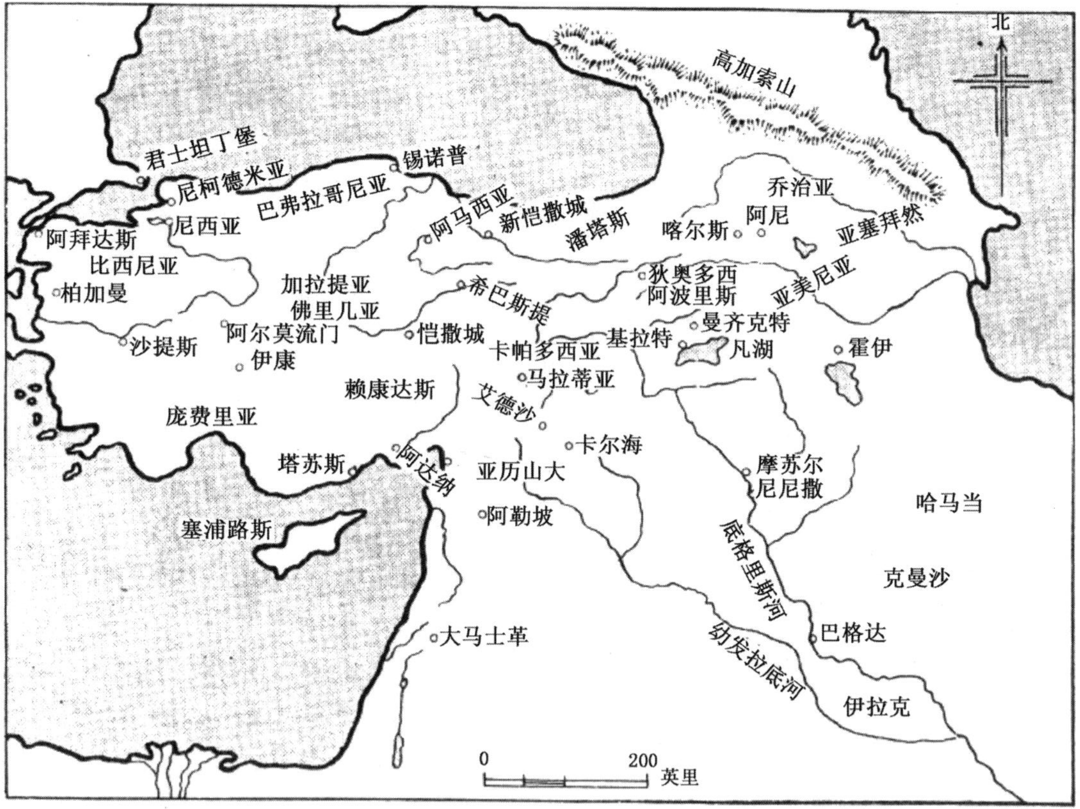

图二十七　曼齐克特会战，1071 年

努斯的追击虽然是有勇无谋，可是尽管其伤亡惨重，但若非杜卡斯的阴谋，则他还是可以退回营地的。这个失败注定了要使历史改变其路线，在当时也很少有人能认清这一点。吉本说：“拜占庭的作家痛悼一颗无价明珠的损失，但是他们却忘记提到，在这一个决定命运的日子当中，罗马的亚洲省份无可挽回地被牺牲了。”

1071 年 8 月 20 日，即为血战后的次日，罗曼努斯被送到艾勒卜的面前，艾勒卜却用最高礼节和恭敬来招待他，双方签订了一个和约，其条件为罗曼努斯首先偿付赎票费 150 万拜占庭金币（Byzant）[1]，以后每年还要偿付 36 万拜占庭金币的岁币，期限为 50 年。于是他把罗曼努斯释放了，可是罗曼努斯的不幸却未终了。因为当他被俘之后，在这个短时间当中，约翰 · 杜卡斯在君士坦丁堡夺取了政权，他强迫欧多西亚皇后进了修道院，而自称为其侄子——文弱无用的迈克尔七世——的监护人。罗曼努斯立即集合了少数的兵力，去讨伐叛徒，可是在多西亚（Doceia）被击败了。奸贼杜卡斯一直追到了阿达纳（Adana），才将罗曼努斯俘获，于是用极残酷的手段，弄瞎了他的眼睛，罗曼努斯不久即因为伤重殒命了。但是在他死去之前，他还记得苏丹的侠义行为，为了表示自己的信用，还尽量搜集了一些金钱，命人送给苏丹。

当艾勒卜知道这个和约已经不生效，他就又继续侵入小亚细亚，但是到了 1072 年，他却被刺了，其位由他的儿子马里克沙（Malik Shah）继承。土耳其人所造成的毁灭情形，是难以形容的。劳仑特引当时权威人士的记载为佐证：“土耳其人经过之后，其所遗留下来的废墟的破坏程度，简直是难以想象。他们到达的地方，无论是人类或农作物，都不会再有一样是活的了，只要驻留一个星期，饥饿的恐慌即足以迫使他们撤出最繁荣的地区。当他们离去时，所遗留下来的是一片荒原，树木都被砍倒了，到处都是残断的尸体，城

[1] 每一个金币价值约 10 个到 20 个先令。

镇也都被付之一炬。”在阿尔莫流门据说被屠杀了 10 万人，在塔齐（Touch）被杀者为 12 万人，被出卖为奴者为 15 万人——而毁灭还仍在继续进行之中。全部地区都人烟断绝。“当土耳其人经过了一次之后，那些劫后余生者都变成了惊弓之鸟，不敢再回去了。他们不敢再相信他们的城墙和山岭，于是都挤在君士坦丁堡城中，而疠疫又向他们大肆荼毒。不过几年之内，卡帕多西亚、佛里几亚、比西尼亚和巴弗拉哥尼亚（Paphlagonia）等地的希腊籍人口，都已经丧失了一大部分了。”劳仑特又说：

> 一言以蔽之，小亚细亚的人口在土耳其人面前销蚀了。人民不是远走高飞，就是闭关自守，否则就藏在这个半岛中央高原的山地中。从恺撒城和希巴斯提，到尼西亚和萨迪斯，其间所有的谷地和平原，都完全变成了真空。土耳其人撑着帐幕，带着羊群在这里自由来去采取“轮作”的方式，正好和过去在沙漠中逐水草而居的情形一样。

亚洲军区的丧失，使拜占庭帝国丧失了其最佳的兵力来源地，此后更只能单独雇用佣兵了——法兰克人、土耳其人、佩切涅格人、俄罗斯人和伦巴第人。这些人是可以买卖的，结果就发生了一连串的叛变和内战。1078 年，迈克尔七世被废，取而代之的为尼斯福鲁斯三世（Nicephorus Ⅲ）。接着，阿历克塞 · 康尼努斯（Alexilus Comnenus）又起来反抗尼斯福鲁斯，由于一部分日耳曼佣兵的叛变，他进入了君士坦丁堡城。1081 年 4 月 1 日，全城被洗劫，第二天阿历克塞即位称帝。

阿历克塞是一个能干而机警的外交家，若非受到了诺曼人的阻碍，也许可以有所作为。1071 年，阿普利亚公爵圭斯卡德（Robert Guiscard）攻占了，拜占庭在南意大利的统治遂告以结束。现在，已经是 10 年以后了，他突然有了夺取皇冕的野心，在 1081 年的春天里，占领了科孚岛，10 月又占领杜拉左。他把他的军队交给他的儿子博希蒙德（Bohemond），后者击败了阿历克塞，挺进到了色萨利境内，直达拉利沙。不久，佩切涅格人也在巴尔干起事，骚扰到菲力普波利斯和亚得里亚堡的城墙脚下为止。由于各方面都受到了压迫，这个拜占庭帝国不再有自卫的能力，自从 1081 年以后，即逐渐将其政治重要性让与西方诸国了。在这个决定命运的曼齐克特会战之后不过24年的时间，中世纪的欧洲就开始向伊斯兰教的亚洲，发动了第一次大反击。

大事记（十四）

基督教国家对于伊斯兰教徒的反政

在曼齐克特惨败之后，拜占庭皇帝迈克尔七世曾向基督教国家的超级元首——教皇格列高利七世（1073—1085 年在位）——提出了要求援助的呼吁。他需要西方的佣兵去保卫君士坦丁堡，但却并不想夺回圣地。可是格列高利却认为他这个呼吁是实现其自己三大理想的天假奇缘。这三大理想即为：（1）使东方的教会仍服从罗马的统治；（2）使基督教诸国王承认其为宗教的忠仆；（3）发动一个征讨伊斯兰教徒的十字军。格列高利为克吕尼运动（Cluniac Movement）的标准产物，在这个时候正与神圣罗马帝国皇帝亨利四世（1056—1106 年在位）为授爵权的问题，发生了争执。所以他除了宣传十字军的观念以外，实际上完全不能有所作为。虽然如此，这个观念却继续发展下去，在感情冲动下，逐渐发展成为一种群众运动，于是那个要求佣兵的最初呼吁反而不为人所注意了。

1076 年，格列高利处亨利以破门之罪，并宣布教皇以基督代表的身份，可以有废除皇帝的权力。30 年前，亨利三世曾经审判过格列高利六世，现在格列高利七世却在审判亨利四世了。可是这个胜利却不过昙花一现，在 1084 年，亨利又复位了，而格列高利在 1085 年 5 月 25 日，却死于放逐之中，继承他的人为维克多三世（Victor Ⅲ），他在 1088 年又为乌尔班二世（Urban Ⅱ，1088—1099 年在位）所继承。

此时，东方的阿历克塞一世（1081—1118 年在位）正为诺曼人和佩切涅格人所苦，遂与土耳其人暂时讲和，等到 1094 年，这些战争都结束了，其亚洲各省的收复似乎又有希望，遂向乌尔班求援。还是和迈克尔一样，他所要求者为派遣佣兵来帮助他对付土耳其人，而并非为了收复圣地。

这一次恰好欧洲诸国正闲着无事，于是这些基督教国家就很热心地接受伊斯兰教徒的挑战。诚如伯里教授所指明的，这是有史以来的第一次，两个宇宙性的宗教面对面地站立着，每一个都有囊括宇宙的雄心。心里的钟声已经响了。

自从格列高利四世（827—844 年在位）以来，每一代的教皇对于与伊斯兰教徒之间的战争，都曾经表示过积极的兴趣。到了现在，大体说来，所有世俗的权力都受到教皇的控制，所以根据天授的神权，教皇有资格做基督教世界公认的军事领袖。到了 1095 年 11 月 27 日，在克勒蒙（Clermont）会议中，乌尔班二世正式宣布发动第一次十字军东征。他宣布说："伊斯兰教徒在东方的胜利和成功，对于所有的基督教国家而言，都是一种耻辱。东方的教会曾经一再求援。圣地是所有基督徒心中的爱物，它是基徒教的合法所有物，现在却受到了异族的侵占和奴役。所以基督教的国王们应该彼此之间不再征战，而回转过兵器来对付上帝的敌人。他们应该拯救圣地和圣城，击退对于基督教的侵略，毁灭伊斯兰教徒所有的攻击力量。这是一场神圣战争，凡是在这场战争中丧失生命的人，可以进入天国，赎免其一切的罪恶。"

这个决定传到了阿历克塞耳中，使他大吃一惊，因为他最不想要的东西就是十字军。西方基督教国家对于东方的分立者，其厌恶的程度甚至比对伊斯兰教徒有过之而无不及。而他也认为十字军实在都是野蛮人，并不比土耳其人和佩切涅格人好多少。希腊史学家比基拉斯（D. Bikelas）曾经这样说："照西方人看法，十字军是代表一种具有一切高贵性质的伟大运动，而且是以纯粹宗教动机为基础的。当欧洲人自以为是为了基督教和文明而做自我牺牲时，东方人却只注意到这一群不识字的野蛮人，会把基督教的省区和罗马帝国洗劫一空，而这些自命为信徒的人类，会因为痛恨教派分立，而对基督教的僧侣加以残杀。所以同样自然的，他们会忘记了这样一个运动其原始的起因是受了宗教目的的刺激。"当这个西方历史的最大冒险刚刚开始的时候，即已存在着内在的弱点，并且注定了它必然会分裂和失败。对于阿历克塞而言，这是一个战略性的问题，即确保拜占庭帝国以作为抵挡土耳其人的屏障。对于乌尔班而言，这是一个思想性的问题，即统一教会，并确保圣地以供朝圣之用。不过在乌尔班的宗教目标后面，却也隐藏着更为迫切的战略原因。

虽然西方基督教国家对伊斯兰教徒的反攻，是由"铁锤"查理首开其端的，可是一直等到 11 世纪的时候，才开始有了比较认真的发展。比萨和热那亚人首先把伊斯兰教徒逐出了撒丁岛，并赢得了第勒尼安海（Tyrrhenian Sea）的控制权。差不多在同一时间之内，诺曼人也开始在意大利南部获得了一个立足点，到了 1056 年，当他们在那里站稳了脚跟，即开始企图征服西西里，1091 年他们才完成了这个任务。在此同一时期中，又有两个其他的成就：1085 年，卡斯蒂利亚的阿方索六世（Alphonso）攻占了托雷多，它的陷落在整个伊斯兰教世界中都产生反应。1087 年，热那亚人和比萨人联合起来，向突尼斯的伊斯兰教首都马赫迪耶（Mahdiyah，即今之 Mahdia），进行了一次远征。他们攻占了该城，把停在港口中的伊斯兰教舰队付之一炬，于是赢得了西北地中海的控制权。这是所有收获中的最重要者，因为这些意大利共和国的舰队优势，实为西方向东方发动反攻的先决条件——不仅是军队的运输，尤其是补给的运输。这种可能性对于比萨、热那亚和威尼斯等城市的商业兴趣，具有很大的吸引力。在过去许多年中，他们与叙利亚、埃及和拜占庭帝国之间，早已有贸易的来往，所以假使东方有基督教的殖民地，则对于意大利的商业而言，是有百利而无一害的。

另外一个主动因素，为受了克吕尼运动的刺激，到耶路撒冷集体朝圣的风气大盛，所以在塞尔柱人侵入期间和之后，西方产生了普遍的反土耳其宣传，足以激起一种激烈的战争心理。当阿历克塞提出他的求助要求时，对于这个大反攻，在战略上、商业上和心理上，三方面的机会都可以算是已经成熟了。此外在人口方面也有其理由：自从公元1000年以来，法兰西和佛兰德斯的人口日渐增加，到了11世纪，饥荒、旱灾和传染病日益为害，所以更使人想念，在那遥远的地方，是如何地充满了富庶和繁荣。

乌尔班的号召立即获得了热心的反应，在以后6个月当中，有许多的传教士，包括“隐士”彼德（Peter the Hermit）在内，把教皇的呼吁传到法兰西的各部分去。乌尔班也到处旅行，向每一个人都提出一些诺言：对于国王而言，可以廉价收购其臣下的土地；对于贵族而言，东方有新的土地可以抵补其所出卖的土地；对于商人而言，从对于十字军的装备和补给上，可以有发财的机会；对于人民而言，只要入伍即可获得自由，而不再做农奴了；对于僧侣而言，只要从军即可以不必再守清规了；对于所有的人而言，在他们的统帅——耶稣——的无畏旗帜之下，将获得超自然和永恒的生活。

这种具有诱惑性的宣传，使每一次十字军都几乎可以获得两个世界中的最好东西，因此在所有的西方地区中，都有人从事，尤其在法兰西，更是发展成为一个伟大的民族运动。因为并未指派一位最高统帅，所以当十字军在君士坦丁堡集合时，他们并不像一支统一的军队，只是一个同盟而已。许多领袖人物的互相对立，即足以注定这个行动将会全盘失败。这些领袖中间比较重要的为：（1）维蒙德瓦伯爵于格（Hugh Gunt of Vermandois），他是法王腓力一世的兄弟；（2）雷蒙（Raymond），他是图卢兹伯爵，其所率领的兵力最强；（3）诺曼底的罗贝尔，他是征服者威廉的儿子；（4）佛兰德斯的罗贝尔二世；（5）布永的戈弗雷（Godfrey of Bouillon）；（6）洛林公爵（Duke of Lorraine）和他的兄弟博杜安与尤斯塔斯（Eustace）；（7）塔兰托的博希蒙德（Bohemond of Taranto），他是群雄中最能干的一个，并带着他的侄子唐克里德（Tancred）一同去。

中世纪的史乘上所称述的十字军数字，实际上完全不可置信，当时为了号召和宣传，当然是不免夸张。这些兵力只能够是中型的，否则他们就不可能沿途获得补给。斯蒂芬森教授（Prof-Stevenson）在他的《十字军史》中，大致估计进入小亚细亚的部队总数，应为 2.5 万人到 3 万人。

在君士坦丁堡，阿历克塞立即要求每一位十字军领袖向他宣誓效忠，但是只有戈弗雷一个人勉强答应了。其余的十字军将领则均对于“希腊人”表示一种轻视的态度。最后一切都已准备就绪，在 1097 年 5 月 14 日，十字军才开始展开对尼西亚的围攻战。6 月 19 日，该城投降，十字军遂进一步进攻奥龙特斯河上的安提阿城。7 月 1 日，他们在多里拉门（Dorylaeum）赢得了第一次会战。因为伊斯兰教徒此时实力太弱，不敢冒险再战，于是博杜安首先开始做领土的要求，他在幼发拉底河上游建立了一个拉丁国家，自称为艾德沙伯爵。1098 年 6 月 3 日，靠内应攻下了安提阿，可是刚刚占领这个城，十字军马上就受到了卡尔波格哈（Karbogha）的包围。他们的地位是如此危急，所以尽管大家都互不相让，却还是公推了博希蒙德为统帅。很巧合的是，他们在 6 月 14 日，又发现了所谓“圣矛”（Holy Lance），于是士气为之一振，博希蒙德决定冒险一战。这一战击败了卡尔波格哈，战后博希蒙德遂变成了安提阿王子。

他们在安提阿滞留了六个月之久，一直到 1099 年 1 月 13 日，雷蒙、唐克里德和诺曼底的罗贝尔才开始向耶路撒冷进发。在的黎波里又加入了戈弗雷和佛兰德斯的罗贝尔。于是五个人继续向南推进，所率领的兵力可能约为 1.2 万人，6 月 7 日，他们宿营在耶路撒冷城外。7 月 15 日，他们用硬攻的手段打进了圣城，城内的居民受到了无情的屠杀，他们在“圣陵”教堂中庆祝胜利之后，戈弗雷即被宣布为圣陵的保护者。

这样，十字军总算是达到了他们的目的，但是其主要原因却是自从 1092 年，伟大的塞尔柱苏丹马里克沙死后，伊斯兰教世界中即不断发生混乱和内战，所以无力抵抗外侮。当他们胜利之后，也并未能征服其土地，而只是对于某些地区做军事占领而已。此外，博杜安一世（1100—1118 年在位）虽被认为是“共主”（Dux or Princeps），但事实上却不过是名义上的元首，安提阿王子、艾德沙和的黎波里伯爵都不受他的控制。至于大马士革、艾米沙、哈马（Hama）、阿勒颇等城镇却仍保留在伊斯兰教徒的手中。不过在他们之间内争未息之前，伊斯兰教徒对于基督教地区最多只能加以骚扰突击。在耶路撒冷攻陷之后，接着又有两件大事相继发生：一为雅法（Jaffa）的占领,使意大利商人获得了一个港口,若无这个港口，十字军可能无法获得补给;一为军事“阶级”（Orders）制度的建立。

自从 11 世纪的初叶起，为了帮助患病和贫穷的朝圣旅客，耶路撒冷曾建立了一个圣约翰医院。根据这个基础,佩永的于格(Hugh de Payen）提出一个新观念：派一批骑士专门负责保护朝圣的旅客。在博杜安二世（1118—1131 年在位）的朝代中，这些骑士被允许住在所罗门神庙中，于是他们被称为“圣殿骑士”（Knights of the Temple）。不久，圣约翰骑士也采取了一个相似的组织，于是这两个“阶级”——圣殿和医院（Templars and Hospitallers）——迅速地发展，变成了这个王国中的重要军事组织。以后又创立了其他的“阶级”，最著名者为 1191 年的“条顿骑士”阶级。[1]

伊斯兰教徒内部的分裂一直延续到 1127 年，然后摩苏尔的总

---

[1] 这就是近代勋章勋位的由来。

督伊马德丁·赞吉(Imad ad-Din Zangi)开始向叙利亚扩张其统治权。在三年之内，他征服了哈马和阿勒颇，1144 年圣诞节那一天，又征服了艾德沙，其当时的统治者为约赛林二世（Joscelin Ⅱ）。两年后他被人刺杀了，由其子努尔丁（Nur ed-Din）继承。

在西欧，艾德沙的陷落被认为是一个第一等的大灾难，其直接的后果即为第二次十字军运动的发起。这是由克雷尔沃的圣贝纳德（St. Bernard of Clairvaux）所发起的。在他号召之下，日耳曼的康拉德三世（Conrad Ⅲ）和法兰西的路易七世，于 1147 年的春天，率领十字军出发。他们两个人在前往小亚细亚的中途，都曾经遇到灾难，可是路易采取了迂回的路线，康拉德则经由海上，终于率领了他们的残部到达圣城。在那里，他们与博杜安三世（1143—1162 年在位）联合在一起，决定围攻大马士革。伊斯兰教徒方面据守该城的人为莫吉丁（Mujir ed-Din Abaq），他设法挑拨西方人和叙利亚法兰克人之间的情感，并用贿赂使后者放弃围攻的念头。于是第二次十字军运动自动崩溃了，康拉德于 1148 年回家，路易于 1149 年回家。这一次失败又使努尔丁重新发动他的攻势。1149 年，他击败了安提阿的雷蒙，第二年又征服了尚留在基督教徒手中的艾德沙剩余地区。1154 年，他又占领了大马士革，此城实为叙利亚的锁钥。在他的身边还带着一个 16 岁的男孩子，他的名字叫作萨拉丁（Saladin，1138—1193），他就是下一次决定性会战中的英雄。

第十五章

哈丁会战

1148 年，十字军未能攻克大马士革，甚至于根本未曾做收复艾米沙、哈马和阿勒颇的企图，其主要的原因为两点：(1)他们对于战略和围攻的技术太外行；(2)他们彼此之间互相妒忌和争吵。可是对于朱利安皇帝而言，大马士革为“东方的眼睛”；对于阿拉伯人而言，它是“大地的新娘”。要明了这些性质，首先应研究叙利亚的战略价值。

叙利亚和巴勒斯坦可以分为四个地形区：(1)浅水海岸平原；(2)在它们东面为多山的高地；(3)由奥龙特斯、利塔尼(Litany)和约旦河所构成的深谷;(4)在这些河流之东,为大沙漠的西面边缘。在阿勒颇以北的地区都是山地，而在死海以南则均为沙漠。若能从阿马努斯山地起，到亚喀巴湾(The Gulf of Akaba)为止，将这所有的四个地区都予以占领，则叙利亚和巴勒斯坦即可以变得很易于防守。此外，只要能坚守着它们，也使在亚历山大–巴士拉(Basra，即幼发拉底河谷)一线以北的地区，与埃及完全分隔开了。这四个地区可以算是一个天然的要塞，其一个侧翼面临着海洋，站在南北两个伊斯兰教地区之间。

从北到南有三条交通线经过：(1)沿着海岸线走；(2)从奥龙特斯河，一直到利塔尼河和约旦河；(3)沙漠中的道路，从阿勒颇，经过大马士革、安曼(Amman)以达亚喀巴。十字军(法兰克人)的最后失败，其最大的原因即为没有注意到对第三条交通线的控制。经由这条路线，叙利亚可以和埃及连成一体，而使南北两个伊斯兰教势力合流。假使十字军能控制它，则哈丁(Hattin)会战可能不会发生，于是整个十字军史都要改写了。

在前一个大事记中已经提及，十字军从来不曾真正征服这个地区，他们所能做到的就只是占领其中的一部分。这一部分土地，一个侧翼面临海水，使他们能从海上获得补给，另一个侧翼则由一连串的要塞保护着。从南到北，这些堡垒中最著名的为：(1)亚喀巴湾上的埃拉(Aila，即亚喀巴)，接着就是蒙特勒伊(Montreal)，即朔百(Esh Shobek)和摩押高原的卡拉克(Kerak of Moab)；(2)其次为一长链的要塞，阻塞着通向约旦河的隘路，其中有博福尔(Beaufort)、新堡(Château-Neuf)、包伏瓦(Beauvoir)、沙费特(Saphet)和卡斯提里特(Castillet)；(3)于是隔着一个缺口，最后才是阿卡尔(Akkar)、克拉克骑士堡(Krak des Chevaliers)和蒙费南德(Montferrand)等要塞，监视着黎巴嫩这一条锁链。

补给靠海，防御靠要塞，这也就是十字军战略的基础。只要这些堡垒能够坚守不屈，而威尼斯人和热那亚人又能控制着地中海，则他们所需要者就不过是人力的补充。这些人力不仅是用于据守要塞和供给在要塞间地区中活动的机动性野战兵力，更重要却是维持十字军的血统——因为缺乏欧洲女人，所以旧有的十字军人员，很快地就与当地人民混血了。但是事实上却很难办到，因为新来的人本是为拯救他们的灵魂才来参加战争的，但所能占的土地攻占了之后，其中的优秀分子就回家去了，留下来的全是坏蛋，不断地与过去的居留者发生争执，那些人现在的心理已经是经济性重于宗教性，需要和平而不是战争。照圣贝纳德的看法，第二次十字军的组成是一种奇迹，因为他向犯罪的人们呼吁，这是得救的无上机会，一切的罪恶都一笔勾销了。所以他们只有一个空洞的目标，而且也无纪律之可言。

虽然缺乏数量、控制和纪律，但是有两个因素却可以抵补这些弱点：一为装甲，法兰克人在这一方面是远比他们的对手优越；二是他们也具有疯狂性的勇气。这两个优点使他们累次击败数量远为优越的伊斯兰教兵力。据说在 1177 年，有一次，370 名骑士曾经用冲锋击溃了 2.6 万名敌人，即令真正的数字为 2600 人，也要算是一个难得的杰作。他们在战术上的唯一缺点即为未能认清步兵和骑兵应有合作之必要。两者若能合作，则他们通常总是能够获胜的，否则除非第一次冲锋即获得成功，不然就常常会遭受失败。

在努尔丁于 1154 年占领大马士革以后的作战中，上述的一切即为当时的一般战略形势。

大马士革位置在沙漠中的道路上，从那里可以建立一条通到埃及的直接交通线，唯一能阻扰交通之点即为卡拉克。由此看来，只要叙利亚的伊斯兰教徒能够占领埃及，或是埃及与他们缔结同盟，伊斯兰教徒即可以从南北两端向耶路撒冷王国施加压力。努尔丁对于这一点具有深切的了解，所以在此后 15 年当中，争取埃及实为其主要的目的。他的最大困难却是宗教性的：埃及的伊斯兰教徒是什叶派（Shia），他们拥戴法蒂玛（Fatimid）哈里发，痛恨叙利亚的逊尼派（Sunni）和巴格达的哈里发，其程度并不亚于对基督徒。十字军方面也深知这个事实。解决这个问题的第一个步骤，即为巩固伊斯兰教徒在大马士革附近的地位，一旦这个目的达到了，努尔丁就与耶路撒冷国王阿马里克一世（Amalric Ⅰ，1163—1174 年在位）面面相对了。这两个人都是能干的将才。后者每年都受到在开罗的法蒂玛哈里发的津贴。1163 年，埃及的总督沙韦尔（Shawer）为一个叫作狄尔格汉（Dirgham）的政敌所驱逐，逃往努尔丁方面去了，因为狄尔格汉拒绝给予津贴，阿马里克遂向埃及进攻，并击败了埃军。可是狄尔格汉却放水淹没他的国家，迫使阿马里克只好撤退。努尔丁派了萨拉丁的叔父希尔库赫（Shirkuh），率领军队护送沙韦尔回埃及去，此时萨拉丁就随着他的叔父，参与戎机。沙韦尔感到希尔库赫的拘束太厉害，遂又逃往耶路撒冷，于是在 1167 年，阿马里克又迫使希尔库赫退却。接着即为一连串的战役，希尔库赫终于逐渐地在埃及站稳了他的脚跟。1169 年 3 月 23 日，希尔库赫死了三天之后，法蒂玛哈里发选择了他的侄子萨拉丁为他的继承者。从这时起，一直到他的主公努尔丁死亡时为止，萨拉丁所做的事情都是为了扩充自己的势力。

在中世纪的历史中，萨拉丁要算是真正伟大人物中的一个，他是那样伟大，连但丁的《神曲》中，也曾经歌颂过他。他是一个库尔德人，他的父亲纳西尔（Nasir ed-Din's Ayyub）为努尔丁的大将希尔库赫的兄弟。他大约是在 1137 年到 1138 年，出生于底格里斯河上的特克里特（Tekrit）。萨拉丁为简名，其原文应作"el-Melik en Nasir Salah ed-Din Yusuf ibn Ayyub"，意译为"世界的繁荣和信仰"。从天性上来说，他是非常好学的，文人气质重于军人——爱好下棋和作诗。在青年时期，他非常厌恶随同他叔父参加第一次埃及战役，因为他爱好和平甚于战争。在 1154 年到 1164 年的大部分时间当中，他都在大马士革与文化界人士交游。他是一个虔信的伊斯兰教徒，对于基督教具有疯狂的反对心理，当大任加在他的身上时，他却能处之泰然，并冷静地接受。以将才而论，他是非常谨慎的，是一个战略家而不是一个战术家，对于他的部下很宽厚仁慈；以行政才能而言，更是超出了他那个时代远甚。不过最值得欣赏的，还是他的人性，他对于他的对手经常表现出侠士的风度，一直到今天仍然成为东方浪漫文学中的主角。在那个时代，法兰克人认为失言背信并不算是有失荣誉的，所以他这种风度就更显得难能可贵。

尽管法蒂玛朝廷对于他不断地制造阴谋，而努尔丁也对他表示妒忌，可是萨拉丁还是在埃及占稳了他的地盘。但是一直到 1169 年，他在达米艾塔（Damietta）击败了阿马里克和拜占庭皇帝曼努埃尔一世（Manuel Ⅰ，1143—1180 年在位）的联军之后，他的地位才算是稳固了。其次，他就对于他的重新统一伊斯兰教政策，采取了第一个决定性的步骤。1171 年，他取消了法蒂玛的伊斯兰教国，使埃及在精神上接受巴格达哈里发的统治。诚如兰普里（Lane-Poole）在他的《萨拉丁传》中所说的："从此耶路撒冷王国，在两面都受到了同一权力所控制的军队的夹攻。"当时的作家贝哈丁（Beha ed-Din）也同样证明了这个观念。[1] 他对于达米艾塔的远征曾经有过下述的评论："当法兰克人听到这次战争的真实情形之后，他们就眼看着苏丹在埃及稳定了他的权威。他们也料想得到他将会占领他们的领土，使他们的家园变成废墟，将他们过去的一切统治遗迹都化为乌有。"这种观察是太正确了，当 1173 年，努尔丁命令萨拉丁围攻卡拉克的时候，贝哈丁对于其理由又曾做下述的解释："这些要塞距离埃及极近，又挡着通往该国的道路，它们阻止了交通的来往。所以苏丹的目的是要使这条路线变得更自由便利，使两国（叙利亚和埃及）之间的交通不再受到阻碍。"卡拉克一向对于萨拉丁好像是芒刺在背一样，因为只有在这一点上，十字军可以切断沙漠中的道路。

1174 年，有两件大事发生，使政治形势发生了激烈的变化。第一个事件为 5 月 15 日，努尔丁死于大马士革。他的儿子马立克（Malik as-Salih Ismail）还只有 11 岁，必须要有一个摄政的人。虽然萨拉丁是公认的理想人选，可是伊本穆卡达姆亲王（Emir Ibn al-Muqqaddam）却捷足先登了。阿马里克立即注意到这是一个好机会，可以削弱萨拉丁的势力，于是他出发往巴尼亚斯（Banias），以便争取这位摄政的合作。第二个事件也就接着发生了。阿马里克在中途害了痢疾，被迫返回耶路撒冷，到了 7 月 11 日病死在那里。对

[1] 贝哈丁为萨拉丁的秘书，他所著的《萨拉丁传》实为一本标准著作。

于法兰克人而言，他的死实在是一个莫大的损失。因为在这个王室中所剩余的唯一王子就是阿马里克的儿子博杜安，他还只有 11 岁，而且又患着麻风。可是除此却更无其他的选择。各贵族只好拥戴他为王，7 月 15 日，他加冕称为博杜安四世。接着就是请谁摄政的问题，争论了几个月之久，大家才同意请的黎波里的雷蒙三世为国王的监护人。

此时，萨拉丁在埃及忙于家务，一旦等到这些事解决了，他就出发往大马士革，11 月 26 日到达了该城。他发现由于他的先声夺人之故，马立克和他的母亲已经背弃了摄政伊本穆卡达姆亲王，逃往阿勒颇去了。萨拉丁认为最重要的事情，是首先使他自己成为叙利亚的主人，然后再来对付法兰克人，所以他的第二个步骤为着手攻占阿勒颇。

当被选为执政的时候，雷蒙本是一个具有超级能力的人，正是春秋鼎盛。当地贵族和医院骑士都拥护他，可是新来的人和圣殿骑士却反对他。后者在 1175 年，以雷诺（Reynald of Châtillon）为领袖。雷蒙和他的拥护者都是反对冒险的，而他们的反对派却主张进攻。国内两党对立，遂使这个王国迅速地走上了丧亡的道路。

埃及丧失了，雷蒙的第一个问题就是要阻止萨拉丁获得阿勒颇，以此来巩固其对于叙利亚全境的统治。1175 年初，他开始出发往霍姆斯，以切断萨拉丁与大马士革之间的交通线。这个运动达到了其预期的目的，因为当萨拉丁发现其交通线受到威胁时，就立即放弃了对阿勒颇的围攻，向南行动以求巩固其基地。他们压迫雷蒙后退，当他撤退了之后，9 月萨拉丁就回到埃及，去重新部署他的防务。

虽然在 1176 年，双方暂时没有交战，可是却发生了另外一件重大的事情，这件事对于基督教方面产生了极严重的后果，并且也注定了整个十字军运动最后是非失败不可。截至此时，尽管法兰克人与君士坦丁堡之间不断有摩擦发生，可是大部分是由于曼努埃尔皇帝在安纳托利亚的力量日增，并且经常给予援助，十字军才能够守住其在巴勒斯坦的据点。在安纳托利亚的拜占庭人从北面威胁着叙利亚，只要这个威胁还存在，则在叙利亚境内的伊斯兰教徒即无法集中全力对付法兰克人。

然而鲁姆[1]塞尔柱苏丹王国使情况变得更为复杂。这个国家的统治者为克勒齐 · 艾尔斯兰二世（Kilij Arslan Ⅱ）。当努尔丁在世之日，这个苏丹国一方面受着他的威胁，另一方面又受着拜占庭的威胁。可是自从努尔丁死了，克勒齐就开始不安本分了。曼努埃尔决心将他击毁，这样可以使他自己的战略地位简化。当他正向克勒齐的首都柯尼亚（Konia）前进时，9 月 17 日，他在密列奥塞法隆（Myriocephalum）要塞附近的山地隘路中，突然遭到了敌人包围，全军覆没。这个惨败对于拜占庭人和法兰克人，都是同样的严重。对于前者而言，这是第二次的曼齐克特之战；对于后者而言，也就注定了其最后的覆灭。因为若无拜占庭人的帮助，法兰克人根本上就没有那样多的人力，以来守住巴勒斯坦。曼努埃尔的失败也就等于是伊斯兰教徒的胜利。[2]

当曼努埃尔做出这个送命的决定时，耶路撒冷国王博杜安的麻风病就更加厉害了，到了 1177 年，他就算是成年了，雷蒙即不能再行摄政，为了解决继承人的问题，10 月，他的姐姐西贝拉（Sibylla）遂与蒙特费拉的威廉（William of Montferrat）结婚，她的丈夫即可以作为承继人。不料他却在 1177 年死亡了。而西贝拉在他死后却产了一个遗腹子。等到博杜安去世时，他的继承人是一个小孩的机会也是很大的——这是那些贵族所不希望的事情。

11 月，萨拉丁越过了埃及的边界，在包围了阿什凯隆（Ascalon）之后，他就直向耶路撒冷进发。可是在 11 月 25 日，他的军队在拉

---

[1] Rum，安纳托利亚的阿拉伯文、波斯文及土耳其文名称。——编者注

[2] 库格勒尔（B. Kugler）说：这个密列奥塞法隆之战决定了整个东方的命运。假使是如此，那么也就应该算是西洋史中的一次决定性会战了。

姆拉（Ramleh）附近的一个隘路中，受到了奇袭，全被击溃。萨拉丁仅以身免，他骑上一头跑得飞快的骆驼，匆匆地逃回了开罗。虽然从战术上来说，他这一次可以算是完全失败了，但是从战略上来说，却不算是一回事。埃及的资源是那样巨大，不久他就招募了一支新军，于 1178 年，又回到叙利亚开始发动新的战争，但还是未能获得决定性的战果。到了 1180 年，双方都对于战争感到厌烦，由于博杜安的建议，终于缔结了为期两年的休战协定。差不多在此同一时间之内，违背了他的伯爵们的愿望，博杜安勉强同意他的姐姐西贝拉与盖伊（Guy of Lusignan）结婚，这是一位从法兰西新来的骑士。他是一个懒弱愚笨的青年，也无个性和决定能力。这个事件更增加了国内两派之间的摩擦。

在这个危机重重的王国中，现在法兰克人又丧失了他们最强大的盟友。9 月 24 日，曼努埃尔皇帝逝世，继承者为他的儿子阿历克塞（Alexius），年龄还只有 11 岁，由其母亲摄政。她出身拉丁籍，不为人民所喜欢。1182 年，安德罗尼卡（Andronicus Comnenus）率领群众起事，反对这位皇后。在怒火之中，君士坦丁堡中的拉丁人都被屠杀。不久皇后和她的儿子也被刺杀，安德罗尼卡遂自立为帝。在称帝之后，他害怕这一次大屠杀会引起西西里人的报复，为了保护他的东疆不受到攻击，安德罗尼卡就与萨拉丁讲和，其条件为萨拉丁与他缔结同盟，共同对付塞尔柱人，而他就容许萨拉丁自由对付法兰克人。

曼努埃尔之死，使萨拉丁无北顾之忧，所以法兰克人此时所应该注意的，即为小心不要破坏了休战条约。萨拉丁的为人颇正直，肯守信用，他是不会破坏条约的。所不幸的是，法兰克人中间却有人素不尊重荣誉，这个人就是雷诺。雷诺曾经做过努尔丁的俘虏达 16 年之久，1175 年被释回之后，即由他据守卡拉克要塞，正位于大马士革到麦加之间的大路上。依照条约，伊斯兰教和基督教的商人都可以自由使用这条大路。可是在 1181 年的夏天，雷诺却突然对往麦加的商队横加攻击，抢夺他们的货物。于是萨拉丁宣布休战条约已经被破坏，除非获得赔偿，否则他不拟续订下去。博杜安认为萨拉丁的要求颇公正合理，立即命令雷诺归还所抢得的货物。可是雷诺却抗不服从，因为他现在已经是新来者和圣殿骑士派的领袖。这样战祸遂无可避免了。

1182 年 5 月，萨拉丁从埃及出发，一路且战且走地回到大马士革，从那里他就进向摩苏尔。虽然他未能攻下该城，但却巩固了他在耶齐里赫（Jezireh）的地位。1183 年 5 月，他回到了阿勒颇。8 月他又回到大马士革。现在他的权力已经发展到了最高峰，在迦太基到巴格达之间，他变成了最强大的统治者。

1182 年，当萨拉丁正在摩苏尔附近作战时，博杜安的病势已经很沉重了，他没有手指、脚趾，也快要瞎了。在他的母亲和姐姐的压迫之下，他勉强同意指派盖伊为摄政。这对于这个王国而言，还不算是一件最不幸的事情，因为在同一时间，雷诺又抓着萨拉丁不在的机会，而进行他在心中蓄意已久的一个计划，那就是袭击伊斯兰教在红海中来往于埃及、印度和阿拉伯之间的商船。此外他更有疯狂的念头，想毁灭在麦地那的伊斯兰教先知者的墓和在麦加的克尔白（Kaaba）大清真寺。为了做这样疯狂的冒险，他在死海岸上建造了一支舰队，把船舶拆开运过沙漠，到达了亚喀巴湾，在那里再拼合起来。接着当他一方面围攻埃拉——这个城市在 1170 年为伊斯兰教徒所占领——另一方面就命令舰队向红海中实行突袭。首先攻击艾达布（Aidab），它在努比亚海岸上，面对着麦加。接着麦地那和麦加的港口也被抢劫。这个意外的袭击使伊斯兰教世界中产生了恐怖的震惊。但是这次成功却只是昙花一现。因为埃及总督，萨拉丁的兄弟马立克（Malk al-Adil）一听到了这个消息，就立即率领舰队出海。不久，不仅收复了埃拉，而且毁灭了突袭的舰队。对于法兰克人可以说是太不幸，祸首雷诺居然逃走了。

萨拉丁发誓说，一定要使雷诺逃不了他的报复，于是 9 月，他侵入了巴勒斯坦。9 月 29 日，他渡过约旦河，进到了伊茨雷埃勒河谷（Jezreel）中，才发现他正面对着盖伊所率领的军队。这对于盖伊来说要算是很幸运，因为有人力劝他不要向数量优势的敌人进攻，虽然他自己很想进攻，但却终于听信了忠告。果然，他的敌人由于补给的缺乏，到了 10 月 8 日，又渡过约旦河，退回去了。

博杜安终于认清了盖伊的无能，由于获得了雷蒙和其他贵族的支持，遂取消了他的摄政权，并立他的外甥博杜安（即西贝拉与前夫所生的儿子，现在才 6 岁）为继承者。此时，萨拉丁还正在一心要向雷诺报复，决定奇袭卡拉克，于 11 月 20 日，突然出现在城墙之下。

这个奇袭可以算是完全的，因为在那一天，阿马里克一世的幼女（即博杜安的异母妹）伊莎贝拉（Isabella），正与托仑的韩福瑞（Humphrey of Toron）举行结婚典礼。在毫无防备之下，雷诺和他的骑士们越过了堑壕，退入堡垒之中，仅留一个骑士据守着桥头，而后面就有人把桥板锯断。下面的故事即是说明当时战争的奇异性质。雷诺派人送了一块礼糕给萨拉丁，意思是要请他分享这个喜宴。而萨拉丁也严格命令他的弓弩手和炮兵，不要触犯了他们婚礼中的礼塔。这次围城战未能获致成功，12 月 4 日，萨拉丁又返回大马士革。

他还是想要向雷诺寻仇，所以到了 1184 年的秋天，萨拉丁又在卡拉克的城下出现了。但是他仍然无法攻入这个特别坚强的要塞，由于从耶路撒冷方面又有援兵开到，他只好再度被迫撤退。

对于法兰克人而言，1185 年是一个大悲剧的开始。在叙利亚和巴勒斯坦的境内，到处都闹着旱灾和饥荒。博杜安也知道自己的死期将至了。为了对于后事做准备，他在年初即召集所有的贵族开会，获得了他们的同意，又命令雷蒙为摄政。并规定假使他的外甥夭折了，则一方面仍由雷蒙继续摄政，另一方面由教皇、皇帝和英法两国国王共同决定他的继承人。为了使他的外甥能确保继承权，他又请大主教希拉克略（Heraclius）在他生前为这个小孩子加冕。3 月，博杜安四世死了，雷蒙开始摄政。

因为他看到由于饥荒，战争是绝无任何成功希望的，所以雷蒙很聪明地与萨拉丁展开谈判，建议双方签订休战 4 年的条约。这也正合萨拉丁的心愿，因为这样可以使他将粮食出卖给法兰克人，重新打开与地中海各港口之间的贸易关系，并获得时间以来加强其对于封建诸侯的控制。虽然如此，他却明白地看出来这个和平是不会永久的，双方迟早还是不免一战，不过他又知道时间拖得愈长，则愈对他有利，因为敌方内部已经发生了裂痕，所以其力量是会逐渐减弱的。这时，耶路撒冷内部的冲突已经十分激烈，内战似乎一触即发。

在过去，由于那位麻风病国王颇有政治家风度，凭着他的调处，冲突才没有达到爆发点。现在他死了，今后国家的前途就寄托在大家对于这位摄政的效忠程度上，而他的权威来源就是那个儿童国王。像这样的情况是不可能持久的。到了 1186 年 8 月底，博杜安五世在阿克尔（Acre）去世了，于是宰相约赛林（Joscelin of Courtenay）立即与大主教希拉克略、雷诺和圣殿主（Grand Master of the Temple）、吉拉德（Gerard of Ridfort）等人决定发动一次政变。为了设法使雷蒙不能作梗，约赛林劝说雷蒙到太巴列去召集一个贵族会议，以来执行博杜安四世的遗嘱，而他自己则迎奉国王遗体回耶路撒冷城。其次，他又将盖伊和西贝拉召回耶路撒冷，表面上是参加丧礼，而实际上却是背着雷蒙，来为西贝拉加冕，这样依照封建时代的法律，盖伊也就自动地可以同时临朝问政了。

他们匆忙地召集了党羽，当西贝拉和盖伊到达之后，这四个阴谋者（似乎是以吉拉德为主谋）就命令关上耶路撒冷的城门，并派人防守城墙。于是在圣陵教堂中，希拉克略为西贝拉加冕了，此时大主教就向西贝拉说：“夫人，你是一个女流之辈，必须要有一个男人在你身边，帮助你治理国家，所以你应该使你的丈夫为王。”于是她的丈夫跪在她的前面，又由她为他加冕了。

当雷蒙发现自己受骗，就以他合法摄政的身份，召集他的拥护者到纳布拉斯（Nablus）来，决定所应采取的路线。他们的决定是为伊莎贝拉加冕，即可以使她的丈夫韩福瑞变成一个对立的国王。但是韩福瑞却害怕大命降在他身上，遂逃往耶路撒冷，自愿向盖伊称臣。雷蒙在失望之余，就宣布解除了他的从者对于他的效忠誓言，于是这些人也就一个个像韩福瑞一样，到耶路撒冷去投降了。雷蒙本人却拒绝效忠。

既然国内的内争尚未平息，对外最好不要破坏和平，所以盖伊当然不想在此时刻意引起事端。然而正当这个紧张关头上，又是那个多事的雷诺挑起了战祸。1186 年年终将届时，他又突然袭击了一支从开罗到大马士革的大商队，杀害了随护人员，并抢劫了货物。

萨拉丁立即向盖伊提出质问，他也命令雷诺释放这个商队。可是盖伊却答称在他自己的堡垒中，他是主人，可以为所欲为，而且同意与萨拉丁签订和约的人不是他，而是雷蒙。他并且向萨拉丁的使臣说：“要求你们的穆罕默德还东西好了。”苏丹听到了这些狂言之后，不免大怒，他又发了一个誓说必须亲手杀死这个狂徒。接着他就宣布向基督徒发动一场圣战（Jihad）。1187 年 3 月，他向卡拉克进军，一方面使雷诺的领地变成废墟，另一方面保护另外一支正从埃及出发的商队通过。

于是休战状态破坏了。安提阿的博希蒙德立即单独与萨拉丁续订了条约。雷蒙也采取同样的态度，其休战范围包括他自己的领土和他妻子的加利利（Galilee）领地，其主要要塞则为太巴列。此外，雷蒙又认为在盖伊统治之下，这个王国是毁定了，于是他决心推翻盖伊，自立为王。为了达到这个目的，他采取了一条极危险的路线，与萨拉丁通信，并获得了他的支持。

情况已经很恶劣，而雷蒙的死敌吉拉德又劝诱盖伊召集民兵，不去进攻萨拉丁，反而去进攻雷蒙，他此时正在太巴列的堡垒中。当萨拉丁听到这个消息，即派了一支兵力去救援雷蒙，接着他又集中大军在潘尼斯（Paneas），约在加利利海以北 30 英里处。此时，盖伊也在拿撒勒（Nazareth）集中他的兵力。在那里，巴莱恩（Balian）力劝他放弃攻击太巴列的念头，因为假使一围攻它，则萨拉丁必然会来援救的。相反地，他却劝盖伊派一个使节去向雷蒙游说，把他争取来。盖伊也都表示同意了。

正在做这些讨论时，雷蒙与萨拉丁之间又发生了一个微妙的问题。萨拉丁想要派一支兵力去抢劫阿克尔地区，要求雷蒙允许他假道通过加利利。这个要求却使雷蒙感到左右为难。假使他拒绝，则将丧失萨拉丁的支持；假使他同意，则将被开除基督教教籍。最后，他建议假使萨拉丁所为，只不过是一个 12 小时的示威行动，并且不伤害基督教的土地和人民，则他可以同意这次“突击”。萨拉丁也表同意，于是在 5 月 1 日，他的 1700 名骑兵，鱼贯通过了太巴列，向正西方驰去，一路秋毫无犯，到了黄昏时候才转头回来。同时，盖伊的使节团也出发了，最先只有 90 名骑士，中途又增加了 40 名，由吉拉德和医院主两个率领着。在希弗里亚（Sephoria）附近，他们遭遇到示威的伊斯兰教徒。吉拉德即夸大其词地派了一个使者回拿撒勒城去报告着说：他已经击败了伊斯兰教徒，城里的人现在所要做的，就是快来收拾战利品而已。于是他才开始向敌人冲锋，结果大败，许多小队都被歼灭，包括医院主在内。他自己却幸免于难，这对于基督教方面实在是极大的憾事。不久，由拿撒勒城里出来的战利品收拾队，也被伊斯兰教徒杀得大败而归。

现在雷蒙内心里感到非常恐慌，长此以往，他必然会被人当作叛教者看待。所以他抓着这个偶发事件做借口，与萨拉丁断绝关系，并愿与盖伊讲和。他留下他的妻子艾希发公主（Princess Eschiva），防守他自己的堡垒，而自己则再加入基督教军。

盖伊的军队中有 1200 名骑士，大约 2000 名本地的轻骑兵和近万人的步兵，其中多数为叛教的伊斯兰教徒。为了要集中这样一支巨大的兵力，在他的境内，几乎每一个堡垒的守兵都已经抽调一空了。萨拉丁的军队现在宿营在太巴列附近，他的兵力已经不可考，但可能要比盖伊的兵力强大，而且几乎全部均为骑兵。他的位置，就战术而言，是很危险的，因为他背靠着加利利海。假使他被击败了，则将无路可逃。而基督徒若被击败，则可以逃入他们的要塞。

萨拉丁首先围攻太巴列，艾希发立即向她的丈夫求救。于是在阿克尔召开了一次战争会议，盖伊和雷蒙二人也在这里见面，双方言归于好。吉拉德和雷诺力劝盖伊向萨拉丁进攻；雷蒙虽然是切身利害相关——他的妻子正受着围困——却反对此举。他认为这正是萨拉丁的诱敌之计，若是进攻则必将坠入陷阱。在数量上他们不如敌人，而这正是一年中最热的季节，水源极感缺乏。所以他说："让萨拉丁屯兵坚城之下，而我们却应一直采取守势，等到有利时机来到后，再发动反攻。"

尽管他的话合乎常识，雷诺和吉拉德两个人却指控他是奸贼，于是雷蒙的忠告被摆在一边。当盖伊命令把兵力集中在希弗里亚时，这些骑士马上就欢声雷动，因为他们为了表现侠义的精神，都急于救助的黎波里伯爵夫人（即艾希发公主），心智上都丧失了平衡。他们一路走一路高呼着："快救的黎波里伯爵夫人！"7月2日，都到达了希弗里亚。

在那里宿营之后，雷蒙又去向国王苦劝着说："陛下，我求你放弃援救太巴列的念头。尽管我自己的妻儿都在那里遭受着围困，但是宁可眼看着我的亲人都死在那里，而不愿意我们丧失了这个王国。从这里到那里之间，一共只有一条小溪，没有一支军队可以在那里活命的。当你前进不久，伊斯兰教徒就会向你发动狙击，而迫使你停止。假使你向他们进攻，他们就会退向山地中，使你无法追上。假使你停在那里，就必须被迫宿营，那么你的人马就会无法获得水源。没有水多数人都会渴死，到了第二天全部都会变成伊斯兰教徒的俘虏了。"

盖伊也就同意不再前进。可是到了午夜，吉拉德又秘密地进入国王的帐幕，对他说："陛下，你不要相信这位伯爵所说的话，他是一个奸贼，他希望你丧失荣誉。"接着，他又力劝盖伊再改变他的决心，盖伊不敢得罪这个拥戴他为王的人，所以吉拉德又获胜了。可是当他正在高兴的时候，却不知大祸即将临头。

假使这些十字军只要略具有战略认识，则他们将不会同意向太巴列前进。要想使他们的领域获救，其办法还是和一个世纪以前的完全一样，那就是拜占庭皇帝莫里斯和利奥所拟定的战法，这是一种积极防御，以要塞和逆袭为基础。可是现在要塞却已经无人据守，而攻击战略的要点不是击败敌人，而是如何能在黑夜之前到达水源——加利利海。水为一个控制因素，但是中间却可能隔了 2 万名敌人。

1187 年 7 月 3 日拂晓，他们从希弗里亚向东前进，内心里充满了忧惧。他们把甘甜的水井留在后面，而进入了吐拉恩山脉（Jebel Turan），这里距离太巴列约有 20 英里远，到处都是石质、焦干的丘陵，草木都不生，这也是他们自杀的场所。

当萨拉丁听到他们已经在前进之中，高兴得很，不禁高呼着说："真正是天从人愿，正是我们所希望的！"于是马上派遣了一支轻快兵力，去把敌人钉在沙漠之中。他们一方面向十字军的前卫进攻，其余的兵力则绕过它，向敌人的主力挺进。这个前卫是由雷蒙率领着，和他一起的有巴莱恩和历史学家艾诺尔（Ernoul），他对于这一次战斗有极详细的记载。天热得要命，灰尘使人窒息。不久所有的饮水都喝光了，这些筋疲力尽的人开始挣扎了。这个情况变得如此严重，所以雷蒙疾驰回盖伊身边，催他们赶快前进。他警告说除非能够赶快到达约旦河，或是加利利海，否则全军都完结了。尽管他心中还是怀疑雷蒙可能是一个奸贼，但是这位国王也还是催促他的部下们快走。同时还派了一个传骑去催促后卫（由圣殿骑士、医院骑兵和步兵所组成）跟上来。当他知道后卫已经为敌人弓弩手所阻止时，盖伊本人也就停止在马里斯卡尔西亚（Marescalcia）村落废墟的附近。雷蒙在怒恼之余，不禁大哭着说："哎哟，哎哟，上帝呀！战争已经完了，我们都是死人，这个王国已经亡定了！"

虽然前卫又继续向前推进了数英里，可是主力现在已经完全力竭，就宿营在一个丘陵的斜坡上，在山峰上有两个小圆丘，以后就获得了"哈丁双角"(The Horns of Hattin)的美名。哈丁村即在山下，在马里斯卡尔西亚的北面约几英里远。十字军都无法入睡，因为整夜他们都口渴得非常痛苦，而且不断受到攻击。箭不断地向他们飞来，在黑暗之中到处可以听到"安拉最伟大！"（Allah Akbar！）和"只有安拉一位真神！"（la ilala ie Allah！）的呼声。更糟的是，伊斯兰教徒又在草丛上放火，用烟来熏这些残兵。

第二天上午，萨拉丁仍然不肯接战，他用了 70 头骆驼满载着箭，来补充他的骑弓手，这种箭的攻击继续不停。贝哈丁曾经这样记载："那一天曾经有过激烈的苦战，许多年来都不曾见过这样的景象。此时，雷蒙率领着他的前卫继续挺进，遂与国王的主力完全脱节。而国王为了保护他的步兵，将他们撤到中央，让骑士去向敌方的弓弩手冲锋。这样使队形发生了混乱，有一个步兵爬上了山坡，在恐慌之中，突然高声喊道：'救命呀！救命呀！'于是全部秩序都丧失了，在恐怖之中，人们都跟在他后面，向山坡上爬。"

盖伊要他们下来，却毫无效果，他们只是哼着要水喝。最后，他率领了一群骑士，占领他们附近的位置，在中央盖伊竖起"真十字架"（True Gross）来。他们的士气马上恢复了，他们都纷纷跑下山来。所有的人都混合在一起，有步兵、骑士和弓弩手，在人群之中竖立着这个"神圣的标志"。同时，后卫也挤上来了，结果只是使秩序更为混乱。虽然如此，有许多骑士，尽管他们所受的痛苦还有过于步兵，却仍然不曾丧失他们的精神。萨拉丁的幼子阿弗达（al-Afdal），此时正在他父亲身边，对于这些骑士们的英勇冲锋，曾经有下述的记载："我看着我的父亲，发现他也是非常紧张，他的脸色发白，把长须握在手中。"当骑士们一冲再冲之后终于退却时，这个孩子高声叫道："我们已经把他们打垮了！"萨拉丁却回答说："安静一点，除非国王的帐幕倒了，否则我们不能算是已经击败了他们。"正在这个时候，国王的帐幕开始倒下！

盖伊已经失败，因为此时雷蒙和其前卫残部也被赶回来了，于是全军都被包围。成千的兵员都举起他们的兵器向十字架祈祷，并疯狂地要求奇迹出现。盖伊就转向雷蒙，要求他救他出险。这位的黎波里伯爵就集中其尚骑在马上的骑士，其中包括安提阿的幼王巴莱恩和希登的雷诺（Reynald of Sidon），向包围他们的伊斯兰教徒冲锋，杀开了一条血路。伊斯兰教徒方面的记载说：

> 的黎波里伯爵和他的从者，判断这个情况已经无可救药，遂决定采取死里求生的办法，向伊斯兰教徒冲锋。萨拉丁的侄子欧麦尔（Taki-ed-Din Omar）认清了这是一种拼命的冲锋，感觉到他自己抵挡不住，所以他命令让开一条生路，放敌人逃走。

现在就要终场了。贝哈丁的记载如下：

> 伊斯兰教徒从四面八方把敌人围住，用箭压迫他们和用剑拦着他们。有一队敌人逃走，但为伊斯兰教徒所追上，没有一人能够脱身。另外一批人爬上了哈丁山。伊斯兰教徒把他们围在核心，四周点火燃烧，在这种无可奈何的情况之下，他们为了免死起见，才纷纷投降了。

这些人都疲惫到极点，一个伊斯兰教徒可以用一条帐幕索子，一路拖着30多个基督徒走。在被俘者之中有国王盖伊、国王的兄弟阿马里克、雷诺、韩福瑞的义子、雷蒙的儿子、吉拉德等人。此外还有一个更重大的损失，比人员被杀和被俘还更严重，那就是"真十字架"的丧失。阿拉伯史学家艾马德丁（Emad ed-Din）对此曾

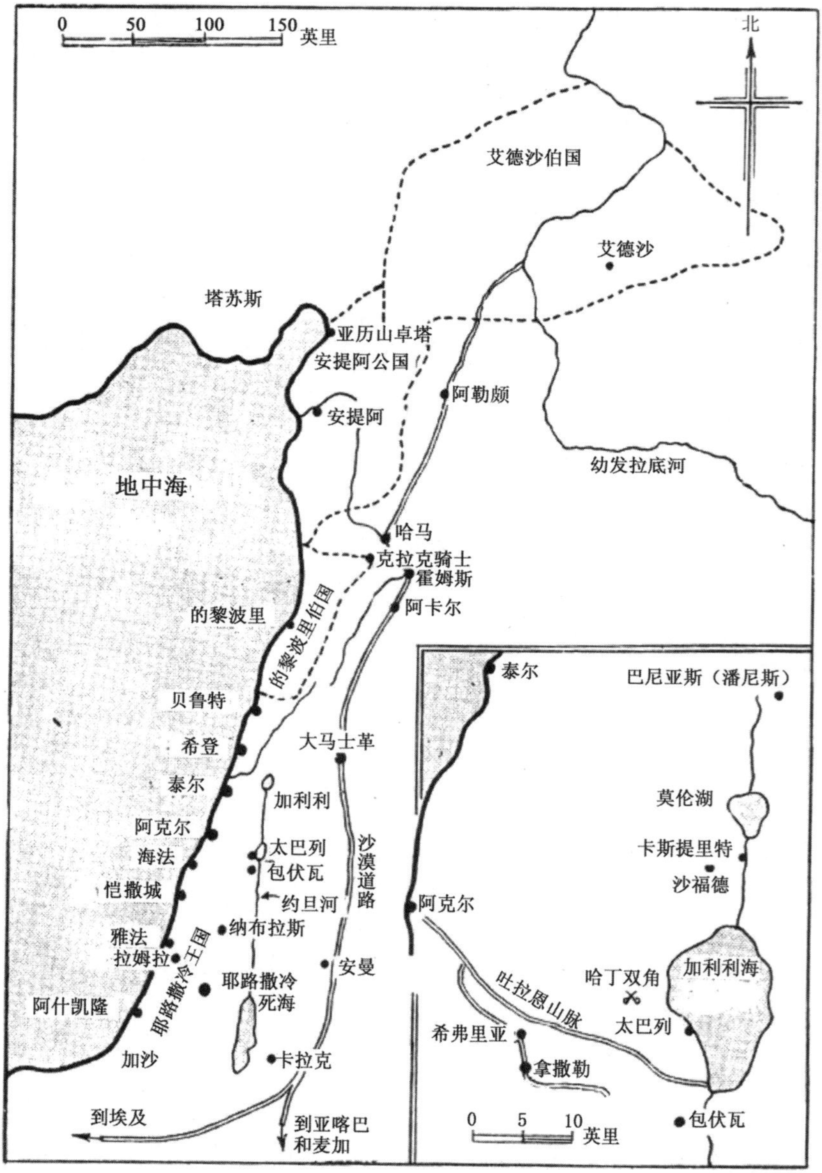

图二十八　哈丁会战，1187 年

经有下述的评述：

> 这个大十字架被拿到国王的面前，许多异教徒为它而寻死。当它被举起时，这些人都跪下来磕头。他们曾经拿金珠去装饰它，在隆重的日子中都要背负着它一同走，在战斗中也是以防卫它为第一责任。这个十字架的被俘，要比国王的被俘更使他们感到伤心。[1]

在会战之后，萨拉丁把那些最高贵的俘虏都请到他的帐幕中去，盖伊已经渴得痛苦不堪，萨拉丁很有侠义风度地请他坐在身边，安慰他要他不用害怕，并送上一碗冰冻果汁。这位国王饮下了之后，就把它转送给雷诺。萨拉丁突然发怒，厉声说："你并未先取得我的允许，而将杯子传给他，所以我就不能饶他的性命了。"接着他就责备雷诺，不该作许多罪行，但是雷诺却是一个不怕死的人，也以恶声回报。于是萨拉丁用弯刀砍他，卫兵跟着上前砍下了他的脑袋。盖伊骇得发抖，但是萨拉丁却对他说："国王是不杀国王的，不过这个人的不义和无礼却是到了极点。"

对于这次决定性的会战，伦西曼(Mr. Runciman)先生在他的《十字军史》中曾经如此评论："东方的基督教徒在以前也曾遭受过惨败，他们的国王和王子也曾做过俘虏，但是他们的俘虏者都是小国的君主，而所获得的胜利也很有限。可是在'哈丁双角'之上，这个王国所集结的空前大军却全被歼灭，神圣十字架也丧失了，而胜利者则是整个伊斯兰教世界中的共主。"

7 月 5 日，太巴列也投降了，这位英勇的的黎波里伯爵夫人被允许安全地离去。对于萨拉丁，事实上已经不再有什么抵抗了；那些伟大的要塞现在都变成无人防守的石堆了。人民都欢迎征服者进

[1] 雷蒙逃回了的黎波里，不久也忧愤而死了，一说他是被人暗杀的。

驻。7 月 10 日，阿克尔被占领。由于天助，康拉德刚刚从法国来到，带来了三船骑士，所以泰尔城侥幸救住了。阿什凯隆于 9 月 4 日自动开城迎降，那一天发生了日全食，更使耶路撒冷的居民惊掉了魂魄。

萨拉丁不想使耶路撒冷城受到损失，因为它对伊斯兰教徒，正和对于基督教徒一样，也是圣城。所以他向居民提出条件说：只要他们开城投降，即允许居民们自治。尽管该城的防御是一点都不适当，可是居民们却英勇地拒绝投降。

在这不久以前，与雷蒙一同在哈丁逃出的巴莱恩，曾经要求萨拉丁发一个安全通行证给他，以便他进入耶路撒冷城去接回他的妻儿，一同到泰尔去。萨拉丁允许了他的要求，但其条件为只准在圣城中停留一天，并从此以后不再与苏丹为敌。虽然如此，当巴莱恩入城之后，教会却赦了他的背誓罪，于是他就负起了守城之责。这时城中挤满了难民，关起城门，准备死守。这样遂逼使萨拉丁不得不攻城，9 月 20 日，他到了耶路撒冷城下。当这个城市面临饥饿的威胁时，教会遂开始求和，尽管巴莱恩曾经背信，可是萨拉丁的要求却还是温和到了极点。每个人只要交纳 10 块金子，即可买得自由，而两个女人或 10 个孩童可当作一个男人计算。对于没有黄金的穷人，若一共交纳了 3 万个拜占庭铜币，则可以换得 7000 人的自由。耶路撒冷人接受了这个条件，在 10 月 2 日签了降约，萨拉丁也于是日入城。

现在就可以看出来萨拉丁这个人是如何具有一个伟大的灵魂。当年，十字军攻入该城时（1099），曾经滥行抢杀，伊斯兰教徒死者达 7 万人之多。萨拉丁却真能以德报怨，他命令开放耶路撒冷城内外的市场，以便公民们可以出卖东西换钱，来赎取他们的自由。当时仍然还有几千人交不出钱来。于是萨拉丁的兄弟萨伊福丁（Saif-ed Din），就要求苏丹在这些人中间选出 1000 人来赐予他做奴隶。当他的要求被允许之后，萨伊福丁就把这 1000 人都释放了。接着，大主教和巴莱恩也做了同样的要求，萨拉丁也同样地应允，于是又有1000人获得了自由。最后萨拉丁对大家说："现在该我的了。"他派人在耶路撒冷的街道上到处宣布着说，所有的老年人，凡是出钱不起的，也都可以自由离开。于是他们从圣拉撒勒门（St. Lazarus）出去，从日出走到天黑才走完。这样的伟大风度真可叹为观止。

哈丁会战是一个惨败，使十字军永远不能再恢复其原有的地位。因为它是在"真十字架"的阴影下打的，这是基督徒世界的最高象征。假使这一战打胜了，那就可以算是上帝的胜利。但结果却是伊斯兰教徒战胜了，使多数基督教徒感觉到这是世俗的力量战胜了精神的力量。所以萨拉丁的胜利打击在整个十字军运动的基础上，也使教廷权力的基础都发生了动摇。自此以后，十字军就变得日益世俗化，因此世俗的权力不肯接受教廷的教条，也不肯接受教皇对于天命的解释了。结果，世俗的权力又开始利用十字军来当作他们本身向外侵略的工具，这样更使教皇的威权受到了打击。从此教皇就只能在不同王权之间的夹缝中讨生活。

上文已经说过，从第一次十字军运动开始的时候，在目标上即已经混乱不堪。对于乌尔班二世和西欧一般人民而言，十字军的意图为帮基督教世界收回圣地；对于多数的骑士而言，是为了要想在东方获得土地；而对于拜占庭皇帝而言，是想要确保君士坦丁堡，并从土耳其人手中收复其亚洲各省区。第二个目标挤走了第一个，而第三个目标又与第二个完全相违背。所以当萨拉丁在哈丁获胜的消息传到君士坦丁堡，伊萨克皇帝（Isaac Angelus）就派了一个使节去见萨拉丁，一方面祝贺他的胜利，另一方面要求将基督教的圣地，归还给希腊正教。

拜占庭人和法兰克人的差异是如此巨大，结果毁了整个十字军运动，不但圣地没有获得解放，还使拜占庭帝国在政治上暂时被绝灭。当盖伊正在阿克尔集中他的兵力，以准备向哈丁前进时，在这同一月当中（1185 年 6 月），西西里的威廉二世也攻占了杜拉左，然后进到萨罗尼加，占领了之后更屠杀那里的居民。接着他就再向君士坦丁堡进攻，结果在莫西罗波里斯（Musinopolis）附近被击败了。这次侵入的影响为拜占庭皇帝安德罗尼卡一世被废，并被毒刑致死，继承他的人为伊萨克二世，到了 1195 年，又为他的兄弟所篡，被弄瞎了眼睛禁闭起来。他的兄弟自立为帝，是谓阿历克塞三世（1195—1203 年在位）。

此时，第三次十字军运动（1189—1192）又无声无息地过去了。到了 1198 年，教皇英诺森三世（Innocent Ⅲ）当选之后，又号召组成第四次十字军。因为西欧几个主要大国的君主对于英诺森的号召都不表反应，于是这次十字军指导权遂落入了丹多洛（Enrico Dandolo，1193—1205 年在位）的手中。这个全瞎或是半瞎的威尼斯总督，年龄已超过 80 岁。他这个人对于其所能使用的工具，根本毫无概念，却被指派供给船只将十字军运往当时伊斯兰教权力的中心埃及去。但当十字军已经集结在威尼斯的时候，才发现他们所已经同意交付用来雇用船只的钱并未筹齐，于是威尼斯总督提出一个条件，要他们在尚未出发往埃及之前，先为威尼斯收回达尔马提亚海岸上的札拉城（Zara），这个城市最近脱离了威尼斯的控制，落入匈牙利人的手中。尽管教皇威胁着说要将他们和威尼斯人处以破门之罪，可是他们还是同意了这个条件。札拉被围攻陷落了，教皇虽然宣布了破门罪，但不久又自动收回成命。

在这次围攻中又出现了一个新人物，他是拜占庭的王子阿历克塞 · 安基卢斯（Alexius Angelus），为废帝伊萨克二世之子。他正在其姐夫腓力（Philip of Swabia）处避难，并要求援助。腓力并无直接援助他的力量，于是他派了使臣到札拉去，要求威尼斯总督和十字军扶助伊萨克复位。阿历克塞提出诺言说，若能做到这一点，他将使东方重受西方教会的统治，并愿担负埃及远征费用 20 万马克（Marks）。

因为知道这个建议对于威尼斯是大为有利的，所以丹多洛设法使十字军接受这个要求，其条件为一旦伊萨克复位，十字军即继续向埃及进攻。于是签订了一个征服君士坦丁堡的条约。1203 年 4 月 7 日，十字军开始出发。6 月 23 日，他们到达了博斯普鲁斯。他们首先攻占了金角北岸上的加拉塔，控制了铁链，并确保了金角的出口，接着船只驶入港内，于 7 月 17 日开始攻城。阿历克塞三世弃城逃走，于是瞎了眼睛的伊萨克从牢狱中被释放出来，再登帝位，他的儿子阿历克塞（四世）也一同摄政临朝。

丹多洛和十字军都扎营在城外，等候阿历克塞偿付其所应允的 20 万马克。双方正在谈判时，在 1204 年年初，又节外生枝了。阿历克塞三世的女婿阿历克塞 · 杜卡斯（Alexius Ducas Mourtzouphlos）发动了一个叛乱，再度废除和禁闭了伊萨克二世，并将阿历克塞四世绞毙，而自立为阿历克塞五世。

现在十字军遂认为他们对于这个帝国再无何种义务，于是他们在 3 月，与威尼斯总督订了一个分赃的条约。接着开始准备从陆海两方面攻入君士坦丁堡城。这个城市顽强地抵抗了一些日子，结果在 1204 年 4 月 13 日被攻陷了。阿历克塞五世逃走，全城遭到了穷凶极恶的抢杀，达三日之久。据当时目击者维拉杜安(Villehardouin)的记载说："所抢获的赃物是那样的多，简直没有一个人能说出数量是多少。自从世界创立以来，从来没有在任何城市中，获得这样多的赃物。"从此，在建国将近 1000 年之后，这个拜占庭帝国开始变成法兰克人的封建帝国（1204—1261），同时威尼斯的殖民帝国也建立了。

对于这个不光荣的抢劫行为，教皇英诺森三世（1198—1216 年在位）也并非完全不愿意的。虽然他曾经激烈反对征服东罗马帝国，可是一旦变成了既成事实，他却也很高兴，认为这是克服了一个异端民族，并使东西两教会合而为一。虽然如此，这个第四次十字军，无论就哪一方面来说，对于教廷和整个十字军运动，都是绝对有害无益的。更坏的是，它不特不能使欧洲免于亚洲的威胁，反而自毁长城。这么多世纪以来，东帝国都是一个巨大的堡垒，足以使亚洲人望而却步。然而经过这次致命的打击后，这个帝国再也无法恢复其元气。从政治方面来说，它已经不再存在了。

不过尽管如此，经过了一个世纪的时间，十字军却使西欧产生了一种团结精神，这是过去所从未有者，而且此后也永远不会被忘记。他们把许多的种族联合了起来，刺激民族团结观念的产生，也使他们之间产生了民族的仇复，一言以蔽之，加速了民族国家的成长。人民变得具有民族自觉心。法兰西开始变成一个巨强，英格兰在被征服之后，也早已如此了。从摩尔人的混乱中，西班牙和葡萄牙也变成了大国。条顿骑士的十字军运动也为普鲁士奠立了基础。在十字军尚未出现之前，所谓神圣罗马帝国的最大贡献，就是使其分崩离散的臣子可以获得一点统一团结的阴影。到了十字军的时代，在中世纪教廷的实质光辉照耀之下，这个阴影可以说是完全消失了。

在英诺森三世统治之下，教皇的权力达到了最高顶点，对于西方世界而言，他是“万王之王”。他曾经对腓力（Philip Augustus）皇帝的大使说过：“对于君王而言，权力只能限于地面，但对于僧侣而言，却可以及于灵魂。因为灵魂是高于肉体，所以教权高于王权。君主有他一定的领域，教皇却统治世界。”

这个精神独裁制度的建立，毫无疑问，又会导致财政权控制的冲突。在第一次十字军运动中，就产生了两种敛财工具：赦罪券（Indulgences）和什一税（Tithes）。乌尔班二世对于前者，曾经在整个基督教世界中，广泛地发售，从此即成为一个主要的财源。1215 年，又对于所有捐输帮助十字军的人，给予以“十全赦免”。更赚钱的是什一税。1146 年，法国的路易七世对于其所统治下的一切教士，课以什一之税。在哈丁之战后，理查一世和腓力 · 奥古斯都也立即创立了“萨拉丁”什一税。卜尼法斯八世（Boniface Ⅷ）也宣布罗马教皇对于一切的教会财产具有“绝对的权力”。换言之，他可以根据需要，抽取财产之 1%，1/10，甚至任何部分。

于是开始发生了自从罗马衰亡以后的第二次大革命，从这次革命中产生了现有的经济和财政文明。由于金钱的需要，才产生了犹太人银行、意大利商人和军事阶级。又因为金钱在不断的流通之中，而捣乱分子又到东方去了，于是留下来的市民阶级可以在家里过着和平的生活。当经济开始繁荣，许多过去的奢侈品又变成必需了。泰尔人教会了西西里人怎样制糖和织丝。大马士革的钢需求日增，大马士革的陶瓷家变成法国陶瓷业的老师。风车也从外国输入，此外还有小米、柠檬、杏子、西瓜、棉纱、洋纱、香粉、地毯等，另外还有热水浴。

繁荣产生了闲暇，有了闲暇智慧也就重新醒觉了。许多史乘（编年史）都出现了。亚里士多德的著作从西班牙传入西欧，而西班牙又是得自君士坦丁堡。医学和数学的知识也大有进步。观象仪、日晷、六分仪和航海罗盘都是在这个时代中被采用的。

知识的增加又引起思想上的怀疑主义。十字军也眼见着异端时代的开始，例如韦尔多教派（Waldensian）、保罗教派（Paulician）和阿尔比教派（Albigensian）等。在哈丁一战中，奇迹也破产了；假使“真十字架”都不能保证胜利，那么还有什么可以保证胜利呢？

社会秩序改变得非常迅速，有些是十字军运动所直接造成，有些则是受了它的刺激。人们对于宗教信仰开始发生动摇，并且使教会与世俗的权力发生了冲突。因为本来是想使教会不受到王权的控制，而结果却产生了一个更专制的王权，那就是教廷本身。在 13 世纪中，教权更一落千丈，因为教皇不用十字军去对付异教徒，而反而用它来对付基督教中的异端，令人感到非常失望。当 1255 年教皇亚历山大四世，号召组织十字军以来对付神圣罗马帝国皇帝的儿子曼弗里德（Manfred）时，巴黎的马太（Matthew Paris）在他的《英国史》中即曾有过下述的评论：“当真正的基督徒听到了这个宣布之后，将感到十分惊异。因为他们杀基督徒时所受到的奖赏，竟和杀异教徒时是一样的。而这个宣传的激烈只徒然使人感到可耻可笑而已。”

还有另外一个影响也必须提及，这又可能是所有影响中最重要者。十字军运动所激起的冒险精神，开始引起了旅行和发明的风气。因为武力在圣地没有能获致成功，于是就开始希望能以游说取胜。1252 年，圣路易（St. Louis）派遣方济各派的威廉（Franciscan William）去谒见在中亚细亚的大汗，希望能使蒙古帝国皈依基督教。假使能够如此，则他们即可以攻击土耳其人的背面，以来援助在巴勒斯坦的基督徒。这个观念虽然似乎很荒唐，但是却很能刺激方济各派和多米尼克派（Dominicans）的传教工作，而且也使威尼斯商人的足迹远达中国的长城。这些人在发现了亚洲之后，更燃起了经济上的幻想，于是最后又引起了新世界的发现。

大事记（十五）

西帝国的瓦解和法英的兴起

十字军所释放出的力量，是任何教皇都控制不住的，而第一次十字军的宗教精神，已经为第四次十字军的金钱主义所取代。这并非机会性或偶然性的后果，而大部分是由于十字军已经把战争从君主间的私事变成了一种商业性的企图。其结果是内争减少了，于是西方人民又可以把他们精力的大部分，用在和平性的职业方面去——也是世俗性的事务。结果就是商业城镇、市民自由、公民性民兵、商业贸易、工艺、行会（基尔特）和市场等因素的成长。从此也就有了一定的货币制度和共同的度量衡单位。此外也产生了许多大学，有穷思的哲学家（例如阿贝拉尔［Peter Abelard，1079—1142 年］、阿奎纳［Thomas Aquinas，1227—1274 年］），有经验主义的科学家（例如马格努斯［Albertus Magnus，1206—1280 年］、罗杰·培根［Roger Bacon，1214—1294 年］），还有上面已经说过的基督教异端。

从这些以及许多其他的变化中，产生了民族国家的观念，它又开始逐渐取代教皇至上的观念。自从格列高利七世开始想达到这些目的以来，到了英诺森三世才算是勉强达到了，可是最后却又为他们自己宣传的主义所击败，于是换了一条新航线，终于使这一艘西方基督世界统一大帝国的大船，碰上了宗教改革的礁石。虽然如此，从英诺森三世 1216 年逝世时算起，到 1517 年马丁 · 路德（Martin Luther）把《九十五条论纲》钉在维滕贝格（Wittenberg）教会的大门上时为止，中间还隔了三个世纪。这三个世纪为基督教的世纪，在这段时间之内，神权封建的秩序逐渐变成了民族王权的制度。

这些战争中的第一个是由教皇国的位置所引起的，它像楔子一样，插在西西里王国和神圣罗马帝国北面领域之间。出于安全的顾虑，英诺森三世与皇帝奥托四世（Otto Ⅳ，1198—1218 年在位）之间发生了争执。前者获有法兰西腓力二世的支持，后者也获有英王约翰（1199—1216 年在位）的支持。当 1208 年，英格兰被剥夺了宗教上的权利，1209 年，约翰又受到了破门的处分，于是腓力就开始发动一个讨伐约翰的十字军。但是到了 1213 年，约翰又向教皇投降，这个侵入战遂被取消。次年，约翰又与奥托联合起来，共同对付腓力，7 月 27 日，奥托在布汶（Bouvines）受到了决定性的失败。现在约翰更感到进退失据。结果是在 1215 年，英国的伯爵们逼迫他签署了《大宪章》(*Magna Carta*)。虽然教皇宣布这个文件无效，并对那些贵族处以破门之罪，但对于英国而言，却可以说是太幸运，因为约翰在 1216 年去世了，内战终于没有发生。

奥托在 1218 年逝世，两年后，英诺森的保卫者，西西里王腓特烈(Frederick)被加冕为神圣罗马帝国皇帝,是谓腓特烈二世(1220—1250 年在位)。他出生于 1194 年，是霍亨斯陶芬（Hohenstaufen）家族亨利四世的儿子。这个人具有不凡的人格和显著的能力，被称为“最后一位中世纪皇帝”和“第一位欧洲人”。虽然他曾向英诺森承诺说，永远不使西西里与神圣罗马帝国合并，可是当这位教皇死去不久，他马上就开始努力使南北两意大利，都并入其统治之下。1227 年，这个行动使他与教皇格列高利九世（1227—1241 年在位）之间发生了冲突。他允许发动一次十字军运动，但以后却没兑现，教皇遂处其以破门之罪；到了 1228 年，他在未获赦宥的情况下，竟敢组织另一支十字军，所以又受到双重破门罪的处分。在没有教皇和军事阶级的支援下，腓特烈率领了一小队骑士，单独向圣地出发。凭着高明的外交手段，他占有了耶路撒冷、伯利恒和拿撒勒。1229 年 3 月 18 日，他自己加冕为耶路撒冷国王，这也就是这个惊人成就的总结算。几乎完全不流血，便获得了自从第一次十字军以后，其他各次十字军所从未能获得的成功。

当他在 1229 年回国时，发现教皇的部队正在侵略他的南面王国，于是把他们逐退了，在 1230 年又与教皇在圣杰尔马诺（San Germano）签订了和约。他把他的宫廷设在巴勒摩，不久西西里即变成欧洲最耀眼的国家，也是中古世界最伟大的学术中心。

教皇与帝国之间的和平并没有维持多久，当腓特烈想去征服伦巴第时，教皇又处他以破门之罪。腓特烈于是宣布说：他所持的理由也是所有其他统治者的理由，假使这次教皇帮助叛徒击败了他，则其他君主不久也就会受到同样的待遇，这不过只是时间迟早的问题而已。以后，教皇又诋毁他是“反基督分子”“瘟疫的国王”，说他曾经公开地表示：“整个世界是受到三个大骗子的欺骗，那就是耶稣基督、摩西和穆罕默德。”“相信上帝能创造万物，能够使处女生子的，都是大笨蛋。”这些指控即令是夸大，也可以表示时代已经改变到什么程度。

不久，格列高利死了，他的继承者为英诺森四世（1243—1254 年在位）。他宣布废除腓特烈的帝位。腓特烈也实行报复，劝说其他的统治者不要捐钱给教皇，因为他是为大家而战的。他的呼吁对象是欧洲，而非基督教王国。

腓特烈死于 1250 年，他的儿子康拉德四世也死于 1254 年。他的另一个儿子康拉丁（Conradin，1254—1268 年在位），继任为西西里国王。教皇亚历山大四世（1254—1261 年在位）决定不让这个可恨的霍亨斯陶芬家族再继续统治下去，遂设法使日耳曼境内发生连续不断的内战，其激烈的程度为自加洛林王朝瓦解之后所仅见。当 1265 年，康拉丁出发去收复其意大利的遗产时，教皇克雷芒四世（Clement Ⅳ，1265—1268 年在位）便请法国国王的兄弟查理（Charles of Anjou）来帮助他，以西西里和那不勒斯为奖赏。查理接受了这个要求，1268 年 8 月 23 日，康拉丁在塔利亚科佐（Tagliacozzo）遭到决定性的失败。八个星期之后，他在那不勒斯被杀头了。

这样遂使霍亨斯陶芬皇室绝灭了，虽然如此，这次斗争还一直延续到 1273 年。在这一年，哈布斯堡的鲁道夫（Rudolph of Habsburg）被承认为日耳曼国王，并当选为神圣罗马皇帝，其条件为不干涉意大利的事情。1278 年，在马希弗尔德（Marchfeld）之战中，他从波希米亚的奥托卡尔（Ottokar of Bohemia）手中夺取了奥地利，并在多瑙河河谷中建立哈布斯堡王朝的基础。它一直延续到 1918 年才灭亡。

这个长期斗争的结果是很不幸的。教廷用它的精神权力来达到纯政治性的目标，遂使其威信大失。意大利在脱离神圣罗马帝国之后的好几代中，由于教皇党（Guelfs）和皇帝党（Ghibellines）的对立，祸乱相循。由于查理的野蛮统治，诺曼西西里的光荣文明大部分都化为乌有。在日耳曼方面，分裂成为许多领地和城镇，政治上的统一遂不复可能，在以后许多世纪当中，它都只不过是一个地理名词而已。

唯一受惠的只有法兰西。当 1152 年，安茹的亨利（Henry of Anjou）与阿基坦的艾莱亚诺（Eleanor of Aquitaine）结婚时，法兰西国王路易七世（1137—1180 年在位）的直辖领土，不过只有塞纳河和卢瓦河的中游部分。当两年后，亨利变成了英格兰的亨利二世，并兼诺曼底公爵时（1154—1189），路易七世一面对着从切维厄特山地（Cheviots）伸展到比利牛斯山脉的安茹帝国，另一面为红胡子（Barbarossa，腓特烈一世）所统治的神圣罗马帝国。而法兰西则夹于两大帝国之间，动辄仰人鼻息。

路易的儿子和继承人腓力二世（1180—1223 年在位）——号称奥古斯都——首先兼并了一些城镇地区，以来巩固其本土的地位，接着就去调整其不能忍受的态势。他用外交手段赢得了维蒙德瓦，又从英国约翰手中争夺诺曼底。1204 年的加来堡（Château Gaillard）围城战决定了这个大公国的命运。接着又征服了曼恩、图赖讷（Touraine）、安茹和普瓦图（Poitou），1206 年占领了布列塔尼，把它给予彼德(Peter of Dreux)。1213 年，他又侵入了佛兰德斯，在次年又击败了奥托皇帝（见上文）——这是他诸多事功中的最高峰。1226 年，他的儿子路易八世又征服了朗格多克（Languedoc）。接着香槟、拉马什（La Marche）和昂古莱姆（Angoulême）也都并入版图。英国人所唯一保留的省区只有加斯科涅。

它是用蚕食手段扩张的，在中世纪中，法国从来不曾像英国那样统一。尽管已经并于法国版图之内，但是各大采邑仍能保留其原有独立权的大部分。虽然如此，在好人腓力四世（Philip Ⅳ The Fair）的统治之下（1285—1314），他却反封建君主的作风，而成为一个万民爱戴的国王，与教皇之间的斗争遂不可避免。他和英格兰的爱德华一世（1272—1307 年在位）都不肯接受教皇的统治，认为他们对于国内的教会有课税的权利。当卜尼法斯八世（1294—1303 年在位）也和格列高利七世一样，准备要对于“世界各国”执行其强制权力时，结果为腓力所拘禁，不久他就死了。为了使继承的教皇不敢效尤，1305 年，腓力诱使枢机大主教会议选举了一个加斯科涅人戴高特（Bertrand de Got）为教皇，是谓克雷芒五世（1305—1314 年在位）。他留驻在亚威农（Avignon）。这样就开始了 70 年的“教会巴比伦俘虏时期”（Babylonian Captivity of the Church）。

在上述这些战争中，大部分是由于十字军运动，广泛的军事改革开始生根。一方面由于西方骑士与拜占庭帝国的巨型要塞发生了接触，并且自己也曾建筑过巨大的要塞，例如在巴勒斯坦的卡拉克和克拉克骑士堡等，使筑垒的风气传遍了西欧和中欧，到了 14 世纪，几乎每一个地区都在封建堡垒控制之下。另一方面，城镇的财富日益增加，与它们为了供给十字军而发行公债有关，遂又产生了城市自卫队，并创立了专业化的佣兵，最著名的为守城的弓弩手。因为封建骑士对于挖掘、埋置等技术完全不懂，所以这些围攻专家和各种战争机器的需要更日益增加了。使佣兵制度发展的另一个原因是在 12 世纪末开始使用“板甲”（Plate armour），到了 14 世纪遂发展到最高峰。这使战争成本大为增高，只有全身装甲的人才能算是真正的战士，凡是有钱购置得起甲胄的人，就获得了国际性的商业价值，可以高价拍卖他的“服务”。与这些拿薪水的专家和全身甲胄的佣兵做一个对比，则封建式的民兵似乎是一种太合算的买卖。

由此又引起了另外一个变化。雇佣性的军人，只要能够发饷，则可以无限期地留在战场上；反之，封建性的贵族和骑士只能集中 40 天，就必须要解散。在法国腓力三世（1279—1285 年在位）和英国爱德华一世的时代中，为了能作延长的战役，军人发饷遂成了经常的现象。不管招募的来源如何，封建性和雇佣性都在内，全部陆军都变成了有给制的兵力。常备的正规军遂逐渐代替封建式的骑士，职业军人这一个阶级开始出现了，在法国称为“routiers”，在意大利称为“condottieri”。这些职业性的战士，自己编成了部队，以最高价拍卖他们的“服务”。他们只是为军饷打仗，他们是反封建的，他们与其主人之间并无所谓荣誉规则的束缚。这一类军人的鼻祖可以首推日耳曼人罗杰（Roger de Flor），他在 1303 年所组成的“卡塔兰大连”（Catalan Grand Company），曾经受过安德罗尼卡二世皇帝的雇用。

虽然在“百年战争”（The Hundred Years War）开始时，除了热那亚的弓弩手和划船战士以外，法英两国的陆海军都还是分别从两国臣民中去招募的。可是不久，佣兵的使用即变成了普遍现象。当普瓦捷之战结束，爱德华三世将他的民族性兵力率领返回英格兰之后，许多法国的佣兵就开始失业了，他们不肯解散，遂变成盗匪以此来维持生活。有了这些佣兵，百年战争才变得如此恐怖。这是一个极矛盾的现象，战争很快地变成了民族性的，可是军人却是国际性的，各国的人都有，在各种不同社会阶级的领袖之下，准备以最高价出卖其“服务”。

除了这些军事性的变化以外，在政治方面，也有一个最重要的改变同时成形了。英格兰在爱德华一世的统治之下，“国会”（Parliament）变成了一个法定的制度。由于贸易的发展，商人阶级的重要性日益增加。爱德华要依赖商业社团来筹措他的国家费用，所以他们也就要求政府减低其封建性质。在英国，下议院（House of Common）与各郡的骑士和市民的代表之间，具有密切的合作。但是在法国，贵族却歧视市民阶级，不愿意与他们合作，一直到1343年，法国才有第一个地方议会出现。到了1484年，才有了“三级会议”（State General）的名词。

到14世纪初，神圣罗马帝国只剩空名，教廷也一蹶不振；英国变成了一个近代化意义的民族国家，而法国却还是一个中世纪意义的民族国家。在西欧各地，智识阶级都觉醒了，大部分是由于研究亚里士多德著作之所致，人们相信个人的智慧和信仰是可以独立的。这对于教廷的政策是极大的打击。举例来说，但丁（Dante，1265—1321）在他的《帝王论》（*De Monarchia*）中，主张建立一个宇宙性的王国，但它却是主张直接臣属于上帝，而不是教皇。假使它们不受到阻挠，则这些变化的结果又将会怎样，是很难断言的。从1337年到1453年，发生于英法两国之间的百年战争，在西方几个最进步的国家中，对于它们的进步，一部分发生了阻碍作用，另一部分又发生了推动作用。

第十六章

史路伊会战与克雷西会战

爱德华三世于1312年11月13日出生于温莎（Windsor）。他是爱德华二世的儿子，他的母亲，法国的伊莎贝拉（Isabella），是查理四世的姐姐，查理于1322年继承其兄腓力五世为法王，所以爱德华实为查理的外甥。1325年，为了满足伊莎贝拉的要求，爱德华二世把阿基坦公国交给他的儿子统治，查理四世也欣然同意，因为他可以获得移交费6万“镑”[1]。

9月10日，这位青年王子接管了这个公国，变成了查理的臣属，正好像他的父亲、祖父和曾祖父对于前几代法兰西国王的关系是一样的。15个月之后，爱德华二世被迫退位，1327年1月13日，他的儿子，还只有15岁，被拥立为英王，于1月29日加冕，是谓爱德华三世。

差不多一年后，查理四世逝世，留下了一妻一女，并无儿子。他的妻子正有孕，但是到了1328年4月1日，又生下了一个女孩子。此时腓力四世的侄子瓦卢瓦的腓力（Philip of Valois）——查理

[1] Livres，法国古代的记账货币，相当于一古斤银的价格。——编者注

四世的堂兄弟——以继承人只应限于男性为理由，获得了法兰西贵族会议的承认，于 5 月 29 日，在兰斯加冕为法兰西王，是谓腓力六世。

他这个当选的消息传到英国，伊莎贝拉大感不悦，因为她的儿子在卡佩（Capetian）世系中要算是“长房”，更有理由获得法王的继承权。为了争夺这个权力，在腓力加冕之后，英国就派了一个使节团从伦敦前往巴黎，为爱德华提出继承的要求，并对于腓力的篡位表示抗议。但是英国宫廷并无贯彻此项要求的实力，所以抗议也只是一纸空文。不久，腓力即利用英国的弱点，开始发动报复，他也派了一个使节团到伦敦去告诉爱德华说：在腓力所有的臣子当中，只有他还不曾来朝贺，希望他能照办。英国政府采取敷衍政策，送回了一个模糊闪烁的答复。腓力又派了第二个使节团去，带去了一个近似的最后通牒，说假使爱德华不宣誓向法王效忠，阿基坦领地即将予以没收。这个威胁使爱德华不能不就范，因为在这个时候，他并无用武力保卫其公国的可能性。1329 年 4 月 14 日，他回信给腓力说，一俟他国内困难情形略有改善后，即当渡海来朝。6 月 6 日，他如约入朝，在亚眠（Amiens）大教堂中，他正式做了腓力的臣子。

在这种要求与反要求来去之中，我们已经触及了百年战争的主因。实际上它与法国王位继承权的问题，并无直接关系，反之，主要的是由于爱德华身兼阿基坦公爵，造成一种不正常的臣属关系。对于一个普通的法国臣子，法王可以用威胁的手段使其屈服，但是因为爱德华又身兼英国国王，若是对他如此，则难保不引起大规模的国际战争。换言之，就法理上来说，国王是可以做另一个国王的臣子，但就事实上来说，国王依然还是国王，彼此是平等的。进一步说，只要爱德华还是阿基坦的公爵，则他不仅还是法国国王的臣属，而且也在法国境内为英国人保持着一个桥头堡。除非他诚心臣服，否则他并无任何道义上的束缚，可以尽量地扩张这个桥头堡的

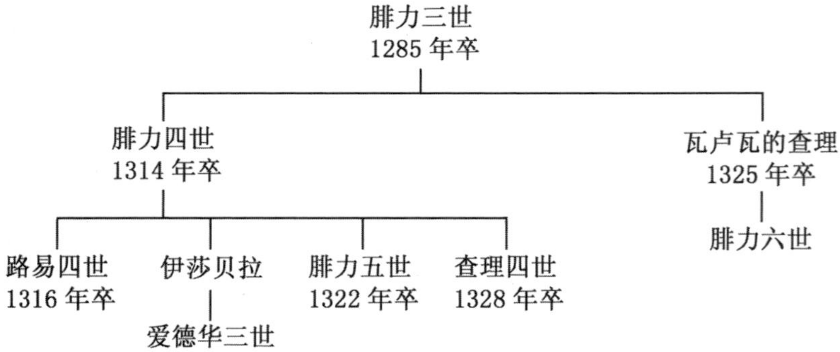

效力。腓力也明知这一点，假使他不能把英国人赶出阿基坦，则为了他自己的利益，必须坚持着爱德华的臣属关系应该愈紧密愈好。反之，爱德华也明白，假使他不完全取消这种臣属关系，则为了他自己的利益，应使其尽量只保持着极有限的形式。最后当腓力命令没收吉耶讷（Guienne）时，诚如皮罗教授（Prof. Edouard Perroy）所指出的，即为走向对爱德华宣战的道路。后者遂以王位继承权要求者的姿态出现。在封建式的冲突中，他是居于劣势的，而在王朝的斗争中，他却可以与对方居于平等的地位。

除了完全封建性的事务以外，也还有其他的因素加在一起，遂使这个冲突成为定局了。这些因素中，比较重要的是在 13 世纪中，神圣罗马帝国已经崩溃了，而教廷自从迁到了亚威农，也日渐式微，所以英国与法国之间，无论是在世俗还是精神方面，都丧失了一个平衡的力量，没有人来给他们排难解纷。另外还有一个苏格兰的问题。自从 1295 年以来，苏格兰即曾与法兰西之间缔结了同盟关系。后者也利用这个关系来牵制和削弱英格兰的力量。对于佛兰德斯的关系也是一样，自从 1328 年卡塞尔（Cassel）之战以后，这个地区也与法兰西国王建立密切联系。虽然爱德华无法破坏这个同盟，但他却想到了一个很聪明的方法来削弱它，那就是使佛兰德斯的纺织工人必须依赖英国的羊毛。

总起来说，百年战争的原因并不局限于王朝和封建的问题，而是那个时代中各种因素的产物。教皇的权威在消沉之中，帝国的影响趋于消灭；王国开始兴起，贸易逐渐成为王国之间的主要竞争对象；制海权的问题开始出现了，从十字军时代中所产生的骑士精神已经变成了好勇斗狠的风气；而最重要的，却是西欧太小了，不够供两个强国发展。这一切的因素，躲在爱德华的继承权要求的背后，造成了所谓的百年战争，这是中世纪的一大浩劫，尽管有它的愚行和灾难，但却为一个比较伟大的英格兰和法兰西，撒播了种子。

在这个长期的斗争中，严格地说来并没有一个真正伟大的决定性会战，如我们在以前各章所叙述者，可是战术性的决定却并不缺乏，尤其是以在战争开始时和将要结束时为然。

爱德华被迫在亚眠向腓力表示臣服之后，法国政府就算是赢得了第一个回合，英国的软弱使他们受到了鼓励，遂开始想赢得第二个回合。于是就发生了爱德华所宣读誓词的内容问题，事实上，它固然不像其他法国诸侯所宣读的那样“正确”，但与爱德华二世、爱德华一世和亨利三世等所为者，并无太多的差异。它仅仅是“单纯”（Simple）的臣服，而无效忠（Liege）的意义。在未经过进一步磋商之前，法国政府于1330年7月28日，命令爱德华到法国宫廷中来，当面解释他的“臣服”是具有后者的意义。

此时英格兰的伯爵们正在造反，反对伊莎贝拉和她的面首莫提美尔（Roger Mortimer）。爱德华对于其母亲的训政，也感到十分厌恶，于是同情这些贵族，废除了他的母后，并在台布恩（Tyburn）将莫提美尔处以死刑。国内混乱之际，他无力拒绝法国人的无理要求，于是在1331年3月30日，写了一封信给腓力说：“我们承认在亚眠的宣誓是具有效忠的意义。”四天之后，他又亲访法国，在这个短期的停留中，腓力认为这个书面的承诺可以满足，两国之间遂又恢复了友善的关系。这个问题似乎是解决了，腓力开始去准备参加十字军，因为这时欧洲又正在宣传这种运动。虽然如此，刚刚只过了一年的时间，这场巨大火灾的第一个火花就开始发亮了，这不是在海峡的那一边，而是在特威德河（Tweed）以北。

当罗伯特 · 布鲁斯（Robert Bruce）——1314 年在班诺克本（Bannockburn）的胜利者——于 1329 年 6 月 7 日逝世之后，苏格兰的王位就传给他的儿子大卫（David），他还只是一个 5 岁的小孩子，依照 1328 年 5 月所订的《北安普敦（Northampton）条约》，被爱德华承认为王。这个条约也规定过去在苏格兰有领地而被没收者，除了三个人例外，其余均应发还。

1331 年 11 月，大卫在斯康（Scone）石上加冕。爱德华的一个宠臣巴利奥尔（Edward Baliol）就出发收复他所丧失的领地。[1]1332 年 7 月 31 日，他率领着一小队的军士和弓弩手侵入苏格兰，8 月 11 日，在都普林穆尔（Dupplin Muir）击败了苏格兰的摄政，获得了一个惊人的胜利。此时，爱德华知道大卫受到了腓力的补助，于是自动废除了这个他本来喜欢的《北安普敦条约》，率兵北上，包围贝维克（Berwick），并于 1333 年，在哈里登丘陵（Halidon Hill）彻底地击败了苏格兰人。大卫逃往法国，受到了腓力的优待。腓力表示除非爱德华的部队撤出苏格兰，否则他拒绝停止其对于苏格兰人的援助。

当情况恶化之后，教皇本笃十二世（Benedict Ⅻ）自告奋勇，出面调解。1335 年 11 月，他劝说了爱德华和大卫两人同意暂时作短期的休战，以便作为调处他们之间争端的第一个步骤。不久，他又向腓力说，希望能获致全面的和平，否则十字军的行动只好暂时延期了。这却使腓力大感恼怒，因为他早已决定领导这一次冒险，为了对于爱德华施加压力，他不由分说，命令其本来集中在马赛准备输送十字军往圣地的舰队，开往诺曼底港口，好像他是准备介入

[1] 他是约翰·巴利奥尔的儿子，在 1292 年，约翰曾由爱德华一世强迫苏格兰人接受他为国王。

战争，以来支援苏格兰一样。

这个行动对于英格兰的效果是马上就发作了。英国国会认为英国有受到侵入的威胁，遂于 1336 年 9 月，投票表决筹募战费，并同时命令其舰队集中在英吉利海峡内。对于这个反挑战行动的答复，腓力把部队开到了吉耶讷的边界上，并于 1337 年 5 月 24 日，采取了决定性的行动，宣布没收吉耶讷地区。

此时又发生了一件附带的意外事件，也足以加速战争的爆发。1332 年，腓力的妹夫阿特瓦的罗伯特（Robert of Artois），被指控毒杀了他的妻子，于是被判褫夺了他的爵位财产，放逐出国。他首先在海诺尔（Hainault）避难，但是以后当腓力宣布说，谁收留了他就准备以兵戎相见时，罗伯特遂在 1336 年年底渡海赴英。爱德华待之以殊礼，他就劝说爱德华反抗腓力，并再提出对于法国王冕的要求。假使以阿基坦公爵的身份，爱德华受了誓约的限制，他不能支持罗伯特来反对其合法的国王，不过若能宣布腓力的嗣位是不合法的，则他就可以无所顾忌了。工具是现成的，即对于继承权的要求。1337 年 11 月 1 日，他派了林肯主教（Bishop of Lincoln）到巴黎去，带去了一份最后通牒，在这个文件中他称呼腓力为法兰西的“自立为王者”（Soi-Disant King）。虽然他尚未立即要求法国的王冕，可是这样的称呼即表示腓力为一个篡位者，所以他在亚眠的宣誓再无遵守的价值。1337 年的秋天，爱德华赢得了第三个回合，这个自从 1328 年来已经冷却的冲突现在又再度升到了沸点。

若照现在的字义来解释，要想征服法兰西——那就是说要加以占领——应是一个不在考虑之列的问题。这不仅是因为 14 世纪的法兰西王国是一个巨大而繁荣的国家，也因为它有差不多 2000 万的人口。而在 1377 年，经过了 1348 年到 1349 年的黑死病之后，英国的人口却只不过是 370 万人而已。虽然法国有这项优势，但是我们却应记着当时仍然保持着封建制度的战争观念，换言之，是以精选的人员为基础，而不是依赖广大的人力。虽然法国的骑士在数量上也优于英国，但是纪律却较差，而且仍然认为步兵在战场上的出现，是有辱于其阶级的尊严。

若与法兰西做一对比，则英格兰是一个比较统一的王国，爱德华有一个好得太多了的财政制度，可以使他便于招募和维持其兵力。为要赢得他的会战，他所唯一需要解决的工作即为如何击败法国的骑士。法国人的封建战术还是设法将敌人挑下马来，加以生擒以便勒索赎金，而爱德华却比较注重“杀伤”。在观念上，他的战术要比封建式的较为“近代化”。他的祖父曾从威尔士人手中，学会了使用长弓（longbow），这种兵器使他可以把“火力”当作战术的基础，而不局限于冲力。把这些因素若都加以考虑，则在战术上法国人是处于劣势的。但是法国的面积巨大，连相当长期的占领都是不可能的，当然不必说永久性的占领。

遵照其祖父在 1297 年所拟订的计划，爱德华决定经过低地国家进攻法兰西，其目的是牵制腓力的兵力，使其不能去夺取阿基坦——换言之，就是把战争向北面拉。虽然与佛兰德斯伯爵路易缔结同盟是一个不在考虑之列的问题，但是利用金钱的收买——总数为 30 万弗罗林（Florins），他赢得了布列塔尼公爵约翰三世、莱茵河上巴拉丁（Palatine）伯爵雷金纳德（Reginald）、巴伐利亚的路德维希（Ludwig）皇帝等人的支持。此外，他又与海诺尔、海尔德兰（Guelders）、林堡（Limburg）、裘里尔斯（Juliers）和布拉班特（Brabant）等诸侯签订了条约。

此时，佛兰德斯的路易——他本是法国人——为了表示其对于腓力的效忠，在卡德沙岛（Cadsand）上——在史路伊（Sluys）以下——设置了一支强大的守军，足以明显地阻碍英国与低地国家间的海上交通。爱德华就抓着这件事做借口，派了一支远征军去攻占该岛。1337 年 11 月 11 日，在箭雨掩护之下，德比伯爵（Earl of Derby）和曼尼（Walter Manny）率领他们的人员，在该岛登陆，并毁灭其防御工事。百年战争从此开始，一直延续了 116 年之久。

其次，为了使佛兰德斯内部发生骚乱，爱德华禁止英国羊毛输出。因为这个原因，这些佛兰德斯人在根特（Ghent）的纺织业公会领袖阿提费德（Jacques van Artevelde）领导之下，推翻了路易伯爵，并与英格兰缔结了一个商业性的同盟。在这次成功之后，皇帝路德维希也责备腓力霸占了某些本来属于帝国的采邑，并要求他把法兰西王国交还给其合法的主人——英格兰的爱德华。最后，皇帝又任命爱德华为帝国总督，统治所有在莱茵河以西的各省，并要各省都向他效忠。

为了扩大其同盟国，爱德华已经累积了巨额的战债。此时，腓力却不声不响地忙于在英吉利海岸上作战。利用诺曼人、西班牙人、布列塔尼人和热那亚人所驾驶的舰队，扫过了海峡，早在1336年，英国到加斯科涅之间的商船就已经采用护航办法了。1337年，海峡中各岛，以及怀特岛都遭到了蹂躏；次年，朴次茅斯（Portsmouth）、波特西（Portsea）和南安普敦（Southampton）都全被焚毁。1339年5月，哈斯丁的大部分也被焚毁，到了7月底，法兰西和热那亚的联合舰队不仅使多佛（Dover）、桑德威齐、温奇尔西（Winchelsea）和拉伊（Rye）等地受到了巨大的损失，而且也紧紧地控制着海峡，以致没有一艘从英格兰驶出的船只不被抢劫，所有的人员不是被杀即是被俘。这些损失中的最著者为克里斯多福（Christopher）和爱德华两艘大船，都是运羊毛前往佛兰德斯的。同时在吉耶讷，拉彭尼（La Penne）自1338年4月被围起，到了1339年也沦陷了。

为了挽回这些颓势，并且使他所借的重债能有一点保障，1339年7月16日，爱德华发了一个宣言，送给教皇和各枢机主教，提出了其对于法国王冕的要求。其次他在费尔弗登（Vilvoordun）和布鲁塞尔与他的那些并不太热心的同盟军相会合，一共约为1.5万人。为了向他们表示决心，他正式宣布撤销其对于腓力的臣属关系，把这个封建性的斗争，变成了王朝性的战争。接着为了表现其真正侠士精神，他率领了40骑长枪兵，以最高速度前进，去奇袭位置在斯卡尔普河（Scarpe）和斯海尔德河交点上的莫尔塔涅（Mortagne）要塞。当他未能攻下该要塞之后，又继续挺进，去奇袭在康布雷附近的屠恩列维克（Thun-l'Évêque）。

因为对于秋季战役并无准备，腓力在圣康坦（St. -Quentin）召集他的贵族开会，而爱德华则进到了康布里西斯（Cambrésis），沿路蹂躏，所过为墟。当他于9月25日到达马尔宽（Marcoing）的时候，腓力已经移到了佩罗讷（Péronne）。10月18日，他从那里致书爱德华向其挑战，请爱德华选定任何一个"公正的战场"，以便作一次正常的会战。但是爱德华却退向拉卡佩勒（La Capelle）附近的拉弗拉门吉里（La Flamengerie），于是腓力也进到了比龙福斯（Buironfosse）。10月23日，两军准备会战。爱德华准备还是像在哈里登丘陵时一样，采取防御行动，并无攻击的意图。腓力与他的顾问商量了一番，认为这一天的星象不利，也静候对方的进攻。结果双方都按兵不动，到了傍晚时候，爱德华退往阿韦讷（Avesnes），到了11月1日，回到了布鲁塞尔。这就是爱德华为了争取法国王冕所作的第一次战役，其最后虽未流血，但却所费不赀。他已经举债30万镑，并且糟蹋了教皇的美意。此时，在加斯科涅，法国人占领了布尔格和布莱（Bourg and Blaye），而波尔多也受到了直接的威胁。

虽然如此，爱德华却并不灰心，为了使他与佛兰德斯人的关系"合法化"——他们还是应该效忠于法国王室的——他于1340年1月25日，公开宣布他兼任英法两国的国王，并且在他的御甲上面，把百合花的标志扣在狮子的旁边。佛兰德斯人解除了向腓力效忠的誓词，遂承认爱德华为法国国王。2月21日，他回到英格兰。

一旦回国，爱德华最迫切的问题即为筹措金钱来继续进行战争，但是在国会通过新的战债以前，他又要准备返回佛兰德斯。腓力已经在那里向爱德华的同盟军发动攻势，两军正在斯海尔德河上对峙着。此时，教皇也并未停止活动，在腓力主使之下，他对于背叛的佛兰德斯人，宣布破门的处分。为了安抚他们，爱德华也写信给他们说：只要他一过海，他就会从本国内带来一批僧侣，来为他们做弥撒，不管教皇会怎么样。

为了不使他的敌人能重返欧陆，腓力集中了一支强大的舰队，由海军将领奎里特（Adm. Hue Quieret）、贝胡齐特（Adm. Pierre Béhuchet）和热那亚海上职业军人巴尔巴尼罗（Barbanero）三人统率，以此来监视英吉利海岸，防止爱德华渡过海峡。假使他敢于冒险，即将他活捉。当这个消息传到了英格兰，虽然违反了他的本意，爱德华还是听信了忠告，暂时不出发，等到在奥威尔（Orwell）所集中的同等强大的舰队准备就绪了，再渡过海峡。

一切准备就绪，西风也开始吹着，大约是在 1340 年 6 月 22 日星期四一点钟，爱德华上了战船托马斯号（Thomas），全部舰队都出发了。[1] 它可能一共有 147 艘战舰，分为三个支队，分别由莫莱爵士（Sir Robert Morley）、亨廷顿伯爵（The Earl of Huntingdon）和阿仑德尔伯爵（The Earl of Arundel）三人统率，爱德华本人则亲任最高统帅。随之出发的还有一个运输舰队，以之补给仍留在根特的菲利帕女王（Queen Philippa）的宫廷。

星期五快到中午的时候，当他们驶近佛兰德斯海岸时，可以看见集中在史路伊港中的法国舰队，依照当时史家弗罗沙特（Froissart）的记载，桅杆好像树林一样。在日期为 6 月 28 日，写给他的儿子康沃尔公爵（Duke of Cornwall）的一封信上面，爱德华估计敌人的实力为船 190 艘，一共有人员 3.5 万。虽然时间还早，由于潮汐的关系，英国舰队并未驶向在东面 10 英里远的史路伊港 [2]，而在布兰肯贝赫（Blankenberg）投锚，另外派了一队骑兵上岸去侦察敌人。他们回来报告说：敌人舰队中有 19 艘特别巨大，其中有一艘即为

[1] 这种船名叫作“Cog”，为两头翘起的宽底船，现在还叫作“鸡头船”（Cockboat）。

[2] 这个港口已经淤塞，现在的史路伊是一个内陆城市。

被俘的克里斯多福号。

6 月 24 日星期六拂晓时，双方的舰队都准备采取行动。巴尔巴尼罗是一个职业军人，力主进攻，但是那两位法国海军将领却坚持要在港内做消极的防御。最后获得了两个折中的方案，法国舰队进到卡德沙岛的附近港口[1]，而巴尔巴尼罗则率领他的快速支队出海迎敌。一旦到了港口，这两个法国将领，对于海事全属外行，把他们的船只分为三行，把最大的船放在前面，因为他们的侧翼是有安全保障的，为了使其正面不致被突破，他们又用铁链和绳索将前排的船只连在一起。在船上顶层的堡垒中，准备了石块和其他的投掷兵器。在舰队前列中有克里斯多福号，上面载满热那亚的弓箭手，在它的附近又有爱德华号、凯瑟琳号（Katherine）和玫瑰号（Rose），这三艘船也都是从英国人手中俘虏得来的。

爱德华的舰队也是分为三列，最大的船只在前，由莫莱爵士指挥。每三艘船中，一艘载着甲士，两艘载着弓弩手，互相间隔着，似乎有些船只上还装有原始的火炮和弹射机。在后方还有一支预备支队，也由弓弩手负责，另有 300 名甲士奉命保护装载妇女的船只。

爱德华握有主动之权，他对于风向、潮汐和日光都可以等待，一直到过了中午，潮流才合用，于是史路伊会战开始了。

在军乐声中，莫莱爵士背朝着日光，直向法军的前列驶去，一方面高呼着："圣乔治，吉耶讷！"另一方面则高呼着："法兰西！"当莫莱的船只在投锚地上撞上了法国舰队之后，英国的弓弩手就不断地发矢，以此来掩护装载甲士的船只，当后者抓着敌船，即跳过敌船，用肉搏战来肃清敌人。从船顶上投下了大批的石块，打击那些在下层交战的人员。大船克里斯多福号、爱德华号和玫瑰号，马上都被英国人夺回了，卸了法国旗，升上了"雄狮与百合"的英国旗。弓弩手们马上驾驶着克里斯多福号，去攻击热那亚快船。法国人在

[1] 该岛现已与大陆连接。

战斗中也表现出来其传统的勇气，据说有整艘船的英国兵都为其石块所击毙。但是决定性兵器却还是弓箭，在多数情况中，都是它们扫清了法国船只的甲板。

似乎在会战之前，爱德华曾经从布鲁日（Bruges）和邻近的城镇中，召集拥护他的人来助战。依照弗罗沙特等史家（但非全体）的记载，他们都欣然应召而来。他们乘着小船去从后方攻击法军。巴尔巴尼罗认为大势已去，遂率领他的24艘快船向公海中逃走，躲过了这场屠杀。

当他们第一列战败了之后，法军即放弃了一切的希望，第二和第三的两排人员，在恐慌之中，都纷纷下小船逃走，人多船少，挤在一起，有许多船都翻了。虽然如此，这场血战还继续打到日落时才停止。依照爱德华所说的，直到深夜，才将法国的三列舰队都全部歼灭，一共为166艘船。奎里特在白刃战中被杀，贝胡齐特则被俘，因为他曾经焚毁了朴次茅斯，为了报复，英国人就将他处以绞刑。

爱德华在托马斯号上还停了好几天，奏乐设宴以此来庆祝胜利。当他登陆时，为了使他的诺言兑现，让300个僧侣排队游行到阿登堡（Ardenburg）的圣母大教堂，举行盛大的弥撒礼。此外，他又前往根特去看菲利帕女王和她新生的儿子，根据他的出生地，就定名为根特的约翰（John of Gaunt）。

说起来很奇怪，这个胜利，从战术上来看，可以算是英国舰队有史以来获得的一次空前胜利。但是对于斯海尔德河上的战役，却并无太大影响。他本应该在战略方面扩张这一战的战果，可是爱德华却不这样做，而决定围攻图尔奈（Tournai），很显明地是由于他有诺言在先，为了使佛兰德斯人承认他为法兰西国王，这个城也是代价之一。7月23日，他把司令部设在库特赖（Courtrai）与图尔奈之间，并开始围攻后者。此时，腓力的陆军则扎营在艾尔（Aire）与阿尔芒蒂耶尔（Armentières）之间。腓力并无急于进攻之必要，事态的发展是对他有利的：在加斯科涅，他的兵力进展迅速，在苏格兰，苏格兰人也已经收复了珀斯（Perth）。图尔奈的围攻进行了差不多两个月，并且曾用火炮轰击。因为缺乏金钱，无法使他的杂牌部队再团结一致，爱德华被迫只好解围而去。9 月 25 日，他勉强同意签订了《艾斯普里青（Esplechin）休战条约》，它的有效期到 1341 年 6 月 22 日为止。

史路伊会战的重要性，并非在于其对爱德华第二次佛兰德斯战役的影响，这次战役也和第一次是一样的，还是虎头蛇尾了事。它的重要性是在对于整个战争发生了决定性影响。这次的胜利使英国人在下一代的时间当中，都能完全保有海峡的控制权。若非如此，则战争可能不会拖这样久，而在心理上具有决定性的克雷西（Crécy）会战，甚至可能不会发生。

11 月 30 日，爱德华回到了英格兰，到了 1341 年，当他在苏格兰的战事正在转趋恶劣之际，欧陆上又发生了一件大事，迫使他不能不向南面看。4 月，布列塔尼公爵约翰三世死了，没有子嗣，于是又发生了继承权的争执。争这个位置的人有两个：（1）布卢瓦的查理（Charles of Blois）为腓力四世的侄子，他曾经与约翰的侄女结婚；（2）蒙特弗伯爵约翰（John Count of Montfort），为布列塔尼公爵约翰的异父弟。腓力支持前者，爱德华则希望成立一个盎格鲁—布列塔尼同盟，以此来对抗法兰西—苏格兰同盟，所以支持后者，结果使英法之间又爆发了新的战争，一打就是 20 年。依照雷姆赛爵士的说法：它使百年战争变得有可能性了。

然而腓力并未正式参加这场战争，但是他的儿子诺曼底公爵和他的兄弟阿朗松伯爵（Count of Alencon）却与查理合作。11 月 21 日，他们迫使南特（Nantes）投降，并侥幸俘获了约翰。但是他们没有想到，他的妻子，伯爵夫人却是具有“男人的勇气和狮子的雄心”（弗罗沙特的评语）。她可以算是圣女贞德（Joan of Arc）的先驱，她对于埃讷邦（Hennebont）堡垒的英勇防御，可以算是百年战争中的大事之一。它激起了爱德华的侠义精神，1342 年 5 月，当这位伯爵夫人到了最后的关头时，他就派曼尼爵士率领了300名骑士和2000名弓弩手去救援她。曼尼解了该城之围，但兵力却不够强大，不敢冒险向内陆推进。所以在北安普敦公爵和阿特瓦的罗伯特率领之下，爱德华又派了一军前往。罗伯特在瓦讷（Vannes）重伤殒命，而在9月30日，北安普敦公爵却在莫尔莱（Morlaix）苦战获胜。这次胜利使爱德华又受到鼓励，于是10月23日，他渡海到达了布雷斯特（Brest），决定他的第三次战役准备在布列塔尼进行了。又和上两次一样，仍然是毫无结果，1343年1月19日，在马里斯特华（Malestroit）签订了一个为期三年的休战协定，包括苏格兰、海诺尔和佛兰德斯。

之后，双方又都利用这个休战期，以此来扩展其自己的利益。当教皇克雷芒六世看到最后解决的希望迅速地化为乌有，就劝说双方于1344年10月到11月，在亚威农举行一场会议。在那场会议中，爱德华首先提出对于法国王冕的要求，接着就再谈生意。他要求扩大吉耶讷的范围和完整的主权，即解除一切的臣服关系。虽然腓力的顾问们力争阿基坦的没收是已经无可改变，可是腓力却同意归还这些领地——包括爱德华现在正占领的地区在内——甚至扩大其范围，但唯一的条件却是必须臣服于他。

双方都不肯让步，战争又继续下去。爱德华决定从布列塔尼和吉耶讷两方面，同时攻击法兰西。1345年6月，蒙特弗伯爵（他已从法国逃回）和北安普敦公爵被派往布列塔尼，不久，德比伯爵也乘船前往波尔多。爱德华听到阿提费德的统治权发生了动摇，所以在7月5日，他也出发往史路伊。7月7日，他在史路伊遇着阿提费德，可是当阿提费德返回根特时却被刺杀了。7月26日，爱德华又回到了英国。

9月，蒙特弗伯爵死在布列塔尼，而北安普敦公爵也没有什么成就，即宿营过冬了。反之，在南面的德比伯爵却比较成功，其原因是他采取温和的手段，颇得民心。他攻下了贝尔热拉克（Bergerac），在一场卓越的作战中，解了奥贝罗齐（Auberoche）之围。在这些成功之后，安果仑和许多其他的城市就都开门迎降。于是他回到波尔多，去度过 1345 至 1346 年的冬天。

这许多的损失使得腓力不能不采取行动，到了 1345 年的年底，他召集了诺曼底、皮卡第（Picardy）、勃艮第、洛林、普罗旺斯和朗格多克等地的民兵，集中在图卢兹，由诺曼底公爵担负指挥。1346 年的初春时节，这位公爵出发了，4 月开始包围艾吉永（Aiguillon）要塞——在加龙河和罗特河（Lot）的交叉点上——由许多英军所据守。这个要塞非常坚强，不久这次围攻就变成整个战争中最著名的战役之一。一直压迫到 8 月 20 日，这位公爵却突然解围而去了。因为在那一天，从北面有惊人的消息传来，说爱德华又侵入法兰西了。德比——升为兰开斯特伯爵（Eare of Lancaster）——也听到了英王登陆的消息，认为艾吉永现在已经安全了，遂率兵向桑顿基（Saiutonge）和普瓦图进攻，以牵制法军并与爱德华相呼应。

当他从史路伊回国之后，爱德华马上就开始组织一支新军，以推进在加斯科涅境内的战争。从过去的经验上，他知道封建式的民兵是不适合于欧陆战争的，他决定用所谓“Commissions of Array”的制度（即相当于配赋制），来招募一支精兵，对于这种制度，他的父亲和祖父也都曾偶尔采用过。依照这个制度，每个地区的地方官和招募委员，首先造出一份全部地主的清册：凡是地租值 5 镑的地主，即应负责负担一名弓弩手；10 镑的负责一名骑马步兵（Hobeler）；25 镑的负责一名甲士（Man-at-arms）；至于最大的封建地主则应供给整队的人员。例如理查（Richard Lord Talbot）负责供给了 14 名骑士、60 名骑马步兵和 82 名弓弩手。牛津公爵负责供给了 23 名骑士、44 名骑马步兵和 63 名弓弩手。地主们若自己不能服役者，可以自由寻找替代人，假使交不出人来，则处以罚金。弓弩手为 1 镑，骑步兵为 3 镑 6 先令 8 便士，甲士为 6 镑 13 先令 4

便士。弓弩手从自由农民（Yeomen）中去招募，这个阶级完全在农奴之上的。[1] 法国人因为缺乏有训练的本国弓弩手，只好雇用热那亚人和其他的十字弩手。

这里对于所谓“长弓”者也应略加说明。这种兵器一直支配着法兰西的战场，直到阿让库尔（Agincourt）之战为止，过此之后它也就迅速地被淘汰了。上文已经说过，这是爱德华一世从南威尔士学来的。它是用 6 英尺长的榆树造成的，射出的箭长 3 英尺。比起诺曼人的短弓是一个威力远为强大的兵器，但却又比“十字弩”轻便得多了，它的箭能透过两层销子甲。

1298 年，爱德华一世首先在法尔基克（Falkirk），以华莱士（Wallace）所率领的苏格兰人为对象，来试验这种兵器，威力是非常惊人。爱德华在班诺克本却未使用它，结果为布鲁斯所击败，1332 年在都普林穆尔之战中，长弓的教训又再度被英格兰人学会了。

上文已经说过，这一战是由爱德华、巴利奥尔等人，为了收复失地，而与苏格兰的摄政多纳德（Donald Earl of Mar）交战的。前者的总兵力为 500 名骑士和 1000 名到 2000 名弓弩手。后者所指挥的据说为 2000 名骑士和 20 万步兵（这是过分夸大的数字）。

因为认清了他们在数量上是处于劣势，英国人首先在夜间向多纳德进攻。但是当拂晓之后，他们发现敌人已经严阵以待，于是就在一个丘陵地的斜坡上占领阵地。除了 40 名骑士以外，其余都完全下马，排成了一个方阵，使弓弩手在两翼上向前伸出。多纳德却完全不注意这些弓弩手，向中央冲锋，并突入敌阵。两翼上的弓弩手向内一旋，发射了极强烈的“火力”，结果苏格兰军队秩序大乱，几乎完全被歼灭。英军再上马追击，遂大获全胜。1333 年，爱德华在哈里登丘陵之战中，也是采用这种战略。自此以后约有 100 年，

[1] 英国自从被诺曼底征服之后，即以射箭当作“国技”，所有自由农民均有弓箭，所谓自由农民实际上是一支常备性的民兵。

这都一直是英国人的基本战斗形式。

爱德华把兵力集中在朴次茅斯，依照雷姆赛爵士的记载，这支兵力一共有 3580 名英格兰弓弩手，3500 名威尔士兵（一半弓弩手，一半长矛兵），2743 名骑步兵和 1141 名甲士（骑士），总数约为 1 万人。

这是一支有纪律、有组织的精锐，由国王发饷。在战术方面，他们是较优于法军。因为在英军方面，“火力”和冲力已经结合在一起，而在法军方面，却完全只靠冲力。爱德华的战术是防御性的，而腓力的则属于攻击性的。在前者中，是先用弓矢使敌军丧失了“组织”和“士气”，然后再加冲锋来竟其全功。在后者中，还是和哥特人的战术一样，从头到尾都是以冲锋为主，而每一次的冲锋，其秩序都会比前一次要更为混乱。在摧毁敌人组织和士气的阶段中，骑兵是很少能担负决定性任务的，所以爱德华通常总是命令其甲士的大部分下马，将其组成方阵，以此来抗拒敌人的骑兵攻击和保护他自己的弓弩手。他的正常阵形，是分为三个“区分”（Divisions），两个区分下马在前，中门隔有一个间隔，另一个区分在后，骑马或准备乘马，作为预备队。弓弩手则从前排两区分的侧翼上，成角度地伸出（称为“en herse”）。若是可能的话，这个外翼总是以倚托在一个障碍上，例如森林、河川或村落为原则。为了自卫，弓弩手都是就地挖掘堑壕，并在他们阵地之前插上带铁头的栅栏。因为这些障碍物再加上箭“火”，法国的骑士总是避开弓弩手，而直向下马的甲士冲锋，当他们冲过来时，弓弩手即从两侧加以袭击。552 年在塔吉那之战中，也就是使用这种战术。此外，法军为什么专门攻击下马的甲士，也还有另外一个理由：依照骑士的规律，攻击步兵对于一个骑士，是有失尊严的，而且步兵也无“绑票”的价值。通常在胜利之后，对于敌人的步兵是一律加以屠杀，以免他们变成土匪。在 14 世纪根本上就没有收容俘虏的集中营。

当爱德华在做军事准备时，同时也发动了一个宣传战，他诋毁腓力是想彻底地根绝“英语”，这个宣传文件在英国各地散布着。

此外，他拒绝教皇的调解，凡此种种都使腓力可以看出来，大规模的侵入战迫在眉睫了。腓力就致书苏格兰王大卫，请他不要错过了这个打击英国人的好机会。

1346 年 7 月 11 日，一切准备就绪，远征军开始出发了。依照弗罗沙特的记载，原定的目标为加斯科涅（英王知道在艾吉永要塞中的英军，处境是如何的窘迫，所以决定亲率大军去解围）。但是正当渡过海峡时，却有一位流亡的诺曼人戈弗雷（Godfrey of Harcourt）向爱德华进言说："若能在诺曼底登陆，则将更为有利。这个省份为世界上最肥饶的地区之一，而诺曼人久已不习武事，其全部的骑士又必已随其公爵去围攻艾吉永了。"爱德华接受了这个忠告，命令舰队向科唐坦半岛（Cotentin）的圣瓦斯特—拉乌格（St. Vaast-la-Hogue）驶去。究竟其真正的战略目的是什么，还是很难猜透的。诚如阿曼爵士所指出来的，从爱德华对于克雷西战役的指导上，即可以证明他是并无任何合理的计划，所以我们可以获得一个结论说：这次远征只不过是一"骑士式的冒险"而已，或者是故意深入法国，以此来激怒其国王。

第二天，7 月 12 日，爱德华在拉乌格登陆，为了卸载的工作，在那里停留了六天。7 月 18 日，他开始向瓦洛涅（Valognes）进发，取道卡朗唐（Carentan）、圣洛（St. Lô）和丰特奈（Fontenay-le-Pesnel），于 7 月 26 日达到了卡昂（Caen）。爱德华任凭那个要塞去闭关自守，但是这个城却是没有城墙的，于是遭到了彻底地洗劫。爱德华命令把所有负伤人员和战利品，都送上船去，这时他的舰队已移到了奥恩河（Orne）的河口上。但是舰队却突然叛变，并且已经扬帆回国。似乎这一个丧失纪律的事件却反而帮爱德华解决了他的战略问题。因为没有交通线，也不可能再留在现有的地位上，若是向南想去和兰开斯特公爵会合在一起，则一定会一头撞上诺曼底公爵的优势兵力，所以只能向北去。其唯一可采取的路线，是再向东走，以便在佛兰德斯建立一个基地。

他在7月31日从卡昂出发，取道利雪（Lisieux）和布里奥讷（Brionne），于8月7日达到了艾尔博夫（Elboeuf）。他发现在鲁昂的桥已经毁坏了，于是进到了塞纳河的左岸，以此来寻找一个渡口。8月13日，他到了巴黎的附近。在他一路行军的时候，对于所过的地区均采取极野蛮的蹂躏手段，而法军却在塞纳河的右岸上干看着。他到达了普瓦西（Poissy），修复了那里的桥梁，于8月16日强渡过塞纳河，并挺进到了格里西（Grisy）。此时，腓力不特不阻止他渡河，更使巴黎的人民感到震惊者，却是腓力反而向圣但尼（St. Denis）退却。

从格里西，爱德华再用强行军向北走，于21日到达了艾赖讷（Airaines），该地在索姆河以南约10英里处。在那里，他的侦探发现在阿布维尔（Abbeville）的一切桥梁和徒涉场，不是被破坏即有法军据守。腓力已经在亚眠，他的兵力也一天比一天壮大。

因为不能在阿布维尔渡河，爱德华遂向阿舍昂纳（Acheux）推进，于8月23日到达了那里。他悬重赏，征求任何能为他指出一个徒涉场的人来。有一个蒙斯（Mons-en-Vimeu）村的土著，叫作哥邦（Gobin Agache）的人跑来应征，他说在阿布维尔以下10英里远的地方，有一个叫作“白点”（Blanque Taque）的徒涉场，在低潮时可以渡过。腓力已经跟踪在后，一分钟也不能耽误，爱德华于午夜出发，在8月24日清晨，到达了该地。他停了一两个钟点，以待退潮，接着在弓弩手掩护之下，全军强渡过河。等到腓力赶到，潮水已经涨起，隔断了他的进路。当天夜间，爱德华到达了努瓦耶勒（Noyelles），第二天上午又继续退却，到达了克雷西的森林和村落。此时，腓力回到了阿布维尔，并从那里的桥上渡过了索姆河。

达到了克雷西，爱德华即决定接受会战。弗罗沙特所解释的理由，在骑士时代也是很能自圆其说的，他说爱德华已经到达了其祖母所遗留的地区，所以他决心要保卫它。此外，他也发现这个位置适合于他的战术。另外有些作家认为他是被迫不能不挺身战斗，否则其士气即将崩溃。这种说法却是不可信的，因为克雷西距离佛兰德斯只有三天的行军距离，而腓力在他的后方又还隔了一天的行军距离。

他猜到腓力一定会采取从阿布维尔到埃丹（Hesdin）的道路前进（事实的确如此），除非他绕到敌人的左面（这是不合于骑士风度的），否则就必定将被迫做面对面的攻击。爱德华就选择了一个位置以此来迎候敌人，并且又能适合他的战术和兵力。这是夹在克雷西村落与华地考特（Wadicourt）之间的一片平缓高地，在今天还是和当年一样的景象。[1] 在高地的东西——爱德华理想中正面之前——有一个洼地，称为“克雷尔洼地”（Vallée des Clercs），在它的那一面即为艾斯特里村（Estrées-les-Crécy），在它的南面为方丹村（Fontaine-sur-Maye），在阿布维尔—埃丹大路的西面。从方丹村有一条小溪，梅溪，向西流过克雷西，在它的南面即为克雷西大森林。从克雷西到华地考特的距离约多于 3000 码。

爱德华的陆军还是照例分为三区分，两个在克雷西—华地考特大路东面高地的前坡上，中间留了一个空隙，后面一个区分则可以假定是在大路上。右前方的这个区分，即靠克雷西这一个，名义上由威尔士亲王指挥，他还是一个 17 岁的男孩子，所以实际负责指挥者为沃里克（Warwick the Earl Marshal）和牛津的哈尔考特（Harcourt）两伯爵，左面则由北安普敦和阿仑德尔伯爵指挥。爱德华亲自指挥第三区分，将其指挥所设在靠近克雷西这一端的一个磨坊里面，那个磨坊所位在的圆丘在今天还可以看见。为了保护他的右翼，爱德华掘了一连串的堑壕，左右前方的正面上也掘了堑壕。

弓弩手的部署还是像上文所述的，与正面成斜角。外面两个侧翼与克雷西与华地考特两个村落相连接，内面两个侧翼则掩护着中

[1] 作者 1917 年曾到访过这个古战场，发现村落的位置还是与 15 世纪的地图上所标示者差不多。

间的空隙，构成一个“V”字指向东面。

依照弗罗沙特的记载，右面的一个区分有 800 名甲士，2000 名弓弩手和 1000 名威尔士人。左面为 800 名甲士，1200 名弓弩手。后面为 700 名甲士，2000 名弓弩手，一共为 8500 人。虽然兵种的区分不一定正确，但总数似乎还合理，因为当在拉乌格登陆时，爱德华的战斗兵力不过为 1 万人。

在战线的后方，爱德华在森林附近设立了一个大停车场，他把所有的行李车辆和马匹都集中在这里，据说爱德华还有三门火炮，部署在弓弩手附近。

在布阵完毕之后，爱德华由他的两位元帅随扈着，骑马缓行视察部队，鼓励人员努力作战。接着他们奉命吃午餐，当吃饱休息了之后，再列成阵势，大家都坐在地上，将头盔和弓弩放在前面，所以当敌人到达时，他们的体力和精神都可以很饱满。

此时，腓力已经在阿布维尔集中了他的部队。同他在一起的有：瞎眼或半瞎的波希米亚国王约翰（King John of Bohemia）和他的儿子查理，即罗曼斯王（King of the Romans）；马霍卡国王詹姆士三世（James Ⅲ King of Majorca）；腓力的兄弟，阿朗松的查理；腓力的侄子路易；佛兰德斯的路易；海诺尔的约翰；洛林公爵鲁道夫（Rudolf）和法国骑士的大部分。在中世纪的时代中，从来不曾在一个战场上,集中过这样多的骑士。依照罗特（Lot）的估计，法国共有甲士 8000 人，支援他们的则为 4000 名步兵，其中包括一批热那亚十字弓弩手,由多里亚(Odone Doria)和格里马尔迪(Carlo Grimaldi）分任指挥，法国的骑士（甲士）也是分为三个集团，第一队由波希米亚王和阿朗松及佛兰德斯两伯爵指挥；第二队由洛林公爵和布卢瓦伯爵指挥，第三队则由腓力和罗曼斯王指挥。[1]

[1] 另有一种说法认为法军在数量上处于劣势。

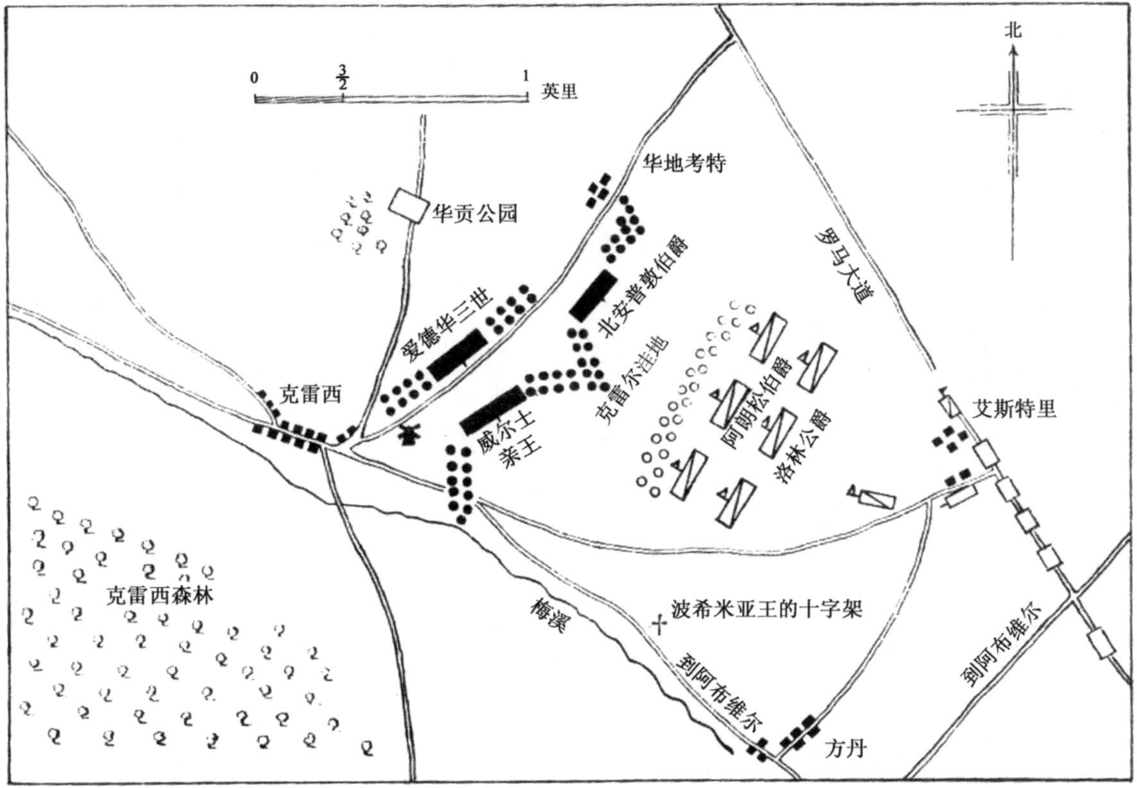

图二十九　克雷西会战，1346 年

因为不能确定英军的位置，所以在 8 月 26 日，腓力沿着阿布维尔—埃丹大路前进，另派慕瓦尼勋爵（Lord Moyne of Bastleberg）和三个骑士先去侦察敌情。他们回来之后，慕瓦尼报告说爱德华正在克雷西，建议国王应暂停前进，宿营过夜，以便后队可以赶上前队，然后在次日上午再用全军进攻。

腓力命令照这个建议行事。弗罗沙特就这样记载：

> 前排的人员停止了，可是后面的却说必须进到与前排平行的位置才停止；由于后面在推进，所以前排也就停不下来，国王和元帅都无法使他们停止。他们虽未奉有任何命令，还是照样前进，一直到看见敌人为止。当最前面的法军看到英军之后，他们马上秩序大乱向后倒退，这又使后面的队伍受到惊骇，以为发生了战斗。于是在阿布维尔和克雷西之间的道路上，到处都是挤满了人，虽然他们距离敌人还有三个"里格"（League，约等于三英里），他们却拔出了刀剑，大声喊杀，好像疯了一样。除非在场，否则人们很难想象其混乱的情形。

黄昏的时候（下午 6 时），天突然变黑，大雨倾盆，加上雷声怒吼，并发生了非常恐怖的日食现象。在大雨之前，有一大批乌鸦在部队头上飞过，发出了极大的噪音，大雨来得快去得也快。太阳又再露出脸来，照得通亮，但是法军却面对着它，而英军则背向着它。此时，热那亚人已经稍微恢复了秩序，被调到了前面，由阿朗松和佛兰德斯两位伯爵的兵力随着后面，开始向洼地中进发。当他们接近英国人时，高声大喊着以来恐吓他们，但是英军沉静不出声。他们再喊一次，英军还是不动，当他们大喊三次之后，就开始发射他们的方头箭（quarrels）。于是英军的弓弩手都前进一步，用力迅速地射出他们的箭来。箭像疾雨一样地飞来，热那亚人感受到这些箭的威力，它们射穿了他们的手臂和头部，透过了装甲，甚至割断了弓弦，于是他们纷纷向后奔逃。看到了这个情形,法国国王不禁怒喊着说:“给我杀掉那些流氓，因为他们挡着我们的进路……”

英军的弓弩手继续发射，不久他们的箭就射在法国骑兵的身上，使他们马乱跳乱跑，又践踏在那些逃走的热那亚人身上。为了要想抢上前去，彼此互相争竞，法国的骑士们就用他们的刀剑，在乱军中砍路前进。

英军弓弩手又将箭头转向法国的骑士射去，关于这个战斗的情形，我们可以引述一段阿曼在《战争艺术》中的话：

> 弓弩手就把箭向着他们中间射去，几乎不需瞄准，便可以箭不虚发，每一箭都可以射中人或马，射透他们的头、臂或腿，并使马发狂。有的站立不动，有的向两边冲，有的回过头来跑，于是秩序大乱。第一批的法国骑士们都溃散了，或死或逃，甚至根本没有看见杀戮他们的人。

当他们被击败之后，法国的第一列并未让出正面，好由第二列来进攻。当第二列冲锋时，遂发生了极大的混乱，盲目的波希米亚王就是这样死于乱军之中。每当法国骑士退却后，爱德华军中的威尔士人，就挺着长刀冲向前去杀人，杀死了许多公侯贵族，使英王感到非常后悔，因为对于死人是无法勒索赎金的。

关于阿朗松伯爵和佛兰德斯伯爵所做的突击，弗罗沙特有下述颇饶趣味的记载。他们的马匹躲避敌方的弓矢，把他们的主力自动地拖到了英军下马骑士的前面。尤其是在英军右翼方面更是如此。威尔士亲王的部队受到很严重的打击，于是沃里克派人到磨坊里去向英王求援。当他听到亲王还安然无恙，于是就向使者说：“回去代表我告诉那个差你来的人，在今天之内不要再派人来求救，而且不管情况如何，只要我的儿子活着，我就绝不会来的，好让他自己经历一点磨炼。”话虽如此，他却还是派了达拉谟主教（Bishop of

Durham）率领了30名骑士去增援他的儿子。

或许他不派较多兵力的原因，是他看到了左翼英军在北安普敦伯爵指挥之下，已经向右旋转，攻击法军的侧翼了。这批法军被逐退之后，腓力所率领的第三批兵力又来到了，结果却只是徒然增加混乱而已。

从头到尾，据英国人的计算，他们一共受了15次单独的和连续的突击，最后一次已经是在夜间了。在整个会战中，法军完全没有一个具体的计划，每一批骑士都只有一个观念，即接近敌人，所以自始至终，都一直混乱不堪。

根本上即无追击的问题。爱德华始终控制着他的部队，整天都是严阵以待的，到了第二天拂晓时，博韦（Beauvais）和鲁昂地区的兵员还不知道会战已经失败了，仍继续前进，于是很容易就被英军击溃。在这一战中腓力的头上受了箭伤，他的坐骑也中了箭。海诺尔伯爵劝他离开战场。他骑马回到布罗义（Broye）要塞，在那里休息了半夜之后，才又骑马往亚眠，于拂晓时到达。

到了8月27日的上午，当最后一批法军都被击退，爱德华才准许他的部下解散行列，去搜刮死人身上的财物。这时才发现被杀的人当中有波希米亚国王、洛林公爵，佛兰德斯以下的10位伯爵和1542名骑士。而普通士兵可能在1万人以上。英军的损失，据报告是颇微，共为两位骑士，一位乡绅，40多名士兵和几十名威尔士人（这个数字当然不可靠）。

8月28日，星期一，爱德华从克雷西到了蒙特勒伊（Montreuil），从那里又安闲地进到加来（Calais），9月4日他到达该地的城外。

这个要塞有两道城墙和一道湿壕包围着，所以无法进攻，于是爱德华决定从向陆地的方面将之包围。他是海峡的主人，又可以从海上加以封锁，除非有外力来解围，否则这个要塞的沦陷已成定局，只是时间问题而已。此时的法王腓力，似乎是因为战败而灰心，在6个月之内都毫无行动。更使他的精神颓丧的，是苏格兰的国王大卫，因为支援他而侵入英格兰，并已经进到了达拉谟，可是在 1346 年 10 月 17 日，却在“内维尔十字”（Neville's Cross）受到了决定性的挫败，并且本人也被俘了。一直等到 1347 年 6 月，诺曼底公爵才在战场上出现，于 7 月 27 日向加来前进。但是当他发现爱德华的势力实在是太强大了，不敢进攻，6 天后遂自动退去。8 月 4 日，维埃讷（Jean de Vienne）开城投降了。9 月 28 日，双方同盟国之间都签订一个休战条约，其有效期到 1348 年 7 月 9 日。10 月 12 日爱德华返回英国。

加来为这场战役中的唯一战略性收获，后来事实也证明，这也是整个百年战争中，英国人的唯一收获。它的确是一个重要收获，正好像在以后的时代中，直布罗陀之于英国一样。爱德华一方面使它变成了一个极坚强的堡垒；另一方面也使它变成了一个高度获利的商业中心，因为他命所有英国输入欧陆的货物，非经过加来不可。这个要塞不仅使他和他的后代在法国获得了一个桥头堡，而且正如吴罗提斯里将军（Gen. Wrottesley）所指出的，在汽船尚未发明之前，只要能坚守着加来，即可以使英格兰永免被侵入的危险。这个要塞保留在英国人的手中达 200 年以上，直到 1558 年 1 月 8 日，被吉斯公爵（Duke of Guise）攻陷之后，英国才又面临着一连串的侵入威胁，而又过 30 年之后，西班牙无敌舰队的出现，才使它成为事实。

不过克雷西一战对于战争的最大影响，还是它使英国变成一个军事强国。从此，英格兰的国威上升到前所未有的高度，使得英国人也必须永远加以保持，不敢丧失。诚如阿曼爵士所说的，英格兰人对于威尔士人和苏格兰人的胜利，在欧陆上是很少有注意。而在亨利三世和爱德华一世所指挥的法兰西战争，也根本未使他们获得稍许的光荣。但是克雷西之战却是一个启示，不仅对法国人如此，对英国人亦是如此。前者是被它打晕了，后者却是被它灌醉了。所以它在历史上的重要性，即为它变成了百年战争的精神基础，这战争将会一直拖下去，一直到另一个精神上的“惨败”出现后，才促使它结束。

大事记（十六）

中世纪的瓦解

在克雷西会战后的100年中，我们可以看到中世纪的瓦解和文艺复兴的出现，其原因固然很多，而最重要的则为黑死病和火药的发明。

前者，可能就是鼠疫，1347年从东方传来，在14世纪后半期以后，常常间断地发生。依照黑克尔（Hecker）的估计，它使欧洲的人口减少了1/4。这种死亡的威胁不仅使人民丧失了精神和组织，而且也使他们更野蛮化。巫术和魔术受到了新的刺激，神秘主义和疑惧的气氛充满了全欧。由于劳动力的缺乏，中世纪的农业制度也被破坏了。这个现象引起了雇工的需要急速增加和农奴制度的迅速绝灭。金钱的束缚代替了土地的束缚。

依照海米上校（Col. Hime）在其所著《炮兵起源》（*The Origin of Artillery*）一书中的考据，认为火药的制造公式是罗杰·培根（1214—1292）所最先发明的。不过在培根的著作中却找不到任何根据，足以证明他曾经想到火器的使用。究竟是谁最先想到利用火药的爆炸来从一根金属管内推进一粒弹丸的观念，事实上还是完全不可考。

很明显，现存的最早文件中曾经提到火炮的是阿拉伯文，时间为 1304 年。另有两个文件是属于根特城的，文件时间分别为 1313 年和 1314 年。此外现存在牛津基督教堂中，也还有一份 1326 年的图画本，上面有古代火炮的图形，这种所谓“投镖瓶”（dart-throwing vase），也叫作“pot-de-fer”。在 1324 年的梅斯围攻战中，似乎曾经使用过这种原始的兵器。1327 年，爱德华三世在苏格兰也曾用过。

依照阿曼爵士的记载，在 1339 年又有另外一种火器，叫作“ribauldequin”首次被提及。这种原始的火器有几个小铁管，可以同时发射。爱德华三世在其法兰西战役中，曾经使用这种兵器。到 1387 年时更研发出一种多达 144 个管子的火器，分为 12 架，每一架可以同时射出 12 颗弹丸。

假使考虑到 14 世纪的机械学知识是如何幼稚，以及那个时代的宗教限制，则火器的进步就不可以说它不快了。在 1340 年，据说在奥格斯堡已经设有火药厂。假使在 1346 年，爱德华三世在克雷西之战中是否曾经使用火炮还是一个疑问，那么在同年的加来围攻战中，其使用却是毫无疑问的。

到了 1391 年就有了铁弹丸，因为有记载说在波隆那的兵工厂中，存有这种弹丸 928 颗。不到这个世纪终了时，进步是如此神速，已经能够制造 25 英寸口径的攻城炮了，现在在根特城中还藏有这种古董。“手炮”（hand-gun）的名称是在 1364 年首次出现，到了此时也变得很通用了。它是一种小型的火炮，装在一个直柄上，可以由一个人负荷和发射。它的重量约为 10 磅，用火柴向一个引线洞中点火射出，弹丸为铅质的。通常它是从防御物后面来发射的，普通的步兵都使用它。

到了 15 世纪末叶，手炮又为“火枪”（match-lock）所代替了，它是有枪托的，可以顶着胸部发射。它已经有了扳机，可以激发火药。似乎这是日耳曼人的发明。德文叫作“hakenbüsche”，法文叫作“arquebuse”，英文有时也叫作“caliver”。这是第一个真正的步兵火枪。

由于火药的发明，战术进入了它的技术阶段。个人的英勇敌不过机械的技术，谁能使用比较优越的兵器，谁就是比较可怕的敌人，至于他的社会地位和勇气都没有关系。诚如卡莱尔所说的：火药的使用，使所有的人都变得一样高，换言之，它使战争民主化了。

战争的性质变化了，火药也使中世纪（基督教的）的生活方式改变了。要研究如何制造完善的火器和如何防御它们，又产生一种研究的精神，不久这种精神也就遍及任何方面。给予文艺复兴以生命者，火药的功效要比十字军时代中与伊斯兰教教徒的接触还更大；因为无论在物质或精神方面，火药都把中世纪的秩序炸垮了。照教会的解释，战争是用战斗来考验道德的价值，现在逐渐变成了一种新观念：战争变成是一种达到政治目的的手段，而其决定因素则为权力。战争已经世俗化，和平也就步其后尘。理想主义为现实主义所代替。到了 15 世纪的末叶，像维提里（Gian Paolo Vitelli）和柯罗那（Prospero Colonna）这些著名的军人，也都宣称着说：赢得战争的是工业和计谋，而不是实际的武装冲突。火药炸毁了封建的堡垒和它们主人的思想。当轻便的火器增多了，中世纪对于步兵的轻视心理也开始消除了，在战术方面，步兵的重要性又提高到与骑兵平等的地位。

不过这些变化还是到百年战争结束之后才正式成形。黑死病的一再发生，并不能使英法两国息战。尽管在加来被占领之后，教皇即不断地努力想使断续的休战变成永久性的和平，可是到了 1355 年，战争又还是爆发了。那一年，以后被称为“黑王子”（Black Prince）的威尔士亲王爱德华，奉命去骚扰朗格多克。此时法王腓力六世已经在 1350 年 8 月 22 日逝世。他的儿子，即诺曼底公爵，现在变成了法王约翰二世，就领兵去抵抗黑王子。1356 年 9 月 17 日，约翰率领着一支优势的兵力，在今天维埃纳（Vienne）地区附近与敌人遭遇。在普瓦捷的战场上，他遭到了决定性的失败，并为英军所俘，于是签订了《波尔多休战协定》。由于国王被俘，法国发生了瘫痪现象，接着在 1358 年，就爆发了所谓“Jacquerie”的农民叛变，不过在爆发后不过几个星期之内，即为法国贵族用野蛮手段所压平。

1359 年 3 月，约翰为了重获自由，同意把所有法兰西西部的领土，从吉耶讷起到加来为止，全部割让给爱德华。但是谈判未获结果，于是战祸又起。1360 年的春天，爱德华兵临巴黎城下。但是他却不知道以后应该如何进行，于是决定听取教皇代表的意见，但教皇却力劝双方媾和。结果遂有《布雷蒂尼公约》（*The Convention of Brétigny*）和《加来条约》的签订，后者签订的时间为 10 月 24 日。依照这个条约，诺曼底还是归还法国，而英国则获得了一个面积大为扩张的阿基坦，此外还有加来和潘沙（Ponthieu）。为了换取他的自由，约翰同意付出赎金 300 万金币，而爱德华则同意放弃法国国王的尊号。

法国遂获得了休息的机会。但是当陆军一解散，许多失业的军人马上就变成了土匪，他们号称“同志们”（Companies），到处为害。1364 年 4 月，查理五世继承了约翰二世的王位，为了肃清这些土匪，他就把这个任务交给盖克兰（Betrand du Guesclin）去执行。盖克兰是一位勇悍的军人，在布列塔尼曾经获得很大的英名。他召集了这些土匪，越过了比利牛斯山，去支援卡斯蒂利亚的亨利（Don Henry Castile），以对抗彼德（Don Peter the Cruel），后者正受到黑王子的支持。在这场战争中，所有的土匪都被歼灭了。

当这个内忧解除了之后，查理即准备修订《加来条约》。他首先在他的王国中建立了法律和秩序；其次他就改革陆军，扩大弓箭的使用，扩充炮兵，并对巴黎和其他城市部分地重新城塞化。此外，他也命令维埃讷重组其皇家海军。在外交方面，他也采取了一个重要的步骤。1369 年，他设法使他的兄弟勃艮第公爵腓力，与佛兰德斯伯爵的女儿（继承者）马格丽特结婚，这样遂使佛兰德斯又接受了法兰西的影响。

1368 年，英法关系再度紧张。查理五世在加斯科涅支援人民向英国人发动叛变，爱德华三世遂又自称法兰西王。为了对付这个挑战，查理命令盖克兰为法兰西的警备司令（Constable）。他拒绝与敌人会战，而采用消耗战略，结果收复了普瓦图和布列塔尼。这些结果又引起了 1375 年的另一次休战。不久，所有与战争有关的重要人物都纷纷死亡。黑王子死于 1376 年 6 月，爱德华三世死于 1377 年 6 月，盖克兰死于 1380 年 7 月，查理死于同年 9 月。到了查理逝世的时候，英国人在法兰西的领土已经大为缩小：在北面只剩下了加来、瑟堡和布雷斯特；在南面只剩下了阿基坦，其大小又缩回到 1336 年的面积。法国虽然饱受蹂躏，可是中央的力量却变得强大了起来，在这个战场中，民族意识逐渐觉醒。

英国的新君为理查二世（1377—1400 年在位），他是黑王子的儿子，还只有 13 岁。法国的新君为查理六世（1380—1422 年在位），为查理五世的儿子，也只有 13 岁，而且心智不正常。因此两国都发生了纷争和叛乱。1381 年 6 月，在泰勒（Wat Tyler）领导之下，英国农民爆发了叛变；第二年，在巴黎和佛兰德斯也发生了纷乱。佛兰德斯伯爵德马勒（Louis de Male）请他的女婿腓力来平乱。1382 年 11 月 27 日，他在罗斯贝克（Roosebeke）用暴力压平了叛乱。

1384 年，德马勒逝世，腓力由于他妻子的关系，做了佛兰德斯伯爵。此时，查理六世已经心智失常，腓力变成了法国境内的领导势力。为了阻止英国人干预佛兰德斯的事务，在 1395 年，腓力又设法使查理六世的女儿伊莎贝拉（还只有 7 岁）与英王理查二世订婚，当 1396 年 3 月 12 日正式订婚之后，双方的休战协定也同时顺延了 28 年的期限。因为法国境内的战争结束了，由法兰西骑士所组成的正规军，就开往东方去与土耳其人作战。率领这支军队的人为勃艮第公爵之子，“无畏”约翰（John The Fearless）。他们于 1395 年 9 月 28 日，在多瑙河上的尼科波利斯遭到了惨重的失败。

“大分裂”（Great Schism，1378—1417）使教会分成了两个对

立的阵营，结果使腓力与路易的矛盾日益尖锐化。后者为奥尔良公爵（Duke of Orleans），即查理六世的幼子。1367 年，法国南部的匪祸正炽，教皇乌尔班五世为了避乱，回到罗马。他死于 1370 年，继承者为格列高利九世，他于 1376 年正式放弃了亚威农，改以罗马为教廷都城。当 1378 年，他为乌尔班六世所继承时，在法国人的主使之下，有些大主教反对他，另选罗伯特（Robert of Geneva）为教皇，称为克雷芒七世，于是法兰西、苏格兰、萨伏依、卡斯蒂利亚和阿拉贡成为克雷芒派，而英格兰、波希米亚、匈牙利和葡萄牙则为乌尔班派。双方各有自己的教皇，战祸的再起遂无可幸免。

1389 年，乌尔班六世逝世，继承者为卜尼法斯九世；1394 年，克雷芒七世也死了，继承者为一个西班牙人，号称本笃十三世。这个分裂使全欧发生了动荡，因为无法解决这个纠纷，于是 1398 年，法国的巴黎大学和勃艮第党宣布撤回其对两个教皇的服从。

奥尔良公爵也是拥护本笃的，到 1403 年，又设法使法国王室恢复了对本笃的服从。在这同一时代中，英国也发生了激烈的变化。由威克里夫（John Wycliffe，1324—1384）所创立的“罗拉德”（Lollards）教派也开始正在为宗教改革做前锋。从英格兰，他的思想传到了波希米亚，这个国家是素以清教徒异端著称的。它影响了约翰·胡斯（John Huss，1369—1415）[1]，并刺激了激烈的胡斯战争（Hussite Wars，1419—1436）的发生。在齐斯卡（Ziska）指挥之下，“车堡”（Wagenburg）——装有火炮的车城——对于 1422 年其在达希布罗德（Deutschbrod）的胜利，具有决定性的作用。在他死后，1426 年在奥西格（Aussig）和 1431 年在陶斯（Taus）两次战役中，“车堡”也曾经大显身手。这些战争使兵祸殃及日耳曼帝国的心脏地区。自从 1307 年瑞士解放战争发生以来，这个帝国早已衰弱不堪了。在这场战争中，产生了一种新型无畏的民主化步兵，主要的

[1] 胡斯为波希米亚的宗教改革家。

是由“长枪兵”（pikemen）所组成，从 1315 年起，一再击败了哈布斯堡的封建军队。劳易德上校（Col. Lloyd）在他的《步兵史评论》中说:“在这次成就之后,就再不能说甲胄的穿着和兵器的使用，是上帝所保留的权利，只有高层人士才能享用的了。”

1404 年 4 月，无畏约翰继承了其父亲腓力的爵位，此时的法国正掌握在奥尔良公爵的手中，国政腐化不堪。约翰诋毁奥尔良党的政府，并用武力强占巴黎，虽然以后两位公爵在表面上是和解了，可是其党羽之间的对立却并未因此而降低。1407 年 11 月 24 日夜间，奥尔良公爵被刺。对于法兰西而言，这是一个致命的打击，它使法国人分裂为两个互相仇视的党派——勃艮第党和奥尔良党，后者又自称为阿马尼亚克党（Armagnacs）。虽然可怕的过度行为随之而发生，但直到 1411 年，内战才开始转为激烈。为了增强他们的力量，双方都向英国求援。1411 年，奥尔良党向英王亨利四世提出条件，愿意以古代阿基坦的全境,来换取他的支援。亨利四世为约翰（John of Gaunt）之子，他在 1399 年废理查二世自立为王。这种谈判并无结果。1413 年 3 月 20 日亨利四世逝世,其王位由其子亨利五世(出生于 1387 年 8 月）继承。

亨利五世是一个有无限雄心的人，尽管认清了应在国外保持和平，以来巩固兰开斯特王朝在国内的地位，可是他却决定趁着法国分裂的机会，以此来重新提出对于法国王冕的旧要求。为了达到这个目的，1413 年 5 月，他与勃艮第公爵缔结一个同盟。其条件为当他出发征服法兰西时，约翰应守中立，若是成功了则以土地酬劳约翰，而约翰应承认其为法王并宣誓效忠。

亨利在南安普敦，集中了一支人数约 6000 名的部队，于 1415 年 8 月 13 日，在塞纳河口附近登陆，围攻阿夫勒尔（Harfleur），该城于 9 月 22 日投降。接着他就向加来进发，渡过了索姆河，在阿让库尔与法军遭遇，这支法军几乎完全是由奥尔良党所组成。指挥他们的为警备司令阿尔布雷的查理（Charles d’ Albret）、奥尔良、波旁（Bourbon）、阿朗松等公爵。10 月 24 日，阿让库尔会战开始，其结果也和克雷西及普瓦捷一样，法军又是惨败。许多著名的法国人都被杀了，其中包括警备司令、三位公爵和七位伯爵。被俘者也颇多，其中包括奥尔良公爵在内。从阿让库尔，亨利又进到了加来，从那里回到英国。

虽然在这个时候，神圣罗马帝国皇帝西格蒙德（Sigismund）是很想联合全欧洲的力量，以此来对付土耳其人，并企图调解亨利和查理的关系。前者却认为除了将《加来条约》的全部条款付诸实行以外，其余的一概不接受，当法国人表示拒绝之后，1417 年 8 月，他就又在特鲁维尔（Trouville）登陆了。亨利的意图为对于诺曼底的全境做有系统的征服，到了 1419 年年底，除了圣米歇尔山（Mount St. Michael）的岛屿要塞以外，其余地方都已被他征服。

此时，巴黎已经由勃艮第党所控制，约翰开始在亨利与查理之间进行两面取巧的把戏。为了与后者谈判，1419 年 9 月 10 日，约翰与法国太子在蒙特罗（Montereau）桥上晤面，发生了激烈的辩论。于是太子引退，而他的一部分从者冲上去把约翰杀死了。

这个事件立即激起了怒火，新的勃艮第公爵腓力，遂与亨利谈判，并于 1420 年 5 月 21 日在特鲁瓦（Troyes）签订了一个条约。根据这个条约，亨利应娶查理六世之女凯瑟琳为妻，查理则废除其太子（据说是私生子），并宣布亨利为其法国王位的继承人。当查理未死之时，亨利可以保持诺曼底，以及其他已经征服的领土，并与勃艮第公爵同享法国的统治权。

1420 年 6 月 2 日，亨利与凯瑟琳结婚，但她那个被废除的兄弟还是需要对付。他在朗格多克召集了一些兵力，1421 年 5 月，在包吉（Beauge）获得了一次胜利，使布列塔尼公爵倒到他那一边来了。这个发展使亨利不能不赶回法国，但是到了次年的春季，他突患重病，8 月 31 日，死在万森森林（Bois Vincennes），留下了一个 9 岁的儿子做他的继承人，是谓亨利六世。当他在弥留时，他要求他的弟兄和叔伯，至少应确保诺曼底，否则决不言和。查理六世同时也大限将至。9 月，他回到了巴黎，10 月 21 日即病死在那里。唯一伴送他的遗体前往圣但尼去的就只有贝德福德公爵（The Duke of Bedford），他是亨利五世也是亨利六世的摄政王。于是亨利六世同时戴上了英法两国的王冕。

第十七章

奥尔良的解围

不公正的《特鲁瓦条约》激起了法国人的爱国心，当他的父亲死亡10天之后，法国那个被废的太子即自立为主，是谓查理七世。假如他能略有勇气，则他设在布尔日（Bourges）的宫廷马上就会变成一个伟大复国运动的中心了。在英国所占领的各省区，逐渐发生了不安的现象。在诺曼底，由于英国的驻兵不足，抵抗运动更是打破了社会阶级的区分，许多贵族、僧侣、市民和农夫都混合在一起做游击战。万事俱备，只要一点火花即可以使民族性的抵抗运动爆发，这点火花即是领导力。

查理不仅是一个软弱的国王，而且是一个堕落的青年，除了他的奥尔良余党外，并不能获得任何人的拥护。这些人比土匪头子高明不了多少，所以在多数战役中，他都只好依赖外国籍的雇佣兵。这些人也是同样野蛮，最著名的为苏格兰人。指挥他们的为道格拉斯伯爵阿齐巴德（Archibald，Earl of Douglas）和布肯伯爵斯图亚特（John Stuart，Earl of Buchan），后者于1421年做了法国的警备司令。查理不能发挥领导作用，他不但不积极支援游击队，反而听任军事行动自生自灭地向下拖，结果不可收拾。1423年7月30

日，英军与勃艮第派的联军，在克拉旺（Cravant）击败了苏格兰和奥尔良党的部队。接着在1424年8月17日，贝德福德公爵在韦尔讷伊（Verneuil）又大获全胜，法军方面的阿朗松公爵和拉法耶特元帅（Marshal de la Fayette）同时被俘，不过英军的损失也很惨重，诺曼底已经使他们感到应接不暇，这一次的损失更使得贝德福德感到难以支持。

在韦尔讷伊遭到了惨败，查理七世的母亲安茹公爵夫人遂想与布列塔尼公爵约翰五世缔结同盟。1425年，这位公爵的兄弟里士满伯爵亚瑟（Arthur，Earl of Richemont）来到了布尔日，被任命为警备司令。里士满的目的是想迫使查理与勃艮第公爵讲和，以确保布列塔尼的地位。他设法把查理的伯爵宠臣暗杀掉，另外选择了一个冒险之徒乔治（George de la Trémoille）去充当查理的左右臂膀，以便夺取政权。

因为布列塔尼改变了态度，1426年1月，贝德福德遂向约翰五世宣战。里士满也赶去援救他的哥哥，但是3月6日，他在圣詹姆士（Saint James）被英军击溃，这个失败迫使约翰屈服，7月3日他同意遵守《特鲁瓦条约》。此时萨福克（Suffolk）和沃里克伯爵正在围攻奥尔良以东的蒙塔日（Montargis），当他们遭遇困难之后，就派索尔兹伯里伯爵（Earl of Salisbury）到英国去请求增援。同时，里士满和乔治之间又发生争斗，使法国的民族派发生了瘫痪现象，而塔波特勋爵（Lord Talbot）也攻下了曼恩的拉瓦勒（Laval in Maine）。

到了1427年年底，里士满被罢免，查理的地位更减弱到了空前的程度。索尔兹伯里伯爵获得了450名甲士和2200名弓弩手的增援，于1428年1月回到了法兰西。在他招募了一些其他的兵力之后，奉命围攻翁热（Angers）。贝德福德已经决定征服安茹，以来当作他私人的采邑。他从巴黎西面出发，当他到了沙特尔（Chartres）附近时，几乎违反了贝德福德的私意，盎格鲁—勃艮第会议却命令索尔兹伯里伯爵夺取在奥尔良的卢瓦河渡口，以便打击查理王国的心脏——贝里（Berry）。

索尔兹伯里伯爵，现在大约率领了四五千人，从沙特尔向前挺进。他们首先占领了卢瓦河上的墨恩（Meung）、博让西（Beaugency）和雅尔若（Jargeau），于10月12日占领了奥尔良正南面的左岸阵地。在他的部将当中有萨福克公爵和他的兄弟，德罗斯勋爵和斯卡里勋爵（Lord de Ros and Lord Scales），李斯里爵士（Sir Lancelot de Lisle）和格拉斯戴尔爵士（Sir William Glasdale）。

奥尔良作为一个人口众多的城市，也是法兰西最坚强的要塞之一。它的形状是四边形的，西面、北面和东面都有坚固的城墙和护城河，南面则靠在卢瓦河上，河上有桥使这个城市与波特娄（Portereau）的近郊连成一片。在桥的远端站立着一个双塔式的砖质建筑物，叫作“塔楼城堡”（Bastille des Tourelles）。再向外发展即为奥古斯丁（Augustin）寺院，也已经要塞化了。此时，在二者之间，奥尔良人正在修建“塔楼林阴大路”（Boulevard des Tourelles），这个工程靠旧护城河的吊桥与城堡联系。

城墙上的防御力量非常充足，有许多的弹射机，71门大炮，小炮更是无算。在围攻开始之前，粮食均已集中，采取大家分享的办法。在周围地区中的人民，凡愿意协助防御者，均可以获得自由的口粮，并曾发动宣传使更多民兵来投效。奥尔良的总督为龚古尔（Sir Raoul de Goncourt），防御由奥尔良的“私生子”负其总责。他是被刺的奥尔良公爵路易的私生子，后被封为迪鲁瓦伯爵（Count of Dunois）。公爵的合法继承人正在英国过着俘虏的生活。

索尔兹伯里伯爵的计划是首先夺取塔楼，以切断奥尔良城向南面的交通，然后再把兵力移到卢瓦河右岸上去，以来围攻该城。当他接近时，奥尔良人放弃了奥古斯丁寺院，放火烧毁了波特娄，撤到未完成的要塞中来。10月21日，索尔兹伯里伯爵发动突击，但未成功。第二天，桥梁的一拱被破坏了，要塞中已经布雷，10月

23 日开始爆破，它的守军撤入城堡中。第二天，这里为英军所攻陷，英军立即在里面设置炮兵阵地。同一天的黄昏，索尔兹伯里伯爵正在从一个窗口中向外望时，突然为一颗石质炮弹的碎片所击伤，于 10 月 27 日因重伤殒命。

他的职位由萨福克公爵接替，接着作战遂告停顿。当此之时，军队的主力都在雅尔若、墨恩、博让西和巴黎等地宿营过冬。在圣诞节那一天，双方同意休战 6 天，到了 12 月 30 日，军队才回防。第二天为了庆祝，双方还举行了一次技击比赛，由两方各派选手两人参加。

当 1429 年新年开始，萨福克即率领他的主力，渡过了卢瓦河。为了封锁该城，他建筑了 7 个碉堡，监视着其北面的主要路线，在奥尔良之南也早已建好了 4 个 [1]。但是因为人力不够，该城东面的封锁始终未能完成，结果还是有一些少数补给能够到达奥尔良，但这却不足以保证该城公民不挨饿。

到了 2 月月初，防御者感到粮食极端匮乏了，他们唯一的希望就是查理的部队能够切断萨福克的补给，使他们解围而去。2 月 12 日，法军的确做过这样的尝试，当法斯托夫爵士（Sir John Fastolf）所指挥的 300 辆补给车辆走到奥尔良以北几英里远的鲁夫赖（Rouvray）时，即受到法军的攻击。法斯托夫马上把车辆组成“车城”，采取标准的“胡斯”战法，击败了法军。

现在奥尔良成为法国抗战的精神象征，也是法国人真正的唯一希望。虽然如此，但是乔治和里士满却还是忙于私斗，毫不顾及大局。这个城市的情况已经十分危殆，于是有人向勃艮第公爵提出呼吁，要求他接管这个城市，并以那个被俘的公爵为名义，而宣布该城为中立区。但是贝德福德却不肯接受这个建议。查理听到这个谈判失败的消息，在他的亲信鼓动之下，甚至想放弃法兰西，而逃到

[1] 据说一共有 60 个碉堡，但多数都是非常小型的工事。

多菲内（Dauphiné）、卡斯蒂利亚或苏格兰去避难。但是情况却并不至于坏到这个程度。到处都有农民起事反抗英国人，他们力量的来源主要在于法国人的民族性。所缺乏的就是一个领袖，正当此际，在大家意料之外，却有一个人要准备登场了。她是一个 17 岁的女孩，圣女贞德（Jeanne d'Arc）。[1]

在所有的历史上，贞德的故事要算是最富有传奇意味的，而且记载的文件也最完全。虽然她不知道自己的年龄，但可能是出生于 1412 年年初，地点是在栋雷米（Domrémy），靠近沃尔库勒镇（Vaucouleurs）。在 1429 年，那里是法军方面的一个外围前哨，由罗贝尔（Robert of Ban-dricourt）负责指挥。她的双亲都是普通的农民。

当她 13 岁的时候，贞德听到一个旁人所听不到的声音，并伴同着一阵闪光，命令她去见罗贝尔，并应由他供给旅行的工具，好让她到希农（Chinon）去谒见法国国王。她要告诉查理说，她是上帝派来为奥尔良解围的，并且领他往兰斯去举行法国王位的加冕典礼。她先后往见三次，才获得了罗贝尔的同意，给了她一匹马和六名卫士。她把头发剪短，改穿男人的服装，于 1429 年 2 月 13 日出发，经过 300 英里远的距离，在 2 月 23 日，才达到了希农。

当她到达时，乔治对于她采取敌视的态度。尽管如此，在一次秘密的谈话中，她居然还是说服了查理相信他自己的合法地位和她的神圣使命。此外，在普瓦捷，她受到了神学家和西西里王后的考验，证明了她思想纯正并为处女，于是才获得“战争总指挥”（Chef de Guerre）的头衔。4 月 27 日，她穿着全身甲胄，捧着一面大旗，上面绣着“耶稣玛丽亚”字样，率领着三四千人，连同一些补给，出发前往奥尔良。同她一路去的有阿朗松公爵，他是刚刚在被俘后遣

[1] 这个女孩很奇怪，她是一个无名的神秘人物。谁都不知道她到底姓什么，只知她被人认为是“圣女”（La Pucelle de Dieu）。

返的，还有许多其他的贵族和元帅。

此时，她的大名已经四处传播着，她对于自己神圣使命的信心，也使法国人民对于胜利有了新的信念。同样重要的是，她的大名也使英国人感到震惊，她在尚未出发之前，即曾致书英国的贝德福德公爵，在心理上给予他以打击。

4月27日，当部队从布卢瓦出发时，贞德又听到了神的指示，要他们从北面，经过博斯（Beauce）地区，进入奥尔良城。从这个方向前进，势必经过英军防线最坚强的地区，贞德却完全不考虑这一点。但是她的同行诸人却想到了这一点，于是获得了奥尔良“私生子”的同意，静静地行军沿着卢瓦河南岸走。而贞德却完全没有注意到这个改变。

夜间他们在田野中宿营，第二天上午，贞德才发现他们是在卢瓦河的南岸上，不禁大怒，遂斥责同行诸人欺骗了她。此时，奥尔良的“私生子”听到她来了，就过河来迎接她。尽管他是国王的堂兄弟，可是贞德对他一点都不客气，他们之间的谈话抄录如下：

> 贞德问：“你是奥尔良的私生子吗？”我回答说：“是的，我对于你的降临表示欢迎。”“是你主张我们应该到河的这一面来，而不应直接向英军冲去吗？”我告诉她说：“我和我们中间最聪明的人都认为这是最好的路线。”贞德回答说：“我的上帝，上帝的忠告一定比你们的更聪明和可靠。你们以为是欺骗了我，其实是欺骗你们自己；因为我给你们带来的帮助，是在任何城市和武士之上，你们要认清这是上帝的帮助。”

其次，贞德要求应向圣让（Saint Jean le Blanc）进攻，那是卢瓦河南岸最近的一个英国碉堡。同行诸人又反对，于是部队向圣卢桥（Pont de Saint Loup）前进，“私生子”在那里已经集中一个河上的舰队，带了200名长矛兵，贞德先下了小船，其余的陆军都在岸上观望。风从东北面吹来，使他们无法扬帆。夜色已经逼近，大家感到很焦急。贞德却只是祈祷了一番，结果风向就转了，于是可以扬帆向卢瓦河上游驶去了。这个“奇迹”才使她的从者对她产生了无限的信心。在圣卢桥的英军为另一法军的攻击所牵制住，未能阻止这些船只在卢瓦河北岸上的卸载。从那里，贞德又骑马进到了克雷西附近的勒伊（Reuilly），便在那里过夜。

4月29日，贞德军的主力又向布卢瓦行军。她故意要这样，以便使其所谓神的指示获得绝对的服从。当晚8点钟，她骑了一匹白马，在锦旗前导之下，进入了奥尔良城。“私生子”率领着贵族和军民，燃着火炬欢迎她。

虽然并未正式接战，英军也还是留在城外未去，可是援兵却已经来了，她站在他们的中间，使士气为之一振。

4月30日，当拉伊尔（La Hire）正在圣普埃（Saint Pouair）堡垒之外做前哨战时，贞德极希望能避免流血，于是致书英将塔波特，要求他们自动撤退。她收到了一个含有侮辱性的回答。但是在黄昏时，她又再做了一次同样的尝试。她走到吊桥上，向塔楼上的英军指挥官格拉斯·戴尔指名喊话，要求他遵从上帝的意志投降。英军也向她喊着说：“放牛女，捉着你之后就要活活地烧死你！”

第二天，“私生子”从奥尔良往布卢瓦，贞德率领了一些兵力护送他一段路程。英军都在碉堡中实行闭关自守，所以很难迅速集中起来。因此，法军可以自由来去，而不受干扰。英军似乎是被钉死在工事之内，第二天贞德去侦察他们，也是毫无阻难。5月3日，日安（Gien）和蒙塔日的守兵也开入了奥尔良。第二天，贞德又率领500人，到中途接“私生子”回城，也还是一样安然通过。上午六七点，他们就在英军的鼻子下面，“凯旋”奥尔良。

贞德那一天由于起得太早，回城之后就躺下来休息。当她熟睡之后，因为援兵已大量拥入，城内的士气已经极为高昂，于是在正午的时候，就有一部分兵力从城里出发，进攻塔波特所据守的圣卢堡垒。她突然醒来，马上吩咐她的卫士备马，立即赶往指挥，她的马蹄在石板路上踏出火花来了。一场血战之后，圣卢堡被攻下，但是塔波特却逃走了。

这是一个重要的胜利，因为圣卢的被攻占，打开了通往雅尔若的路线。那一天晚间，奥尔良钟声大鸣，以此来庆祝自从被围攻以来的第一次胜利。

5 月 5 日为升天节（Ascension Day），贞德命令停战一天，但是时间却并未浪费，所有的将领们在这一天举行了一次军事会议，决定在佯攻圣洛朗（Saint Laurent）碉堡的掩护之下，攻击卢瓦河南岸上的各碉堡。当这个决定做出之后，他们才请贞德进来。很明显，他们是害怕贞德不能保守秘密，所以只把佯攻这一部分告诉她。她不禁大怒喊着说："我将要知道如何保守一个比这个更大的秘密。"于是"私生子"才把一切都告诉她。此后，她还是希望能避免流血，她又发了第三封信给英国人。内容是说："上帝命令你们放弃这些堡垒回国去，否则必有大祸。这是我第三次的警告，也是最后一次。"她把信卷在箭上，用弓射入塔楼城堡。英国人高声喊着说："那个婊子的好消息又来了！"这些话使贞德不禁流泪。

第二天上午，法军在卢瓦河上架了一座浮桥，但是当他们接近圣让堡垒时，它的守兵却退向奥古斯丁要塞，法国人认为它太坚强了，不可能攻入，于是开始撤退。贞德和拉伊尔恰好赶到，阻止了他们的后退，挥动他们的长枪向敌人冲锋。此时，英军正从奥古斯丁冲了出来，准备向法军追击。这个果敢的行动激起了法军的勇气，于是再度进攻，在苦战之下，将英军逐出了奥古斯丁，退入塔楼城堡。

奥古斯丁被攻占了，贞德回到奥尔良城内。吃晚餐的时候，有一位高贵的将领走进她的房间，向她报告说：战争会议已经决定了在增援尚未到达之前，不再继续进攻。她回答说："你开你们的会议，我已有我个人的会议，相信我的话，神的指示总是对的，总能成功，而你们的决定却等于零。”[1] 她又向她的牧师巴斯克尔（Jean Pasquerel）说：“明天请你早起，整天不要离开我，因为我有许多事情要做。我胸部以上的身体会有血流出来。”

对于英国人而言，5 月 7 日是战争中最不吉利的日子，而对于法国人则是一个迄今都年年庆祝的佳节。

城堡和要塞所组成的据点，由英将格拉斯 · 戴尔和大约 500 名士兵据守。在它的北面，桥还是断的。在南面，奥古斯丁已在法军的手中。圣让和圣普里维（Saint Privée）也是一样的，后者是前一天为英军自动放弃的。现在这个据点完全孤立，所以法军将领都主张只加以包围，而不必硬攻。可是贞德却不管这些，她凭着灵感觉得时机到了。法军的士气极为高昂，士兵都热烈地拥护她。她的话没有人敢反对，她支配了一切的情况。

5 月 7 日上午，她离开了奥尔良城，渡过卢瓦河，加入在奥古斯丁的部队，此外，塔楼城堡正受到圣安东尼（Saint Antoine）的轰击，而法军也在抢修桥梁，以便从北面攻入这个据点。

7 点钟，贞德命令吹号，以作为准备进攻的讯号。当炮声开始轰鸣的时候，她手执着军旗，冲到了壕边。几乎所有的战斗都是发生在这个壕沟之中，这个沟很深，要想进攻对岸，势必用云梯上下，但每次都被击败了。在一次突击之中，贞德的头部与肩部之间中了一箭，据“私生子”说，入肉的深度达 6 英寸。贞德拔出箭来，就转回后方去裹伤。攻击的勇气马上就减退了，于是“私生子”等人就劝她暂时收兵，等明天再进攻。她喊叫着说：“我的上帝，你们马上可以进入这个要塞了，不要怀疑，英国人的实力并不如你们。为什么不稍微休息一下，吃喝一点东西，继续进攻呢？”于是她向“私生子”说，她要单独骑马到一个葡萄园中，去祈祷半刻钟就回

[1] 贞德从不参加战争会议。因为她只听上帝的指示。一切的指示都是上帝给她的，所以这些将领的决定与她似乎是无关的。

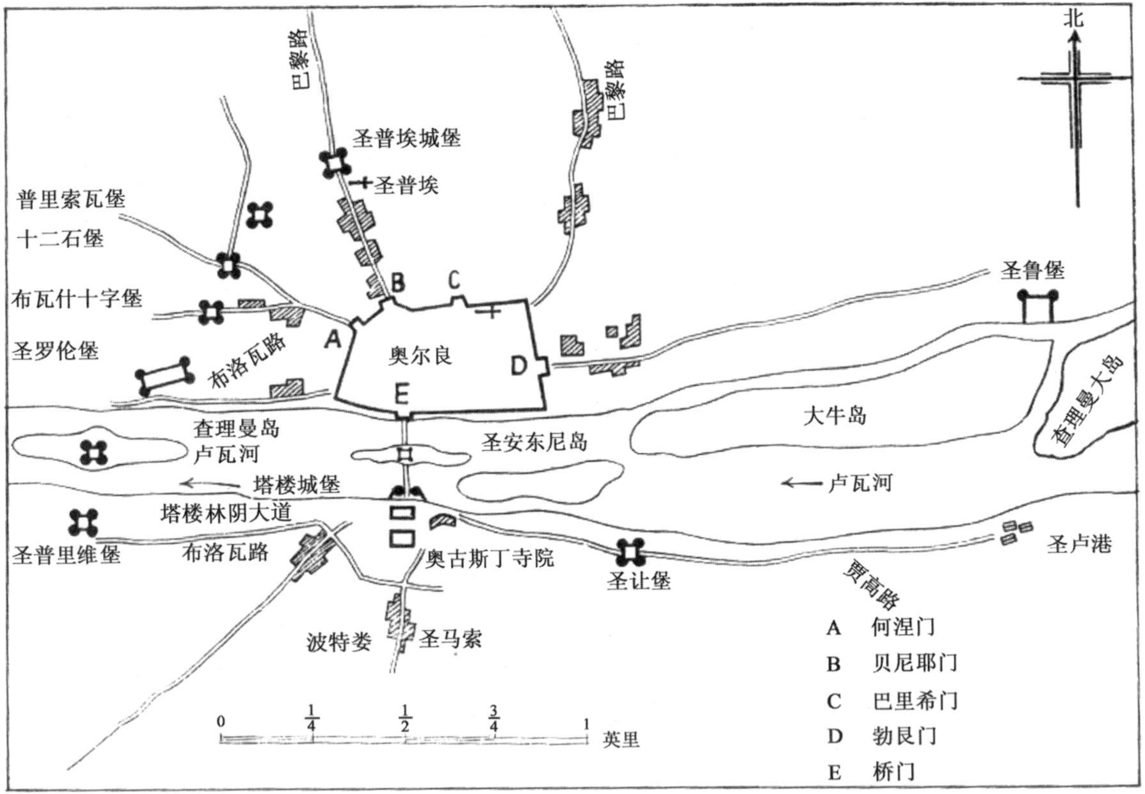

图三十　奥尔良围城战，1428—1429 年

来。当她回来之后，看到士兵们已经匆匆地吃过了东西，于是她凭着上帝的名义，命令他们继续进攻，并且说英国人不会再有抵抗的能力了。的确如此，当英国人看到她又来了，简直吓得发抖。法军冲向壕边，放下云梯，一拥而上。当格拉斯 · 戴尔和他的部下逃入城堡中的时候，贞德就向他的同伴们说 ：“拿出胆量来，不要后退，这个城堡也是你们的。当你们看到风把旗子吹向它的时候，就可以攻入了。”另外一个记载却略有不同，她说 ：“大家准备好，当我的旗子角碰到敌墙时，就可以冲入了。”不久，军人们喊着说 :“贞德！碰着了！”于是她就向大家喊着说 ：“都是你们的了，冲进去吧！”

当此同时，桥上的缺口也已经修好了，尼古拉斯（Nicolas de Giresmes）也率领所部，从北面攻击塔楼。但这个行动很快就结束了，因为在双方夹击之下，英国守军已经发生了恐慌现象，纷纷向连在塔楼与要塞之间的吊桥冲上去，夺路逃走。贞德看见格拉斯 · 戴尔也夹在乱军之中，就向他高声地喊着说 ：“格拉斯 · 戴尔，认识我吗？你说我是一个婊子，但是我却已经怜悯了你部下的灵魂！”这时吊桥被压断了，格拉斯·戴尔和许多人都落入河中淹死了。这对于法军而言，是一个重大的损失，否则这一笔赎金可以使他们赚到不少的金钱。

夜幕将垂时，塔楼起火，完全被攻占了。当余火被扑灭了之后，贞德才渡过卢瓦河，回到城中去包扎伤口，吃了一点用酒和水浸透的面包。奥尔良城的钟声又响了，人民都在高唱赞美诗。

第二天，5 月 8 日星期天，英国人焚毁了他们在卢瓦河北岸上的一切营垒，放弃了他们炮兵的大部分，向墨恩、博让西和雅尔若等地撤退。

奥尔良城解围的消息传遍了法兰西全国，并且越过了它的国界。英国人在心理上已经瘫痪。许多年后，贝德福德公爵还写了一封信给亨利六世，显示出当时的心理。他说 ：“奥尔良城的解围似乎由于神意，所谓‘圣女’者，用了巫术，鼓起了法国人的勇气，使我们饱受损失。”

尽管如此，查理七世对于贞德的胜利战果，似乎并不想加以扩张。他甚至不曾赏光到奥尔良来慰问一番。那些包围在他左右的人，尤其是乔治，害怕这种攻破英国堡垒的热烈情绪，也可能会推翻他们自己的地位。

5 月 13 日，贞德在图尔与查理会七世晤了。她所提出的两个诺言，第一个现在兑现了。第二个尚未兑现，她力劝查理马上向兰斯进发。但是军事领袖们却认为在卢瓦河上的英军尚未逐退之前，就先进入香槟（Champagne）地区，实在是太危险。当部队集中之后，法军即开始围攻雅尔若和博让西。6 月 12 日，前者为贞德和阿朗松公爵所攻陷，萨福克公爵和他的兄弟均被俘虏，此后，贞德即向博让西进军，它于 6 月 18 日投降。

此时，塔波特勋爵和法斯托夫爵士正从巴黎率领援军向南进发。当他们听到了雅尔若已经陷落了，后者就主张撤退，但是塔波特却反对，于是又继续向博让西挺进。塔波特进到了墨恩，与它的守兵会合在一起。当他到达时，听说博让西已经投降，并命令向帕泰（Patay）退却。

英军在战场上的威望还是很高，当 7 月 19 日，法军追上了塔波特，他们还不敢贸然进攻，于是阿朗松公爵向贞德询问，他应该如何行动——她此时不在战场上。她高声回答着说："使用你们的马刺！" 她周围的人都感到很困惑。他们问："你说什么？是否我们会被英军打败，而必须拼命逃走呢？" 贞德回答说："不是的！是英军会被我们打得大败，拼命逃跑，所以你们必须要有好的马刺才能追上他们。"

一切真和她所说的一样。英国大败，许多人被杀死，塔波特和斯卡里斯勋爵均被俘。

在奥尔良解围之后，又有这个胜利接踵而来，其在精神上的影响像触电一样的灵敏。现在已经没有什么东西可以阻止贞德实现她的第二个目标，即查理七世应在兰斯行“加冕”礼。

6 月 29 日，法王和陆军从日安出发。贞德早已为之前驱，所有的城镇都开门迎接她。只有特鲁瓦城表示抵抗，虽然乔治主张撤退，但是贞德的威望却是不可抵抗的。在突击的威胁之下，7 月 10 日，该城投降了。接着沙隆和兰斯也投降了，7 月 16 日，查理进入了兰斯。两天后，他举行“加冕”礼，贞德全身甲胄，手执神旗站在祭坛旁边。她已经使她的诺言兑现了，她这个上帝的声音是必须要服从的。

这个加冕典礼的精神效力是无法估计的。这不仅对于查理的朝代，而且对于百年战争的后半期，都是一个具有决定性的事件。诚如皮罗教授所说的：现在查理七世是真正的法国国王了，在过去，贞德却一直只称他为太子。谁都不敢否认这个主权的合法性，现在这个国王的加冕礼，是在一个几乎令人难以置信的“奇迹”环境中举行的。这次加冕使瓦卢瓦王室恢复了它的合法地位，在过去 9 年中它的地位一直备受质疑。从此以后，勃艮第觉得若再效忠于贝德福德，即不免犯卖国罪了。

现在对于人民而言，贞德已经变成“天使”了。到处都有人在歌颂她。许多人认为她是“圣人”，也有人认为她是能呼风唤雨的神仙，英国人却认为她是巫师，但总而言之，她是属于超自然界的。维斯孔蒂（Bona Visconti）想请她去协助收复米兰公国的领土，阿马尼亚克伯爵请她决定克雷芒八世和马丁五世谁是真教皇。现在法国各地都纷纷承认查理七世为他们的合法国王。巴黎也已在控制之下，巴黎具有极高的政治重要性，若能从圣母院（Norte Dame）教堂中敲响胜利的钟声，战争的胜负即可以算是定局了。贞德也许是神秘感的作用，认清了这一点，所以极力主张马上向首都进发。但是查理七世却一点都不振作，他唯一的希望就是回到卢瓦河上，去过安静的生活。而乔治又从旁煽动，因为此时他正在与勃艮第公爵暗中勾结，想缔结一个无足轻重的休战协定。

此时，贝德福德害怕巴黎不稳，在增强了兵力之后，遂于 8 月

7 日，前进到了蒙特罗，从那里他向查理发出了一封挑战书。8 月 15 日，两军在蒙特皮罗瓦（Montepilloy）面面相对着，但是贝德福德并不敢进攻，他害怕他的部下一看到贞德的“神旗”，就会丧失士气。同样的，查理也不想进攻，他受到乔治的操纵，一心只想与勃艮第妥协。

当乔治正在阿拉斯（Arras）谈判时，法国的民族精神还是继续高涨。照最严正的史家雷姆赛爵士的看法：若是法军能勇敢地冲入索姆河盆地，则英国的一切统治也就会迅速地崩溃。不等到谈判有结果，贞德于 8 月 23 日离开了香槟，占领了圣但尼。很勉强地，查理七世于 9 月 7 日才跟着她前进，虽然缺乏围攻的工具，她却立即向巴黎发动了一次激烈的攻击。当贞德正在圣奥诺雷门（Porte Saint Honoré）外的壕边交战时，她被一支十字弩的箭所击倒，被抬出了战场之外。

尽管受了伤，她还是命令在第二天继续进攻。可是查理七世却禁止如此，而乘机与勃艮第公爵签订了为期四个月的休战协定。以后，查理七世就命令贞德随他回贝里去。于是她把她的甲胄挂在圣但尼教堂中，并于 9 月 21 日随同军队一起退回日安。在那里军队就解散了。

尽管签订了休战协定，战争却依然继续不停。英国的援军都不敢向“圣女”挑战，贝德福德的地位是日渐危急。接着，突然有一个好消息传来了，这个“虚伪的女巫”已经落入了勃艮第人的手中。

乔治希望看管着她，使她不再活动，贞德感到这是不能忍受的，而且她也更相信在枪尖威胁之下，才可以获得和平，所以她从叙利（Sully）的宫廷中溜走了，到了默伦（Melun）。正当 1431 年复活节的那一周中，那个所谓“神音”就一再告诉她说，她快要被俘了，但是哪一天却不曾明说。尽管有了这种警告，她还是从默伦进到了克雷皮昂瓦卢瓦（Crépy-en-Valois），在那里她探知勃艮第公爵和阿仑德尔伯爵正在瓦兹河（Oise）北岸上，并准备围攻香槟。在 5

月 22 日午夜，她骑马往香槟，第二天拂晓才到达。她休息了一下，在 5 月 23 日下午 5 点的时候，又出发侦察敌情，接着为敌人所切断，终为卢森堡的约翰（John of Luxembourg）的部下所俘虏。

贝德福德马上认清了她的被俘可以作为一个政治手段，用来抵消查理加冕的精神价值。为了获得这个政治上的主动权——换言之，就是要使英王亨利六世又重新获得法国合法国王的地位——那就不仅要使他加冕为法国国王，而且还要证明查理的加冕是无效的。在查理的所有拥护者当中，对于其在兰斯加冕一事最应负责者即为贞德一人，若是在审讯之后，能把她判定为异端和巫师，则在公众的认知中，查理的加冕也就丧失意义了。这是一个很阴险的计划，为了完成其第一个步骤，他首先用 1 万法郎从勃艮第公爵的手中把贞德买了过来。第二步就是把她送到鲁昂去受审，并判决她是一个妓女、一个巫师和一个魔鬼的替身。如此一来，查理的身价就会被人大为贬低，把一个有罪的私生子和一个无耻的巫师联系在一起，这是很好的宣传资料。

1431 年 1 月 9 日，这个审讯准备开始，但到了 2 月 21 日，贞德才被押上公堂受审。诚如法庭书记官曼琼（Guillaume Manchon）所说的：他们根本就是一定要把她处死。实际上，他应该说：他们是一定要她招供。

主要被指控的罪状为异端和巫术，而最主要的是她认为自己的启示胜过教会的判决。判决书这样说：假使教会对此不严加惩处，则教会的权威就有被颠覆的危险；匹夫匹妇都会从各处起来，自称获得了上帝和天使的启示，到处散播谎言和谬误了。巴黎大学也认为她所散播的毒素，足以使整个西方基督世界都受到传染。

5 月 24 日，她在拷问之下支持不住了，被劝诱画了押。四天以后，她又振作了起来，她的“神音”也使她恢复了心灵上的力量。5 月 29 日上午 9 点钟，她被押到鲁昂的旧市场，绑在柱上烧死。当火焰和烟雾环绕着她的身边时，英王的秘书约翰·提沙特（John

Tressart）却不禁哭喊起来说："我们完了，因为我们已经烧死了一位圣人。"在火刑之后，她的遗灰被扫集在一起，投入塞纳河中。

在整个审讯过程中，查理七世都不曾做任何营救贞德的企图。甚至于对他最表好感的史学家包考特（De Beaucourt），也都找不到一点证据来为他辩护。此时塔波特还在法国人的手中，假使查理向贝德福德提出警告说，若是贞德受到任何痛苦，则将对塔波特做同样的报复，那么毫无疑问，她是不会被烧死的。贞德之死，在短时间之内使法国的民族抵抗运动暂时进入低潮，乘这个机会，英国人于 12 月 13 日，在巴黎为亨利六世加冕为法兰西王。

1433 年，乔治被推翻。1435 年 9 月 21 日，《阿拉斯和约》使勃艮第和奥尔良两党之间长达 25 年的争端告以结束。这个和约使英国人大感恼怒，因为在欧陆上若无一个同盟者的支持，则英国不可能再保持其对法国的统治了。虽然如此，这个和约对于法国人而言并无太多利益。当与勃艮第之间的战争结束之后，法国到处都充斥着复员的军人，他们沦为土匪，号称"剥衣党"（écorcheurs），因为他们把受害者的衣服都剥光。当时法国的无政府状况已经难以形容，凶杀、疠疫和饥荒成为家常便饭。整个地区的人口可以全部消灭，情况变得如此恶劣，大规模的迁移也开始了。最后，由于英法两方都感到精疲力竭，于是 1444 年 4 月 16 日，在图尔签订了一个休战条约，期限到 1449 年。

在这五年当中，法国却获得了一个喘息的机会。在警备司令里士满指导之下，法国人开始进行整军的工作。其目的为一方面组成一支警察兵力，以肃清匪祸；另一方面也准备一支常备兵力，以便一旦休战协定被破坏后，能够再与英军交战。法国政府颁发了一连串的命令，逐步实行改革，第一个重要命令是在 1445 年公布的。依照这个命令，凡是变成土匪的军人，都可以受到普遍的大赦。当最坏的一部分被消灭了之后，其余的则编成了 15 个团（compagnies），由选定的贵族指挥，其选择的标准为可靠性和能力。

每一个团分为 100 支小队（lances）；每一小队有一名甲士，一名骑步兵和三名马弓手。这些团组成国王的骑兵，驻在指定的城镇中，按时发饷，并遵守严格的纪律。

在 1448 年的命令中，法国又组成了新的步兵，号称“法兰西弓弩手”（Francs-Archers），每 50 家出一名弓弩手，一共召集了 8000 人，选择的标准还是体格和品行并重。同时，在布侯兄弟（Gaspard and Jean Bureau）指导之下，炮兵也改组了，不久即变成了欧洲最有效率的炮兵。

这些改革不仅结束了恐怖的无政府状态，而且也使国王手中有了一个强力的工具。有了这个工具，他既可以控制国内的贵族，也可以对付外来的敌人。他们建立了常备陆军制度的基础，这也是民族性君主政治的必要因素。

有了这种改革后的新陆军，查理七世遂能使这个长期战争告以结束。尽管亨利六世希望和平，但是查理的臣僚们却想要战争。某一个英国军官不小心触犯了休战条约的规定，遂使法国人有了借口，1449 年 7 月 17 日，战端又起。

英国人此时还占领着诺曼底和吉耶讷。在前者方面，因为人民都抱着敌视的态度，所以英军只能躲在城墙里面，岌岌乎难以自保。法军利用火炮，很快就攻入了这些城市。1450 年 4 月 15 日，战局达到了决定阶段。在巴约附近的弗尔米尼（Formigny），英军在法军炮击之下，丧失了秩序，遂为法军完全歼灭。接着巴约被围攻，而阿夫朗什（Avranches）和卡昂也被法军占领，7 月 6 日，查理七世进入了卡昂。此外，法军又围攻瑟堡，英军虽做坚决的抵抗，但于 8 月 12 日仍为法军所攻破。英国人在诺曼底的统治从此告以结束。

吉耶讷的克服就困难得多了，它已经为英国人统治了 300 年之久，他们的统治比较温和，能为当地人民所忍受，而其与英格兰的商业联系也比较坚强。1451 年春天，杜鲁瓦伯爵（即奥尔良的私生子）率领了 6000 人的兵力，开进了这个公国。6 月 30 日，他占领了波尔多；8 月 20 日，又攻下了巴约讷（Bayonne）。1452 年 10 月，英国人派了塔波特去救援，他虽然已经年过 70，但仍然充满了活力。他在加龙河口，领了 3000 名军队登陆，当地人民立即起来欢迎他，波尔多也开门放他进入。1453 年夏天，他率领了 8000 军队（加斯科涅人和英国人）开始去为卡斯提隆（Castillon）解围。面对着堑壕和火炮，在 7 月 17 日，他花了整整一小时向法军突击，结果只是徒然遭受惨重的损失。最后，他的侧翼受到攻击，他自己则在溃败之中负伤坠马，被践踏而死。他死了之后，英国在法国领土的最后希望也随之而完结了。10 月 19 日，法军又占领了波尔多。

波尔多沦陷后，以哈斯丁会战开始的英法战争也告以结束。从此法兰西变成了真正的法兰西，英格兰也变成了真正的英格兰。在法国，到了路易十一（1461—1483 年在位）的时代，终于消灭了勃艮第的内忧，而建立了王室的控制。在英国，玫瑰战争（1455—1485）也杀死了许多的封建贵族。1485 年 8 月 22 日，当理查三世死于博斯沃斯（Bosworth Field）之后，英国的统治权遂落于亨利七世（1485—1509 年在位）的手中。他是都铎（Tudor）王室的第一人。

路易和亨利都是“布尔乔亚”的国王：封建时代已经结束，工商业时代开始，西方历史又向近代的里程上，迈进了一步。从此，英法两国虽仍是对立的，但“马上比武”的日子过去了。

从史路伊之战，到卡斯提隆之战，中间经过如此长期的搏斗，奥尔良的解围却是一个极大的转机。虽然在战争的最后阶段中，火药对于英国在法国领土的丧失，是具有很重要的关系，但是精神上若无圣女贞德的激励，则历史的路线可能仍然会完全不同。她的真正成就不仅是解救了奥尔良，把战争从香槟带到了巴黎城外，而且是她使法国人消除了认为失败已成定局的悲观心理。她使查理七世做了法兰西的理想领袖，她自己也就成为了法兰西的灵魂。查理虽然是一个可鄙的人，可是在她的精神感召之下，法兰西王室却变成了胜利的象征。假使不是查理本身疲软无能，而他的左右又只顾私利，则诚如阿曼爵士所说的，在她的第一次攻击之下，即可能把英国人赶出法国之外了。虽然事实上未能如此，她以身殉国了，但是她的精神却永生而不受征服。

约翰·佩恩（John Payne）曾经这样说：这位英勇的洛林农家女创造了法兰西民族。在她的时代之前，法兰西境内还是分成许多“部落”的，在炮火的洗礼之下，再加上她的英勇领导，它才终于凝结成一个整体，法兰西最后才变成了一个真正的民族国家。

世界上有许多重大的改变都是在事后才为人所发现。虽然如此，当查理七世感到胜利在握时，他也就记起贞德来了。不仅是要使她获得公正的评价，而且也是为了洗扫他自己的名誉，不要让历史记载说他是巫师的伙伴。1450 年，当他收复了鲁昂，也就获得有关这次审判的一切文件，于是他命令调查这次审判是否合法。教皇尼古拉斯五世对于此事却置身事外，他的目的是想调解亨利六世与查理之间的关系，以便使他们合组十字军去对付土耳其人，当时他们已经逼近君士坦丁堡了。1455 年，他的继承者加里斯都三世（Calixtus Ⅲ）因为想劝说查理去对付土耳其人，遂同意矫正这次审判。1456 年 7 月 7 日，宣布 1431 年的审判是违法的，贞德恢复“圣女”的地位，这是这场战争的一个尾声。

大事记（十七）

奥斯曼帝国的兴起

拉丁王国的西面夹在保加利亚和塞尔维亚人之间；其东面夹在尼西亚的希腊人和鲁姆的塞尔柱人之间；在内部有威尼斯人和热那亚人的争斗和拉丁及希腊两教会的对立。在这种内忧外患夹攻之下，它是不可能持久的。1261 年，它的结束之期来到了；在那一年中，尼西亚的希腊皇帝迈克尔（Michael Palaeologus）获得了热那亚人的支持，击败了威尼斯人，在镇压了轻微的抵抗之后，于 7 月 25 日占领了君士坦丁堡。接着，他在圣索菲亚大教堂中，被加冕为迈克尔八世（1261—1282 年在位），于是在希腊的拉丁统治大部分都消灭了。为了巩固自己的地位，在 1274 年，迈克尔同意成立一个宗教同盟，但这却未能长久存在。

虽然如此，拉丁人占领时所造成的损害，却还是无法恢复的，若非在 1256 年到 1260 年，成吉思汗的孙子旭烈兀发动了伟大的蒙古侵入战，毁灭了在鲁姆的塞尔柱民族，否则这个复活的拜占庭帝国，能否和拉丁王国拖过同样长的时间，似乎都是疑问。正当蒙古人侵入之时，有一个土耳其人的部落，本来是安居在美索不达米亚的，现在在酋长艾尔屠里尔（Ertughril）领导之下，移入了安纳托利亚。因为帮塞尔柱苏丹服兵役，所以苏丹在埃斯基谢希尔（Eskishehr）附近，给了他们一块畜牧的土地，地点在马尔马拉海的东面，距离海岸在100英里以内。1281年，艾尔屠里尔逝世，他的儿子奥斯曼（Osman or Othman）开始扩张他的领土——由于他的原因，他这个种族即称为奥斯曼土耳其人（Ottoman Turks）——奥斯曼意译为东方人。帝国之内正陷于无政府状态之中，当安德罗尼卡三世在位时（1320—1341），外有保加利亚人、塞尔维亚人和鞑靼人侵略，内则有外籍雇佣兵作乱，所以奥斯曼的发展颇为容易。在这种情况之下，1326年奥斯曼攻占了布尔萨（Brusa），此地之后变成了奥斯曼对欧洲作战的中心。几个月之后，他死了，由他的儿子奥尔汉（Orkhan，1326—1359年在位）继承。

不久，奥尔汉决定占领尼西亚和尼科美底亚（Nicomedia）。前者于1329年被他攻占，后者则在1337年。以后他就改组他的陆军，在托钵僧贝克塔希（Hajji Bektash）建议之下，招募了一团基督教徒，号称“新军”（Janissaries）。此时，色雷斯再度为鞑靼人所蹂躏，到了1344年，帝国的地位衰弱不堪，为了赢得奥尔汉的中立，皇帝约翰五世（1341—1383年在位）就把女儿狄奥多拉（Theodora）嫁给他。三年之后，当塞尔维亚人在杜桑（Stephen Dushan）率领之下，威胁到帝国的生存时，奥尔汉派了6000名士兵到欧洲去帮助他的岳父。击败了塞尔维亚人之后，他们又撤回来了。但是在1349年，他们又再度出兵两万名，将塞尔维亚人逐出了萨罗尼加。1352年，奥尔汉的长子苏莱曼（Suleiman）又率领了另外一支远征军进入欧洲，在地莫提卡（Demotika）附近击败了塞尔维亚人。

似乎是因为希腊人太缺乏自卫的能力，才引起奥尔汉的野心。在此以前，土耳其人渡海进入欧洲，总是以同盟军和雇佣兵的身份参加，不是防卫这个帝国就是为了抢劫，或是在内战中浑水摸鱼。但到了1356年，奥尔汉才决定派他的儿子苏莱曼去征服和占领欧洲的土地。苏莱曼从西斯塔斯渡过了3万人的部队，在第二年，攻占了亚得里亚堡和地莫提卡。前者即被永久据守着，而它被攻占的日期也就代表奥斯曼土耳其人征服欧洲领土的开始。

1359 年，苏莱曼逝世，他的兄弟穆拉德（Murad）继续据守亚得里亚堡城。两个月之后，奥尔汉也死了，穆拉德遂继承了苏丹的王位，是谓穆拉德一世（1359—1389 年在位）。他继续进行其父亲的征服政策。1363 年与热那亚人签订了一个协定，由他们载运 6 万人的兵力，进入色雷斯。三年后，当南塞尔维亚部队 5 万人来攻亚得里亚堡时，即遭其击败。这次胜利唤醒了欧洲注意这个危险。虽然教皇力主组成一支十字军，但是英法两国却正忙于百年战争，无暇积极对付这个基督世界的公敌。穆拉德还是继续推行征服政策，1371 年 9 月 26 日，他在马里乍河上的哈尔曼里（Harmanli），击败了南塞尔维亚王弗尔卡辛（Vulkasin）所率领的 7 万大军。这一次的大败更使希腊人陷于毫无希望的境地，不久，约翰五世被迫承认苏丹国是他的宗主国。

奥斯曼人接着又获得了许多的胜利，但是当 1386 年，穆拉德从北塞尔维亚人手中夺取尼希（Nish）时，它的国王拉查尔（Lazar Hrebljanovich）——杜桑之子——却组成了一个大塞尔维亚同盟，1387 年，在托普里察河（Toplica）岸上，获得一次伟大的胜利。这次胜利又决定了骑墙分子的态度，于是克罗埃西亚人、阿尔巴尼亚人、波兰人和匈牙利人都纷纷加入他的麾下。为了镇压这一次叛变，穆拉德首先对付保加利亚人，把他们征服之后，即取道库斯登地尔（Kustendil），向老塞尔维亚（Old Serbia）进军，在黑鸟平原（Plain of Kossovo）上与联军遭遇，该平原在乌斯库伯（Uskub）北面，距离约 50 英里。当穆拉德正在布阵时，突然有一位叫作柯比里克（Milos Kobilic）的塞尔维亚贵族，乔装成逃兵，设法接近他，使他受到了重伤。穆拉德的兄弟拜亚齐德（Bayazid）立即接管了指挥权，经过了一场苦战——这是塞尔维亚史上最著名的一战——他击溃了联军。拉查尔被俘，在穆拉德垂死的床前被杀害了。奥斯曼人获得了一次完全的胜利，这是塞尔维亚帝国的滑铁卢。一直到了1912年，库马诺瓦（Kumanova）之战时，塞尔维亚才获得了雪耻的机会。

拜亚齐德（1389—1403年在位）号称“雷霆”（Yilderim），现在就继承穆拉德为苏丹王，他是勇猛的战士，但却缺乏其兄的治术。在1392年到1393年，他在色雷斯境内实行毁灭性的战争，到了1394年，却被召回亚洲去了。当他不在的时候，拜占庭皇帝曼努埃尔二世（1391—1425年在位）遂向西方求援。这次他成功了，因为教皇卜尼法斯九世组织了一支十字军，人数很众多，据说在5万人到10万人之间——多数为匈牙利人——他们在匈牙利国王西吉斯孟德和勃艮第及讷韦尔（Nevers）两公爵的率领之下，集结在尼科波利斯。1396年9月28日，他们在那里为拜亚齐德所击溃。对于西方而言，是一个莫大的耻辱。

在这次胜利之后，拜亚齐德一心只想做君士坦丁堡的主人。1400年，皇帝曼努埃尔获得了包西考尔（Boucicault）元帅的增援，他率领了1400名甲士，驶入了金角，恰好如期赶到，使加拉塔免受土耳其人的攻占。之后曼努埃尔又遍访英法两国，寻求援助，1402年才启程返国。

当曼努埃尔不在时，君士坦丁堡即被拜亚齐德包围，处于孤立无援之中。最后，在1402年，他决定突击攻城了；但是当他刚刚开始时，却接到了蒙古酋长帖木儿（Timur the Lame）的一封信。帖木儿是一个具有毁灭性的巨怪，他命令拜亚齐德把所有攻占的城市土地，全都归还希腊人。

1386年，帖木儿在征服了波斯之后，率领一支蒙古人和土耳其人所组成的大军，在梯弗里斯河（Tiflis）前出现了。1394年，为他的西进所惊，拜亚齐德匆匆赶回埃尔津詹（Erzincan）去抵抗他。但是当他发现帖木儿并无继续西进的意图，于是他又回到欧洲。1398年，帖木儿征服了印度北部，并占领了德里。第二年他回到他的首都撒马尔罕（Samarkand），从那里他又出发往阿勒颇，沿途不分男女老幼，见人就杀。阿勒颇被夷为废墟之后，就取道耶路撒冷前往埃及，但是遇到了蝗虫成灾，他的马匹无草可吃，只好返回。接着，他又攻入了大马士革和巴格达。在每一个被攻占的城门口，人头都堆成了金字塔。

当他在大马士革时，帖木儿就发了这一封信给拜亚齐德。于是拜亚齐德马上解了君士坦丁堡之围，率军回到亚洲。在安卡拉（Angora）与帖木儿遭遇，帖木儿切断了他的饮水来源，迫使他于1402 年 7 月 20 日接受会战。拜亚齐德的军队被击溃了，他本人变成了俘虏，次年死于撒马尔罕。在这次胜利之后，帖木儿又继续向西运动，一路毁灭所经过的城市，屠杀一切的居民。奥斯曼的首都布尔萨被焚毁，尼西亚、盖姆利克（Gemlik）以及许多其他的城镇都被夷为废墟。士麦拿（Smyrna）经过了 14 天的围攻，也还是被攻陷，居民照例被屠杀完尽。从士麦拿，帖木儿又返回他的首都撒马尔罕，准备侵入中国。正在准备之中，他于 1405 年逝世，享年 69 岁。

亚洲游牧民族的进攻使基督教世界受到了极大的震惊，当西方国家听到帖木儿的胜利消息之后，都感觉到欧洲的沦陷是无可避免的了。但是当知道他又向东撤回，于是希望又复活了，至少似乎基督教国家是可以置身事外，而且若能组成一个联合阵线，则一定可以击败奥斯曼人，并轻而易举地将他们赶出欧洲之外。

这个机会是很大的，而且一直延续了 10 年之久。一直到 1413 年，拜亚齐德的三个较大的儿子，苏莱曼、穆沙（Musa）和穆罕默德之间的继承战争才算是告以结束。当穆罕默德重建苏丹国时，其在欧洲的领土缩减到只剩下了亚得里亚堡城本身。假使基督教教徒能够团结一致，好像波希战争中的希腊人一样，则他们趁着安卡拉之战中的机会，就一定可以攻克亚得里亚堡。若果如此，则奥斯曼在欧洲的势力即可能完全被消灭，因为这个城是一个重心。

欧洲人却放过了这个天赐的机会，在穆罕默德结束继承战争的同一年中，英王亨利五世却正在与勃艮第公爵缔结同盟，争取法国的王位。同样的，胡斯战争也正在使中欧血流成河。而更坏的是从1402年到1454年，在意大利境内的米兰人、威尼斯人和佛罗伦萨人也在不断混战，一切对付土耳其人的努力都白费了。假使阿让库尔之战是在东方打的，而不是在西方打的，那么安卡拉之战，尽管是两个亚洲国家的事情，但在历史上却要算是为保存基督世界而打的最具有决定性的会战之一了。

穆罕默德一世（1413—1421年在位）的一生当中，都是忙于在混乱中建立秩序。他是一个重建者，而不是征服者。他的继承者穆拉德二世（1421—1451年在位）却与他相反。帖木儿的侵入，使许多土耳其人都纷纷向西涌动，所以他的兵员来源是不成问题的，在他的朝代尚未结束之前，整个巴尔干都已在其铁蹄之下了。

1422年，穆拉德开始围攻君士坦丁堡，但在卡拉曼尼亚（Karamania）发生了叛变，不得不放弃这个企图。不久，皇帝约翰六世（1425—1448年在位）也同意向他纳贡。1430年，穆拉德重占了萨罗尼加，攻下了乌斯库伯，侵入了特兰西瓦尼亚，并于1435年围攻贝尔格莱德。四年后，为了获得西方的援助，在佛罗伦萨会议中，约翰同意教会合并，于是第二年，教皇才号召所有的基督教国家，共同对付土耳其人。接受了这个号召，匈牙利国王弗拉地斯拉夫（Vladislav）遂于1441年命令匈牙地（Hunyadi）——特兰西瓦尼亚的总督——把土耳其人赶出塞尔维亚境外。接着在库斯提尼查（Kustenitza）的附近，土耳其人又遭到了一次惨败，于是在1442年，穆拉德与匈牙利王签订了一个休战条约。不久之后，在朱利安大主教（Cardinal Julian Cesarini）的建议之下，因与异教徒之间的誓约可以不算为理由，而由基督教同盟破坏了这个条约。穆拉德大怒，引兵进攻，在瓦尔纳（Varna）击败了联军。1446年，他毁灭了科林斯地峡上的要塞工事，蹂躏摩里亚（Morea），两年后又准备侵入阿尔巴尼亚，那是由著名的卡斯特里奥塔（George

Castriotes）据守的。

此时在教皇尼古拉斯五世的指导之下，匈牙地在黑鸟平原上集中了 2.5 万人的兵力——匈牙利人、波兰人、华拉齐（Wallachs）人和日耳曼人都有。穆拉德放弃了侵入阿尔巴尼亚的计划，率领了 10 万人去对付他。1448 年 10 月 18 日，会战开始，直到 10 月 20 日才结束。结果穆拉德大获全胜，匈牙利贵族中的精英一共 8000 人都伏尸在战场之上。对于匈牙利和西欧而言，这次失败的影响可以说是极具悲剧性的。此后多少年当中，土耳其人对于其在多瑙河北岸的敌人，已经不必再有任何畏惧了。除了海上交通以外，君士坦丁堡已经完全孤立，果实已经熟透了，只等待落下了。1451 年，穆拉德死于亚得里亚堡城中，继承他的人为他的儿子穆罕默德二世（1451—1481 年在位），其外号就叫作“征服者”。

第十八章

君士坦丁堡的围攻与陷落

1449年7月6日，皇帝约翰六世逝世，他的兄弟君士坦丁十一世继承了帝位。在君士坦丁一世的时代中，东罗马帝国的领土包括着全部巴尔干半岛（依利里亚除外）、小亚细亚、叙利亚、巴勒斯坦、埃及和昔兰尼加等地。现在缩到了只剩君士坦丁堡一座孤城了。约翰在他的朝代中，除了维持这个卑贱的“现状”以外，便没有做其他的努力，为了安抚他的敌人，当苏丹在瓦尔纳获得胜利之后，他甚至还曾派人去庆贺。拜占庭的教会和贵族也是同样的谄媚，至于拜占庭的人民，米贾托维奇（Chedomil Mijatovich）在他的《希腊最后皇帝君士坦丁传》中说：

> 这个民族变得暮气沉沉，既无主动精神也无意志。在皇帝和教会之前，他们匍匐在尘埃之中；背转身来，他们却不禁捶胸顿足。上面是暴政和榨取，下面是仇恨和怯懦。上下朝野充满了残酷和伪善的风气，外表的虚文代替了真正的文化，浮华的语文隐蔽了真正的观念。所有的政治和社会组织都是同样腐朽，民族精神衰老了，缺乏一切的弹性。在虚伪的爱国心掩护

之下，大家都只重私利，而忽视了公益。

这种卑劣的状态，大部分都是由于许多年来，罗马想统一拉丁和希腊两个教会的企图所造成的。拜占庭人民的心中，已经被这个神学上的问题占满了，所以无法再容纳其他的东西。尤其在那个时代中，宗教又与政治不可分，宗教问题也就是政治问题，足以阻止战略性同盟的建立。而没有这种战略性同盟，则欧洲对抗土耳其人的东面大门就好像没有门闩一样。

虽然两个教会的对立始于5世纪，但却直到11世纪才变得尖锐化。1073年，教皇格列高利七世曾经说过："宁可让一个国家永远受着伊斯兰教教徒的统治，也要比让那些拒绝承认天主教权利的基督徒统治较好一点。"仇恨发展到如此程度，在1439年，佛罗伦萨会议虽然同意教会合并，而且也在君士坦丁堡获得了红衣主教依西多尔（Isidore）的认证，可是在1452年12月12日，大公爵鲁卡斯·诺塔拉斯（Lucas Notaras）却宣布说："我宁可看见这个城市落在土耳其人的手中，而不愿意让它受拉丁人的支配。"甚至于在围攻的时期中，情况十分严重，而史学家杜卡斯（Ducas）也还说："即令有一个天使从天而降，向他们宣称着说：只要人民肯与罗马教会合作，则他可以使该城不受到土耳其人的攻占，希腊人还是会拒绝的。"

即令这个合并被承认，西方国家对于希腊人的援助也还是极为有限。在金角的北面，君士坦丁堡的郊外，热那亚人在加拉塔的殖民地在这次战争中始终是严守中立，而其他国家的援助也都是用物质的收获来换取的。日耳曼皇帝腓特烈三世只是空谈而不动手。阿拉贡、那不勒斯和西西里的国王阿方索（Alphonso）也是一样。匈牙利虽然愿意援助，但却要求以希里弗里亚（Silivria）或米森布里亚（Mesembria）这两地之一为交换条件。加泰罗尼亚国王则要求获得莱斯沃斯。只有威尼斯人、热那亚人和教皇曾经真正给予若干援助。前二者是怕他们的贸易受到损害，而后者则是因为合并已经被承认：这被认为是值得红衣主教依西多尔和200名士兵的！

在基督教方面，我们所看到的只有分裂和软弱的现象，但是在土耳其人方面，所看到的却是一个有活力的青年民族，在一个坚强的领导之下，联合一致。苏丹穆罕默德二世是穆拉德二世和一位美丽的阿尔巴尼亚女奴所生的儿子，他也是东方历史上最著名的人物之一。当1451年2月初，他父亲死亡时，他还只有21岁，当他在马格内西亚获得了这个消息，他就以极快的速度，渡过达达尼尔海峡进入普利博卢，然后再到亚得里亚堡。他于2月9日达到该地，即被宣布为苏丹。从下述的行为即可以看出来这个人的典型特征：他的第一个行动即为溺毙他的婴儿兄弟，第二个行动即为杀死他所雇用的凶手，第三个行动又把这个孩子的母亲嫁给一个奴隶。

在外表上他长得很漂亮，身材中等，有一个长的鹰钩鼻，似乎是挂在嘴巴之上，他的嘴唇红而且薄，半隐在长须之下。他似乎有一点神经质，易怒多疑，他对于朋友是太猜忌，而对于敌人是太残酷。他被人称为是“饮血者”，当君士坦丁堡被攻占之后，他把被处决的敌人人头都放在一张面对着他的桌子上面。他很少有笑容，其偶然发笑的情形却又是有如下述：有一次他听到华拉齐的王子追库尔（Drakul）因为他的使臣不肯在朝见的时候取下头巾，就把他们的头巾用钉子钉在他们的头上。他不免莞尔，因为他觉得很有趣味，并且也立即采用了这种毒刑。另外一次，是当他听到追库尔把几千名土耳其俘虏都一一钉死，他反而笑了，并且恭维着说：“当一个王子能做出这样伟大的事来，要想把他赶出国去实在是不可能的。”虽然如此，他却是一个具有高度智慧的人，而他的后母布兰科维奇（Mara Brankovich），也是一个文化水准很高的妇女，对于他颇有陶冶之功。对于一个土耳其人而言，可以说是很少见，他精通五种外语，能说、能读、能写——包括拉丁语、希腊语、阿拉伯语、迦勒底语和波斯语，甚至还有斯拉夫语。在他一生当中，他都忙于追求知识，极爱读书。他精通哲学、神学和占星术，而且也爱好波斯的诗词和艺术。诚如芬雷（Finlay）所说的："他集青年的英勇进取与老年人的审慎智慧于一身。"这种结合即为他的将道和治术，构成了一个智慧上的基础，在这两方面姑且不说是最高等的，也要算是很杰出的。历史上伟大人物都是他的模范，他对于居鲁士、亚历山大、恺撒、屋大维、君士坦丁和狄奥多西的传记都有精深的研究。诚如提塔尔地（Tetaldi）所说的：他是要想征服世界，想比亚历山大和恺撒以及任何过去的人物还伟大。

以他的用兵来说，他主要是靠数量的力量取胜，而不是依赖技巧。虽然他曾经一再为匈牙地和卡斯特里奥塔所阻止，而且也曾为罗得岛人和波斯人所击败，但是他的将道还是不算太差的。和许多其他的苏丹不同，他总是亲自率领军队，战争是他的生活也是他的梦想。一切都由他自己做决定，不受任何干涉，也要求部下保持严格的纪律。诚如吉本所说的："假使一个主人永远不会忘记部下的过错，则没有人敢不服从他的命令。"他精力充沛，能耐劳苦，神出鬼没。他常常化装微行，混在部队中窃听他们的谈话，假使有任何人发现了他，那个人就是活该倒霉了；即使向他表示欢迎，也难免不立即被处死。有一次当他讲到他的秘密准备时，他说："假使我的胡子当中有一根知道了我的秘密，那我也会把它拔掉，投入火中烧毁。"他的计划总是很彻底，准备得很周密；他的运动总是很快，失败了他从不气馁，而且从不让他的敌人有卷土重来的机会。他曾经侵入欧洲各省区，前后达 20 次之多，以使它们屈服于其意志之下。更重要的，他对于炮兵的技术更是精通，在历史上，他可以算是第一个真正伟大的炮手。

作为是一个政治家的时候，他深居简出，使自己处于完全孤立的地位，使他的臣民感觉到他是一个超自然的权力——一位神。他也是第一流的行政家，一个机智而宽宏的统治者。他对于所征服的地区也知道如何加以组织，他把次要的东西让其臣民去处分，而对于首要的东西却控制得紧紧的。

他在青年时期中，即把攻占君士坦丁堡当作是第一志愿，所以即位之后，马上就去实现他这个理想。第一步，他宣布承认穆拉德与君士坦丁之间所签订的条约，并特别表示他的和平意图。第二步，为了避免背面受到卡拉曼尼亚酋长的攻击，他首先将其征服——1422 年，这种攻击曾迫使他的父亲对于君士坦丁堡不得不解围而去。于是他又与威尼斯讲和，与匈牙地签订了一个三年限期的休战条约，也与匈牙利、华拉齐和波斯尼亚（Bosnia）建立了和平关系。诚如吉本所说的：和平是在他的嘴唇上，而战争却在他的心中。最后，他记得他父亲在瓦尔纳战役中，为了把部队渡过普利博卢，曾经每一名士兵花了一个“打卡”（ducat，约等于 9 先令）的通过费，所以他决定不再受这种损失。当拜亚齐德建筑安纳托利亚西沙尔（Anatolia-Hisar）要塞时，土耳其人即已经是博斯普鲁斯海峡亚洲海岸的主人，他现在就决定要做其欧洲海岸的主人。1452 年 3 月，他命令一支兵力和 5000 名工人，在君士坦丁堡以北不远的地方登陆，开始建立一个特强的罗米里亚西沙尔（Roumelia-Hisar）要塞，希腊人也称它为“割颈的堡垒”（Laemocopia）。巴尔巴罗（Nicolò Barbaro）在他的围城日记中曾经这样写道：这个要塞在面海的一边特别坚强，是绝对不可能攻克的，因为在岸上和城里都布满了炮台。在向陆的方面也是非常坚强，但比起海上这一面却略有逊色。6 个月后，这个工事完成，君士坦丁堡与黑海各港口之间的一切交通即完全被切断了，这也就使它丧失了来自乌克兰的主要粮食供给来源。穆罕默德率领了一支兵力——据说为 5 万人——出现在君士坦丁堡城外，其目的是为了侦察敌情。1452 年 9 月 6 日，他撤回亚得里亚堡，去完成他的准备。

土耳其陆军分为三种不同的部队：（1）新军；（2）杂牌部队（bashi-bazouks）；（3）地方团队。第一种现在已经变成了常备军，人数在 1.2 万到 1.5 万之间，要算是 15 世纪中最精锐的部队。没有一个基督教的国家，甚至查理七世时代的法国，曾经有过一支与土耳其陆军相比拟的部队。自从穆拉德一世的时代起，他们的征募就是对于基督教省区采取“血税”的方式。每一个省区每年都要担负一定的配额，交出 7 岁到 12 岁的男童若干人，并且必须是体力和智力均优者。这些不幸的人就被强迫改信伊斯兰教，并接受极严格的纪律约束。他们不准结婚，不准享受奢侈生活，也不准做生意和累积私产。他们是军事性的和尚，当他们太老了不能服役时，国家就给予其恤金。第二种部队与所谓“新军”完全不同，是由土耳其人和背叛的基督教教徒所组成的乌合之众，装备也非常恶劣。第三种部队大部分是从安纳托利亚征召来的，也只是稍微好一点。

贝特朗登（Bertrandon）在他的游记中，对于土耳其陆军的情形和战术，曾经有过详细的记载。他告诉我们，奥斯曼的军人都穿着锁子甲，掩盖到他们的大腿为止，头上戴着白色的尖顶帽，饰有铁片。他们的兵器为弓、剑和槌矛。土耳其军人对上级是绝对服从的。他们为什么能获得这样巨大的征服效果，这种纪律实为一个主因。当他们最初发现敌军时，只是监视着不动，然后突然用急行军来奇袭敌人，他们在尼科波利斯的情形就是这样的。他们的战术也经常随着环境而改变。当他们发现一个有利的机会时，他们会把兵力分成几个支队，同时向敌军的各部分进攻。当他们在退却时，更是可怕，基督教国家的军队常常是这样被击败的。当他们的将领，或是任何其他的军官，发现追击中的敌人已经秩序紊乱时，他马上把一个小鼓敲三下，凡是听到这个鼓声的人也就照样再敲三下，于是大家都知道了，就马上依照情况同时实行反击。在会战中，他们也使用其他的计策。他们会把火器投射在敌人骑兵行列之中，惊吓他们的马匹。他们在正面上常常保持着一大批骆驼，那都是强大而野性的，他们把骆驼赶入敌人的阵中，造成极大的混乱。

比他的“新军”更重要的，还有穆罕默德的炮兵。这些人员主要都是基督徒。克里托布拉斯（Critobulus）在《剑桥中古史》中曾经说过：火炮决定了一切。穆罕默德一共有十二三个“大炮”连和14个“小炮”连，每连火炮为四门。他的最大火炮是在亚得里亚堡铸造的，铸造的技师是一个匈牙利人或华拉齐人，名叫乌尔班。它的炮管分为12片，每片8英寸，总圆周96英寸，据计算其所射出的石弹应该重达1456磅。这个巨大的兵器需要60头牛来拉拽它，旁边有200人一同走使其保持适当的位置，另有200人为它平路。每次装弹药的时间为两个钟点，所以一天只能发射6次到8次。据弗兰齐斯（Phrantzes）在《奥斯曼帝国史》中的记载，这门大炮最后爆炸了，并且把乌尔班杀死了。

当围攻开始时，曾参与该战的巴尔巴罗说，在金角和马尔马拉海之间，围攻军总数约为15万人；佛罗伦萨军人提达尔地（Tedaldi）说共为20万人，其中有14万人为正规军，其余则为强盗、土匪和其他随军发财的人员。[1] 穆罕默德的舰队并不太有效，大致有145艘到350艘战船，样式各有不同，大多数都是小船。

为了对付这个可怕的敌人，在君士坦丁堡城墙之外，君士坦丁可以说是一无所有，在城内和金角港内，他也只有一些雇佣兵和少数破烂不全的快船，虽然这个城市中有百万左右的居民，但是当君士坦丁命令召集自动投效的战士时，一共只有4973人应召，尽管人民的表现是如此的懦怯，君士坦丁皇帝现在却英勇地开始准备做这场无可避免的殊死搏斗。

君士坦丁的第一个工作即为修补城墙，它们久处于颓废的状况之中。除了加拉塔这一部分当时已经落入中立者的手中以外，这些城墙包围整个的城市，周围约为13英里。从地形上来说，可以分为三个部分：

（1）狄奥多西二世的陆墙，这是5世纪建筑的，一共4英里长，南面从马尔马拉海和金门起，直到北面金角上的木门（Xylo Porta）

---

[1]　这些数字都不可靠。

和布兰齐恩宫（Blanchern Palace）为止。

（2）海墙沿着金角这一面，从木门到阿克罗波里斯（Acropolis），大约有 3.5 英里的长度。

（3）这个海墙的延长，在马尔马拉海这一面，直到金门为止，约长 5.5 英里。

虽然上述的海墙都只有单层的建筑，但是陆墙却一共有三层：内层高 40 英尺，有 112 个碉楼，每个高约 60 英尺；外层高 25 英尺，也有碉楼；前面为一道胸墙（Breastwork），由护城河的内壁所构成，这个水沟有 60 英尺宽和 15 英尺深。在每一道城墙之间，隔有 20 码宽的空地，在内墙与外墙之间叫作"Peribolos"，在外层与胸墙之间叫作"Parateichion"。

为了便利起见，这个陆墙又可以分为三个战术上的区分：（1）从金门到圣罗曼努斯门（The Gate of St. Romanus）；（2）从圣罗曼努斯门到亚得里亚堡门；（3）从亚得里亚堡门到木门。莱卡斯溪流（Lycus）流过第二区，在它以西的地区叫作"Mesoteichion"。

主要的港口为金角，南北两边都有海墙的保护。它向博斯普鲁斯的出口有大铁链的保护——这在第十二章早已说过——并且还再加上大木柱的增强，在它的后面就集中着拜占庭帝国的舰队，当围城战开始时，大约有 26 艘船，10 艘为希腊人的，16 艘为威尼斯人和热那亚人的。其中 15 艘由威尼斯人特里维沙诺（Gabriel Trevisano）指挥，担负防御工作。

虽然城中适合兵役年龄的男子一共有 25 万人之多，但是君士坦丁所能召集的战士却不超过 5000 人，不过外籍军人数量虽少，其助力却非常有价值，但也只使他的兵力增到 8000 人。第一批到达的增援为教皇代表依西多尔红衣大主教所率领的 200 人。他于 1452 年 11 月驶入了金角，可是他的来到徒然只是使东西间的仇恨更为加深。同年 12 月 12 日，依照佛罗伦萨会议的条件，他在圣索菲亚大教堂中举行了一个教会合并的庆典，结果在金纳迪乌斯（Gennadius, 以后他做了大主教）的鼓动之下，人民发生了公开的暴动，群起表示反对。所以从围城战开始之日起，希腊人即坚决地宁愿牺牲其政治独立，而不肯放弃其宗教上的仇恨。[1] 接着在次年 1 月，热那亚名将约翰 · 吉斯提尼亚尼（John Giustiniani）也带了 700 人，分乘两艘大船来了。同他一起来的还有格兰特（Johann Grant），他是一位有经验的日耳曼炮兵专家，也是军事工程专家。

吉斯提尼亚尼的来到为一件具有重大意义的大事。不仅是他带来了两艘强大的战船和 700 名精兵，其中有 400 名是完全装甲的，而更重要的为他是这个时代中的名将之一。他是一位高明的领袖，具有超人的精力、机智和勇气。当他把他的剑献给皇帝之后（即表示服从），君士坦丁即指派他为城防总司令，赋予他指挥的全权——只比独裁者差一点。自从他来到之后，君士坦丁堡城中才现出一线新希望。

此时，穆罕默德已经把博斯普鲁斯的两个拜占庭小据点——提拉皮亚（Therapia）和斯徒地门（Studium）——毁灭掉了，所有的守兵均被钉死。接着土耳其军又用燃烧硫黄的方法，把普林基波岛（Prinkipo）上要塞中的守兵熏了出来。到了 1453 年 4 月 5 日，他开始在陆墙前面出现，把他的部队分为四个军：（1）由查刚（Zagan Pasha）指挥，监视着加拉塔，并在金角的西端架桥，以准备攻击木门；（2）由卡拉加（Caraja Pasha）指挥，攻击从木门到亚得里亚堡之间的城墙；（3）由伊萨克（Isaac Pasha）指挥，攻击从圣罗曼努斯门与金门之间的城墙；（4）在莱卡斯河谷中，夹在（2）（3）两军之间，穆罕默德集中了他的精锐，由他的大将哈里尔（Halil Pasha）指挥。这是其主攻的地点。为了监督起见，他把他那红金两色的御营帐幕，也就设在这个地区的紧后面。

---

[1] 有一个因素对于土耳其方面是绝对有利的。凡是在已经被占领的地区中，希腊正教的主教被承认在民事和宗教两方面，是基督教社会的代表人。

君士坦丁也看出了主力打击将要落在的地区，就把自己的指挥所也移到这个地区中来。他把陆墙的中段交由吉斯提尼亚尼负责。在它的北面，由布柴尔地（Troilus Bocchiardi）、安东尼、保罗兄弟和格兰特等人负责；南区则由康塔里尼（Catarin Contarini）等人负责。至于其他方面的城墙和港口都只有极少数的守兵，有许多碉楼中只有三四名守兵。

4 月 12 日，土耳其的舰队，在保加利亚叛教者巴尔托格鲁（Baltoglu）的率领之下，投锚在普林基波岛的碇泊所中。面对着莱卡斯河谷地区的城墙，大炮也推进到了护城河边。在击鼓声中，有史以来的第一次有组织的炮击开始了，也伴奏着几千人的紧张呼喊声。米贾托维奇在他的《斯拉夫编年史》中说：自从开天辟地以来，在博斯普鲁斯的海岸上都不曾听见过这样大的声音。虽然如此，这却是一个非常缓慢的工作，要两个钟头才能装好一发炮弹，一天只能发射七八次。

虽然炮兵的攻击这样持续了好几天，其实际的效力却非常有限。直到后来，匈牙利有一个使者来了，告诉伊斯兰教教徒的炮手不要这样浪费弹药，而应集中火力攻击城墙的三角形地区。弗兰齐斯认为匈牙利是希望君士坦丁堡被攻陷的，因为有一位塞尔维亚的隐士曾经预言，除非这个“异端”的巢穴被毁掉了，否则基督教世界将永远无法肃清土耳其人的祸害。虽然这个“基督教”的帮助对于土耳其人是很有贡献的，但是城墙被轰毁了之后，却又迅速地被修补好了。到了 4 月 18 日，穆罕默德实在感到不耐烦了，遂命令对于城墙和铁链封锁线，都同时发动总攻击。

在发动攻击时，土耳其兵都喊着“Yagma!Yagma!”（抢呀！抢呀！）的口号，在各种怪叫声中，他们冲向壕边。据《斯拉夫编年史》的记载：“枪炮声，摇铃声，兵器碰撞声，战士喊杀声，妇女的哭声，儿童的尖叫声，造成了如此巨大的响声，好像大地都在发抖。城上城下到处都是浓烟，战斗人员最后都彼此看不清楚了。”但是吉斯提尼亚尼却已经有了准备；他命令各种火器和弓弩都一同发射，这种可怕的火力把攻击者马上逐回到壕中。同时，诺塔拉斯大公也击退了海军的攻击。穆罕默德对于这一次失败，感到十分愤怒，他就要把自己方面的死尸，装在弹射机上抛射到城墙上去。他的部将们力劝他不必如此，都很难奏效。[1]

这次攻城失败两天之后，又发生了一个意外事件，导致了一次惊人的海战。3 月，有三艘大型的热那亚战船，载运部队和弹药往君士坦丁堡增援，在希俄斯岛边由于遇到了逆风，延误了很久的时间。他们在那里一直停到了 3 月 16 日，风向才转南，才扬帆继续前进。中途又遇到了一艘巨型的帝国运粮船，遂一同前进，于 3 月 20 日上午 10 时，看见了圣索菲亚教堂的大圆顶。

当他听到他们接近的消息，穆罕默德马上命令他的舰队出海，击毁或捕获这些船只。他率领了幕僚人员和大批部队，也赶到加拉塔的海岸上去观战。他看见 145 艘土耳其战船都划桨进攻，照他看这四艘基督徒的船只是一定可以到手的。在君士坦丁堡的城墙和屋顶上，也有千余人观察，他们的想法也大致相同。

在欢呼之中，巴尔托格鲁向敌船直冲而去，但是风力极强，这些大型的热那亚战船带着那艘运输船，从他的舰队中，硬撞着过去，一路撞坏了不少的土耳其战船。接着当他们绕过西拉格里奥角的时候，风力减弱了，才被包围住。苦战开始了。当土耳其人想钩搭着船舷向船上爬的时候，就纷纷为战斧所砍落。火箭、希腊火瓶、标枪都在向他们投掷，火器的弹丸也在甲板上打滚。这样苦斗了两个钟头。穆罕默德在岸上大声地喊叫，并且不时装着要跃马下海，督促他的海军将领奋战。突然有一阵好风吹来，港口的锁链放下来，四艘战船马上又突破了敌围，进入港口去了。

---

[1] 这并不是一个新的观念，在 1422 年的卡罗尔斯坦（Carolstein）围城战中，就曾用到这个办法，而且还加上了 2000 车的粪便。

穆罕默德在大怒之下，命令将巴尔托格鲁处死，当诸将求免时，他就命令四个奴隶把巴尔托格鲁按平在地面上，亲自用一根手杖重重地打了他一顿。

虽然再度遭到挫败，可是穆罕默德的地位一点都没受到影响。他认清了最重要的即为获得金角的控制，因为一旦到手，他就可以威胁北面的海墙，迫使君士坦丁对于其微弱的兵力，不得不做更大的分散。所以他决定——也许是加拉塔的某一位热那亚人的建议——把他的一部分舰队，从博斯普鲁斯的海岸上拖过一段陆地，运到一条在加拉塔西面流向金角中的溪水中。他这个人是说做就做的，马上动员了几千工人，整平地面并修好了一条木质的轨道，上面涂上黄油。在炮兵掩护之下，有 70 多艘战船被拉上了陆地，送入了这条溪流，溜进了金角。这个出人意料之外的行动，使希腊人大为震惊。但是发现敌船并未立即进攻，于是又恢复了勇气，决定对其做一个夜袭。但却受到了激烈的抵抗，大败而归，因为有一个加拉塔的热那亚人把这个秘密泄露给土耳其人。此时，为了使他的两翼能够连接，穆罕默德又命令在这个角上建造一座浮桥，长 2000 英尺，宽 8 英尺，这也马上完工了。

现在拜占庭人就感到彻底丧气了，于是有人建议君士坦丁皇帝，为了个人的安全，还是逃走为佳。他静静听取这个建议，然后回答说："我谢谢你所给予我的一切忠告。但是在这种危难之中，我怎能舍弃我的宗教、庙庭和人民呢？世人对于我的批评又会怎样？我的朋友，我求你们再不要向我说这种话。而且也希望你们永远不离开我，而我也永远不离开你们！我决定在这里与你们死在一起！"说到这里，皇帝把头转向另一面，他的眼眶中已经充满了泪水。在座的人无不掩面而泣。

君士坦丁的决心使防御获得了新的生命，可是情况还是非常危急。除非接济能够马上到达，否则虽然敌人并不攻城，也迟早会饿得受不了。所以在 5 月 3 日，君士坦丁派了一艘小快船，由 12 个人驾驶着，冒充土耳其船溜了出去，想寻找教皇所允诺开来的舰队，这是假定在北方海面上行动着的。在这一些日子当中，炮轰始终未停，5 月 7 日和 5 月 12 日，土耳其军分别以 3 万人和 5 万人的兵力，向圣罗曼努斯门附近的城墙上猛攻，每次均为吉斯提尼亚尼所击退，死伤无算。

由于新的补充部队不断到达，土耳其人的兵力日益增多，现在却反而变得对于守方有利了，因穆罕默德的补给问题也变得十分困难，除非他能在这个月月底攻陷这个城市，否则就只好和过去的旧例一样，自动解围而去。他发现他并不能控制已经被轰毁的城墙，以来阻止敌人修复它，于是他在 5 月 18 日的突击中，就想到了一个新办法。他使用一种巨型的木楼——称为“攻城楼”（Helepolis）——来当作掩护的工具。这种木楼被拖到壕边，从那上面向城上发射出可怕的火力。吉斯提尼亚尼把火药桶滚入护城壕中，把它们炸毁掉。这位苏丹惊叹着说：“我为什么不把这个人争取到我们这一边来呢？”他企图用贿赂收买他，但是没有成功。

硬攻和木楼都失败了，所剩下来最后的一个办法就是用坑道实行爆破，尤其是在亚得里亚堡门和卡里加里亚（Kaligaria）的附近最为适合。后者位置在布兰齐恩宫的附近，其城墙只有一层。5 月 15 日开始挖掘坑道，直到 5 月 25 日为止，土耳其人曾经做过好几次不同的努力，企图炸毁城墙，但是格兰特却是军事工程专家，每次都用巧妙的手段，使敌人的企图成为泡影。他不是把敌人的工兵炸死了，就是闷死，不然就是淹死。有时也派勇士钻入地下，用短刀、战斧，将敌人杀死。[1]

这样的一再失败，而且经常又有谣言传播说匈牙利军从北面来了，教皇的舰队又从南面来了，所以土耳其的士气大为低落。甚至他们那个号称无畏的领袖也开始感到怀疑了，他引诱君士坦丁皇帝

[1] 这可能是有史以来第一次在坑道战中使用火药。

做有条件的投降，但遭到拒绝，于是在 5 月 26 日（或 27 日）召集了一个战争会议，征询诸将的意见。他的大将哈里尔，本来一向反对围攻该城，现在力主放弃。但是他的政敌查刚却反对这个观念，向苏丹提醒着说，亚历山大曾经用更小的兵力征服了全世界。他激昂慷慨地说：

> 大王呀！你也深知就局部而言，意大利是四分五裂的；就全体而言，所有法兰克国家也都是一样的。因为这个原因，所以这些异教徒是不可能联合一致来对抗我们的。基督徒是永远不会联合一致的。当他们之间经过了长期的争斗之后，也会缔结一个和约，可是这种和平却从来不会维持太久。甚至他们尽管有同盟条约的束缚，可是却不能阻止彼此间对于领土的你争我夺。他们总是互相猜忌疑惧的。毫无疑问，他们想得多，说得多，解释得多，但是最后却做得很少。当他们决定要做什么事情的时候，总是在开始行动之前就浪费了太多的时间。假定他们在进行什么事情，但也绝不可能持续得太久，因为他们对于进行的方法，彼此间也总是不免有争执的。所以，大王！不要放弃希望，请你马上下命令，叫我们再继续攻城。

苏丹听完了他这一番鼓励之词，不禁大喜，立即决定在 5 月 29 日，同时向陆海两面发动一次总攻击。

当炮轰还是继续不断的时候，穆罕默德就拟订了他的攻击计划，这是一次陆军和舰队的联合行动。舰队的目的，还是和前次一样，只是以火力钉住在海墙上的防御者，使他们无法向陆墙方向增援。他一共选择了三个主要目标：（1）夹在提克法尔西莱（Tekfour Serai）与亚得里亚堡门之间的城墙；（2）在莱卡斯河谷中，大约在亚得里亚堡门附近的城墙；（3）第三号军事门（Military Gate），大约在圣罗曼努斯门与金门的中间。其中又以前两个地区为决定点。

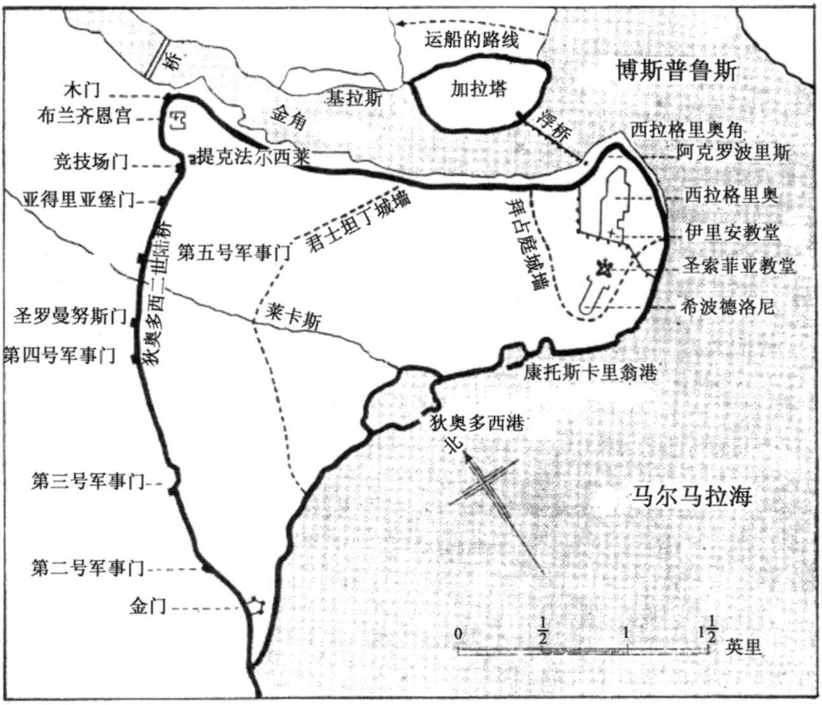

图三十一　君士坦丁堡围城战，1453 年

这个攻击不分昼夜，不准中断和暂停的，一直等到守军力竭之后，发动最后的突击就不会遭到太大的反抗了。据说穆罕默德曾经说过：“我决定采取连续不断地攻击，把生力军陆续投入，消耗敌人使其不能再抵抗为止。”这个计划决定了之后，他就命令他的舰队应使海墙方面不断受到火力的牵制，并命令查刚越过金角的南边，攻击最北面的目标。最后，他开始集中大量的物资：2000 架云梯、铁钩（用来拉倒填补缺口的栅栏）和大量的束薪（用来填充壕沟）。

在他的精神感召之下，他的军队好像触了电一样，马上开始工作，在 5 月 27 日到 5 月 29 日的两个夜间，他们营帐中灯火通明，构成了一个光圈包围着整个城市。在 5 月 28 日的上午，苏丹首先视察他的舰队——现由哈莫德（Hamoud）指挥——然后再骑马环绕全军，发现所有一切都准备好了。

当土耳其全军充满了热情和信心的时候，危城中的人却感到希望断绝了。5 月 23 日，那艘勇敢的小船回来了，报告没有找到任何增援舰队。这个消息使城中居民心中的最后希望火焰也熄灭了。于是到处都有耳语传说着，说灾难的预兆显示出来了：有人看见偶像在出汗了，有人听到各种怪声，有人看到大教堂圆顶上有奇怪的亮光出现。现在守兵的总数只剩下 4000 人，其余的居民，因为不能拿起武器来杀敌，除了祈祷奇迹出现以外，更无他事可做。可是在这种死气沉沉的环境中，却还有一个人能保持着他的庄严和勇气，那就是君士坦丁皇帝——东罗马帝国的开国和最后的皇帝，恰巧是同一个名字。在 5 月 28 日到 29 日的夜间，他向他的部下（希腊人、威尼斯人和热那亚人都有）致辞说："我的伴侣和兄弟们，让我们一起工作，以求得自由、荣誉和永恒的记忆！现在我把我的皇笏交给你们。它在这里，希望你们能拯救它！王冕在天上等候你们，而在地上，你们的英名将永远为人们所记着，天长地久。"于是大家都高呼着："愿我们为信仰与祖国而死！让我们为上帝的教会和我们的皇帝陛下而死！"

接着，大家都集合在圣索菲亚教堂中，在啜泣和哭喊的声中，在这个"圣智"（Holy Wisdom）的教堂内，举行最后一次基督教典礼。根据拜占庭的资料，艾德温·皮尔斯（Edwin Pears）对于这次仪式，曾经有一个如画的描述（见《希腊帝国灭亡史》一书）：

> 皇帝和所有能够抽出时间的领袖人物，全数参加这次典礼。这个建筑物中是最后一次挤满了这么多的基督教大人物。不要花多大的心思，即可以想见当时的悲壮景象。这个教堂的内部为基督教艺术家所能创造的最美丽的作品，尤其是当这许多的达官贵人，高冠长剑地站在一起，更是显得庄严无比。除了勇

> 敢的拜占庭皇帝以外，军人和僧侣、君士坦丁堡人、威尼斯人和热那亚人也都参加了。所有出席的人都知道浩劫就要来临，同时也都感觉到这么多年来，他们之间争持不下的仇恨是如何渺小，是如何不值得一想的。皇帝率领众人举行了礼拜之后，就和主教告别了。实际上，这个典礼也无异是一个“丧仪”。这个帝国已经临危。但是在这个最美丽的教堂中，在这位最后的勇敢皇帝之前，举行这种告别式，实在是令人感到黯然神伤的。假使说布莱斯先生对于查理曼的加冕和一个帝国的产生所做的描写，是历史上最生动如画的一页；那么这个在圣索菲亚大教堂中的最后基督教礼拜仪式，就可以说是历史上最富有悲剧气氛的一页了。

在仪式完毕之后，君士坦丁皇帝即面对着落日，策马向西行进，他带着吉斯提尼亚尼和弗兰西斯（Don Francis of Toledo）在暮色苍黄中，到达了在圣罗曼努斯门后方的位置。

因为现在守兵的数量已经太单薄，所以，这位皇帝决定如下：由于人力不足以防守两道城墙，而且外层城墙也还并未全毁，于是决定坚守两层城墙间的“空场”。为了保证不让任何人离开，他下命令把通向场中的一切“军事”门都完全封锁住，在所有防御者各就各位之后，就马上上锁了。大家都必须死战到底——不是把土耳其人逐退，就是战死在岗位上面。

快到午夜的时候，皇帝亲自巡视莱卡斯河谷这一段墙。夜色黑暗有雾，有几颗大雨点开始滴落。突然，土耳其营中的灯火全熄灭了。一直差不多到 5 月 29 日凌晨一点半钟的时候，一切都是沉寂无声的。接着突然号声、鼓声和喊声同时大作：这也就是全面总攻击开始的信号。

在莱卡斯地区中，这是攻击主力的所在，穆罕默德把他的部队分为三个梯队：杂牌军、安纳托利亚的民兵和新军——最坏的在前面，最好的在后面。第一批人的目的就是消耗守军的精力和弹药。在大混乱之中，数以千计的杂牌部队，冲过了现在已经填满了一半的壕沟，把云梯架在栅栏上面——这个已经代替了外墙。于是马上就遭到了各种发射物、希腊火和沸油的反击。在混乱之中，他们纷纷退了回来，可是后面却有“军士”(Chaoushes)组成的一条督战线，用铁质的槌矛和链鞭，强迫他们再攻上去。

最后，穆罕默德才撤回了第一个梯队，改派第二梯队上前，战况遂变得空前的激烈。有些人甚至突入到了空场之内，但却为吉斯提尼亚尼所逐出，因为他的人员是全部装甲的，所以不易受到伤害。这次攻击失败了之后，最后1万名“新军”才开始进攻。诚如巴尔巴罗所说的，他们都是百战的精兵，视死如归，像狮子一样地向城边奔去，吉斯提尼亚尼所率领这一小队精兵，马上就用刀剑、战斧、长枪、长矛去迎敌。先头的敌军被砍死无算。不久就发展成为激烈的肉搏战，双方相持不下，迟迟不分胜负。

当这两支精兵正在龙争虎斗之际，在北面约半英里远的地方却发生了一件意外事情，遂使这个城市终不免沦陷。在狄奥多西长城的三道墙，与包围着提克法尔西莱宫和布兰齐恩宫的单层墙之间，有一个小门，通常被称为竞技场门(Circus Gate)。1204年，伊萨克二世皇帝曾经把它塞闭了，到最近才重开的。在这次攻击中，土耳其军冲过了壕沟，占领了外围的空地，有50多名“新军”突然发现了这个城门是未设防的，就从那里冲入了，其余的人也随之而入。他们进到了内层空场之后，就从侧面攻击防御者，以使城外的土耳其军可以爬上城墙。他们一上城，就扯下了“圣马克”(St. Mark)旗，升上了土耳其旗。接着他们开始抢劫这些宫殿。可是布柴尔地兄弟很快就重新收回了失地，塞住了缺口，这个事件似乎告以结束。

但是命运之神却偏偏与防御者作对，当在莱卡斯谷地的三次攻击被击退了之后，皇帝就高声向他的部下喊着说：“为了上帝，你们各人应勇敢作战！我看到敌人在撤退时已经秩序纷乱！若是上帝保佑，则我们将可以获得胜利！”可是正当他在说话的时候，突然一颗炮弹飞来，把吉斯提尼亚尼击伤了。[1]这次伤势很重，流血不止，在极度痛苦之中，他要求到后方去治疗。虽然皇帝力劝他不要走，但是他实在痛得太厉害，所以拒绝了皇帝的要求。于是只好开了一个军事门，好把他抬回去。[2]

依照威尼斯历史学家的说法，君士坦丁堡的陷落，主要就是由于这个偶然事件之所致。他们说接着即发生恐慌现象，城墙遂被攻破。因为他们痛恨热那亚人，所以似乎是故意地把一切的责任都加在吉斯提尼亚尼一个人的头上。当他撤回后方时，曾经引起相当的混乱，这个说法也许是正确的。从穆罕默德有经验的眼光中看来，对于这种机会当然是不会放过的。所以在一个土耳其巨人哈桑（Hassan）领导之下，“新军”又回转过头来进攻。虽然如此，哈桑本人还是被击毙了，他的部下也被击退，可以证明守军的作战能力并不曾降低。事实真相是有如下述：从竞技场门中冲入的土耳其军，发现他们的退路已经为布柴尔地兄弟所切断，遂向南面的亚得里亚堡门方向流窜，于是又进到圣罗曼努斯门，从侧面攻击守军，这样才使苏丹能够发动第五次攻击——最后一次——终于冲入了中间的空场。

当这个攻击还正在发展的时候，在后方有人喊起来，说城已经破了，因为有人似乎看到在亚得里亚堡门附近的一个碉楼上插上一面敌旗，所以这个谣言似乎更是获得了证实。虽然并非事实，可是恐慌却已经发生，无法挽救了，于是好几千敌军都冲进了空场。这个时候，皇帝正从另外一段城墙上回来，发现了这个情形，就策马

[1]　5月27日，他本已经负了一次伤。

[2]　他被抬回到他自己的船上，送回巧斯，死于中途，埋在圣多米尼教堂中，墓碑上还记载着他的英勇事迹。

向空场上奔去，一面号召他的部下跟着他走。弗兰西斯在右，巴拉罗古斯（Theophilus Palaeologus）在左，他一直向土耳其军冲去，口中喊着说："上帝不许我做一个没有帝国的皇帝！我要与我的城共存亡！"不一会儿，他就被砍倒了。

他倒了，这个城也倒了，敌人从各方面拥入。到处都是一片悲惨景象。虽然这次屠杀非常可怕，它却还比不上1204年那一次。男女老幼合计在一起，不过屠杀了4000人左右，到了中午的时候，穆罕默德对他的部下重新获得了控制，结束了这种疯狂状况。所有的房屋都做了有系统的搜劫，教堂被夷为平地，有5万多人（男女儿童）被俘虏为奴，有无数的书籍被毁灭和出卖。[1]

一旦秩序略微恢复，苏丹就走进了圣索菲亚大教堂，在那里避难的人们有数千之多，均被收为俘虏。他命令一个伊斯兰教僧侣（Imaum）登上祭坛，把这个教堂献给"安拉"。之后再到处巡视了一番，当他看到这种凄凉的景象，不禁深有所感，口中喃喃地念出了费度西（Firdusi）的诗句：

> 蜘蛛网挂在恺撒宫门的前面，
> 枭鸟站在阿弗沙布（Afrasiab）守望塔上望。

以后，为了娱乐，他又从他的部下手中购买那些未能逃走、降格为奴的希腊贵族，买来之后，就当他的面处以死刑，来当乐事。其中有诺塔拉斯大公和他的两个幼子。

这个城的残破情形可以说是到了极点，所留下来的人民是寥寥无几，在以后若干年中，穆罕默德都是经常从他地移民，来充实这里的人口。穆罕默德是聪明的，他对于希腊正教表现出极大的容忍，他指派金纳迪乌斯为大主教，虽然他取消了原有的封建制度，但是

---

[1] 公共图书馆中据说有书60万卷，吉本引据依西多尔大主教的言语，说毁书120万卷。

他却不干涉人民旧有的风俗习惯。这个政策是很毒辣的，他支持希腊正教，遂使欧洲的东方与欧洲的西方永远分裂了。

这一次浩劫的后果是很惊人的，诚如哈拉姆（Henry Hallam）所说的："一阵惊恐的感觉，或者是一种自责的情绪，直刺入基督教世界的心脏。"这是很有理由的，因为君士坦丁堡的陷落，使欧洲东面的门户洞开了。在蹂躏了伊利里亚半岛和伯罗奔尼撒之后，穆罕默德遂转向塞尔维亚，虽然被匈牙利击败了，可是这位英雄也以身殉，这对于君士坦丁堡的不幸，可以算是一个报应。其次，他又重占了西门德拉（Simendra），在波斯尼亚建立了他的地位，但又被摩达维亚（Moldavia）的艾提尼四世（Etienne Ⅳ）击败。此后，他又占领克罗埃西亚，当卡斯特里奥塔死亡之后，他又决定侵入意大利，向罗马进军。但结果却未能如愿。他在1480年没有能够攻下罗得岛，并于次年逝世。他所留下来的这一个帝国，从多瑙河一直延展到陶拉斯河，从黑海一直延展到亚得里亚海。这是在他物质上的收获，但是在精神上的收获却还更大，因为差不多在两个半世纪当中，即自1453年到1683年（约翰·索比斯基［John Sobieski］在那一年解救了维也纳之围）在欧洲政治中的一个主题就是土耳其人。当1571年，奥地利的约翰（Don John of Austria）在勒班陀击毁了土耳其舰队时，威尼斯人曾宣布魔鬼已经死亡了。

这个恐惧的原因不仅是土耳其人获得了胜利，而是经过了1000年的勉强统一，这个基督教世界终于还是变成了碎片——物质上和精神上都是同样地分裂了，教皇庇护二世，原名皮柯罗米尼（Aeneas Silvius Piccolomini），当他在为皇帝腓特烈三世做秘书的时候，对于基督教世界曾经有下述的评语：

> 我认为前途毫无希望。基督教已经不再有一个元首，教皇和皇帝都不曾获得适当的分量或服从；他们被当作一个傀儡和名义上的符号。每一个城市都有它自己的国王；几乎有多少宗

> 室即有多少王子。有什么方法可以劝诱这无数的基督教统治者拿起兵器来呢？请看基督教世界！假使你说意大利是和平无事的，我却不知道这个程度应如何算法。阿拉贡王与热那亚之间的战争仍然存在。热那亚将不对土耳其人作战，据说他们曾向土耳其人纳贡！威尼斯人已与土耳其人签订条约。假使意大利不参加，则我们即不可能希望作海上的战争。你一定也知道，在西班牙有许多不同权力、不同政策、不同意志和不同观念的国王；但是这些在“远西”的君主们，却不可能被吸引到东方去，尤其是他们也正在与格拉纳达的摩尔人作战。法兰西的国王虽然把他的敌人赶出了其王国之外，但是他仍在困难之中，因为害怕英军会突然登陆，所以不敢把他的武士派往国境之外去。至于说到英国人，则他们只想一雪被法国人逐出的耻辱；苏格兰人、丹麦人、瑞典人和挪威人，都是住在世界的尽头上的，所能看见的不出其本国界限之外。日耳曼人已经四分五裂了，而没有方法可以把他们团结起来。

第一点，穆罕默德在欧洲建立了一个“土耳其”，使欧洲人面临着一个奥斯曼问题。第二点，君士坦丁堡的沦陷，使两个教会的分裂遂成定局，基督教的教义更难统一。第三点，土耳其的征服不仅在文明出生的摇篮中，把一切文明的遗迹都毁灭干净了，而且也使欧洲的那一部分，丧失了基督教的自治权。东罗马帝国的领土完全降级了，在土耳其的愚昧和野蛮的“死重量”之下，一切艺术、文学和音乐都被拉下水了。田野荒芜，工业衰败，家庭生活被破坏，人民变成了禽兽，道德沦丧。

但是当东方下沉时，西方却上升了。希腊人的流亡（在君士坦丁堡陷落前后），正和公元70年耶路撒冷沦陷前后，希伯来人的流亡是一样的，对于文化的交流具有极大的贡献。

希腊的学者走遍了西方各国，使知识阶级接受了他们的科学教育，同时也使荷马时代的神话再度获得了一般民众的欣赏。建筑术又变成了古典型，西塞罗和维吉尔变成了学者的老师，而亚历山大和恺撒也变成了军人的教官。这些变化又与印刷术的发明相符合。这些种种对于人性的复活——所谓文艺复兴——是具有极大影响的。[1] 西蒙德斯（J. A. Symonds）有一次曾经说过："浮士德（Faust）可算是这个时代的一个伟大象征。浮士德是一个自愿把灵魂出卖给魔鬼的人，但是其酬劳则为他看见了荷马和亚历山大，并且获得海伦做他的新娘。"

希腊人的理智光明，照穿了教皇和封建制度所构成的黑幕。当君士坦丁堡的城墙垮了的时候，罗马的精神堡垒也随之而崩溃了。封建制度也从此难以自保。它们的崩溃又使怀疑的尘粒撒遍了整个西方，结果宗教改革使财神战胜了上帝。

[1] 虽然君士坦丁堡的陷落并不是直接构成文艺复兴的原因，可是拜占庭人把那些经典著作传到了西方，使其不为土耳其人毁灭完尽，这对于人类文明的未来命运，仍要算是一个极大的贡献。

大事记（十八）

西班牙的再征服和统一

比利牛斯山脉隔断了西班牙与欧洲其他部分的关系，而且一直又受着摩尔人的支配，等到1037年，才有斐迪南德一世（Ferdinand Ⅰ，1028—1065年在位，他的姓为“El Mango”）建立了一个卡斯蒂利亚王国，西班牙才开始向欧洲历史爬回来了。当他自称为“西班牙国王”之后，斐迪南德即开始设法加强基督教人民之间的团结。他与莱昂（Leon）阿方索五世的女儿结了婚，使莱昂和加利西亚（Galicia）都并入他的统治之下。接着他就进行西班牙史上所谓“Reconquista”的工作——收回（再征服）摩尔人的领土。

他的成绩是很可观的，他已经进到了塞维利亚城的大门口，假使其他的基督教王国肯支援他，那么整个西班牙可能都被收复了。虽然这些基督教国家如此不合作，他的儿子阿方索六世（1065—1109年在位）在1082年，还是向南进到了塔里法，并于1085年征服了托雷多——这是一个具有决定性的胜利。因为相信自己有全盘毁灭的危险，所以在安达卢西亚的摩尔人，就向在摩洛哥的阿尔摩拉维德（Almoravides）族（为柏柏尔人）的酋长约瑟夫（Yusuf ibn Tashfin）求援。约瑟夫决定以主人的身份来到西班牙，而不以同盟国自居。他冲入了西班牙，征服了所有的摩尔人，在 1086 年 10 月 23 日，在查拉卡（Zallaca）击败了阿方索六世的军队，却未能攻克托雷多。

在西班牙南部的奢侈环境中，阿尔摩拉维德族人很迅速地就丧失了战斗力量。阿拉贡的阿方索一世（1104—1134 年在位）在 1118 年占领了萨拉戈萨（Saragossa），1120 年在库坦达（Cutanda），1126 年在阿林索尔（Arinsol），连续地击败了他们。阿方索一世死于 1134 年，此后阿拉贡与加泰罗尼亚即永久合并。1135 年，他的义子阿方索七世（1135—1157 年在位）在莱昂又加冕为卡斯蒂利亚王，并上尊号为“西班牙皇帝和两个宗教人民的国王”。1144 年，他攻占了科尔多瓦，1147 年，又向南进到了阿尔美里亚（Almeria），并强迫摩尔王子做他的臣下。当他在 1157 年逝世时，卡斯蒂利亚和莱昂又分立了。

1147 年，法兰西和日耳曼的武士们又组成了第二次十字军，在中途攻陷了里斯本（Lisbon），把它献给勃艮第公爵亨利的儿子阿方索亨利，于是他就变成了第一个葡萄牙国王。先是在 1125 年，阿特拉斯（Atlas）山地的阿尔摩哈德（Almohades）部落征服了在非洲的阿尔摩拉维德帝国，现在于 1148 年，就冲入了西班牙，于 12 世纪的后半期，在征服了西班牙境内的阿尔摩拉维德人以后，也阻止住了基督教国家的前进。1196 年 7 月 18 日，卡斯蒂利亚的阿方索八世（1158—1214 年在位），在阿拉尔可斯（Alarcos）为他们所击败，受到了惨重的损失。教皇英诺森三世曾经一再劝说西班牙境内的各基督教国家，联合起来共同应付他们的公敌。他的努力终于获得了成功，阿拉贡、纳瓦拉、葡萄牙和卡斯蒂利亚等国组成了一个同盟，由阿方索八世指挥，并得到许多外国武士的支持，于 1212 年 7 月 16 日，在托洛萨（Las Nevas de Tolosa）之战中，击败了阿尔摩拉维德人。这是一个完全的胜利，基督教教徒在西班牙又重新获得了支配权。

1214 年，阿方索八世逝世，1217 年，卡斯蒂利亚的王位传到了他的外孙斐迪南德三世（1217—1252 年在位）的身上。他使卡斯蒂利亚与莱昂永远合并，并且也继续十字军的工作。1236 年，他征服了科尔多瓦，1248 年，在他的臣下格拉纳达摩尔王的协助之下，攻占了塞维利亚。同时，号称征服者的阿拉贡国王詹姆士一世（1213—1276 年在位）也在 1229 年占领了巴利亚利（Balearic）群岛，在 1238 年占领了瓦伦西亚（Valencia），在 1265 年占领了穆尔西亚（Murcia）。这最后一个行动使“再征服”的工作告以结束，除了格拉纳达的摩尔王国和向西一直延展到卡地兹的一连串港口以外，其余的西班牙全境都完全为基督徒所收回了。

这种再征服工作为什么会这样迟缓？一方面固然是由于西班牙人的不团结；另一方面也是战争性质所使然。那几乎是游击战，缺乏一切的组织、纪律和补给体系。会战的次数极少，夹在中间只有不断的突袭。他们的目的不是想使敌人接受会战，而是为了抢劫和夺取战利品。因为双方都是骑兵，在田野中的居民为了保护自己的安全，只好乞灵于城墙和堡垒，在今天的西班牙境内，还是到处可以看到这种城塞的遗迹。结果又回到了城市国家的情况，每个城市多少能够自给自足，并且由原始性的民主政府来统治。

在托洛萨伟大胜利之后，西班牙根本未做统一的进一步努力，甚至连松懈的基督教国家同盟也都不存在。事实上，在征服者詹姆士的儿子彼德三世（1276—1286 年在位）的时代中，分裂的现象就更明显。他曾经是贝尼芳丹（Beneventum）的曼弗里德（Manfred）的女婿，所以他代表那不勒斯和西西里的霍亨斯陶芬王室，反对安茹的查理。后者在 1268 年曾经在塔利亚科佐击败了康拉丁。1282 年，西西里发生了反对查理的革命，教皇遂将西西里的王冕给予彼德三世，他在该岛登陆之后，解了墨西拿之围，把查理的残部逐入了卡拉布里亚。于是在意大利南部，阿拉贡与王室间的长期斗争自此开始了。

此时西班牙境内的情况有如下述：卡斯蒂利亚正在消化它所征服的领土，并且也正苦于内战。阿拉贡所关心的是西西里、撒丁和那不勒斯，而不是西班牙本土。纳瓦拉的心在法国。葡萄牙则开始向大西洋上投出了希望的眼光。卡斯蒂利亚与莱昂合并，阿拉贡和加泰罗尼亚也是一样，这是在200年的战争中，在走向团结的道路上所获得的进度总和。

从这时起一直差不多有一个世纪之久，卡斯蒂利亚和阿拉贡都不曾做进一步的团结努力。前者的国王继承者多半是短命的和未成年的；后者则为意大利的野心所牵制。在卡斯蒂利亚，直到残酷彼德（Peter the Cruel）的朝代（1349—1369）终了时为止，都经常处在纷扰和内战之中，亨利三世（1369—1379年在位）即位之后，秩序始渐恢复。

第二个特殊重要的事件发生于1406年，约翰二世（1406—1454年在位）继承了卡斯蒂利亚的王位，因为他还是一个小孩子，他的叔父斐迪南德（Ferdinand of Antequera）遂被指派为摄政。他是卡斯蒂利亚约翰一世与阿拉贡彼德四世的女儿艾里诺尔（Eleanor）所生的儿子。这个指派的重要性是基于下述的事实：1410年，阿拉贡国王马丁一世（1395—1410年在位）逝世无子，为了继承人的问题，发生了长期间的争执。最后在1412年，由国会（Cortes）决定把王位献给斐迪南德。照理本应献给卡斯蒂利亚的约翰二世，他是斐迪南德长兄的儿子，但是因为两国合并的机会尚未成熟，所以才选择了斐迪南德。虽然如此，当他变成了阿拉贡的斐迪南德一世（1412—1416年在位）之后，两国合并遂近似完成。

约翰二世死亡后，王位由其子亨利四世继承，等到他在1474年死后，由其女儿伊莎贝拉继承。她在1469年与她的表兄斐迪南德结婚——斐迪南德一世的孙子，约翰二世的儿子。当约翰二世于1479年逝世时，阿拉贡王位由斐迪南德继承，而他的妻子也就同时做了卡斯蒂利亚的女王。

在这种双头统治之下，两个王国合而为一了，现在除了纳瓦拉和格拉纳达以外，西班牙全部都已经统一。若非伊莎贝拉被迫重新进行“再征服”的运动,则这次的统一也许还不会永久化。严格地说，这个运动始终不曾停止，只暂时搁置一下而已。1410 年，当斐迪南德还在任摄政时，即曾从摩尔人手中夺回安特克拉（Antequera）。1431 年又曾侵入格拉纳达，并赢得西久里拉（Higueruela）之战。1462 年，经过了多次的围攻，直布罗陀的岩石也割让给卡斯蒂利亚了。从那年起到 1474 年，卡斯蒂利亚又有内乱，所以暂时没有新的进展。1466 年，阿里 · 阿布尔 · 哈桑（Ali Abul Hassan）继承了格拉纳达的王位，到了次年，伊莎贝拉即向他索讨每年的贡款，这是他父亲伊斯梅尔三世（Ismail Ⅲ）时代所定的例规。阿里的回答却是：“格拉纳达造币厂现在所铸造的已经不再是黄金，而是钢铁。”这句话的意义就是战争，而这一次战争注定了把西方的历史引入了大西洋时代。欧洲整个的前途都将要发生变化了。

第十九章

马拉加的围攻和格拉纳达的征服

当1479年，斐迪南德和伊莎贝拉对于阿拉贡和卡斯蒂利亚开始施行他们的联合统治时，这两个王国的联合还完全只是名义上的。虽然依照他们的结婚契约，所有一切的国书都应由两人签署，金钱上面也刻有两人的头像，可是两国的行政却还是由二人分别处理，完全保持着独立的关系。所以两国在政治上还是分开的，要想使它们真正团结一致，则必须有某种巨大的冒险，使它们在同一个单纯的目标之下，忘记个别的私利和彼此间的疑忌。这个目标对于所有的西班牙人而言，应该是具有极大的重要性，堪当注意力集中的焦点。

虽然宗教也是重要因素之一，但专靠它还是不够的。所需要的其他因素为：一个领袖，一种统一的工具，一种以共同畏惧心理为基础的理由——因为畏惧像磁石一样，足以使人集中在一起。第一个因素即可以在女王伊莎贝拉的身上获得，她是一个狂热的天主教教徒，也是一个注重实际的女政治家。第二个因素为1478年教皇塞克都斯四世（Sextus IV）设了一个单一的西班牙的异宗教裁判所（Inquisition）。依照戴维斯（T. T. Davies）所著《西班牙的黄金时代》

一书中的记载：全西班牙只有一个单独的宗教裁判所，只有这个宗教裁判所为两个王国间的唯一共同机关。在这一方面，它是超出了内争之上的。换言之，也可以说是在法律之前，人人平等。第三个因素为对于另一次伊斯兰教大入侵的害怕心理，因为在非洲是从来不缺乏战士的。

伊莎贝拉的人格不仅支配了西班牙，而且她的风格也代表着骑士时代的遗风，只有她能激励这个具有疯魔心理的民族，这是任何男性领袖所做不到的。华尔希（Walsh）在《伊莎贝拉传》中说："她是一位女性十字军英雄，使文明的路线和整个世界的前途都发生了变化。"对于她有许多过分夸大的颂扬，下面是克拉维耶（La Clavière）所说的，似乎比较接近事实。

> 她是各种不同英雄素质所组成的一个奇异混合物。她勇敢决断，但却一点都不泼辣。当她在一夜之间，马上口授命令之后，却又会接着安坐下来，刺绣一幅宗教性的绣品，或是像法兰西的安妮一样，来教训她的女儿。在私生活方面，她非常简单朴素，在公共生活中，她却又很会铺张。她是第一流的辩论家，并且爱研究高深的哲学问题。她的思想果断而明快，她的深蓝色眼睛使人感到温暖，能获得人家的效忠。她是一个奇怪的女人！热情，正直，坦白，甚至也有一点顽固。她在世界上，她只知道四种最优美的景象：在战场上的军人，在祭坛上的僧侣，在床上的美妇和在绞架上的盗贼。（见《文艺复兴中的妇女》）

至于说到第二点，虽然最后异端裁判所变成了一种迫害的工具，但诚如戴维斯所说的：这种"种族纯洁"的强烈要求，在世界上许多地方都曾经一再地像烈火一样爆发。而在西班牙，"种族纯洁"与"宗教纯正"却是不可分的。此外，他又说：作为一种皇家的工具，用来统一这个国家，增强政府的地位，这种制度的价值也是极大的。这种说法也是很易于了解的，一般情形来说，一个国家的伟大性，是与其统治者的压迫成正比，只要这种压迫能有一个神秘的根源和一个英勇的目标。在西班牙境内是可以找到这两种条件：前者有罗耀拉（St. Ignatius Loyola，1491—1556）创立的耶稣会；后者则为游侠精神，《堂吉诃德》（*Don Quixote*）即为其写照。

第三个因素在此时也发生了配合作用，不仅是对于西班牙，而且对于全体的西方基督教国家也是一样的。因为奥斯曼帝国的扩张，唤醒了西方人的记忆。自从 711 年以来，他们曾经受到多次的侵入。此时虽然在多瑙河上和亚得里亚海中受到了阻止，但是谁都无法保证伊斯兰教教徒不再从非洲流入西方，而马拉加（Malaga）到摩洛哥也只有一天的航程。许多世纪以来，这种可能性一直使基督教的西班牙人感到惊恐。西班牙对于西欧是一个桥头堡，正与拜占庭之于东欧一样，所以现在整个西欧也感到震惊了。突然，在 1481 年 12 月 26 日，发生一个意外事件，遂使西班牙的统一完全结晶化。那一天，格拉纳达的国王阿布尔 · 哈桑，因为对于卡斯蒂利亚的内在条件认识错误，在狂风怒号的黑夜中，袭击了龙达（Ronda）西北面的查哈拉（Zahara）设防城镇，杀死了它的守兵，将居民俘虏为奴。在过去 700 年当中，这样的突击次数是不知凡几，但这却是命中注定的最后一次。这次行动不仅使摩尔人从此衰亡，而且也使西班牙统一，并也使另外一个帝国主义产生了。

虽然在这个时候，斐迪南德和伊莎贝拉对于这次挑战尚无准备，可是基于自己的主动精神，卡地兹侯爵罗德里哥（Don Rodrigo Ponce de Leon）却马上采取了报复行动。1482 年 2 月 28 日，在奇袭之下，他攻占了阿哈马镇（Alhama），它在格拉纳达的西北面，距离约为 25 英里。此时国王和王后正在法雅多利（Valladolid）附近的康坡城（Medlia del Campo），听到了这个成功的消息，马上就想到格拉纳达会倾其全力来对付这位侯爵，于是决定赶紧进兵去支援他。

这个行动恰到好处，因为在3月5日，阿布尔·哈桑率领着一支强大的陆军，出现在阿哈马镇的前面，但是他来得太匆忙，所以把他的攻城纵列都留在格拉纳达，没有带来。一旦到了阿哈马城下，就发现防御是太坚强了，无法硬攻，只有采取围攻的方法。其次，当他正在围攻之际，又听到了援兵已经在途中，所以在3月29日，自动解围而去，回到格拉纳达去调遣他的攻城纵列。当他再赶回阿哈马城下，刚刚使他的炮兵进入阵地，斐迪南德的军队就来到了。因为害怕受到两面夹攻，阿布尔·哈桑只好解围撤去。5月14日，斐迪南德进入了这个市镇。

斐迪南德在那里集中了他的军队，7月1日，率领了4000名骑兵和1.2万名步兵，开始出发去攻取安特克拉—格拉纳达大路上的洛哈城（Loja）。他在途中遇伏，受到了严重的挫败，若非格拉纳达内部发生政变，战争也许在此就结束了。阿布尔·哈桑的王位为他的儿子博艾布迪（Boabdil）所篡夺。为了逃命，他跑到马拉加，在他兄弟阿卜杜拉（Abdullah）的宫廷中避难。

此时战争又变成了游击的形态，但是不久这个二元的王国又遭到了另一次惨败。1483年的春天，卡地兹侯爵与圣地亚哥的大君（Grand Master of Santiago）一同从安特克拉出发，以袭击马拉加附近地区为目的。当他们越过阿克沙尔奎亚（Axarquia）山脉时，在隘道中为敌人所乘，遭受到一场惨败，要比斐迪南德在洛哈所受到的还要更重。虽然如此，这次胜利的最后结果却是对于摩尔人极端不利的，也许没有它，战争还可能和过去一样，无限制地拖延下去。格拉纳达的博艾布迪现在对于他的叔父开始感到忌妒和害怕，于是决定解决他。他集合了9000名步兵和700名骑兵，企图攻占洛哈西北面的卢塞纳（Lucena），但是当正在围城的时候，却又突然为卡布拉伯爵（the Count of Cabra）所乘，失败被俘了。

当这位伯爵发现了这个俘虏是谁之后，马上就送了一个紧急报告给国王和女王，他们正在维多利亚（Vitoria）。斐迪南德赶回南面，在科尔多瓦召开了一个战争会议。经过一场激烈辩论，决定还是释放博艾布迪回国，但其条件却是要他向西班牙臣服，并同时使摩尔人的内争继续不停。重要的条款如下：博艾布迪可以获得为期两年的休战，但每年应向西班牙纳贡 1.2 万金币（doubloons），并应允许西班牙军队自由过境，以便和他的父、叔作战。他在西班牙政府召唤之下，应随时入觐，还要以他的儿子为人质。博艾布迪对于这些屈辱的条件完全接受。换言之，从此以后，这个格拉纳达王国分裂为二，可以分别加以毁灭了。

从战略上来说，敌国的分裂使斐迪南德和伊莎贝拉获得了一个极有利的机会，可以把西班牙境内的摩尔人势力彻底铲除。对于这样一个机会，他们不会放过的。可是他们现有的战术工具却实在太不适当。他们的战斗兵力是一种封建式的乌合之众——勇敢、侠义、缺乏纪律，而具有疯狂性。命令是用摇铃声来传达，好像僧侣被召往做礼拜一样。在战斗尚未开始之前，双方将领先来一个单人比武，接着就是一场混战，而幸运和勇气即为其决定因素，格拉维耶将军（Adm. J. de la Gravière）曾经说过：“国家的历史也就是其军队的历史。”这句话是确有至理的。在摩尔战争中西班牙陆军的改变，也就可以代表这个时代的国家进步。在这个时代终了之后，西班牙军人变成了世界上最杰出的军人，一直到罗克鲁瓦之役（Battle of Rocroi）时代（1643）。

伊莎贝拉的第一个问题就是要找到某种共同的因素，使她能将兵力组织成一个单一的工具。因为根本上是没有真正的政治性统一，所以也无一种民族精神以来当作基础，必须另有一个富有磁力的观念，才能号召士兵。她和斐迪南德就决定用一种宗教动机作为战争的精神基础——换言之，即以十字军的观念来代替政治解放性的战争。最近奥斯曼人在东欧的成功，在这一方面对于他们也颇有帮助。在阿哈马被攻占前一年，穆罕默德二世也占领了奥特兰托（Otranto），这曾经使所有基督教国家都大感震惊。到了第二年，当教皇塞克都斯六世听到了阿哈马被攻陷的消息，感到十分高兴，于是就送了一面神旗和一个巨型的银质十字架给斐迪南德夫妇，以表庆贺。斐迪南德在以后的每一次战役中，一定都把它们捧着走，以作为精神的寄托。每攻陷了一个城镇，也一定把它们插在城中最高的地方，供群众礼拜。此外，斐迪南德和伊莎贝拉二人也经常在最前线上的部队中活动，足以鼓励团结精神。诚如梅里曼(Merriman)所说的，这是维持纪律提高士气的最可靠方法。

我们甚至可以说，自从 1483 年以后，伊莎贝拉已经变成这整个伟大事业的灵魂。这个事业以十字军开始，逐渐变成一场巨大的泛西班牙运动。到了她的孙子查理五世皇帝时，遂建立了一个大帝国，这是自从查理曼之后所无与伦比者。当她在后方作准备时，斐迪南德则在前方转战，在这个长时间的战争中，她表现出来她真是历史中最能干的军需总监。

虽然格拉纳达王国的幅员并不太大——东西 200 英里，南北 60 英里——但是因为遍地多山，补给非常困难，因此征服的工作也就变得非常艰巨。道路非常稀少，碉堡则极多，因为大多数都是建在山顶上，或是峭壁上，所以在火炮尚未发明之前，简直可以说是根本无法攻克的。这时火炮还是在发展的初期，非常笨重，必须有良好的道路。这些堡垒的存在和补给上的困难，才使过去的野战行动，仅能限于骑兵的游击，这是很少能有永久性收获的，所以使“再征服”的工作进度极慢。骑兵对于围攻战没有什么用处，这是整个问题的症结，所以伊莎贝拉把她的注意力移转到了炮兵、工兵和步兵的上面。

她采用了三种不同的征募方法：(1) 封建式的征兵，因为他们是独立性的，缺乏纪律，所以不太可靠；(2) 她又设法把新成立的保安警察（hermandad）逐渐变成一支民族性的陆军；(3) 她又雇用瑞士的雇佣兵，这是当时西欧最著名的精锐步兵。[1] 除了这些

[1] 他们成为西班牙步兵的典范，而西班牙步兵此后也是所向无敌，在半个世纪当中决定了基督教世界的命运。

部队以外，从日耳曼、英格兰、法兰西等国也有大批的志愿军，投入她的十字军。其中最著名的为英国的吴德维里爵士（Sir Edward Woodville），他是爱德华四世的妻舅。

她的主要问题可以分为三大类：（1）攻陷这些堡垒；（2）补给这些围攻的部队；（3）使城镇或堡垒附近的地区变为焦土。第一项工作需要炮兵，第二项需要补给纵列，第三项需要大量的破坏工作者。为了建立一支强大的炮兵部队，她从法兰西、日耳曼和意大利去聘请了许多技术人员，成立了兵工厂，制造火药和炮弹，不够的材料就从西西里、佛兰德斯和葡萄牙等地去购买。炮兵总指挥为拉米里兹（Don Francisco Ramirez），他所指挥的炮兵在当时欧洲，真可以说是空前强大的。

最大的攻城炮有 12 英尺长和 14 英寸的口径。它们是由 2 英寸宽的铁棒所构成，用铁环和螺钉绞紧，所发射的有铁弹、石弹和火球。后者在天空中飞过时，据目击者说，会拖着一道光亮的长尾，落在屋顶上，常常就足以引起大火。这种大炮是不能升降转动的，它们装在没有车轮的木质炮架中，当用牛牵引着越过最恶劣的地形时，就必须为它们建筑特殊的道路。这种工作需要使用大量的工兵，据说在康比尔（Cambil）围攻战中，为了修建一条栈道，就动用了 6000 人。

补给纵列主要是由驮运的骡子所组成的，据说总数达到了 8 万头之多。破坏兵团所担负的工作更是令人丧胆，据说从战争的第二年开始，为了这个工作，经常保持着 3 万人的预备队。他们负责拆毁农舍、谷仓和水磨（在这个小溪遍地的地区，数量非常多），把一切的农产品都毁掉，使其成为一片废墟。

除了这些准备以外，伊莎贝拉又创立了两个新奇的组织，一为野战通信队（传骑），一为医护组织。后者为负伤的军人准备了许多的帐幕，诚如梅里曼在《西班牙帝国的兴起》一书中说的，这是有关近代化野战医院组织的最早记录。

大军集中在科尔多瓦，据说人数共为 8 万，驮兽的数字也是一样多。大致有 1 万到 1.2 万人的骑兵，2 万到 4 万之间的步兵，至于炮兵、工兵和破坏人员的数字则不可考。只要考虑到地形的困难和其计划的彻底，则我们也许感觉到所需的兵力还应该更大——虽然这个 8 万人的数字，实际上不免夸张。

除了陆军以外，卡斯蒂利亚的舰队对于这次战争也有极重大的贡献。它的主要任务为切断非洲的摩尔人对于格拉纳达的援助。自从阿哈马失陷之后，阿布尔·哈桑的第一个行动，即为向摩洛哥求援。为了应付这个行动，伊莎贝拉早已命令卡斯蒂利亚舰队南下，不过它却缺乏一个可供使用的适当的海军基地。

总体来说，西班牙的战略是一种逐渐增强的消耗战略，其基础如下：（1）在格拉纳达南岸上建立海军基地；（2）封锁这个海岸线，切断敌人与摩洛哥的联系；（3）同时使格拉纳达本身变为焦土。在这种消耗战略掩护之下，就开始实行有步骤的围攻战。斐迪南德是陆军的总司令，他的政策是恩威并施。凡是自动投降的城镇和堡垒，都可以受到温和的待遇；相反则会受到严厉的惩罚。举例来说，贝尼马奎兹（Benemaquez）是首先投降而又反叛的，当他再度克服时，就把其中 110 名领袖人物，都吊死在城墙之上。其余的人民均被出卖为奴，城镇本身也被夷为平地。普里斯考特（Prescott）在他的《斐迪南德与伊莎贝拉》一书，对于这个暴行曾经有下述的批评："斐迪南德通常采取人道的政策，似乎那种政策对于敌人是比较更有效的。而这种残酷的报复行动却只能激怒敌人，并不能使他们感到畏怯。"

1485 年，一切都准备就绪了，斐迪南德才开始出发进行其第一次征服战役。依照他的消耗战略，他的两个最初的目标为占领马拉加和阿尔美里亚（Almeria），以切断格拉纳达与非洲的联系。为了占领马拉加，又需要进行两个远距离的作战：（1）占领马尔贝拉（Marbella），为他的舰队获得一个基地；（2）占领洛哈和贝莱斯马拉加（Velez-Malaga），以便当他被迫对于马拉加实行围攻时，其后方和左翼可以有安全的保障——因为洛哈控制着马拉加与格拉纳达之间道路，而贝莱斯则控制着马拉加与阿尔美里亚之间的海岸道路。

为了夺取马尔贝拉，他于1485年5月又先围攻龙达，用炮兵将它击毁。接着在1486年，又占领了阿洛拉（Alora），从那里取道卡尔塔马（Cartarma）和柯因（Coin）前进，夹攻马尔贝拉，迫使它投降。他以这里为舰队基地，接着又去围攻洛哈。当洛哈被攻占了之后，于1487年4月7日，他又从安特克拉出发，经过地形最困难的地区前进，于4月17日到达了贝莱斯马拉加的城下。

阿卜杜拉此时正在瓜迪克斯（Guadix），深知这个城的战略重要性，遂倾尽全力企图解救它，但却为卡地兹侯爵所击败，只好向格拉纳达退却。当他发现博艾布迪闭门不纳时，于是又再退回瓜迪克斯——现在只有瓜迪克斯、阿尔美里亚和巴萨（Baza）还是对他效忠的。4月27日，贝莱斯向斐迪南德投降了，在该城陷落之后，马拉加即在陆海两方面都受到了包围。

从大小和重要性来说，马拉加都只是仅次于格拉纳达城，而且除了阿尔美里亚以外，摩尔人也只剩下这一个港口，还勉强可以与非洲方面保持接触。其居民约为1.1万到1.5万人，守兵约有数千，都是最精锐的非洲部队。周围都有坚强的城墙环绕着，有一个“卫城”（Citadel）控制其中，被称为“热那亚堡垒”（Castle of the Genoese），有一条“甬道”连接着吉贝尔法罗堡垒（Castle of Gebelfaro）。这个城市的准备足以抵抗一个围攻，守将为哈米特（Hamet Ez Zegri），是阿卜杜拉忠实的部下。

斐迪南德知道马拉加的居民是很想投降的，于是命令卡地兹侯爵与哈米特展开谈判。但当后者拒绝投降时，5月7日，斐迪南德遂在贝莱斯命令拔营前进，在海岸道路上赢得了一次前卫战之后，就到达了马加拉城下。

他用对垒线的工事封锁住马加拉和它的郊区，用舰队封锁其港口，使封锁完成。接着就攻入了郊区，并命令尚在安特克拉的重炮兵赶紧前进。当正在为炮兵赶修道路时，他又派人到阿尔吉西拉斯去搬运石质的炮弹，自从上个世纪阿方索九世攻占该城之后，这些炮弹就一直堆集在那里。更重要的是，他又去把女王请来了，她的出现正好像是圣女贞德一样，使军人激起了最高度的英勇精神。在这个时候，诚如圣希莱尔（St. Hilaire）所说的：整个国家都激起了一种令人难以置信的英勇牺牲的精神。正好像十字军时代的欧洲一样，每个西班牙城市中，都涌起了一片圣战的呼声，许多志愿投效的援军都纷纷赶往前线。

当炮兵到达了之后，为了避免毁灭这个城市，斐迪南德又向城中的人民发出了招降的呼吁，提出了很宽大的条件。反之假使他们要是拒绝了，则当城市被攻陷之后，全城人民将被卖为奴。虽然人民都很想投降，可是哈米特却毅然拒绝，并做了一连串的猛烈突袭，使西班牙营地中经常感到惊扰。此时，阿卜杜拉也并未袖手旁观。他深知马拉加的重要性，曾经从瓜迪克斯派出了两次援兵。第一次的援兵，在途中为博艾布迪所击溃，他在同时也还派了一个使节去见斐迪南德夫妇，献上了阿拉伯名马和贵重的丝织品，作为友善的象征。第二支兵力，有一部分曾经透过了西班牙战线，进入了马拉加城。但是在做此项企图时，却有许多人被砍倒，而在被俘的人员当中有一个向卡地兹侯爵说，他有机密事要报告国王，卡地兹信以为真，就把他领入军营之中。他把另外一对男女误认为国王夫妇，就从披风的衣褶中抽出一柄匕首，将这两个人都刺伤了。当他再向前杀的时候，马上就被人砍倒。西班牙人用弹射机把他的尸体射入城中。

马拉加城内的情况急剧转劣，补给极为困难，因为有许多难民都挤在里面。此时，炮轰仍在继续之中，当炮弹的补充逐渐感到缺乏时——这是当时攻城战中的一个极大难题——斐迪南德遂决定突击了。为掩护起见，他建造了一些巨型的木质攻城楼，下面装置车轮，上面有吊桥和云梯之类的设备。此外在拉米里兹监督之下，同时也在做坑道战。摩尔人拼死抵抗，也攻击西班牙的舰队，但都不生效。最后有一个地雷爆炸了，西班牙军获得了一个入口。

在恐怖之中，马拉加的人民有许多已经饿死，有不少也已经逃往西班牙方面，所剩下来的人遂力劝哈米特投降。情况日益严重，他就把守兵撤入吉贝尔法罗，而让马拉古罗斯（Malagueños）去与敌人判谈。他们马上派了一个由领袖公民所组成的代表团，去向斐迪南德求和。但是他却拒绝接见他们，他说因为他曾经发出过两次招降的呼吁，都遭到了拒绝，现在他坚持必须无条件投降，始能使他心满意足。一共有三次代表团去求见，但都无法改变他的决心，于是在 1487 年 8 月 18 日马拉加自动开城，放围攻者进入。

斐迪南德严格禁止抢劫，他的第一个行动即为清除城内的死尸和垃圾，其次是在最主要的伊斯兰教寺院中举行大弥撒礼。最后，他宣布毁灭这个城市。所有基督教叛徒都被处决，所有的犹太叛徒都被烧死，其余人口都被出卖为奴：其中 1/3 被转运往非洲，以来交换等数的基督教俘虏；1/3 被出卖，其价款供战费的贴补，其余 1/3 则当作礼品分送——教皇分得了 100 名经过挑选的摩尔兵，那不勒斯王后分得了 50 名摩尔美女，葡萄牙王后也分得了 30 名。

在马拉加被占之次日，吉贝尔法罗要塞也投降了，斐迪南德对于自己的成功，感到十分欣慰，不久以后，他就领兵返回科尔多瓦，解散过冬了。

马拉加的陷落遂使格拉纳达的被征服成为定局。这是一个主要的港口，后者的补给和增援，大部分都是必须经过这里。为了完全切断摩尔王国与非洲之间的关系，1488 年 6 月，斐迪南德又开始进攻阿尔美里亚。用突击的手段，他未能把它攻下，于是撤到哈恩（Jaén），从那里在 1489 年的 5 月底，又率领了 1.5 万名骑兵和 8 万步兵去围攻巴查。为了构筑一条连续的对垒线，6000 名工兵花了两个月的时间。这次围攻的时间很长，当秋天来到时，斐迪南德并不撤退过冬，而命令建筑茅舍式的营房。伊莎贝拉所主持的后勤工作非常良好，尽管疠疫流行，而西班牙军队并未受到影响。在力竭援尽之后，12 月 4 日巴查投降了，斐迪南德又表现了宽大的态度。其条件为所有的雇佣兵，准许保持着其战争中的荣誉，有秩序地离去，其余的居民也可以自由留住在城区，或任意离去。

巴查陷落之后，阿卜杜拉就立即决定投降，交出其全部领土，包括阿尔美里亚和瓜迪克斯在内。斐迪南德立即占领前者。据假定，在几年之前，阿布尔 · 哈桑即早已为阿卜杜拉所刺杀。现在斐迪南德就准备让阿卜杜拉仍然做一个傀儡国王，但是他拒绝了，宁愿回往非洲。不久即忧愤而死。

阿布尔 · 哈桑既已失踪，阿卜杜拉也已经降服，所以斐迪南德现在的最后一着，即为占领格拉纳达了。他派了一个使节去要求博艾布迪投降。但是也许是博艾布迪不愿意，更可能却是他已经丧失了自由，此时的格拉纳达城已经为败军残部所据。他们决定坚守该城，因为战争就是他们唯一的饭碗，而这个城又有极坚强的设防。

它是建筑在内华达（Sierra Nevada）山脉的山脚下，位置在两个丘陵之上，在它下面流着两条小河：吉尼尔河（Genil）和达罗河（Darro）。在小山顶上有两个要塞，称为阿兰布拉（Alhambra）和阿尔拜辛（Albaycin）。全城都有砖墙包围着，上面有许多碉楼，在阿兰布拉宫之下和城墙之外，延展着一个大平原，到处是果园和麦田，由吉尼尔河的水灌溉着。此时的人口据说有 20 万之多，可能是相当夸大。

在招降被拒绝之后，伊莎贝拉即开始准备围攻的工具，而斐迪南德在 1490 年的春天，开始毁灭城西的肥沃平原。到秋天，他还是继续这个工作，他一共毁灭了 24 个城镇和要塞，烧毁了许多的村落，把一切的粮食和牲畜都一扫而光。等到格拉纳达的补给来源完全断绝之后，1491 年 4 月，他才率领了 8 万人进到了该城之下。

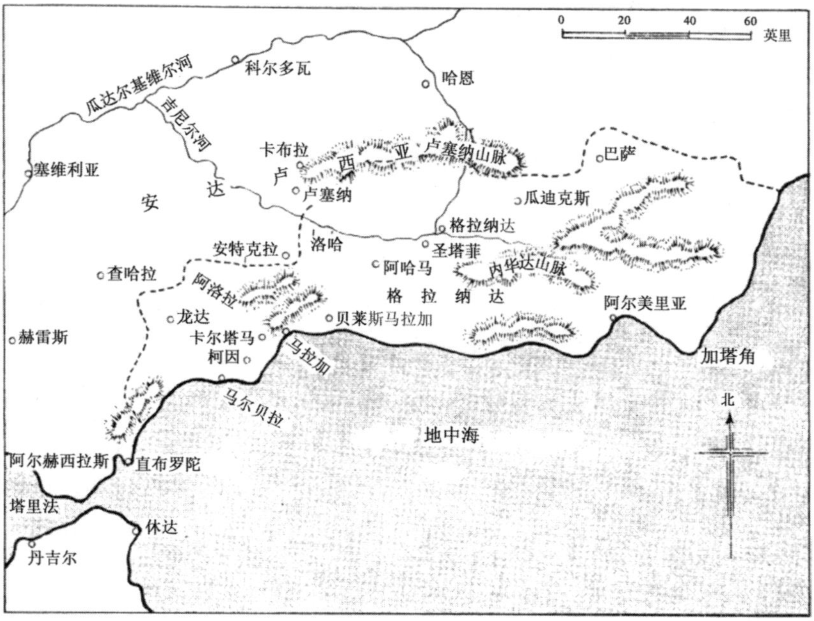

图三十二　格拉纳达的征服，1481—1492 年

他决定不管围攻多久的时间，都绝对不撤退，一直到该城投降。从巴查的围城战中，他知道了营舍对于兵力的保持具有极大的价值，所以他在格拉纳达西面 6 英里远的地方，建筑了一个“新村”。据说是采取罗马营塞的形式，这个行动使城中的摩尔人大为丧气，因为它可以证明斐迪南德是有不攻陷就不走的决心。

从此以后，格拉纳达的命运即已经决定了。尽管它的城塞工事十分坚强，可是结果却只有两条路：不是被攻破，就是饿死。伊莎贝拉的亲临前线又使士气大为提高。她日夜骑马巡视，亲自指挥工作，没有一件小事能逃过她的慧眼。她亲自分配粮食和营舍，安排运输的路线，并凭着她的智慧来激发军人们的勇气和良知。

9 月，这个“新村”完工了（叫作圣塔菲［Santa Fé］），这使博艾布迪大感惊恐。好像此时，他已经恢复了他的权威，于是他要求暂时停战，以便谈判和平。这正是斐迪南德夫妇所最希望的，在 10 月 5 日双方同意休战 70 天，并开始谈判。11 月 25 日获得了最后的决定，条件非常宽大：在 60 天之内，这个城自动投降，交出一切的炮兵和要塞；摩尔人准许保留其财产、衣服、风俗、法律和宗教，由他们自己的首长统治，那些首长又由西班牙王所派的总督节制；凡是愿意回非洲去的摩尔人，可以获得免费的运输。1492 年 1 月 2 日该城投降，博艾布迪亲自献上锁钥。城门打开之后，斐迪南德捧着那个银十字架，进入了格拉纳达。

前后经过了 700 年的征战，这个“再征服”的工作终于完成了，现在除了纳瓦拉以外，西班牙合并成为一个伟大的天主教王国，其位置更是合乎理想，便于建立一个新秩序。它不仅是恰好夹在地中海与大西洋之间，可以同时向两方面发展；而且在北面有比利牛斯山的天险，足以阻止外敌的侵入，在南面与非洲又只隔着一个狭窄的直布罗陀海峡。它夹在旧世界的两个大洲之间，担负着哨兵的任务。而且在形势上，它也变成了一种新世界体系的战略枢纽，准备代替那个在 1453 年已经丧失了的旧枢纽。在这个时代中的欧洲，再没有第二个国家，形势上有这样大的便利，足以扩张成为一个大帝国的。这种扩张的血液在其人民的血管中流动着，它的爆发已在眼前了。

从抽象的观念上来说，西班牙现在已经是一个民族国家了，斐迪南德和伊莎贝拉对于摩尔人的宽大，正足以刺激民族精神的发扬。当格拉纳达投降之后，有一件事即可以表现出来：在西班牙境内的犹太人被允许有两种选择：或是接受天主教的洗礼，或是流亡去外国。结果有许多犹太人都自愿离去。

民族精神的胜利，遂造成了不能容忍的态度。它不仅要有一个上帝，一个王室，而且还要有一个种族。假使不是奥斯曼的威胁，使所有的基督教国家都好像着了魔一样，以及在被征服之后，许多摩尔人撤回摩洛哥，又使海盗的侵扰大为滋长，则这种迫害异教徒的行为也许还可以较有限制。实际上，阿尔及利亚人的劫掠和捕奴的事件日益增多，西班牙人就更感到难以容忍。诚如贝特南德（Louis Bertrand）所指出的：不管是已经征服和未被征服，在西班牙境内的摩尔人总是一个经常的威胁。假使有他们存在，则这个含有未被消化的摩尔人和犹太人的半岛，就最后只能算是一个“过渡”地区，好像今天的近东诸国一样。这是一种杂交的国家，没有统一性，也没有民族性。这种国家只能成为外国的侵略或榨取的对象，它没有本位的艺术、思想和文明，所以这种根绝摩尔人的运动，尽管是很残酷，但却是无可避免的，因为这是代表西班牙民族在灵魂上、种族上和血统上的要求。

马基雅维里（Machiavelli，1467—1527）是这个同一时代的人，他尊称斐迪南德为一个“新王”，并且认为格拉纳达的攻占，实为其帝业之基础。但是从战争中还产生了更大的后果，这比权力的巩固还更重要。诚如梅里曼所指出的，这不是一个时代的结束，而是另一个新时代的开端。在军事和政治两方面，它都开辟了一个新时代。军事方面，这是一个战争的学校，欧洲的最优秀陆军就是从这里训练出来的。政治方面，自从圣城沦陷以来，在欧洲的人民从来不曾听过比格拉纳达被攻占更可庆幸的消息。诚如普里斯考特所说的：格拉纳达的攻占在整个基督教世界中，激动了普遍的感情，他们认为对于 50 年前君士坦丁堡的沦陷，这要算是一个反击。但是更重要的，却是当西班牙变成了统一国家，并置身于欧洲强国之林的同一年——1492 年——在伊莎贝拉的爱护和支援之下，哥伦布（Christopher Columbus，1451—1506）也为西班牙发现了一个新世界。

自从公元前 334 年，亚历山大越过赫勒斯滂以来，在西方历史上再没有比这个更重要的事情。两者更不是偶合的，当一个充满了活力的民族，达到成长的阶段时，就往往能做出惊天动地的大事来。因此要了解这个世界上最伟大的剧本——新世界的发现——关键就必须要从隐藏在格拉纳达征服战后面的思想中去寻找。这是西班牙时代的开始，这也是对抗伊斯兰教的最后一次十字军运动。

一切时机都成熟了。这个世界地理上的最大发现，以及促使其完成的两个因素，都是与十字军有关的。其一为土耳其人切断了欧亚间的贸易关系；其二为圣路易的旧信念，认为只要能够与印度的大可汗发生接触，即可以说服他从后方攻击伊斯兰教教徒。这两个因素又结合在一起，当葡萄牙航海家亨利王子（Don Henry，1433—1460 年在位），提出第一点的解决方案时，教皇尼古拉斯五世（1447—1455 年在位）即向他建议，只要他能经过“大洋海”（Oceanic Sea）——大西洋——到达印度，据说那里的居民也信奉基督教的，那么就一定可以劝诱他们协助西方基督教国家，来对付土耳其人。就这个观念而言，战略问题的重点已经由东地中海移到了大西洋，为了继续发动十字军运动和重开亚洲的贸易航线，都不能不如此。

这种向西航行以到达印度的观念，老早即为地理学家所怀想着，从来没有人会幻想到在欧洲西岸与亚洲东岸之间，还隔着另外一个巨大的大陆。此外，罗杰 · 培根又曾假定西班牙到亚洲之间的距离是不会太远的，1410 年，红衣大主教皮耶（Pierre d’Ailly）所出版的 *Imago Mundi* 一书中也曾引证他的理论。1474 年，葡萄牙国王阿方索五世，命令佛罗伦萨的著名天文家托斯卡尼里（Paul Toscanelli）为他绘制一张海图，以来说明这个西海航路的可能性。虽然托斯卡尼里对于环绕地球的赤道距离有颇正确的估计，可是他却把欧亚两洲的面积估计得太大，因此其间的距离也就相对地减少，照他计算只大约有 6500“地理”英里（geographical）远。这样遂使中国的东岸移到了奥尔良的纬度上，而日本——马可 · 波罗所称的西潘哥（Cipango）——却在加那利群岛（Canaries）正西方，只隔了 3250 英里。

这就是这个大发现的背景，其完成的主因还是因为哥伦布这个人有眼光、魄力和无穷的耐力，他是历史上最难了解的一个人物。近代学者对于他的性格和成就，到现在也还是没有定论。

直到 19 世纪末叶之前，一般的看法都是认为哥伦布是历史上伟大的英雄之一。可是从那个时候起，史学家从故纸堆中又发现他是一个伟大的骗子，因为一切关于他的身世和早年的故事，都完全是虚构的。这事实上也自有理由，为了使人家对于他的伟大计划发生兴趣，他不能不自我标榜，以求增强他个人的地位。

实际上，他并非贵族出身，而是一个职工的儿子，1451 年出生于热那亚附近。他原先继承他父亲的职业，于 1476 年，随同四艘商船，从热那亚驶往英格兰，中途受到法国海军的攻击。哥伦布虽然负伤，但却到了里斯本。从那里他到英国去过一次，于 1477 年又回到里斯本，在那里一直停留了 7 年之久。

也许当他留居在里斯本的时候，这个向大西洋彼岸探险的观念正式成形。里斯本这个地方似乎是最适宜于孕育这种思想的，因为它是葡萄牙人航海的总站。里斯本也是一切航海故事的中心，这些故事对于哥伦布的活跃幻想，是具有很大的吸引力。这时，他也遍读一切有关海外“仙山”的书籍。这些书籍使他感觉到东亚与西欧之间是很接近的；这些有关东方财富的故事，造成了热烈的幻想，也坚定了他的决心。

也许是 1483 年，他向葡萄牙王约翰二世提出他的建议，结果被拒绝，次年他就前往西班牙。两年之后，他到西班牙宫廷所在地科尔多瓦。他向伊莎贝拉提出同样的建议,结果又被拒绝。1488 年，他回到里斯本，遇到他的兄弟巴尔索罗穆（Bartholomew），他刚刚从发现好望角探险航海中归来。为这个长达 1.3 万英里的航行所鼓励着，他又请他的兄弟到英法两国去，向亨利七世和查理八世提出这个计划。结果还是到处碰钉子，1489 年又回到西班牙。最后在 1491 年，他说服了希里公爵（Duke of Medlina-Celi）相信他的计划是可能的。最后，女王伊莎贝拉说等到格拉纳达被攻占之后，愿

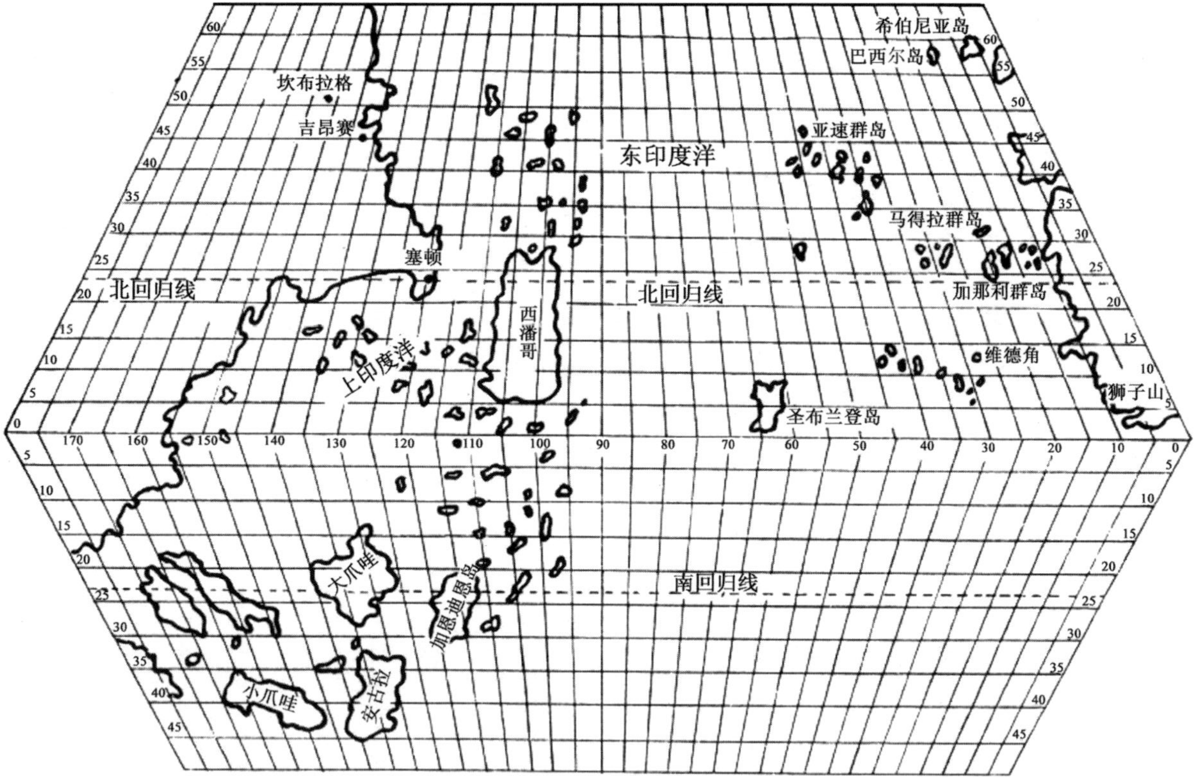

图三十二　托斯卡 尼里的大西洋地图，1474 年

意考虑这个计划。从这一点看来，似乎她对于这个计划有几分相信，因为哥伦布所提出的要求实在是夸大到了极点：他要求指派他为大西洋海军上将，一切新发现领土的总督，而且对于获得的一切财富，都要按总值抽 1/8。

似乎现在他心里所最重视的还是十字军的观念——这也是一种宣传作用——当格拉纳达陷落不久之后，哥伦布即上书斐迪南德和伊莎贝拉，要求他们派他到印度，设法使大可汗的人民和国家皈依天主教。由于新获胜利，增强了伊莎贝拉的信心，于是哥伦布的条件被接受了。1492 年 4 月 17 日，他与西班牙政府签订了一个条约。西班牙国王和女王也用拉丁文（当时的国际通用文字）写了一封国书，要他转致大可汗。

1492 年 8 月 3 日星期五的上午，哥伦布率领了三艘小船从帕罗斯（Palos）扬帆出海："圣马利亚"号（Santa Maria）重 100 吨，"平塔"号（Pinta）重 50 吨，"尼那"号（Niña）重 40 吨。全部水手总数为 90 人，此外还有 30 个人，其中包括著名航海家阿隆左兄弟（Mortin Alonzo）和精通七国语言的犹太人托里斯（Louis de Torres），以便作为译员。8 月 9 日，到了加那利群岛，在那里停到了 9 月 9 日才再度前进，这一次却是进入了未知的领域。10 月 12 日星期五，凌晨 2 时看见陆地，在拂晓时正式登陆，可能是在华特林岛（Watling Island）。哥伦布称之为圣萨尔瓦多（San Salvador），对于来欢迎他们的土人，他很有意义地称之为"印度人"。

他继续航行，于 10 月 28 日抵达了古巴，他认为这应该是中国大陆之一部分，换言之即已为大可汗的领域了，于是他派了两个从者去寻找该国的宫廷，并呈递伊莎贝拉和斐迪南德的国书。从那里向东南航行又达到了海地，他幻想中认为这就是日本，给它定了一个名字希斯潘洛拉（Hispaniola）。

1493 年 1 月 4 日，他开始返回西班牙，于 3 月 15 日到达了帕罗斯。他被召往巴塞罗那的宫中，受到了凯旋的荣誉。毫无疑问，大家都认为他的理论是正确的：古巴就是中国的东岸，海地就是日本的北端，所以已经找到了一条通往亚洲的海上捷径，要比葡萄牙人所想要发现的更短。据马可 · 波罗的记载，这些地方是充满了财富，所以这一对夫妇国王简直喜极而泣，认为这些无限的财富是上帝的恩赐，作为他们在格拉纳达击败摩尔人的酬劳。

到底哥伦布是一个英雄还是一个骗子，这并无太多的关系，事实却总在那里，这个发现是人类历史上的一个空前绝后的大事。旧有的地中海世界崩溃了，千年来的壁垒被拆毁了。伊斯兰教教徒不再能在地中海的两端出口处，封锁着这个世界。当眼界放宽了之后，人类的活动和思想也就开辟了新的天地。这个小型内海在许多世纪以来，一直都是欧洲人的樊笼，现在再也关锁不住了。人类发现他们自由了，而同时也增强了力量。当他们对于新的山海扩展其领土时，人类的权力也随之而增长。简言之，"新人"已经诞生了。

从这个时候起，帝国主义开始带上了近代殖民化的色彩，它的基本统治原则是贸易，而不再是抢劫和榨取了。为了"独富"卡斯蒂利亚起见，伊莎贝拉对于这些新发现的土地，限制以塞维利亚为唯一的贸易港口，于是它变成了大西洋上的亚历山大港。1493 年 5 月 4 日，教皇亚历山大六世在一幅世界地图上，划定了其著名的分界线。在亚述群岛（Azores）以西约 100"里格"远的海面上，从北到南划一条直线。这条线以东属于葡萄牙，以西属于西班牙。印度属于前者，而美洲则属于后者——毫无疑问，这是历史上最宝贵的赐予。

虽然航海家的搜索是早已经在进行之中，可是到现在，旧世界才进入"发现的时代"。1496 年 5 月 5 日，威尼斯人约翰·卡伯特（John Cabot）获得了英王亨利七世的授权状，去寻找芬尼兰（Vineland，即维京人所发现的大陆）。5 月初他们从布里斯托（Bristol）出发，6 月 24 日到达了布里敦角岛（Cape Breton），这也就为不列颠帝国奠定了基础。28 年后，法王弗兰西斯一世（Francis I）命令韦拉扎诺（da Verrazano）去搜索大西洋海岸，从佛罗里达以至于纽芬兰，他就把这一片领土命名为“新法兰西”。同时，东方的航线也在日益开拓之中，1497 年 7 月 9 日，达 · 伽玛（Vasco da Gama）离开了塔古斯（Tagus），绕过好望角，经过月岛（即马达加斯加岛），一共花了 10 个月 12 天，达到了印度的卡里库特（Calicut）。当他回到里斯本，获利 60 倍之多。20 年后，1510 年 3 月 4 日，阿尔布克尔克（Albuquerque）进入了卧亚（Goa），这是欧洲人征服印度的开始，同时也就征服了伊斯兰教世界的大部分。反攻开始了。

在这许多伟大的航海家当中，以葡萄牙的麦哲伦（Magellan）最为勇敢。1519 年 9 月 20 日，他从圣卢卡（San Lucar）出发，一共五艘船，由 208 人驾驶着。他绕过了南美洲，中途损失了四艘船，他自己在菲律宾群岛的齐布（Zebu）地方也遇害了。可是他的遗志还是完成了，1522 年 9 月 6 日，唯一幸存的一艘船“维多利亚”号（Victoria），回到了葡萄牙。一共还剩下 18 个人，老天留着他们好来讲述世界已经被环绕一周的故事。

此时征服者也开始工作了。他们主要都是来自安达卢西亚和埃什特雷马杜拉（Andalusia and Estremadura），他们的祖先在许多世纪以来都在与摩尔人斗争，现在他们却抱着疯狂的热忱，来进行自己的征服工作。柯尔提斯(Cortes,1485—1547)率领着 508 名陆军，109 名陆战队员和 16 匹马，出发征服墨西哥。皮萨罗（Pizarro，1475—1541）只带了一船人去征服秘鲁。似乎是宗教的狂热驱使这些人努力前进，并克服了不可想象的困难。他们虽然非常残酷，但当他们征服了该地之后却也带来了文明。马匹、火药、钢铁、小麦、葡萄和橄榄都是他们带去的。他们创造了一个新世界，也使旧世界发生了改变。

诚如贝特南德所说的：这真是一件奇事！美洲的发现，对于伊斯兰教徒的最后一次十字军，对于我们而言，好像是中世纪思想的最后“开花”，同时也是整个绵长的过去时代的总清算。这个世俗化和理性化的近代世界却是从这个宗教观念中产生出来的。而所有这些都是突然地获得了生命，像一阵风一样，从哥伦布的航程中吹来。无限大洋的沉寂思想，在人类的心灵中，唤醒了无限权力的奔放思想。假使不是格拉纳达被征服了，则也许这些情形都不会发生。

大事记（十九）

西班牙和奥斯曼两帝国的争雄

1516 年 2 月 23 日，西班牙的斐迪南德死了，由他的外孙查理继承，查理是他的女儿胡安娜（Joanna）和勃艮第公爵腓力所生的儿子。当他的父亲在 1506 年逝世时，他已经继承了尼德兰（Netherlands）等地的遗产，现在变成了查理一世之后，又加上了西班牙这一块领土。此时西班牙内部又变成了无政府状况，一旦秩序恢复，查理在奥格斯堡（Augsburg）大银行家富格尔（Fuggers）支持之下，在 1520 年被选为皇帝，是谓查理五世，于是开始企图建立一个世界性的天主教帝国。这就使他与法国人发生了冲突，他们本是西班牙人的世仇。因为双方都要想支配意大利，为了米兰和热那亚两个公国——号称意大利的锁钥和门户——而发生了争吵。

由于这个问题，法王路易十二（1499—1515 年在位）在 1513 年在诺瓦拉（Novarra）吃了一次败仗，使他在意大利的全部收获都完全丧尽。他死于 1515 年，继承他的人为弗兰西斯一世（1515—1547 年在位）。他马上又越过了阿尔卑斯山，在马里尼亚诺（Marignano）击败了瑞士佣兵所组成的军队，重新夺回了伦巴第。现在在查理的时代中，战争仍然继续发展。1525 年 2 月 25 日弗兰西斯一世被击败，在帕维亚（Pavia）的决定性会战中，为朗洛瓦（Lannoy）的皇军所俘获。不久，法王决定与土耳其人勾结，对于伊斯兰教教徒的海盗巴尔巴罗萨（Barbarossa）给予秘密的援助，并且暗示苏丹可以入侵匈牙利。这是法国东方政策的开始。

查理在帕维亚的胜利使整个意大利都为之震惊，意大利人民希望能同时免于法国和西班牙的侵略。于是教皇克雷芒七世劝诱法国和一部分意大利诸侯，联合组成一个柯涅克（Cognac）神圣同盟，对抗查理。为了回应这个行动,查理遂向罗马进军,1527 年 5 月 6 日，在屠杀与抢劫之下，这个永恒的圣城又再次受到蹂躏。接着他又收买热那亚的海军将领多里亚（Andrea Doria），从法国人手中取得了西部地中海的控制权。1530 年 2 月 24 日，他从教皇的手中接受帝国的皇冕和意大利的王冕。此后，他终于可以自由地去对付土耳其人。

当基督教的君主们正在忙于内争的时候，土耳其人趁机前进了，但是这一次却是向东发展。1502 年，他们侵入了波斯，这个国家的近代史是从它的第一位“夏王”（Shah）伊斯梅尔（Ismail,1499—1524 年在位）才开始的。1514 年，在恰尔德兰（Chaldiran）平原上，他在谢里姆一世（Selim I，1512—1521 年在位）的手中遭到了决定性的失败，于是美索不达米亚的北部并入了奥斯曼帝国的版图。其外，谢里姆又进入了叙利亚，在阿勒颇击败了马马鲁克人（Mamaluks），把战争带入了埃及境内。当整个阿拉伯都向他臣服了之后，所谓哈里发伊斯兰教国（Caliphate）就全部为苏丹国（Sultanate）所吸收。

和过去一样，基督教世界又发生了恐慌现象，虽然教皇利奥十世一直在努力想使神圣罗马帝国、法国和西班牙联合起来对付土耳其人，结果却毫无所成。谢里姆围攻了罗得岛，当他于 1521 年逝世时，继承者为苏莱曼一世（1520—1566 年在位），在其统治之下，奥斯曼帝国的发展达到了最高峰。1521 年，他占领了贝尔格莱德，继续围攻罗得岛。当它于1522年圣诞节被攻陷时，耶路撒冷的圣约翰武士们就都逃往克里特岛和马耳他岛避难。在这些胜利之后，接着就是弗兰西斯一世在帕维亚失败，遂使基督教团结的任何可能性都化为乌有了。在法国国王的唆使之下，苏莱曼率领了10万人和300门火炮去侵入匈牙利。1526年8月29日，他在莫哈奇（Mohacs）击败了匈王路易二世。这一战遂使匈牙利从此丧失了独立国的地位，直到1918年。接着他又占领了布达，并于1529年进到了维也纳，在攻击不下之后，退回了君士坦丁堡。

现在，奥斯曼帝国的幅员真是广大到了极点。东南直抵巴格达，西面则为阿特拉斯山脉，南面从亚丁起，北面到了布达。从伊斯特里亚（Istria）的海角起，到肯特的岩岸，土耳其的巡洋舰对于基督教国家的海岸和全世界的商业，都在征收保护税。

奥斯曼帝国现在包围了地中海海岸线的2/3，为了维持土耳其的团结，海权甚至于比陆权还更重要。明了了这一点，查理于1535年攻占了突尼斯，这是阿尔及利亚海盗和土耳其海军将领巴尔巴罗萨的根据地。为了报复，1538年，巴尔巴罗萨也向卡拉布里亚突袭，在普里费沙（Previsa）附近与热那亚海军将领多里亚遇着了。多里亚只肯从事游击战，海战继续延长下去，直到1541年，查理为了保护米兰，不得不回转身来对付法国人，才放弃了战争。1556年，查理自动逊位，由他的儿子腓力继承，他最近曾与英王亨利八世之女玛丽（Mary Tudor）结婚，帝国则由查理幼弟斐迪南德继承，事实上仍为西班牙的一个分支。

腓力二世（1556—1598年在位）即位之日，他的统治所及包括有西班牙、尼德兰、弗朗什孔泰（Franche Comté）、撒丁、西西里、巴利亚利群岛、意大利的大部分和最近发现的新世界。以后，在阿尔康塔拉（Alcantara）之战（1581）后，葡萄牙和其殖民地也都并入了西班牙帝国的版图，而且除了名义以外，事实上，他已控制着神圣罗马帝国。要统治这样一个广大复杂的领土和民族，必须有一个共同的因素，这就只有从宗教中去寻求。所以他以“信仰的保卫者”自居，以来建立他的统一，而他的绝对君权也成了一种统治体系的榜样。其他欧洲王室都以他为典范，到法国革命后才终止。

这种统一运动是与宗教改革的精神相违背的，战争遂不可避免，可是战争却是一个成本昂贵的工作，它的意义为黄金、白银和信用。尤其当战争的目的只是为了宗教迫害，而不是物质收获时，更是如此。很巧合的是，新世界的财富恰好于此时流入旧世界，拯救了它的穷困，一个激烈的变局由是酝酿。1493 年，欧洲的银存量估计总值为 3340 万英镑，可是到 16 世纪的开始时，金银就逐渐地由美非两洲流入，到了 1536 年，已经由点滴变成了不断的溪流，接着成了洪流，最后简直泛滥成灾了。据戴维斯的估计，从 1536—1636 年，流入欧洲的金银总值为 2.5 亿英镑。

宗教改革是向腓力的宗教统一政策挑战，这种巨大的收入都是用在战争上面。这些财富虽然从西班牙流过，但是不特不能使它变成沃土，反而使它成为废墟，在金银的泛滥退去之后，所留下来的是更尖锐的贫穷，它不仅毁灭了西班牙的出口贸易，而且也更使西班牙人民的精神受到打击。此外，它也刺激一种新文明，一种近代化资本主义的生活方式的生长。正好像亚历山大大帝把波斯帝国的存金放了出来，为希腊和罗马的资本主义铺路一样。由于战争的缘故，大量的金银都流入了热那亚、安特卫普和奥格斯堡等地的银行家的手中。在尼德兰所花费的金银，使波罗的海诸国都繁荣了起来，成为宗教改革的中心。这些人为银行家、贸易家和商人，他们把财神看得和上帝一样高，这也是布尔乔亚文明的先驱。

从战略上来说，腓力统一政策的轴线是位于米兰与佛兰德斯之间。前者使他紧握着西欧的南部，后者则使他可以控制西欧的北部——法兰西、英格兰和波罗的海地区。只有从北面威胁法国，才可以使他远离米兰。

此时的欧洲，西班牙属下的尼德兰实为最繁荣的地区。虽然查理五世的排斥异端足以引起宗教上的仇恨，可是假使不是破了产的荷兰贵族认为相信“新教”是一种夺取寺院财产的手段，则也许公开的叛变不致发生。1559 年尼德兰的摄政马格丽特（Margaret of Parma，查理五世的私生女）主张改革教会的财产制度，这些贵族们，以奥兰治亲王（Prince of Orange）威廉（William of Nassau）为领袖开始表示反对。他们成立了一个组织，西班牙人称他们为“乞丐”（les gueux）。

在这种纷扰之中，从法兰西、日耳曼、英格兰和日内瓦都有大批的“加尔文派”教徒（Calvinists），像蝗虫一样地拥入尼德兰，抢劫了 4000 所教堂，包括安特卫普大教堂在内。诚如戴维斯所说的，加尔文主义是 16 世纪的第三国际，腓力害怕这种祸乱会蔓延到西班牙境内，所以当 1567 年荷兰天主教教徒起而自卫时，他就派了阿尔瓦公爵，率领了 1 万名西班牙精兵去加以支援。自此以后，这个叛乱遂发展成为宗教战争的形式，这场战争一直停停打打地拖到了 1609 年，西班牙和“联合省”（United Provinces）才签订了 12 年期限的休战条约。

这种叛乱，也可以说是一种劫掠和报复的战争，马上在西班牙境内也引起了反应。倒不是那里也有“新教”滋长，而是摩尔人的问题越来越严重，达到了格拉纳达陷落后的最高潮。1499 年，西班牙对于摩尔人所加的各种限制，终于引起严重的叛乱，接着就是一次镇压性的战争，其结果是整个格拉纳达全境都被宣布为基督化，所有的摩尔人不受洗礼即只能流亡出国。有许多人皈依了基督教，但内心里却仍然信奉伊斯兰教——这种人被称为“莫里斯可人”（Moriscos）。他们经常做伊斯兰教海盗和奥斯曼帝国的内应，而法国人也暗中支持他们。

因为奥地利王室（The House of Austria）为苏丹的天然敌人，又因为奥斯曼和伊斯兰教舰队控制着地中海，所以土耳其人当然也支持“莫里斯可人”。其结果是当腓力正在尼德兰作战时，1568 年

12 月，在西班牙境内有一场可怕的叛乱发生，许多基督教教徒被杀害，或是被出卖给柏柏尔人为奴，以换取兵器。第二年，腓力二世派了他的异母弟约翰（Don John of Austria，1545—1578）去削平这个叛乱。就这一点而言，腓力显出了相当的伟大性。他把这些叛徒散置在西班牙北部，照料他们的福利，并免费教育他们的儿童。接着突然地，约翰又被召回担负一个更艰巨的任务——为基督世界夺回地中海的控制权。

第二十章

勒班陀会战

土耳其人能向西发展，并非由于他们勇武过人，而是因为基督教世界内部不团结。在君士坦丁堡陷落之前，天主教和希腊正教之间的差异使合作变得不可能。现在100年后，宗教改革又使西方基督教世界分裂成为两个激烈对立的阵营。在这种权力分裂之外，民族主义的迅速成长，新世界财富的大量流入，都足以刺激“自利主义”国家的兴起，它们重视自己的商业繁荣过于整个欧洲的安全。这些国家当中，最值得注意的为威尼斯和西班牙。

前者为了保全其贸易，在君士坦丁堡沦陷之后，就立即与土耳其人签订了条约。由于商业上的利益，威尼斯人竟短视至此，看不见他们在东地中海的领土——其繁荣的主要来源——终究还是会与土耳其的膨胀相冲突，同时凭他们单独的力量，也守不住它。后者自从1560年在杰尔巴（Jerba）战败之后，接着在1563年，土耳其人企图攻占奥兰，1565年又企图攻占马耳他，不仅西西里和那不勒斯，而且连西班牙本土也都有受到伊斯兰教教徒侵入的危险。简言之，地中海的东半部与威尼斯的商业利益具有重要的关系，而其西半部则与西班牙的战略安全具有密切的关系，两国的观点也完全不同。

在“莫里斯可人”叛变的三年前，苏莱曼死了，继承者为其子谢里姆二世（1566—1574 年在位），在奥斯曼的统治者当中，要算是最卑鄙的一个人。在 1568 年，为了从威尼斯人手中夺取塞浦路斯岛，他设法与日耳曼皇帝马克西米连二世（Maximillian Ⅱ，1564—1576 年在位）勾结。这个计划是他的幸臣纳西（Miquez Nasi）所建议的。而他的海军主将皮亚里（Piali Pasha）——一个匈牙利的背教者——和陆军主将穆斯塔法（Mustafa Pasha）也都赞成这个计划。另一方面，他的大宰相索柯里（Mohammed Sokolli）却是一个有远见的政治家，主张与帝国和威尼斯都保持和平的关系。他认为土耳其人对于这两个国家均无所畏惧，而最可怕的敌人却是西班牙。进一步说，他又认为此时攻击西班牙是一个最好的机会，因为腓力二世正为国内和尼德兰的叛乱所牵制，而且在欧洲没有一个同盟国。此外，法国是与苏丹国友善的，帝国若无西班牙的支持则根本无能为力，波兰正在与俄罗斯交战，意大利则忙于内争，至于英国在一个土西战争中，也是得多于失的。所以索柯里反对这个冒险，主张应与威尼斯缔结同盟，支援西班牙境内的叛乱，趁机攻击西班牙。假使不是威尼斯突然也遭到了一次意外的天灾，则他的意见也许就会被苏丹所采纳。1569 年 9 月 13 日，威尼斯兵工厂（那是欧洲最好的）中的火药制造厂突然爆炸了，并引起大火，其损失相当惨重。当这个情报传到了君士坦丁堡，不免又更为夸大了，说是威尼斯的全部舰队均已化为灰烬（实际上只损失了四艘船），所以塞浦路斯岛不可能获得增援。根据这个不正确的情报，主战派遂获得了胜利。

马上开始准备，1570 年 4 月，土耳其人派了一个使臣去威尼斯，要求他们交出塞浦路斯岛，其理由是这本是耶路撒冷王国的领土，所以应该归还给土耳其。虽然在该岛上只有极少数的守兵，可是威尼斯政府却拒绝考虑这个建议，并且也知道拒绝即无异于战争，所以他们也立即向所有基督教国家提出求救的呼吁。威尼斯是一个共和国，所有的国王都痛恨它，又因为它是一个海上强国，所以其他海权国家也都痛恨它，尤其是它过去又曾与土耳其人有过同盟关系，更难获得他国的同情。只有一个人愿意听取这个呼声，那就是教皇庇护五世（1566—1572 年在位）。他认为这可以使他的希望成为事实——使他自己变成一个海岸同盟的领袖，以此来对异教徒发动一次新的十字军运动。他出资购置了 12 艘战船，以此作为一个舰队的核心，并力劝西班牙的腓力二世参加。腓力最初感到很勉强，最后才命令他的西西里和那不勒斯总督补给威尼斯的舰队，而且也命令他自己的西西里舰队参加教皇和威尼斯的联合舰队。

此时，谢里姆在罗得岛集中了一个巨大的舰队，共有 150 艘战船和 50 艘运输船，由皮亚里和穆斯塔法指挥。1570 年 7 月 22 日，他们在塞浦路斯岛的李马索尔（Limassol）登陆，并围攻尼科西亚（Nicosia）。除了法马古斯塔（Famagusta）以外，这是该岛上第二个设防的城镇。9 月 9 日，尼科西亚被攻陷，守兵被屠杀殆尽。接着，又围攻法马古斯塔城，那里有 7000 名威尼斯守兵。它的总督布拉加地诺（Antonio Bragadino）和军事指挥官巴格莱昂（Astor Baglione），都具有极坚强的抵抗决心，击败了敌人的每一次攻击，于是伊斯兰教教徒只好回国过冬去了。在这个围城的阶段中，有一支强大的基督教联合舰队，在 200 艘船以上，集中在克里特岛的干地亚（Candia），因为内部意见不一致，所以一点成就都没有。

在基督教世界中有决心、肯快干的就只有庇护五世。他在 1570 年 7 月，已经召集了一个会议，来起草基督教同盟的宪章。他充分认清了基督教世界所面临的危险，他也具有领袖能力和相当的战略眼光。他认为若是能够重获地中海的控制权，则在战略上，奥斯曼帝国即被切为两段——因为它的非洲省区与其欧亚部分就会分离了。这样一来，就可以使土耳其不能再向西欧扩张。

尼科西亚的陷落，更使他深有所感，因为庇护五世认清了除非能给予威尼斯以强大的支援，否则法马古斯塔就也会陷落，于是威尼斯人就会被迫与土耳其人媾和了。此时，这个会议还在往下拖，各方面都分别提出了一些新的难题。最后，腓力决心支持这个同盟，于是他的代表在会议中坚持着要任命其异母弟约翰为同盟军统帅（Captain-General），而由教皇的海军将领柯罗那（Marco Antonio Colonna）为副帅。因为威尼斯人害怕会受西班牙的控制，为了获得全面的同意，遂又决定采取一种牵制的办法。虽然约翰为总司令，但一切重要决定却仍然要获各同盟国部队主将的同意。不过他以后至少克服了这种困难的一部分。

1571 年，约翰还只有 26 岁。说起来也许太巧合，阿贝拉会战时的亚历山大、在西班牙就任总司令的汉尼拔和在罗迪（Lodi）会战中的拿破仑，也都是 26 岁。他不仅英勇过人，而且虽然年轻却是一个具有磁性的领袖。梅里曼说，他似乎使教皇的十字军精神人格化了，他的热忱能感人，使人暂时忘记了一己的私利，而为公共的目标牺牲。他似乎是 1095 年的化身。

最后在 1571 年 3 月 7 日，当会议已经快到最后决定阶段时，西班牙的首席代表格南维里大主教（Cardinal Granvelle）又提出了新的难题。这未免使威尼斯政府感到太灰心了，于是威尼斯派了一个使臣拉格左尼（Jacopo Ragazzoni）到君士坦丁堡中，希望能与土耳其人讲和。拉格左尼于 4 月 26 日到达，谒见了大宰相，可是大宰相却不肯让步，坚决要求无条件投降，他说："和平对于你们是比战争要好。你们不能与苏丹相对抗，他不仅会占领了塞浦路斯，而且你们连其他的领土也难保。至于说到你们的基督教同盟，我们完全知道那些基督教王子对于你们是毫无好感的。不要相信他们。假使你们能够附着苏丹的'骥尾'，则你们在欧洲即可以为所欲为，并享受永久的和平。"听了这一番富有诱惑性的说辞，拉格左尼就回国去了，但是当他尚未到达意大利，神圣同盟却宣布成立了。这是 5 月 25 日的事情，谈判遂中断。

这个著名的条约也是后来许多条约的始祖，其重要的条款如下：这个同盟为永久性的，不仅是为了对付土耳其人，而且也同时以阿尔及尔、突尼斯和的黎波里为对象。同盟的兵力定为快船 200 艘，其他战船 100 艘，步兵 5 万人，轻骑兵 4500 人和大量的大炮。3 月均应准备就绪，以便开往东地中海地区，或做其他的远征。当受到土耳其人攻击时，各盟国有协防的义务。战费的一半由西班牙担负，其余一半的 2/3 由威尼斯担负，另外 1/3 则由教皇担负。在指导战争时，三国总司令都有其独立的发言权，但对于既经决定后的计划，其执行则由统帅负责。皇帝、法国和波兰的国王可以有加盟的权利，但对于英国女王（伊丽莎白）则未提及，因为她不是天主教教徒。一切所征服的领土均应照事先约定的办法瓜分，但阿尔及尔、突尼斯和的黎波里则完全保留给西班牙。同盟国间若发生了争执，由教皇任仲裁人，在未经全体同意前，任何国家都不得与土耳其缔结休战、和平和同盟性的条约。

尽管有了这些条款，可是意图还是与决定发生了冲突。威尼斯希望利用同盟来夺回塞浦路斯，并击毁奥斯曼在地中海东部的权力。腓力二世则希望击毁其在地中海西部的权力，并肃清伊斯兰教教徒的海盗。他们虽然都加入了同盟，但彼此间仍然是互相猜忌。只有教皇一个人是专心一志，并且充满了热忱。他具有一个大一统的观念，认为整个基督教世界都遭到了威胁，而不仅是西班牙和威尼斯的私事。这个同盟的成立，以及后来的成功，都归功于庇护五世一人，因为他是它的心脏和灵魂。

6 月 6 日，约翰从马德里出发，于 16 日到达巴塞罗那。他发现安德拉德（Don Gil de Andrade）的支队已经集中在那里，他就命令留在卡尔塔吉那（Cartagena）的圣塔克鲁兹侯爵（Marquis of Santa Cruz）去加入在一起。20 日由巴塞罗那出发，26 日到了热那亚。在那里又与多里亚的支队会合了。8 月 2 日驶到了斯培西亚（Spezia）去装载部队，然后于 9 日投锚在那不勒斯。在那里，格南维里大主教把同盟的战旗授予他。早在热那亚，他便收到教皇的一封信，劝他不顾一切冒险一战。

约翰在那不勒斯花了 10 天的时间，来讨论计划和搭载部队，于 8 月 20 日才启程往墨西拿，这是预定的集合点。当约翰于 8 月 23 日下午到达该地时，他与教皇的海军将领柯罗那，威尼斯的司令，75 岁的费尼罗（Sebastian Veniero）会晤。前者于 7 月 21 日到达，后者于 7 月 23 日到达。

此时在君士坦丁堡的谢里姆，因为尼科西亚的攻占使他大喜过望，认为先知者的预言就要兑现了：土耳其人即将统治所有一切的地中海岛屿，圣彼得教堂马上就会和圣索菲亚一样了。他具有空前的决心，来推进对于法马古斯塔的围攻，4 月，他命令阿里（Ali Pasha）把舰队集中在尼格罗朋特（Negropont），以此来拦截企图救援塞浦路斯的同盟舰队。同时也给予穆斯塔法的陆军以强大的增援。

快到 5 月底的时候，土耳其人对于法马古斯塔重行展开炮击，并且在该城河边获得了一个入口，同时也尽量使用地雷和一种叫作"提查"（Tezza）的植物来燃烧，以便发出毒烟熏出守军来。7 月底，守军死了一半，火药已经用完，为了使该城免于遭劫，威尼斯主将决定作有条件的投降。穆斯塔法立即允许，于是 8 月 1 日该城投降。四天之后，穆斯塔法要求人质，因为这是降约上所未有的，威尼斯人拒绝交出。他就把巴格莱昂和其他的高级军官杀死，但布拉加地诺则保留下来作为毒刑的对象。穆斯塔法首先割去他的鼻、耳，再活剥他的皮，皮里塞着稻草游街，然后将其送往君士坦丁堡，作为奴隶市场中的装饰品。其他的降卒都发配为摇船的奴隶。圣尼古拉斯大教堂被夷为平地，所有的基督教坟墓都被挖掘。但是对于这次围攻，土耳其人却付出了极高的代价，据说损失了 5 万人。

因为同盟军并未作救援法马古斯塔的努力，阿里遂从尼格罗朋特扬帆，蹂躏了摩里亚的威尼斯领土和查提（Zante）及西伐罗尼亚（Cephalonia）等岛屿，并在科孚岛登陆，但被击退，于是从那里又驶往达尔马提亚海岸，在威尼斯咸水湖的外面出现。没有一艘战船来抵抗他，不久以后，当他知道联军舰队集中在墨西拿时，就害怕会被封锁在亚得里亚海之中，于是转回去向科孚岛进发。他感到很满足，觉得他已经使敌人受到了最大的损害。

当盟军在墨西拿集中之后，约翰发现他一共有 300 艘船，8 万名人员——其中 3 万人为陆军，5 万人为海军和摇桨的奴隶。海军舰队的实力如下：西班牙的舰队为快船 90 艘，大船 24 艘，小船 50 艘。威尼斯的舰队为快船 106 艘，大船两类分别为 6 艘和 2 艘，小船 20 艘。教皇舰队为快船 12 艘，小船 6 艘。总地说来，一共有 208 艘快船（galleys），后又加上了 17 艘，6 艘中型船（galleasses），26 艘大船（galleons）和 76 艘小船（brigantines and frigates），总数为 316 艘。当他发现威尼斯舰队缺少人员时，约翰就命令把意大利兵 2500 人，西班牙兵 1500 人，去补充他们。费尼罗勉强接受了他们，因为这可能引起争吵。

因为常常发生争吵，纷扰无穷，约翰面对着许多的困难，遂采取快刀斩乱麻的手段，以求一劳永逸地解决。他将他的部队做彻底的改组，把各国的人员混合在一起。这样不仅使各位将领不能单独撤退他们的船只，而且减弱他们的权威，也就无异于提高了自己的权威。这样就可以不再受到原有的限制了。

除指定柯尔格尼亚（Ascanio de la Corgnia）指挥陆上兵力以外，他把各国的海军集中在一起，像陆军一样分为三个战术性区分——中央、右翼和左翼，另加一个前卫和后卫。中央共有 64 艘快船，在他指挥之下，由费尼罗和柯罗那协助之。右翼为 54 艘快船，由多里亚指挥，左翼为 53 艘快船，由威尼斯海军将领巴尔巴里哥（Augustino Barbarigo）指挥。前卫一共 8 艘快船，由西西里将领卡尔多那（Don Juan de Cardona）指挥。后卫共 30 艘快船，由圣塔克鲁兹侯爵指挥。6 艘中型炮船，以一对为一组分配给三个区分。

大船和运输船另组一个支队，它们完全依赖风帆航行，机动性较差。小船则分别配属各区分，并奉命在后面行驶。

9 月 10 日，举行了一次战争会议。柯罗那和费尼罗主张立即进攻，多里亚和柯尔格尼亚则主张再延迟。但是约翰早已立下了决心，主张进攻。于是骰子掷下去了——这是一场决死战。所有的反对都结束了，教皇的使者宣布举行誓师典礼，以上帝的名义鼓励大家雪耻奋斗。

9 月 15 日，笨重的大船也从墨西拿驶出，快船于次日跟上，10 天之后到了科孚岛，才知道阿尔及利亚海盗头子乌尔齐 · 阿里（Ulchi Ali）所指挥的土耳其舰队曾经攻击该岛，但未能攻占要塞。从俘虏口中，约翰得知乌尔齐已经撤往勒班陀（Lepanto），它位置在科林斯湾中（也称为勒班陀湾）。

这一个重要的情报，约翰立即召集了一个战争会议，排除了相当多的反对意见，他决定立即前进，设法引诱敌人出战。这个决定是够勇敢的，不仅苏丹的舰队控制着地中海，而且他的陆军也远比同盟方面占优势，若是同盟方的海军战败了，则一定会导致土耳其人的全面侵入。诚如史特灵—马克斯威尔（Sir Stirling-Maxwell）所说的，很明显，只要有一个错误的行动，即将造成大祸，而使欧洲陷于亚洲残暴征服者的脚下，但是反而言之，若是采取懦弱的政策，以求避免大祸，结果也还是一样的危险。同盟可能瓦解，这些国家的单独海军则更不是苏丹的对手。事实上只有攻势才能使这个同盟不致瓦解。这就是问题的核心。

9 月 29 日，约翰率领了他的中央兵力，直向阿尔巴尼亚海岸上的哥米尼查（Gomenizza）进发，在那里遇到前卫支队的一艘小船，知道不仅乌尔齐在勒班陀，而且阿里的 200 艘战船也停泊在那里。约翰不等大船赶上，就命令在科孚岛的费尼罗和柯罗那用全速和他会集在一起。

为了了解下述的会战情形，对于当时所用的主要战船形式，应先作一个简略的说明。快船是一种单层甲板的船只，长度从 120 英尺到 180 英尺不等。宽度约 20 英尺，深为 7 英尺。可以用帆和桨来推进，但在会战时以用后者为原则，在短程中可以达到 6 海里半的时速。同盟方面的快船首部有 5 门炮，而土耳其的则只有 3 门。前者在两舷也有若干门 4.5 磅的火炮，船板有三四英寸的厚度，划手上有木板的保护，而土耳其船则否。快船有一根长达 10 英尺到 20 英尺的金属长喙，在恶劣气候中它是一种可以不受影响的战船。大船是只能使用风帆的，它在水线上的部分，高度等于其全长的 1/3，有两层火炮甲板，可以说是一座浮动要塞。在两者之间，就有中型船，它前面有炮台，载 50 门到 70 门火炮，另有 4 门 20 管的火炮掩护船腰。它比快船较优之处，就是在划手之上有一层甲板。它的帆为三角形的，船头能挡得了炮弹。小船只有一半甲板，用两个帆，可以用帆或桨行驶。运输船（cog）能装载 1000 名士兵和装备。

在地中海中的海军战术，是首先为争取位置的调动，接着为正面的突击、迂回和登上敌船，与萨拉米斯等古代的海战并无太大的区别。总而言之，一切的意图和目标，就是在水面上打陆战。

从 1530 年恰费斯（Alonzo de Chaves）的《海员宝鉴》（*Mirror for Seamen*）一书中，可以引证下述的一些有趣味的记载：

> 假使你想登上敌船，应先使你的轻火器人员发射，尤其是顶层上的。投钩手（afferrador）应以索具或前炮台为目标。枪手应弹不虚发。在船顶上的人除投掷火药和柏油以外，也应投掷肥皂和油脂，以使敌人的甲板溜滑。为了抵抗登船者，加黄油的长枪是最合用的。每个人都以刀剑和火器格斗。另用长柄镰刀，砍断敌人的帆缆。
>
> 反过来说，当敌人登上了我方的船只，则长枪和刀剑是最好的抵抗兵器。登船网梯是一种障碍物，当敌人攀登时，可以

用长枪从下面刺击，迫使他们跳入海中。

负伤者应立即送入舱下，因为他在甲板上会妨碍他人。死者应迅速投入海中，以免触目伤心，这样使甲板上每个人都是战士。

在勒班陀之战中，约翰曾创造了某些重要的改革。最重要的是他把中型船只用作前卫，其次是拆下快船上的长喙，以使前炮可以更自由地运用。此外他也比土耳其人用了更多的火枪。为了激励士气，他命令把所有基督教的划桨奴隶都解除了枷锁，给予武装。并且告诉他们若能英勇作战，即可以获得自由。

10 月 3 日，除了大船以外，联军的全部舰队都集中在哥米尼查。从那里再前进，经过了亚克兴的古战场，于 10 月 4 日投锚在杜卡托角（Cape Ducato）。当晚又前进，但因天气恶劣，第二天大部分时间都消耗在西伐罗尼亚上的费斯卡多（Phiskardo）港口中。在这里由一艘路过的小船，带来了法马古斯塔失陷和布拉加地诺惨死的消息。这个消息来得正好，它使每个基督教教徒都感到义愤填膺，想为死者复仇。

在西伐罗尼亚，有一个料想不到的困难发生，几乎使整个远征行动失败。在费尼罗的船上，有一个西班牙军官侮辱了威尼斯人，结果引起了殴斗，杀死了几个人。费尼罗大怒，没报告约翰就将那些西班牙人处死。这使约翰也不禁大怒，命令拘押费尼罗。这个事件本可以使整个联军为之瓦解。幸亏柯罗那很聪明地加以干涉，力劝约翰收回成命。虽然如此，约翰从此不愿与费尼罗发生联系，一切都改经巴尔巴里哥转达。

由于受到了恶劣天气的延误，直到 10 月 7 日星期六凌晨 2 点钟的时候，舰队才再度出发，绕过了库特索拉里群岛（Kurtsolari）。不久在 7 点钟之后，约翰的旗舰“皇家”号（Royal）与前面的多里亚支队联合在一起，快要驶出帕特拉斯湾（Patras）出口正北面的小岛间的海峡。

9 月 27 日，土耳其舰队已经集中在勒班陀。10 月 3 日或 4 日，阿里召开了一次战争会议。重要的参加者为：陆军（实际上为陆战队）指挥官普尔陶（Pertau Pasha）；前阿尔及尔总督；巴尔巴罗萨之子哈桑（Hassan Pasha）；亚历山大总督西罗柯（Mahomet Sirocco Pasha）；尼格罗朋特总督哈米特（Hamet Bay）；新任阿尔及尔总督乌尔齐。根据侦探的报告，阿里对敌军的实力和行动，有完全的情报，因为苏丹的命令是要采取攻势，所以会议决定迎击敌军。10 月 6 日，土耳其舰队离开勒班陀要塞的掩护，经过了狭海，在加拉塔的岸边投锚，在勒班陀之西约 15 英里。在那里阿里从一个侦探口中知道敌人正在费斯卡多。

次晨在拂晓之前，土耳其人即已开船，当约翰在斯克罗发角（Point Scropha）追上多里亚时，他们之间的距离只有 10 英里远。半小时后，在“皇家”号和多里亚旗舰“卡皮塔那”号（Capitana）上的瞭望人员，发现东方有两艘船。接着就有八艘船从地平线上出现了，然后全部土耳其舰队都在望了。约翰马上命令放了一炮，并将同盟的军旗升上了旗杆——这就是发现敌人的信号。

在号炮声中，所有的船长都扫清船面，开始备战。主要指挥官都换乘小船上“皇家”号来，听取约翰的最后命令。有些人仍然反对应战，因为在这样远离基地的地方作战，若是败了将全军覆没。但是约翰的决心却早已下了，他向各位军官说：“诸位绅士们，商议的时候过去了，战斗的时间已经来了。”说完了，就命令他们解散。

他们各回本船之后，舰队就依照在墨西拿所议定的战斗序列布阵，但因为大船仍未赶上，所以兵力的分配略有改变。

巴尔巴里哥指挥左翼，共有快船 63 艘，约翰命令他接近着安纳托利亚海岸行驶，以免受到敌人的迂回攻击。多里亚指挥右翼，共有船 64 艘。他自己指挥的中央支队也是 63 艘。他又命令柯罗那乘教皇旗舰在左，费尼罗乘威尼斯旗舰在右，一同督战。圣塔克鲁

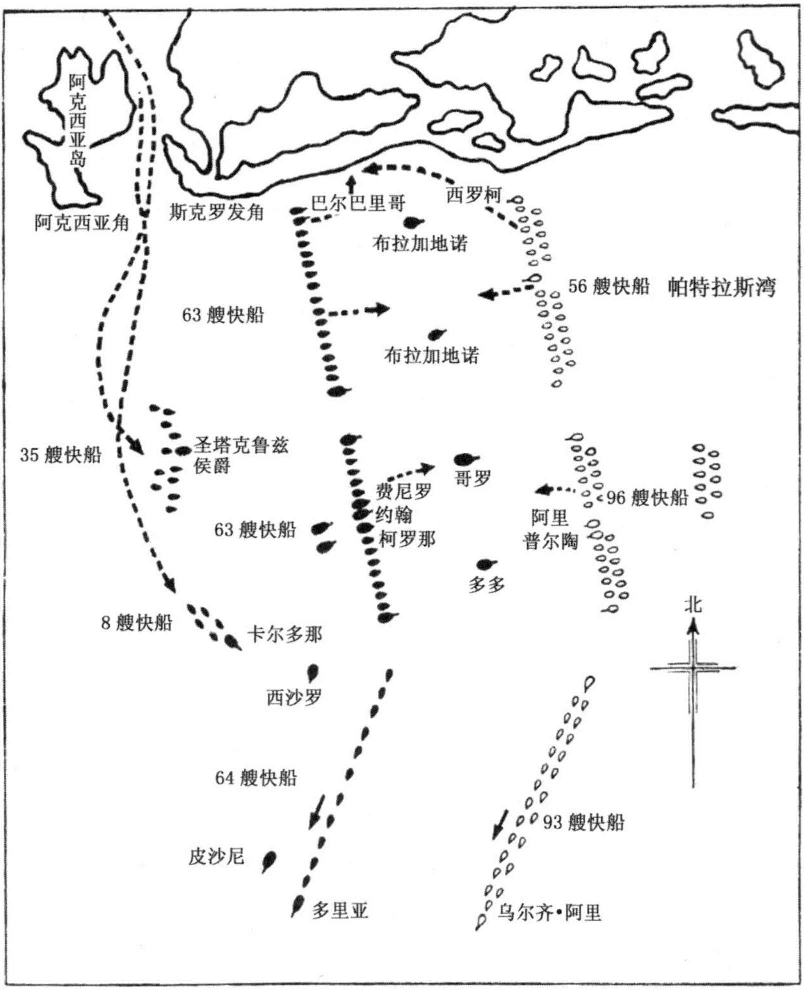

图三十四 勒班陀战役，1571 年

兹的预备队，船数增到30到35艘，奉命跟在中央支队的后面行驶，假使前线上有哪一部分支持不住了，就赶紧支援。6艘中型炮船分成3对，在3个支队的前面行驶，相距约为1英里的3/4，以便在尚未接触之前，即使土耳其舰队丧失其组织。他这个阵线，总长度在6500码到7500码之间，摆开了以后，他又坐上了一艘快艇去巡视他的舰队。当他发现费尼罗正在船尾甲板上时，他立刻友好地向他挥手，把过去的嫌隙都消除了。于是每个船上的人员都跪下来祈祷。甲板上都是甲胄闪亮的人员。

当联军做准备的时候，土耳其军也同时在做准备。阿里把他的船只摆成一个巨型的新月形，从海湾的北岸，一直伸到南岸。也和约翰一样，分为三个支队：他自己指挥中央，有87艘快船和8艘小快船；右翼为西罗柯，有54艘快船和2艘小船；左翼为乌尔齐，有61艘快船和32艘小船。预备队有8艘快船和21艘小船。

大约在晚上九点半钟时，双方舰队慢慢接近了。阿里拉直了他的新月阵线，因为他发现在敌军的前方有巨型的炮船，使他受到了奇袭。因为在他意料之外，所以精神失常，普尔陶劝阿里作背进运动，以此来引诱敌人追击，这样可以使他们的阵线混乱——这是土耳其人的惯技——但是阿里拒绝如此做法，因为这与苏丹的命令相违背。于是继续前进，土耳其人一路怪声高叫着，突然他们看见了一道闪光——约翰的部下都从跪下的姿势站立了起来，各就战斗岗位了。

当战斗开始时，大约是十点半钟刚过，两个舰队的位置有如下述：联军左翼略向前，其左端距离海岸尚有相当距离，因为巴尔巴里哥对于海岸线不熟悉，害怕搁浅。在它的右面，中央支队差不多是平行的。但因土耳其的左翼伸过了联军右翼，多里亚因为害怕被包围，遂将他的支队朝对角线方向外驶，于是在他的极左端与约翰的极右端之间，发生了一个一英里多长的缺口。左翼和中央的四艘炮船，都已经在前方0.75英里的位置上，但右翼的那两艘则仍在斯克罗发角附近。预备支队也达到了其应有的位置，周围绕着小船，以便接运部队往前线供增援之用。此时，土耳其的右翼也比中央略微前进，而他们的左翼，在乌尔齐指挥之下，也向对角线外驶以此来对抗多里亚的行动。这几场运动的结果遂使会战分为三个独立的部分。首先是巴尔巴里哥对西罗柯，其次在大约半小时后，才是约翰对阿里，最后又隔了一小时，才是多里亚对乌尔齐。

十点半钟时，土耳其右翼进入了左翼两个炮船的射程之内，它们马上发出毁灭性的火力，使西罗柯的支队发生了混乱，其右翼被迫向岸边退却。但因为他们对于这些海岸极为熟悉，他们奉命靠近岸边，以此来迂回攻击巴尔巴里哥的左翼。巴尔巴里哥看清了敌人的意图，他知道那里的水深既能容土耳其船只行驶，则他也可以活动，于是命令船只也向岸边侧行，因而只有六七艘土耳其船到达了他的后方，其余均被截断。此时，巴尔巴里哥的右翼，在马可 · 奎里尼（Marco Quirini）指挥之下，尚未与敌接触，因为敌人的左翼正想随着他们自己的右翼行动。抓住这个机会，奎里尼调过他的兵力，像一扇“正在关闭的大门”一样，打击在敌人的背上。同一时间之内，巴尔巴里哥的船只与五艘敌船缠在一起，在矢石俱下之中，他眼睛负了重伤。由于指挥权丧失，曾经一度引起混乱，而更糟的是他的侄子康塔里尼（Marco Contarini）刚刚接替指挥权，又马上被击倒了。最后，纳尼（Frederigo Nani）接替了指挥权，与奎里尼合作，把土耳其的右翼全部船只都赶到了岸边。土耳其人放弃了船只，登陆逃走，在追击之下，全部被歼灭。联军左翼的胜利可以算是完全的，没有一艘敌船能逃去，西罗柯在重伤之后，也做了俘虏。

大约在半小时之后，约翰支队前面的炮船也发出了有效的火力，把阿里的支队击散，他们分成了几个集团，拼命地划船，想逃避这种火力。此时，约翰的支队则缓缓划进，在鼓角节奏之下，维持着完整的战线。大部分的土耳其炮弹都从他们头上飞过。双方靠拢了之后，彼此正面相对，联军船头上的长喙已经拆除，炮手射击大感便利，使土军遭到优势火力的攻击。阿里命令他的舵工向约翰的旗舰直撞过去，它船上的长喙与“皇家”号的索架绞在一起。阿里的船上载有400名精兵，在其后面跟随着10艘快船和两艘小船，最近的用梯子与该船连接在一起，以便兵力可以源源不断地补充。约翰后面也随着几只船，同样可以补充兵力。

沿着整个中央战线，现在发生了普遍的战斗。以双方旗舰的格斗为中心，许多船只都分别靠拢了。阿里的人员两次爬上了皇家号，都被船上的300名火枪手所扫退，约翰的人员也两次爬上了阿里的旗舰，也同样被击退。当费尼罗把他的人员往皇家号上增援时，而圣塔克鲁兹的预备队中又拨了200名生力军来补充他。差不多同时——已经近1点钟——柯罗那已经击毁了普尔陶的坐船（正在燃烧），就把他的船靠拢着阿里的，用火枪扫射它的甲板，于是联军发动了第三次的突袭。一颗弹丸击中了阿里的前额，他倒在划手中间的跳板上，有一个马拉加的士兵发现了，他立即割了阿里的首级，大声高喊了起来。土军全部土崩瓦解，旗舰被俘，中央支队完全被歼灭了。

此时应该记着的，当大约十点半的时候，多里亚的支队正在向南行驶，于是缺口愈拉愈大。同时乌尔齐也采取了同样的行动，因为他有93艘船，而多里亚只有64艘，所以他的危险性较小。

虽然乌尔齐的原有意图似乎只是迂回敌人的右翼，但现在因为有这个缺口出现，所以他又多了两条可以选择的路线：直接向多里亚支队进攻，从两面包围他；或把航向由南改为西北，钻入这个缺口，像亚历山大在阿贝拉会战时一样打击在敌人的背上。他是一个能干的战术家，发现其中央支队已经面临危机，决定采取后一条路线。他突然变换航向，拼命地加速，从缺口中直趋约翰的右翼，这是由墨西拿修道院长吉斯提尼亚尼所据守。他夺获了这些船只，把它拖在后面，并把敌旗升在自己的桅杆上。

卡多那（Don Juan de Cardona）从预备队中率领了8艘西西里的快船，赶来援救吉斯提尼亚尼，也受到了乌尔齐16艘船的攻击，于是发生了整场会战中最激烈的战斗。卡多那重伤，他的部下500人在内，只有50个人未负伤。其他的船只所受的损失甚至更大。教皇的“佛罗伦萨”号，不仅所有的武士战死，连一切的士兵和奴隶也都差不多，除了包括舰长在内的17人以外，不过他们也全部负伤。还有“圣乔凡尼”号（San Giovanni）也是战到了不留一人。摇桨的座位上布满了死尸，该舰的舰长也被两颗枪弹击中颈部阵亡，另外，萨伏依的战舰“皮亚蒙泰莎”号（Piamontesa）的命运也如出一辙，同样地损失了舰长以下所有的士兵和划手。

此时多里亚发现他自己所铸成的大错，立即拼命赶回来应战。但是当他尚未赶到之前，圣塔克鲁兹已经率领所剩下来的预备队先赶到了。同时，约翰在中央已经大获全胜，也立即集合了12艘快船来帮助圣塔克鲁兹。乌尔齐不敢应战，悬着自吉斯提尼亚尼的旗舰“圣约翰”号上俘获的敌旗，率领13艘舰只划过了圣塔克鲁兹的船头，逃向圣毛拉（Santa Maura）去了。到夜幕将垂时，到达了普雷韦扎（Préveza），一共搜集了残部共35艘船只，回到了勒班陀。最初约翰想追击，但因天气又有转劣的趋势，所以决定进入派塔拉斯港（Petalás）避风。他的舰队和捕获的船只于夜间到达该处。

当船一停，就有人指控多里亚有通敌嫌疑。据说他因为仇恨威尼斯人，所以希望会战失败。实际上说他是被敌人所乘，还比较合理。

不管怎样，这总还是一次压倒性的胜利。第一应归功教皇庇护五世，若无他的坚持，则同盟根本不会组成。第二就是约翰，他使用炮船，要算是一个杰作。虽然它们是太笨重，可是其巨大的火力却证明桨划的战船是快要没落了。勒班陀在战术上是最后一次伟大的快船会战，它的战术还是和古代差不多的。此后，风帆和侧面的火力就代替了桨和正面攻击了。从海军史观点上来看，勒班陀代表一个时代的结束。最后，约翰决定混合他的兵力，也是成功主因之一，否则这个会战也许根本打不成。

损失是非常惨重的，这也是古代海战的惯例，因为一经接触之后，即无法摆脱。双方战斗人员共 17.2 万人——联军 8.4 万人，土耳其 8.8 万人。前者损失为 1.5 万人（死伤淹毙都在内），沉船 12 艘，被俘 1 艘。后者的损失估计为船只损毁 113 艘，被俘 117 艘，被杀 3 万人，被俘 8000 人，淹死无算。基督教奴隶 1.5 万人获得了自由。此外，约翰也夺获了 274 门火炮和巨大的财富，因为土军将领身上都有细软。在阿里的船上，搜到 15 万枚金币（Sequins），另一艘船上也有 4 万枚。

10 月 17 日，一艘叫作“天使”号（Angel）的快船开入威尼斯，报告了胜利的消息。自从第一次十字军之后，从来不曾引起如此大的宗教狂热，在基督教世界中，到处都传播着土耳其人被击败了的佳音。教皇决定把这个胜利作为永久性节日来纪念，到今天罗马仍然遵守这个规定。画家、雕刻家、诗人都来歌颂赞扬这次胜利，许多年后，这次会战仍然成为基督教世界谈论的对象。

当这个惨败的消息传到了君士坦丁堡，伊斯兰教教徒大感震惊，这时只要有 50 艘基督教的战船开来，他们就会弃城而逃了。

这也是约翰希望在明年的战役中所能达到的目的。他回到了科孚岛之后，留下了威尼斯舰队，自己于 11 月 1 日回到墨西拿，解散舰队过冬。1572 年 5 月 1 日，教皇庇护五世逝世，从此同盟即丧失了生命。虽然如此，在该年 6 月，西班牙和教皇的舰队还在墨西拿集合，准备与科孚岛的威尼斯支队一同进攻。

此时谢里姆又建立了一支舰队。有快船 150 艘，此外他又增造了 8 艘炮船。但是船只都是赶造的，木材还是青的，火炮也无用，人员都是生手。假使同盟的舰队能够果敢地行动，则无疑可以获得第二次大捷。但是事实上却并不理想。

又是法国人从中作梗。法王查理九世不仅在西班牙所属的尼德兰制造叛乱，而且在 1572 年的冬天里，派了一个最能干的外交家阿克斯主教（the bishop of Acqs）到君士坦丁堡去，要他尽量促成土耳其与威尼斯的和解。此外，查理又想控制阿尔及尔，这个威胁使腓力二世不得不把约翰兵力之一半留在墨西拿。其余一半兵力与教皇支队一起，改由柯罗那指挥，再开往科孚岛。接着发生了两次不成熟的战役，土耳其的新统帅乌尔齐都拒绝会战。

接着当同盟的三个会员国正在准备进行 1573 年的战役时，同盟本身却开始宣告死亡了。由于阿克斯主教的阴谋策划，1573 年 3 月 7 日，威尼斯人没有事先获得其同盟国的同意，即私自与土耳其人签订了一个和约。等到整整过了一个月，这个和约才公开发表。此时约翰正在那不勒斯，知道了这个消息，马上就扯下同盟的军旗，而改升上西班牙国旗。

勒班陀之战并未能使奥斯曼帝国的海权折断背脊，也未能收复塞浦路斯岛，更未能使西班牙获得地中海的控制权。虽然是一个一等的战术性胜利，但因为同盟的解体，在战略方面，却仍然还是苏丹做了胜利者。但是从精神上来看，它却是一次具有决定性的会战，自 1453 年以来，整个东欧和中欧都是一直笼罩在恐怖的黑幕之下的，现在黑幕被揭开了，它使整个基督世界认清了一个惊人的事实——土耳其人不再是无敌于天下的。从此时起，一直到 1697 年，萨伏依的欧仁亲王（Eugene Prince of Savoy）将苏丹马穆塔法二世的陆军赶入台斯河（Theiss），最后根绝了土耳其人对于欧洲的威胁时为止，中间虽然曾经有许多次数的起伏，但是土耳其苏莱曼时代的最高国威却始终不曾恢复。他的朝代成为土耳其权力最高顶点的标志。勒班陀一战打破了土耳其权力的基础。